马克思主义理论研究
和建设工程重点教材

中国史学史

《中国史学史》编写组

主　编　瞿林东

主要成员
（以姓氏笔画为序）

向燕南　江　湄　许殿才
李　勇　汪受宽　张　越
陈其泰

高等教育出版社·北京

图书在版编目（CIP）数据

中国史学史/《中国史学史》编写组编. -- 北京：高等教育出版社，2019.1（2024.12重印）
马克思主义理论研究和建设工程重点教材
ISBN 978-7-04-050883-3

Ⅰ.①中… Ⅱ.①中… Ⅲ.①史学史-中国-高等学校-教材 Ⅳ.①K092

中国版本图书馆 CIP 数据核字（2018）第 245161 号

中国史学史
ZHONGGUO SHIXUESHI

责任编辑	张　林	封面设计	王　鹏	版式设计	童　丹	责任校对	刘娟娟
责任印制	赵义民						

出版发行	高等教育出版社	网　　址	http://www.hep.edu.cn
社　　址	北京市西城区德外大街4号		http://www.hep.com.cn
邮政编码	100120	网上订购	http://www.hepmall.com.cn
印　　刷	北京市白帆印务有限公司		http://www.hepmall.com
开　　本	787mm×1092mm　1/16		http://www.hepmall.cn
印　　张	30		
字　　数	570千字	版　　次	2019年1月第1版
购书热线	010-58581118	印　　次	2024年12月第15次印刷
咨询电话	400-810-0598	定　　价	57.00元

本书如有缺页、倒页、脱页等质量问题，请到所购图书销售部门联系调换
版权所有　侵权必究
物料号　50883-00

目 录

绪 论 1
 一、中国史学史研究的对象、范围和任务 1
 二、中国历史进程和中国史学的发展 3
 三、学习中国史学史的意义和方法 8
 四、以马克思主义为指导学习和研究中国史学史 10

第一章　先秦时期史学 17
第一节　远古传说、历史意识与历史记载 17
 一、远古传说、史诗与历史意识 17
 二、史官的出现和历史记载的早期形态 18
 三、《尚书》《诗经》和《周易》 21
 四、西周晚期和春秋时期的国史 24
第二节　从学在官府到私人著史 25
 一、春秋末年的社会与史学变化 25
 二、孔子修《春秋》 27
 三、《左传》及其历史编纂特点 29
 四、《公羊传》与《穀梁传》 31
第三节　战国时期的多种历史撰述 33
 一、《国语》与《战国策》 33
 二、《竹书纪年》《世本》与《山海经》 35
第四节　先秦诸子的历史观 37
 一、孔子、孟子和荀子的历史观 37
 二、墨子、老子和庄子的历史观 39
 三、商鞅、韩非子和邹衍的历史观 40

第二章　秦汉时期史学 43
第一节　大一统政治局面与秦汉史学 43
 一、大一统局面与大一统思想 43
 二、多元的历史观念 44
 三、关于史学的初步认识 47

第二节 奠定史学宏大规模的《史记》 …… 49
- 一、司马迁与《史记》的撰述旨趣 …… 49
- 二、"成一家之言" …… 51
- 三、"究天人之际" …… 53
- 四、"通古今之变" …… 55
- 五、有关《史记》的续补 …… 57

第三节 刘向、刘歆的历史文献学成就 …… 58
- 一、刘向、刘歆父子的史学活动与历史文献学成就 …… 58
- 二、汉代的阴阳五行学说 …… 61

第四节 第一部反映大一统历史局面的朝代史《汉书》 …… 63
- 一、班固与《汉书》 …… 63
- 二、《汉书》的性质、内容和体例 …… 65
- 三、《汉书》的博洽 …… 66
- 四、《汉书》的天人关系论与历史变化观 …… 68

第五节 汉代史学的其他成就 …… 70
- 一、修史制度与《东观汉记》 …… 70
- 二、荀悦与《汉纪》 …… 72
- 三、风俗史与地方史 …… 74
- 四、重视少数民族史撰述 …… 77

第三章 魏晋南北朝时期史学 …… 80

第一节 历史形势的变化促进史学的多途发展 …… 80
- 一、历史形势的变化 …… 80
- 二、社会思想的特点与史学社会影响的扩大 …… 83
- 三、史学多途发展的趋势 …… 87

第二节 多种朝代史撰述的出现 …… 89
- 一、朝代史撰述的兴盛 …… 89
- 二、司马彪《续汉书》、袁宏《后汉纪》与范晔《后汉书》 …… 92
- 三、陈寿《三国志》与裴松之《三国志注》 …… 98
- 四、关于北方诸民族政权历史的撰述 …… 101
- 五、南北朝时期的三部"正史" …… 105

第三节 地方史、家传、谱牒及其他 …… 111
- 一、地方史 …… 111
- 二、家传和谱牒 …… 113

三、佛教史籍 ··· 116
　　　四、《水经注》与其他方面的历史撰述 ····································· 117

第四章　隋唐时期史学 ·· 120
　第一节　史馆的设立和官修正史的成就 ··· 120
　　　一、五代史纪传和《五代史志》 ··· 120
　　　二、重修《晋书》和《南史》《北史》 ····································· 124
　　　三、实录和国史 ··· 127
　第二节　刘知幾与《史通》 ··· 132
　　　一、史学家批判意识的滋长 ··· 132
　　　二、系统的史学批评著作《史通》 ·· 133
　　　三、刘知幾论"史才三长" ··· 138
　第三节　典制体史书《通典》的旨趣及其史学价值 ·························· 140
　　　一、杜佑的经世致用史学思想 ·· 140
　　　二、典制体通史的开创之作《通典》 ······································· 142
　　　三、杜佑史论的特色 ··· 145
　第四节　历史撰述的多方面成就 ··· 148
　　　一、《帝王略论》与《贞观政要》 ·· 148
　　　二、地理书的撰述 ·· 153
　　　三、关于域外情况的记述 ·· 155
　　　四、民族史撰述的新进展 ·· 156
　　　五、历史笔记的兴起 ··· 161
　　　六、《会要》的编撰 ··· 163
　　　七、佛教史籍的发展 ··· 164

第五章　五代两宋时期史学 ·· 167
　第一节　时代变迁与史家的历史思考 ··· 167
　　　一、天人关系的理性认识 ·· 167
　　　二、"正统论"的兴起 ·· 170
　　　三、史论与史评的发展 ··· 172
　第二节　撰述前朝史与修史制度的进一步完善 ································· 175
　　　一、五代宋初的官修史书 ·· 175
　　　二、《新五代史》和《新唐书》 ··· 177
　　　三、国史纂修及其成就 ··· 179

四、史学批评的发展与史家修养论的深入 ……………………………… 181
第三节　编年体史书的代表性著作《资治通鉴》 ……………………………… 184
　　一、司马光主修编年体通史《资治通鉴》 ……………………………… 184
　　二、《资治通鉴》的"资治"思想 ……………………………………… 185
　　三、《资治通鉴》的叙事艺术 …………………………………………… 187
　　四、袁枢的《通鉴纪事本末》 …………………………………………… 189
第四节　纪传体史书的"会通"之作《通志》 ………………………………… 191
　　一、通史撰述理论的发展 ………………………………………………… 191
　　二、典制史范围的扩大 …………………………………………………… 193
　　三、郑樵《通志》的史学价值 …………………………………………… 195
第五节　两宋史学的其他成就 …………………………………………………… 197
　　一、本朝史的撰述 ………………………………………………………… 197
　　二、吕祖谦和朱熹的史学 ………………………………………………… 200
　　三、民族史观和少数民族史记述 ………………………………………… 202
　　四、历史笔记、地理书和出使记 ………………………………………… 206
　　五、金石学与考史之学 …………………………………………………… 207

第六章　辽夏金三朝和元时期史学 …………………………………………… 211
第一节　辽夏金三朝的史学 ……………………………………………………… 211
　　一、辽朝的史学 …………………………………………………………… 211
　　二、西夏的史学 …………………………………………………………… 215
　　三、金朝的史学 …………………………………………………………… 219
第二节　统一多民族国家的元代史学 …………………………………………… 224
　　一、元朝的修史机构和对中原文化的吸收 ……………………………… 224
　　二、《蒙古秘史》和以蒙古族为主要内容的官修史书 ………………… 227
　　三、元修宋、辽、金三史与统一多民族国家的政治意识 ……………… 230
　　四、元代的私人著史 ……………………………………………………… 233
第三节　马端临《文献通考》对《通典》的拓展 ……………………………… 234
　　一、《文献通考》对《通典》的拓展 …………………………………… 234
　　二、马端临的历史思想 …………………………………………………… 235
第四节　丰富的少数民族史学 …………………………………………………… 237
　　一、藏族史学的成果 ……………………………………………………… 237
　　二、《突厥语大词典》与《福乐智慧》的史学价值 …………………… 238
　　三、南方少数民族的史学 ………………………………………………… 239

第七章　明至清中期史学 ... 242

第一节　明代史学的发展 ... 242
一、君主专制政治的发展与官修史书 ... 242
二、私人著史的繁荣与局限 ... 244
三、专史与方志 ... 247
四、少数民族历史的撰述 ... 249

第二节　晚明史学的特点 ... 252
一、王世贞、胡应麟的史学理论成就 ... 252
二、李贽历史评论的批判精神 ... 254
三、史学的经世之旨与考据之功 ... 256

第三节　明清之际史学家的历史批判精神 ... 259
一、黄宗羲的历史批判 ... 259
二、《明儒学案》《宋元学案》的学术成就 ... 260
三、王夫之史论的理论价值 ... 262
四、顾炎武的史学及其影响 ... 263

第四节　清代前期史学的繁盛与嬗变 ... 265
一、以《明史》为代表的官修史书 ... 265
二、史书体裁的新探索与历史文献的整理 ... 269
三、三大考史家的成就与崔述史学的疑古思想 ... 271
四、少数民族历史撰述的进展 ... 275

第五节　章学诚与《文史通义》 ... 277
一、章学诚撰《文史通义》 ... 277
二、章学诚在史学理论上的重要成就 ... 278
三、章学诚的方志学理论 ... 281

第六节　中国古代史学优良传统及其局限 ... 283
一、中国古代史学的优良传统 ... 283
二、中国古代史学的时代局限 ... 289

第八章　晚清时期史学 ... 292

第一节　民族危机刺激下历史演进观念的深入发展 ... 292
一、民族危机的紧迫感和救亡图强史学思潮 ... 292
二、龚自珍的批判精神和对公羊学"三世说"的改造 ... 294
三、早期维新派的历史变革观 ... 297
四、康有为的新"三世说" ... 299

第二节　中西文化撞击下对古代史学面貌的突破 ……………………… 301
　　一、魏源的《海国图志》 ………………………………………… 301
　　二、《瀛寰志略》《中西纪事》《朔方备乘》 …………………… 304
　　三、黄遵宪《日本国志》的时代价值 …………………………… 308
　　四、严复《天演论》的传播和史学意义 ………………………… 311
第三节　外国史学的输入与中国史学在国外 ……………………………… 314
　　一、洋务派人士和西方传教士的外国史译介 …………………… 314
　　二、维新派人士对外国史学的输入 ……………………………… 316
　　三、欧美革命史著的译介与影响 ………………………………… 318
　　四、中国史学在国外 ……………………………………………… 321
第四节　20世纪初年"新史学"的倡导 …………………………………… 324
　　一、以进化论为指导的"新史学"的提出 ……………………… 324
　　二、梁启超前期的史学建树 ……………………………………… 325
　　三、夏曾佑《中国古代史》的创新价值 ………………………… 328
　　四、中小学历史教科书的编著 …………………………………… 331
　　五、近代新史学的积极作用及其局限 …………………………… 333
第五节　辛亥革命前后史学的新进展 ……………………………………… 334
　　一、章炳麟、邹容、陈天华宣传革命的史论 …………………… 334
　　二、国粹派史学活动 ……………………………………………… 337

第九章　民国时期史学 …………………………………………………… 339
第一节　史学观念的转变与西方史学的引入 ……………………………… 339
　　一、新文化运动与史学观念的转化 ……………………………… 339
　　二、各种西方史学观念的引入 …………………………………… 340
　　三、新的史学体制的形成 ………………………………………… 343
第二节　新历史考证学的成就 ……………………………………………… 345
　　一、新史料的发现 ………………………………………………… 345
　　二、王国维的古史考证成就及其"二重证据法" ……………… 346
　　三、胡适、傅斯年的史学方法论 ………………………………… 348
　　四、陈垣、陈寅恪的史学成就 …………………………………… 351
　　五、新历史考证学的贡献与局限 ………………………………… 354
第三节　史学变革中的多种趋向 …………………………………………… 356
　　一、梁启超后期的史学建树 ……………………………………… 356
　　二、顾颉刚的"层累"说与古史论战 …………………………… 359

三、柳诒徵、吕思勉、钱穆的史学 ………………………………… 361
第四节　新视野下的少数民族史学 …………………………………………… 364
　　一、少数民族史的田野调查和史料整理 …………………………… 364
　　二、多种少数民族史撰述 …………………………………………… 367

第十章　中国马克思主义史学的建立与发展 …………………………… 370
第一节　唯物史观的传播与李大钊的贡献 …………………………………… 370
　　一、唯物史观的传播 ………………………………………………… 370
　　二、李大钊的史学贡献及其《史学要论》 ………………………… 373
　　三、关于历史学学科体系 …………………………………………… 375
　　四、关于历史观和方法论 …………………………………………… 379
第二节　中国马克思主义史学的建立 ………………………………………… 381
　　一、中国马克思主义史学产生的社会环境 ………………………… 381
　　二、《中国古代社会研究》与中国马克思主义史学的建立 ……… 383
第三节　中国马克思主义史学的发展 ………………………………………… 384
　　一、抗战时期延安与重庆地区的中国马克思主义史学 …………… 384
　　二、郭沫若、吕振羽的史学贡献 …………………………………… 387
　　三、翦伯赞、侯外庐的史学贡献 …………………………………… 389
　　四、范文澜与《中国通史简编》 …………………………………… 391
　　五、邓初民、胡绳的史学贡献 ……………………………………… 392
第四节　毛泽东对中国马克思主义史学的理论贡献 ………………………… 393
　　一、毛泽东关于史学工作的论述 …………………………………… 393
　　二、毛泽东关于中国历史的论断 …………………………………… 395

第十一章　新中国时期史学的变革、成就和当前发展趋势 …………… 398
第一节　马克思主义史学主导地位的确立与发展 …………………………… 398
　　一、毛泽东论历史研究与史学发展及其理论意义 ………………… 398
　　二、唯物史观的广泛传播与中国马克思主义史学的学科建设 …… 402
　　三、关于重大历史理论问题的讨论及其历史意义 ………………… 405
　　四、改革开放以后中国史学的新气象 ……………………………… 410
　　五、中外史学交流的开展和深入 …………………………………… 412
　　六、马克思主义史学主导地位与中国史学的继续发展 …………… 415
第二节　马克思主义史学的理论建设新成就 ………………………………… 418
　　一、关于马克思主义与中国传统文化 ……………………………… 418

二、关于历史学的理论建设……………………………………… 423
　　三、关于理论、方法论的运用…………………………………… 426
　　四、关于史学遗产………………………………………………… 428
　　五、关于建设有民族特点的马克思主义史学…………………… 430
　　六、关于史家修养的新境界……………………………………… 431
　第三节　历史撰述的主要成果………………………………………… 436
　　一、中国通史撰述的成就………………………………………… 436
　　二、中国古代史、近现代史研究的深入发展…………………… 440
　　三、考古学与历史文献学的成就………………………………… 446
　　四、中国民族史研究的新成果…………………………………… 450
　　五、世界史研究的拓展与学科建设的加强……………………… 454
　　六、1949年以后港澳台地区的史学……………………………… 457
　第四节　当前中国史学发展的主要趋势……………………………… 458
　　一、唯物史观指导下的史学创新和历史知识的普及…………… 458
　　二、科学技术的发展与新型历史文献资料的丰富……………… 460
　　三、继承优秀史学遗产与发扬中国史学的民族特色…………… 462
　　四、面向世界、面向未来的中国史学发展道路………………… 464

阅读文献……………………………………………………………………… 466

后　记………………………………………………………………………… 468

绪　　论

一、中国史学史研究的对象、范围和任务

任何事物都有其产生、发展的历史，如自然、社会，自然科学各学科、人文社会科学各学科，都有自己的历史。中国史学也是如此。所谓中国史学史，就是中国史学发生、发展的历史。

我们知道，有了人类就有了人类社会的历史；有了人类社会的历史和人类创造出来文字以后，就有了关于人类社会历史的认识、记载与撰述的综合活动，这便是史学；有了史学的发展、积累和人们对这种发展、积累的认识与撰述，就有了史学史。显然，这是一个漫长的过程，也是一个由低级到高级、由简单到复杂的发展过程。在这个发展过程的不同阶段，人们对客观事物的主观认识是在变化的、发展的，进而对于这种认识的表述也在变化和发展。在中国古代，尽管人们没有提出"中国史学史"的概念，但关于史学之史与史学史之史的观念早已产生。①

中国史学史作为近代以来中国史学的一个分支学科，从20世纪20年代至今，经过九十多年的历程，已初步确立起来并不断得到新的发展，在历史学领域中占有越来越重要的地位。1924年，胡适在一篇文章中提出了"中国史学史"这一观点②，但他并未就此展开论说。1925年至1927年，梁启超作"补中国历史研究法"或"广中国历史研究法"的学术讲演，明确而详细地论述了"史学史的做法"③，开辟了近代以来中国史学史研究的道路。

在弄清楚史学同史学史的关系之后，我们自然就会明白，中国史学史研究的对象，是关于中国史学产生、发展的历史及其演变的规律。当然，这是一个广义的研究对象，而在实际的研究活动中，对于其中的某一个段落、某一个专题，甚至某一个史家、某一部史书的研究，也可以视为中国史学史研究。然而，作为一门学科的专史来说，研究者的长远目标，还是应当走向广义的研究，或者说贯通的研究。从辩证的观点来看，掌握一个一个的局部，是把握研究对象之整体面貌的基础；反之，把握了研究对象之整体面貌，才可能对其中一个一个局部有更清晰的认识和更准确的定位。对于中国史学史研究的对象，我们应当这样看待。

关于中国史学史研究的范围，或者说中国史学史研究内容的认识，随着研究

---

① 参见《史学史研究》编辑部：《座谈中国史学史之史》，《史学史研究》1985年第1期。
② 胡适：《古史讨论的读后感》，《胡适文存》二集，黄山书社1996年版，第70页。
③ 参见梁启超：《中国历史研究法补编》，《饮冰室合集》专集之九十九，中华书局1989年版，第1、151—168页。

的深入而有所发展。20世纪20年代，梁启超最早提出中国史学史研究的范围，他认为："中国史学史，最少应对于下列各部分特别注意：一、史官；二、史家；三、史学的成立及发展；四、最近史学的趋势。"① 史官同史学的产生有密切关系，同史学产生以后的官修史书也有密切关系。史家的出现，同私人撰史相联系。在中国史学史上，官修史书同私人撰史相辅相成，相得益彰。需要注意的是，史官可以看作最早的史家，而许多史家却并不具有史官的身份。"史学的成立及发展"，这是着重于对中国史学全貌作出概括并从理论上提出问题的相关研究，梁启超特指刘知幾、郑樵、章学诚的史学成就。"最近史学的趋势"，是表明史家对其所处时代之史学状态的认识，有了这种认识，才能明确史学未来的走向。梁启超所提出的中国史学史研究的范围，应当说有一定的合理性。20世纪30年代末，金毓黻撰写的《中国史学史》书稿，就是依据梁启超所提出的上述研究范围完成的，1944年此书在重庆商务印书馆出版。

1961年，北京、上海、广州、武汉等地的史学工作者，开展了对中国史学史研究对象和研究范围的讨论，提出了许多真知灼见，② 推动了对有关问题的深入认识。1986年，白寿彝在《中国史学史》第1册《叙篇》中，对中国史学史研究的范围作了这样的表述：

> 史学史，是指史学发展的客观过程。我们这部书，就是以中国史学史为对象，按照我们的理解，对于中国史学发展的过程及其规律的论述。按照这样的任务，本书论述的范围，包括中国史学本身的发展，中国史学在发展中跟其它学科的关系，中国史学在发展中所反映的时代特点，以及中国史学的各种成果在社会上的影响。③

这个表述所包含的学术视野和思想内涵，比之于梁启超所说的四项内容，有了很大的变化和提升。这主要反映在三个方面，一是强调了探索规律，二是强调了史学的时代特点，三是强调了各种史学成果的社会影响。

综合近几十年来的有关研究所得，我们对中国史学史研究的范围可以作比较具体的认识和表述，这就是：中国史学的产生与发展过程；中国史学发展过程中

---

① 参见梁启超：《中国历史研究法补编》，《饮冰室合集》专集之九十九，中华书局1989年版，第153页。
② 参见瞿林东编：《中国史学史研究·导言》（20世纪中国学术文存），湖北教育出版社2006年版。
③ 白寿彝：《中国史学史》第1册，上海人民出版社1986年版，第29页。又见白寿彝主编《中国史学史》第一卷，上海人民出版社2006年版，第20—21页。

的阶段性特点，包括史学所处的时代特点和史学自身的阶段性特点；各种有代表性的史学成果的特色及其社会影响；史学与社会的互动作用；史学发展与相关学术领域的关系；史学家之历史认识（历史理论）的发展；史学家之史学认识（史学理论）的发展；史学发展的客观规律，如历史的进步和社会生活的日趋复杂与史学内容的逐渐丰富的一致性，不同的历史观点、史学观点的矛盾、辩难促进着史学的进步，求真与致用的辩证统一，史家作为一个整体总是在历史进步和史学发展中不断完善着自己等。①

如前所述，这一研究范围是很恢廓的，有很大的空间。研究者只能从局部研究做起，逐步走向整体研究。

在明确了中国史学史研究的对象和范围的基础上，我们对中国史学史研究的任务可以从两个方面作出概括：第一，认识中国史学发展的历史及其规律，总结中国史学的优秀遗产和优良传统，作为当今中国史学发展的借鉴和滋养，同时彰显其在世界史学中的重要地位。第二，认识史学同社会的辩证关系，即一定时代的史学成果，既是历史的产物又是时代的产物，既蕴含着历史的传统又彰显出时代的特点，而不同的史学成果作为意识形态的载体之一，又反过来影响当时与后世，使人们从阅读史书中借鉴历史经验、丰富历史智慧而促进社会历史的进步，进而使史学在社会中处于它应有的重要位置。实现这两个任务，是史学工作者的神圣职责。

二、中国历史进程和中国史学的发展

史学是人类社会发展到较高程度时的产物，这是因为：第一，历史记载必须借助于文字的发明和使用；第二，历史记载还必须有纪年的发明和使用；第三，历史记载也需要明确的地理观念和地名的产生。在这些条件还没有被人们创造出来以前，先民的历史记忆是依赖于世世代代的口耳相传，其中包含着先民战胜自然灾害和在生产劳动中获得成功的故事，包含着氏族由来和氏族、部落间原始战争的故事，具有浓厚的神话色彩和古朴的传说成分，但它们或多或少都保留着一些真实的历史内容的踪影。

远古传说同历史记载的关系是：远古的传说，可以看作文字发明以前，先民口耳相传的原始的"口述史"，是先民原始历史意识的反映。当文字被发明出来后，这种原始的"口述史"被人们整理、记述下来，并写入诗歌和官文书之中，于是前者成了半是诗歌、半是历史的作品，后人谓之"史诗"，如《诗经》中的

---

① 杨翼骧《中国史学史绪论》一文认为，中国史学史研究应包括以下一些内容，即：历史观，历史编纂学，史学思想，史学理论，史官制度，史学家的生平及其成就等。（参见杨翼骧：《学忍堂集》，中华书局2002年版，第410—414页）

《雅》《颂》某些篇章；而后者则成了半是历史、半是现实的作品，如《尚书》中的有关篇章。随着社会历史的发展，正式的史书出现了，这种原始的"口述史"中的某些片段，往往在史书中为史家所述的历史人物所称引，并以此或追怀过往，或解释现实，成为说明、反映他们对某种事物见解的例证和根据，这在《左传》《国语》等书中常可见到；但此类原始的"口述史"并不是这种正式史书不可缺少的部分。当史学发展到更高的阶段时，通史书出现了，这样一来，有些原始的"口述史"便被史家作为历史的源头写入通史，从而成为通史著作中不可缺少的一个部分。以上，大抵是远古传说在文字出现后，同史学之间关系演变的轨迹。这个轨迹，或许正是远古传说在史学产生、发展中所起作用的几个阶段或几个层面及一般规律。需要指出的是，在文字出现以后，远古传说成为激发一些思想家思考问题的活力之一，甚至成为他们构建自身的历史观的重要素材；同时，远古传说也成为一些文学家、艺术家创作活动的题材和灵感。当然，这已超出了史学的范围了。

中国在商朝出现了比较成熟的文字——甲骨文，后人因其刻于龟甲兽骨之上，故名。因其是有关占卜的记载，又称为卜辞。据郭沫若的研究，甲骨文已是一种发展比较成熟的文字，根据事物发展的客观规律，商朝的甲骨文当不是中国最早的文字，在此之前，中国文字应当有一个漫长的发展过程。[①] 近年来，中国考古学界为寻求中国文字的萌芽形态进行着艰苦的努力。西周时期的青铜器铭文，因铸或刻在青铜器上，故后人称之为金文，又因其与钟鼎一类礼器相联系亦称钟鼎文，由这些文字所组成的记载被称作彝铭。金文是稍晚于甲骨文的文字，彝铭是稍晚于卜辞的历史记载。目前所知最早的传世文献《尚书》中一些篇章和《诗经》中《雅》《颂》反映的古老史诗，也是较早的历史记载。

商周时期是中国奴隶制社会从发展走向鼎盛的阶段，故甲骨文、金文等所记内容都与奴隶主贵族和王室有关。从东周建立到春秋末年，是中国奴隶制社会向封建制社会过渡的前期，王室衰微，诸侯崛起，大国争霸，成为时代的特点。从民族关系上看，东夷、南蛮、西戎、北狄同中原诸华及诸夏的关系出现了密切交往的趋势。从史学上看，这个时期，在周王室和一些诸侯国出现了"国史"，这是从前一阶段自觉的历史记载发展到自觉的历史撰述的阶段了，是历史意识进一步增强的表现。国史的出现，表明至晚在西周末年已经有了准确的历史纪年；从孔子据鲁国国史而修成的《春秋》的表现形式来看，当时的国史很有可能是按年代记事的编年体史书。而孔子修《春秋》突破了史学为官府所垄断的格局，开创了

[①] 参见郭沫若：《古代文字之辩证的发展》，《考古学报》1972年第1期。

私人撰史的路径，在史学发展史上具有重大意义。后来，人们即将《春秋》一书所包含的年代称为春秋时期。孔子还整理商周的官文书《尚书》和诗歌总集《诗经》等文献，也具有重大意义。战国时期是中国奴隶制社会向封建社会过渡的后期，伴随着社会改革的进展，各大诸侯之间不断发生大规模的兼并战争，东周王室名存实亡。这时期，私人历史撰述获得重大发展。其中《左传》《国语》写出了春秋时期大国争霸的复杂局面和各族在冲突、交往中走向融合的趋势；《战国策》《战国纵横家书》不仅写出了恢宏的历史场面，也写出了士人、游说之士在政治与军事斗争中的作用，反映了历史撰述中人物的社会角色不断下移的倾向。这时期还出现了中国史学上较早的通史撰述《世本》，以及《竹书纪年》《山海经》等。

至此，中国史学走过了从兴起到初步形成的阶段。在这个阶段，人们在历史观上经历了从重视神的作用到重视人的作用的转变，人们对史学的功能有了初步的认识，而多种史书的社会表现形式，以及"书法无隐"的精神和"君举必书"的原则受到后人的赞扬和遵循，成为优良的史学传统的一部分。

秦的统一，标志着封建制的社会形态在全国的确立，而秦汉时期则是中国封建社会的成长时期。秦朝的"焚书坑儒"政策对史学的发展造成了严重的阻碍，但秦汉大一统的政治局面却在客观上为产生盛大规模的历史著作提供了物质上和思想上的条件。西汉时，司马迁著《史记》，贯通古今，规模宏大，奠定了中国古代史学发展的基础。司马迁提出的"究天人之际，通古今之变，成一家之言"的撰述宗旨，成为中国史学最为重要的思想传统。东汉班固著《汉书》，为此后中国历代皇朝撰修"正史"树立了楷模；荀悦据《汉书》而作编年体皇朝史《汉纪》，是《左传》以后编年体史书的新发展。这几部书是中国史学成长时期的代表作。

魏晋南北朝时期，中国封建社会进入发展阶段。这个时期的历史特点是：原先占统治地位的世家地主被门阀地主取代，后者的家族影响远胜于前者，故门阀意识成为这一时期的时代特点；前一时期世家大族势力的膨胀成为政治上分裂的重要因素之一，继之以门阀地主阶层走向政治的中心舞台，加之民族的大规模迁移和组合，这一时期出现了政治分裂、政权更迭频繁的复杂局面。这一局面历经370年至隋朝的统一才告结束。与此相适应的是：这个时期的史学出现了撰写朝代史的盛况；有关北方民族史的著作也很多；地方史、人物传、家传、谱牒受到普遍的关注，这多与门阀风气相关联；佛教史著作、中外交通史著作以及史注之书等，都有新的创制与新的发展。总之，这是一个史学多途发展的时期。值得注意的是，这些著作虽产生于政治上分裂时期，但大多反映出政治上的大一统思想和各民族间的历史文化认同意识。

隋唐时期，门阀地主仍然在政治上居于主导地位，在这一点上它是魏晋南北朝历史的延续。但是，由于统一政治局面的重建、中央集权的加强，以及科举制度的产生、发展，在不同程度上限制了门阀势力的发展，门阀地主逐渐走向末路。隋唐皇朝是继秦汉皇朝以后，再次出现的两个蝉联的统一皇朝，在盛大的"天下一家"的政治统一局面下，经济、政治、文化、民族关系、中外关系等，都显示出前所未有的创造力和新的发展。在史学方面，由于最高统治集团历史意识与史学意识的进一步增强，认识到史学对于政治统治的极端重要性，于是正式设立史馆，聚集史官修撰前朝史与国史，以宰相负责监修。中国古代"正史"即"二十四史"中有八部正史产生于盛唐时期，而史馆制度则一直延续到清朝。魏晋南北朝时期出现了史学多途发展的趋势，史书的种类和数量大量增加，而史馆的修史活动也暴露出史书编纂方面的一些问题，从而促进了史学批评的发展。刘知幾的《史通》是一部划时代的、有系统的史学批评著作，影响后世直至于今。中唐时期的"安史之乱"打断了盛唐发展的势头，唐朝由此走向衰落，这种情况促使史家从制度层面进行反思，总结历史上的经验教训，杜佑的制度史巨制《通典》于唐德宗贞元十七年（801）问世，奠定了典制体史书发展的坚实基础。隋唐时期出现了几部规模宏大的全国地理总志，有的流传至今，它们反映了盛大皇朝的地理面貌。地方史、民族史、传记、谱牒、家传等著作，都有新的发展。还有一个新的史学现象是历史笔记的兴起和笔记作者具有鲜明的"补国史"的意识，表明史学受到更多士人的关注。

　　唐朝灭亡后，当时的中国又一次经历政治上分裂割据的命运：先是有五代十国的更迭与割据，继而有北宋与辽、西夏的和战，接着南宋与金的和战，最后由元结束分裂局面，重建统一的多民族国家。总的来看，这是中国封建社会继续发展时期，其主要标志是：生产力水平提高了，农民对地主的依附关系有所松弛，占据政治统治地位的品官地主一般不具有家族势力的影响，而广大边区的封建化更是一个重要的标志。这时期的大规模的民族迁移、民族间的冲突和交往、各个政治实体间的战争与议和，造成了社会的长期动荡，但这种动荡并未阻断固有的大一统观念和历史文化认同意识，因此元朝最终结束了分裂局面，重建统一的多民族国家，正是历史规律与政治逻辑相一致的体现。这时期的史学不仅内容十分丰富，而且在历史思想和史学思想方面也有新的提升，同时还有新的史书体裁的创造。北宋司马光的《资治通鉴》、南宋郑樵的《通志》、元代马端临的《文献通考》三部体裁不同的通史著作，把中国古代的通史撰述推向高峰。司马光"专取关国家盛衰，系生民休戚"的撰述主旨，郑樵对"会通"思想的阐述及其在《通志·二十略》方面的创造，马端临关于"编简浩如烟埃，著述自有体要"的史学批评原则以及他对于"典章经制，实相因者也"的深刻见解等，反映了他们各自的通识。对唐代兴亡之故的探讨是宋代史学思潮的一个重要方面，孙甫的《唐史论断》、欧阳修等人的《新唐书》、范祖禹的《唐鉴》，都提出了在这方面的思考。

宋朝史家重视本朝史撰述，显示了他们的忧患意识和时代精神。《通鉴纪事本末》一书开创了又一种史书体裁，在历史编纂学上具有重要意义。元末所修宋、辽、金三史，把中国古代多民族史学深入发展的成果推上庄严的史学殿堂。

明清时期（1840年前）是中国封建社会衰老时期。新的生产关系萌芽，官绅地主代替品官地主，成为居于统治地位的阶层，中央集权的政治统治走向巅峰，民族关系在冲突、交往中走向新的稳定，中国古代疆域的确定，是这个时期的历史特点。在史学上，明代中晚期的王圻、李贽、王世贞、谈迁等，在文献与史料整理、历史评论与史学批评、本朝史撰述等方面各有成就。明清之际的顾炎武、黄宗羲、王夫之三大家，把历史批判精神和史学经世致用的传统推向新的发展阶段，他们在地理书、农政与救荒著作、学术史著作和历史评论著作方面，作出了开创性或总结性的贡献，是这时期史学发展的一个高峰。乾嘉时期的钱大昕、赵翼、王鸣盛、崔述的历史考证成就和章学诚的史学理论成就，以及稍晚一点的阮元在文献整理方面的成就，是这时期史学发展的又一个高峰。方志和笔记撰述的增多，历史教育在贵族阶层和下层民众间都有进一步的展开，也是这个时期史学发展的特点。

清代后期（1840—1911），由于西方列强的入侵，中国历史出现了前所未有的大变化，近代中国沦为半殖民地半封建社会。中华民族面对民族危亡的严峻形势，救亡图存的思潮勃然兴起，维新失败则继之以革命，终于在1911年推翻了存在两千一百多年的封建专制主义制度，为民国的建立创造了条件。在清代后期的七十年中，中国史学经历了巨大的变化：古老的历史演进思想被赋予救亡图存的时代精神，进而发展为以进化论为指导的"新史学"思潮，康有为、梁启超、严复等人是传播进化论的代表人物；在撰述上多关注于边疆史地、外国史地和中外关系，以及欧美革命史著作的引入，是这个时期史学的新内容；以新的历史观点编写新式的中小学历史教科书，成为时代要求的反映。中国史学由此跨入了它发展史上的近代前期。

民国时期（1912—1949）史学的近代性质更加突出，我们也把它称作中国近代后期史学。这时期史学的最突出的变化是历史观念的变化，其特点是：在中国进一步融入世界的过程中，中外史学交流更加频繁、更加广泛，外国的尤其是西方的各种历史观念和史学观念纷纷传入中国；与此同时，马克思主义唯物史观这一科学的历史观也在中国传播。历史观念的变化促使中国史学发生了根本性质的变革，运用进化论的观点看待历史和运用唯物史观的观点看待历史成为这时期中国史学的主流。"新史学"、新历史考证学、马克思主义史学涌现出一批知名史学家和史学名著，尤其是少数民族史学家群体的形成和相关论著的出版，意义重大。随着近代教育和近代学术的发展，历史教学、历史研究的机构纷纷建立起来，历史学的人才不断增多，历史学的社会影响进一步扩大了。

需要强调的是，民国时期，人民要解放，民族要独立，国家要富强，仍是时代的主题，人民解放战争和反对帝国主义侵略的战争，代表着历史进步的方向。在这方面，中国马克思主义史学作出了杰出贡献，也为新中国史学的发展奠定了基础。

1949年10月1日中华人民共和国成立，标志着中国新民主主义革命的胜利，中国历史开始了一个伟大的新纪元。以1978年中国共产党的十一届三中全会为起点，中国迈上了改革开放的征程。在中国共产党的领导下，中国各族人民充满信心地为建设中国特色社会主义、实现中华民族的伟大复兴而奋斗。新中国时期中国史学的特点是：马克思主义史学在中国史学中居于主导地位；在唯物史观指导下，中国史学在中国通史、中国古代史、中国近现代史、中国民族史、考古学与历史文献学等领域，都取得了前所未有的成就，外国史与世界史研究也有重大进展；中外史学交流趋于频繁，中国史学以新的姿态走向世界，日益彰显中国史学固有的民族特色。

中国史学目前面临的任务和主要趋势是：坚持马克思主义的立场、观点、方法，积极面对时代提出的历史使命，史学工作者发挥自身的学识和智慧，创造性地提出与时代密切相关的重大问题并作深入的探索和阐述，为推进中国特色社会主义事业作出新的贡献；同时，必须十分重视历史知识社会化的多方面努力，使正确的历史知识成为提高全民族文化素养的精神食粮。史学工作者要培养起博大胸襟，立足本土，面向世界，一方面继承、发扬中国史学的优秀遗产和优良传统；一方面虚怀若谷，了解和吸收外国同行的有益研究成果。"它山之石，可以攻玉。"有了这种世界眼光，才能把我们自身的中国特点、风格和气派看得更加真切，发挥得更加出色。在此基础上逐步建设和完善中国史学的学科体系和话语体系。

三、学习中国史学史的意义和方法

（一）学习中国史学史的意义

史学史是历史学的一个分支学科，而历史学则是研究人类社会历史发展过程及其演进规律的科学。2015年8月，第二十二届国际历史科学大会在中国济南举办。国家主席习近平给大会发去贺信，信中有这样一段重要的论述：

> 人事有代谢，往来成古今。历史研究是一切社会科学的基础，承担着"究天人之际，通古今之变"的使命。世界的今天是从世界的昨天发展而来的。今天世界遇到的很多事情可以在历史上找到影子，历史上发生的很多事情也可以作为今天的镜鉴。重视历史、研究历史、借鉴历史，可以给人类带

来很多了解昨天、把握今天、开创明天的智慧。所以说,历史是人类最好的老师。①

这是对太史公司马迁两句名言的阐释,也是对当今历史研究之意义所在和历史学之特殊重要性的概括。我们学习和研究中国史学史,就是要深入认识历史研究的意义和历史学的重要性,为促进中国历史学的发展和社会进步而努力。这里既有认识上的逻辑联系,也有史学的社会功能的价值诉求。

首先,学习中国史学史是认识中国历史学进而认识中国历史的重要途径。唐代史学家刘知幾指出:人们之所以能认识历史,一个重要的原因是"史官不绝,竹帛长存"②,意即一代又一代史学家所撰写的历史著作流传下来,人们通过阅读这些历史著作而认识到久远的过往,认识到历史上的人和事及其是非善恶。因此,刘知幾感慨地写道:"史之为用,其利甚博,乃生人之急务,为国家之要道。"③ 从今天的认识来看,可以认为,在一千三百年前,刘知幾已经明确地阐明了历史学的重大社会价值,即人们通过历史学这个"窗口",可以"看见"历史,进而从历史中汲取知识、启示、经验、教训、智慧和精神。环顾今日之世界,人们对待历史的态度,不论是总结历史经验,还是洞察历史教训,对国家的命运、人类的前途,都是至关重要的。

其次,学习中国史学史可以系统地认识中国历史学的特点,进而认识中华文明的特点。中国史学史表明,从现今所知的传世文献来看,中国史学已有两千多年的历史,其发展从未中断,并积累了浩瀚的文献和众多的历史名著。中国史学的悠久历史和辉煌成就,在全世界罕与其匹。这样宏伟的史学,既是中华文明的产物,也是中华文明发展、演进的忠实记录;中华文明的连续性、丰富性和民族特点,都可以从中国史学中得到有力和深刻的阐明。

第三,学习中国史学史可以认识、传承中国史学的优良传统,为创造当今史学的新成就提供借鉴和养料。如以撰写信史为最高追求目标的传统,重视修史的传统,发挥史学社会功能经世致用的传统,讲求体裁、体例和叙事的传统,关注史家自身修养的传统等,都值得当今的史学工作者认真思考、继承和发扬,以便更好地为中国史学的发展作出贡献。

第四,学习中国史学史有益于史学工作者提升治史理念、改进和丰富治史方法。在中国史学史上,名家辈出,其治史理念与治史方法,都是宝贵的史学遗产。如司马迁的通变,班固的博洽,陈寿的叙事,范晔的史论,刘知幾倡导的自得之

---

① 习近平:《致第二十二届国际历史科学大会的贺信》,《人民日报》2015年8月24日。
② 刘知幾:《史通·史官建置》,浦起龙通释本,上海古籍出版社2009年版,第280页。
③ 刘知幾:《史通·史官建置》,浦起龙通释本,上海古籍出版社2009年版,第281页。

学，章学诚推崇的独断之学，梁启超的历史研究法，李大钊的史学价值论等，其真知灼见，影响深远，有很强的生命力。这不仅是中国史学史研究者应当学习、掌握的，也是所有史学工作者都应当学习、掌握的，进而从中获得教益，提高自身的研究能力和学术水平。

（二）学习中国史学史的方法

学习中国史学史的方法，不能脱离学习历史、历史学的基本方法，如应有正确的理论指导，尽可能掌握丰富的史料，善于在理论和史料结合的基础上提出新的问题和新的见解，具有顺畅的文字表述能力，遵守学术规范等。在此基础上，结合学习中国史学史，还必须运用以下具体的方法。

首先，学习中国史学史要以中国通史的知识为基础。这是因为，任何时代的史学现象、史学成果，都不能脱离与之相对应的社会历史的影响。这就是说，认识某一时代的社会历史，是认识这一时代之史学的前提。同时，学习中国史学史也会加深对中国通史的理解。

其次，学习中国史学史要适当接触一些中国史学史上的名篇、名著，以加深对它们的认识和理解，并举一反三，有利于提高自己的学术水平。在阅读历史名著时，还可以练习写一些读书札记，把读书心得及时用文字表述出来，这是一种学术积累，同时也训练了文字表述能力。章学诚说："札记之功，必不可少。"[①] 这话很有道理。一般说来，史学成果即使是优秀的史学成果，也都或多或少有其不足之处和时代局限，我们当以辩证的眼光看待它们，评价它们。唐代史学家刘知幾说得好，"爱而知其丑，憎而知其善"[②]，这就是辩证的思想和方法。

最后，学习中国史学史要学以致用，联系实际，尤其是古今优秀历史学家对史学的神圣使命感和对社会的崇高责任感，以及对自身修养的严格要求，都值得我们学习，这有益于提高我们的理论修养、专业修养、道德修养。

上面所举的这些方法，是比较具体的方法，只要认真去做，就能够学好，学得深刻。

四、以马克思主义为指导学习和研究中国史学史

近代以来的中国史学史研究，积累了不少研究成果，也摸索出了一些行之有效的研究方法。当前，在改革开放的历史条件下，中国史学以更快的步伐走向世界。因此，提高自身，面向世界，已成为中国史学发展中的一个新的要求。

从中国史学史研究的现状和发展前景来看，加强理论思维、提高理论水平是

---

① 章学诚：《文史通义·家书一》，《章学诚遗书》，文物出版社1985年版，第92页。
② 刘知幾：《史通·惑经》，浦起龙通释本，上海古籍出版社2009年版，第374页。

当前的第一要务。只有加强理论思维、提高理论水平，才能更有效地梳理、概括史学遗产，才能更准确地从丰富的历史文献中发现问题、解决问题，才更有益于中国史学走出国门。中国史学工作者应当具有这种理论勇气和学术自信。

马克思主义唯物史观是指导历史研究的科学的历史观和方法论，这是因为：唯物史观是科学的历史观，它揭示了社会历史的客观基础，揭示了社会历史的辩证运动。① 唯物史观把人类对于自身历史的认识提高到科学的阶段。

中国史学史的学习和研究，应当遵循这个科学的历史观和方法论的基本原理。我们要根据学科的特点，在唯物史观指导下，把学习和研究引向深入。具体地说，在理论、方法论上，我们应当关注以下几个方面：

第一，学习和研究中国史学史，要遵循"生活决定意识"的原则。作为思想观念以至意识形态的一个方面，人们关于史学和史学史的认识，都是历史的产物，因此，对它们的总结和解说，只能从历史发展的实际去寻求答案。唯物史观认为："不是意识决定生活，而是生活决定意识。"② 恩格斯指出："根据唯物史观，历史过程中的决定性因素归根到底是现实生活的生产和再生产。无论马克思或我都从来没有肯定过比这更多的东西。"③ 这是唯物史观关于人们的社会存在与人们的思想、观念、意识等之关系的基本观点。结合中国史学史来看，当我们判断和评价一个史学家的成就时，固然要分析他的思想、学养以至于学术传承，而更重要的是要分析他所经历的那个时代以及当时的"现实生活"对他产生的影响。当我们考察一个时代的史学面貌时，不仅要看到这个时代在史学上所取得的成就，更要看到这个时代给史学发展创造了怎样的条件，以及这些条件在何种程度上影响史学的发展。反之，脱离对于一定的历史条件的考察和分析，孤立地"评论"史家和史学，这种"评论"不可能获得确切和扎实的结论。

应当强调的是，我们在遵循"生活决定意识"的唯物史观原则的同时，还应当指出并批评"意识决定生活"的唯心史观的种种表现形式。如中国史学上长期存在的"天命"史观、英雄（圣人、帝王）史观等，把超自然的神秘力量和人的意志视为决定历史前途命运的根本原因，这就从根本上否定了人民群众的活动是推动历史发展的真正动力。对于史学工作者来说，面对当今的史学活动，也要关注和批评唯心史观的新的表现形式。只有这样，历史研究和各项史学工作才能沿

---

① 参见张岂之等主编《史学概论》第二章《唯物史观与历史研究》，高等教育出版社、人民出版社 2009 年版，第 27—71 页。

② 马克思、恩格斯：《德意志意识形态》，《马克思恩格斯文集》第 1 卷，人民出版社 2009 年版，第 525 页。

③ 恩格斯：《致约瑟夫·布洛赫（1890 年 9 月 21—22 日）》，《马克思恩格斯文集》第 10 卷，人民出版社 2009 年版，第 591 页。

着唯物史观指引的方向不断向前发展。

第二，学习和研究中国史学史，要辩证地看待和处理继承与创新的关系，在批判继承史学遗产的基础上，开辟创新发展的道路。任何事物的发展，都有一定的前提。恩格斯在讲到18世纪欧洲哲学时，指出："每一个时代的哲学作为分工的一个特定的领域，都具有由它的先驱传给它而它便由此出发的特定的思想材料作为前提。"① 这一论断具有普遍的意义，而对于历史悠久、连续不断发展的中国史学来说，尤其具有理论上的启发：我们可以以这一论断去说明中国古代不同时期的史学，也可以而且应当以这一论断来阐释当今的中国史学，建立正确的继承与创新辩证发展的观念。当今，在中外史学交流日趋活跃的形势下，吸收和借鉴外国史学的积极成果，是发展中国史学所必要的，而继承弘扬中国史学遗产中的精华，则是发展当代中国史学的前提。早在1938年，毛泽东就明确指出："学习我们的历史遗产，用马克思主义的方法给以批判的总结，是我们学习的另一任务。我们这个民族有数千年的历史，有它的特点，有它的许多珍贵品。对于这些，我们还是小学生。今天的中国是历史的中国的一个发展；我们是马克思主义的历史主义者，我们不应当割断历史。从孔夫子到孙中山，我们应当给以总结，承继这一份珍贵的遗产。"② 毛泽东所强调的这一学习任务，在今天仍有突出的指导意义。从恩格斯的论断到毛泽东的倡导，表明马克思主义对待历史遗产（包括哲学遗产、史学遗产等）所秉持的科学精神，也是我们学习和研究中国史学史的理论、方法论原则之一。老一辈学者白寿彝关于中国史学遗产的精辟论述，③ 对我们认识史学遗产的重要性、吸收和发展史学遗产中的精华，有重要的参考价值。

同时，对于史学遗产中那些落后的、错误的乃至于糟粕的东西，我们有两种做法，一是将其从史学遗产中剔除出去，一是以批判的态度加以利用，或作为教训以衬托史学遗产中那些真、善、美的东西。总之，对待史学遗产，我们应采取批判的和辩证的认识和合理的做法。

第三，学习和研究中国史学史，要充分认识史学在历史上的社会作用和开展历史教育的现实意义。唯物史观认为："一种历史因素一旦被其他的、归根到底是经济的原因造成了，它也就起作用，就能够对它的环境、甚至对产生它的原因发生反作用。"④ 具体说来，"政治、法、哲学、宗教、文学、艺术等等的发展是以经

---

① 恩格斯：《致康拉德·施米特（1890年10月27日）》，《马克思恩格斯文集》第10卷，人民出版社2009年版，第599页。
② 毛泽东：《中国共产党在民族战争中的地位》，《毛泽东选集》第2卷，人民出版社1991年版，第533—534页。
③ 参见白寿彝：《史学遗产六讲》，北京出版社2004年版。
④ 恩格斯：《致弗兰茨·梅林（1893年7月14日）》，《马克思恩格斯文集》第10卷，人民出版社2009年版，第659页。

济发展为基础的。但是，它们又都互相作用并对经济基础发生作用。这并不是说，只有经济状况才是原因，才是积极的，其余一切都不过是消极的结果，而是说，这是在归根到底不断为自己开辟道路的经济必然性的基础上的相互作用。"① 这一理论，精辟地揭示了意识形态领域诸因素间的互相作用以及它们对经济基础的反作用。史学作为意识形态领域中的一种"历史因素"，它与其他诸因素互相作用，同时也对经济基础产生反作用，形成中国史学上经世致用的优良传统。在唯物史观视域下，这一优良传统不仅得到深刻的理论阐释，而且更凸显出它的鲜明特点和重要意义。可见，不论是从理论上看，还是从史学传统上看，史学的社会功用和历史教育的意义，都应当受到高度重视。这是史学的社会价值所在，也是史学史的价值所在。

第四，学习和研究中国史学史，要重视探索史学发展的规律，关注史学上的名家和名著，感受到名家的风采，理解了名著的价值，才可能对中国史学有理性的认识。同时，我们也应当思考中国史学发展的内在规律。唯物史观认为，任何事物都有其发生、发展的规律，而认识到事物发生、发展的规律，就能更清晰地观察事物演进的趋势、把握事物的本质。这是因为：

> 在社会历史领域内进行活动的，是具有意识的、经过思虑或凭激情行动的、追求某种目的的人；任何事情的发生都不是没有自觉的意图，没有预期的目的的。但是，不管这个差别对历史研究，尤其是对各个时代和各个事变的历史研究如何重要，它丝毫不能改变这样一个事实：历史进程是受内在的一般规律支配的。②

这就是说，在历史中活动中的人的意识、激情、意图、目的支配下的行动，归根到底"是内在的一般规律支配的"。如果我们把史学发展的历史看作"历史进程"的一个侧面的话，那么史学的发展也必然是受到这种"内在的一般规律支配的"。研究表明，在中国历史上每当发生重大的历史变动之后，一般都会有带有总结性的、有重大影响力的史学著作面世：如春秋时期周室衰弱、诸侯争霸，出现了《春秋》《左传》；秦汉大一统政治局面出现后，《史记》《汉书》相继面世；从三国鼎立到西晋统一，其后则有《三国志》与多家"晋史"的出现；南北朝局面的结束，而相继有《隋书》与《南史》《北史》的产生；盛大的唐皇朝的兴亡，激

---

① 恩格斯：《致瓦尔特·博尔吉乌斯（1894年1月25日）》，《马克思恩格斯文集》第10卷，人民出版社2009年版，第668页。
② 恩格斯：《路德维希·费尔巴哈和德国古典哲学的终结》，《马克思恩格斯文集》第4卷，人民出版社2009年版，第302页。

发了宋人对唐史的关注，于是有《新唐书》《唐鉴》《唐史论断》和《资治通鉴》；其后，宋、辽、金三史的撰修，《元史》与《明史》的撰修，也都与重大历史事变相关联。

值得注意的是，对于规律的揭示和认识，还要关注事物间的多方面联系。如唐代史家杜佑所撰《通典》这一巨著，是在"安史之乱"后唐皇朝开始走向衰落的历史条件下产生的，除了政治上的影响，还有更重要的经济上的影响（户口的锐减和财政收入的匮乏），也还有史学自身发展的影响（如史家对历史内容的体察、对史学与社会之密切关系的新认知以及史书体裁的发展等）。正因为如此，《通典》之后乃有"三通"以至于"九通"。

此外，研究还表明：随着历史的发展和社会生活的丰富，史书的种类和数量越来越多，于是史学从经学的附庸走出来，蔚为大国。同时，随着历史的发展，新的城镇的增多以及教育的推广，史学愈益走向社会深层，即从官府走向民间，从士人走向大众，史学更加融入于社会之中。随着研究的深入，人们对规律的认识也会有新的发展。

总之，对于中国史学发展规律的认识，有益于我们对史学的"历史进程"之全貌与趋势的观察，尤其是对史学与社会之密切关系的把握，对于史学学术品质与史学主体即史家修养的理解。

第五，学习和研究中国史学史，一方面要坚守中国史学的优良传统和中国史学固有的特点和风格，同时也要以开放的心态和世界的眼光面对外国史学，吸收外国史学的积极成果，用以丰富和发展当今的中国史学。在这个问题上，中国学术界（包括史学界）要记取历史上的教训：关注并避免学术发展趋势上可能出现的各种片面性，如20世纪三四十年代注重学习外国而轻视自我；五六十年代既轻视外国的研究成果，又不关注前人的学术遗产；而八九十年代几乎"重复"了三四十年代的偏颇。当今，中国学人不仅提高了文化自觉性，增强了文化自信心，又有了开放的胸怀和世界眼光，在对待祖国的优秀文化遗产（包括优秀的史学遗产）方面，能够自觉地继承、坚守和自信地发展、创造，彰显中国文化的特色、风格和气派。同时，我们也能够以理性的眼光和平和的心态，汲取外国文化的有益成果用以丰富自己，进而带着自身的文化特点而融入世界文化。年轻一代的中国学人，承担着这一庄严的历史使命。

第六，学习和研究中国史学史，要为推进马克思主义史学中国化继续努力，不断贡献新的成果。历史表明，"当代中国哲学社会科学是以马克思主义进入我国为起点的，是在马克思主义指导下逐步发展起来的"[①]。中国马克思主义史学也走

---

① 习近平：《在哲学社会科学工作座谈会上的讲话》，《人民日报》2016年5月19日。

过这样的道路，李大钊、郭沫若正是这一道路的开拓者。李大钊在 20 世纪 20 年代先后发表了一系列阐述马克思主义唯物史观的文章，并在 1924 年出版了《史学要论》一书；郭沫若在 1930 年出版了《中国古代社会研究》，第一次系统地把马克思主义的历史唯物主义同中国历史实际结合起来，讲述中国古代的历史，展望中国未来的历史前途。此后，范文澜、吕振羽、侯外庐、翦伯赞等马克思主义史学家，陆续出版了以唯物史观为指导而写出的中国通史、中国社会史、中国政治思想史、中国思想史等著作，进一步确立了中国马克思主义史学的学术地位，并在中国革命事业中发挥了重大作用。尤为重要的是，毛泽东的一系列重要著作如《矛盾论》《实践论》《中国革命和中国共产党》《新民主主义论》《改造我们的学习》《论人民民主专政》《唯心历史观的破产》等，对中国马克思主义史学的发展发挥了指导作用和示范作用。这就是马克思主义史学中国化的最初历程。

新中国成立后，随着唯物史观在中国大地上广泛传播，马克思主义史学中国化在更大的范围内发展，产生了一批新的学术成果，壮大了研究队伍，也积累了宝贵的经验和教训。

在今天，继续推进马克思主义史学中国化，是当代中国史学发展的正确道路和主要任务。首先，马克思主义唯物史观是认识历史的科学的历史观和方法论，至今还没有一种思想体系可以取代它的这种科学地位。其次，中国马克思主义史学的发展史表明，中国马克思主义史学鲜明地反映了史学的学术品格，即认识历史进程与推动历史进步二者的统一，这是继承了中国古代史学经世致用的优良传统并对其作了创造性的转化，使其迸发出新的生命活力。最后，当今的中国，正面临着中华民族伟大复兴的世纪，许多新的重大问题需要从历史宝藏中借鉴经验和智慧，这就必须在唯物史观指导下，以恢宏的历史视野审视历史，激活那些可供当前历史运动参考的历史因子，使其产生新的活力。

同时，我们还必须深刻地认识到，马克思主义发展的历史表明：马克思主义是科学的真理，但马克思主义并没有"关闭"人类认识真理世界的大门；反之，它是一个开放的体系，具有巨大的包容量，鼓励人们吸收与创造新的、科学的认识和实践所得，用以丰富和发展马克思主义。中国史学工作者，应当具有这样的思想境界和学术抱负。

中国史学同哲学社会科学其他学科一样，面临着时代的要求和历史的责任，这就是：

> 哲学社会科学的特色、风格、气派，是发展到一定阶段的产物，是成熟的标志，是实力的象征，也是自信的体现。我国是哲学社会科学大国，研究队伍、论文数量、政府投入等在世界上都是排在前面的，但目前在学术命题、

学术思想、学术观点、学术标准、学术话语上的能力和水平同我国综合国力和国际地位还不太相称。要按照立足中国、借鉴国外，挖掘历史、把握当代，关怀人类、面向未来的思路，着力构建中国特色哲学社会科学，在指导思想、学科体系、学术体系、话语体系等方面充分体现中国特色、中国风格、中国气派。①

在这里，现状和目标都阐述得十分清楚。中国史学在讲述了自己过往的历史，又该怎样面对当前的现状和努力的目标，这是中国史学工作者都要思考的问题。

这里，有必要赘述几句，即本书在吸收学术界有关成果的基础上，与同类著作相比较，有几个鲜明的特点：一是贯通古今，上起先秦，下迄当代，以体现专史主通的撰述原则。二是反映多民族史学发展的历史，突出中华文化是统一的多民族国家中各民族共同创造的特点。三是重视中外史学交流的进程及其影响，为推进当今中外史学交流提供借鉴。这是本书编写者的共识，敬希使用本教材的朋友予以关注。

▶ 拓展阅读

---

① 习近平：《在哲学社会科学工作座谈会上的讲话》，《人民日报》2016年5月19日。

第一章 先秦时期史学

先秦时期是中国史学的创始时期。历史知识的传播由原始形态的口耳相传，过渡到有意识的文字记录，经历了漫长的历史过程。从殷商、西周到春秋、战国时期，史学发展的步伐逐渐加快。战国时，已出现多种体裁的史书，也出现了不同的历史观点的争鸣，对历史的认识影响着史学家历史观的发展，也影响着政治家、思想家的理论思考与政治决策。尽管先秦时期史学还处在创始时期，但它却决定了中国史学发展的方向。

第一节 远古传说、历史意识与历史记载

一、远古传说、史诗与历史意识

史学早期的发生发展经历了从口头到文字的过程。在文字出现前的漫长历史过程中，传说是历史知识传播的主要形式。传说的产生和流传基于早期人们的历史意识。当远古文明发展到一定程度的时候，人们自然会产生自己是从哪里来的，前人面对怎样的自然条件、是怎样生存的等种种疑问；对生命的尊重和维系氏族、部落群体的需要，会引发对祖先的敬仰；如何生存下去的现实逼迫，会使人们产生从先人那里求得答案的强烈欲望。于是，前人口耳相传的历史真实和一代一代叠加的历史想象，加在一起就催生出远古的传说。从传说开始的史学形式，又使历史意识有了依存的基础，开辟了驰骋的广阔天地。在古籍中保存的远古传说，尽管是零碎的、难免被后人加工过的，但也保存了后人无法虚构的一些内容，从而多少可以看出远古人们传述中包含一些历史的踪迹。

从现有的资料看，远古传说主要是讲氏族起源、氏族战争和征服自然的故事，歌颂在其中建功立业的英雄人物。这些故事包含着不少神话成分，有神人杂糅的特点。

氏族起源的故事，是传说中广泛流传的内容。传说夏的始祖禹是从死后三年不朽的父亲鲧的肚子里取出来的，还有一种说法讲禹是其母有莘氏之女吞薏苡而生；商的始祖契是其母简狄吃了玄鸟卵生的；周的始祖弃是母亲姜嫄踩了巨人足迹，心有所感才生的。少数民族的传说中也有关于氏族起源的各种传说。如古代的苗蛮以槃瓠为始祖，有关于他的神异传说。壮族神话故事对他们族源是这样讲的：布伯有一儿一女，儿名伏依，女名且咪，洪水之后，大地上只有他们兄妹二人，不得已他们兄妹成婚，繁衍后代。

氏族、部落间的冲突和战争的传说以黄帝战蚩尤的故事最为著名。他们比禹、

稷的时代要早得多,都有很大神通。《山海经》说:"蚩尤作兵伐黄帝。黄帝乃令应龙攻之冀州之野。应龙蓄水,蚩尤请风伯雨师,从大风雨,黄帝乃下天女曰魃。雨止,遂杀蚩尤。"①

人和自然如何相处的故事在传说中应该是最多的。其中包括耕稼等生产生活的故事和战胜自然灾害的故事,最为人熟知的是大禹治水的故事。传说禹的时代洪水泛滥于天下,人们无法正常生存。很能治水的共工氏用筑堤防水的办法治水失败,禹吸取教训采取了疏导的办法,成功地治住了洪水,使人们得以安居。在治水过程中,禹不辞辛苦辛勤劳作,手和脚都长满了老茧。在开辟山道的时候,他还化作熊去进行这个工程。这类传说还有周始祖弃以善稼穑而成为农神的故事、羿射九日的故事和女娲补天的故事等。

有关战争与自然的故事往往还与氏族起源、分布与发展相联系。如黄帝战蚩尤后统一了北方部落,禹成了夏后氏的始祖。

史诗应该是比传说稍成熟的传述历史的形式。它可能会讲一个完整的历史事件,或历史过程中的某一片断,也可能会比较系统地讲述一个部族的起源或发展历程。一般来说它会比传说增加一些真实的历史内容。史诗往往有专人传承,在祭天祭祖或其他重大宗教仪式上吟唱,表现出更强的历史意识。中国少数民族中,有不少民族保留了自己的史诗。如侗族有《远祖歌》、水族有《开天立地》、藏族有《格萨尔王传》、蒙古族有《江格尔》、柯尔克孜族有《玛纳斯》等。少数民族史诗的形成时间可能会晚一些,但也应看作中国史学起源的一部分。华夏系统的史诗,可以确知的是《诗经》中的若干篇章。如《商颂》中的《玄鸟》讲"天命玄鸟,降而生商",《大雅》中的《公刘》歌颂周先人公刘的事迹,《緜》歌颂周先人古公亶父的事迹。它们虽然篇幅不长,但在表述上更加成熟。《公刘》和《緜》这样的篇章讲的差不多都是真实历史,可以看作早期的史学作品。

对传说的意义,这样的分析是很透彻的:"这些传说作为原始社会时期的'口述史',无疑是反映出那个时期的历史的踪影的。而传说这一初民历史记忆和历史意识萌芽的载体,在给予后人追寻历史踪迹的兴趣和发展历史意识方面的影响所产生的作用,同样具有重要的意义。从这两个方面来看,传说是从原始的意义上为文明时代史学的产生准备了一定的条件。"② 这个论述对史诗也适用。

二、史官的出现和历史记载的早期形态

史官在历史知识传播方式改变的过程中,发挥了根本性的作用。文字产生后,

---

① 《山海经》第十七《大荒北经》,《二十二子》本,上海古籍出版社1986年版,第430页。
② 瞿林东:《中国史学史纲》,北京出版社1999年版,第120页。

把一些历史踪迹从口耳相传的原始形态,落实成文字形态,在学在官府的前提下,这个任务必然是由史官完成的。当政权在实施统治职能时,要记录文件、保存文件,以至要记述传承当权者世系,宣扬先祖功德,这些史学性质的工作都是由史官完成的。史官承担了史学的功能,也就是史学成为官府职能一部分后,实际上也就把史学带入了进一步发展的空间。因此,史官的出现和职能的实施,是中国史学发展的重要环节。

中国的史官出现得可能相当早。传说中黄帝时有史官仓颉、沮诵,仓颉还被说成最早作书契的人。虞舜时有伯夷,夏有孔甲、终古,商有尹逸、向挚等。东汉史家班彪还说过"唐虞三代,《诗》《书》所及,世有史官,以司典籍"[①] 这样的话。从殷墟出土的甲骨文中有"史"字这一情况看,商代已有史官是可以确定的。需要辨明的是,最早的史官可能是上古时期职掌宗教文化的官员,履行天文术数和宗教祭祀等职责。随着文字的出现,才从司天职能中分出与其职事紧密相关的记事职能。伴随社会文明的脚步,其记事职能不断扩展,史学也跟着逐步发展起来。

商朝巫史不分,"作册""尹""史"等史官与"卜""占""巫"等并无太明确的分工。史官除主要承担宗教职能外,应负有记事之责。《史记》所依据的当时留下来的先公先王世系等材料被证明是可信的,如果没有专门的职能之官进行记录,是不可想象的。商王的行事、言论和其他重要的大事,如《尚书·盘庚》能把盘庚迁都之事记述得如此详细,也是当时必有记注之官的证明。

西周至春秋时代,随着政权职能的加强,史官的职能也多了起来。从传世文献和青铜铭文中都可以见到很多的史官名目,如太史、内史、外史、御史、左史、右史、尹、作册等。他们的职能有所扩展,分工也更加细致。他们或参与政务,或记录时事,或起草公文,或宣达政令,或掌管文书,在一些宗教活动中,还担负着重要职责。对于记事之职,也各有不同史官分担不同的职责。《周礼》对各史官及职能有详细的介绍,虽然不一定可靠,但也不会完全是虚构的。从现存有关古籍中可以看到很多关于史官与记述职能的记载。《汉书·艺文志》说:"古之王者世有史官,君举必书,所以慎言行,昭法式也。左史记言,右史记事,事为《春秋》,言为《尚书》。"《礼记·玉藻》说:"动则左史书之,言则右史书之。"《史记·老子韩非列传》说老子:"周守藏室之史也。"裴骃在《史记·张丞相列传》的《集解》中说:"周、秦皆有柱下史,谓御史也。所掌及侍立,恒在殿柱之下,故老聃为周柱下史。今苍在秦代,亦居斯职。"这些说法有个别矛盾之处,但大体是可信的。

---

① 范晔:《后汉书》卷四〇上《班彪列传上》,中华书局1965年版,第1325页。

从有关书籍对史佚言行的记录中，可以略知周初史官的职能。史佚在文王、武王、成王三代都任史官，曾参与朝政，地位显赫。武王伐纣后祭天时，他承担了祝告上天的任务。他常立于周王之后，以备顾问，负有规谏周王之责，因此留下不少历史总结性的名言，如"无始祸，无怙乱，无重怒"①。"非我族类，其心必异。"② 他还担负册命撰写和言论记录的工作。有学者认为："春秋时期被广为征引的《史佚之志》，大概就是他对周王和臣下（包括他自己）言论的记载，《尚书·洛诰》的原始材料无疑是出自他的手笔。"③

从现有考古材料看，殷商时期有了甲骨文。这是目前所知现存最早的文字史料。甲骨文是刻在龟甲兽骨上的王朝占卜的记录。从商到周的卜辞现在都有大量发现。商的卜辞所代表的年代从盘庚一直到商末。卜辞的内容很广泛，有战争、狩猎、追杀奴隶、天象气候、农事、祭祀活动等。真实反映了当时的社会状况，是研究商代历史的第一手材料，有珍贵的价值。卜辞可以说是官文书，是现在所见文字史料的最早形态。它的记载很零散，文字一般也不多，少的只有几个字，多的有百余字，但已有一些史的特点。个别的已有时间、地点、事件、人物等史学要素。甲骨文中的时间有时不够清楚，有时只有日而没有年月，有时先记日，再记月、年。

金文是刻在青铜器上的铭文，又称钟鼎文。从殷商晚期到战国时期都有金文铭刻出现，最被看重的是西周的铭辞。西周的铭文文字多的可达五百字，记述内容相当丰富。主要记述了王室及贵族们祭祀典礼、征伐旌功、赏赐锡命、文书契券、颂扬先祖等活动。在征伐、俘获、赐臣仆、赐土田等史事记载上，金文写得很详细具体。《大盂鼎》《小盂鼎》写出了战争规模之大和赐臣仆数目之多，反映了当时劳动者的奴隶身份和俘获为奴隶的重要来源。《散氏盘》写出了封田情况，反映了当时土地制度的一些情况。全文对了解西周军事史和社会史提供了重要的资料。

从记述内容和形式上看，金文比甲骨文有明显的进步。在金文中有记事和记言不同的侧重。记事为主的有《宗周钟》《舀鼎》《散氏盘》等，记言为主的有《大盂鼎》《大克鼎》《毛公鼎》等。有的铭文文字叙述已很成熟，如《多友鼎》具体写出厉王时，西周抵抗猃狁的事件起因、经过和结果，很接近《尚书》的写法。金文里完全记年月日的比甲骨文多一些。具体记法有在起首记年，结尾再记月日的；有在起首记月日，结尾再记年的；也有起首就写出年月日的。这后一种写法，成为后来史书中通行的记述方式。

---

① 《左传》僖公十五年，《十三经注疏》本，中华书局1980年版，第1806页。
② 《左传》成公五年，《十三经注疏》本，中华书局1980年版，第1901页。
③ 尹达主编：《中国史学发展史》，中州古籍出版社1985年版，第13页。

金文铭刻末尾常见"其子子孙孙永宝用"这样的话,表明了保存器物,也保存历史记载的历史意识,这与甲骨文是不同的。

三、《尚书》《诗经》和《周易》

《尚书》《诗经》和《周易》是中国史学上较早的历史文献,也都是儒家传世的经典。清代学者章学诚有"六经皆史"说,他的论证是:"古人不著书,古人未尝离事而言理,六经皆先王之政典。"① 从古代学术演变的情况看,他说得有道理。从现在史学学科角度看,《尚书》是一部记载统治者施政言论和行为的史料汇编,是真正意义上的史书。《诗经》是西周到春秋中期的诗歌总集,它有记述先王事迹的内容,也生动反映了社会各阶层生活面貌,从形式上说是诗,从内容和性质上说是史。《周易》本是占卜之书,但在卜辞的解说中,阐发了深刻的宇宙万物变化之理,历来被作为观察历史现象、探求历史变化的指导书籍。在中国历史上,这几部书发挥了重要作用,在中国史学发展过程中,它们也是不可缺少的环节。

《尚书》是古代的一部政治文件汇编,古代的历史记述发展到它这里,已经可以说颇有模样了。《尚书》有古文二十五篇,现已认定是伪书。有今文二十八篇是可信的。其中《虞书》《夏书》共四篇,是春秋战国时期根据相传旧书,综合整理或改写的。《商书》五篇,《盘庚》最有文献价值,写成时间也最早,大概是盘庚后不久的作品。《周书》共十九篇,除了《洪范》是战国时作品,《文侯之命》和《秦誓》是东迁后作品,《吕刑》时代待考外,可信为西周作品的有十五篇。

《尚书》汇集的是典、谟、训、诰、誓、命等文章,基本是统治者的讲话记录或文诰。反映了当时一些重大政治事件和人物活动,是研究商、周社会的基本史料。《盘庚》写出了迁都前后臣民们的不安,详细记录盘庚三次训诫的话。这是殷商后期重大的事件,对于当时社会生产力水平、贵族与"畜民"的对立、统治集团内部的矛盾都有所反映。《牧誓》记载了殷、周政权更替之际武王伐纣的气势,反映了周师必灭殷的信念,也交代了取胜的原因。《大诰》《康诰》《酒诰》《梓材》《召诰》《洛诰》《多士》《多方》等周初八诰,记载了周之东征、营建洛邑、封树侯国等巩固统治的重要步骤,反映了西周征服东土、加强对殷民控制的历史过程。《顾命》写出了成、康交替时的政治情况。《无逸》《君奭》《立政》是统治集团内部论政之作,也是西周初年的重要文献。这些记载,从各个方面反映了殷、周时期的生产状况、政治统治和意识形态的特点。

"《尚书》在史学萌芽时期的重要成就,是它发展了金文记载中的自觉的历史意识和历史鉴戒观念。……《召诰》反复讲到夏、商兴废之史,指出:'我不可不

---

① 章学诚:《文史通义·易教上》,叶瑛校注本,中华书局1985年版,第1页。

监于有夏，亦不可不监于有殷。'《多士》讲殷代兴亡之故；《无逸》讲殷代统治者的勤、逸跟享国时间长短的关系，反复强调'不知稼穑之艰难'的危险。这种重视历史鉴戒的观念，是人们对于历史和现实的关系之初步的认识，这在后来的史学中不断有所发展。"①

与《尚书》类似的著作还有《逸周书》。《汉书·艺文志》著录《周书》七十一篇，汉人认为这是《尚书》中《周书》的逸篇，故称《逸周书》。此书有所亡佚，仍存六十篇，部分篇章可信为西周的文献，对于研究西周历史有重要价值。

《诗经》是中国最早的一部诗歌总集，创作年代当是从西周初年到春秋中期的五百年间。它由《风》《雅》《颂》三部分组成，包括《国风》一百六十篇，《小雅》七十四篇，《大雅》三十一篇，《周颂》三十一篇，《鲁颂》四篇，《商颂》五篇，共三百零五篇。《国风》按国编排，基本是各国各地的民歌，在反映社会风情，特别是民众生活状况方面，有特殊的价值。《颂》是王室和诸侯的祭祀歌辞。《大雅》是朝会歌辞。《小雅》与《大雅》相近，不过包括了一部分贵族享宴和讽谏歌辞。《雅》《颂》以咏事为主，除《鲁颂》和《商颂》为春秋时期的作品外，基本上都是西周作品。

《雅》《颂》中的不少篇章都是讲述历史的诗篇。《大雅》比较集中地收入了周东迁前各个历史阶段的史诗。《生民》《公刘》《緜》《皇矣》和《大明》等篇章歌咏后稷、公刘、古公亶父等先祖建立基业，王季继续经营，文王伐密、伐崇以至武王伐纣的武功。《下武》《假乐》等篇章咏成、康以下"率由旧章""绳其祖武"的升平时期。《崧高》《江汉》等篇章咏宣王中兴。《桑柔》《召旻》等篇章感叹、讽刺厉王和幽王时的衰败。把这些诗篇排列起来，大致可以看出西周由兴到衰的历史过程。

《雅》《颂》中还有一些反映社会史的篇章。有些是咏农事的，如《周颂》中的《思文》《臣工》《噫嘻》《丰年》，《小雅》中的《楚茨》《信南山》《甫田》等。《周颂》中《载芟》《良耜》两篇有农业生产和生产关系的内容。《大雅》《小雅》中还有一些篇章是关于封国、征伐、狩猎、习武的内容。也有的篇章反映诸侯受民、受疆土、筑城立庙这些建立邦国的基本过程。《大雅·荡》中有"殷鉴不远，在夏后之世"这样的诗句，表现出与《尚书》一些篇章同样的历史鉴戒思想。

如果用史书标准来要求，《诗经》多有不足之处。它不记年月日，很少记地点，人物出现得不多，叙事也觉得笼统而有时夸张。但对于历史记述的发展，它还是有影响的。歌颂英雄的篇章上承远古传说，下开历史传记的端绪。专咏一事的篇章，有纪事本末的创意。歌咏先王，赞颂成功的歌辞，也可以说开历史论赞

---

① 白寿彝主编：《中国史学史教本》，北京师范大学出版社2000年版，第9页。

之先河。

现在的《周易》包括《易经》和《易传》两个部分。古来有伏羲作八卦，周文王拘羑里演为六十四卦之说，未必可信。但在殷、周之间，已用这种方式占卜，应该是合乎事实的。《易经》就是六十四卦的卦辞和三百八十四爻的爻辞，其实就是解说占卜结果的书。与《易经》配合，对卦辞、爻辞加以解说和对《易》道展开论述的著述，有十篇，统称为《易传》，也称为"十翼"，分别是《彖传上》《彖传下》《象传上》《象传下》《系辞上》《系辞下》《文言》《序卦》《说卦》《杂卦》。《易传》创作出来后，人们就把它和《易经》编在一起了。对于《易》的主旨，《周易·系辞上》概括得很精辟："《易》有圣人之道四焉：以言者尚其辞，以动者尚其变，以制器者尚其象，以卜筮者尚其占。"所谓易道精微广大，它把天地万物变化之理，都网罗了进来。

现在较多学者认为《易经》成书于西周时期，《易传》则成书于战国时期。关于作者，古人较认同的是伏羲画卦、文王作卦爻辞、孔子作"十翼"，即"历三圣"说。其实把作者归为一个人或几个人应该是有问题的。不管《经》还是《传》，它们都是经长时期积累，历经多人之手才能成就的。在成书过程中，身兼巫、史职责的史官可能做了主要工作。

古人释《易》有三义，即"易简""变易""不易"，① 很得要领。"易简"即以简御繁，"易简而天下之理得矣"。把繁杂的物象高度抽象，才能总结出事物之理来。"不易"即天地的基本秩序是不变的、稳定的："天尊地卑，乾坤定矣；卑高以陈，贵贱位矣；动静有常，刚柔断矣。""变易"即天地万物是变化的，要从变化角度去认识和把握。"在天成象，在地成形，变化见矣。"因此，"动则观其变而玩其占"，"知变化之道者，其知神之所为乎！"②

司马迁说："《易》著天地阴阳四时五行，故长于变。"③ 抓住了要害。《周易》虽有三义，但主要精神是"变易"。《易经·乾卦》的六条爻辞，依次是："潜龙勿用；""见龙在田，利见大人；""君子终日乾乾，夕惕若厉，无咎；""或跃在渊，无咎；""飞龙在天，利见大人；""亢龙有悔。"通过叙述龙的不同处境，说明事物从弱小、潜伏到强大直至逆转的发展过程，揭示物极必反的事物发展规律。这是它对变的基本把握。

---

① 关于《易》之三义，《易传》的《系辞》和《易纬乾凿度》都有阐述。此后历代学人间有阐释，东汉郑玄解说得简单明白。唐孔颖达疏在《周易正义》中说："《易纬乾凿度》云：《易》一名而三义，所谓易也，变易也，不易也。……故郑玄依此意作《易赞》及《易论》云：《易》一名而含三义：易简，一也；变易，二也；不易，三也。"见《十三经注疏》本《周易正义》卷首。
② 以上引文均见《周易·系辞上》，《十三经注疏》本，中华书局1980年版，第76—81页。
③ 司马迁：《史记》卷一三〇《太史公自序》，中华书局1959年版，第3279页。

《周易》的变化思想有重大的历史指导价值。《系辞下》论说："神农氏没，黄帝、尧、舜氏作，通其变，使民不倦，神而化之，使民宜之。《易》穷则变，变则通，通则久。是以自天佑之，吉无不利。"论述只有变才能通，只有通才能久，这是普遍规律。历史上顺应了这一规律而有所更张，给民众带来好处的，就是得天道的正义之举，会"吉无不利"。

　　春秋战国时期，人们已经习惯于用《易》理来解析社会和历史问题，提出现实应对方案了。

　　历史理论是史学的灵魂。《周易》在思想上全面启发了古代的历史思考，对于古代历史认识的深入和发展，起了难以估量的作用。

四、西周晚期和春秋时期的国史

　　《尚书》《诗经》《易经》等典籍相继问世，并在社会发挥重大作用，加深了人们对史学功能的认识。西周晚期到春秋时代，社会生产力的发展和社会矛盾的加深，又对历史记载提出了新的要求。于是，历史记述突破了官文书和诗篇的形式，出现了按年代先后连续记载的编年的国史形式。历史记载也不限于王朝，而出现在许多诸侯国了。孟子说："王者之迹熄而《诗》亡，《诗》亡然后《春秋》作。"① 从与社会关联的角度讲历史记述形式的变化，是有道理的。

　　据《史记》，齐、燕、蔡、陈、宋、卫等国，约在周厉王时期都已有纪年可考，但有连续纪年的则始于共和元年（前841）。《墨子》的《明鬼篇》曾广引诸书阐明己见。其中列举周宣王之前事，引用的是《尚书》《诗经》，列举周宣王以后的事，引用的则是周之《春秋》、燕之《春秋》、宋之《春秋》、齐之《春秋》。另外，《国语》所记周事，最早的是穆王伐犬戎（约前965），但记事同时又记年者始于宣王（前827—前782年在位）。把这三条联系起来，说明编年体的国史出现在宣王或其前不久的时期。孔子修《春秋》，所据为鲁《春秋》，记事始于鲁隐公元年（前722），可作为编年体确立的标志。

　　《左传》和《国语》中，多次用"春秋"指称各国史书。上举《墨子》的材料，也说明周王朝和诸侯国的国史，一般都称为"春秋"，表明其编年记事的特点。孟子说过："晋之《乘》、楚之《梼杌》、鲁之《春秋》，一也。"② 可知，那时的编年体史书也有别的称呼。

　　国史主要记载的是当时朝聘、会盟、征伐、城筑、祀典等国家大事和统治者与王公贵族各种争夺权利的活动。从《左传》有关记载中可知，国史有记本国之

---

① 《孟子·离娄下》，《十三经注疏》本，中华书局1980年版，第2729页。
② 《孟子·离娄下》，《十三经注疏》本，中华书局1980年版，第2729页。

事的。如庄公二十三年，"君举必书，书而不法，后嗣何观？"如襄公二十九年，"鲁之于晋也，职贡不乏，玩好时至，公卿大夫相继于朝，史不绝书，府无虚月"。有记本国参与会盟之事的。如僖公七年，"夫诸侯之会，其德刑礼义无国不记。记奸之位，君盟替矣。作而不记，非圣德也"。有记别国见告之事的。如宣公十四年，"孔达缢而死，卫人以说于晋而免。遂告于诸侯曰：'寡人有不令之臣达，构我敝邑于大国，既伏其罪矣。敢告。'"

春秋时期，国史的表述形式至少有三种。一种是只记某时有某事发生。如《左传》宣公二年记："太史书曰：'赵盾弑其君'。"这是从卜辞就开始的古老形式。第二种形式是写出史事的过程。如《左传》记王子朝之乱，从昭公二十二年到二十六年，按年月日的顺序——记述。这很可能来自周王朝的国史。第三种形式是记言，或以记言为主，或记事又记言。这种形式，在《左传》和《国语》中大量存在，应当是本于国史。这后两种形式，都对后来的编年体史书的发展起了开创的作用。

春秋时，除国史之外，还出现了世卿的家史。在当时这也是国史，与后来私家之史不同。《史记·赵世家》记赵盾时有赵史援。这是春秋中期的事。《左传》记晋国有史墨，或称史黯，据说是赵简子之史。这是春秋晚期的事。《韩诗外传》卷七记："赵简子有臣曰周舍，立于门下三日三夜。简子使问之，曰：'子欲见寡人何事？'周舍对曰：'愿为谔谔之臣，墨笔操牍，从君之后，司君之过而书之，日有记也，月有成也，岁有效也。'"这是把国史的"君举必书"原则用于世卿的家史，记述采用的也是以年月日为次的编年方法。

周王朝和诸侯的国史没有一部流传下来，世卿的家史也没有一部流传下来。现在除知道孔子所修《春秋》改编于鲁《春秋》之外，只能从《左传》《国语》等书中去寻求它们的蛛丝马迹了。

国史在形式上具备时间、地点、人物、事件诸要素，人物的活动在记载上也有了连续性。较之卜辞、金文，以至《尚书》《诗经》都有很大的进步。编年体国史的出现，标志史学进入新的发展阶段。

第二节　从学在官府到私人著史

一、春秋末年的社会与史学变化

春秋时期，中国社会逐渐发生变化。

在强凌弱、大灭小的战争和其他兼并手段中，各诸侯国形成大国割据局面。邦国的数目越来越少，规模却越来越大。据说周初封诸侯凡一千八百国，春秋之初尚有千二百国，见于《春秋》经传的百有七十国。经过兼并，春秋时期比较重要的诸侯国，按《史记·十二诸侯年表》所列，连名存实亡的周王朝在内不过十四个。春秋无义战的结果，是少数诸侯国力量不断增强，指向的是新的更大规模的统一。

兼并过程促进了对边疆地区的开发，扩大了诸华、诸夏文明圈的范围，带动了民族融合的脚步。晋、秦、楚通过扩张成为大国，它们用战争或其他方式把周边不少戎狄蛮夷等族群带入诸夏。其中楚本来就被视为蛮夷之邦。吴、越的立国，也完成了由蛮夷入华夏的转变。这一时期社会的进步、文化的发展也推动了民族联系的加强。对于民族和民族关系问题，人们有了不同于以往的更切实的、更深入的认识。这为中国多民族统一的实现准备了必要的条件。

随着诸侯国力量的增强和地域的扩展，邦国结构开始了质的变化。封国建邦的制度逐步让位于郡县制，制度的改变保证了大国政权的实际控制力。因为如果沿袭旧的分封制，那么一个诸侯国即使扩展了领土、兼并了它国，也不过是把自己控制以外的邦，变成了自己控制以内的邦而已，无法保证它永远属于自己，也难以实施有效的统治和管理。郡县制的推广，为当时地区性的统一和后来的全国统一奠定了坚实的基础。

生产力的发展推动了生产关系的变化。周宣王"不籍千亩"后，在各国次第实行的"相地而衰征""作爰田""初税亩"，打破了旧的土地制度，同时也动摇了世卿世禄制的社会基础。伴随社会的动荡，新生社会阶层崛起，旧的贵族逐渐没落，由财产、爵级决定社会地位的做法逐步取代了由出身决定的做法。与此同时，由贵族下降或由平民上升而形成的"士"，在社会政治和文化事业中发挥了越来越大的作用。

国家机制的健全，民族意识的加强，知识阶层的扩大和文化传播手段的进步，带来了史学变化发展的契机。当时史学的主要变化有：

第一，从孔子修《春秋》开始，出现了私人撰写的历史著作。从此，私人修史成为历史撰述的主要形式，个人才智和创造力在史学领域有了施展的空间，史学进入新的广阔天地。

第二，史学发展的内在要求和社会变化与社会需求的促进，使春秋晚期到战国时代史学呈现出迅速发展的态势。从数量上看，这一时期史学著作大量问世，给后人留下宝贵的史学遗产。从形式上看，出现了多种体裁的历史著作，可以说史家在历史撰述的表现形式上开始有了自觉追求。这都是以往没有出现过的现象。

第三，历史著述中，民族史和民族关系史的内容明显增加。《尚书》《诗经》在民族方面都有涉及，在《春秋》《公羊传》《穀梁传》《左传》《国语》中，这方面内容大大丰富起来。也可以说这时才是民族史撰述的正式开始。《春秋》经传的记载，包括戎、狄、蛮、夷、濮等民族，他们或参加诸夏的会盟、征伐，或与诸夏结成婚姻。《国语》在民族史记述上有独到的优势，较之《春秋》经传编年形式的民族史记述，《国语》可以容纳更多的史实，也方便对各民族分别作较集中的叙述。《国语》中的《楚语》《吴语》和《越语》，都是关于南方民族的材料。《鲁语》《郑语》等诸夏之"语"中，也有相当集中的民族史内容，其中有的叙述是非常珍贵的民族史资料。

第四，历史的鉴戒功能被逐渐认识，得到很好发挥。在《左传》《国语》等书中，经常可以看到从历史中吸取经验教训的记载，还可看到从历史中总结出的带有规律性的看法。《左传》昭公三十二年记载史官蔡墨的一段话："社稷无常奉，君臣无常位，自古以然。故《诗》曰：'高岸为谷，深谷为陵。'三后之姓于今为庶。"已被古人视为历史趋势的经典之论。历史知识还被当作教育的重要内容。《国语·楚语上》记楚大夫申叔时论太子教育时说："教之春秋，而为之耸善而抑恶焉，以戒劝其心。教之世，而为之昭明德而废幽昏焉，以休惧其动。……教之令，使访物官。教之语，使明其德，而知先王之务用明德于民也。教之故志，使知废兴者而戒惧焉。教之训典，使知族类，行比义焉。"此语还透露出分门别类的史学观念。

二、孔子修《春秋》

春秋晚年，孔子打破了学在官府的格局，开创了私人讲学和私人撰述之局，这是孔子的创造，也是社会变化和思想文化发展的结果。

孔子（前551—前479）名丘，字仲尼，鲁国陬邑（今山东曲阜东南）人。他出身于没落贵族家庭，有远大的政治抱负，又有很深的文化修养。据说儒家经典《诗》《书》《易》《礼》《乐》都曾经过他的修订。他以《诗》《书》、礼乐和相关的文化及实用知识教授弟子，注意道德行为的训练和培养。有弟子三千余人，其中不少人取得了各方面成就。处于春秋末年动乱之世，他立志拨乱世反之正。四处奔波到处碰壁后，决定以著述的形式树立社会准则的标杆。于是有《春秋》的修订。对此司马迁讲得很清楚："孔子明王道，干七十余君，莫能用，故西观周室，论史记旧闻，兴于鲁而次《春秋》，上记隐，下至哀之获麟。约其文辞，去其烦重，以制义法。王道备，人事浃。"①

《春秋》是孔子根据鲁史旧文改写的一部史书，被后世列为儒家经典，因此也称《春秋经》。记事始于鲁隐公元年（前722），终于鲁哀公十四年（前481），共242年。主要记述鲁国及其邻国的一些军政大事，也记载水旱灾害等自然界变异的

---

① 司马迁：《史记》卷一四《十二诸侯年表》序，中华书局1959年版，第509页。

情况。在所记述的二百多年时间内，每年都有史事记载，这是目前所能见到的第一部这样的史书。《春秋》按时间顺序编排史事，记事简略，一般在年月日之下只记事目，不记事件详情和原因结果。记事最多的也只有三四十字，少的甚至只有一个字。它的历史表述缺乏完整性，难以给人们提供丰富的历史知识，因此说不上是成熟的历史著作。在编年史体的发展上，它可以说只具雏形。但它在中国史学发展过程中所起的作用却很大。

《春秋》在史事安排和文字表述上都有自觉要求，《礼记·经解》说："属辞比事，《春秋》教也。"又说："属辞比事而不乱，则深于《春秋》者也。"概括了这部书的特点。"比事"指史事安排。《春秋》对头绪纷繁的史事，经严格取舍，用以事系日、以日系月、以月系时、以时系年的基本体例，作出简明恰当的安排。这对后来编年史体的发展有典范作用。"属辞"指文字叙述。孔子在《春秋》的修订中，为自己制定了撰写原则，人们将之称为"书法"。这个"书法"包括两层意思：一是用规范的文字使记事简明扼要；二是用特定的语言表达作者对所记史实的褒贬态度，以达到惩恶劝善的目的。书中记战争，有伐、侵、战、围、溃、败等不同写法；记杀人，有杀、弑、尽杀、歼等不同写法，故有"一字之褒贬"的说法。通过这些不同字眼，准确反映了事件的情状、性质和作者所持的态度。这样的写法可能来自当时诸国史官撰写国史的通例，但经过孔子的加工，笔法更为严格，价值判断的意味也更浓厚了。《左传》作者评说《春秋》在写法上，"微而显，志而晦，婉而成章，尽而不汙"①，很得要领。这几条成为后世评价史书高下的重要标准。

《春秋》中寄托着孔子的政治思想和道德评判。这本书的编纂就寓含着他针砭社会，儆戒人心的用意，因此，书中的观点与孔子的思想基本是一致的。书中对于下陵上替、社会等级秩序破坏的状况表露出惋惜的情绪，表达出希望出现周初那样"郁郁乎文哉"的社会局面的心情。在对史实的记录上，书中反映出重人事的倾向。它对人事不仅注意善恶，也认真记载得失成败。书中虽然记载了一些灾异现象，却不作与人事附合的解释。春秋时期的重大活动，如朝聘、会盟、征伐、城筑等，无不与宗教祭祀活动密切相关，《春秋》却从神秘的气氛中脱离出来，专门从人事角度去记这些事情。这样把历史与宗教分开的做法，是有进步意义的。

《春秋》对古代社会政治产生了很大的影响，孟子说："孔子作《春秋》而乱臣贼子惧。"② 并不是一句空言。对《春秋》社会价值评论最为精当的是司马迁。他说："夫《春秋》，上明三王之道，下辨人事之纪，别嫌疑，明是非，定犹豫，

---

① 《左传》成公十四年，《十三经注疏》本，中华书局1980年版，第1913页。
② 《孟子·滕文公下》，《十三经注疏》本，中华书局1980年版，第2715页。

善善恶恶，贤贤贱不肖，存亡国，继绝世，补敝起废，王道之大者也。……拨乱世反之正，莫近于《春秋》。《春秋》文成数万，其指数千。万物之聚散皆在《春秋》。……故有国者不可以不知《春秋》，前有谗而弗见，后有贼而不知。为人臣者不可以不知《春秋》，守经事而不知其宜，遭变事而不知其权。为人君父而不通于《春秋》之义者，必蒙首恶之名。为人臣子而不通于《春秋》之义者，必陷篡弑之诛，死罪之名。……《春秋》者，礼义之大宗也。"① 从古代的社会要求来说，这是深中肯綮之言。

三、《左传》及其历史编纂特点

《左传》是中国古代第一部较成熟的编年体史书，大致成书于战国初期。长期以来相传作者是左丘明，从成书时间和记述内容看肯定不会是孔子所称道的左丘明。这部书可能最初出于战国初期某位史官之手，后经若干人修订而成。清人顾炎武说："左氏之书，成之者非一人，录之者非一世。"② 大致是可信的。

《左传》曾被作为注解《春秋》之书，与《公羊传》《穀梁传》并称《春秋》三传，书中也有一些解经的话。但现在人们普遍的看法是：这是一部独立于《春秋》的史书，只是部分内容经过了刘歆、杜预等经师的加工和改窜。

《左传》全书大约十九万字，记事始于鲁隐公元年（前722），终于鲁哀公二十七年（前468），共255年，下限比《春秋》多了十三年，最后还记有鲁悼公十四年（前453）晋智伯灭亡之事。所记晋事最多，鲁事、楚事次之，郑事、齐事又次之，卫、宋、周、吴、秦、越、陈各国更次之。它的内容十分丰富，不止详细地记载了春秋时期的军事、政治，而且记载了其他方面的社会情况和代表人物的言论。大体勾勒出春秋时期王室及各诸侯兴亡之迹和当时社会的轮廓，是后人研究春秋历史的史料宝库。

《左传》对历史的看法有可取之处。它对大国兼并、公室衰微、贵族沦落的状况，多少表现出势所必然的态度。它同情齐国的陈氏和鲁国的季氏，称道他们勤于政务，以施惠于民而得民心。在天人关系方面，它力图把天道与人事糅合起来，而稍偏重于从人事上解释历史的变化。对于杰出人物在历史事件中的重要作用，《左传》作了大量记述，这与单纯的神意史观是不同的。《左传》还详细记载了卜筮、星占、望气、梦兆等之预示人间祸福，几乎无不灵验，多系后人傅会之笔，反映了古人认识的局限。

《左传》在体例上更加成熟。它属于编年体，但摆脱了《春秋》那种只有事目

---

① 司马迁：《史记》卷一三〇《太史公自序》，中华书局1959年版，第3279—3298页。
② 顾炎武：《日知录》卷四"春秋阙疑之书"条，黄汝成集释本，秦克诚点校，岳麓书社1994年版，第113页。

的原始形式。书中除使用编年记事的基本方法外，还采用了纪事本末的方式和传记体的写法。《左传》隐公元年记"郑伯克段于鄢"，详细讲述了从最初的郑武公娶妻生郑庄公和共叔段，到共叔段在母亲支持下谋反，失败，再到庄公与母亲重归于好的全部过程。这是在编年记事中加入的纪事本末方法。《左传》写历史事件，总会在适当年份下，将其起因、过程、结果原原本本地讲述出来。僖公二十三年（前637）晋公子重耳逃亡到秦国，得到秦伯支持。《左传》在这一年详细讲述了重耳从僖公四年出逃以来近二十年的流亡经历。在次年正月写下"秦伯纳之"四个字，交代重耳在秦的支持下，终于回到晋国。这是一篇很长的人物传记。把晋文公重耳的流亡作为一个过程来描述，这又可以说是纪事本末。"编年体的好处是时间性明确，但缺点也很大，很多的重要史实如果按照年、月、日的顺序，就无法写出来了。《左传》把纪事本末体和传记体运用于编年史之中，作为编年体的补充，这是很重要的创举。对于后来编年史的体裁是有影响的。"① 在书中，作者还常以"君子曰"的方式发表对历史事件的看法，这对后世史书中的论赞和史评有直接影响。

《左传》在历史叙述上的成就是很突出的。它善于写战争、写辞令、写人物，用摇曳多姿的文笔，生动摹写了春秋时期的社会面貌。书中记子产相郑至晋、吕相绝秦、戎子驹支驳范宣子等事，着意刻画朝聘、会盟中使者的礼貌气度，他们多识能辩，善用委婉有理的辞令折服对方，取得了理想的效果。这样的撰写，使杰出人物的政治、外交才能，辞令之美和当时的贵族风貌都得到充分展示，也显示了《左传》叙事的语言魅力。

《左传》写战争的文字很出色，这也是优秀史书能反映时代特点的表现。作者善于抓住战争的起因、敌对双方在战前的动态、战时力量的对比、各方所处的地理位置和军事部署、参战人员的状态、战争经过等，纵横交错地表现战争全局。书中的齐晋鞌之战、晋楚城濮之战、秦晋殽之战、晋楚邲之战、晋楚鄢陵之战、吴楚柏举之战等，都是古代史书写战争成功的范例。书写时，它善于抓住对战双方特点，生动写出战争全貌。有时通过细节描述，不用直接阐明，就揭示出双方胜负的原因。成公二年记齐晋鞌之战，是这样写的："癸酉，师陈于鞌。邴夏御齐侯，逢丑父为右。晋解张御郤克，郑丘缓为右。齐侯曰：'余姑翦灭此而朝食。'不介马而驰之。郤克伤于矢，流血及屦，未绝鼓音。曰：'余病矣！'张侯曰：'自始合，而矢贯余手及肘。余折以御，左轮朱殷。岂敢言病？吾子忍之。'缓曰：'自始合，苟有险，余必下推车。子岂识之？然子病矣。'张侯曰：'师之耳目在吾旗鼓，进退从之。此车一人殿之，可以集事。若之何其以病败君之大事也！擐甲

---

① 白寿彝：《中国史学史》第1册，上海人民出版社1986年版，第231页。

执兵，固即死也。病未及死，吾子勉之！'左并辔，右援枹而鼓。马逸不能止。师从之。齐师败绩。逐之，三周华不注。"这里只用了不到二百个字，就生动写了战场上的气氛，写出了齐侯的骄傲轻敌和晋统帅内部的团结、沉着和勇往直前。不必再多言，两军胜负的原因已揭示出来。

《左传》庄公十年写的齐鲁长勺之战，是写战争的著名篇章。文中以关键人物曹刿为主线，用简炼的文字，把这次以弱胜强的战争原原本本地展示出来。作者交代了战争的条件，提示了人心的重要，注意到战争发生过程中敌情的变化和需要采取的相应措施。《左传》作者有开阔的历史眼光，他对军事的记述往往将之与政治关联起来，他还特别注意交代战略思想对战争的指导作用。僖公二十七年，他写晋文公欲兴霸业，首先用几年时间致力于政事，使民知义、知信、知礼，然后"出谷戍，释宋围，一战而霸"。这样的记述有很深的含义。

四、《公羊传》与《穀梁传》

《春秋》成书后，学者们因师承不同而有不同的解说。《汉书·艺文志》称："及末世，口说流行，故有公羊、穀梁、邹、夹之传。"邹氏、夹氏之传失传，《公羊传》和《穀梁传》流传至今。《公羊传》的作者据说是齐人公羊高，是孔子弟子子夏的门徒，其说传自子夏。《穀梁传》的作者据说是鲁人穀梁赤，有人说他也是子夏的门人。准确地说，这两部书应该都是经数人数代相传，最后成书的。成书和写定时间可能在战国晚期至西汉前期。

二传可以说是《春秋》的讲义，传文和《春秋》的经文都是一一配合的。它们对《春秋》的解说侧重于阐发微言大义，同时也补充了很多史实。对《春秋》的意蕴挖掘甚深和讲述史实准确、凝练是它们的共同特点。

二传对《春秋》解说深入、准确，是史注佳作。《公羊传》宣公八年有文："曷为或言而或言乃？乃难乎而也。"在《公羊传》僖公十六年，有对经文"霣石于宋五。是月，六鹢退飞，过宋都"的解释："曷为先言霣而后言石？霣石记闻，闻其磌然，视之则石，察之则五。""曷为先言六而后言鹢？六鹢退飞，记见也。视之则六，察之则鹢，徐而察之则退飞。""五石六鹢何以书？记异也。"这些例子都可以说明在行文用字上，对《春秋》阐发得细致入微。《穀梁传》在僖公十六年对此的说明中，还有"君子之于物，无所苟而已。石、鹢且犹尽其辞，而况于人乎？故五石、六鹢之辞不设，则王道不亢矣"，直接把书法同伸张社会理想的宗旨联系起来。它们对《春秋》宗旨挖掘很深。《公羊传》在昭公二十年说："君子之善善也长，恶恶也短。恶恶止其身，善善及子孙。"在隐公元年说：《春秋》"所见异辞，所闻异辞，所传闻异辞"。在成公十五年说："《春秋》内其国而外诸夏，内诸夏而外夷狄。"在闵公元年说："《春秋》为尊者讳，为亲者讳，为贤者讳。"都是对《春秋》思想与书法的深入阐释。

二传在对《春秋》事目讲说时，补充记载了不少史实，具有重要的史料价值。它们在史事的记载上有与《左传》不同之处，可以参互考订，互相补充。更重要的是它们在史实讲述中体现出一种准确、凝练，有时还很生动的文风。《穀梁传》在僖公十年追记晋献公宠幸骊姬，骊姬为亲子谋位，陷害世子申生，申生自杀以安其君的事件，用了不多的文字，把过程和关键环节都讲得清清楚楚，人物形象也很丰满。《公羊传》宣公六年记"赵盾弑其君"，其文层层递进，从容不迫，通过几件典型事例，塑造了赵盾高大的形象，歌颂了他为法受恶的宽容精神。写场面、写人物，虽着墨不多，却都给人以深刻印象。几个侧面人物的描写，如勇士某的自刎、桑下饿者的救盾，把赵盾的形象映衬得更为丰满、鲜明。文章写灵公听到勇士自刎的消息，非常愤怒而"滋欲杀之甚"时，却"众莫可使往者"。真是画龙点睛之笔，可抵许多文字。灵公之无道失助和赵盾的得人心形成鲜明对比，谁是谁非也就不言自明了。白寿彝充分肯定了《公羊传》《穀梁传》和《左传》成功的历史叙述在史学上的影响："随着历史的发展，文史之间有一定的分工，这是进步的现象。但历史的表述必定要依靠文字，在文字写作上，于不失真实的条件下，注意到艺术性或文学性，这还是中国史学的优良传统。这个传统可说是从《左传》和《公羊传》、《穀梁传》开创的。"①

二传在对《春秋》的讲解中，阐发出一些很有价值的思想见解。《穀梁传》在历史叙述中，常表达出对不合先王之道的现实的认可态度。《公羊传》在开篇的隐公元年就宣示了大一统的观念，表述出对统一的向往。在桓公十一年，"九月，宋人执郑仲"条下，《公羊传》阐释了"权"的观念，并论述了实施原则："权者何？权者反于经，然后有善者也。权之所设，舍死亡无所设。行权有道，自贬损以行权，不害人以行权。杀人以自生，亡人以自存，君子不为也。"这里"经"是原则，"权"是变通，只要行为是有益的，适当反"经"用"权"是允许的。这反映了《公羊传》正视社会现实的政治态度。虽然其理想是礼乐复兴，但处在当时的社会环境下，采取必要的变通手段，它认为还是可以的。这是在原则性和灵活性之间作出的选择。虽然这反映出既心存理想又屈从现实的矛盾态度，具有折中主义倾向，但终究是通达的主张，是有积极意义的。这种现实主义态度与食古不化者不可同日而语。在书中其他地方，多次出现"实与而文不与"②的说法，表达的也是这种思想。

长期以来《公羊传》和《穀梁传》被作为经学著作看待，不被史学工作者重

---

① 白寿彝：《中国史学史》第1册，上海人民出版社1986年版，第236页。
② 《公羊传》僖公二年，《十三经注疏》本，中华书局1980年版，第2247页。

视。其实它们在史学上也有很大成就,在先秦史学的发展中,它们有自己的地位。

第三节 战国时期的多种历史撰述

一、《国语》与《战国策》

《国语》是战国初期的一部重要历史著作,记载了西周末年周穆王征犬戎,到春秋末年智伯被诛之间四百余年的史事。它在体裁上大致是记言,具有文献汇编性质,与《尚书》有相似之处。全书共二十一卷,分别为《周语》三卷、《鲁语》二卷、《齐语》一卷、《晋语》九卷、《郑语》一卷、《楚语》二卷、《吴语》一卷、《越语》二卷,按周、鲁、齐、晋、郑、楚、吴、越顺序分别记录各国史事,其编次原则是依各诸侯国与周王室亲疏为序。

《国语》是战国早期的私人撰述,作者还不能确认。司马迁说"左丘失明,厥有《国语》"①,可备一说。有人认为它与《左传》出自同一史家之手,是该作者用撰写《左传》余下的材料另行编著的,不大可信。这部书曾被认为是《春秋》的辅助读物,与《左传》是相配合的,因而称为《春秋外传》,其实它是一部独立的史书,与《春秋》没有直接关系。

《国语》所记述的历史内容很丰富,对于了解春秋乃至西周后期的历史,有不可替代的作用。在编纂上较多地保留了原有材料的形式,因而灵活、包容性强而不够系统,是它的一个特点。

《国语》的作者有很强的把握历史能力。零散的篇什组合之中,能尽量表现出历史事件之间的联系,有时还能反映出历史发展的过程。它记晋国史事,大致写出了晋国自春秋初年至战国初年二百余年的历史进程。它记齐桓公谋取霸业和吴越征战,或层层推进,或曲折起伏,都写出了有关事件的始末原委。像这样集中地写一国之史或一件史事的过程,在《左传》中是不多见的。

《国语》中包含了不少有价值的政治见解和历史见解。书中记载邵公谏厉王弭谤,虢文公谏宣王不籍千亩,仲山父谏宣王料民,管仲佐齐桓公为政的言论等,都是同政治得失、历史经验教训紧相关联的。这些言论和见解对后人有重要的借鉴、指导意义。《周语》载周厉王因暴政引起国人不满,厉王用杀人的办法平息舆论。邵公劝诫说:"防民之口,胜于防川。川壅而溃,伤人必多,民亦如之。是故为川者决之使导,为民者宣之使言。……民之有口,犹土之有山川也,财用于是乎出;犹其原隰之有衍沃也,衣食于是乎生。口之宣言也,善败于是乎兴,行善

---

① 司马迁:《史记》卷一三〇《太史公自序》,中华书局1959年版,第3300页。

而备败,其所以阜财用、衣食者也。夫民虑之于心而宣之于口,成而行之,胡可壅也?若壅其口,其与能几何?"对于民心、社会舆论与兴衰成败的关系,这个论述是很深刻的。作者接着告诉读者:"王不听,于是国莫敢出言,三年,乃流王于彘。"① 揭示了违反民意、用暴力压制舆论的严重后果。

《国语》善于指陈历史形势,对重大历史事件作出历史的总结。《郑语》详载史伯"王室将卑"之论后,在卷末只用了几句话,就把史伯谈话以后王室衰微、诸侯争霸的历史演变大势清晰地勾画出来:"幽王八年而桓公为司徒,九年而王室始骚,十一年而毙。及平王之末,而秦、晋、齐、楚代兴,秦景、襄于是乎取周土,晋文侯于是乎定天子,齐庄、僖于是乎小伯,楚蚡冒于是乎始启濮。"《晋语》记载晋文公"于是乎遂霸",总结了他采取正确的措施,使民知义、知信、知礼而达到可"用"的经验。《齐语》的结尾对桓公霸业作了总结,揭示了成就霸业的重要关节,最后提示:"唯能用管夷吾、宁戚、隰朋、宾胥无、鲍叔牙之属,而伯功立。"② 肯定了杰出人才的历史作用。

《战国策》是写战国时期说客辩士的权谋和军政大事的书,是一部记言为主的史书。它本是战国时期经多人之手陆续写作的篇章,流传中或名《国策》,或曰《国事》,或曰《短长》,或曰《事语》,或曰《长书》,或曰《修书》。西汉刘向校书,对它进行整理、编次、删订,编为三十三篇。其中西周、东周各一篇,秦五篇,齐六篇,楚、赵、魏各四篇,韩、燕各三篇,宋、卫合为一篇,中山一篇。因为这是写战国游士谋略之书,刘向将之命名为《战国策》。

《战国策》作者的政治态度基本是一致的,他们对于权谋都很欣赏。在编次上,各篇之间基本上不相连属。在叙述上,作者有交代因果的自觉意识。文中展示辩士风采之时,时而会出现简短的论断,用以总结全文;有时在叙陈一次游说后,记其政治效果或说士本人处境的变化。

《战国策》在表述方面有不同于《左传》的成就。它善于写辩士的说词,能以生动的语言,酣畅淋漓地铺陈形势的利害,说得情理并茂,打动人主。在史事的叙述上也能尽力刻画,写得有声有色。在传播战国时期的时代气息上,《战国策》是很成功的。书中记苏秦游说从失败到成功的情况,刻画了生动的人物形象,逼真地摹写了世态炎凉。说秦失败时,苏秦"黑貂之裘弊,黄金百斤尽,资用乏绝,去秦而归。羸縢履蹻,负书担囊,形容枯槁,面目犁黑,状有归色。归至家,妻不下纴,嫂不为炊,父母不与言"③。说动赵王,大富大贵后,路过家乡洛阳时,情形大不相同:"父母闻之,清宫除道,张乐设饮,郊迎三十里。妻侧目而视,倾耳

---

① 《国语·周语上》,上海古籍出版社1978年版,第9—10页。
② 《国语·齐语》,上海古籍出版社1978年版,第247页。
③ 《战国策》卷三《秦一》,上海古籍出版社1985年版,第85页。

而听。嫂蛇行匍伏，四拜，自跪而谢。苏秦曰：'嫂何前倨而后卑也？'嫂曰：'以季子之位尊而多金。'苏秦曰：'嗟乎！贫穷则父母不子，富贵则亲戚畏惧。人生世上，势位富贵，盖可忽乎哉！'"①

《战国策》包含了更多的社会内容，包含了不少非贵族出身的人物的言行，反映了战国时期社会结构变化的特点，这是史书中新出现的内容。

20世纪70年代在马王堆汉墓发现了写战国时期说客辩士言论的帛书，内容大体与《战国策》相同。学者整理为二十七章，命名为《战国纵横家书》。此书在规模和内容上都不及《战国策》，出土时又有一些残缺。但它具有独特的价值，书中有十七章的内容不见于今本《战国策》，据此可以更多了解战国时期的历史。

二、《竹书纪年》《世本》与《山海经》

战国时期，私人撰述有了很大发展。除了《左传》《国语》《战国策》等重要史著外，还有《竹书纪年》《世本》《山海经》等著作。

《竹书纪年》是战国后期魏国人写的一部编年史，它作为魏襄王的随葬品埋入地下，至西晋初年出土。《晋书·武帝纪》记载：咸宁五年（279）冬十月，"汲郡人不準掘魏襄王冢，得竹简小篆古书十余万言"。这些竹简出土时，因当时的盗墓者烧竹简照明，损毁了很多，余下来的也多残缺零乱。荀勖、和峤、束晳等人对此整理时，清理出文献七十余篇，其中就有《纪年》十二篇。它用编年记事的方式记录历史，起于黄帝，继述夏、商、周，至周幽王为犬戎所灭，特记晋国，晋灭后，特记魏，至襄王二十年（前299），称襄王为"今王"。它是现今所知中国史学史上最早的具有通史性质的作品。书中所记古代之事与儒家历来说法颇有不同，如"夏年多殷。益干启位，启杀之。太甲杀伊尹。文丁杀季历。自周受命至穆王百年，非穆王寿百岁也。幽王既亡，有共伯和者摄行天子事，非二相共和也"②。此书大约在宋代亡佚，今有辑本行世。

《世本》也是一部久已亡佚的史著。据《汉书·艺文志》著录，此书当时有十五篇，是"古史官记黄帝以来，讫春秋时诸侯大夫"的史书。但从现存的佚文看，记事已到战国末年赵王迁之时，可见这也是一部通史著作。书由帝系、本纪、世家、传、谱、氏姓、居、作等部分组成，是一部内容广泛的综合体史书。它的具体撰述内容和结构形式已很难说清，但其中的"氏姓"篇记氏族历史，"居"篇记都邑宫室，"作"篇记器物制作，在史学史上都是有意义的。另外，《史记》创造纪传体时，在形式上受到它的启发，似乎也没有疑问。

---

① 《战国策》卷三《秦一》，上海古籍出版社1985年版，第90页。
② 房玄龄等：《晋书》卷五一《束晳传》，中华书局1974年版，第1431页。

《山海经》是一部记载山川、道里、物产、风俗、帝王世系、历史人物、奇禽异兽、神话、传说的书。现存之本有些残缺，共三万多字，由三部分组成。第一部分包括《南山经》《西山经》《北山经》《东山经》《中山经》各一篇，两万多字。第二部分包括《海外南经》《海外西经》《海外北经》《海外东经》《海内南经》《海内西经》《海内北经》《海内东经》各一篇，共四千多字。第三部分包括《大荒东经》《大荒南经》《大荒西经》《大荒北经》《海内经》各一篇，共五千多字。此书关于山的记述，所占篇幅最多，地理范围很辽阔，在体例上也整齐、有条理。书中有些荒诞不经之说，但保存了较多的可信为很古老的历史资料。它在地理学史、文学史和史学史研究方面都具有珍贵价值。

　　有的学者认为《尚书》中的《尧典》《禹贡》都是战国时期的作品。从这两篇作品的内容看，这种说法是很有道理的。《尧典》较有系统地记载尧舜时期的史实。虽然它不可能具体地记载年月，但抓住政治事件，大体按时间顺序排列，具备了帝王本纪的初步规模。《禹贡》在地理学史上有久远的影响。它按九州分述各地区划、物产、山川、社会联系等。《禹贡》的一个特点是结合地理条件讲政治体制。书中划定的九州就是九个地域的权力机构。它讲土壤物产为的是定贡献；讲山河为的是定九州的方位和进贡道路；讲五服是按照与王城距离规定纳赋差别。此后古代的绝大多数地理书遵循了这个原则。《禹贡》重视"九州攸同""四海会同"，是突破封国局限而趋向统一的思想。

　　《竹书纪年》《世本》《山海经》和《尧典》《禹贡》，在具体内容上各有自己特殊的领域。但在资料上的博取古今，在思想上要求统一的倾向却是一致的。这反映了战国时期的历史特点。

　　《史记》在《十二诸侯年表》序中，提到了战国时期的两部史书。他说："铎椒为楚威王傅，为王不能尽观《春秋》，采取成败，卒四十章，为《铎氏微》。赵孝成王时，其相虞卿上采《春秋》，下观近势，亦著八篇，为《虞氏春秋》。"白寿彝根据其他线索，对这两部不传之书有所分析："《虞氏春秋》可能是用史事类编的形式写的，每一篇名似即表示某一类的史事。《铎氏微》可能是用纪事本末的形式写的，也可能是用史事类编的形式。值得注意的是，这两书，或采取成败，或刺讥国家得失，比着《国语》的'多闻善败以鉴戒'要更进一步，为政治服务的态度要更显著、更迫切了。"[①]

　　马王堆汉墓有帛书《春秋事语》残卷出土。这部书记事与《左传》《国语》《公羊传》等书多有相同之处，但评论多于记事。可以借此了解一些先秦时期的历史观点，这是它的特有价值。这部书应该是战国中、后期的作品。

---

① 白寿彝：《白寿彝史学论集》（下），北京师范大学出版社1994年版，第863页。

近年由上海博物馆和清华大学收藏的两批竹简引起学界关注。1994 年上海博物馆分两次收藏了来自香港的一千多枚竹简。经有关学者和部门研究检测，认定为战国晚期楚贵族墓随葬的竹书。内容有几十篇，专家整理释读后，定名为《上海博物馆藏战国楚竹书》（简称"上博简"），从 2001 年到 2012 年分九册由上海古籍出版社出版。2008 年清华大学收藏了来自海外的两千三百多枚竹简，内容比"上博简"更丰富。同样被专家研究检测后，认定为战国楚墓竹书。经整理释读，从 2009 年开始由中西书局陆续出版，定名为《清华大学藏战国竹简》（简称"清华简"），至 2018 年已出版八册。"上博简"和"清华简"中包含大量文献，涉及多个古代学术领域。其中有不少史学篇章，提供了认识古代历史和史学的新材料。如"上博简"中的《容成氏》讲述从上古帝王传说到周武王时的历史，有很丰富的历史内容，也表达了值得注意的历史见解。"清华简"中有几篇《尚书》篇章，有的与传世的今文《尚书》互有异同，有的是未传世的《尚书》篇章。"清华简"中还有百余枚竹简，记录了从西周初年到战国前期的历史，整理者将之分为二十三章，命名为《系年》。《系年》中有不见于传世文献的历史事件，更重要的是可以让我们对古代史学表述形式的多样性有新的认识。对于"上博简"和"清华简"，目前有学者对其真实性提出质疑。如果它们确属真实的出土文献，则对进一步认识古代历史文化具有重大意义。

第四节　先秦诸子的历史观

一、孔子、孟子和荀子的历史观

随着春秋战国时期社会的发展和历史的变化，历史与现实的关联越来越被人们认识，历史知识的重要越来越深入地为人们所理解。引用历史知识论证自己的思想主张，成为诸子论辩的重要方法，人们对历史动因与历史运作的看法也丰富起来。

孔子对天命与鬼神表现出一种矛盾的态度。他认为有意志的天和天命是存在的。他说过："获罪于天，无所祷也。"① "天生德于予，桓魋其如予何？"② 还说过："君子有三畏：畏天命，畏大人，畏圣人之言。"③ 但相对来说，孔子还是更看重人事的。他说过："务民之义，敬鬼神而远之，可谓知矣。"④ 认为在人事上多下

---

① 《论语·八佾》，《十三经注疏》本，中华书局 1980 年版，第 2467 页。
② 《论语·述而》，《十三经注疏》本，中华书局 1980 年版，第 2483 页。
③ 《论语·季氏》，《十三经注疏》本，中华书局 1980 年版，第 2522 页。
④ 《论语·雍也》，《十三经注疏》本，中华书局 1980 年版，第 2479 页。

功夫，对鬼神采取保留态度，这才是明智的。在评论历史问题时，他也非常强调人的因素。他评价："管仲相桓公，霸诸侯，一匡天下，民到于今受其赐。微管仲，吾其被发左衽矣。"① 肯定了杰出人物的历史作用。

孔子还有历史可知的看法。学生子张问他："十世可知也？"他回答："殷因于夏礼，所损益可知也；周因于殷礼，所损益可知也。其或继周者，虽百世可知也。"② 这句话可以理解成：过往、当今与未来是有联系的，典章制度的变化有迹可循，历史是有规律可把握的。他还说："齐一变，至于鲁；鲁一变，至于道。"③ 判定历史是向前发展的，未来的前途是光明的。他认为观察历史是有尺度的，这个尺度就是礼的实施情况，这与他的政治立场有关：礼乐征伐"自诸侯出，盖十世希不失矣；自大夫出，五世希不失矣；陪臣执国命，三世希不失矣"④。

孟子讲天命不多，他不强调天的主宰作用，更多的是强调人的力量，讲要以人合天。有人问舜有天下，"天与之者，谆谆然命之乎？"他回答："否，天不言，以行与事示之而已矣。"而所谓的行与事，他指的是"天下之民从之""百姓安之"⑤，是以人事、民生来考量的。孟子的重民思想特别值得注意。他把民看作政权的倚重力量，指出"得天下有道，得其民斯得天下矣"⑥。他甚至提出"民为贵，社稷次之，君为轻"⑦ 这样光辉的理论命题。这是古代少见的摆正了民众、政权和君主三者关系的观点。

在历史趋势的看法上，孟子有过人之处。他认为远古时代社会是不发达的，无论物质上，还是精神层面上，都是如此，社会是从落后状态发展到进步状态的。在对历史趋势规律性的把握上，孟子也做了归纳，他认为历史是一治一乱交替变化的，他说："天下之生久矣，一治一乱。"⑧ 这个看法有循环论的味道，但有相当广泛的影响，成为古人对历史的基本认识。他还说："五百年必有王者兴，其间必有名世者。"⑨ 对社会和历史发展是有信心的。

在对历史趋势的预测方面，孟子很有远见。当有人问他天下"恶乎定"时，他坚定地表示将"定于一"，也就是天下将走向统一。当问他"孰能一之"时，他又说不嗜征战者一之。这个看法既是对历史前途的信心，也是对儒家仁政思想的

---

① 《论语·宪问》，《十三经注疏》本，中华书局1980年版，第2512页。
② 《论语·为政》，《十三经注疏》本，中华书局1980年版，第2463页。
③ 《论语·雍也》，《十三经注疏》本，中华书局1980年版，第2479页。
④ 《论语·季氏》，《十三经注疏》本，中华书局1980年版，第2521页。
⑤ 《孟子·万章》，《十三经注疏》本，中华书局1980年版，第2737页。
⑥ 《孟子·离娄上》，《十三经注疏》本，中华书局1980年版，第2721页。
⑦ 《孟子·尽心下》，《十三经注疏》本，中华书局1980年版，第2774页。
⑧ 《孟子·滕文公下》，《十三经注疏》本，中华书局1980年版，第2714页。
⑨ 《孟子·公孙丑下》，《十三经注疏》本，中华书局1980年版，第2699页。

信心。

荀子从社会发展需要的角度来解说礼制的起源和存在的必要性，他说："礼起于何也？曰人生而有欲，欲而不得则不能无求，求而无度量分界则不能不争，争则乱，乱则穷。先王恶其乱也，故制礼义以分之，以养人之欲，给人之求，使欲必不穷乎物，物必不屈于欲。两者相持而长，是礼之所起也。"① 欲望催生社会制度的论点，有唯物主义色彩。

天道观是荀子思想中最闪光的地方。他强调天人相分，宣布"明于天人之分，则可谓至人矣"。他所说的天是"列星随旋，日月递炤，四时代御，阴阳大化，风雨博施"等自然状况。而所谓的天道也就是"万物各得其和以生，各得其养以成，不见其事而见其功"的自然法则。在天人之间，他强调人为因素的决定作用："天行有常，不为尧存，不为桀亡，应之以治则吉，应之以乱则凶。强本而节用，则天不能贫，养备而动时，则天不能病，修道而不贰，则天不能祸，故水旱不能使之饥渴，寒暑不能使之疾，祅怪不能使之凶。本荒而用侈，则天不能使之富，养略而动罕，则天不能使之全，倍道而妄行，则天不能使之吉。"在他看来，"天有其时，地有其财，人有其治，夫是之谓能参"。弄清天地人的各自功能，决定自己的作为，是天人理论的根本。

荀子根据这些思考，提出制天命而用之的主张："大天而思之，孰与物畜而制之？从天而颂之，孰与制天命而用之？望时而待之，孰与应时而使之？因物而多之，孰与骋能而化之？思物而物之，孰与理物而勿失之也？愿于物之所以生，孰与有物之所以成？故错人而思天，则失万物之情。"② 把人为与天道的关系处理原则说得很清楚，可以看作古代的"人为宣言"。

二、墨子、老子和庄子的历史观

墨子认为天意和人间的正当要求是一致的，他把天意理解成了一种法度，一种原则。这个法度、原则是公正合理的，其实也就是人类社会的准则。他说："子墨子之有天之意也，上将以度天下之王公大人之为刑政也，下将以量天下万民为文学出言谈也。观其行，顺天之意谓之善意行，反天之意，谓之不善意行。观其言谈，顺天之意谓之善言谈，反天之意，谓之不善言谈。观其刑政，顺天之意谓之善刑政，反天之意谓之不善刑政。故置此以为法，立此以为仪，将以量度天下之王公大人卿大夫之仁与不仁，譬之犹分黑白也。"③ 这种对天职能的赋予是很新鲜的，从学术意义上讲，充实了古代天道观的内容，从实践意义上讲为社会改造

---

① 《荀子·礼论》，《诸子集成》本，中华书局1954年版，第346页。
② 以上引文均见《荀子·天论》，《诸子集成》本，中华书局1954年版，第306—309页。
③ 《墨子·天志》，《诸子集成》本，中华书局1954年版，第307页。

和向善提供了一个新的理论工具。墨子"右鬼",又"非命",有些矛盾。但这两个主张同样是基于现实的考虑。墨子的尚同思想反映了他对天下安定的追求和思想统一的向往,很值得注意。

老子用一个抽象的概念"道"来解释宇宙与世间的来源与运行法则。他说"道"是宇宙的根本存在方式和宇宙万物的本原:"有物混成,先天地生,寂兮寥兮,独立不改,周行而不殆,可以为天地母。吾不知其名,字之曰道。"这个"道"既无象无物,是个无,可又无所不包、充塞于宇宙之间,当其化行就产生了宇宙万物。他还认为"道"是宇宙运行的根本法则,这个法则的表现就是自然无为。"道"的运行就是循着自然而行,所以自然就是"道"的根本属性。从这个认识出发,他提出:"人法地,地法天,天法道,道法自然。"① 这是他对世间法则的根本认识,也就是他社会思想的根本出发点。他的社会理想是小国寡民,是一种无为的状态。他说:"小国寡民,使有什伯之器而不用,使人重死而不远徙,虽有舟舆无所乘之,虽有甲兵,无所陈之,使民复结绳而用之,甘其食,美其服,安其居,乐其俗,邻国相望,鸡犬之声相闻,民至老死不相往来。"② 这个主张有把社会向后拉的意味。

庄子也强调"道",他的"道"与老子没有太多差别,只是更抽象,更虚无,更难把握了。在老子那里,道既是观念的实体,也是物质的实体;到庄子这里,道只存在于观念世界里了。在"道"之外,庄子还强调天的存在,他把天道和人为区分开来。凡是自然产生不加以人力的都是天,在其中加上人为的因素就是人。因为天道不能为人所把握,所以人是与天对立的,也就是说人的行为是反自然的,而放弃对自然的认识与一切努力就是人与天取得了一致。他否定了人为的意义与合理性。这种思想是消极的。

三、商鞅、韩非子和邹衍的历史观

商鞅懂得用历史分期的方法把握历史,并认为历史是前进的,是今胜于昔的。《商君书》中对先民的历史活动有很完整的认识和描述,其中既包括社会生活变化的描述,也有制度演进的考察。《商君书·画策》讲:"昔者昊英之世,以伐木杀兽,人民少而木兽多。黄帝之世,不麛不卵,官无供备之民,死不得用椁,事不同,皆王者,时异也。神农之世,男耕而食,妇织而衣,刑政不用而治,甲兵不起而王。神农既没,以强胜弱,以众暴寡,故黄帝作为君臣上下之义,父子兄弟之礼,夫妇妃匹之合,内行刀锯,外用甲兵。故时变也。"人们处于不断向前发展

---

① 《老子上篇》,《诸子集成》本,中华书局1954年版,第103页。
② 《老子下篇》,《诸子集成》本,中华书局1954年版,第307—309页。

的社会状态下，顺应历史变化采取了不同的统治制度，因而同样取得历史成就。他还把历史划分为上世、中世和下世。"上世亲亲而爱私，中世上贤而说仁，下世贵贵而尊官。"① 它们的演化受制于客观社会条件，也是人们顺势而为的结果。对于历史发展阶段性及其特点的把握，在历史认识发展史上是有意义的，表明古人对客观历史的运动已有了一定的判断能力。

《商君书》对古与今的关系有很好的理解。历史与现实有同有异，因其同而别其异才是正确对待历史的态度。儒家向来讲祖述尧舜、宪章文武，把三代理想社会，作为现实的直接参照。法家则强调历史是变动不居的，只有掌握了历史的变化才能在此基础上吸收对现实有益的东西，才能谈到为治之道。书中说："三代不同礼而王，五霸不同法而霸……前世不同教，何故之法？帝王不相复，何礼之循？伏羲、神农，教而不诛；黄帝、尧、舜，诛而不怒；及至文、武，各当时而立法，因事而制礼。礼法以时而定，制令各顺其宜，兵甲器备，各便其用。臣故曰：治世不一道，便国不必法古。汤、武之王也，不修古而兴；殷、夏之灭也，不易礼而亡。然则反古者，未必可非；循礼者，未足多是也。"② 这里看到的是比一般儒家更深刻的历史思考。

韩非子的历史观与商鞅相近，但历史是前进的主张和历史分期的观点更明确了。他把历史分为上古、中古和近古，一个时代比一个时代进步。他摒弃了对先王的迷信，批判"今欲以先王之政治当世之民，皆守株之类也"。他指出："世异则事异……时异则备变。"③ 每一个时代都有自己的特点，要根据时代变化调整政策。

从战国末年到汉代，流行着齐人邹衍创立的五德终始说。按照这一理论，有史以来的社会变化是依照木胜土、土胜水、水胜火、火胜金、金胜木这样五行相胜的顺序，循环进行的，每一个受天命而兴的朝代都依照这样的顺序禀赋着某一种德运。在施政方针、历法、服色、朝仪等方面，都必须合于这一德运的特点。如果这一朝代德运已衰，就会有按五行相胜顺序胜其德运的新朝兴起，历史进入一个新的循环过程。这是一种以循环为特色的历史观，更是一种以神秘主义为依托的政治理论。秦始皇统一天下，把五德终始说作为他政权合法性的最主要理论根据。此后，历代封建皇朝都把德运看作支撑自己政权的根基。

邹衍有开阔的视野，或者说有丰富的想象力，他提出了大九州之说："以为儒者所谓中国者，于天下乃八十一分居其一分耳。中国名曰赤县神州。赤县神州内

---

① 《商君书·开塞》，《诸子集成》本，中华书局1954年版，第52页。
② 《商君书·更法》，《诸子集成》本，中华书局1954年版，第4—5页。
③ 《韩非子·五蠹》，《诸子集成》本，中华书局1954年版，第445页。

自有九州。……中国外如赤县神州者九，乃所谓九州也。"① 这是中国历史上一种恢宏的地理观念。

思考题：

1. 先秦时期史学发展经过了哪些过程？
2. 《春秋》经传在编纂上有什么特点？
3. 《左传》和《国语》取得了什么样的史学成就？
4. 先秦诸子在历史观上有哪些主要看法？

▶ 拓展阅读

---

① 司马迁：《史记》卷七四《孟子荀卿列传》，中华书局1959年版，第2344页。

第二章 秦汉时期史学

秦汉时期（公元前221—公元220）是中国史学的成长时期。在思想领域形成了与大一统新生社会体制结合的系统理论。在历史撰述上出现了成一家之言的自觉要求。《史记》和《汉书》两部史学巨著，是中国古代历史撰述的杰出代表，创建了中国古代史学的宏伟殿堂。历史文献学的成就是开创性的。《史记》和《汉书》的历史叙事，被后人奉为典范。对史学自身的思考也有可观的成果。

第一节 大一统政治局面与秦汉史学

一、大一统局面与大一统思想

公元前221年，崛起于西北的秦吞并六国，结束了战国时代，建立起空前规模的统一国家——秦朝，在中国历史上第一次形成了全国性的多民族统一。秦朝疆域辽阔："地东至海暨朝鲜，西至临洮、羌中，南至北向户，北据河为塞，并阴山至辽东。"① 在这个广袤的领域内居住的所有民众，包括少数民族部落及政权都臣属于中央政权。面对这样一个新的泱泱大国，秦始皇君臣顺时应变，采取一系列措施，创立了全新的中央集权的统一皇朝。全国统一的实现和秦朝的建立，是中国古代社会的一大变局，由此开创的中央集权制度，确定了此后两千余年中国历史的基本格局。

汉承秦制，汉政权再度统一中国后，继承并发展了秦皇朝的统治规模和皇权专制制度，成功地把一统大业坚持数百年之久，显示出统一政权的优越性和生命力。汉武帝在董仲舒建议下，"罢黜百家，独尊儒术"，实现了政治指导思想的转变，奠定了中国两千年封建社会的思想基础。在实现了指导思想的转变后，武帝又采取了一系列强化皇权、巩固统一的措施，有力地加强了中央集权，巩固了统一大业，显示了新生大一统政权的创造力量，产生了深远的历史影响。东汉在天下扰攘之后，重建大一统政权。光武帝在巩固统一政权体制，加强皇权方面，又作了新的努力，取得了明显的效果。其中的一些措施对后来的国家制度提供了借鉴。

大一统社会格局与大一统思想有密切的关联。大一统思想有久远的历史渊源。《诗经·小雅·北山》中说："溥天之下，莫非王土；率土之滨，莫非王臣。"表达

---

① 司马迁：《史记》卷六《秦始皇本纪》，中华书局1959年版，第239页。

了全国统一的要求。在战国的动乱之世，孟子明确指出了天下将"定于一"① 的前景。在迫切要求统一的社会与思想前提下，大一统理论应运而生，《公羊传》开篇即讲"大一统"②。这是当时最有意义的理论创造，为中国的真正统一奠定坚实思想基础。秦的统一由武力实现，但在武力背后，有一统思想作为后盾。更重要的是在秦汉巩固统一的历史进程中，大一统思想发挥了无可替代的作用。

在成为巩固大一统局面的精神力量的同时，大一统理论不断得到丰富和完善。汉武帝时的董仲舒论述道："《春秋》大一统者，天地之常经，古今之通谊也。"③ 认为《春秋》张大一统之义体现了宇宙的根本法则。这为一统政权的永恒合理找到了牢固的理论根基。东汉时的何休在阐释公羊三世说中，讲到太平世强调"王者无外"④，就是"夷狄进于爵，天下远近大小若一"⑤。强调夷狄由接受华夏文化而进入诸夏怀抱，是大一统的重要标志。在这里可以看到：大一统的直接诉求是政治统一，其中包含的意义则有文化和民族的统一。政治统一、思想文化统一、民族统一的要求是三而一的有机整体。

从秦经西汉到东汉，伴随着兴衰成败的历史过程，大一统政权建设得到加强，大一统制度得到巩固。大一统的政治统治方式经过历史的考验，显示出强大的生命力。在这一历史过程中，意识形态领域的大一统思想是历史前进的思想先导。因为有秦汉特殊的社会和思想状况，才有了秦汉史学特殊的面目。这是认识秦汉史学的前提。

二、多元的历史观念

秦汉人具有雄视八荒的开阔视野和探问宇宙的理论勇气，公孙弘、董仲舒、司马迁、刘向等人都提出过探究天人之际和古今之义的理论诉求。他们贡献出了丰富多彩的理论成果。

法家以勇于开拓进取著称，他们为推行改革措施，必须冲破传统的羁绊，所以反对以古非今。他们认为历史是变化的，主张以时变的态度对待历史。李斯所言"五帝不相复，三代不相袭，各以治，非其相反，时变异也"⑥，是这种思想的典型表述。

由淮南王刘安组织编写的《淮南子》，是黄老之学的集大成之作。书中论述

---

① 《孟子·梁惠王上》，《十三经注疏》本，中华书局1980年版，第2670页。
② 《公羊传》隐公元年，《十三经注疏》本，中华书局1980年版，第2196页。
③ 班固：《汉书》卷五六《董仲舒传》，中华书局1962年版，第2523页。
④ 《春秋公羊传》隐公元年，《十三经注疏》本，中华书局1980年版，第2199页。
⑤ 何休：《春秋公羊传解诂》隐公元年，《十三经注疏》本，中华书局1980年版，第2200页。
⑥ 司马迁：《史记》卷六《秦始皇本纪》，中华书局1959年版，第254页。

"道"是宇宙本体,又是万物的生成变化根源,还是事物运动变化所遵循的根本法则。对于宇宙及万物的生成过程,《淮南子》以"道"为本,作了唯物性质的描述:本初形态的"道",由"虚霩"生出宇宙,宇宙又生出元气。混沌无象的"道"至此有了"涯垠",元气向清、浊两个方向分化,从而形成天地,天地间之气分为阴阳,表现出四时,化合成万物。"道"化生万物是个自然的过程,人类的形成也是天地气化的结果。它无目的、无意识,不主宰万物,不施行赏罚,具有物质属性。

从以道为本的天地之理出发,《淮南子》提出人的生存活动与社会行为应以"体道"为根本原则。要在弄清天地之理的基础上,通过自己顺应自然的行为求得生存与发展。把这一理论引入社会领域,便得出因自然而清静无为的主张。《淮南子》有反对崇古循古的思想倾向。它批评"世俗之人,多尊古而贱今",以致出现"为道者必托于神农黄帝而后能入说"① 等怪现象。它论述:"世异则事变,时移则俗易。故圣人论世而立法,随时而举事。"② 这是理智而通达的古今关系之论。

正宗儒家思想的代表是董仲舒。他根据当时的社会需要,把先秦以来的神意史观进一步系统化,糅入阴阳五行学说,建立起天人合一的理论体系。

他论述在宇宙中,天地人居于较高层次。他说:"何谓本?曰天地人,万物之本也。"③ 这其中,"为人者天也"④,人是天造出来的。地也从属于天:"天高其位而下其施……地卑其位而上其气……卑其位所以事天也。"⑤ 这样,在他的系统中,天作为最高范畴被突出出来。天既是整个宇宙,又是宇宙的创造者与最高主宰。天具有人格力量,是"百神之君也,王者之所最尊也"⑥。它"有和有德,有平有威,有相受之意,有为政之理"⑦,统辖着人们的行为,规定着人间的事理。人间的君主只有顺从了天意,"予夺生杀,各当其义,若四时;列官置吏,必以其能,若五行;好仁恶戾,任德远刑,若阴阳"⑧,才会得到天的福佑,世间才表现出阴阳得序,风调雨顺,物阜年丰,甚至还会出现祥瑞表示天对人间事务的赞许。

"道之大原出于天,天不变,道亦不变",是董仲舒理论学说的纲领。它反映了董仲舒形而上学的思想方法,更道出了他对天人合一的永恒宇宙秩序的贯通理解。既然天的秩序是永恒的,那么由天所规定的历史演化程序、统治政策、人伦

---

① 《淮南子·修务训》,《诸子集成》本,中华书局1954年版,第1355页。
② 《淮南子·齐俗训》,《诸子集成》本,中华书局1954年版,第796页。
③ 董仲舒:《春秋繁露·立元神》,《二十二子》本,上海古籍出版社1986年版,第781页。
④ 董仲舒:《春秋繁露·为人者天》,《二十二子》本,上海古籍出版社1986年版,第793页。
⑤ 董仲舒:《春秋繁露·天地之行》,《二十二子》本,上海古籍出版社1986年版,第807页。
⑥ 董仲舒:《春秋繁露·郊义》,《二十二子》本,上海古籍出版社1986年版,第801页。
⑦ 董仲舒:《春秋繁露·威德所生》,《二十二子》本,上海古籍出版社1986年版,第807页。
⑧ 董仲舒:《春秋繁露·如天之为》,《二十二子》本,上海古籍出版社1986年版,第808页。

准则等在本质上也都永恒不变。他提示:"道者万世亡弊,弊者,道之失也。"这种道万世无弊,永远适用。人类社会只要循道而行就会昌盛繁荣,反之则会政乱国危。如果一个朝代灭亡了,问题绝不是出在道本身,而只能是这个皇朝的统治者背离了道。这样看来,人类历史也就成了一部循道与背道而引发的兴衰史。"古之天下,亦今之天下;今之天下,亦古之天下。"① 在本质上,古今没有什么不同。以"天不变,道亦不变"为指导思想,董仲舒表述了三统循环的历史观。他指出"天之道,终而复始"②,历史是一个循环过程。它按照黑统、白统和赤统三统递嬗的固定形式进行。三者依次循环,与改朝换代相配合。人间政权都是受天命而王,按气运的演变决定统系。否则政权就是不合理的,不会长久。

董仲舒的历史观有明显的唯心主义属性。他的思想因为契合当时的社会需要,长期成为社会主导思想,产生了很大的历史影响。

刘向的历史观与董仲舒是相通的,"和气致祥,乖气致异,祥多者其国安,异众者其国危,天地之常经,古今之通义也"③ 是他的著名论断。

独尊儒术之后,司马迁、王充、王符、仲长统等用他们理性的历史思考,对董仲舒为代表的正宗思想不断提出非议与反诘。

王充对天的性质作了唯物主义的说明。他说:"天地,含气之自然也。"④ 从根本上肯定了天的自然物质属性。这是他天人关系学说稳固的唯物论基石。从天的自然属性出发,王充阐发了天地自然无为的理论观点。他认为天地的运行是一个自然变化过程,不具备什么精神因素,人和万物都是在天地运行中自然产生的,是"天覆于上,地偃于下,下气蒸上,上气降下,万物自生其中间矣"⑤,而绝不是"天地故生人","天故生万物"⑥。他用气和气化说解释万物的生成、变化,丰富了古代的朴素唯物论,他的自生说在同神学目的论的故生说对抗中显示出强大的理论力量。王充用"人不能以行感天,天亦不随行而应人"⑦ 的鲜明论点,斩断了天人之间联系的通道。

王充在历史发展观上,有突出的建树。他明白表述了今胜于古的进步历史思想。他指出"好褒古而毁今,少所见而多所闻"⑧ 是一种病态心理,尊古卑今之论是荒唐的。他从历史事实的比较中得出社会是在不断进步,汉德优于往古的历史

---

① 以上引文均见班固《汉书》卷五六《董仲舒传》,中华书局1962年版,第2518—2520页。
② 董仲舒:《春秋繁露·阴阳终始》,《二十二子》本,上海古籍出版社1986年版,第795页。
③ 班固:《汉书》卷三六《楚元王传》,中华书局1962年版,第1941页。
④ 王充:《论衡·谈天篇》,《诸子集成》本,中华书局1954年版,第472页。
⑤ 王充:《论衡·自然篇》,《诸子集成》本,中华书局1954年版,第782页。
⑥ 王充:《论衡·物势篇》,《诸子集成》本,中华书局1954年版,第144、146页。
⑦ 王充:《论衡·明雩篇》,《诸子集成》本,中华书局1954年版,第665页。
⑧ 王充:《论衡·齐世篇》,《诸子集成》本,中华书局1954年版,第812页。

结论。指出历史的走向是前进的，是今胜于古的。

在汉代思想领域，王符的元气自然论的进步性是很突出的。他认为宇宙的本原是"元气"，元气开辟宇宙，化生万物。元气还是自然与社会运动的基本力量。

仲长统明确提出"人事为本，天道为末"的命题。他说如果人事修正，自然会天下大治："王者官人无私，唯贤是亲，勤恤政事，屡省功臣，赏锡期于功劳，刑罚归乎罪恶，政平民安，各得其所，则天将自从我而正矣，休祥将自应我而集矣，恶物将自舍我而亡矣，求其不然，乃不可得也。"而如果人事悖乱，对于上苍再顶礼膜拜也无法避免败亡的下场。他得出结论："人事为本，天道为末，不其然软？"他还说："故知天道而无人略者，是巫医卜祝之伍，下愚不齿之民也。信天道而背人略者，是昏乱迷惑之主，覆国亡家之臣也。"① 此论在当时具有鲜明的论争精神和积极的现实指导意义。

仲长统对历史的变化趋势作了比较精辟的分析。他指出社会的治乱经历着一个由盛而衰的历史过程。他把历史变化划分为三个阶段：第一阶段：以武力兼并天下，建立政权。政权和秩序的建立完全是争斗的结果，所谓天命只不过是斗争的舆论工具或斗争胜利的标志而已。第二阶段：人心思安，社会稳定。由于历史的惯性，这一时期即便是无德、无能的平庸君主，也不至于有倾覆的危险。第三阶段：运徙势去，天下大乱。由于统治者骄奢淫逸等恶行的积累，使祸乱并起，生灵涂炭，秩序破坏，自身威权随之丧失。争权夺势，重建秩序的新的循环过程又在这动乱之势中重新开始。这个过程有由人事而决定的演进程序，与天命、历数没有关系。三统循环、五德终始、五行生克、质文相救等学说理论，被排斥于他的理论构架之外。这个理论有循环色彩，但积极意义还是要肯定的。

三、关于史学的初步认识

秦汉时期的史学，在目录学上还没有成为独立的学术门类，但已产生了很大的学术与社会影响。史学对于自身的反思，也有了值得注意的理论成果。

《汉书·艺文志》有"古之王者世有史官。……左史记言，右史记事，事为《春秋》，言为《尚书》"的说法，说明当时人们认为史学有记言与记事两大职能。这也可以理解成把史学分为记言与记事两大门类。《孟子·离娄下》在谈到春秋时期各诸侯国国史时，曾说："其事则齐桓、晋文，其文则史，孔子曰：其义则丘窃取之矣。"阐明史学有事、文、义三大要素。这个论断对后来史学的发展有重大影响。

《史记》的《十二诸侯年表序》是较早的有影响的史学史论文，文中论《春

---

① 魏徵等：《群书治要》引《昌言》佚篇，严可均辑校：《全上古三代秦汉三国六朝文》第1册，中华书局1958年版，第955、954页。

秋》："约其辞文，去其烦重，以制义法。王道备，人事浃。"对于史书撰写原则和思想要求的总结是很得当的。

《史记》以杰出成就吸引了当时学者的注意，对其评论，成了两汉之际的一个重要论题。这些理论思考推动了史学的发展。当时的史家多推重司马迁的史才，称赞《史记》叙事的成就和体例的完善，对其思想观点则提出异议。刘向和扬雄"皆称迁有良史之材，服其善序事理，辨而不华，质而不俚，其文直，其事核，不虚美，不隐恶，故谓之实录"①。扬雄又以为"太史公记六国，历楚汉，讫麟止，不与圣人同，是非颇谬于经"②。

班固的父亲班彪是当时的大史学家，他"斟酌前史而讥正得失"，对《史记》的议论代表了当时史学评论的最高水平。他称道《史记》："善述序事理，辨而不华，质而不野，文质相称，盖良史之才也。"肯定了司马迁的叙事成就。他强调"若迁之著作，采获古今，贯穿经传，至广博也"，讲其取材范围方面的优长。他批评《史记》"细意委曲，条例不经""其书刊落不尽，尚有盈辞，多不齐一"，说的是《史记》在撰写方法与细节方面还存在一定问题，有需要改进之处。他又说司马迁，"至于采经摭传，分散百家之事，甚多疏略，不如其本，务欲以多闻广载为功。论议浅而不笃。其论术学，则崇黄老而薄五经；序货殖，则轻仁义而羞贫穷；道游侠，则贱守节而贵俗功"，表述了与司马迁不同的历史见解。前一句说的好像是采撰方面的问题，实际也与思想见解有关。后一句对司马迁的异端思想倾向表示出明确的反对态度。这句话被作为异端与正宗思想的分水岭而广泛引用，成为判定后世史家思想倾向的重要原则。班彪对《史记》撰述方面的评说显示出他很高的史家修养和对史学性质、特点的深刻认识。在技术方面，他对《史记》提出许多具体看法，明确了一些衡量史书优劣的标准。他肯定司马迁的成就，也认为《史记》存在不足。这些看法不见得完全正确，但作为对史书的要求，为后世史籍提供了自觉的撰写原则与依据，具有很强的指导作用。

班彪通过对《史记》的评论，还表述出对史学的见解。"今之所以知古，后之所由观前，圣人之耳目也"，是他对史学性质、功能的概括，其中既包括对史书作用的表述，也包括对于史书的思想要求。他以《春秋》之义要求史书，明确提出"依五经之法言，同圣人之是非"③ 的史学评价标准，这样的原则性看法对后来史学产生了深远的影响。

《汉纪》的作者荀悦对史学的看法比较系统。他说："昔晋之《乘》，楚之

---

① 班固：《汉书》卷六二《司马迁传》赞，中华书局1962年版，第2738页。
② 班固：《汉书》卷八七下《扬雄传下》，中华书局1962年版，第3580页。
③ 以上引文均见范晔：《后汉书》卷四〇上《班彪传上》，中华书局1965年版，第1326—1327、1325页。

《梼杌》，鲁之《春秋》，虞、夏、商、周之《书》，其揆一也。皆古之令典，立之则成其法，弃之则坠于地，瞻之则存，忽焉则废，故君子重之。……惩恶而劝善，奖成而惧败。兹亦有国之常训，典籍之渊林。"① 论述了史书的重要功能，强调了史书具有令典的性质。这个论断，提升了史学的地位，为史学发展提供了新的理论依据。

以史为令典为前提，荀悦对史书撰写提出了系统的要求。他说："夫立典有五志焉：一曰达道义，二曰彰法式，三曰通古今，四曰著功勋，五曰表贤能。于是天人之际、事物之宜，粲然显著，罔不（能）备矣。"② 认为史学的任务是要达到五个方面的要求。"达道义"是强调史学要通达历史变化的缘由，弄清天地之间的根本道理。"彰法式"是要求史学通过记载社会秩序的规范和制度来彰显社会运作与国家统治的范式。"通古今"是强调史学工作只有通古今才能检验社会典则之效，揭示兴衰治乱之故，发挥史学功用。"著功勋"和"表贤能"是史学工作的重要职责。对此进行记载可以吸取典型的历史经验教训，可以通过功德业绩和明主贤臣彰显社会法式和道义，也可以用永垂史册的方式，鼓励人们积极地进行历史创造活动。这样，天人之间的关系，事物发生、存在的缘由，都充分地显示出来，使人们都能认识到。这是全面系统的史学要求。荀悦"立典有五志"之说产生了较大的影响。可以说，在司马迁提出"究天人之际，通古今之变，成一家之言"③之后，这是进一步的理论展开，是很有意义的理论创造。

对于编年体史书的编写，荀悦提出了"通而叙之，总为帝纪""通比其事，列系年月"和"撮要举凡，存其大体""省约易习"④ 等原则。对于后来编年体史书的撰写有重要指导意义。

第二节　奠定史学宏大规模的《史记》

一、司马迁与《史记》的撰述旨趣

《史记》本名《太史公书》，作者司马迁，字子长，汉左冯翊夏阳（今陕西韩城）人。生于汉景帝中元五年（前145年，或说生于武帝建元六年，即前135年），卒于武帝晚年，活了五十多岁。

司马迁的父亲司马谈任汉太史令，著有《论六家要指》，是卓有成就的学者。

---

① 荀悦：《汉纪·序》，"两汉纪"本，中华书局2002年版，第2页。
② 荀悦：《汉纪》卷一《高祖皇帝纪》序，"两汉纪"本，中华书局2002年版，第1页。
③ 班固：《汉书》卷六二《司马迁传》，中华书局1962年版，第2735页。
④ 荀悦：《汉纪》卷一《高祖皇帝纪》序，"两汉纪"本，中华书局2002年版，第1页。

司马迁幼年在家乡生活,十岁左右随父亲到长安,开始研读古文。他跟孔安国学过古文《尚书》,向董仲舒学过《春秋公羊传》,又博览六艺、百家杂语,积累了丰富的文化知识。他二十岁起出外游历,考察民情,询问典故,足迹遍于长江中下游和山东、河南一带。后来又奉命出使西南夷,一直到了现在的四川和云南的西部。

元封元年(前110),汉武帝举行封禅大典,司马谈因病滞留洛阳,未能参加。司马迁出使西南返回见到他时,他向司马迁倾诉了自己著史的宏愿,希望司马迁继续他未竟的事业,把《春秋》之后,到汉兴以来的历史记述下来。司马迁深为其父高度的史家责任感所感动,在病榻前流泪表示:一定要继承父亲遗愿,"请悉论先人所次旧闻,弗敢阙"①。

过了三年,司马迁任太史令。他主持了一次有名的历法改革,废除已不适用的颛顼历,改用比较精密的太初历。当时史官的主要职责有二:一为司天,二为记事。因此司马迁对于改历之事非常看重,认为这是自己平生最值得做的一项重要事业。

任太史令后,司马迁便开始了《史记》的撰写。可是不久,因为替败没匈奴的李陵说了几句公道话,触怒了汉武帝,被投入狱中。在"家贫,财赂不足以自赎,交游莫救,左右亲近不为壹言"②的情况下,为了完成著史宏愿,他忍辱接受了宫刑。这一人生变故使他思想发生了很大变化。受刑后,他忍辱负重,以先贤的事迹激励自己,终于用毕生心血写成了千古不朽的历史巨著《史记》。大概在武帝末年,他与世长辞。

继父志而修史,是司马迁著史的直接动因。完成时代赋予的使命,则是他著史的内在动力。在《史记·太史公自序》中,他说:"先人有言:自周公卒五百岁而有孔子,孔子卒后至于今五百岁,有能绍明世,正《易》传,继《春秋》,本《诗》《书》《礼》《乐》之际,意在斯乎,意在斯乎!小子何敢让焉?"表明他继《春秋》而作的使命感。他又说:"汉兴以来,至明天子,获符瑞,封禅,改正朔,易服色,受命于穆清,泽流罔极,海外殊俗,重译款塞,请来献见者,不可胜道。……主上明圣而德不布闻,有司之过也。且余尝掌其官,废明圣盛德不载,灭功臣世家贤大夫之业不述,堕先人所言,罪莫大焉。"说明了他对现实史学需要有迫切感受。

在《报任安书》中,司马迁对自己的著述旨趣作了一个概括的说明:"仆窃不逊,近自托于无能之辞,网罗天下放失旧闻,考之行事,稽其成败兴坏之理,凡

---

① 司马迁:《史记》卷一三〇《太史公自序》,中华书局1959年版,第3295页。
② 班固:《汉书》卷六二《司马迁传》,中华书局1962年版,第2730页。

百三十篇，亦欲以究天人之际，通古今之变，成一家之言。"① "究天人之际，通古今之变，成一家之言"，是时代提出的史学要求和思想发展的结晶，在中国史学上具有里程碑的意义。

二、"成一家之言"

"成一家之言"反映了司马迁以史学名家的意愿。这里，从规模上和体制上说明他是怎样"成一家之言"的。

《史记》是中国历史上第一部纪传体史书。全书一百三十篇，五十二万字。所记上起传说中的黄帝，历记夏、商、周、春秋、战国、秦汉之际，直到汉武帝天汉年间，包括两千多年的史事。

《史记》由本纪、表、书、世家、列传五大部分组成。对于这种体制，司马迁自己作了很明白的说明："罔罗天下放失旧闻，王迹所兴，原始察终，见盛观衰，论考之行事，略推三代，录秦汉，上记轩辕，下至于兹，著十二本纪，既科条之矣。并时异世，年差不明，作十表。礼乐损益，律历改易，兵权山川鬼神，天人之际，承敝通变，作八书。二十八宿环北辰，三十辐共一毂，运行无穷，辅拂肱股之臣配焉，忠信行道，以奉主上，作三十世家。扶义俶傥，不令己失时，立功名于天下，作七十列传。"② 在这种综合的结构中，本纪可看作全书的纲领，按年代记载一代盛衰大事，从《汉书》以后，根据封建皇朝的特点，基本确立了一帝一纪的模式。表以谱表方式记录某些历史现象的变化。书，后来史书多称志，记载典章制度或经济文化等现象，具有专史性质。世家融合本纪、列传两种形式，记录诸侯和重要历史人物的家族或集团历史，《汉书》以后，因社会格局发生变化，一般不再采用此体。列传主要记载人物，也记载一些不便收入其他部分的史实，大体分为专传、合传、类传三种形式。专传指专记一人之事的列传，也可以兼记家族成员；合传指二人或二人以上事迹合并在一起的列传；类传是记载同类型人物且在篇目上表明其类别的列传，也包括某种类型的专史，前者如《史记》的《游侠列传》，后者如《史记》的《匈奴列传》。

《史记》是纪传体史书的开山之作。司马迁以前虽然出现了多种历史记述的形式，也有记言、记事的说法，但人们在历史记述中对记述形式的自觉创造意识是不够的，各种史体一般都很粗疏。司马迁在他的历史著述中，有意识地综合运用或自己创造出不同的体例形式，构建成一个有机整体，创造出一种全新的史书体裁——纪传体，为中国历史撰述开辟了广阔的道路。

---

① 班固：《汉书》卷六二《司马迁传》，中华书局1962年版，第2735页。
② 司马迁：《史记》卷一三〇《太史公自序》，中华书局1959年版，第3319页。

纪传体可以最大限度地从多侧面反映社会历史全貌，其容量之大，表现力之丰富，是古代史学中其他任何史书体裁都不能比的。对于这种体裁的长处，唐代史家刘知幾的论述得很准确。他说："《史记》者，纪以包举大端，传以委曲细事，表以谱列年爵，志以总括遗漏，逮于天文、地理、国典、朝章，显隐必该，洪纤靡失。此其所长也。"①

这种结构形式有着其他体裁无法比拟的优点，又与古代国家制度有十分契合的关系，所以司马迁创造的纪传体史书成为中国史书的主要体裁，一直居于主导地位，被称为正史。在中国史学长期的发展过程中，由《史记》发嚆矢的"二十四史"，成了中国史学的脊梁。

《史记》是中国历史上第一部贯通古今、规模宏大的通史巨著。

在纵的方面，它记载了从传说时代的黄帝，下至汉武帝时期两千余年的历史。司马迁把从远古到汉的历史大体划分成五帝夏商周、春秋、战国、秦汉之际、汉五个阶段，用他剪裁得法的历史叙述，把两千余年的重大历史事件、重要历史人物和历史发展变化的大体形势清晰地展示出来。用通史形式记录古往今来的历史，是司马迁的伟大创举。而在一部五十余万字的著作中能涵括两千余年重要史实，显示出司马迁非凡的功力。

从横的方面看，《史记》记载了中原地区以至西到中亚，北至大漠，南至南越，东至大海这一广阔地域上，各民族及中央与地方政权的历史活动。在记述范围上，它几乎囊括了社会历史所有领域，包括政治、经济、军事、文化、科技、交通、民族、民俗、宗教等各方面内容。所记人物则包括社会各阶层，上自王侯将相，下至卜者、游侠、医生以及农、工、商贾，都在书中得到反映。

在《史记》的类传中，有《匈奴列传》《南越列传》《东越列传》《朝鲜列传》《西南夷列传》《大宛列传》，分别记述了中国周边地区各少数民族和相邻外国的历史。司马迁用《礼书》《乐书》《封禅书》《河渠书》和《循吏列传》《酷吏列传》专门记载国家典章制度建设和国家职能实施方面的历史内容。用《律书》《历书》《天官书》和《孔子世家》《老子韩非列传》《仲尼弟子列传》《孟子荀卿列传》《儒林列传》等篇章专门记录学术史方面的内容。此后，学术文化成为纪传体及其他体制史书关注的重要方面。司马迁用《平准书》《货殖列传》专门记载社会经济方面的内容。这是《洪范》八政"一曰食，二曰货"的重视经济思想在纪传史领域的落实，具有重要意义。

综上所述，司马迁实有牢笼天地，吞吐八荒的气势。广阔时空与丰富内容的结合，使《史记》成为前无古人的开创之作。诚如近人所论："这实在是一部组织

---

① 刘知幾：《史通·二体》，浦起龙通释本，上海古籍出版社2009年版，第25页。

严密、包罗万象、百科全书式的通史,也是在公元前二世纪全世界规模最大的一部通史。"①

三、"究天人之际"

天人关系在汉代是最重要的理论与现实问题,司马迁对此作出很好的回答。从根本上说,他不可能完全挣脱当时居统治地位的天人合一思想体系的藩篱,但他对此作了自己的思考,表述出一些与时人不同的卓越见解。他着重强调人的作用,对于天道鬼神表现出怀疑的态度,对于求仙方术等低级迷信,则作了辛辣的讽刺与批判。

对于上天决定人间祸福的说法,他用反诘的方法进行理论上的批驳。他以伯夷、叔齐和颜渊这些公认的善人的遭遇为例,反问:"或曰:'天道无亲,常与善人。'若伯夷、叔齐可谓善人者非邪?积仁絜行如此而饿死!且七十子之徒,仲尼独荐颜渊为好学。然回也屡空,糟糠不厌,而卒蚤夭。天之报施善人,其何如哉?"他进一步指出善恶与祸福关系的颠倒,是古往今来人们习见的普遍现象:"盗跖日杀不辜,肝人之肉,暴戾恣睢,聚党数千人横行天下,竟以寿终。是遵何德哉?此其尤大彰明较著者也。若至近世,操行不轨,专犯忌讳,而终身逸乐,富厚累世不绝。或择地而蹈之,时然后出言,行不由径,非公正不发愤,而遇祸灾者,不可胜数也。"他继续追问:既然如此,"余甚惑焉,倘所谓天道,是邪,非邪?"② 对这个诘难,天命论者是无言以对的。

《史记》详细记载项羽兴起与失败的历史过程,论说:"羽背关怀楚,放逐义帝而自立,怨王侯叛己,难矣。自矜功伐,奋其私智而不师古,谓霸王之业欲以力征经营天下,五年,卒亡其国。身死东城,尚不觉寤,而不自责,过矣,乃引'天亡我,非用兵之罪也',岂不谬哉!"③ 说明不从人事上总结成败得失,而将之归于天道是错误的。

针对阴阳灾异学说,他说从有关学说的冲突、悖乱和对其效用的考察看,"其占验凌杂米盐"④,是细碎、杂乱,不可信的。对于以占星望气预卜吉凶的学说,他直接予以否定,说"星气之书,多杂禨祥,不经"⑤。

最能突出表现司马迁天人关系方面进步思想的,是他对帝王祭祀、封禅等活

---

① 齐思和:《〈史记〉产生的历史条件和它在世界史学上的地位》,历史研究编辑部编:《司马迁与〈史记〉论集》,陕西人民出版社1982年版,第10页。
② 司马迁:《史记》卷六一《伯夷列传》,中华书局1959年版,第2124—2125页。
③ 司马迁:《史记》卷七《项羽本纪》后论,中华书局1959年版,第339页。
④ 司马迁:《史记》卷二七《天官书》,中华书局1959年版,第1344页。
⑤ 司马迁:《史记》卷一三〇《太史公自序》,中华书局1959年版,第3306页。

动虚妄无稽的揭示,和对神仙方术等低级迷信真相的揭露批判。《史记·封禅书》是集中进行这些揭露和批判的篇章。在文中,他讲历代帝王们建了好多神祠,供奉了好多神,而这些神都是帝王们造出来的。他又讲帝王们由于怕死而追求长生不老、成仙得道,这是自欺欺人的愚蠢行为。司马迁对方士们神仙方术的荒诞无稽和秦始皇、汉武帝执迷于其中的愚蠢,作了辛辣的讽刺与嘲笑。他用很大篇幅写汉武帝网罗了许多神仙方术之士,指望他们使自己成仙得道,任由他们摆布、指使,虽然不断发现方士们的骗局,一次一次地失望,却执迷不悟,"冀遇其真",最后却是"然无验者"。这里有意给后人提供一份活生生的教材。

司马迁对人谋的作用是非常看重的,在书中多处讲人谋的重要。他讲述:当齐田常欲在国内作乱,先移兵伐鲁时,子贡先后以利害游说齐、吴、越、晋四国,结果是"子贡一出,存鲁,乱齐,破吴、强晋而霸越。子贡一使,使势相破,十年之中,五国各有变"①。把子贡以过人智慧而使五国历史发生变化的作用作了充分强调。这是以人谋影响历史形势变化的典型事例。《陈丞相世家》写陈平有智有谋,在楚汉相争和汉初的重大历史转折关头,他总能作出自己的贡献,使形势发生变化。对于陈平的智谋与历史贡献,司马迁给予相当高的评价,说他:"倾侧扰攘楚魏之间,卒归高帝。常出奇计,救纷纠之难,振国家之患。及吕后时,事多故矣,然平竟自脱,定宗庙,以荣名终,称贤相,岂不善始善终哉!非知谋孰能当此者乎?"

在对人事所起历史作用的考察中,司马迁尤其注意到人心的力量。人心向背是成败兴亡的关键,这是书中反复强调的历史结论。在对从陈胜举事、楚汉相争到刘邦称帝,"八年之间,天下三嬗"②,这一大起大落的复杂历史的记述中,我们看到司马迁始终把民心放在重要地位:陈胜在骤兴面前忘乎所以,以至于众叛亲离;项羽到处烧杀,令人失望;刘邦处处留意安民,因而天下归心,取得了最后的胜利。

在影响社会与历史的诸因素中,司马迁对社会经济予以特殊的关注。论述了物质生产对社会生活的重要作用,财富对社会政治关系和社会意识的决定性作用。这些论述主要集中在《史记》的《货殖列传》之中,可归纳为四个主要论点:第一,物资有自然的分布范围,人们为满足自己的物质生活需要而劳作,社会经济生活就这样在自然与人为的互动中运作,这就是道之所符,也就是自然之验。他说:"故待农而食之,虞而出之,工而成之,商而通之。此宁有政教发征期会哉?人各任其能,竭其力,以得所欲。故物贱之征贵,贵之征贱,各劝其业,乐其事,

---

① 司马迁:《史记》卷六七《仲尼弟子列传》,中华书局1959年版,第2201页。
② 司马迁:《史记》卷一三〇《太史公自序》,中华书局1959年版,第3303页。

若水之趋下，日夜无休时，不召而自来，不求而民出之。岂非道之所符，而自然之验邪？"第二，财富占有的情况决定了人们的社会地位，决定了奴役者和被奴役者的区别，而且这是具有普遍性的道理："千金之家比一都之君，巨万者乃与王者同乐。""凡编户之民，富相什则卑下之，伯则畏惮之，千则役，万则仆，物之理也。"第三，财富的占有情况决定了人们的道德观念："'仓廪实而知礼节，衣食足而知荣辱。'礼生于有而废于无。……人富而仁义附焉。"第四，人们追求财富的欲望是天然合理、无可非议的。他说："富者，人之情性，所不学而俱欲者也。""天下熙熙，皆为利来；天下壤壤，皆为利往。夫千乘之王，万家之侯，百室之君，尚犹患贫，而况匹夫编户之民乎！"这些论断都具有朴素唯物主义色彩。

四、"通古今之变"

司马迁重视历史变化，把历史看作一个从古到今的有始有终的变化过程。但他发现以往在贯通地理解与记述历史方面存在着严重的问题。这就是："儒者断其义，驰说者骋其辞，不务综其终始。历人取其年月，数家隆于神运，谱谍独记世谥，其辞略，欲一观诸要难。"① 所以他要用"原始察终"② 的方法"通古今之变"③，考察历史的变化原委，给人们提供完整的历史知识。

司马迁在原始察终的历史考察中表现出进步的思想倾向。他紧紧把握住历史变化这个大趋势，赞成"顺流与之更始"④，表彰推动历史前进的举措，而反对逆历史潮流而动的不当之举。对于吴起、商鞅等人在战国时期主持的变法，司马迁持肯定态度。赞赏商鞅变法"行之十年，秦民大说，道不拾遗，山无盗贼，家给人足。民勇于公战，怯于私斗，乡邑大治"，"居五年，秦人富强"⑤。对老子的历史倒退主张，在《货殖列传》作了批驳："《老子》曰：'至治之极，邻国相望，鸡狗之声相闻，民各甘其食，美其服，安其俗，乐其业，至老死不相往来。'必用此为务，挽近世涂民耳目，则几无行矣。"

司马迁对史学功能有深刻的认识，把"盛衰大指著于篇"⑥，是他为自己提出的自觉的工作目标。而在对"盛衰大指"的考察中，他又认识到"物盛则衰，时极而转"⑦，历史形势的盛衰有一个变化过程，因而他又对《史记》提出"见盛观

---

① 司马迁：《史记》卷一四《十二诸侯年表》序，中华书局1959年版，第511页。
② 司马迁：《史记》卷一三〇《太史公自序》，中华书局1959年版，第3319页。
③ 班固：《汉书》卷六二《司马迁传》，中华书局1962年版，第2735页。
④ 司马迁：《史记》卷五三《萧相国世家》后论，中华书局1959年版，第2020页。
⑤ 司马迁：《史记》卷六八《商君列传》，中华书局1959年版，第2231、2232页。
⑥ 司马迁：《史记》卷一四《十二诸侯年表》序，中华书局1959年版，第511页。
⑦ 司马迁：《史记》卷三〇《平准书》序，中华书局1959年版，第1442页。

衰"① 的历史认识要求。

汉兴至于武帝之初，长期以来的休养生息政策取得了显著的社会效果，天下出现空前的繁盛景象。司马迁指出，盛衰转折之机恰在此时出现。他说："当此之时，网疏而民富，役财骄溢，或至兼并豪党之徒，以武断于乡曲。宗室有土公卿大夫以下，争于奢侈，室庐舆服僭于上，无限度。"指出在繁荣的表象下，已潜藏着深刻的危机。提醒人们："物盛而衰，固其变也。"②

《史记》明言要从历史记述中，"稽其成败兴坏之理"。司马迁在《史记·秦楚之际月表序》中指出一个政权的兴盛不是一朝一夕的事情，有一个逐步积累、逐步发展的过程。他还总结出德和力是关系国家强盛与发展的两大要素，对于有国有家者来说，这个论断给他们指出了一个明确的努力方向。

基于对历史变化的认识，司马迁明确强调国家制度必须随着时代的变化而不断调整。他说："五帝殊时，不相沿乐，三王异世，不相袭礼。"③ 他还指出要以是否取得成功作为衡量制度当否的原则："居今之世，志古之道，所以自镜也，未必尽同。帝王者各殊礼而异务，要以成功为统纪，岂可绳乎？"④

司马迁对《易传》的思想加以改造，赋予新的内涵，提出"承弊通变"这一新的历史应对原则。他看到政权之兴要靠德力等多方面的经营，其衰也一定与它在运行的历史过程中产生了诸多的积弊有关，因而承之而起的新政权首先要革除其积弊，才能获得自己发展的新的生机。在《高祖本纪》的"太史公曰"中，他分析道："周、秦之间，可谓文敝矣。秦政不改，反酷刑罚，岂不缪乎？故汉兴，承敝易变，使人不倦，得天统矣。"这个论断虽然有三统说的色彩，但用历史事实说明承敝易变才能立于不败之地，还是很有理论力量的。

对于历史变化趋势，司马迁也作了积极的探讨。他在《史记·天官书》中说："夫天运三十岁一小变，百年中变，五百载大变，三大变一纪，三纪而大备。此其大数也。为国者必贵三五。上下各千岁，然后天人之际续备。"此言有神秘主义意味，但试图把握住历史阶段性特点的努力，还是值得肯定的，而且把天人与古今结合为一体，也显示出宏观把握历史的理论勇气。书中的另一句话："夏之政忠，忠之敝，小人以野，故殷人承之以敬。敬之敝，小人以鬼，故周人承之以文。文之敝，小人以僿，故救僿莫若以忠。三王之道若循环，终而复始。"⑤ 总结了三代施政的特点，并提升为一般法则。这个论点来自董仲舒，是以历史循环论为特色

---

① 司马迁：《史记》卷一三〇《太史公自序》，中华书局1959年版，第3319页。
② 司马迁：《史记》卷三〇《平准书》，中华书局1959年版，第1420页。
③ 司马迁：《史记》卷二四《乐书》，中华书局1959年版，第1193页。
④ 司马迁：《史记》卷一八《高祖功臣侯者年表》序，中华书局1959年版，第818页。
⑤ 司马迁：《史记》卷八《高祖本纪》后论，中华书局1959年版，第393—394页。

的，但其中体现的辩证思维因素却很有意义。

五、有关《史记》的续补

司马迁去世时，《史记》并没有流传开来，汉宣帝时由其外孙杨恽公布于世。从宣帝时到东汉初的一百多年间，补续、评论《史记》形成风气，推动了史学的发展。

现在所见的《史记》，已非司马迁初撰时原貌，可能在初传之时，就有了残缺，也有人作了改窜。班彪、班固父子在谈到《史记》时，都说："十篇缺，有录无书。"① 三国魏人张晏还列出了所缺十篇的目录："迁没之后，亡《景纪》《武纪》《礼书》《乐书》《兵书》《汉兴以来将相年表》《日者列传》《三王世家》《龟策列传》《傅靳列传》。"张晏之说不完全准确②，但提供了亡篇的大致线索。

补撰《史记》成绩较大的，是汉元帝、成帝之时的褚少孙。关于褚少孙补《史记》的情况，张晏称："元、成之间褚先生补缺，作《武帝纪》《三王世家》《龟策》《日者传》，言辞鄙陋，非迁本意也。"③ 褚作从语言到思想与原作都有差距，但还是有价值的，其有功于《史记》是不争的事实。现在可以明白看出褚少孙所补的篇章还有《三代世表》《建元以来侯者年表》《陈涉世家》赞语、《外戚世家》《梁孝王世家》《三王世家》《田叔列传》《滑稽列传》《日者列传》《龟策列传》。褚作一般都在文中明白交代补作动因、材料来源和所补内容。这是可取的。褚少孙有时还会谈些对历史的看法。在《陈涉世家》的赞语中，他说："地形险阻，所以为固也；兵革刑法，所以为治也。犹未足恃也。夫先王以仁义为本，而以固塞文法为枝叶，岂不然哉！"其见解有别于流俗，而有追踪太史公之意。

还有一些补撰的篇章，如《景帝纪》《礼书》《乐书》等，具体撰人已无从查考。在其他一些篇章中，也时常可以见到补撰的痕迹。如《屈原贾生列传》之末，说贾谊之孙"至孝昭时，列为九卿"。司马迁在武帝末年已去世，此言昭帝时事，显然是后人加上去的。这些补作系何人所为，已很难弄清楚了。

刘向的弟子冯商可能对《史记》作了补撰工作。清人沈钦韩在《汉书疏证》卷二十四中说："景武纪、将相名臣表、礼乐律志、韦贤等传，或是冯商所续也。"

对《史记》的续写工作吸引了两汉之际的不少学者。他们的工作也取得了不少成果，可惜现在都已不传。人们只能根据有关记载，了解一些续作的基本情况。唐代刘知幾对此作了概括介绍："《史记》所书，年止汉武太初，已后阙而不录。

---

① 班固：《汉书》卷六二《司马迁传》，中华书局1962年版，第2724页。
② 唐代颜师古即指出其中明显的错误："序目本无兵书，张云亡失，此说非也。"张、颜之说均见班固：《汉书》卷六二《司马迁传》注文，中华书局1962年版，第2724—2725页。
③ 见班固：《汉书》卷六二《司马迁传》注文，中华书局1962年版，第2725页。

其后刘向、向子歆及诸好事者，若冯商、卫衡、扬雄、史岑、梁审、肆仁、晋冯、段肃、金丹、冯衍、韦融、萧奋、刘恂等，相次撰续，迄于哀、平间，犹名《史记》。"①李贤在《后汉书》的《班彪列传》中作注提到续作的人有"扬雄、刘歆、阳城衡、褚少孙、史孝山之徒也"。其中阳城衡即卫衡，史孝山即史岑。这些续作中，刘向、刘歆父子和冯商、扬雄的工作影响较大。刘向可能是最早续作《史记》的人。读《汉书·赵尹韩张两王传赞》，可知刘向曾续撰赵广汉、尹翁归、韩延寿三传。刘歆在王莽当政之时，曾对一些古书作过手脚，有人怀疑《史记》的许多篇章也经过了他的窜改。冯商的续写是奉诏而为，他的续作《汉书·艺文志》在六艺略春秋类中有著录，曰："冯商所续《太史公》七篇。"对冯商其人及续作情况，颜师古在《汉书注》中有介绍。在《张汤传》的赞语中，师古注引如淳曰："班固《目录》冯商，长安人，成帝时以能属书待诏金马门，受诏续《太史公书》十余篇。"王充在列举宣扬汉家功德的历史著述时说："司马子长纪黄帝以至孝武，杨子云录宣帝以至哀、平。"②据此可以推测，扬雄所续，应是从宣帝至平帝之间七八十年较完整的历史。

东汉时，朝廷还曾委派杨终对《史记》作过缩编工作。其传载："后受诏删《太史公书》为十余万言。"③这一缩编本的撰写和流传情况不得而知，后来的史志目录中也未见著录。

第三节　刘向、刘歆的历史文献学成就

一、刘向、刘歆父子的史学活动与历史文献学成就

刘向、刘歆是两汉之际最负盛名的学者。他们的政治立场不同，在经学上属于不同派别，思想上却都是阴阳五行学说的鼓吹者。在文献学领域他们作了开创性的历史贡献，建树了不朽的功勋。

刘向、刘歆父子出身于汉代宗室家庭。他们的祖先楚元王刘交是汉高祖刘邦的弟弟。刘向原名更生。汉昭帝元凤二年（前79）出生。成帝时改今名，字子政。成帝绥和元年（前8）辞世，享年七十二岁。元帝和成帝朝，刘向先后与弘恭、石显等宦官势力和王凤一门外戚势力作过坚决斗争，被誉为汉家柱石之臣。刘歆是刘向最小的儿子，字子骏，后改名秀，字颖叔。刘歆与王莽年轻时同为黄门郎。王莽执政、居摄、篡位过程中，刘歆一直担任着学术文化领袖和高级政治顾问之

---

① 刘知幾：《史通·古今正史》，浦起龙通释本，上海古籍出版社2009年版，第314页。
② 王充：《论衡·须颂篇》，《诸子集成》本，中华书局1954年版，第198页。
③ 范晔：《后汉书》卷四八《杨李翟应霍爰徐列传》，中华书局1965年版，第1599页。

职,是王莽的重要帮手。当王莽政权处分崩离析之势时,刘歆又与他人合谋准备取王莽而代之。后事泄被迫自杀,时年约七十岁。

刘向、刘歆都是博学之人,他们对学术发展作出了很大贡献。

石渠阁会议是汉代经学史上的重大事件,刘向亲与其役,为争得《穀梁传》的地位立下了功劳。他对全部儒家经典以至诸子百家之学都有比较深入的研究。著有《周易刘氏义》《洪范五行传论》《春秋穀梁传说》《五经通义》《五经要义》《孟子刘中垒注》等。针对西汉末年后妃奢淫,外戚擅权的状况,刘向"采取诗书所载贤妃贞妇,兴国显家可法则,及孽嬖乱亡者,序次为《列女传》凡八篇,以戒天子"①。为了给统治者提供治国的参考教材,他又编纂了《说苑》二十卷,《新序》十卷,撰有《列仙传》《列士传》等著作。

刘歆在经学上属于古文家,与父亲不同,但在淹博通达,兼取众长方面与父亲一致。他认为当时今文经学存在着一些弊端,建议把《春秋左氏传》与当时先后发掘出来的《毛诗》《逸礼》《古文尚书》都列于学官。他写下了阐扬经古文的宣言书——《移让太常博士书》,挑起了延续两千年的经今古文之争。刘歆还在刘向"总六历,列是非,作《五纪论》"的基础上,"究其微眇,作《三统历》及《谱》,以说《春秋》,推法密要"②。

刘向、刘歆父子在历史上建立的最大功绩,是先后主持了中国历史上第一次规模盛大的文献整理事业。他们以成功的实践,树立了文献校理的范例,确立了中国古代文献学的基本规模。

针对古代文献破坏严重的状况,汉成帝在命谒者陈农大举访求天下图书的基础上,于河平三年(前26)发起空前的图籍整理之役。这次大规模校书行动,起初由刘向总揽全局,并具体负责整理六经、诸子、诗赋三类图书。步兵校尉任宏、太史令尹咸、侍医李柱国分别校理兵书、数术、方技三类图书。同时聘请刘歆、杜参、班斿等学有专长的青年学者协助工作。刘向从河平三年到逝世的二十余年,主要精力集中于此。刘向死后,哀帝命刘歆继承父业,主持其事,直至全部完成。他们的校书实践和理论总结,在历史文献学上有筚路蓝缕之功。

他们校书的第一步是整理定本。这一工作有较适当的规程,归纳起来,约有数端:

第一,广求异本,择善而从。古书写本众多,差别较大,要想整理出可读的善本,广罗异本、积累丰富校勘材料是必要的前提。从现存刘向校书的叙录中,可知他们参校版本之多。以公私所藏大量异本进行对勘,使校勘质量得到一定

---

① 班固:《汉书》卷三六《楚元王传》,中华书局1962年版,第1957页。
② 班固:《汉书》卷二一上《律历志上》,中华书局1962年版,第979页。

保证。

第二，去复补缺，整齐篇目。校书中版本众多，出入很大，其中各书篇章有很多彼此重复者，也有不少此有彼无者。他们对此进行了整理错乱，去除重复，互补缺篇的工作，也做了条别篇目、排列目次的工作。

第三，校正文字，补足脱简。刘向校书技术已很成熟，他自言其方法为："雠校，一人读书，校其上下，得谬误为校；一人持本，一人读书，若怨家相对。"①在校雠中发现误字则予以改定，发现脱简则一一补足。

第四，命定书名，缮写定本。当时所藏各书，不但篇简错乱，书名也紊杂无绪。对书同名异者，他们于校定篇章文字后，废弃异号，确定新名。虽有简策，而无书名者，则于编辑之后，予以命名。上述工作之后，就是杀青、缮写了。他们在最后定本时也很慎重，在竹本上改正无误后，才缮写上帛成为定本。

此外，他们的校理工作还包括辑佚、辨伪等项内容，对于文献学的发展都有很大影响。

在校正定本的基础上，为便于管理使用典籍，又进行了"每一书已，向辄条其篇目，撮其指意，录而奏之"② 的撰写叙录和分类编排图书目录，以辨章学术、考镜源流的工作，创立了古代目录学的基本格局。

叙录就是书目解题，主要是介绍作者，略述全书大旨，起到指导阅读的作用。各书叙录既成，再将其汇编成帙就是图书目录了。当然图书目录并不是叙录的简单合并，而是在对各类图书均有研究的基础上，按照图书分类加以编排。刘向校书二十余年，所校每一部书都撰写了叙录，他在世时，把叙录汇辑成书的工作已有相当规模，《别录》可能就是稿本。刘向死后，刘歆继任总纂，在短期内纂成《七略》，必定是在刘向工作基础上，有所本而成。因此，《七略》应当看作他们父子二人的成果。现在《别录》已亡佚，辑下来都是零篇断简。《七略》由班固删节后，编为《汉书·艺文志》。

文献分类是一种专门学问，有很高的学术要求。《七略》中除《辑略》是将各类图书的大小序汇辑而成外，所分的六类图书：六艺、诸子、诗赋、兵书、数术、方技，刘向接受校书任务时，已经确定。刘向父子的主要贡献是在大类（略）之下，分出小类（种）。六艺略分为九种：易、书、诗、礼、乐、春秋、论语、孝经、小学。诸子略分为十种：儒、道、阴阳、法、名、墨、纵横、杂、农、小说。诗赋略分为五种：屈原赋之属、陆贾赋之属、孙卿赋之属、杂赋、诗歌。兵书略分为四种：兵权谋、兵形势、兵阴阳、兵技巧。数术略分为六种：天文、历谱、

---

① 萧统编：《文选》卷六《魏都赋》，李善注引《别录》，中华书局1977年版，第106页。
② 班固：《汉书》卷三〇《艺文志》，中华书局1962年版，第1701页。

五行、蓍龟、杂占、形法。方技略分四种：医经、经方、房中、神仙。通过分类使图书各有统属，按部就班，给读者按类求书提供了方便，更为考察学术流别奠定了基础。刘向父子所分图书六类三十八种，是对当时学术状况的反映。

《七略》作为体例比较完善的目录学著作，还通过它的大序、小序，很好地发挥了辨章学术、考镜源流的作用。它的大序，总述大类学术的特点与得失。小序论专门学术的源流得失，与大序作纲目配合，更好发挥简明学术史的作用。大小序可说是目录书的灵魂，如无古今学术条贯于胸中，是断然写不出来的。清代学者章学诚说："校雠之义，盖自刘向父子部次条别，将以辨章学术，考镜源流。非深明于道术精微、群言得失之故者，不足与此。后世部次甲乙，纪录经史者，代有其人，而求能推阐大义，条别学术异同，使人由委溯源，以想见于坟籍之初者，千百之中，不十一焉。"① 这是深有体会之言。

刘向父子编制的目录学著作，对各门学术的发展、学术分类观念的演进，以及目录学科的成熟，都有相当大的促进。此后相当长的一段时期，目录书成为中国古代学术史的主要表现形式。近人评价说："西汉有《史记》《七略》两大著作，在史学史上是辉煌的成就。"② 对刘向父子的工作作出极高的评价。

综观刘向父子在文献学上的功绩，可以得出如下认识：第一，他们整理了当时的大量图书，为后人研究、利用提供了很好的读本。今天我们对古代学术的了解，与他们的工作直接相关。第二，他们创立了校雠学的基本方法，为后人进行古籍校勘整理树立了良好的范例。第三，他们发展了学术分类观念，对学术源流及演变的考察与介绍，确立了目录学的基本构架，使辨章学术、考镜源流成为目录学的良好传统。第四，他们对古代学术的爬梳、清理，为后人认识古代学术提供了有益的帮助。

刘向、刘歆父子的保守的历史观，同他们的历史文献学成就形成极大的反差。

二、汉代的阴阳五行学说

汉代社会弥漫着神秘主义气息，用阴阳五行比附、解说社会与历史现象的阴阳五行学说盛行一时，发挥了干预社会的重要作用，也对汉代的学术文化产生了直接的影响。董仲舒、刘向、刘歆、眭弘、京房、李寻等人都是这一学说的积极鼓吹者。

这一学说不能说是董仲舒首创，但把它发扬光大，完成与儒学结合，使之神学化、方术化的却非董仲舒莫属。董仲舒把阴阳五行之气看作天人之间感应的媒

---

① 章学诚：《文史通义》附《校雠通义》卷一，叶瑛校注本，中华书局1985年版，第945页。
② 范文澜：《中国通史简编》修订本第二编，人民出版社1964年版，第126页。

介。论述天把阴阳四季五行都赋予了道德属性，比如"春气爱，秋气严，夏气乐，冬气哀。爱气以生物，严气以成功，乐气以养生，哀气以丧终，天之志也。是故春气暖者，天之所以爱而生之；秋气清者，天之所以严而成之；夏气温者，天之所以乐而养之；冬气寒者，天之所以哀而藏之"①。将之与人事联系，则"治乱之故，动静顺逆之气，乃损益阴阳之化而摇荡四海之内"②。人如果顺应了天意，阴阳四季五行之气就会正常运行。如果世事乖戾，那么阴阳和五行的正常状态就会随之而错乱。这种灾异出现既是天意的表露，也是人们行为的直接后果，二者是一致的。

由于作为媒介的阴阳五行均被天赋予一定的道德特性，它们的运行和人们的行为对它们的感应又有固定的表现形式，就产生了通过阴阳变异来揣摩天意和探求人事失误的阴阳灾异学说。"天意难见也，其道难理。是故明阴阳入出实虚之处，所以观天之志，辨五行之本末顺逆，小大广狭，所以观天道也"③，是这一学说的理论根据。"五行变至，当救之以德，施之于天下，则咎除"，是这一学说的纲领。"木有变，春凋秋荣，秋木冰，春多雨，此繇役众，赋敛重，百姓贫穷叛去，道多饥人。救之者省繇役，薄赋敛，出仓谷，振困穷矣"④，则是这一学说的具体运用。

刘向、刘歆父子服膺董仲舒的阴阳五行学说，在经学神学化、方术化的时代潮流中，起了很大的推波助澜作用。刘向为了说服成帝抑制外戚的权势，"乃集合上古以来历春秋六国至秦汉符瑞灾异之记，推迹行事，连传祸福，著其占验，比类相从，各有条目，凡十一篇，号曰《洪范五行传论》"⑤。刘歆与父所治之经不同，对灾异的具体解说有所不同，但在用阴阳五行学说来解说世道人事上，他与父亲却是一脉相承的。他也著有《洪范五行传论》表述自己的看法。他们父子这两部书和董仲舒对历史上灾异的解说，基本保存在《汉书·五行志》中。对于他们父子推演灾异的情况，侯外庐等作了这样的评价："我们统计《五行志》所载，刘氏父子推演灾异者，共一百八十二事，上起西周幽王二年（公元前780年），下逮西汉成帝元延元年（前12年），言论凡二百四十六则。就思想内容来看，比之于董仲舒，虽有鼠牙雀角的异同，而本质上则同为神学的世界观；其牵强附会尤与董仲舒异曲而同工。"⑥班固论述汉代灾异学说的发展变化很准确，他说："汉

---

① 董仲舒：《春秋繁露·阳尊阴卑》，《二十二子》本，上海古籍出版社1986年版，第794页。
② 董仲舒：《春秋繁露·如天之为》，《二十二子》本，上海古籍出版社1986年版，第808页。
③ 董仲舒：《春秋繁露·如天之为》，《二十二子》本，上海古籍出版社1986年版，第808页。
④ 董仲舒：《春秋繁露·五行变救》，《二十二子》本，上海古籍出版社1986年版，第800页。
⑤ 班固：《汉书》卷三六《楚元王传》，中华书局1962年版，第1950页。
⑥ 侯外庐等：《中国思想通史》第二卷，人民出版社1957年版，第197页。

兴，承秦灭学之后，景、武之世，董仲舒治《公羊春秋》，始推阴阳，为儒者宗。宣、元之后，刘向治《穀梁春秋》，数其祸福，传以《洪范》，与仲舒错。至向子歆治《左氏传》，其《春秋》意亦已乖矣；言《五行传》，又颇不同。"①

谶纬是秦汉思想领域的一股特殊的思潮。它的起源可以追溯到春秋时期，秦始皇时，神秘的谶言就对社会产生了影响。两汉之际，在儒学宗教化的气氛下，谶纬形成一股强大的社会思潮。"谶"是一种神秘的预言或隐语，它有时也用难解的符号或图来表示，"纬"是用宗教神学语言附会或阐释儒家经典之书，二者结合成为宗教化儒学的特殊组成部分。谶纬的兴起，固然由于方士化儒生迎风希旨，要世取资，更重要的是统治者大力提倡，用作思想武器。

秦始皇派方士卢生入海求仙，卢生在海中没见到神仙，却得到一本图书，上面有"亡秦者胡也"的谶言，把秦始皇弄得十分紧张，派出三十万大军去打匈奴。后来秦二世而亡，人们将之与二世皇帝胡亥的名字联系，觉得此谶得到了验证。西汉哀帝建平二年（前5）六月，夏贺良等人献上赤精子之谶，言："汉家历运中衰，当再受命，宜改元易号。"哀帝先信其言，下诏改元，见不到效验后，又将夏贺良等人处死。王莽篡汉，谶纬发挥了重要作用。他把有人"浚井得白石，上圆下方，有丹书著石，文曰'告安汉公莽为皇帝'"作为居摄的阶梯。又因梓潼无赖哀章献上表明刘邦要让位于他的铜匮，他"理所当然"地篡汉当了皇帝。刘秀建立东汉政权，也利用了谶纬这一工具。天下在握之际，依据"刘秀发兵捕不道，四夷云集龙斗野，四七之际火为主"的《赤伏符》，他心安理得地做了东汉开国之君。"东汉王朝，谶纬尊为'秘经'，号为'内学'，具有神学正宗的权威性。因之汉明帝时，'诏东平王苍正《五经》章句，皆命从谶'，樊儵'以谶记正《五经》异说'。自此以后，谶纬如日中天，盛极一时。……在白虎观会议上引谶纬以释经，谶纬成为汉王朝的神学正宗。"②

第四节　第一部反映大一统历史局面的朝代史《汉书》

一、班固与《汉书》

《汉书》问世于东汉初期，由于它具有突出的史学成就，又鲜明地反映了社会体制与史学的结合，被认为是古代史学，尤其是"正史"撰述的范本，享有很高

---

① 班固：《汉书》卷二七上《五行志上》，中华书局1962年版，第1317页。
② 钟肇鹏：《谶纬论略》，辽宁教育出版社1991年版，第29页。

的声誉。

《汉书》作者班固字孟坚，扶风安陵（今陕西咸阳东北）人，出身于显赫的豪强官僚世家。他的远祖可追溯到春秋时楚国的令尹子文。曾祖班况的女儿成帝时应选入宫为婕妤，曾得宠于成帝。班况的三个儿子都少年贵盛，又才能出众。此时班氏一门荣宠已极。这种门第决定了班固对汉朝的感情。

班固的家族还具有优良的学术传统。伯祖班伯以通经知名当世。二伯祖班斿博览群书，才学出众，与刘向等人共同进行了成帝时的图书整理事业。班斿之子班嗣也以才学擅名一时。在思想和学术上对班固影响最大的是他的父亲班彪。班彪在中国史学史上有自己的地位。

班彪有二子一女，长子班固，次子班超，女班昭。班超有定西域之功，《后汉书》有专传记载他的事迹。班昭是古代难得的女史家，她字惠班，又名姬，嫁于同郡曹世叔，故又称曹大家。班固死后，班昭对《汉书》作了系统整理，其中八表和《天文志》班固尚未完成，是由班昭和同郡马续补缀而成的。班昭也是第一个训解《汉书》的人。她著有《女诫》七篇，是古代女性行为的教科书，有广泛的历史影响。

东汉光武帝建武八年（32），班固出生于河西其父任上。在良好家庭环境和学术气氛中，班固的治学天赋得到了充分发展，九岁时即能写文章诵诗赋。班固早年曾入太学读书，二十多岁时居父忧回乡。乡居期间，他开始了《汉书》的写作。整理父亲遗稿时觉得《史记后传》还不完整，也不够详尽，于是决心继承父业，这是他写作《汉书》的直接契机。永平五年（62），正当班固专心著述之时，有人上书告发他私改国史，因此被押解入京兆狱中，书稿也被收缴。弟弟班超进京上书向明帝说明班固的著述意图，明帝阅过书稿后对之十分欣赏。于是班固因祸得福，被任命为兰台令史。任职期间，班固与陈宗、尹敏、孟异合写了《世祖本纪》。次年他升迁为郎，职司典校中秘书籍。此时，他撰写了《功臣》《平林》《公孙述》等列传载记二十八篇。这些纪传都收入了《东观汉记》之中。通过这些东汉史的撰述，明帝进一步认识了班固的才干，便让他继续进行《汉书》的写作。经过前后二十五年的努力，班固基本完成了《汉书》这一煌煌巨制。

章帝即位后，班固曾长期充当章帝的侍从与顾问。章帝巡视地方，班固也常陪同左右，四出游历拓展了他的胸襟，开阔了他的眼界。建初四年（79），章帝作为主持人和仲裁者召集群儒，讲论五经异同于白虎观。班固参加了会议，并担任记录之职。会后，他把讨论结果整理成《白虎通德论》（或称《白虎通义》《白虎通》）一书。

班家与外戚窦家关系密切。窦宪被除，班固受牵连入狱，死于狱中，时年六十一岁。

二、《汉书》的性质、内容和体例

《汉书》是中国第一部纪传体朝代史,所记基本上是从汉高祖初起到王莽败亡的西汉(包括新朝)二百三十余年的历史。全书八十余万字,原为百篇,后人析为一百二十卷。由纪、表、志、传四个有机部分组成。包括本纪十二篇,西汉的执政者,从汉高祖、惠帝、吕后到平帝各占一篇,实际是全书的纲领。表八篇,有《异姓诸侯王表》《诸侯王表》《王子侯表》《高惠高后文功臣表》《景武昭宣元功臣表》《外戚恩泽侯表》《百官公卿表》《古今人表》,用简明方式揭示出历史的变化及内在联系。志十篇,有《律历志》《礼乐志》《刑法志》《食货志》《郊祀志》《天文志》《五行志》《地理志》《沟洫志》《艺文志》,所记涉及社会政治、经济、军事、文化各个领域,是全面反映社会面貌的记述载体。列传七十篇,记载了从陈胜、项羽到王莽等西汉社会各阶层的代表人物,也记载民族地区、外国以及其他不便于载入纪、表、志中的史实,是全书的细目。

汉代是中国历史上第一个取得了巨大历史成就的大一统皇朝,《汉书》是第一部大一统的皇朝史。秦建立了中国历史上第一个全国性的统一多民族政权,但短期灭亡,没有显示出大一统体制的生命力。西汉则把一统格局保持了二百余年,创造了历史的辉煌。班固因对西汉一统功业有清楚认识,才潜精积思,贡献出古代第一部断代史巨著《汉书》。自觉地用适当的史学形式反映社会格局的变化,用亘古未有的历史著作来记述亘古未有的大一统皇朝,这是《汉书》的重要价值所在。

《汉书》继《史记》而起,它沿用了纪传体史书体裁,而改通史为断代,这是史学发展史上的大事。对后世史学有深远的影响。《汉书》的创建得到历代史家的尊重和历史的认可,纪传体朝代史成为中国史学的主导流派,得到充分发展。现存二十四史中,除《史记》等几部史书外,绝大部分是断代体。唐以后更形成官设史局为前朝修史的制度,使中国古代历史记载连续不断,构成完整系统。这是《汉书》在中国史学史上作出的突出贡献。

《汉书》对首创纪传体的《史记》在体制上的粗疏之处作了改进,也出于断代需要,对《史记》体例作了调整,形成以"体方用智"为特色的纪传体朝代史新格局,推动了纪传史体的进一步发展。

本纪是纪传体史书的纲领,《汉书》在《史记》基础上进一步明确了本纪的义例。把本纪统一改为以帝王为中心的编年大事记,确立了一帝一纪的基本模式。《史记》的项羽、高后二本纪,名曰本纪,实则传体。《汉书》对本纪作出统一要求,如《高后纪》只详大事,把一些具体史实归入相关的列传中,使本纪体例更为严整，更好地发挥了纲领作用。

表是纪传体史书重要的组成部分，能以简明直观方式揭示复杂的历史现象。《汉书》的史表对《史记》有因有革。新增加了《百官公卿表》和《古今人表》。《古今人表》按九等罗列传说时代到秦的几乎所有知名人物，是可取的撰史良法。《百官公卿表》详细记载汉代百官任免情况，序中又记述秦汉官制沿革。在纪传体史书中记载官制，此表为滥觞之作。以后各史及补志、补表中大都有百官志、职官表等，成为志、表中不可或缺的组成部分。

《汉书》的志在《史记》八书基础上作了很大调整、补充。除篇目分合和篇名改动外，新增了《刑法志》《五行志》《地理志》《艺文志》等篇目。扩大了纪传体史书的容量，成为后起各正史中重要组成部分。对志的排列顺序，《汉书》所作调整较之《史记》感觉更有条理。改造后的《汉书》十志在记述形式和内容上都有创新，具有严密的组织系统，在历史撰述的成熟程度上，是其他史著很难企及的。后来书志体逐步发展，并从纪传体中分离出来，形成史学流派之一的典志体，与《汉书》十志撰写成功的影响有一定关系。

《汉书》对列传的改动也很大。班固适应汉代历史的变化，去掉世家，把这部分内容并入列传，简化了纪传体。《史记》的列传在体例上很不一致，《汉书》做了整齐划一的工作。他改变了《史记》传主年代顺序混杂不一的状况，所记人物大体以年代顺序相次，读者披阅可参照前后，容易获取对各历史阶段的全面认识。他改变了《史记》列传编排凌杂参差的作法，基本是专传、合传在前，类传统一编排在后，类传的顺序也是先中国后四夷。这就使全书眉朗目清，条理分明，给读者提供了很大方便。他也改变了《史记》列传命名的方式，基本上统一以姓名标目。

《史记》在体例上不拘一格，富于变化，能生动地反映历史面貌；《汉书》则以规矩法度贯穿其中，而能容纳更多史实。它们各具特点，又能各极其致，因而未可轩轾。但是，"迁史不可为定法，固书因迁之体而为一成之义例，遂为后世不祧之宗"①。《汉书》因其严整有法而对后来史著的撰写产生了更直接的影响。

三、《汉书》的博洽

《汉书》以十志为主干展开多种专史的撰述，为古代学术开辟了新领域，也在扩展纪传史体容量，扩大史书记事范围方面作出重大突破。在这个突破中，班固既为人们提供了广泛丰富的知识，显示出《汉书》的博洽，又对古代社会和历史问题作了积极探讨，阐发出他的历史见解。

---

① 章学诚：《文史通义·书教下》，叶瑛校注本，中华书局1985年版，第50页。

书中各专门史的撰述围绕着国家职能、社会经济、民族历史和学术文化几个方面展开。

对国家职能的阐述在书中占首要地位，成就也最大。《礼乐志》对《史记》的《礼书》《乐书》作了大量改订增补，是《汉书》阐述国家典章制度的重要篇章。篇中以礼为重点，阐述了礼乐的各自功能和它们治国平天下的重要作用，叙述了周至东汉初礼乐制度演化情况。礼乐是古代社会政治的核心，后起诸史的书志中一般都有这部分内容，但能写出《汉书·礼乐志》这样水平的却不多。《刑法志》是《汉书》新创立的篇目。志中介绍了由古至汉兵刑制度演化梗概，重点叙述的是汉代法制情况。班固在志中探讨了刑狱失平之由，结合东汉初期的社会现状，提出很有价值的使政清刑平的具体建议。《刑法志》是简明刑法史，也是古代社会的法制教科书。它开启了史书和政书中刑法志的撰写，是古代刑法专著的滥觞之作。《地理志》也是班固的一个创建。志中详述了古今地理沿革、汉代行政区划、户籍人数、土俗民风、各地物产等。《地理志》的撰写在史学上具有重大意义，它大大发展了《禹贡》的记述方式，成为后世史书中地理、郡国诸志的典范，也对地志诸作有很大影响。

《汉书》对社会经济的记述，主要通过《食货志》《货殖传》展开。《食货志》是书中的优秀篇章，主要记述从古代到王莽时期的经济情况和历史演变。它以耕织为中心线索，把食、货分为上下两篇，抓住了中国封建社会农业和手工业相结合的特点。《汉书·食货志》较《史记·平准书》有很大进步：首先，它的叙述分门别类，脉络清楚，改变了《平准书》农业与经济混杂的撰述方式。其次，它的记述范围有很大扩展，《平准书》以汉代为限，《食货志》却贯通古今。第三，它的材料搜集也更齐全，先进的生产技术，有价值的理论观点和可取的有关政策，它都详细作了记载。第四，《平准书》主要是对汉代，特别是武帝时期的经济政策进行讽刺、批判，没有提出很多建设性意见。《食货志》则系统阐述了班固的经济观点，《汉书》的富于建设性，可以在《食货志》中得到较充分证明。

《汉书》在民族史的撰述上有很大进展，比《史记》增加了很多历史事实。《汉书》的民族史记述，展现出国内外各族人民生产劳动及民族政权建设和社会发展历史，也反映了在汉一统政权之下，国内各民族交好、征战，并逐渐融合的历史。

《汉书》对学术文化史的记述主要集中于《律历志》《天文志》《五行志》《艺文志》《儒林传》及各学者的合传或专传中。《艺文志》是班固首创的篇章，它继承了刘向、刘歆父子校书的学术成果，是中国现存第一部目录学专著。本志在大小序中详述古代各家学派的学术特点及其得失，作了辨章学术、考镜源流工作，可抵一部学术简史。《艺文志》开创了史志目录这一目录学重要流派，推进了古代文献学的发展。《儒林传》是儒家思想发展变化的专史。它与《艺文志》有机结合，再配以各学者的专传，较完整反映出古代特别是西汉的思想学术情况。

《汉书》在学术史的撰述中，对儒家学说的变质作了准确揭露：一是儒家学说渐杂祇祥，逐步偏离孔子"不语怪力乱神"的宗旨，而与神学相结合，成为天人感应的新学说。二是儒家学说逐步成为经生谋生手段，变为禄利之路。

四、《汉书》的天人关系论与历史变化观

班固在天人关系上表现出矛盾的态度。一方面他认为天人之间的感应是存在的。在《汉书》中他宣扬了君权神授、谴告说以至五行灾异等神学迷信学说。另一方面他又对过分宣扬这些学说表示出保留、怀疑，甚至否定的态度，阐发出一些很有价值的理论观点。可见，班固的历史思想是折中主义的，或者说是有二重性色彩的。

《汉书》中的天有多重含义。有时天是冥冥中一种神秘的超自然力量。这种天是有意志的，行使着惩恶劝善职能。对于帝王的认可与否定也是天的最主要职能。为了宣汉，班固还借用了五德终始学说。《高帝纪赞》中说："汉承尧运，德祚已盛，断蛇著符，旗帜上赤，协于火德，自然之应，得天统矣。"论证汉得天下有种种物象表明合于五德之运，与历史运行顺序一致，为天命攸归。有时天也指一种非人力所能左右的、不可知的、似乎是前定的"命""数"。班固历史观中的消极因素，主要体现在这些方面。书中的天还指势或时，是一种客观趋势。时、势对历史发展具有重大影响的思想，在《汉书》中有明显表现。当用历史方法分析问题时，班固往往显现出史家本色而忘了宗教神学的说教。在《异姓诸侯王表序》讨论刘邦帝业之兴时，他把时势的促成看成了重要原因。

班固认为，在历史进程中人是有所作为的，人的活动可以改变历史的面貌。《汉书》重视民众在历史中的位置。民心关乎国家盛衰，重民是国家长治久安的根本大计，这是班固通过历史考察总结出来的带有规律性的历史结论。在对秦亡教训的总结上，《汉书》引用贾山的《至言》论证，人怨不但是亡国之因，而且是天下败坏之由，把民众的历史作用放到了重要的地位。书中有以民为本的思想，把民作为历史活动的出发点。书中把合民心作为评价历史行为或政策措施的标准。这在古代政治中抓住了关键环节。对于文景时代，班固倾慕不已，最重要的原因就在于文景的政策使"黎民醇厚"①，"民用宁康"②。武帝虽然建树了巨大功业，仍受到班固的批判，也主要是因为他没有效法"文景之恭俭以济斯民"③。

---

① 班固：《汉书》卷五《景帝纪》赞，中华书局1962年版，第153页。
② 班固：《汉书》卷一〇〇下《叙传下》，中华书局1962年版，第4237页。
③ 班固：《汉书》卷六《武帝纪》赞，中华书局1962年版，第212页。

对于人们进行的物质生产活动在社会历史中的作用，班固也有很好的认识。在《食货志》的开头，论述了经济活动在社会生活中的重要作用，指明这是国家施政方针的最根本环节。他还多次引用李悝尽地力之教，"行之魏国，国以富强"①，秦修郑国渠，"于是关中为沃野，无凶年，秦以富强，卒并诸侯"② 等实例，论述经济活动在抚众安民、富国强兵诸方面的重要作用。

班固基本否定了杂占望气等迷信活动，认为这是"惑者不稽诸躬，而忌妖之见"，是"舍本而忧末"③ 的行为。对这种学说的泛滥，他尤其不满。论述这种学说难于征信，偶尔灵验也不过是"亿则屡中"而已，学者不应由此迷入歧途。

《汉书》对谶纬符命的批判具有特殊意义。在东汉初谶纬符命活动搞得沸沸扬扬之时，班固以王莽为靶子，借助历史武器对它的骗人真相进行揭发批判，起到了儆醒人心的作用。《汉书》明白揭露了所谓图谶符命是根据政治需要制造出来的骗局。揭露符命谶纬是操纵在统治者手中的工具，他们可以根据自己的需要加以控制并任意解释。书中还描写了王莽利用谶纬符命篡权后，到了败亡之际无计可施之时，又妄想依靠符命保住政权的一系列徒劳表演。用事实告诫人们，谶纬符命除欺骗以外并无其他效用。

基于对历史变化的根本认识，在《汉书》这部朝代史中，班固提出了"究其终始强弱之变"④、"通古今，备温故知新之义"⑤ 的撰述要求，力图把历史作为一个发展变化的过程来论述。《异姓诸侯王表序》论述汉得天下之由，《诸侯王表序》论述分封得失，都采取了由源及流的方法，指出了历史变化的客观条件不同，对政治问题的对策和后果也会随之不同。班固还为自己提出了"备其变理，为世典式"⑥ 的理论任务，希望从对历史的考察中，探索出相对稳定的一般性理论，为人们认识历史提供根本性的指导。

班固将原始察终、见盛观衰的思想与"备其变理，为世典式"的著述宗旨相结合，促成了《汉书》历史撰述的成功。书中对宗室、外戚势力消长的记述，很好地体现出这种结合趋势：宗室势力的消长与分封制度的演变有着直接关系；外戚是封建统治阶层中的一个势力集团，遇到适当时机，必然会发展膨胀，进而威胁皇权。这就是班固从原始察终中总结出来的"变理"。

班固继承司马迁历史观中的进步因素，提出了顺时应变的可贵思想。他的顺

---

① 班固：《汉书》卷二四上《食货志上》，中华书局 1962 年版，第 1125 页。
② 班固：《汉书》卷二九《沟洫志》，中华书局 1962 年版，第 1678 页。
③ 班固：《汉书》卷三〇《艺文志》，中华书局 1962 年版，第 773 页。
④ 班固：《汉书》卷一四《诸侯王表》序，中华书局 1962 年版，第 396 页。
⑤ 班固：《汉书》卷一九上《百官公卿表》序，中华书局 1962 年版，第 722 页。
⑥ 班固：《汉书》卷一〇〇下《叙传下》，中华书局 1962 年版，第 4267 页。

时应变思想有两个基本内涵。其一，是要根据历史本身的变化来调整政策措施和人们的行为，以适应历史的新形势。在系统考察周、秦历史发展过程，并对他们各自的施政特点进行深入思考之后，他引用严安的话对他们的败亡原因作出带根本性的回答："周失之弱，秦失之强，不变之患也。"① 痛切指明不能顺时更化的严重后果。其二，历史的运行既有变化性，又有连续性，因而人们应根据具体情况，决定对于前代遗产的取舍。对前代施行有效、至今仍有价值的做法要努力继承，对于前代应用失败或已过时的做法则应大胆更化。"汉承秦制"在历史上具有一定必然性。《汉书》看到了秦代在职官等政治制度上变革的正确性，因而充分肯定汉对此"因循而不革"是"明简易，随时宜也"②。对于秦代刑法的严酷和"竭天下之资财以奉其政"③ 的掠民政策，他认为必须彻底更改，才能保证国家的长治久安。这种有因有革的观点体现了班固历史变化思想的丰富性。

《汉书》中顺时应变的观点给古代历史思想注入了新鲜血液，为后来的思想家、改革家提供了有益的启示。

第五节 汉代史学的其他成就

一、修史制度与《东观汉记》

秦很早就有专门史官并建立了修史制度，史学在秦早期国家的建设发展中起过一定作用。秦史官的最主要职责应是在朝中司记注之职。秦史官所修之史，今天可以略见一斑的是《秦记》。其书叙事始于秦襄公，止于秦亡。《史记·六国年表》基本参据《秦记》修成，《史记》中详记张仪、白起等许多秦人事迹，与较多采据《秦记》材料有关。另一部重要书籍是 1975 年在睡虎地秦墓中出土的竹简《编年记》。《编年记》竹简共 53 支，逐年记载秦昭襄王元年（前 306）到秦始皇三十年（前 217）秦的战争等大事，同时，记录墓主喜的生平等事项。《编年记》的每条记述都很简单，有时还列年而不记事，体例与《春秋》相近，可以看出早期史书的编年记事方式的大致状况。

对于汉代的史官设置与修史制度，现在了解得还不够多。西汉的御史大夫官属中有御史中丞，"在殿中兰台，掌图籍秘书"④。奉常属官有太史，后或称太史

---

① 班固：《汉书》卷六四下《严朱吾丘主父徐严终王贾传下》，中华书局 1962 年版，第 2812 页。
② 班固：《汉书》卷一九上《百官公卿表》序，中华书局 1962 年版，第 722 页。
③ 班固：《汉书》卷二四上《食货志上》，中华书局 1962 年版，第 1126 页。
④ 班固：《汉书》卷一九上《百官公卿表上》，中华书局 1962 年版，第 725 页。

令。司马谈与司马迁父子先后任过太史令。司天与记事是太史令的主要职责，终汉一代均是如此，这是先秦史官双重职能的延续。太史令有搜集管理各种文字材料和历史记载的职能，这与御史中丞掌图籍秘书是何种关系，有待探究。王莽于居摄元年"置柱下五史，秩如御史，听政事，侍旁记疏言行"①。其实行情况，不得而知。

东汉太史令的职责与西汉不完全相同，其记事之责有所减缩而司天之责更为突出。汉代的著记多记灾祥，与太史令的这个职能有关。刘知幾说："前汉郡国计书，先上太史，副上丞相。后汉公卿所撰，始集公府，乃上兰台。由是史官所修，载事为博。"②说明东汉兰台令史又接替了西汉太史令的部分职能。"职在文书"，"职校定文字"③ 是兰台令史的正常职责。因为图书档案集中在此，兰台令史又多由优秀学者担任，所以东汉初朝廷修史的任务也就落在了这里。班固曾任兰台令史，在任上撰光武帝本纪和平林、新市及光武功臣等列传、载记二十八篇。杨终任郡小吏，撰《哀牢传》，得到明帝赏识，征诣兰台，专任史职。经常在兰台做事的应该还有校书郎。杨终、杜抚、班固、贾逵等人都曾以校书郎的身份在兰台校书修史。章帝以后，图籍与撰著之所移至东观。安帝时开始，东观基本成为政府固定的修史场所，此后直到东汉末年，在东观校定五经、诸子的记载不绝于史。

从历朝都修有起居注类著作的情况看，两汉时期应该有固定的记注制度，有固定的柱下史之类官员专司此职。现在可以查到线索的这类著作有：记西汉史事的《汉著记》百九十篇，汉武帝的《禁中起居注》，杜抚、班固等修的《建武注记》，东汉明德马皇后撰的《明帝起居注》，记载和帝邓皇后事迹的《长乐宫注》和《灵帝起居注》《献帝起居注》等。

东汉一代官修史书的最大成绩是《东观汉记》的修撰。这是东汉各朝陆续修撰而成的当代史，前后参加修撰者有几十人，贡献最多的是班固、刘珍、蔡邕。此书初名《汉记》，后人因其书主要成于皇家藏书之所东观，故以地名冠之。《东观汉记》是中国第一部官修纪传体史书。它开创了后世官修国史之例，从而形成了官修本朝史的良好传统，为及时有效保存历史材料，提供丰富的历史知识作出了制度上的保证。它还为此后历代官修国史提供了有益的经验教训。

《东观汉记》在《隋书·经籍志》史部正史类著录为一百四十三卷。其书包括本纪、表、志、列传，还有载记，在篇末一般还有序，集中发表对所述历史的看法，是一部体例比较完备，但内容相对残缺的纪传体史书。记事从王莽末年群雄割据时开始，到东汉末灵帝时期结束，其中也有一些献帝时期的史实。其书在规

---

① 班固：《汉书》卷九九上《王莽传上》，中华书局1962年版，第4082页。
② 刘知幾：《史通·忤时》，浦起龙通释本，上海古籍出版社2009年版，第555页。
③ 王充：《论衡·别通篇》，《诸子集成》本，中华书局1954年版，第134页。

模上继承了《史记》《汉书》开创的纪传体体制,又有所创新。《先贤表》《朝会志》《车服志》和《载记》都是它新创的名目。这些篇目对后来的纪传体史书,产生了一定影响。①

《东观汉记》的史料采摘范围相当宽广,采录了官修的起居注、历朝注记、尚书所主故事、兰台东观图籍与档案、功臣功状、前人的旧闻旧事和私家著作等当时能搜集到的大量官私文献资料。保留了丰富的原始材料,成为东汉历史材料的宝库。此后诸家后汉史著作,基本都以它为主要材料来源。

《东观汉记》撰写同时就已开始流传,三国两晋南北朝时期传布很广,人们把它与《史记》《汉书》并称为"三史",在历史上产生了重大影响。此书久已亡佚,现有辑本行世。

二、荀悦与《汉纪》

《汉纪》的作者荀悦是一位有杰出成就的史学家,在中国政治思想史上也有自己的地位。荀悦字仲豫,东汉颍川颍阴(今河南许昌)人。出生在一个负有盛名的世家大族之中。生于桓帝建和二年(148),去世于汉献帝建安十四年(209)。他自幼聪慧,熟读诗书,"年十二,能说《春秋》"。《后汉书》本传说他:"性沉静,美姿容,尤好著述。"灵帝朝宦官弄权,他托病隐居。曹操当政时,入朝成为皇帝近臣。此时,他与荀彧、孔融等人"侍讲禁中,旦夕谈论"。献帝喜好读书,很想从前朝历史中吸取经验教训,可常感到班固的《汉书》"文繁难省",不便阅览,于是让荀悦用《左传》那样的编年体对《汉书》加以改编。荀悦奉命后,用三年时间写成《汉纪》三十卷奏上。除了《汉纪》和《申鉴》外,荀悦"又著《崇德》《正论》及诸论数十篇"②。

《汉纪》是一部史学名著,在中国史学史上有重大影响。全书三十卷,十一帝纪,另有高后纪一卷,约十八万字,以编年纪事的方式,记载西汉一代政治上的成败得失,也涉及经济、文化、民族、军事等内容。

《汉纪》是一部编年体朝代史。荀悦在撰写《汉纪》时,对体例有自觉的考虑。他主要采取了"通而叙之,总为帝纪""撮要举凡,存其大体"③ 和"通比其事,列系年月"等一套得体的方法对以往的编年体例进行改造,使《汉纪》"省约易习"④,建立了断代的规模具备的编年史体。

---

① "载记"这一体制在《晋书》中得到运用,《魏书》另立"序纪",《金史》另立"世纪",以追述建立政权前先祖之史,似应受到《载记》这一体制的启发。
② 以上引文均见范晔:《后汉书》卷六二《荀韩钟陈列传》,中华书局1965年版,第2063页。
③ 荀悦:《汉纪》卷一《高祖皇帝纪》序,"两汉纪"本,中华书局2002年版,第1页。
④ 荀悦:《汉纪·序》,"两汉纪"本,中华书局2002年版,第2页。

"通而叙之，总为帝纪"的方法是适应中国社会状况变化而对编年体作的重要改造。《汉纪》沿用《汉书》十二本纪，以之为全书纲领，按历史顺序排列帝纪，在各帝纪下编年记事，使全书纲举目张，充分体现了编年体史书的特点。更重要的是这种作法适应了社会变化对史学的客观要求。秦确立了延续两千余年的以皇帝为核心的大一统皇朝统治体制。班固在继承司马迁创造的纪传史体形式之时，更加突出本纪作为全书纲领的地位，确定一帝一纪的记载模式，让纪传体综合性史书的历史记述与社会构成进一步取得了一致。荀悦则在编年史领域完成相应任务，既反映了中国社会的特点，又使历史记述与客观历史发展的阶段性贴近起来。《汉纪》之后，"总为帝纪"的方式被编年体史书广泛采用。

《汉纪》对《汉书》所载西汉一代史事进行剪裁加工，取其要而汰其繁，把一代兴衰大势清晰地展示在读者面前，又着力交代出盛衰转折的关键所在。十八万言的《汉纪》篇幅不到《汉书》的四分之一，却能让人对西汉一代的历史有准确的了解，并能从中充分吸取成败兴衰的历史经验教训，受到深刻的历史教育。这就是"撮要举凡，存其大体"。

"通比其事，列系年月"，"这是对编年体的一个重要发展。这八个字的内容，不只是要按年月把史事通通地安排起来，还包容有类比的方法。《汉纪》有时因记一个人而连类记载跟这人有关的事或同类的人，有时因记一件事而连类记载这人的其他事。这样的作法，就大大地减少了编年体以年月局限记载范围的困难了"①。书中基本按年月编排史事，对于重要历史人物和无年月可考或不便分散于年月之下的史事，用连类列举的方法作出很好的安排。例如张骞通使西域和西域各国不可不记，按时间分散去写，又会造成史实支离破碎的后果，《汉纪》便在武帝元光六年（前129）"张骞封博望侯"之下，先记张骞的出使，接着记西域诸国。这一记事方法被称为"类叙法"，是《汉纪》在体例上的一个很重要创造，既扩大了编年体史书的容量，又保持了编年记事历史发展轨迹清楚的特长，对于后来的编年史有很大影响。

编年纪事是中国史学古老的传统，《春秋》《左传》是这一传统的早期代表作，为世人所重。但《史记》《汉书》等规模宏大、囊括力强的纪传体史书出现后，立即受到人们青睐。《汉纪》撰写的成功，使人们进一步认识到它的优长之处。于是编年史体重新崛起，"自是每代国史，皆有斯作"②。形成"班、荀二体，角力争先，欲废其一，固亦难矣"③ 的局面。编年体获得了与纪传体并驾齐驱的地位。

荀悦对于探讨历史运行的动因和方式有着自觉的认识，他说，"夫通于天人之

---

① 白寿彝：《白寿彝史学论集》（上），北京师范大学出版社1994年版，第476页。
② 刘知幾：《史通·六家》，浦起龙通释本，上海古籍出版社2009年版，第11页。
③ 刘知幾：《史通·二体》，浦起龙通释本，上海古籍出版社2009年版，第26页。

理,达于变化之数,故能达于道"①,认为作为宇宙的根本法则的"道",存在于天人古今这样的社会关系与历史运作过程之中,因而通过对历史的考察,可以弄清社会的根本道理。这是他的历史理论总纲,也是《汉纪》关注的重点。

荀悦长于理论思考,在天人关系方面,提出了著名的"天人三势说":"夫事物之性,有自然而成者,有待人事而成者,有失人事不成者,有虽加人事终身不可成者,是谓三势。"而"凡此三势,物无不然",②无论是性命之理、教化之理,还是天人之道,都概莫能外。这个理论概括本质上是折中主义的,但至少可以让人们在无所适从的困惑之中理出一点头绪来,所以还是很高明的。这个论断在当时的历史条件下有一定的理论高度,产生了久远的历史影响。

对于把握历史变化之机,在重大历史关头稳操胜券,荀悦贡献出了杰出的理论主张。在《汉纪》的"荀悦曰"中,他说:"夫立策决胜之术,其要有三:一曰形,二曰势,三曰情。形者,言其大体得失之数也;势者,言其临时之宜也,进退之机也;情者,言其心志可否之意也。故策同事等而功殊者何?三术不同也。"他把影响决策的客观因素分为形、势、情。形,是从客观形势来讲的,指的是大的客观形势或历史趋势;势,是从临时形势来讲的,指的是暂时的态势,一时的条件,或得失进退的关键时机;情,是从心理因素来讲的,指的是决策双方各自的心理状态。他认为,之所以"策同事等而功殊者何",就是因为这三种"术"运用的不同。他提出基本应对原则是:"权不可预设,变不可先图,与时迁移,应物变化,决策之机也。"③荀悦所论立策决胜之三术,是很聪明的见解。他充分考虑到了影响历史转折的多种客观因素,包括大的历史背景、直接的客观态势,也包括当事人的心理状态。可见对于历史的变化,他有深刻的理解,对于人事与历史形势的关系,他有成熟的思考。此论的实践指导意义无需多言。处于成败得失的关键时刻,只有对这些要素有清醒认识,才能采取正确的措施,立于不败之地。

三、风俗史与地方史

汉代史学领域有扩展态势,史学成果也很丰富。汉初陆贾的《楚汉春秋》已亡佚,但是《史记》的重要材料来源。陆贾逆取顺守之论直接影响了汉初统治政策的调整。文帝时期贾谊的《过秦论》是古代最出色的史论篇章。还有一些已亡佚的著作,如侯瑾撰《汉皇德纪》三十卷,记东汉光武至冲帝史事。王粲撰《汉末英雄记》八卷。卫飒撰《史要》十卷,是《史记》的简本,已佚。

值得注意的是汉代出现了不少风俗史与地方史著作。《风俗通义》和《吴越春

---

① 荀悦:《汉纪》卷二三《孝元皇帝纪下》,"两汉纪"本,中华书局2002年版,第408页。
② 荀说:《汉纪》卷六《高后纪》,"两汉纪"本,中华书局2002年版。
③ 荀悦:《汉纪》卷二《高祖皇帝纪二》,"两汉纪"本,中华书局2002年版,第27页。

秋》是这类著作的代表。

《风俗通义》的作者应劭，字仲瑗，东汉汝南郡南顿县（在今河南项城）人。他出生于官宦世家，生平主要活动在灵帝和献帝时期。应劭熟悉朝廷典章制度，著有《汉官礼仪故事》《汉仪》等著作。还为《汉书》作过集解，对《汉书》学有开创之功。

《风俗通义》是一本特殊性质的史著，其书"以记述历代风俗礼仪为中心，上至考察古代历史，下至评论时人流品，旁及音乐、地理、怪异传闻等"①，意在通过"辩物类名号，释时俗嫌疑"②，起到齐风俗、明义理、正人心的作用。

《风俗通义》原书三十一卷，包括《录》一卷。现本十卷十篇，每卷一篇。篇目为：皇霸第一，正失第二，愆礼第三，过誉第四，十反第五，声音第六，穷通第七，祀典第八，怪神第九，山泽第十。缺失篇目为：心政、古制、阴教、辨惑、析当、恕度、嘉号、徽称（或为秽称）、情遇（或为恃遇）、姓氏、讳篇、释忌（或为释忘）、辑事、服妖、丧祭、宫室、市井、数纪、新秦、狱法。从《风俗通义》的篇目上看，应劭的考虑十分周全，涉及的面非常广，为读者提供了丰富的知识。其有益世用，于此可见一斑。

此书撰写体例上有可称道之处，"各卷皆有总题，题各有散目。总题后略陈大意，而散目先详其事，以谨案云云辨证得失"③。每篇前的总序，讲立篇之由。时时关照着整齐风俗的主题。在文中的每条记载之后，应劭又用按语加以点评，使其因事明理的作用更为显豁明白。下面的例子可以说明此体例之长，也可对本书的价值有所了解。在《愆礼第三》中记载了这样一件事情：九江太守陈子威生下来就没见过母亲，为了尽孝，在山里见到了一位与母亲同姓的老太太，就请回家中，作为母亲供养起来。他在这条记载后评论道："谨按《礼》：'继母如母，慈母如母。'谓继父之室，慈爱已皆有母道，故事之如母也。何有道路之人而定省？世间共传丁兰剋木而事之，今此之事岂不是似？如仁人恻隐，哀其无归，直可收养，无事正母之号耳。"对于这种过当而有矫饰之嫌的行为作了恰当的批评。四库馆臣评论："其书因事立论，文辞清辨，可资博洽。"④ 这对其特点的总结是很精到的。

《吴越春秋》作者赵晔字长君，东汉初会稽山阴（今浙江绍兴）人。生卒年不详，生平主要活动于明帝到和帝时期。

---

① 瞿林东：《中国史学史纲》，北京出版社1999年版，第220页。
② 范晔：《后汉书》卷四八《杨李翟应霍爰徐列传》，中华书局1965年版，第1614页。
③ 永瑢等：《四库全书总目》卷一二〇《风俗通义》提要，中华书局1965年版，第1033页。
④ 永瑢等：《四库全书总目》卷一二〇《风俗通义》提要，中华书局1965年版，第1033页。

《吴越春秋》现十卷，分别为卷一《吴太伯传》，卷二《吴王寿梦传》，卷三《王僚使公子光传》，卷四《阖闾内传》，卷五《夫差内传》，卷六《越王无余外传》，卷七《勾践入臣外传》，卷八《勾践归国外传》，卷九《勾践阴谋外传》，卷十《勾践伐吴外传》。于吴，记载了从太伯立国到夫差亡国的过程，其中记述重点是从阖闾刺王僚即位到夫差败亡的后期历史。于越，记载了从大禹治水到勾践称霸后传八世至亲失国的过程，其中记述的重点是其先祖大禹的事迹和勾践胜吴称霸事。

《吴越春秋》有很高的史料价值，是了解吴越历史的重要的历史记载。对此可以从三方面认识：其一，专门叙述吴越之史，可以集中了解这一段相关的历史事实，这是与《史记》等书比较的先天优势。本书集中讲述吴越兴衰之史，与《越绝书》相比，在记述范围上稍窄一些，但内容的系统性则大胜之，而且《越绝书》对吴的记载也远逊本书。其二，记述吴越之史比《史记》等书详尽得多，为人们提供了相对丰富的历史知识。比较突出的例子是对于越王勾践谋吴事记载不厌其详，差不多用了全书近一半的篇幅，很多内容是《国语》和《史记》所无的。其中群臣间关于治国、强国和灭吴谋略的讨论包含很多历史智慧，可以给人以深刻的历史教育。对于与吴战争准备和战争过程的详细描写，也是很有必要的。其三，有些史实与他书互有异同，可以起到参证作用。

《吴越春秋》的历史编纂是有成就的。该书在传统目录书中被著录为载记或杂史、霸史，但这是从内容上而不是从体裁上作的分类。我们从内容上也可以说它是国别史，或地方史。在体裁上本书很有特色。全书以传名目，基本属于传记体史书。其历史编纂大体采用《史记》世家的形式，在具体撰述中也善于师司马迁神明变化、不拘一格之意。书中每传基本上是编年记事，大致按历史顺序叙述史实，历史发展脉络清楚，吴越盛衰之迹如指诸掌，清晰地反映了历史变化过程。在传中又经常使用专记人物事迹的专传方式，使得传中有传，史实容量大大提升。书中还经常使用纪事本末的手法，使历史事件首末清楚，便于集中地从史实中吸取经验教训。赵晔在历史撰述中综合了多种记述方式，使本书的历史记述既有清楚的时间线索，又有完整的事件交代；既有丰满的人物形象，又有睿智的谋略对话。做到了史实丰赡而编排得体，错综有序，摇曳多姿。不但提高了作品的可读性，而且增强了历史教育功能。

《吴越春秋》中有治国强兵理论，有历史智慧，便于人们从中吸取历史的经验教训，可以说是一本很好的历史教科书。对于《吴越春秋》这方面的价值，后人这样评论："其言上稽天时，下测物变，明微推远，憭若蓍蔡。至于盛衰成败之迹，则彼己君臣反复上下。其论议，种、蠡诸大夫之谋，迭用则霸；子胥之谏，一不听则亡。皆凿凿然，可以劝戒万世，岂独为是邦二千年故实哉！"①

《吴越春秋》也有明显的缺点：一是多载小说家言，让人有稗官小说之感。二是过多刊载占卜数术之语。三是考订欠精，史实有不准确之处。

与《吴越春秋》相近的重要著作，还有《越绝书》，其作者和成书年代都难以确定。失传的地方史、风俗史著作有赵岐著的《三辅决录》，佚名《西京杂记》，常宽撰《蜀志》，杨孚撰《交州异物志》，圈称撰《陈留耆旧传》《陈留风俗传》等。

四、重视少数民族史撰述

中国是个多民族国家，重视少数民族史撰述是中国史学的优良传统。

大一统政权的建立和民族联系的加强，开阔了人们的眼界，扩展了人们的胸怀，也深化了人们的民族意识。这种思想意识在史学上的反映，就是《史记》开始大规模有系统地记述少数民族历史，把史学中的民族史撰述导入一个广阔的新天地。

"《史记》把环绕中原的各民族，尽可能地展开一幅极为广阔而又井然有序的画卷。"为此专门为记述少数民族历史设立了六个类传：《匈奴列传》《南越列传》《东越列传》《朝鲜列传》《西南夷列传》《大宛列传》，分别记述了中国周边地区各少数民族及相邻外国的历史。"把这六个专篇合起来，可以说是一部相当完整的民族史，其中有些记载是超越当时和今日国境范围的。这与先秦记载之局限于一个民族或几个民族的有关事迹，是大不相同的。"② 《史记》用专篇记述少数民族事迹，在中国历史记述上是很了不起的创举。这使周边少数民族以至相邻国家的历史得到较完整的记载，为人们了解它们的历史提供了大量详实的第一手材料。

《史记》的民族史撰述在记述方式和内容上都是开创性的。它概述当时西南地区所居少数民族状况："西南夷君长以什数，夜郎最大；其西靡莫之属以什数，滇最大；自滇以北君长以什数，邛都最大：此皆魋结，耕田，有邑聚。其外自同师以东，北至楪榆，名为嶲、昆明，皆编发，随畜迁徙，毋常处，毋君长，地方可数千里。自嶲以东北，君长以什数，徙、筰都最大；自筰以东北，君长以什数，冉駹最大。其俗或土著，或移徙，在蜀之西。自冉駹以东北，君长以什数，白马最大，皆氐类也。此皆巴蜀西南外蛮夷也。"③ 不足两百字的篇幅，却有着丰富的民族史内容。把各少数民族的地理位置、民族属性、大小强弱、民族特点等交代得清清楚楚，为研究西南少数民族古代历史，提供了珍贵的材料。"这种按照地区

---

① 徐天祜：《吴越春秋序》，赵晔：《吴越春秋》，江苏古籍出版社1999年版，第1页。
② 白寿彝主编：《中国通史》第1卷《导论》，上海人民出版社1989年版，第7页。
③ 司马迁：《史记》卷一一六《西南夷列传》，中华书局1959年版，第2991页。

分别表述民族历史的方法，特别对于民族复杂的地区，很适用。这种方法对于后来的民族史撰述有很大的影响。"①

在民族史撰述中，司马迁还表述出通达的民族观，是难能可贵的。

《汉书》继承了《史记》记述多民族历史活动的优良传统，把对少数民族的历史记述放在重要位置。它扩大了《史记》民族史撰述的范围，也补充了不少《史记》所缺略的史实，在记叙内容上，比《史记》要充实一些。《汉书》中专记少数民族的传有《匈奴传》《西南夷两粤朝鲜传》《西域传》。记载与少数民族活动有关系的传有《李广苏建传》《卫青霍去病传》《司马相如传》《张骞李广利传》《赵充国辛庆忌传》《傅常郑甘陈段传》等。此外，在各帝纪和一些志、传中也有关于少数民族与民族关系方面的记载。通过这些记述，班固充分展现了多民族历史活动的画卷，也详细叙述了中央政权与少数民族之间和各少数民族之间联系的历史。

对于南越、东越、朝鲜、西南夷，《史记》各用了一卷记述，《汉书》合为《西南夷两粤朝鲜传》，用一卷记述，但字数却增加了三分之一左右。对于匈奴和西域的专门记述，《汉书》各用了两卷的篇幅，字数比《史记》多了一倍有余。在记述匈奴和西域的内容方面，一是班固记载了武帝以后司马迁不可能知道的历史变化情况，而这一个时期的历史变化内容本身比较丰富，需要记述的史实较多；二是班固大大扩展了记述范围，更全面地展示了上述地区与民族的风貌。《汉书·西域传》开篇对西域的整体情况作了简明扼要的交代。在大略叙述了西域诸国与匈奴和汉皇朝的总体关系变化情况后，由近及远地逐一记载西域数十国概况。用简明的语言，把西域诸国的地理位置、人口与兵员数量、行政机构设置、生产生活方式、物产情况等介绍得清清楚楚。《史记》的《大宛列传》记载西域历史的首创之功必须肯定，记载中表述出的历史思考也有特殊的价值。但是如果要对西域地区的历史与地理形势、生活习俗和各当地民族政权与汉中央政权的关系等做全面深入的了解，就有赖于《汉书》的踵续之功了。

《汉书》中注意交代中央政权对于少数民族地方政权实施的有效统治管理措施和有关事例，具有提示人们汉皇朝是由多民族构成的效果。注意宣传汉皇朝处理民族事务得体的成绩，也注意宣传少数民族向往和依附中央朝廷的诚意；注意表彰中央与少数民族地方政权协调关系的事例，也注意披露民族关系中的不和谐因素，总结处理不当的后果和教训。意在提示人们在统一多民族国家内部处理好民族关系的重要性。这些是班固民族史记述的可取之处。

《史记》和《汉书》民族史记述的作法，为后来史家所继承，推动、发展了中

---

① 白寿彝主编：《中国通史》第 1 卷《导论》，上海人民出版社 1989 年版，第 9 页。

国史学记述少数民族和周边国家历史的良好传统。

思考题：

1. 《史记》是怎样"究天人之际，通古今之变"的？
2. 为什么说刘向、刘歆在历史文献学领域有开创之功？
3. 《汉书》有哪些编纂上的成就？"博洽"表现在哪些地方？
4. 《汉纪》在编年体史书发展中有什么贡献？

▶ 拓展阅读

第三章 魏晋南北朝时期史学

魏晋南北朝时期（220—589），历史形势发生了巨大变化：一是原先政治大一统的局面被分裂、割据的局面代替，一些朝代骤兴骤亡；二是民族关系呈现出矛盾、冲突和重新组合与融合的局面；三是统治阶级和上层社会门阀意识浓厚，社会思潮出现复杂局面等。在这种历史条件下，史学形成多途发展的面貌，朝代史、民族史、地方史、家史、谱牒、人物传记等撰述，汇合成这时期史学发展的大趋势。多途发展是这个时期史学的主要特点。

第一节 历史形势的变化促进史学的多途发展

一、历史形势的变化

这时期历史形势的变化，从政治特点看是朝代更迭频繁，即三国—两晋—南北朝；从社会特点看是门阀思想占统治地位，南北经济变动出现端倪，中外交流有所发展。

关于三国。三国两晋南北朝时期历史形势变化的显著特点，是政治上的割据局面，政权林立、纷争，朝代更迭频繁。汉献帝建安二十五年（220）正月，曹操死，其子曹丕嗣位为丞相、魏王。这年冬天，汉献帝迫于形势，同曹丕演出了一场极富悲喜剧色彩的皇位"禅代"的闹剧。曹丕称帝，改国号为魏，建元黄初，这标志着东汉政权的结束，同时揭开了魏、蜀、吴三国鼎立局面的序幕。次年，刘备称帝，建立蜀汉；又过八年，孙权称帝，国号吴。三国的纷争，在政治上和军事上表现得有声有色，而在经济上也各有所恢复和发展。魏元帝景元四年（263，蜀后主炎兴元年），魏灭蜀，打破了三国鼎立的局面。两年后，司马氏仿效汉魏"禅代"故事，夺取了曹魏政权，建立西晋皇朝。晋武帝咸宁六年（280，吴末帝天纪四年），晋灭吴，结束了三国的分裂局面，实现了统一。

关于两晋。西晋的统一是短暂的，在它统治的后期，已有成汉、前凉等民族政权的建立。由于政治腐败和民族矛盾的突出，西晋在愍帝建兴四年（316）为刘聪所灭，全国又陷于分裂之中。西晋灭亡的第二年，镇守江南的宗室司马睿即帝位于建邺（今江苏南京），史称东晋。在东晋存在的一百零几年中，中国北方先后出现了由匈奴、鲜卑、羯、氐、羌等少数民族贵族建立的十几个政权的兴亡更迭，是为南北合称东晋十六国时期。

关于南北朝。东晋在恭帝元熙二年（420）为刘裕所灭。刘裕建立了宋皇朝，继之是宋、齐、梁、陈的更迭，史称南朝。十六国时期，北方各族经过百余年的大规模迁移、冲突、组合与融合，至北魏太延五年（439）统一了北方。而后，北魏经历了东魏—北齐、西魏—北周的分裂和更迭，至北周建德六年（577，北齐承光元年），北周灭北齐，北方重新归于统一。大定元年（581），北周被隋朝取代。隋朝建立后，进一步谋求经济、政治、军事等方面的发展，为南下灭陈作积极准备。北方这一段历史，史称北朝。南北朝的对峙与交往，持续了170年之久。

隋文帝开皇九年（589），隋军南下一举灭陈，结束了自三国以来370年的分裂局面，中国在政治上又出现了统一的皇朝。隋朝只存在三十多年，于大业十四年（618）在农民大起义的浪潮中覆灭，但它在开创新的政治统一局面方面，是有伟功的。

关于民族关系。这一时期历史形势变化的又一个特点，是民族的迁移、纷争和融合，而这一过程在很大程度上同政权林立、朝代更迭相联系，构成错综复杂的历史局面。从发展趋势来看，魏晋南北朝时期的民族迁移、民族纷争与民族融合，不仅促进了中国各民族关系的进一步密切，而且也促进了更大规模的政治统一。对此，隋与唐初统治者都有十分明确的认识：既有"君临万国""抚临天下"的威严，又有"四海乂安""天下大同"[①] 局面。而贞观七年（633），唐太宗"从上皇置酒故汉未央宫。上皇命突厥颉利可汗起舞，又命南蛮酋长冯智戴咏诗，既而笑曰：'胡、越一家，自古未有也！'帝奉觞上寿曰：'今四夷入臣，皆陛下教诲，非臣智力所及。昔汉高祖亦从太上皇置酒此宫，妄自矜大，臣所不取也。'上皇大悦。殿上皆呼万岁"[②]。在这里，李渊和李世民更多地表现出了对于"胡、越一家""四夷入臣"这种新的民族关系的喜悦和称颂。从历史的观点来看，正是魏晋南北朝时期的民族迁移、组合、纷争、融合这一复杂而艰难的过程，才造就了这一伟大的、历史性的积极成果。

关于门阀世风。魏晋南北朝时期是门阀时代，即门阀地主在统治阶级中占领导地位的时代。门阀地主的形成有不同的来源，或由东汉世家大族发展而来，或是魏晋豪强地主在政治上得势演变而来，不论哪一种情况，都必有一个相当长时期的家族声誉积累的过程。门阀地主统治的特点，是以家族结构同当时经济、政治的密切结合。它兴起于魏晋，消失于唐末，是这一时期政治统治的特殊形式，有其兴盛和衰落的历史过程。南宋史家郑樵对这种统治形势有如下的概括：

自隋唐而上，官有簿状，家有谱系。官之选举，必由于簿状；家之婚姻，

[①] 以上均系隋文帝语，见《全隋文》卷一，严可均辑校：《全上古三代秦汉三国六朝文》第4册，中华书局1958年版，第4015—4017页。
[②] 司马光：《资治通鉴》卷一九四，唐太宗贞观七年，中华书局1956年版，第6103—6104页。

必由于谱系。历代并有图谱局，置郎、令史以掌之。仍用博通古今之儒，知撰谱事。凡百官族姓之有家状者，则上之官，为考定详实，藏于秘阁，副在左户。若私书有滥，则纠之以官籍；官籍不及，则稽之以私书。此近古之制，以绳天下，使贵有常尊，贱有等威者也。所以人尚谱系之学，家藏谱系之书。自五季以来，取士不问家世，婚姻不问阀阅，故其书散佚，而其学不传。①

郑樵说的"隋唐而上"，当包括魏晋南北朝时期；他说"近古之制"，也是以魏晋南北朝时期最为典型而延续至隋唐。五代以下就是另外一种情况了。可以说，谱学的兴衰同门阀的兴衰是一致的。郑樵从官府、私家的谱系之学与谱系之书的盛衰，中肯地道出了魏晋南北朝隋唐时期历史的一个重要特点。

关于社会经济变动之端倪。三国时期，吴、蜀对长江流域社会经济的发展，各有积极的措施。这不仅为它们的割据称雄提供了物质条件，也为中国南方社会经济的发展提供了一个契机。西晋末年，北方动乱，晋室东渡，人口南迁，出现了中国历史上一次大规模的人口迁移活动。《宋书·州郡志》记载了"遗民南渡"和侨置郡县的一些情况，勾勒出一幅幅人口南迁的历史画面。人口南迁，不独是门阀地主的南迁，更是大批劳动人手的南迁，同时也是北方先进的生产技术的南传和中原思想文化的更大规模的南移。在此基础上，南方的城市、交通有了更大的发展。《隋书·地理志》极言扬州之盛：称丹阳"埒于二京，人杂五方"，京口则"东通吴会，南接江、湖，西连都邑，亦一都会也"，而宣城、毗陵、吴郡、会稽、余杭、东阳诸郡则"川泽沃衍，有海陆之饶，珍异所聚，故商贾并凑。其人君子尚礼，庸庶敦庞，故风俗澄清，而道教隆洽，亦其风气所尚也"。同书记荆州说："其风俗物产，颇同扬州"，"南郡、夷陵、竟陵、沔阳、沅陵、清江、襄阳、春陵、汉东、安陆、永安、义阳、九江、江夏诸郡，多杂蛮左，其与夏人杂居者，则与诸华不别。""自晋氏南迁之后，南郡、襄阳，皆为重镇，四方凑会，故益多衣冠之绪，稍尚礼义经籍焉。"这些记载表明：民族融合促进了人口迁移，而人口迁移中也包含着民族的更进一步的融合。从而推动着历史的进步。

关于中外交流。三国两晋南北朝时期历史形势的变化还有一个特点，即中外经济文化交流的进一步扩大。这个时期，中国同亚洲各国的经济文化联系有了更广泛的、更大规模的发展。三国时，日本曾遣使来中国；南北朝时，它同波斯一样，也曾派人来中国报聘。在文化联系方面，佛教的传入和发展，是最具时代特点的。东汉时期传入中国的佛教，在这一时期达到了极盛阶段。佛教在中国的流传和发展，激发了中国僧人西行求法的热情。有研究者统计，东晋时西行求法的

---

① 郑樵：《通志·氏族略》序，王树民点校《通志二十略》本，中华书局1995年版，第1页。

有37人，南朝刘宋时有70多人，北朝时有19人①，至唐代仍有发展。东晋的法显于晋安帝隆安三年（399）西行求法，经十三四年回国，其后记述其所经历之今印度、巴基斯坦、尼泊尔、斯里兰卡等地的佛教情况和山川风习，成《佛国记》一卷。此书是关于中外海陆交通最早的详细记录。这个时期的中外经济文化交流的扩大，还反映在其他许多方面，其总的趋势是：中国文化雍容大度地吸收了许多外来文化，而中国文化也大大扩展了它的辐射面。

二、社会思想的特点与史学社会影响的扩大

因朝代更迭的频繁而促使人们对兴亡之辨十分关注，因佛教的盛行而引起人们关于神灭、神不灭的论难，因玄学的兴起而重视自然与名教的关系，因取士制度的需要而激发人们对品评人物的关注等，是魏晋南北朝时期社会思想的时代特点主要表现。

这个时期，朝代的骤兴骤亡，始终是政治家、思想家、史学家关注的重大问题。魏晋南北朝时期，面对政治动荡，社会矛盾尖锐，朝代骤兴骤亡的现实，兴亡问题再次为人们所关注。三国时期魏人曹冏著《六代论》，论夏、殷、周、秦、汉的历史经验教训，进而分析曹魏面临的政治危机，指出曹魏政权的形势是："子弟王空虚之地，君有不使之民；宗室窜于闾阎，不闻邦国之政。权均匹夫，势齐凡庶，内无深根不拔之固，外无盘（磐）石宗盟之助，非所以安社稷、为万代之业也。"作为魏的宗室，曹冏已预感到曹魏将面临"疾风卒至""天下有变"的危险局面。

曹冏的政治敏感性是很突出的，但他的历史见识却倾向于保守。他论"五代之存亡"，是着眼于维护分封制。在他看来，夏、殷、周三代历史长久，是得力于分封制；秦朝二世而亡，是亡在郡县制。曹冏是把分封制的实行视为"先王"的预见，而秦的"二世而亡"正是违背了先王的制度。这种认识的迂阔，同汉初晁错、贾谊等人的见解比起来，实有天壤之别。那么，曹冏又是怎样分析汉代存亡的呢？他一方面认为"诸侯强大"是汉之所以不亡的原因；另一方面他又认为"高祖封建，地过古制"②，是吴楚七国之患的根源，至于这二者之间是否存在着难以调和的矛盾，曹冏则未予深论。

此外，还有西晋陆机所著《辩亡论》两篇，意在总结三国孙吴政权兴亡的历史教训。作者作为吴国的遗民和吴国名将陆逊的后人，对吴国之亡深致惋惜之情，但他也指出了："吴之兴也，参而由焉，孙卿所谓'合其参'者也；及其亡也，恃

---

① 参见乔卫平、李凭、袁刚总纂：《中华文明史》第4卷，河北教育出版社1992年版，第688页。
② 以上所引，见曹冏：《六代论》，萧统编：《文选》卷五二，中华书局1977年版，第723页。

险而已，又孙卿所谓'舍其参'者也。"这里说的"合其参""舍其参"，是指天时、地利、人和这三个因素对于政治兴亡的关系。陆机回顾了孙权时期吴国的强盛，他甚至带有几分偏见地估量三国的形势，认为："昔三方之王也，魏人据中夏，汉氏有岷益，吴制荆扬而奄交广。曹氏虽功济诸华，虐亦深矣，其民怨矣。刘公因险以饰智，功已薄矣，其俗陋矣。夫吴，桓王基之以武，太祖成之以德，聪明叡达，懿度弘远矣。"① 这种估量缺乏史识，显而易见。但陆机此论的可取之处，是看到了"合其参"和"舍其参"的不同，即孙权时的政治与孙皓时的政治的极大反差。对于陆机来说，这种对比是有切肤之痛的，故于《辩亡论》中再三致意。

曹冏、陆机关于兴亡的讨论，虽各有自己的见解，但他们都是赞扬分封制的。上引《六代论》认为，秦和两汉之亡，都是废封国、立郡县所致。陆机还撰有《五等论》，认为："五等之制，始于黄唐；郡县之治，创自秦汉。得失成败，备在典谟。"其所论列同曹冏的《六代论》所说，如出一辙，其核心思想是极言秦、汉不尊古制之弊，认为分封制是"治"的保证，郡县制是"乱"的根源："五等之君，为己思治；郡县之长，为利图物。"②

曹冏、陆机所论，不论是由兴亡而论及分封、郡县得失，还是由分封、郡县得失而论及兴亡成败，都关系到怎样看待殷、周、秦、汉的历史，也都关系到怎样看待三国时期各国的政治得失问题。这些，既是重大的历史问题，也是重大的现实问题，不仅带有连贯的特点，而且具有根本的性质，对推进人们关于这些问题的进一步思考，有一定的作用。

这个时期，佛教的传播引发了"神灭""神不灭"的辩难。南朝齐、梁之际的范缜著《神灭论》驳斥佛教宣扬有神论。他指出："神即形也，形即神也，是以形存则神存，形谢则神灭也。""形者神之质，神者形之用，是则形称其质，神言其用，形之与神，不得相异也。"此论一出，"朝野喧哗"。齐竟陵王萧子良发动僧俗名流数十人与之辩难而终不能屈，于是"子良使王融谓之曰：'神灭既自非理，而卿坚执之，恐伤名教。以卿之大美，何患不至中书郎，而故乖剌为此，可便毁弃之。'缜大笑曰：'使范缜卖论取官，已至令仆矣，何但中书郎耶。'"③ 在有碍"名教"的压力和高官显位的诱惑面前，范缜显示出了在理论上的坚定信念。有神无神，有佛无佛，是当时思想领域的大论争。在这个论争中，史学家也是壁垒分

---

① 陆机：《辩亡论下》，萧统编：《文选》卷五三，中华书局1977年版，第739页。
② 陆机：《五等论》，萧统编：《文选》卷五四，中华书局1977年版，第746页。
③ 姚思廉：《梁书》卷四八《儒林传》，中华书局1973年版，第665—666页；李延寿：《南史》卷五七《范云传》附《范缜传》，中华书局1975年版，第1421—1422页。

明的。略早于范缜的范晔,"常谓死者神灭,欲著《无鬼论》",认为"天下决无佛鬼"①。而与范缜同时的史学家沈约,在梁武帝发动"王公朝贵"撰文围攻范缜时,连续写出了《答释法云书难范缜〈神灭论〉》《神不灭论》《难范缜〈神灭论〉》等文②,这种思想上的分野,也反映在他们所撰的史书当中。如范晔在《后汉书》的史论中,表明他在历史观上的倾向。他批评佛教"好大不经,奇谲无已","故通人多惑焉"③。他批评种种方术"斯道隐远,玄奥难原,故圣人不语怪神,罕言性命";方术怪诞之论"纯盗虚名,无益于用",不过是有人"希之以成名"的工具罢了。④ 他对汉武帝"颇好方术",汉光武"尤信谶言",汉桓帝"修华盖之饰",都采取批评的态度。范晔在《光武帝纪》后论中曾引用他人的话以证明"其王者受命,信有符乎",但这不是他的思想的主流。他极少讲"天命",即使讲到了,也是采取保留的态度。范晔直到临死前还说:"天下决无佛鬼!"

沈约所撰《宋书》则是另一种倾向。其所立"符瑞"一志,开后世之先。尤为甚者,《宋书·符瑞志上》,从太昊、炎帝、黄帝、尧、舜、禹、汤、文、武、汉高祖、文帝、景帝、武帝、昭帝、元帝,直至东汉诸帝、三国君主、南朝刘宋诸帝等,或出生,或登位,都有祥瑞出现,全篇笼罩着浓厚的神秘气氛。如书中引用他人"天文祥瑞",有"鬼在山,禾女运,王天下"的话,于是"魏王受汉禅"。这是曹魏代汉之事。又如同篇记:"冀州有沙门法称将死,语其弟子普严曰:'嵩皇神告我云,江东有刘将军,是汉家苗裔,当受天命。吾以三十二璧,镇金一饼,与将军为信。三十二璧者,刘氏卜世之数也。'普严以告同学法义。法义以十三年七月,于嵩高庙石坛下得玉璧三十二枚,黄金一饼。"此事已属怪诞,而沈约在篇末进而发论说:"史臣谨按,冀州道人法称所云玉璧三十二枚,宋氏卜世之数者,盖卜年之数也。谓卜世者,谬其言耳。三十二者,二三十,则六十矣。宋氏受命至于禅齐,凡六十年云。"⑤ 沈约把本已荒诞的事加以发挥,加上数字上的任意附会,"三十二"可以说成"二三十","二三十"可以说成"六十",与宋祚相符,进而证明法称"预见"的正确。相比之下,更可以看出范晔"天下决无佛鬼"的信念和范缜"神灭"思想的历史价值。

人们的社会存在决定人们的思想。品评人物是魏晋南北朝时期社会风气的重

---

① 沈约:《宋书》卷六九《范晔传》,中华书局1974年版,第1828、1829页。
② 参见严可均辑校:《全上古三代秦汉三国六朝文·全梁文》卷二八、卷二九,中华书局1958年版;李延寿:《南史》卷五七《范云传》附《范缜传》,中华书局1975年版。
③ 范晔:《后汉书》卷八八《西域传》后论,中华书局1965年版,第2932页。
④ 参见范晔:《后汉书》卷八二上《方术列传上》、卷八二下《方术列传下》序及后论,中华书局1965年版,第2703、2725页。
⑤ 沈约:《宋书》卷二七《符瑞志上》,中华书局1974年版,第779、784、786页。

要特点之一,这是当时"九品官人法"的需要。一方面是门阀士族对"名节""家风"的提倡,另一方面是选官任吏的要求。这两点,使人们格外看重品评人物,也推动了品评人物在理论上的发展。建安二十年(215),曹丕根据陈群的建议,实行"九品官人法"的用人原则,把"才"分为九等,按等选用。其后,司马懿控制曹魏,以各州世族为大中正选拔人才,以门第为高下,此即"九品中正制"。

三国时魏人刘劭所著《人物志》一书①,集中地反映了这一时期品评人物的观念和标准。刘劭是三国魏初人,曾"受诏集五经群书,以类相从,作《皇览》",又与人合著《新律》18篇,自著《律略论》,还"受诏作《都官考课》",《法论》《人物志》是他的代表作。刘劭谙于典制,精于考课,深于品评人物,时人这样称赞他:

> 深忠笃思,体周于数,凡所错综,源流弘远,是以群才大小,咸取所同而斟酌焉。故性实之士服其平和良正,清静之人慕其玄虚退让,文学之士嘉其推步详密,法理之士明其分数精比,意思之士知其沈深笃固,文章之士爱其著论属辞,制度之士贵其化略较要,策谋之士赞其明思通微,凡此诸论,皆取适己所长而举其支流者也。②

刘劭这方面的才识,被认为是"非世俗所常有"的。他所处的时代,以及他本人的经历和才识,是他能够写出《人物志》一书的重要原因。

《人物志》3卷12篇:卷上包括九征、体别、流业、材理,卷中有材能、利害、接识、英雄、八观,卷下含七缪、效难、释争。《人物志》的主旨是:"辩性质而准之中庸,甄材品以程其职任。"③《人物志》品评人物的理论基础,是以先秦朴素唯物思想的五行说与人体的自然本质骨、筋、气、肌、血相配,然后再与五常即仁、义、礼、智、信相结合,作为判断人物才性的根据。这是认为人的才性出于自然。《人物志》把人才分为三大类,即兼德、兼才、偏才,认为中庸是最高的品评准则,只有"兼德"才符合这一准则。

此外,刘劭还以中庸为准则,剖析了12种偏才的特点(《体别》);指出才能无大小之分,而关键在于用其宜,分析了才与能的区别(《材能》);辨析了"英"与"雄"的两种素质的特征,认为"聪明秀出谓之英,胆力过人谓之雄",只有"兼有英、雄",才能"成大业"(《英雄》);讨论了鉴定人物才性的具体方

---

① 刘劭,《三国志》卷二一有传,《隋书·经籍志三》名家类刘劭作刘邵,不取。
② 陈寿:《三国志》卷二一《魏书·刘劭传》,中华书局1959年版,第619页。
③ 郑旻:《重刻人物志跋》,见《人物志》译注本附录,按作者刘邵当作刘劭,红旗出版社1996年版。

法(《八观》);指出了品评人物的七种误区(《七缪》);分析了知人之难与荐人之难的种种原因等。确如刘劭所言:"人物之理,妙不可得而穷已。"①

《人物志》是一部品评人物的理论著作,一般不结合具体的历史人物发论,只有个别的篇章(如《流业》)采取了列举人物的表述方法。其学术思想渊源,兼有儒、道、名、法诸家②,刘知幾论此书说:"五常异禀,百行殊执,能有兼偏,知有长短。苟随才而任使,则片善不遗,必求备而后用,则举世莫可,故刘劭《人物志》生焉。"③ 这几句话,概括地指出了《人物志》的基本理论和撰述目的。

《人物志》强调人的才性出于自然,具有朴素的唯物思想,但书中对于人的后天培养的作用,在社会生活中会发生变化等问题,所论甚少,这是它的不足之处。

这时期,品评人物的风气,在"家训"中也有鲜明的反映。北齐人颜之推所著《颜氏家训·名实》开篇写道:

> 名之与实,犹形之与影也。德艺周厚,则名必善焉;容色姝丽,则影必美焉。今不修身而求令名于世者,犹貌甚恶而责妍影于镜也。上士忘名,中士立名,下士窃名。忘名者,体道合德,享鬼神之福祐,非所以求名也;立名者,修身慎行,惧荣观之不显,非所以让名也;窃名者,厚貌深奸,干浮华之虚称,非所以得名也。

这里是在讲"家训",而且仅限于"名实",但也可看出作者颜之推品评人物的旨趣。通观全书,其意甚明。于此可见,北朝在品评人物的社会风气与理论认识上,与南朝也有相通之处。

这一时期史学社会影响的扩大,在文学领域也有突出的反映,其代表,一是《文心雕龙·史传》篇,一是《文选》中的"史论"辑选。

三、史学多途发展的趋势

魏晋南北朝时期史学发展总的特点,是史学的多途发展。其具体的表现是史风大盛,史家辈出,史书数量剧增且种类繁多。这是以往的史学所不能比拟的。

首先,史风大盛和史家辈出。这一方面是这时期各个皇朝对修史的重视,史官制度有相应的发展,造就了众多的史家;另一方面是这时期历史的急剧变动,使私家撰史蔚为风气,涌现出一批"在野"的史家。所谓"尸素之俦,盱衡延阁

---

① 刘劭:《人物志·七缪》,红旗出版社1996年版。
② 参见刘劭《人物志》附录:钱穆《略述刘劭〈人物志〉》、汤用彤《读〈人物志〉》,红旗出版社1996年版。
③ 刘知幾:《史通·自叙》,浦起龙通释本,上海古籍出版社2009年版,第270页。

之上，立言之士，挥翰蓬茨之下"①。这正反映了官修史书和私人撰史互补的特点。

魏晋南朝史官建置的情况是："其有才堪撰述，学综文史，虽居他官，或兼领著作。亦有虽为秘书监，而仍领著作郎者。"当时的大著作、佐著作郎或著作佐郎，都是"专掌史任"的。曹魏和西晋时期的华峤、陈寿、陆机、束皙，东晋的王隐、虞预、干宝、孙盛，宋的徐爰、苏宝生，梁的沈约、裴子野等，都是"史官之尤美，著作之妙选也"。齐、梁、陈三朝又设修史学士，刘陟、谢昊、顾野王、许善心等，都任此职。北魏史家有崔浩、高闾名于世；北齐、北周、隋"如魏收之擅名河朔，柳虬之独步关右，王劭、魏澹展效于开皇之朝，诸葛颖、刘炫宣功于大业之世，亦各一时也"。这只是举其大概，实际情况尚不止于此。至于私家撰史而成绩突出者，如魏之鱼豢、西晋之王铨、南朝齐之臧荣绪、梁之吴均、北魏之崔鸿等皆是。②

其次，史书数量剧增和种类繁多。这可以从《隋书·经籍志》同《汉书·艺文志》所著录的史书的比较中得其大体。《汉书·艺文志》撰成于 1 世纪末，它以史书附于《春秋》家之后，凡 12 种，552 篇。《隋书·经籍志》撰成于唐高宗显庆元年（656），上距班固去世之年（92）凡 564 年。其中，前 120 余年是为东汉，后 60 余年是为隋与唐初，中间 370 年左右是为魏晋南北朝。《隋书·经籍志》以四部分类，其史部"大序"称："班固以《史记》附《春秋》，今开其事类，凡十三种，别为史部。"这 13 种史书是：正史、古史、杂史、霸史、起居注、旧事、职官、仪注、刑法、杂传、地理、谱系、簿录，总共 817 部，13 264 卷；通计亡书，合 874 部，16 558 卷。③ 这些书，除极少数是东汉、隋朝的史家所撰外，绝大部分产生于魏晋南北朝时期。它们占《隋书·经籍志》所录四部书种数的五分之一弱，卷数的三分之一强。

由此可见，中国史学兴起以后，曾一度附属于经学；司马迁倡导"成一家之言"，对强调和提高史学家的自觉意识有很大的积极作用；而史学之真正成为泱泱大国，则是在这个时期形成的。

魏晋南北朝时期史学的多途发展，反映了史学家对史学内容认识的开阔和撰述的热忱。如：于"正史"，自西晋以下，"世有著述，皆拟班、马，以为正史，作者尤广。一代之史，至数十家"。于杂史，自东汉末年，"灵、献之世，天下大乱，史官失其常守。博达之士，愍其废绝，各记闻见，以备遗亡。是后群才景慕，作者甚众"。于杂传，自曹魏始，"因其事类，相继而作者甚众，名目转广"。于谱

---

① 魏徵等：《隋书》卷三三《经籍志二》史部大序，中华书局 1973 年版，第 992 页。
② 以上参见刘知幾：《史通·史官建置》，浦起龙通释本，上海古籍出版社 2009 年版，第 293 页。
③ 魏徵等：《隋书》卷三三《经籍志二》史部大序，中华书局 1973 年版。据清人姚振宗《〈隋书·经籍志〉考证》统计，实在著录 803 部，附著亡书 64 部，合计 867 部。

系,"晋世,挚虞作《族姓昭穆记》十卷,齐、梁之间,其书转广"等。这些都是"史官之事"或"史之职也"。①

第三,史论与史注受到重视。魏晋南北朝史学的发展,还表现在反映史家思想的史论,为时人所关注。南朝梁太子萧统编纂《文选》,专立"史论"一目。其序称:"至于记事之史,系年之书,所以褒贬是非,纪别异同,方之篇翰,亦已不同。若其赞论之综缉辞采,序述之错比文华,事出于沉思,义归乎翰藻,故与夫篇什,杂而集之。"《文选·史论》除收班固《汉书·公孙弘传·赞》一首外,其余所收录者则为干宝、范晔、沈约等之论赞。《文选》是诗文总集,而"史论"以专题出现,这还是第一次,说明史论在这个时期也有了很大的发展。此外,这个时期的史学在史注方面也涌现出一批名家,如杜预《春秋左氏经传集解》、裴骃《史记集解》、晋灼《汉书集注》、臣瓒《汉书音义》、裴松之《三国志注》、刘昭《后汉书注》、刘孝标《世说新语注》。其自注者如杨衒之《洛阳伽蓝记》,亦颇知名。史注除了说明有关史学源流、字句讹误等一般性问题,往往也反映注家的思想。史论和史注的受到重视,亦为此时史学之多途发展的两个重要方面。

纵观魏晋南北朝史学,史家视野开阔,撰述多途,除记一代皇朝之史外,在民族史、地方史、家族史、人物传、域外史、史论、史注等许多方面,都有丰硕的成果,显示出史学多途发展的盎然生机。

第二节 多种朝代史撰述的出现

一、朝代史撰述的兴盛

由于史学传统的历史影响和现实政治的客观要求,朝代史撰述的兴盛,是魏晋南北朝时期历史撰述的突出现象。自《史记》奠定了纪传体史书的基础,《汉书》开朝代史撰述的先声,继而又有《东观汉记》和《汉纪》的行世,于是后世史家极重朝代史的撰写。尤其是政权的割据和频繁更迭,出现了大批的皇朝,尽管有些皇朝兴替匆匆,然多各修其史。这是这一时期朝代史撰述兴盛的两个原因。这里说的"朝代史",取唐代史家刘知幾《史通·古今正史》之意,即既包括纪传体的朝代史,也包括编年体的朝代史。兹简述如下:

关于东汉史撰述。魏晋南北朝时期,撰东汉史者凡12家。其中,纪传体10种,编年体2种②,但大多遗佚,今存的只有范晔《后汉书》、司马彪《续汉书》

---

① 以上均见魏徵等:《隋书》卷三三《经籍志二》史部诸小序,中华书局1973年版,第957、962、982、990页。
② 参见王仲荦:《魏晋南北朝史》,上海人民出版社2003年版,第827—829页。

中的八志和袁宏《后汉纪》。①

关于三国史撰述。这方面的撰述也有十多家,其内容上有三种情况:一是分述魏、蜀、吴之史,二是论汉魏间之史,三是综叙三国之史。② 以三国为一史者,为西晋陈寿所撰《三国志》。自《三国志》出,诸家三国史尽废,以致散佚无存。南朝宋人裴松之兼采众书,作《三国志注》,保存了丰富的三国史事,为世所重,乃与本书共存,流传至今。

关于晋史撰述。前引所谓"一代之记,至数十家"③ 者,以晋史撰述为最。今可考者,共有23种,出于晋人所撰12种,出于南朝宋、齐、梁三朝史家所撰11种。其中纪传体12种,编年体11种。④ 这23种晋史存在两个明显的问题:一是有些属于未完成稿,如谢灵运、萧子显、沈约、庾铣等所撰;一是绝大多数所记皆非晋代全史,或只记西晋,或仅述东晋,或兼记两晋而又不及其终。其中,臧荣绪《晋书》是比较完整的晋史,但又未能包含与东晋并存的北方十六国的历史。清人汤球、黄奭致力于已亡诸晋史的辑佚工作,颇有成绩。今人乔治忠采汤、黄二人所辑佚文中之编年体部分,合为《众家编年体晋史》一册,并作校注,刊行于世,足资参考。⑤

关于十六国史撰述。《隋书·经籍志》史部"霸史"篇小序说:"自晋永嘉之乱,皇纲失驭,九州君长,据有中原者甚众。或推奉正朔,或假名窃号,然其君臣忠义之节,经国字民之务,盖亦勤矣。而当时臣子,亦各记录。"这里主要就是指十六国史撰述。唐初史家从正统观念出发,认为十六国君主"推奉正朔""假名窃号",故将其史列为"霸史"。然其余诸语,所论中肯。刘知幾《史通·古今正史》篇,仍以十六国史入"正史",这是他的卓识。十六国史大多是当时人和北朝人所作,有的为东晋南朝人所撰,凡29种,其一般撰述情况,清代及近人所考,大致相近。⑥

---

① 清人姚之骃、孙志祖、王谟、章宗源、黄奭、汪文台、王仁俊等致力于已亡诸家东汉史的辑佚工作,以汪文台《七家后汉书》辑本最有价值。《七家后汉书》所辑佚文,包含谢承、薛莹、司马彪、华峤、谢沈、袁山松、张璠七家,附失名氏《后汉书》1卷,凡21卷(周天游点校本,河北人民出版社1987年版)。今人周天游在前人工作的基础上,再作爬梳,重加整理,撰成《八家后汉书辑注》,于"七家"之外增补张莹《后汉南记》一家,书末附录八家后汉书著者传略、历代著录、评论、诸家辑本序跋及索引,颇可参考(《八家后汉书辑注》,上海古籍出版社1986年版)。
② 参见王仲荦:《魏晋南北朝史》,上海人民出版社2003年版,第828—829页。
③ 魏徵等:《隋书》卷三三《经籍志二》史部大序,中华书局1973年版,第957页。
④ 参见王仲荦:《魏晋南北朝史》,上海人民出版社2003年版,第831页。
⑤ 乔治忠:《众家编年体晋史》校注本,天津古籍出版社1989年版。收编年体晋史12种(比上文所举多出裴松之《晋纪》1种),晋起居注2种,不明著者之晋纪遗文1种,凡15种。
⑥ 参见王仲荦:《魏晋南北朝史》,上海人民出版社2003年版,第832—833页。

在这 29 种历史撰述中，多分记十六国各朝史事，通记十六国史事者以崔鸿《十六国春秋》最为知名。《魏书·崔光传》《北史·崔光传》所附《崔鸿传》，记其撰述经过甚详。刘知幾评其书说："考核众家，辨其同异，除烦补阙，错综纲纪，易其国书曰'录'，主纪曰'传'，都谓之《十六国春秋》。"① 可见，《十六国春秋》是反映十六国史事的一部总结性著作。唐修《晋书》中的"载记"，多参考其书。自宋以后，十六国诸史皆散佚无存。清人汤球有《十六国春秋辑补》，庶可窥其一斑。

关于南朝史撰述。南朝宋、齐、梁、陈朝代短促，但史家修史之风盛行，除撰有不少数量的东汉史、晋史外，于本朝史亦颇多著述。概括起来，关于南朝宋、齐史各 7 种，梁史 5 种，陈史 3 种，共 22 种。② 今存者，仅沈约《宋书》、萧子显《齐书》（后人称《南齐书》）2 种，其余尽散佚。

关于北朝史撰述。北朝历北魏、东魏、西魏、北齐、北周五朝，关于这一时期的历史撰述，经历了坎坷的道路。北魏初年，邓渊等受命著《国记》，得十余卷，"编年次事，体例未成"，乃中辍。太武帝拓跋焘时，命崔浩（381—450）等撰成《国书》30 卷。后又命崔浩、高允、张伟等"续成前纪"，"至于损益褒贬，折中润色，浩所总焉"。崔浩应是北魏史撰述的创始人。他接受著作令史闵湛、郗标的建议，以《国书》刊石写之，以示行路，结果因"尽述国事，备而不典"获罪，于太平真君十一年（450）受诛；"清河崔氏无远近，范阳卢氏、太原郭氏、河东柳氏，皆浩之姻亲，尽夷其族"，又因崔浩监秘书事，故"其秘书郎吏已下尽死"，"同作死者百二十八人"③。这就是后世常说到的"崔浩国史案"。孝文帝时，乃命李彪、崔光等撰纪传体北魏史而未果。④ 以后，北魏皇朝关于本朝史的撰述便无太大举动。直至北齐天保时，魏收等撰成纪传体《魏书》130 卷，才有比较完整的北魏史问世，并流传至今。这个时期的北朝史撰述，还有北齐崔子发撰写的编年体《齐纪》30 卷，已佚。以上，同当时的南朝史撰述比起来，显得有些寥落。

魏晋南北朝时期，同朝代史撰述相关联的，还有历朝起居注的撰写。《隋书·经籍志》史部起居注类小序说："起居注者，录纪人君言行动止之事。"它萌发于两汉而盛行于两晋南北朝。《隋书·经籍志二》起居注类著录的 44 部起居注，有 41 部为两晋南北朝所出。其中，《晋起居注》多达 317 卷（原注：梁有 322 卷），

---

① 刘知幾：《史通·古今正史》，浦起龙通释本，上海古籍出版社 2009 年版，第 335 页。
② 参见王仲荦：《魏晋南北朝史》，上海人民出版社 2003 年版，第 834—835 页。按，表中所列隋、唐史家所撰 5 种，不在 22 种范围之内。
③ 以上见魏收：《魏书》卷三五《崔浩传》，中华书局 1974 年版，第 826 页。刘知幾：《史通·古今正史》，浦起龙通释本，上海古籍出版社 2009 年版，第 260 页。
④ 李延寿：《北史》卷二一《崔宏传》附《崔光传》，中华书局 1974 年版。

《后魏起居注》为336卷。由于起居注"皆近侍之臣所录",自是撰述朝代史重要依据之一。从这个意义上说,起居注的盛行也是魏晋南北朝时期朝代史撰述兴盛局面的一部分。尽管它们都已散佚,但它们在史学发展上的作用是很重要的。

魏晋南北朝时期史家撰述朝代史的热情,一方面表明史学在意识形态领域中的作用更加重要了;另一方面也表明史学所反映出来的历史文化传统,即使在分裂割据时期,仍然是联结人们思想的纽带,不论是人们对于《史记》《汉书》的推崇,还是对于《春秋》《左传》和《汉纪》的仰慕,都充分证明了这一点。

二、司马彪《续汉书》、袁宏《后汉纪》与范晔《后汉书》

西晋司马彪的《续汉书》、东晋袁宏的《后汉纪》和南朝刘宋时范晔的《后汉书》,是魏晋南北朝时期诸家东汉史中流传至今的三种著作。《续汉书》中的纪、传部分已佚,仅存志八篇30卷。《后汉纪》30卷,是一部完整的编年体东汉史。《后汉书》纪、传完备,凡90卷,无志。

《续汉书》的作者是西晋司马彪。司马彪(?—约306),河内温县(今河南温县西)人,字绍统,在晋武帝泰始年间(265—274)任秘书郎,后转秘书丞。他认为:"汉氏中兴,讫于建安,忠臣义士亦以昭著,而时无良史,记述烦杂……安、顺以下,亡缺者多。"于是他"讨论众书,缀其所闻,起于世祖,终于孝献,编年二百,录世十二,通综上下,旁贯庶事,为纪、志、传凡八十篇①,号曰《续汉书》"②。这是一部完整的东汉史著作,后纪、传散佚,仅存八志,包括《律历志》3篇,《礼仪志》3篇,《祭祀志》3篇,《天文志》3篇,《五行志》6篇,《郡国志》5篇,《百官志》5篇,《舆服志》2篇,凡30篇。③从内容上看,百官、舆服二志,是《史记》《汉书》所没有的。《舆服志》的撰写,东汉末年董巴、蔡邕已有创议,《百官志》则取资于皇家"官簿"。至于《郡国志》,谢承《后汉书》已立为志目,实由《汉书·地理志》而来,传承中有创新。《续汉书》八志被誉为"王教之要,国典之源,粲然略备,可得而知矣"④。

《续汉书》八志在撰述思想上有三个特点。第一,是注重考察典章制度的变化。如《郡国志》序称:"《汉书·地理志》记天下郡县本末,及山川奇异,风俗所由,至矣。今但录中兴以来郡县改异,及《春秋》、'三史'会同征伐地名,以为《郡国志》。"这是一方面注意到东汉以来的变化,另一方面也注意到读史的需要。其《百官志》序称:"班固著《百官公卿表》,记汉承秦置官本末,讫于王莽,

---

① 《隋书·经籍志》作83卷;《新唐书·艺文志》作83卷,《录》1卷。
② 房玄龄等:《晋书》卷八二《司马彪传》,中华书局1974年版,第2141—2142页。
③ 分八志为30篇,系南朝梁人刘昭所为。
④ 刘昭:《后汉书注补志序》,见范晔《后汉书》附录,中华书局1965年版。

差有条贯；然皆孝武奢广之事，又职分未悉。世祖节约之制，宜为常宪，故依其官簿，粗注职分，以为《百官志》。"这是指出了《百官公卿表》重在记"置官本末"，而《百官志》重在记百官"职分"，即职务禄位与责任范围，说明"表"与"志"的不同，而后者更详于官制的变化。其《舆服志》因是首创，故不独仅记东汉，而是通记"上古以来"车服制度的演变，"以观古今损益之义"。

第二，是强调以"君威""臣仪""上下有序"为核心的"顺礼"等级秩序。司马彪认为："夫威仪，所以与君臣、序六亲也。若君亡君之威，臣亡臣之仪，上替下陵，此谓大乱。大乱作，则群生受其殃，可不慎哉！故记施行威仪，以为《礼仪志》。"① 这个思想，在很大程度上是从东汉末年的历史中总结出来的。他还认为："故礼尊〔尊〕贵贵，不得相逾，所以为礼也。非其人不得服其服，所以顺礼也。顺则上下有序，德薄者退，德盛者缛。"② 这显然是适应正在形成的门阀制度的需要，故"顺礼"带有鲜明的时代特点。

第三，是推崇"务从节约"的政治作风。司马彪批评汉武帝在官制上"多所改作，然而奢广，民用匮乏"；推崇东汉光武帝的"中兴"，说他"务从节约，并官省职，费减亿计，所以补复残缺，及身未改，而四海从风，中国安乐者也"③。他批评秦始皇、汉武帝的大规模封禅活动，违背"天道质诚"，认为："帝王所以能大显于后者，实在其德加于民，不闻其在封矣。"④

司马彪的史学思想的核心是"救世"。他说："先王立史官以书时事，载善恶以为沮劝，撮教世之要也。"⑤ 上述《续汉书》八志撰述思想的三个特点，可以说是对"救世之要"的极好的诠释，也阐明了史学对于社会的重要价值。《续汉书》八志在撰述思想上是把对历史的考察和现实的需要结合起来了，这反映出当时史家的一个共同的思想趋向。

魏晋南北朝时期，注史之风很盛。《后汉书》行世五六十年，南朝梁人刘昭注范晔《后汉书》，惜其诸志未成，"乃借旧志，注以补之"，即以《续汉书》八志补《后汉书》无志之憾，使二书相得益彰。唐太宗有《咏司马彪〈续汉志〉》诗，其中四句是："前史弹妙词，后昆沉雅思。书言扬盛迹，补阙兴洪志。"⑥ 至北宋时乃将二书合刻以行于世。

《后汉纪》的作者是东晋袁宏。袁宏（328—376），字彦伯，陈郡阳夏（今河

---

① 范晔：《后汉书·礼仪志》序，中华书局1965年版，第3101页。
② 范晔：《后汉书·舆服志》序，中华书局1965年版，第3640页。
③ 范晔：《后汉书·百官志》序，中华书局1965年版，第3555页。
④ 范晔：《后汉书·祭祀志》后论，中华书局1965年版，第3205页。
⑤ 房玄龄等：《晋书》卷八二《司马彪传》，中华书局1974年版，第2141页。
⑥ 曹寅等编：《全唐诗》卷一，中华书局1960年版，第10页。

南太康）人，善作咏史诗，以寄情怀。他为人"强正亮直，虽被温礼遇，至于辩论，每不阿屈，故荣任不至"。在史学方面，袁宏对西晋陈寿所撰《三国志》甚推重，他自称："余以暇日常览《国志》，考其君臣，比其行事，虽道谢先代，亦异世一时也。"本着这样的认识，他撰了一篇《三国名臣颂》，借评论三国名臣抒发对于历史的见解。他认为："百姓不能自牧，故立君以治之；明君不能独治，则为臣以佐之。"① 他把君臣关系视为致治的关键，而维系君臣关系的核心便是"名教"。这个思想，突出地反映在他的《后汉纪》一书中。

袁宏生活的年代，已有多种东汉史著述行世。他说到撰《后汉纪》的起因和经过是："予尝读后汉书，烦秽杂乱，睡而不能竟也。聊以暇日，撰集为《后汉纪》。……前史阙略，多不次叙，错谬同异，谁使正之？经营八年，疲而不能定"，后来参考张璠所撰书有关东汉末年事，"探而益之"②，书乃成。袁宏的撰述旨趣在编年而不在纪传，所以他在参阅前史的基础上，又吸收了起居注、名臣奏、诸郡耆旧先贤传等文献，仿荀悦《汉纪》撰集此书。其正式纪年，起于更始元年（23），终于建安二十五年（220）。全书凡30卷，其中各以8卷记光武事和灵帝、献帝事，篇幅占全书一半以上。内容上的这种轻重详略安排，反映了作者着意于写出东汉皇朝的兴起和衰亡。

《后汉纪》在编撰方法上除具有编年记事的基本要求外，还有自身的特点，就是在记事的同时，把与此事有关的、时间相近的一些人物连带着写出，或把一人发生于不同时间但可表明此人基本面貌的言行集中写出，此即袁宏所称"言行趣舍，各以类书"的方法。如卷一写王莽末年的社会动乱和刘秀政治活动的开始，就连带写出二十多个与此有关的人物。又如卷三十记建安十三年（208）八月"壬子，太中大夫孔融下狱诛，妻子皆弃市"一事，接着便集中写出孔融的身世和一生中几件大事，说他"年十三丧父，哀慕毁瘠，杖而后起，州里称其至孝"；说他为北海太守时，"崇学校庠序，举贤贡士，表显耆儒"，"其礼贤如此"。全书皆类此。这是在编年体史书中把记事和写人结合起来，事因人而丰满，人依事而益显。这是袁宏对编年体史书在编撰方法上的发展。

袁宏的"言行趣舍，各以类书"的编撰方法，写出了众多人物，目的是借以"观其名迹，想见其人"，为他的"通古今而笃名教"的撰述思想服务。对于前人的撰述，袁宏尤其推崇荀悦，说他"才智经纶，足为嘉史，所述当也，大得治功已矣"，但又说他"名教之本，帝王高义，韫而未叙"。故袁宏"因前代遗事，略举义教所归，庶以弘敷王道、前史之阙"③。可见《后汉纪》之突出名教思想，正

---

① 以上见房玄龄等：《晋书》卷九二《文苑传》，中华书局1974年版，第2398、2393、2392页。
② 袁宏：《后汉纪·序》，"两汉纪"本，中华书局2002年版，下册书首，第1页。
③ 以上均见袁宏：《后汉纪·序》，"两汉纪"本，中华书局2002年版，下册书首，第1页。

是袁宏主旨所在。袁宏对名教的本质作了这样的说明："夫君臣父子，名教之本也。然则名教之作，何为者也？盖准天地之性，求之自然之理，拟议以制其名，因循以弘其教，辩物成器，以通天下之务者也。"他进而认为："天地，无穷之道；父子，不易之体。夫以无穷之天地，不易之父子，故尊卑永固而不逾，名教大定而不乱，置之六合，充塞宙宇，自今及古，其名不去者也。"① 这就是说，名教的核心是君臣、父子关系，这种关系是天地、自然所决定的，是无穷的、不变的，人们都应当恪守这种关系。袁宏一生生活在东晋统治集团内部矛盾、斗争日益积累和发展的年代，他借撰述东汉史来阐发名教思想，是有政治上的深意的。

《后汉纪》作为编年体东汉史，与荀悦《汉纪》齐名，说明它是一部成功的历史著作。

在司马彪之后，以纪传体撰写东汉史事者，以范晔《后汉书》成就最高。范晔（398—445），字蔚宗，南朝宋顺阳（今河南淅川南）人。善文章，精音乐，宋文帝时以才学为用，官至太子詹事。他撰《后汉书》始于宦途中元嘉九年（432）左迁宣城太守之时。元嘉二十二年（445），被人告发与谋立大将军彭城王刘义康为帝一案有牵连，以"谋反"罪入狱，被杀，时年48岁。范晔在狱中作《与诸甥侄书》，阐说了他的为人、治学和撰写《后汉书》的缘由，是一篇具有自序性质的文献，《宋书·范晔传》将其全文收录。范晔治学，重在"所通解处，皆自得之于胸怀"。认为"文患其事尽于形，情急于藻，义牵其旨，韵移其意"；主张"情志所托，故当以意为主，以文传意"。他的治学态度和为文主张，在《后汉书》中有充分的反映。他撰《后汉书》的全部计划，是要写成纪10卷、志10卷、传80卷，合为100卷。但当他撰成了纪、传90卷而志10卷尚未写成，就被捕入狱了。

范晔自己说："本未关史书，政恒觉其不可解耳。既造《后汉》，转得统绪。"② 范晔所提出的问题，意在从历史上去寻求关于现实政治中存在问题的答案。范晔撰《后汉书》时，至少有10种汉晋史家所著后汉史作为参考。范晔自称，他的《后汉书》虽"博赡"不及班固《汉书》，但"整理未必愧也"，而其"杂传论，皆有精意深旨"，"至于《循吏》以下及《六夷》诸序论，笔势纵放，实天下之奇作。其中合者，往往不减《过秦》篇。尝共比方班氏所作，非但不愧之而已"③。可见，范晔虽是据众家后汉史撰《后汉书》，而他的撰述目标却是以"最有高名"的《汉书》为参照的。范晔对于材料的整理之功和对于史事的评论精深，是《后汉书》的两个特点。

---

① 袁宏：《后汉纪》卷二六《孝献皇帝纪》，"两汉纪"本，中华书局2002年版，第509页。
② 沈约：《宋书》卷六九《范晔传》，中华书局1974年版，第1830页。
③ 沈约：《宋书》卷六九《范晔传》，中华书局1974年版，第1830—1831页。

第一个特点。范晔删削众家后汉史，在材料整理上博采诸家，做到丰赡而有序。《后汉书》中提到的有《东观汉记》和华峤《汉后书》，范晔称为"前史"。还有一些是他没有提到的。范晔在整理材料中，对历史人物传记的编次上，则更多地受到袁宏《后汉纪》"言行趣舍，各以类书"的方法的影响。其于同卷人物，往往"不拘时代，而各就其人之生平以类相从"：有的以"治行卓著"，有的以"深于经学"，有的以"著书恬于荣利"，有的以"和光取容，人品相似"，有的以"立功绝域"，有的以"仗节能直谏"，有的以"明于天文"等。① 总之，范晔对众家东汉史的"整理"之功，是更便于反映出东汉时期各类人物的事迹和风貌。

第二个特点。范晔的历史评论，是《后汉书》的精华所在，突出了"以意为主"的旨趣。首先，他对东汉时期的治乱得失，提出了自己的看法。他论"中兴之业，诚艰难也"，认为光武"闭玉门以谢西域之质，卑词币以礼匈奴之使"② 是明智之举。范晔尤其称道光武对"中兴二十八将"的安排，认为光武吸取西汉初年分封异姓诸侯王的教训，"鉴前事之违，存矫枉之志"，仅以少数功臣"与参国议，分均休咎，其余并优以宽科，完其封禄，莫不终以功名延庆于后"，也是明智之举。论末总结说："崇恩偏授，易启私溺之失；至公均被，必广招贤之路，意者不其然乎！"③ 这是把不同的政策上升到理论认识的高度了。范晔在《皇后纪》序论中，也还指出了东汉"皇统屡绝，权归女主，外立者四帝，临朝者六后，莫不定策帷帟，委事父兄，贪孩童以久其政，抑明贤以专其威。任重道悠，利深祸速"的弊端。④ 凡此，都是着眼于政治得失所作的历史评论。

其次，范晔的历史评论表明了他在历史观上的朴素唯物倾向。他批评佛教"好大不经，奇谲无已"，"故通人多惑焉"⑤。他批评种种方术"斯道隐远，玄奥难原，故圣人不语怪神，罕言性命"；方术怪诞之论"纯盗虚名，无益于用"，不过是有人"希之以成名"的工具罢了。⑥ 他对汉武帝"颇好方术"，汉光武帝"尤信谶言"，汉桓帝"修华盖之饰"，都采取批评的态度。⑦

---

① 参见赵翼：《廿二史札记》卷四"《后汉书》编次订正"条。赵翼认为，《后汉书》的"不构时代""以类相从"是受了《史记》《汉书》的影响，自有一定道理。但作为晚出的东汉史，它无疑受到《后汉纪》之"言行趣舍，各以类书"更多的影响。
② 范晔：《后汉书》卷一八《吴盖陈臧列传》后论，中华书局1965年版，第697页。
③ 范晔：《后汉书》卷二二《朱景王杜马刘傅坚马列传》后论，中华书局1965年版，第787—788页。
④ 参见范晔：《后汉书》卷一○上《皇后纪上》，中华书局1965年版，第401页。
⑤ 范晔：《后汉书》卷八八《西域传》后论，中华书局1965年版，第2932页。
⑥ 参见范晔：《后汉书》卷八二上《方术列传上》，中华书局1965年版，第2703、2725页。
⑦ 范晔：《后汉书》卷八二上《方术列传上》、《后汉书》卷八八《西域传》后论，中华书局1965年版，第2705、2932页。

再次，范晔的历史评论，极擅长于写出不同类型历史人物的独特风貌与社会作用。《后汉书》的许多类传，如党锢、循吏、酷吏、文苑、独行、逸民、列女以及"六夷"等传的序、论，如范晔所说，都写得"笔势纵放"，颇多精彩之处。《循吏列传》序概述了东汉一朝循吏简史，认为光武时期与章帝、和帝以后，是循吏辈出、屡屡不绝的两个时期。而循吏的特点是"仁信笃诚，使人不欺"，"可以感物而行化"，做到"明发奸伏，吏端禁止"，"移变边俗"等。范晔着重指出了循吏的出现，其最重要的原因是最高统治者的政治风范，故序文用了近一半的篇幅称赞光武帝的"勤约之风，行于上下。数引公卿郎将，列于禁坐。广求民瘼，观纳风谣。故能内外匪懈，百姓宽息。自临宰邦邑者，竞能其官"。他充分肯定了这种垂范作用对于循吏政治的重要影响。《循吏列传》后赞语进而指出了循吏政治的社会作用是："推忠以及，众瘼自蠲。一夫得情，千室鸣弦。"作为史学家，范晔对循吏表示出"怀我风爱，永载遗贤"的崇敬之意，表达了他的一种社会理想。同循吏相对的是酷吏。《酷吏列传》的序、赞表明范晔对酷吏政治的朴素辩证认识。

《后汉书·宦者列传》序也可视为一篇宦官小史，而以论东汉为详。范晔认为，从历史上看，宦人中"其能者"可有功于国，"其敝也"则为国之祸。可以说，这是一篇极为深刻的宦官参与政事的历史经验教训的总结。《后汉书·儒林列传》的序与论，是范晔史论之佳作中的突出者，历来为论者所重，此不赘述。

以上《循吏列传》《酷吏列传》《宦者列传》等传的序、论，都反映了范晔对政治统治、国家兴衰的关注，反映了他积极的、进步的社会历史观和历史人物评价标准。范晔对于历史人物的看法是取兼容态度的，并不持偏激之见。他推崇忠义、进取的人生，但也承认"性尚分流，为否异适"[①]的历史现象，故作《独行列传》。他的这个认识，在《后汉书·逸民列传》序中阐述得十分明确，表明他对于社会中之所以会出现"逸民"，以及"逸民"的不同心理与目的，是很理解的。同时，他也指出政治状况、"帝德"的盛衰，直接影响到"逸民"的多寡去留；他希望的是一种"举逸民天下归心"的社会局面。《后汉书·循吏列传》以下各传尤其是《儒林列传》诸序、论，有一个共同的特点，即纵向论历史演变，横向评得失利害，以陈述史事为目的，以总结经验为归宿，有吞吐古今之志，无矫揉造作之意，此即其"笔势纵放"之由来。《后汉书》"六夷"传的序、论，分别论述周边各民族、各地区同三代、秦汉的关系，而尤着意其与东汉密切的联系。范晔写道："自中兴之后，四夷来宾，虽时有乖畔，而使驿不绝，故国俗风土，可得略记。东夷率皆土著，喜饮酒歌舞，或冠弁衣锦，器用俎豆。所谓中国失礼，求之

---

① 范晔：《后汉书》卷八一《独行列传》序，中华书局1965年版，第2665页。

四夷者也。凡蛮、夷、戎、狄总名四夷者……犹公、侯、伯、子、男皆号诸侯云。"① 尽管范晔于"六夷"传的序论和传文中,对各族仍难免有不恰当的评论,然上引这段话所确定的基本看法,反映出了他对各族关系的认识是继承了司马迁的思想传统的。总之,范晔的史论,言深意远,用词典雅,笔势纵放,在史学上是不多见的。

三、陈寿《三国志》与裴松之《三国志注》

陈寿所撰《三国志》是唯一保存至今同时又是兼记魏、蜀、吴三国史事的著作,这是中国史学上一部极具特色的"正史"。陈寿(233—297),字承祚,西晋巴西安汉(今四川南充北)人。早年师事著名学者谯周,在蜀官至散骑黄门侍郎,入晋后任著作郎、治书侍御史。《华阳国志·后贤志》记陈寿早年"治《尚书》《三传》,锐精《史》《汉》。聪警敏识,属文富艳"。这对他后来的史学成就至关重要。太康元年(280)西晋灭吴后,陈寿开始撰《三国志》,约经十年,撰成全书65卷,"时人称其善叙事,有良史之才"。司空张华"深善之,谓寿曰:'当以晋书相付耳。'"② 陈寿撰《三国志》与司马彪撰《续汉书》大致同时,但他比司马彪早卒约十年。他们是西晋历史上最有成就的两位史家。

《三国志》记事,起于东汉灵帝光和末年(184)黄巾起义,讫于西晋灭吴上限,与《后汉书》在内容上颇有交叉。从《三国志》看陈寿的史才,首先是他对三国时期的历史有认识上的全局考虑和编撰上的恰当处置。三国鼎立局面的形成,三国之间和战的展开,以及蜀灭于魏、魏之为晋所取代和吴灭于晋的斗争结局,都是在纷乱复杂中从容不迫地叙述出来的。在编撰的体例上,陈寿以魏主为帝纪,总揽三国全局史事;以蜀、吴二主史事传名而纪实,既与全书协调,又显示出鼎立三分的格局。这种体例上的统一和区别,也反映在著者对三国创立者的称谓上:对曹操,在《魏书》中称太祖(曹操迎献帝至许昌后称公、魏公、魏王),在《蜀书》《吴书》中称曹公;对刘备,在《蜀书》中称先主,在《魏书》《吴书》中均称名;对孙权,在全书中一概称名。此外,在纪年上,著者虽在魏、蜀、吴三书中各以本国年号纪年,但也注意到以曹魏纪年贯穿三书,如记蜀后主刘禅继位、改元时书曰"是岁魏黄初四年也"③,记孙亮即位、改元时书曰"是岁,于魏嘉平四年也"④。这些都表明陈寿对于三国史事的总揽全局的器识和在表述上的精心安排。他以一部纪传体史书兼记同时存在的三个皇朝的历史,这是"正史"撰述中

---

① 范晔:《后汉书》卷八五《东夷列传》序,中华书局1965年版,第2810页。
② 房玄龄等:《晋书》卷八二《陈寿传》,中华书局1974年版,第2137页。
③ 陈寿:《三国志》卷三三《蜀书·后主传》,中华书局1959年版,第893页。
④ 陈寿:《三国志》卷四八《吴书·三嗣主传》,中华书局1959年版,第1151页。

的一个创造。

　　陈寿的史才，还在于他善于通过委婉、隐晦的表述方法以贯彻史家的实录精神。他先作为蜀臣，后又成了魏的取代者晋的史臣。如何处理汉与曹氏的关系、蜀魏关系、魏与司马氏的关系，在正统观念极盛的历史条件下，都是历史撰述中很难处理的大问题，但陈寿却于曲折中写出真相。如他写曹操"将迎天子，诸将或疑，荀彧、程昱劝之，乃遣曹洪将兵西迎"①，写得很含蓄；而在《魏书·荀彧传》中，就借荀彧的话说出了"奉迎天子都许"的政治目的，即效法春秋时晋文公纳周襄王、汉高祖为义帝缟素的故事。《魏书·文帝纪》写曹操死，曹丕嗣位为丞相、魏王，"改建安二十五年为延康元年"，暗示了曹丕急于称帝的迫切心情。又如在《蜀书》中称先主、后主，以及对诸葛亮治蜀的高度评价，以寄托故国情怀。而关于魏晋禅代事，《魏书·三少帝纪》中只写了"如汉魏故事"，但在《曹爽传》和《夏侯尚传》中却揭示曹氏政权向司马氏政权过渡中的尖锐斗争。在这些重大历史问题的记述上，《三国志》不失为一部信史。但由于陈寿承袭了晋人王沉《魏书》的若干记载，故对魏晋间事于晋难免有所回护，这是《三国志》的缺点，不是它的主流。

　　叙事简洁，也是陈寿史才的一个重要方面。全书以《魏书》30卷叙魏事兼叙三国时期历史全貌，以《蜀书》15卷、《吴书》20卷分叙蜀、吴史事兼三国之间的复杂关系，而无冗杂之弊，反映出陈寿对史事取舍的谨慎和文字表述的凝练。如上述记魏晋禅代事只写"如汉魏故事"五个字。写曹操、刘备二人的不同心态："曹公从容谓先主曰：'今天下英雄，唯使君与操耳。本初（按袁绍字本初——引者）之徒不足数也。'先主方食，失匕箸。"②陈寿还善于通过写人物的对话指陈形势、论辩是非，如以荀彧同曹操的对话分析了曹操与袁绍双方的形势，以王粲同曹操的对话分析了曹操、袁绍、刘表三方的形势，以诸葛亮同刘备的对话估量了形势的发展和刘备应采取的对策等，都写得精彩、凝练。

　　陈寿在撰述旨趣上推重"清流雅望"之士、"宝身全家"之行的士族风气，所以他对制定"九品官人法"的陈群赞美备至，对太原晋阳王昶长达千余字的《戒子侄书》全文收录。陈寿的这种旨趣为时人所称赞，认为他的《三国志》"辞多劝诫，明乎得失，有益风化"③。陈寿的"有益风化"跟司马彪强调"顺礼"、袁宏提倡"名教"有相通之处，只是前者更着重自身和家族的利益罢了。陈寿的史论在这方面表现得很突出。魏晋南北朝时期门阀士族重礼法、门风、名教，这是有长久的历史根源的。陈寿在历史观上有浓厚的神秘色彩和天命思想，他用符瑞图

---

① 陈寿：《三国志》卷一《魏书·武帝纪》，中华书局1959年版，第13页。
② 陈寿：《三国志》卷三二《蜀书·先主传》，中华书局1959年版，第875页。
③ 房玄龄等：《晋书》卷八二《陈寿传》，中华书局1974年版，第2138页。

谶、预言童谣来渲染魏、蜀、吴三国君主的称帝，用"天禄永终，历数在晋"① 来说明晋之代魏的合理性，他断言"神明不可虚要，天命不可妄冀，必然之验也"②。这种推重"清流雅望"和宣扬天人感应的政治观点和历史观点，是陈寿史学中的消极因素，也在一定程度上局限了《三国志》的史学价值。后人以《史记》《汉书》《后汉书》《三国志》合称"四史"（或"前四史"），认为是"二十四史"中的代表性著作，这充分肯定了《三国志》在史学上的地位。《三国志》只有纪、传而无书志，这个缺憾只有留待后人来弥补了。

陈寿去世后132年，南朝宋人裴松之于元嘉六年（429）作成《三国志注》。裴松之在《上〈三国志注〉表》中说，他是奉诏"采三国异同"以注陈寿《三国志》的，这说明皇家对《三国志》的重视。裴松之认为《三国志》"铨叙可观，事多审正。诚游览之苑囿，近世之嘉史。然失在于略，时有所脱漏"。因此，他作注的主旨是"务在周悉。上搜旧闻，傍摭遗逸"。所注内容主要在四个方面，一是"以补其阙"，二是"以备异闻"，三是"以惩其妄"，四是"有所论辩"。③《三国志注》奏上后，宋文帝称善："此为不朽矣。"裴松之注《三国志》，目的在于"鸠集传记，增广异闻"④，主要是史事上的补阙、存异、惩妄。据清人赵翼统计，裴注所引据书有50余种，并皆注出书名⑤，近人王仲荦考证其引据书应是210种⑥，足见裴松之注书用功之勤。《四库全书总目》认为：裴注"网罗繁富，凡六朝旧籍今所不传者，尚一一见其厓略。又多首尾完具……故考证之家，取材不竭，转相引据者，反多于陈寿本书焉"⑦。这说明《三国志注》在历史文献学上有重要的价值。裴松之注史的方法，反映了魏晋南北朝时期史注发展的一个重要趋向。早在东汉末年，应劭就有《汉书》集解。后西晋杜预作《春秋左氏经传集解》，北魏郦道元撰《水经注》，都是以搜集丰富的文献作注为特色。裴松之之子骃撰《史记集解》，也是"采经传百家并先儒之说"⑧ 而成。其后，刘昭伯父肜集众家晋书注干宝《晋纪》，刘昭集后汉同异以注范晔《后汉书》等，都反映出这一时期史注的发展。

裴注所引魏晋人著作，今已十不存一，因此格外为学术界所重视。其注文曾

---

① 陈寿：《三国志》卷四《魏书·三少帝纪》，中华书局1959年版，第154页。
② 陈寿：《三国志》卷三一《蜀书·刘二牧传》，中华书局1959年版，第870页。
③ 裴松之：《上〈三国志注〉表》，见《三国志》附录，中华书局1959年版，第1471页。
④ 以上见沈约：《宋书》卷六四《裴松之传》，中华书局1974年版，第1701页。
⑤ 赵翼：《廿二史札记》卷六"裴松之《三国志注》"条，王树民校证本，中华书局1984年版。
⑥ 王仲荦：《魏晋南北朝史》下册，上海人民出版社2003年版，第830页。
⑦ 永瑢等：《四库全书总目》卷四五《三国志》提要，中华书局1965年版，第404页。
⑧ 裴骃：《史记集解》序，见《史记》附录，中华书局1959年版，第4页。

被认为多过陈寿本书数倍。现经研究者细致统计，《三国志》正文为 36 万余字，裴注为 32 万余字，说明传言不可信。① 宋人叶适批评有人提出重修《三国志》的论点，认为裴注所载"皆寿书之弃余也"②，固然偏颇；但今人也有提出裴注价值远在原书之上的说法，亦属失当。《三国志》作为反映三国时期的历史著作，是裴注无法代替的；裴注也正因有《三国志》的存在作为比较才更显示出其价值的重要。

四、关于北方诸民族政权历史的撰述

这时期民族关系的新格局，有力地促进了北方各民族政权之史学的滋生和发展，显示出了中国古代多民族史学的特点：

北方诸民族政权对史学的重视。西晋"八王之乱"以后，自永兴元年（304）至北魏太武帝太延五年（439），在中国西部和北部传统的中央皇朝统治区域内，有賨族的成汉，匈奴族的汉/前赵、北凉、夏，羯族的后赵，氐族的仇池国、前秦、后凉，羌族的后秦，鲜卑族的前燕、后燕、西燕、西秦、南凉、南燕，鲜卑拓跋族的代国，丁零族的翟魏等众多民族政权。以及汉族的前凉、冉魏、西凉，谯氏的西蜀、北燕。历史上称为"十六国"。

北方诸民族政权存在的时间大多较为短暂，但其君主多仰慕汉民族文化，具有一定的汉文化修养，大力提倡儒学，重视史学，促进了这一时期少数民族史学的发展。例如，成汉李寿"好学爱士，庶几善道，每览良将贤相建功立事者，未尝不反覆诵之"③。汉刘渊"幼好学，师事上党崔游，习《毛诗》《京氏易》《马氏尚书》，尤好《春秋左氏传》《孙吴兵法》，略皆诵之，《史》《汉》、诸子，无不综览"。他曾评论古史说："吾每观书传，常鄙随、陆无武，绛、灌无文。道由人弘，一物之不知者，固君子之所耻也。二生遇高皇而不能建封侯之业，两公属太宗而不能开庠序之美，惜哉！"④ 从历史的研习中，树立了抓住历史机遇建功立业的志向。出身卑贱、曾被掠卖为奴的石勒，"雅好文学，虽在军旅，常令儒生读史书而听之，每以其意论古帝王善恶，朝贤儒士听者莫不归美焉"。在侍臣读到《汉书》中郦食其劝刘邦立六国之后时，他大惊道："此法当失，何得遂成天下！"⑤ 认识到

---

① 参见王廷洽：《略谈〈三国志〉与裴注的数量问题》（《古籍整理研究学刊》1985 年第 3 期）、《应正确认识〈三国志〉裴注的价值》（《上海师范大学学报（社会科学版）》1983 年第 4 期）崔曙庭：《〈三国志〉本文确实多于裴注》（《华中师范大学学报（哲学社会科学版）》1990 年第 2 期）。
② 叶适：《习学记言序目》卷二八，中华书局 1977 年版，第 405 页。
③ 房玄龄等：《晋书》卷一二一《李寿载记》，中华书局 1974 年版，第 3046 页。
④ 房玄龄等：《晋书》卷一〇一《刘元海载记》，中华书局 1974 年版，第 2645—2646 页。
⑤ 房玄龄等：《晋书》卷一〇五《石勒载记下》，中华书局 1974 年版，第 2741 页。

历史是不会倒退的。南凉秃发傉檀与后秦使臣"论六国纵横之规，三家战争之略，远言天命废兴，近陈人事成败，机变无穷，辞致清辩"。使臣叹其："车骑神机秀发，信一代之伟人，由余、日䃅岂足为多也！"①

各民族政权君主重用各族士人，辅佐其政。如南凉秃发乌孤"以杨轨为宾客。金石生、时连珍，四夷之豪俊；阴训、郭倖，西州之德望；杨统、杨贞、卫殷、麹丞明、郭黄、郭奋、史暠、鹿嵩，文武之秀杰；梁昶、韩匹、张昶、郭韶，中州之才令；金树、薛翹、赵振、王忠、赵晁、苏霸，秦雍之世门，皆内居显位，外宰郡县。官方授才，咸得其所"②。

诸民族君主重视对贵胄子弟的教育，甚至亲自撰写史书，为臣子做出榜样。石勒"立太学，简明经善书吏署为文学掾，选将佐子弟三百人教之"③。并"亲临大小学，考诸学生经义，尤高者赏帛有差"④。前燕慕容皝"赐其大臣子弟为官学生者号高门生，立东庠于旧宫，以行乡射之礼，每月临观，考试优劣。皝雅好文籍，勤于讲授，学徒甚盛，至千余人。亲造《太上章》以代《急就》，又著《典诫》十五篇，以教胄子"⑤。《太上章》是一种蒙学字书，《典诫》当是杂述历代重要史事，以教训子弟的历史教科书。

北方诸民族政权史官制度。北方各民族君主对史学促进皇朝统治的积极作用有深切的认识，学习中原皇朝的史学传统，设官修史，成为十六国少数民族史学繁荣发展的重要基础。

关于著作官的设置。曹魏明帝太和中始设负责撰修国史的著作一职，称著作郎兼起居注。后赵、前燕、赫连夏、后凉、前秦等政权皆设此职，称著作佐郎、著作郎、佐著作郎、大著作郎等。总计诸国见诸记载的有二十一位著作官，多数是汉族士人，也有个别少数族人。三国吴时创设左国史之职，与右国史并掌修国史。汉国嘉平初，命"公师彧以太中大夫领左国史，撰其国君臣纪传"⑥。前秦苻坚有史官赵渊、车敬、梁熙、韦谭"相继注疏"。

关于起居注与祭酒。西汉初，起居注已成为专记帝王言行的史体。有史可考的十六国起居注官或撰修的起居注有：后赵傅彪、贾蒲、江轨修撰《大将军起居注》。前燕有《起居注》。南燕有《南燕起居注》一卷，南燕赵郡王景晖撰有《二主起居注》。前秦建元十七年（381）八月，"（苻）坚收起居注及著作所录而观

---

① 房玄龄等：《晋书》卷一二六《秃发傉檀载记》，中华书局1974年版，第3151页。
② 房玄龄等：《晋书》卷一二六《秃发乌孤载记》，中华书局1974年版，第3143页。
③ 房玄龄等：《晋书》卷一〇四《石勒载记上》，中华书局1974年版，第2720页。
④ 房玄龄等：《晋书》卷一〇五《石勒载记下》，中华书局1974年版，第2741页。
⑤ 房玄龄等：《晋书》卷一〇九《慕容皝载记》，中华书局1974年版，第2826页。
⑥ 本节诸引文见《史通·史官建置》《史通·古今正史》《晋书·载记》《晋书·艺术传》《隋书·经籍志二》《十六国春秋辑补》等。

之",可见,其时有起居注官。祭酒最早是齐稷下学宫主官的名称,西晋国子学设国子祭酒为其长。"南凉主乌孤初定霸基,欲造国纪,以其参军郭韶为国纪祭酒,使撰录时事。自余伪主,多置著作官,若前赵之和苞,后燕之董统是也。"① 大兴二年(319),后赵石勒以"任播、崔浚为史学祭酒"②,作为掌管史学的长官。这是目前所见"史学"一词较早出现之处。前凉索绥曾担任"记室祭酒"③,似亦著史之官。

太史令。太史一职,周汉皆有。魏晋以后,修史的任务划归著作郎,太史仅掌推算历法和档案,但二者皆为撰史基础。北方诸民族政权均设有太史令一职。刘汉(前赵)宣于修、康相、弁广明、台产、任义,后赵赵揽,前燕黄泓,南燕成公绥,后凉贾曜,南凉景保,北凉刘梁、张衍,前秦康权、王彤、张孟、魏延、高鲁曾,后秦郭黁、任猗,成汉(蜀)韩豹、韩皓,赫连夏张渊,皆曾担任太史令。后燕梁延年曾任太史丞。

他官兼领史职。北方民族政权还以他官兼领史职修史。前赵以侍中和苞兼领著作之职。后赵司空从事中郎荀绰,记室左明楷、程机,中大夫傅彪、贾蒲、江轨,参军石泰、石同、石谦、孔隆,大将军右司马傅畅,曾兼任史官。前燕左常侍黄泓、散骑常侍申秀曾兼史官。后燕中书令、民部尚书封懿,尚书范亨,太傅长史田融、董统,曾兼任史官。南燕中书侍郎王景晖、尚书张诠曾兼任史官。北凉秘书郎刘昞为专管注记的史官、尚书阚骃兼史官。前凉刘庆以护军参军兼任史官。蜀李散骑常侍常璩兼史官。

综上所述,十六国诸民族政权多设置有专门史官,也有很多兼职史官修史,表明诸民族政权统治者多能认识到修史的重要性,也体现了十六国时期多民族史家积极参与修史的自觉性。

北方诸民族政权的史学成就。十六国诸民族政权内有五十一位汉族史家撰述史著四十五部,八位少数民族史家撰述史著三部。汉族史家撰述的有:汉赵和苞《汉赵记》十卷④,公师彧《高祖本纪及功臣传二十人》。后赵荀绰《晋后略记》五卷、《晋百官表注》十六卷,左明楷、程机《上党国记》,傅彪、贾蒲、江轨《大将军起居注》,石泰、石同、石谦、孔隆《大单于志》,王度《二石传》二卷、

---

① 刘知幾:《史通·史官建置》,浦起龙通释本,上海古籍出版社2009年版,第289—290页。
② 房玄龄等:《晋书》卷一〇五《石勒载记下》,中华书局1974年版,第2735页。
③ 崔鸿:《十六国春秋·前凉录·张元靖》,《丛书集成初编》本,中华书局1985年版,第49页。
④ 本节诸引文见《隋书·经籍志二》《晋书·载记》《旧唐书·经籍志上》《新唐书·艺文志二》《史通·史官建置》《魏书》有关列传,以及屠乔孙《十六国春秋辑补》、朱希祖《十六国旧史考》(《制言》第13卷,1936年),牛润珍、杜英《十六国史官制度述论》(《齐鲁学刊》1998年第4期)诸篇。

《二石伪治时事》六卷,陆翙《邺中记》二卷,傅畅《晋诸公续赞》二十二卷、《公卿故事》九卷,佚名《赵记》十卷。前燕盖泓《珠崖传》一卷,杜辅全《燕纪》,崔逞《燕记》。后燕封懿《燕书》,董统《后燕书》三十卷,田融《赵书》十卷,范亨、申秀《燕书》二十卷。南燕王景晖《南燕起居注》一卷,游览先生《南燕书》七卷,张诠《南燕书》五卷。前秦赵整、车频《秦纪》十一篇,何仲熙《秦书》八卷,释道安《四海百川水源记》一卷,王嘉《拾遗录》十卷,佚名《前秦起居注》,佚名《苻朝杂记》一卷。后秦马僧虔、卫隆景《秦史》。后凉段龟龙《凉州记》十卷,佚名《段业传》一卷。南凉郭韶《托拔凉录》十卷。北凉宗钦《蒙逊传》十卷,刘昞《敦煌实录》二十卷。夏国赵逸、张渊《夏国书》。成汉佚名《蜀平记》十卷、《蜀汉伪官故事》一卷,常璩《汉之书》十卷、《华阳国志》十二卷。尚有佚名《翟辽书》二卷,佚名《邺洛鼎峙记》十卷。少数民族史家撰述的有:后赵佐著作郎五人撰后赵国史。前秦梁谠、梁熙兄弟修撰前秦国史。后秦姚和都撰《秦纪》十卷。

北方诸民族的史观和史学影响。各少数民族史学在历史观念上是正统史观。十六国时期的少数民族统治者因其出身,更重视从史学上寻找其"正统"的依据,故在其史学中正统史观贯穿始终。史载"刘元海,新兴匈奴人,冒顿之后也。……初,汉高祖以宗女为公主,以妻冒顿,约为兄弟,故其子孙遂冒姓刘氏"①。匈奴人刘渊自称是汉高祖宗女与冒顿单于的后裔,入主中原是继汉魏晋之正统。后赵石勒"乃以咸和五年(330),僭号赵天王,行皇帝事……以赵承金为水德,旗帜尚玄,牲牡尚白,子社丑腊"②。用五行相生说作为其代晋的合法依据。前燕"慕容廆字弈洛瑰,昌黎棘城鲜卑人也。其先有熊氏之苗裔……分保鲜卑山,因以为号……时燕代多冠步摇冠……诸部因呼之为步摇,其后音讹,遂为慕容焉。或云慕二仪之德,继三光之容,遂以慕容为氏"③。慕容氏将自己的先世追溯到中华人文始祖黄帝,且以汉字义命姓氏,从而为其政权的正统性找到了合理依据。北方民族政权自称华夏正统,将所撰民族史书摆在"正史"的地位,是对中华文化的认同,是正统史观的体现。

北方各民族政权史学的影响表现在史学成就上是:第一,十六国时期诞生了大批少数民族史学著作。在所撰48部史书中,有当代人撰本朝史,有当代人追述前朝史;有国史、起居注,也有人物志、地理书;有对民族政权统治者事迹的记述,也有对少数民族历史沿袭和活动情况的撰述等,可谓大放异彩,颇为壮观。

---

① 房玄龄等:《晋书》卷一〇一《刘元海载记》,中华书局1974年版,第2644—2645页。
② 屠乔孙:《十六国春秋辑补》卷一五《后赵录五》,《丛书集成初编》本,中华书局1985年版,第109—110页。
③ 房玄龄等:《晋书》卷一〇八《慕容廆载记》,中华书局1974年版,第2803页。

第二，十六国时期出现了古代最早的少数民族史家。如后赵石勒时期"擢拜太学生五人（羯人）为佐著作郎，录述时事"①。前秦氐人梁谠、梁熙兄弟为著作官撰修国史。羌人后秦王姚泓从弟姚和都在魏任左民尚书，为使姚氏功业不至淹没，"追撰《秦纪》十卷"②。

第三，十六国史书编纂有所创新，为后世史家树立了榜样。北凉刘昞所撰《敦煌实录》，是古代最早冠以"实录"之名的史著。刘昞将《史记》《汉书》《东观汉记》删繁就简为《三史略记》一书，是最早钩玄提要的史钞类书之一。成汉常璩撰《华阳国志》，是古代最早的地方志之一。

第四，大兴二年（319），石勒设置"史学祭酒"一职，此前史学仅仅是儒家经学的附庸，至此史学成为和经学、律学并列的显学，表明史学进一步踏上自成一家的发展道路。

第五，十六国诸民族政权努力促进各族、各政权的文化交流。宋文帝元嘉十四年（北凉永和五年，437），北凉王沮渠茂虔派使者向南朝宋"献方物，并献《周生子》"等二十一种一百五十四卷北方地区，尤其是河西走廊诸民族政权所撰书，其中《三国总略》《十三州志》《敦煌实录》《凉书》《汉皇德传》《王典》等十三种都属于传统意义上的史部书。"茂虔又求晋、赵《起居注》诸杂书数十件，太祖赐之。"③是北方民族政权与南朝之间史学交流的范例。十六国少数民族史学在其亡国后仍有延续。如北凉段承根、阴仲达"二人俱凉土才华，同修国史"④，后燕范亨和北凉宗钦入魏后继续参撰前朝史或北魏国史。

十六国少数民族史学上承先秦两汉魏西晋史学之优良传统，下启南北朝隋唐少数民族史学大发展的广阔局面，在中国史学史上有重要地位。

五、南北朝时期的三部"正史"

南北朝时期史家撰写的有关南北各朝的朝代史，有三部流传至今，这就是《宋书》《南齐书》和《魏书》。《宋书》《南齐书》记述南朝宋、齐皇朝的史事；《魏书》记述北朝北魏和东魏两个皇朝的史事，并对西魏史事略有涉及。这三部书，被后人奉为"正史"。

《宋书》作者沈约（441—513），字休文，南朝吴兴武康（今浙江德清西）人，历仕宋、齐、梁三朝，史家一般称他是梁朝人。沈约出身门阀士族，时人有

---

① 房玄龄等：《晋书》卷一〇五《石勒载记下》，中华书局1974年版，第2751页。
② 刘知幾：《史通·古今正史》，浦起龙通释本，上海古籍出版社2009年版，第334页。
③ 沈约：《宋书》卷九八《氐胡传》，中华书局1974年版，第2416页。
④ 魏收：《魏书》卷五二《阴仲达传》，中华书局1974年版，第1163页。

所谓"江东之豪，莫强周、沈"①的说法，足见其家族地位的显赫。

沈约奉诏撰《宋书》是在齐永明五年（487）春天，次年二月即表上《宋书》纪、传70卷。所记史事起于东晋安帝义熙之初，终于宋顺帝升明三年（479），包括东晋末年和刘宋一代史事。这是沈约撰述《宋书》的第一阶段。这一阶段成书之快，主要是编辑前人的撰述成果。早在宋文帝时，科学家何承天以著作郎身份撰国史，起草了纪、传和《天文》《律历》等志，人物列传则写到宋武帝时期的一些功臣。其后，又有山谦之、苏宝生相继撰述。宋孝武帝大明六年（462），徐爰续作宋史，在前人撰述的基础上，写成国史65卷，上起东晋末年，下讫宋孝武帝大明时期。沈约对于《宋书》纪、传的撰述，一是补叙了宋前废帝永光以后十余年史事，二是确定了"立传之方"，对晋宋之际的人物列传有所取舍。沈约撰述《宋书》的第二个阶段，是写成八志30卷。他在《自序》中只是说到"所撰诸志，须成续上"。从《宋书》志避梁武帝及其父的名讳来看，它的撰成很可能是在梁武帝时期。八志中，《天文》《律历》《五行》《州郡》是在前人旧稿基础上写成；《礼》《乐》《符瑞》《百官》出于沈约新撰。

《宋书》在反映时代特点方面是很突出的。第一，在列传中创立了家传的形式。以往"正史"列传很少附记传主后人、亲属，而《宋书》改变此例，开以子孙之传附父祖之传的先声。如《宋书》卷四十二《刘穆之传》，后面就附有"长子虑之""虑之子邕""穆之中子式之""式之子瑀""穆之少子贞之""穆之女婿蔡祐"等人的传；卷七十七《沈庆之传》，后面附有"子文叔""庆之弟劭之""庆之兄子僧荣""僧荣子怀明""庆之从弟法系"等传。这种家传式的列传，在《宋书》中为数不少。这是魏晋南北朝时期门阀地主居于统治地位，社会风气崇尚家族史和谱系之学在历史编纂上的反映。第二，在类传中首创《孝义传》。标榜"孝行""孝廉"，这反映了魏晋统治者提倡"以孝治天下"的遗风犹存。第三，创《索虏传》以记北魏及南北交战、通好、和议、互市的史事，正像《魏书·岛夷传》记南朝史事和南北关系一样。这是南北分裂的政治局面在史学上的反映。《索虏传》后论从历史、政治、军事、地理等几个方面，分析了南北局面的形成，反映了史学家对于这一重大现实问题的重视。

《宋书》的志在文字的分量上几乎占了全书的一半，而在价值上亦具有重要地位，是司马彪《续汉书》八志之后的重要著作。首先，八志中的《律历》《礼》《天文》《五行》《州郡》等志，都从曹魏讲起，是《宋书》志的创始者何承天"以续马彪《汉志》"②的主旨；《乐》从秦汉讲起，《符瑞》叙自上古，《百官》

---

① 房玄龄等：《晋书》卷五八《周处传》附《周札传》，中华书局1974年版，第1575页。
② 沈约：《宋书》卷一一《志序》，中华书局1974年版，第205页。

通叙秦汉魏晋至刘宋官制沿革流变。何承天、沈约撰志中的这种接续前史、贯通古今的思想，反映了"史氏之良规"，"理固宜然"①，体现了中国史学的优良传统。《宋书》志仰包曹魏，囊括两晋，弥补了陈寿《三国志》无志的缺憾和当时诸家晋史尚无定本的不足，在史学上有不可低估的成就。其次，《宋书》志之首有一篇《志序》，概述志的源流和本书各志的缘起，也反映了6世纪初中国史家对于制度史研究之重要性的一些理论认识，是一篇难得的佳作。再次，《宋书》诸志中有许多具有科学价值和历史价值的记载，如《律历》详细记载了杨伟的景初历、何承天的元嘉历、祖冲之的大明历以及他与戴法兴的长篇论难，是中国历法史上的重要文献。《乐》以乐随世改的撰述思想，叙述歌舞乐器的缘起和演变，同时汇集了汉魏晋宋的一些乐章、歌词、舞曲，具有独创风格，为前史乐志所不及。《州郡》记载了汉魏以来区域建置的变动，尤其写出了东晋以来北方人口南迁和侨置郡县的具体情况，是一篇反映人口变动和区域变动的重要地理文献。《宋书》的志都写得丰满而有序，在"正史"的志中颇具特色。

《宋书》在思想上最突出的特点，是宣扬天命、佛教、预言。它记载了诵《观音经》千遍即可免灾的故事。②《符瑞》宣扬"有受命之符，天人之应"，《天文》《五行》多有此类记载，反映了沈约的神秘主义的唯心史观。沈约曾建议萧衍行禅代之事，说："天文人事，表革运之征，永元以来，尤为彰著。谶云'行中水，作天子'，此又历然在记。"③可见神秘主义的唯心史观的主要目的，是在于为统治者的统治编织神圣的外衣。在这一点上，《宋书》更甚于《三国志》而愈益衬托出《后汉书》的光辉。

《南齐书》撰者萧子显（489—537），字景阳，南朝南兰陵（今江苏武进西北）人，是齐高帝萧道成的孙子。他十几岁时，萧齐被萧梁取代。梁武帝萧衍的父亲萧顺之是萧道成的族弟，萧子显是比萧衍晚一辈的人。在梁朝，萧子显以自己的才华、风度和谈吐的出众，始终受到梁武帝的礼遇和信任，官至吏部尚书，后出为吴兴太守。子显善为诗赋，颇好辞藻。他一生写了五部史书：《后汉书》100卷，《晋史草》30卷，《齐书》60卷，《普通北伐记》5卷，《贵俭传》30卷。他同沈约一样，很重视东汉以来的历史。这些著述除《齐书》外都散佚了。

萧子显撰《齐书》是得到梁武帝的同意的。后人为区别萧子显的《齐书》（记南朝萧齐史事）和唐初李百药的《齐书》（记北朝北齐史事），称前者为《南齐书》、后者为《北齐书》。萧子显撰的《南齐书》，有不少可以参考的文献资料。早

---

① 余嘉锡：《四库提要辨证》卷三"宋书"条，中华书局1980年版，第146页。
② 参见沈约：《宋书》卷七六《王玄谟传》，中华书局1974年版。
③ 姚思廉：《梁书》卷一三《沈约传》，中华书局1973年版，第234页。

在齐明帝时，檀超和江淹奉诏修本朝史，他们制订了齐史的体例，但没有完成修撰工作。此外，还有熊襄的《齐纪》、吴均的《齐春秋》和江淹的《齐史》十志。萧子显的撰述，在体例上"本（檀）超、（江）淹之旧而小变之"①，在内容上兼采诸家成果，著成全帙60卷。包括帝纪8卷，除追叙萧道成在刘宋末年的政治活动外，主要记萧齐皇朝（479—502）23年间的史事。志8篇11卷，或上承刘宋，或起自萧齐，断限明确，但内容单薄。列传40卷，改前史循吏、良吏为《良政传》，佞幸、恩幸为《幸臣传》，文苑为《文学传》，隐逸为《高逸传》；而以《魏房传》记北魏史事，这在性质上同于《宋书·索虏传》。另有《序录》1卷，已佚。全书今存59卷。萧子显作为齐的宗室、梁的宠臣，他在《南齐书》中一方面要为萧道成回护，另一方面又要替萧衍掩饰。他写宋、齐之际的历史，不能直接写出萧道成的篡夺之事，只能闪烁其词，微露痕迹；他写齐、梁之际的历史，则用很多篇幅揭露齐主恶迹，以说明萧衍代齐的合理。这是他作为齐之子孙、梁之臣子的"苦心"，也反映出他在史学上的局限。

《南齐书》部帙不大，包含的年代又很短，竟然也撰有八志，确乎难得，这包含了江淹首创之功。其中，《礼》《乐》《州郡》《百官》《舆服》等略述萧齐一代典章制度和民俗风情，颇多参考。而《天文》《祥瑞》《五行》等则竭力宣扬天人感应和星占、谶语、梦寐的灵验，甚至不惜编造出崔灵运"梦天帝谓己曰：'萧道成是我第十九子，我去年已授其天子位。'"②用这样的谎言，来证明齐之代宋实属"天意"。这使《南齐书》在历史观上带着浓厚的"天命"色彩。

《南齐书》的一些列传的写法，显示了萧子显在历史表述上的才华。他擅长于在传文中"不著一议，而其人品自见"，不愧为"良史"③。但在神秘思想的笼罩之下，萧子显的史才不免给人一种苍白的印象。

萧子显和沈约在他们撰写的史书中都着力宣扬神秘思想，一方面固然有"天人感应"思想的历史影响，另一方面也跟梁武帝时佛教大盛的社会风气有直接关系。梁武帝是南朝统治者佞佛的突出代表，他广建僧寺，甚至"曾设斋会，自以身施同泰寺为奴，其朝臣三表不许，于是内外百官共敛珍宝而赎之"④。臣下奏表上书都称他"皇帝菩萨"。沈约、萧子显的神秘思想和唯心史观，都可以从这里得到更进一步的说明。

---

① 赵翼：《廿二史札记》卷九"齐书旧本"条，王树民校证本，中华书局1984年版，第188页。
② 萧子显：《南齐书》卷一八《祥瑞志》，中华书局1972年版，第3512页。
③ 赵翼：《廿二史札记》卷九"齐书书法用意处"条，王树民校证本，中华书局1984年版，第190页。
④ 魏收：《魏书》卷九八《岛夷萧衍传》，中华书局1974年版，第2187页。

《魏书》撰者魏收（505—572），字伯起，小字佛助，北齐巨鹿下曲阳（今河北晋州西）人，历仕北魏、东魏、北齐三朝。他出使过梁朝，也接待过梁朝派到东魏的使臣徐陵。① 他与温子升、邢子才齐誉，"世号三才"。魏收在北魏末年节闵帝普泰元年（531）就被委以"修国史"的重任，这时他26岁。东魏时，他担任过一些重要官职，但始终兼任史职。北齐天保二年（551），他正式受命撰述魏史，这距他开始有关魏史的考察已有20年的历史了。北齐文宣帝高洋对他说："好直笔，我终不作魏太武诛史官。"② 高洋这个人在历史上似无多少可称道处，但他能说出这样的话，亦属难得。高洋之父高欢当年左右东魏朝政时，也曾对魏收说过："我后世身名在卿手，勿谓我不知。"③ 这说明高欢、高洋父子看重历史撰述，关注身后名声，也说明魏收在他们心目中的分量。

　　魏收撰《魏书》，可以直接继承、借鉴的文献主要是：北魏初年邓渊所撰《代记》十余卷（太祖拓跋珪时）；崔浩编年体《国书》（一称《国记》，太武帝拓跋焘时）；李彪改编年体为纪、表、志、传综合体国史，但未成书（孝文帝时）；邢峦、崔鸿、王遵业等撰孝文帝以下三朝起居注（宣武帝、孝明帝时）；元晖业撰《辨宗室录》30卷（北魏末年）；其余是当时还能见到的有关谱牒、家传等。魏收与房延祐、辛元植、刁柔、裴昂之、高孝幹等"博总斟酌"，历时三年余，撰成《魏书》131卷：帝纪14卷、列传96卷，于天保五年（554）三月表上；十志20卷，例目1卷，于同年十一月表上。例目已佚，今存130卷。参与撰写十志的除魏收外，还有辛元植、刁柔、高孝幹、綦母怀文。魏收在表上十志时指出："其史三十五例，二十五序，九十四论，前后二表一启焉。"例目已佚，其史例亦不可知。25序，俱存，见于《皇后传》、诸类传及十志。94论，今存93论④，以《尔朱荣传》后论文字最多。二表皆佚，今仅存《前上十志启》，编于诸志之首。上述例、序、论、表、启，"皆独出于收"⑤。

　　《魏书》最重要的成就，在于它是中国古代历朝"正史"中第一部以少数民族上层贵族为首的统治集团的朝代史。十六国时期，曾经出现了许多记述北方各个割据朝代史事的专书，但不论是朝代本身的规模还是有关历史撰述的规模，都无法与北魏及《魏书》相比拟。《魏书》记述了中国北方鲜卑族拓跋部从4世纪后期至6世纪中期（即北魏道武帝至东魏孝静帝）的历史，内容包括它的发展

---

① 参见李百药：《北齐书》卷三七《魏收传》，中华书局1972年版；姚思廉：《陈书》卷二六《徐陵传》，中华书局1972年版。
② 李百药：《北齐书》卷三七《魏收传》，中华书局1972年版，第487页。
③ 李百药：《北齐书》卷三七《魏收传》，中华书局1972年版，第486页。
④ 中华书局点校本《魏书》，在卷八八、卷九二、卷九三、卷九四之后，均有"史臣曰"，并注明"阙"。其中或有讹误，注以备考。
⑤ 李延寿：《北史》卷五六《魏收传》，中华书局1974年版，第2031页。

兴盛、统一北方、走向封建社会制度化和门阀化的过程，以及北魏早期与东晋的关系和北魏、东魏与南朝宋、齐、梁三朝关系的发展。这使它在"正史"中具有非常明显的特色。从中国历史发展来看，《魏书》不仅是西晋末年以来中国北方各少数民族历史进程的生动记录，而且是这个时期中国民族融合新发展的历史总结。

《魏书》在编撰上经过精心的设计。它以《序纪》追叙拓跋氏的远祖上至二十余代的史事，虽未可尽信，但大致阐述了拓跋氏的历史渊源。它称东晋皇朝为"僭"，是要说明北魏是正统皇朝；称宋、齐、梁为"岛夷"，是说明北魏是中原先进文化的继承者。前者是从政治上着眼的，后者是从历史文化传统上考虑的，二者有不同的含义。此外，它在诸志中或追叙两汉魏晋沿革，或引两汉魏晋制度为依据，也是为了表明北魏在典章制度上与先前这些皇朝的连续性。《魏书》在反映南北朝时期的历史特点方面也很突出：它的列传具有比《宋书》更为突出的家传色彩，有的传在传主之下竟列举五六十人之多。新增《官氏志》和《释老志》，前者首叙官制、后叙姓族，是反映北魏封建制度化、士族门阀化的重要文献；后者主要叙述了佛教在中国传播的过程，详细记载了它在北魏的兴衰史和道教的演变的情况。重姓族，崇佛教，这是当时南北朝共同的社会风尚和历史特点。魏收在《前上十志启》中说，这两篇志是"魏代之急""当今之重"，说明他在反映这种风尚和特点方面的自觉意识和深刻见解。

魏收在历史观上同沈约、萧子显有相似之处。《魏书·序纪》记拓跋氏先人诘汾与"天女"相媾而得子，是为"神元皇帝"。其后论又说："帝王之兴也，必有积德累功博利，道协幽显，方契神祇之心。"《太祖纪》又载，献明贺皇后"梦日出室内，寤而见光自牖属天，歘然有感"，孕而生太祖道武皇帝，并把此事同"明年有榆生于埋胞之坎，后遂成林"相比附以示祥瑞。这是以神话传说和自然现象来编织"天命"所归的理论。《释老志》固然是一篇很有价值的历史文献，但也宣扬了非佛致祸和道家预言的灵验。这些都是《魏书》中的消极因素。

《魏书》撰成后，在北齐统治集团中引起激烈的争论。有人说它"可谓博物宏才，有大功于魏室"，"此谓不刊之书，传之万古"。也有人说它"遗其家世职位"，或是"其家不见记载"，甚至还有人说它记事"妄有非毁"，是一部"秽史"。[①] 北齐皇帝高洋、高演、高湛都相继过问此事，十几年中魏收两次奉命修改《魏书》，但所改仅限于个别门阀人物先世的一些细节。足见这场纷争不过是因《魏书》宣扬门阀而又未尽如门阀之意而引起的，以此把它诬为"秽史"，是没有道理的。此后，重撰北魏史者甚多，但千载而下，诸家尽亡而魏收《魏书》独存，说明它确

---

① 李百药：《北齐书》卷三七《魏收传》，中华书局 1972 年版，第 498 页。

是一部有价值的朝代史。

第三节 地方史、家传、谱牒及其他

一、地方史

如果说朝代史和民族史撰述是魏晋南北朝时期史学发展的主流，那么地方史、家传和谱牒等则从另外一些方面反映出这时期史学的门阀特点和多途发展趋势。

中国史学上关于地方史志的撰述起源很早，至迟在两汉时已有了很多撰述。班固撰《汉书·地理志》时，就曾经使用过当时地方志的材料。① 魏晋南北朝时，地方史志的撰述有了很大的发展。刘知幾《史通·杂述》篇论郡书说："汝、颍奇士，江、汉英灵，人物所生，载光郡国。故乡人学者，编而记之。"又论地理书说："九州土宇，万国山川，物产殊宜，风化异俗，如各志其本国，足以明此一方。"前者以人物为主，侧重记社会；后者以地理为主，侧重记自然、风俗。它们的共同点是记一方之史。《隋书·经籍志》杂传类著录，自《蜀文翁学堂像题记》以上，大多属于刘知幾说的郡书；其地理类著录诸书，比刘知幾说的地理书要广泛得多。

今存《华阳国志》是这个时期最有代表性的地方史著述。《隋书·经籍志》把它列入"霸史"类，《史通·杂述》篇把它归于地理书。其实，它兼记一方的历史、地理、人物，涉及民族、风俗、物产，是一部内容丰富的地方史。"华阳"之名取自《禹贡》说的"华阳黑水惟梁州"，《华阳国志》因所记为《禹贡》九州之一梁州地区的历史，故采古义而名之。著者常璩，字道将，生卒年不详。他出生于晋蜀郡江原（今四川崇州西北），成汉李势时官散骑常侍，掌著作；入晋，为桓温参军。据今人考证，常璩撰成《华阳国志》当在东晋穆帝永和四年（348）至永和十年（354）之间。②《隋书·经籍志》"霸史"类还著录他的《汉之书》10卷，当撰于成汉时期，入晋秘阁后改称《蜀李书》。

《华阳国志》12卷：卷一至卷四，是《巴志》《汉中志》《蜀志》《南中志》，记梁、益、宁三州的历史概况，以地理建置、自然状况为中心，详述各州郡的山川、交通、风土、物产、民俗、族姓、吏治、文化，以及同秦汉、三国、两晋历代皇朝的密切关系。每卷之下都有"总叙"，然后分叙各郡，总共为33郡。卷五至卷九，分别是《公孙述刘二牧志》，记公孙述、刘焉、刘璋事；《刘先主志》《刘

---

① 参见史念海、曹尔琴：《方志刍议》，浙江人民出版社1986年版，第21页。
② 参见常璩：《华阳国志》前言，刘琳校注本，巴蜀书社1984年版，第2页。

后主志》，记刘备、刘禅事；《大同志》，记梁、益、宁三州在西晋时期的史事，起于魏之破蜀，迄于晋愍帝建兴元年（313）三州大部为李雄所据；《李特雄期寿势志》，记"李氏自起事至亡"，六世42年史事，迄于晋穆帝永和三年（347）。这几卷，是关于三州自东汉末年至东晋初年的编年史；用汉、蜀汉、两晋纪年而黜李氏纪年，仅记其建元、改元事。卷十（上、中、下）至卷十一，是《先贤士女总赞》（上、中、下）和《后贤志》，前者记蜀郡、巴郡、广汉、犍为、汉中、梓潼诸士女300余人，皆晋以前人物，后者记两晋时期三州人物20人。卷十二是《序志并士女目录》。《目录》所收凡401人，其中有大约三分之一不见于卷十和卷十一所记；《序志》略仿《史记·太史公自序》和《汉书·叙传》，阐述撰述旨趣、所据文献和各卷目录提要，但未叙述著者家世，这可能跟他先事李氏、后为晋臣的经历有关。

《华阳国志》在编撰上有自成体系的格局，它把三州地区的历史面貌、政治变迁、不同时期的人物传记，由远而近、由广而微地编纂成一书，集中记述了东晋初年以前梁、益、宁三州（包括今四川、云南、贵州、重庆以及甘肃、陕西、湖北部分地区）的历史，堪为这个时期地方史撰述中的杰作。常璩撰《华阳国志》的旨趣，既有史学上的考虑，也有政治上的考虑。他在《序志》中开宗明义地说："巴、蜀厥初开国，载在书籍，或因文纬，或见史记，久远隐没，实多疏略。"他称道陈寿撰的《益部耆旧传》，但认为它"三州土地，不复悉载"。又说《汉书·地理志》"颇言山水"，但"历代转久，郡县分建，地名改易，于以居然辨物知方，犹未详备"。又说"李氏据蜀，兵连战结，三州倾坠，生民歼尽"，"桑梓之域，旷为长野"，"惧益遐弃，城陴靡闻"，担心家乡的历史遭到湮没的命运。所以他说自己是"方资腐帛于颠墙之下，求余光于灰尘之中，劂灭者多。故虽有所阙，犹愈于遗忘焉"。这些，都是从史学上着眼的。从政治上考虑，他是要以本书证明："夫恃险凭危，不阶历数，而能传国垂世，所未有也。故公孙、刘氏以败于前，而诸李踵之覆亡于后。天人之际，存亡之术，可以为永鉴也。"因此，他撰本书的目的是"所以防狂狡，杜奸萌，以崇《春秋》贬绝之道也；而显贤能，著治乱，亦以为奖劝也。"① 总之，浓郁的桑梓情感和明确的政治借鉴交织成他的撰述旨趣。

常璩撰《华阳国志》有三个方面的资料来源：一是朝代史，如《汉书》《东观汉记》《汉纪》《三国志》；二是有关巴、蜀、南中的地方史志，如谯周《三巴记》、陈寿《益部耆旧传》、魏宏《南中八郡志》等；三是作者本人考察搜集的资料，其中当包括他撰写《汉之书》（《蜀李书》）时所积累的资料。此外，他也参考了《史记》和先秦文献。《华阳国志》在编撰体例上受《史记》《汉书》影响很

---

① 常璩：《华阳国志》卷一二《序志》，刘琳校注本，巴蜀书社1984年版，第901—902页。

大：前四卷脱胎于《汉书·地理志》，但在局部叙述上要比前者来得丰富；中间五卷，仿照《史记》《汉书》本纪和荀悦《汉纪》；"先贤""后贤"叙人物，形同纪传体史书的列传，"先贤"赞语效法《汉书》的"赞曰"；末卷，《序志》已如上述，《士女目录》可能是受到《汉书·古今人表》的启发。这反映出了常璩在历史编纂上的良好修养。

常璩在历史观上是矛盾的。一方面，他批评世俗传闻，"蜀王蚕丛之间周回三千岁"的谬说，指出："太素资始，有生必死；死，终物也。自古以来，未闻死者能更生当世；或遇有之，则为怪异，子所不言，况能为帝王乎？"这是多么明朗的唯物思想和无神论倾向。但他接着又说："帝王者统天理物，必居土中，德膺命运"，"天命不可以诈诡而邀，神器不可以侥幸而取也。"① 这虽是对于割据称雄的批评，但他却是以"天命"作武器，就显得苍白无力了。《华阳国志》各卷都有后论，称为"撰曰"，雕琢字句而内容空泛，反映出常璩在历史思想上的贫乏。刘知幾称赞它"详审"而能"传诸不朽，见美来裔"②，指出了《华阳国志》在历史编纂上的成就。隋唐以下，史家修史，多有参据，足以证明它的史学价值和文献价值。

魏晋南北朝时期出现的地方史很多，但存者寥寥，且又真伪难辨，残缺不全，唯《华阳国志》历一千六百余年独放异彩，使今人阅后可以想见中国古代西南地区文明发展的进程。如果把它作为地区文明发展在历史撰述上的标志看待的话，亦可由它推想已佚之众多地方史所记述当时中国各个地区文明发展的盛况。而值得注意的是，同地方史撰述发展相关联的，是民族史撰述的发展。本章已有关于民族史撰述的专节，此不赘述。

二、家传和谱牒

家传、谱牒和各种名目的别传之大量涌现出来，是魏晋南北朝史学之多途发展的另外几个重要方面。家传、谱牒和别传的发展，都是门阀士族的政治要求和意识形态在史学上的表现形式。刘知幾《史通·杂述》篇说："高门华胄，奕世载德，才子承家，思显父母。由是纪其先烈，贻厥后来，若扬雄《家谍》、殷敬《世传》《孙氏谱记》《陆宗系历》。此之谓家史者也。"这里，刘知幾道出了家传的性质，它主要出自"高门华胄"，它的作用是"思显父母""贻厥后来"。但他举出的扬、殷、孙、陆四例，是把家传同谱牒合而论之的。

关于家传。《隋书·经籍志》以家传入"杂传"类，而以"谱系"自为一类。

---

① 常璩：《华阳国志》卷一二《序志》，刘琳校注本，巴蜀书社1984年版，第896、902页。
② 刘知幾：《史通·杂述》，浦起龙通释本，上海古籍出版社2009年版，第256页。

今从《隋志》，分而论之。《隋书·经籍志二》杂传类自《李氏家传》以下，至《何氏家传》止，共著录家传29种，多为两晋南北朝时人所撰，如《王朗王肃家传》《太原王氏家传》、江祚《江氏家传》、裴松之《裴氏家传》、曹毗《曹氏家传》、范汪《范氏家传》、纪友《纪氏家纪》、明粲《明氏世录》、王褒《王氏江左世家传》。南朝梁人刘孝标《世说新语注》引用家传8种，其中《荀氏家传》《袁氏家传》《李氏家传》《谢车骑家传》《顾恺之家传》5种《隋书》未著录。① 这34种家传，基本上都已不存，其中少数几种在《世说新语注》中也只存片言只语。但是如前文所说，《宋书》和《魏书》的列传，往往以子孙附于父祖而传，一传多至三四十人以至五六十人，从中不难窥见这种家传的形式。

《隋书·经籍志二》在家传中还著录了明炱《明氏家训》一种，说明"家传""家训"有内在的联系。《明氏家训》所记内容已不可详论，但从今存北齐颜之推所撰《颜氏家训》来看，"家传"重在讲家族历史，"家训"重在讲家门风教、家风。炫耀家史和重视家风，对于每一个具体的"高门华胄"来说，正是"纪其先烈，贻厥后来"两个相互配合的方面。颜之推在《颜氏家训·序致》篇开宗明义地写道："吾今所以复为此者，非敢轨物范世也，业以整齐门内，提撕子孙。夫同言而信，信其所亲；同命而行，行其所服。""吾家风教，素为整密。……故留此二十篇，以为汝曹后车耳。"颜之推长期生活在南朝，后入北齐，从他的这些话中，可以看出当时南北门阀地主所以如此重视家传撰述的社会原因，以及这些家传撰述又怎样反过来影响当时社会风气的。

关于家谱。家传的另一种表现形式是家谱，它是谱牒的基本构成因素。但谱牒之书往往并不限于一门一姓，有一方之谱，也有全国性或一个皇朝统治范围内的总谱。这是谱牒同家传的一个区别。它们的另一个区别，是家传都撰自私门，而有影响的一方之谱和全国总谱多出于官修。《隋书·经籍志二》谱系类著录的谱牒之书，有帝谱、百家谱、州谱、家谱共41种，是属于这个时期所具有的特定意义的谱牒之书，其实际上的数量自然比这要大得多。仅《世说新语注》引用谱书46种，就有43种不见于《隋志》著录，可见佚亡的或失于著录的数量之大，从而可以推见魏晋南北朝谱牒撰述之盛。

谱牒撰述之盛促使了谱学的产生和发展。东晋南朝谱学有两大支脉，一是贾氏谱学，一是王氏谱学，而后者源于前者。贾氏谱学的奠基者是东晋贾弼之。萧子显《南齐书·文学·贾渊传》记："先是谱学未有名家，渊祖弼之广集百氏谱记，专心治业。"晋孝武帝太元年间（376—396），贾弼之在朝廷支持下"撰定缮

---

① 参见叶德辉：《〈世说新语注〉引用书目》，上海古籍出版社1982年据光绪十七年思贤讲社刻本影印，下册第9页。

写"成书,并经其子匪之、孙渊"三世传学"。此书包括"十八州士族谱,合百帙七百余卷,该究精悉,当世莫比"。这就是《姓系簿状》一书,是为东晋南朝谱学之渊薮。刘宋时,王弘、刘湛"并好其书"。弘为太保,"日对千客,不犯一人之讳";湛为选曹,始撰《百家谱》"以助铨序"①。萧齐时,王俭重新抄次《百家谱》,而贾渊与之"参怀撰定";贾渊亦自撰《氏族要状》15篇及《人名书》。其后,贾渊之子执撰《姓氏英贤》100篇和《百家谱》;贾执之孙冠,承其家学,亦有撰述:这都是王氏之学兴起以后的事了。② 贾氏谱学大抵如此。

王氏谱学兴于梁武帝时。尚书令沈约指出:东晋咸和年间(326—334)至刘宋初年,晋籍精详,"位宦高卑,皆可依案";后来由于晋籍遭到篡改,使"昨日卑细,今日便成士流"。他认为,"宋、齐二代,士庶不分,杂役减阀,职由于此"。梁武帝乃命王僧孺知撰谱事,改定《百家谱》。王僧孺的改定工作是:"通范阳张等九族以代雁门解等九姓。其东南诸族别为一部,不在百家之数",撰成《百家谱》30卷。他还集《十八州谱》710卷,撰《百家谱集抄》15卷、《东南谱集抄》10卷。③

谱牒撰述之盛和谱学的兴起,有深刻的社会原因,这就是:"魏氏立九品,置中正,尊世胄,卑寒士,权归右姓已。其州大中正、主簿,郡中正、功曹,皆取著姓士族为之,以定门胄,品藻人物。晋、宋因之,始尚姓已。然其别贵贱,分士庶,不可易也。于时有司选举,必稽谱籍,而考其真伪。故官有世胄,谱有世官,贾氏、王氏谱学出焉。"④ 这表明,凡"品藻人物""有司选举"、划分士庶,都以谱牒为据;而谱牒又须"考其真伪",故有谱学之兴。此外,门阀士族之间的联姻也往往要互相考察谱牒,以确保门当户对。这两个方面结合起来,就是:"官有簿状,家有谱系;官之选举必由于簿状,家之婚姻必由于谱系。"⑤ 这种社会现象一直延续到唐代,也成为唐代史学发展中的一种特殊表现形式。而"品藻人物"世风的盛行,又促进了种种别传的撰写。

关于别传。按刘知幾的说法,别传是以"类聚区分"的形式出现的。《隋书·经籍志二》杂传类著录中的高士、逸士、逸民、高隐、高僧、止足、孝子、孝德、孝友、忠臣、良吏、名士、文士、列士、童子、知己、列女、美妇等传,都属于别传。但别传也不限于"类聚区分"、多人合传,也有单个人的传记称为别传的。

---

① 李延寿:《南史》卷五九《王僧孺传》,中华书局1975年版,第1462页。
② 参见欧阳修、宋祁:《新唐书》卷一九九《儒学中·柳冲传》,中华书局1975年版。
③ 李延寿:《南史》卷五九《王僧孺传》,中华书局1975年版,第1462页。
④ 欧阳修、宋祁:《新唐书》卷一九九《儒学中·柳冲传》,中华书局1975年版,第5677页。
⑤ 郑樵:《通志·氏族略》氏族序,王树民点校《通志二十略》本,中华书局1995年版,第1页。

《世说新语注》引用个人别传八十余种，均为《隋志》未曾著录。前者更多地反映出当时以"名教"观念为中心的社会道德观念，后者则反映出门阀士族人物的言论行迹，它们都是这个时代的特点在史学上的表现，这也说明史学正在逐步走向更广泛的社会层面。

三、佛教史籍

自佛教传入中国后，在其长期的发展过程中，逐渐与中国固有的思想文化相结合。这种结合的一个重要方面，是涌现出大量的中国佛教史籍，而此类史籍"恒与列朝史事有关，不参稽而旁考之，则每有窒碍难通之史迹"①，故在史学上亦应有不可忽视的地位。现就魏晋南北朝时期的有关佛教史籍，略举一二，以窥一斑。

《出三藏记集》，十五卷，南朝萧梁时人僧祐撰。此书为薄录体史书，含"撰缘记"一卷，"铨名录"四卷，"总经序"七卷，"述列传"三卷。列传是记译经人的经历，前两卷记外国译经者二十二人，后一卷记中国译经者十人。这是"今存最古之僧传，可以考后来僧传之因革及异同"②。

《高僧传》，也称《梁高僧传》，十四卷，南朝萧梁慧皎撰。本书为类传体史书，凡十门（类）十四卷：评经，三卷；义解，五卷；神异，二卷；习禅、明律，共一卷；亡身、诵经，共一卷；兴福、经师、唱导，共一卷。每门之后，系以评论。全书记东汉至梁初二百五十七人，附见者二百余人，详于江南名僧。此书补当时史事者甚多，如："范蔚宗被杀，门有十二丧，无敢近者，释昙迁抽货衣物，为营葬送，《宋书》六九、《南史》三三《范传》皆不载，亦见于《高僧传》十三《迁传》。"③

《弘明集》十四卷，南朝萧梁人僧祐撰。本书是一部总集类史籍，此编所录，"则概皆阐扬佛教之文，中以书启论述为多，铿然可诵"④。其序这样解释书名："道以人弘，教以文明，弘道明教，故谓之《弘明集》。"⑤ 寥寥数语，道出了本书的要义。

以上数例足以表明，在佛教史籍的范围，不仅内容丰富，而且体裁也是多样的，在中国史学发展上自亦受到应有的重视。唐初史家撰《隋书·经籍志》，于集

---

① 陈垣：《中国佛教史籍概论·缘起》，《陈垣全集》第17册，安徽大学出版社2009年版，第495页。
② 陈垣：《中国佛教史籍概论》，《陈垣全集》第17册，安徽大学出版社2009年版，第499页。
③ 陈垣：《中国佛教史籍概论》，《陈垣全集》第17册，安徽大学出版社2009年版，第522页。
④ 陈垣：《中国佛教史籍概论》，《陈垣全集》第17册，安徽大学出版社2009年版，第524页。
⑤ 僧祐：《弘明集·序》，上海古籍出版社1991年版，第1页。

部附以道经、佛经书目,并发表评论说:"道、佛者,方外之教,圣人之远致也。俗士为之,不通其指,多离以迂怪,假讬变幻乱于世,斯所以为弊也。故中庸之教,是所罕言,然亦不可诬也。故录其大纲,附于四部之末。"① 由此可见,中国古代学人早已十分关注这方面的史籍了。

四、《水经注》与其他方面的历史撰述

这里,首先要讲到一部宏伟的历史地理之书《水经注》。《水经注》,撰注者郦道元,字善长,北魏人,仕于北魏孝文帝太和年间(477—499)。因其为政"严猛",仕途不顺,且为政敌所害。史称:"道元好学,历览奇书。撰注《水经》四十卷、《本志》十三篇,又为《七聘》及诸文,皆行于世。"②

《水经》一书,不知何人作于何时③,郦道元为之作注时,亦未交代其作者是谁。郦道元在《水经注》的序文中,首先说明了他对水的认识。他引用《易经》说的"天以一生水",又引用《玄中记》所说"天下之多者水也,浮天载地,高下无所不至,万物无所不润",这反映了他对于水有很深刻的认识和极大的兴趣。他在序文中还回忆了自己年轻读书的情况,继而讲到了他撰《水经注》的方法,他这样写道:

> 窃以多暇,空倾岁月,辄述《水经》,布广前闻。《大传》曰:大川相间,小川相属,东归于海,脉其枝流之吐纳,诊其沿路之所躔,访渎搜渠,辑而缀之。经有谬者,考以附正,文所不载,非经水常源者,不在记注之限。④

郦道元在这里明确地讲到了他注《水经》的动机和方法,从中不难窥见这位学人的学术旨趣和严谨风格。

《水经注》作为一部地理书,有两点非常突出的价值:

其一,是历史地理学上的价值。据研究者考察,《水经》作者所写的经文,记述了中国水道137条,而郦道元所写的注文,记述的水道却有1252条,大至江河,小至溪津陂泽,皆在包罗之列。在内容上,不仅叙述了水流的发源和流向,使水道清晰可辨,还兼及流经地区的山岳、丘陵、陂泽的地望、重要的关塞隘障、郡县乡亭聚的地址及故墟和有关的历史遗迹。对于每一条水道都多方印证,力求核

---

① 魏徵等:《隋书》卷三五《经籍志四》,中华书局1973年版,第1099页。
② 魏收:《魏书》卷八九《酷吏·郦道元传》,中华书局1974年版,第1926页。
③ 《水经》作者历来有异说,今从汉桑钦所著说。
④ 见王国维《水经注校》,上海人民出版社1984年版。

实它的方位和流域,使条条河流和地区都能脉络清楚,区划分明。① 这是一部反映当时河流系统及其流域自然与社会面貌的重要著作。

其二,是思想史和民族史上的价值。郦道元以地理之学描绘出统一的多民族国家的面貌,一方面反映出当时人们即使在南北分裂的政治条件下,仍然保持着统一多民族国家的历史文化观念,一方面也使后人感动不已,从而加深了对历史文化的认识。②《水经注》在这方面的价值,还有待于作进一步的发掘和阐释。

这时期的历史撰述中的一些内容,有的已超越当时或今日国境的范围,这就涉及对当时或今日域外情况的记述了。其中,有的是很有价值的记载,如《三国志·魏书》的"倭人"传,约两千字,是关于日本古代史的重要资料,迄今为中外学者所重视。③ 值得注意的是,魏晋南北朝时期关于中外交通和域外情况的记述,是跟佛教盛行和许多中国僧人西行"求法"有关的。据《高僧传》《续高僧传》《出三藏记集》记载,从西晋始建到刘宋灭亡的 200 年间,西行求法的僧人日益增多。其中得以生还的僧人往往把自己的经历记载下来,成为这个时期很重要的关于中外交通和域外情况的记述。如东晋元兴三年(404),僧人智猛、昙纂等 15 人离长安,经西域,越葱岭,至罽宾(今克什米尔)、迎维罗卫(今尼泊尔南境)、华氏城(今印度巴特那附近)等地。宋元嘉元年(424),智猛、昙纂返回凉州。智猛先在凉州译经,后入蜀写出《游行外国传》,《隋书·经籍志》地理类有著录,惜其书早佚。又如著名僧人法显(约 337—约 422)所撰《佛国记》,是中国现存最早的有关中外交通的记录,它记述了印度、巴基斯坦、尼泊尔、斯里兰卡等国的历史、宗教,以及中国同这些国家的交通情况,成为世界文明史上的宝贵文献。其后,南朝梁时僧人慧皎著《高僧传》,据《佛国记》的内容写成《释法

---

① 见吴泽:《王国维〈水经注校〉》前言,上海人民出版社 1984 年版,第 1—2 页。
② 今人杨向奎在《大一统与儒家思想》序言中写道:"近来陈桥驿教授在《郦道元生平考》一文中也曾经指出,在'《水经注》这部巨著中,却相当充分地反映了作者的思想观点,从全书来看,他最主要的思想,即是前已述及的南北统一,恢复一个版图广大的中华帝国的愿望'。这说明了大一统思想之深入人心,变作无比的精神力量。"陈桥驿又曾经说:"在《水经注》以前的一切地理著作中描写祖国各地的自然风景的,实在凤毛麟角,但郦道元却在这方面如此殚精竭力,逾格重视,这只能说明他如何地热爱祖国的大好河山。一个生来就从未见到过统一祖国的人,而却要以历史上一个伟大王朝的疆域作为他的写作范围,这也只能说明他是如何向往着一个统一的祖国。在南北朝这样一个国家分裂、山河破碎、战争频仍、人民流离的时代里,郦道元却能写出这样一部把当时这个支离破碎的国家融合成一体的巨著,而又以如此美好的描述,歌颂祖国各地的自然环境和人文环境。由此可以说明,《水经注》是一部伟大的爱国主义著作,而郦道元则是一位值得崇敬的爱国主义者。"(《郦道元生平考》,《地理学报》第 43 卷第 3 期)
③ 参见周一良:《〈三国志〉解题》,《史学史研究》1989 年第 4 期。

显传》收入本书。沈约撰《宋书·夷蛮传》，记"师子国""天竺迦毗黎国"等与宋的交往，记"倭国"与宋的交往等，反映了中国与外域联系的发展。

思考题：
1. 怎样认识魏晋南北朝史学多途发展的趋势？
2. 怎样看待陈寿的史才？
3. 谈谈《魏书》的史学价值和历史价值。

▶ 拓展阅读

第四章 隋唐时期史学

隋唐时期（581—907），史学在继续发展中出现了新的气象、新的转折。一是皇家加强了对修史的管理，设立了专门的修史机构——史馆，完善了相应的史官制度，官修史书成绩斐然。二是史学在思想文化领域中卓然自立的地位得到了社会的承认，这在文献整理和科举考试方面反映得尤为突出。三是出现了评论史学的专书，标志着史学的发展进入到更加自觉的阶段。四是出现了系统的典制体史书，表明制度史的撰述受到史学家的重视，从而丰富了史学的内涵，扩大了历史撰述的领域。这一时期，通史撰述出现了复兴的趋势，历史笔记开始发展起来。史学发展中的这些新的变化，从不同的方面反映出这个时期的历史特点和史学特点，显示了历史思想的进一步发展和史家自觉意识的增强。

第一节 史馆的设立和官修正史的成就

一、五代史纪传和《五代史志》

隋朝与唐朝，统治集团的历史意识进一步增强了，这在历史撰述和历史思想上都有明显的表现。隋文帝在撰史方面首先过问的一件事情，就是命魏澹"别成魏史"。魏澹所撰《魏书》"以西魏为真，东魏为伪"，隋文帝"览而善之"①。这是通过改撰魏史，为西魏、北周争得合理地位，而最终是为隋朝争得合理地位。隋文帝在撰史方面过问的另一件事情，是在开皇十三年（593）下了一道诏书："人间有撰集国史、臧否人物者，皆令禁绝。"② 这表明皇家垄断"撰集国史、臧否人物"的决心，魏晋南北朝以来私人著史的势头受到了遏制，显然这一禁令是和史学发展趋势相悖的。在这方面，唐初统治者要高明得多。

武德五年（622），唐高祖根据令狐德棻的建议，诏修梁、陈、魏、齐、周、隋六代史。诏书指出：史官的职责是"考论得失，究尽变通"，史学应起到"裁成义类，惩恶劝善，多识前古，贻鉴将来"的作用。魏、齐、周、隋、梁、陈六代都"自命正朔"，"至于发迹开基，受终告代，嘉谋善政，名臣奇士，立言著绩，无乏于时"；然诸史未备，令人惋惜。诏书对撰述六代史提出了总的要求："务加

---

① 魏徵等：《隋书》卷五八《魏澹传》，中华书局1973年版，第1419页。
② 魏徵等：《隋书》卷二《高祖纪下》，中华书局1973年版，第38页。

详核，博采旧闻，义在不刊，书法无隐。"① 这道诏书，反映了唐高祖的政治家气度，也显示出对史学有一种开阔的视野。这次修史活动没有取得具体成果，但它却为唐初修撰前代史确定了宏大的规模。

贞观三年（629），唐太宗复命诸大臣撰写梁、陈、齐、周、隋五代史，以房玄龄、魏徵"总监诸代史"，以令狐德棻主修周史并"总知类会梁、陈、齐、隋诸史"②。这是武德年间修史活动的继续。经众议，北魏史已有魏收《魏书》和魏澹《魏书》二家，"已为详备，遂不复修"。为实现这次修史任务，这一年，唐太宗对修史机构作了重大改革，正式设立史馆，并"移史馆于禁中"，"自是著作郎始罢史职"③。宰相负责监修，称监修国史，成为定制。修撰史事，以他官兼领，称兼修国史；或以卑品而有史才者任之，称直史馆；凡专职修史者，称史馆修撰。此后，历代修史机构大致袭用此制。古代修史活动绵延不断，史馆和专职史官的设立起了重要作用。

贞观十年（636），五代史同时修成。唐太宗十分高兴，他勉励史臣们说：

> 朕睹前代史书，彰善瘅恶，足为将来之戒。秦始皇奢淫无度，志存隐恶，焚书坑儒，用缄谈者之口。隋炀帝虽好文儒，尤疾学者，前世史籍，竟无所成，数代之事，殆将泯绝。朕意则不然，将欲览前王之得失，为在身之龟镜。公辈以数年之间勒成五代之史，深副朕怀，极可嘉尚！④

这一段话，阐述了唐太宗对史学的社会功用的认识，尤其是史学与政治关系的认识，阐述了唐初统治者在对待史学的态度上跟秦、隋皇朝的区别。隋、唐统治集团在强化历史意识方面是一致的，在对待修史工作的具体政策上却并不相同，这从一个侧面反映出了他们在文化政策上的得失。贞观年间，唐太宗还诏修《五代史志》、重撰《晋书》；史家李延寿秉承家学，着手撰写《南史》《北史》。至唐高宗时，这些撰述都已完成，显示出唐初修史的重大成就。

唐太宗贞观十年撰成的"五代史"包括：

——《梁书》56卷：帝纪6卷，列传50卷。姚思廉（557—637）撰。

——《陈书》36卷：帝纪6卷，列传30卷。姚思廉撰。

——《齐书》50卷：帝纪8卷，列传42卷。李百药（565—648）撰。后人为

---

① 刘昫等：《旧唐书》卷七三《令狐德棻传》，中华书局1975年版，第2597—2598页；据《唐大诏令集》卷八一于文字略有订正；《唐会要》卷六三《史馆上·修前代史》，第1090页。
② 刘昫等：《旧唐书》卷七三《令狐德棻传》，中华书局1975年版，第2598页。
③ 刘昫等：《旧唐书》卷四三《职官志二》，中华书局1975年版，第1852页。
④ 王钦若等编：《册府元龟》卷五五四《国史部·恩奖》，中华书局1960年版，第6657页。

区别萧子显《齐书》，称之为《北齐书》。

——《周书》50卷：帝纪8卷，列传42卷。令狐德棻（583—666）、岑文本（594—644）、崔仁师撰，其史论多出于岑文本之手。

——《隋书》55卷：帝纪5卷，列传50卷。魏徵（580—643）、颜师古（581—645）、孔颖达（574—648）等撰，其史论皆魏徵所作。魏徵还撰写了梁、陈、齐三史帝纪总论。

五代史各在不同程度上继承了前人成果，姚思廉、李百药都有家学传承，《周书》《隋书》具有更明确的官史性质。大致说来，在诸史作者中，魏徵长于史论，姚、李长于史文，令狐德棻长于史例。五代史在南北关系的处理上，采取了同等看待的态度，这跟《宋书》《南齐书》称北朝为"索虏"，《魏书》称南朝为"岛夷"，是很大的变化，反映了在政治统一的条件下政治家和史学家对南北朝历史的新认识。五代史虽各自独立，但对所记历史内容也有全局的安排。梁朝、陈朝与少数民族及外域的联系，《梁书》专立《诸夷传》叙述，《陈书》则散见于纪、传之中。《梁书》所记"海南诸国"，《周书》所记突厥、稽胡，都是极重要的历史内容。梁、陈、北齐三书都有魏徵撰写的总论，反映出对前代史评价上总的认识。

五代史在编次上讲究以类相从的方法，除各类传外，其他列传也有不少是略按"义类""类会"编次的。因各朝年代短促，年代与"类会"之间的关系便于安排，使编次井然有序。不过，五代史在表述上却出现了明显的程式化的趋向。从局部来看，五代史中也有少数写得精彩的片断。《梁书》的《韦叡传》写合肥之役和邵阳之役，《康绚传》写堰淮之役，《昌义之传》写钟离之守；《周书》的《王罴传》记荆州之守、华州之镇，《韦孝宽传》记玉壁之守，都写得有声有色，是五代史中少见的佳作。

五代史的历史思想，从它们的史论中反映得最为鲜明。其成就以《隋书》史论价值最高，《周书》《梁书》次之，《陈书》《北齐书》又次之。《隋书》史论自觉地总结隋朝得失存亡之故，在重大政治问题上为唐皇朝统治提供历史借鉴。它深刻地分析了隋朝"高祖之所由兴，而炀帝之所以灭"的原因，在于"安民"和"虐民"的区别。它从历史比较中得到一个重要结论："隋之得失存亡，大较与秦相类。"这是很有启发性的历史见解。它指出了隋朝之亡"起自高祖，成于炀帝"的发展过程，包含了朴素辩证思想的成分。① 魏徵所写的这些史论，同他为梁、陈、齐三史所写的总论一样，都贯穿着阐述得失存亡之故的思想，这使他在唐初的政治家中具有比别人更突出的历史感和忧患意识。

五代史记述了梁、陈相继，齐、周并立，以及隋朝统一南北、由兴而亡的历

---

① 参见魏徵等：《隋书》卷七〇后论及《高祖纪》《炀帝纪》后论，中华书局1973年版。

史，有不可忽视的历史意义。有些记载还具有文献方面的价值。《梁书·范缜传》记载了范缜的长文《神灭论》，《北齐书·杜弼传》记述了邢邵同杜弼"共论名理"、在形神关系上的论难，是思想史上极有价值的文献。《周书》卷三十八附记柱国大将军、大将军元欣等13人名位，表明北魏戚属受到北周皇朝的善待，这也是北朝军事制度史方面的重要资料。《陈书·何之元传》载何之元《梁典·序》；《隋书》的《李德林传》载李德林与魏收论史书起源的往来书信，《魏澹传》载《魏书》义例，《许善心传》载许善心《梁史·序传》，《裴矩传》载裴矩《西域图记·序》等，都是史学史上的重要文献。

五代史只有纪、传而没有志。贞观十七年（643），唐太宗诏褚遂良监修《五代史志》。永徽元年（650），高宗复命令狐德棻监修。首尾14年，至显庆元年（656）成书，由长孙无忌奏进。参与撰述的有于志宁、李淳风、韦安仁、李延寿等。《五代史志》包括10篇共30卷：《礼仪志》7卷，《音乐志》3卷，《律历志》3卷，《天文志》3卷，《五行志》2卷，《食货志》1卷，《刑法志》1卷，《百官志》3卷，《地理志》3卷，《经籍志》4卷。

《五代史志》综叙梁、陈、齐、周、隋五朝典章制度，与"五代史"纪传相配合。当时亦称《隋志》①，故叙隋朝典制独不称朝代名而详记其年号。在史学发展上，《五代史志》是自《史记》八书、《汉书》十志以来最重要的史志著作。首先，它综合并囊括了除前史"符瑞志"以外的全部内容，是"正史"书志撰述以来的一次总结性成果。其次，它反映出撰述者对于天道、人事在认识上的逻辑发展。《五代史志》前五志，即礼仪、音乐、律历、天文、五行，是以天道为中心，讲尊天敬神、天人感应，强调天礼、地礼、人礼，"所以弥纶天地，经纬阴阳，辨幽赜而洞几深，通百神而节万事"②。这是为君权神授和现实的上下长幼之序制造理论根据和神秘的面纱。这五志中也包含许多社会史内容和科学史资料，但都笼罩上一层神秘的色彩。跟这个认识体系相对应的是《五代史志》后五志，即食货、刑法、百官、地理、经籍等志，它们以人事为中心，记述了五个朝代的经济制度、法律制度、职官制度、区域建置和唐初皇家所藏隋朝及隋朝以前历代典籍存亡及学术流变。合而观之，这是按经济、政治、文化的逻辑建立起来的又一个认识体系。这个认识体系虽然还不能完全摆脱"天道"的影响，但在具体阐述上已经把天道撇在一边而着重于人事的分析了。这种还不得不讲天道，但把天道和人事分别开来看待的历史认识，在历史观上是一个很大的进步。这跟五代史中的帝纪多

---

① 李延寿：《北史》卷一〇〇《序传》中有这样的记载：贞观十七年，"尚书右仆射褚遂良时以谏议大夫奉敕修《隋书》十志，复准敕召延寿撰录"云云，中华书局1974年版，第3343页。

② 魏徵等：《隋书》卷六《礼仪志一》，中华书局1973年版，第105页。

载"受命"诏策，而在有关列传中则写出政权更迭的残酷真相，实有异曲同工之妙。

值得注意的是，《五代史志》中的《经籍志》，是以目录书出现的学术史专篇，它精炼地概括了唐初以前的文化典籍和学术流变，是继刘向、刘歆之后一次更大规模的历史文献整理之总结性成果。它按经、史、子、集四部分类著录历代文献，以道、佛作为附录，从而奠定了古代文献分类的基础，影响所及直至明清。它以史书居四部第二位，下分正史、古史、杂史、霸史、起居注、旧事、职官、仪注、刑法、杂传、地理、谱系、簿录13类，从文献分类上确立了史书的独立性和部类的区分，在史学史上有重大的意义，至宋、元、明、清而未有根本性质的变化。《经籍志》著录四部书，一般包含书名，卷帙，作者所处朝代、职官、姓名，本书存亡情况。其所著录书，"大凡经传存亡及道、佛，六千五百二十部，五万六千八百八十一卷"。《经籍志》有总序1篇，四部、道、佛大序6篇，四部各类小序40篇，道、佛小序1篇，共有序文48篇。它们结为一个整体，综论学术源流，是《汉书·艺文志》之作为学术史萌芽的新发展。序文阐述了文献与社会的关系、学术流变、学风得失，以及各具体部类的发展轮廓，撮其精要，论其短长，大致都写得清晰、精炼。其史部大序写道：

> 夫史官者，必求博闻强识，疏通知远之士，使居其位，百官众职，咸所贰焉。是故前言往行，无不识也；天文地理，无不察也；人事之纪，无不达也。内掌八柄，以诏王治，外执六典，以逆官政。书美以彰善，记恶以垂戒，范围神化，昭明令德，穷圣人之至赜，详一代之亹亹。①

这是对史家修养和史学功用的很高的要求。序文中有不少独立的见解，为后世历代学术思想研究者所重视。

《五代史志》在撰述思想上不止是有兼容南北的明确要求，而且有上承两汉的自觉意识，显示出来一种细致爬梳和宏大气度相结合的格局。《五代史志》的多方面成就，是"正史"书志发展的新阶段，也为独立的典制体史书的问世提供了思想上和撰述上的借鉴。

二、重修《晋书》和《南史》《北史》

关于重修《晋书》。贞观二十年（646），唐太宗下达《修晋书诏》，"令修国史所更撰《晋书》"。两晋南朝时期出现了二十多种晋史，至唐初尚存18种。这

---

① 魏徵等：《隋书》卷三三《经籍志二》，中华书局1973年版，第992页。

些书，只有一两种兼具两晋史事，大多不是完整意义上的晋史。《修晋书诏》批评它们或者"烦而寡要"，或者"劳而少功"，"滋味同于画饼""涓滴埋于涸流"；有的"不预于中兴"，有的"莫通于创业"，有的只是"略记帝王"，有的仅仅"才编载记"。历来人们对唐太宗诏令重修晋史有种种说法，其实主要原因在诏书中已讲得十分清楚了："虽存记注，而才非良史，事亏实录。"① 重修《晋书》以房玄龄、褚遂良为监修，参与撰述的有许敬宗、令狐德棻、敬播、李淳风、李延寿等21人。令狐德棻被参撰者"推为首"，他和敬播在制订《晋书》体例上起了重要作用。新修《晋书》以南朝齐人臧荣绪（415—488）所撰《晋书》为蓝本，采诸家晋史及晋人文集予以补充，重新撰定。刘知幾强调它"采正典与杂说数十余部，兼引伪史十六国书"②。这反映了新修《晋书》在所取文献上和内容上的特点。贞观二十二年（648），新修《晋书》撰成，包括帝纪10卷、志20卷、列传70卷、载记30卷，叙例、目录各1卷。叙、目已佚，今存130卷。据宋人称，因唐太宗为宣、武二帝纪和陆机、王羲之二传写了后论，故全书曾总题为"御撰"。

《晋书》记事，起于泰始元年（265），迄于元熙二年（420），含西晋4帝、东晋11帝共156年史事，并追叙晋室先世司马懿、司马师、司马昭在东汉末年和曹魏时期的活动，还包括了大致跟东晋同时存在的北方十六国史事。《晋书》对于这样纷繁的历史格局，都能从容地表述出来，显示了唐初史家的组织力量和创造才能。《晋书》的成就，首先在于它写出了两晋历史的全貌，弥补了以往诸家晋史的缺憾。因其"参考诸家，甚为详洽"③，在内容上也很充实。因此，《晋书》问世后，"自是言晋史者，皆弃其旧本，竞从新撰者焉"④。《晋书》的成就还突出地表现于它对民族关系在历史撰述上的处理。它继承了《东观汉记》所用的"载记"体例，创造性地以其记十六国君臣事迹、国之兴废，并着眼于"僭伪"，不再渲染"华夷"。这跟南北朝史家撰史互以对方之史为"伪"且以"索虏""岛夷"贬称，不仅有表述上的区别，更有认识上的发展：它同"五代史"在处理南北关系上是一致的，反映了隋唐统一后"天下一家"的思想。载记中颇有写得精彩的篇章，如关于石勒的两卷，写他斩祖逖部下降者继而送首于祖逖，写他"与乡老齿坐欢饮，语及平生"，写他"常令儒生读史书而听之"及所发议论，写他在宴请高句丽使者筵席上对汉高、韩、彭、光武、曹操、司马懿父子的评价及自认"当在二刘之间"的谈话，都写得酣畅淋漓。关于苻坚的两卷，写他登龙门、游霸陵而与臣下论前人得失，写他劝课农桑、兴修水利，写他广修学官、亲临太学，写他淝水

---

① 唐太宗：《修晋书诏》，《唐大诏令集》卷八一，商务印书馆1959年版，第467页。
② 刘知幾：《史通·古今正史》，浦起龙通释本，上海古籍出版社2009年版，第325页。
③ 刘昫等：《旧唐书》卷六六《房玄龄传》，中华书局1975年版，第2463页。
④ 刘知幾：《史通·古今正史》，浦起龙通释本，上海古籍出版社2009年版，第325页。

之败、长安之失，都极有声色。

《晋书》的 10 篇志是天文、地理、律历、礼、乐、职官、舆服、食货、五行、刑法，写出了两晋的典章制度。天文、律历写得充实、有序，是《五代史志》中天文、律历二志的姊妹篇。《地理志》的总叙写出了历代地理建置的沿革流变，也写出历代封国、州郡的等级、宽狭和户口增减情况，是一篇很有价值的地理总论。它的正文两卷详载两晋州、郡、县的建置，每州有小序一篇，述其由来及所统郡、县、户之数。其他各志也都写得井然有序。宋人郑樵说："本末兼明，惟《晋志》可以无憾。"① 这是对《晋书》志特点的肯定。

《晋书》同"五代史"比较起来，据事直书是其优点，不像后者那样采取纪、传不同处置的写法，这跟晋朝距唐年代久远有关。但它"好采诡谬碎事，以广异闻"②，是其缺点。总的来看，如宋人叶适所说：《晋书》"叙事虽烦猥无刊剪之功，然成败得失之际，十亦得七八。史臣语陋，无一可采，然予夺亦不差"③。从主要方面来看，这个评论应当是公允的。《晋书》撰成后，次年，唐太宗就去世了。他在《修晋书诏》中说的"大矣哉，盖史籍之为用也"，成为中国史学史上永恒的名言。

关于《南史》《北史》。《晋书》成书后 11 年即唐高宗显庆四年（659），李延寿秉承家学撰成《南史》《北史》二书。李延寿，字遐龄，唐相州（今河南安阳）人。其父李大师（570—628），字君威，"少有著述之志，常以宋、齐、梁、陈、魏、齐、周、隋南北分隔，南书谓北为'索虏'，北书指南为'岛夷'。又各以其本国周悉，书别国并不能备，亦往往失实。常欲改正，将拟《吴越春秋》，编年以备南北"④。李大师在唐初作了一些撰述上的准备，不久就去世了，临终以所撰未毕为没齿之恨。李延寿决心续承父业，利用史馆提供的条件，经过多年的准备，以宋、齐、梁、陈、魏、齐、周、隋八代正史为依据，参考杂史一千余卷，用 16 年工夫撰成南、北二史。南、北二史经令狐德棻订正后上奏高宗，高宗为之作序，惜序文已佚。《南史》，起宋永初元年（420），讫陈祯明三年（589），包括宋、齐、梁、陈四代 170 年史事，编为本纪 10 卷、列传 70 卷，合计 80 卷。《北史》，起魏登国元年（386），讫隋义宁二年（618），包括魏、齐、周、隋四代 233 年史事，编为本纪 12 卷、列传 88 卷，合计 100 卷。两书共 180 卷。李延寿在上书表中说它们是"以拟司马迁《史记》"而作。

---

① 郑樵：《通志·艺文略三·史类五》正史类，王树民点校《通志二十略》本，中华书局 1995 年版，第 195 页。
② 刘昫等：《旧唐书》卷六六《房玄龄传》，中华书局 1975 年版，第 2463 页。
③ 叶适：《习学记言序目》卷三〇《晋书二·总论》，中华书局 1977 年版，第 439 页。
④ 李延寿：《北史》卷一〇〇《序传》，中华书局 1974 年版，第 3343 页。

李延寿撰《南史》《北史》，在撰述思想上继承了李大师的主旨，在具体撰述上并未采取"编年以备南北"的形式，而有所变通。第一，他是"抄录"和"连缀"旧史，"除其冗长，捃其菁华"，这是一个隐括和改编的过程。第二，他"鸠聚遗逸，以广异闻"，博采正史所没有的杂史资料以充实旧史，这跟新修《晋书》有相似之处。第三，是"编次别代，共为部秩"，即以宋、齐、梁、陈四代之史为《南史》，魏、齐、周、隋四代之史为《北史》。李延寿删削旧史，得失两存，要作具体分析；所补遗逸，也有当与不当之分。对此，后人见仁见智，各有评论。从今天的认识来看，李大师、李延寿父子从隋唐统一的局面出发，重新看待南北朝的历史和历史撰述，决心改变以往历史撰述中不尽符合历史实际的设想和做法，是《南史》《北史》的基本撰述思想。首先，二史以南北政治对峙代替了以往史书中的华夷对立，故于八代皇朝均立本纪，这跟"五代史"的思想是一致的；尤为重要的是，二史通叙南朝史和北朝史，并采用互见法沟通南朝史与北朝史的内在联系，表明著者"以备南北"的历史编纂思想，故具有特殊的意义。其次，二史纠正了八书中的一些曲笔，更多地写出了历史的真相，于"禅代"背后的权谋和杀机，显贵的聚敛和懦弱，以及对权臣的种种溢美，都有许多揭露，或作改写与删削。

《南史》《北史》因部帙紧凑、文字简约而广泛流传。司马光评论二史说："李延寿之书亦近世之佳史也。虽于机祥诙嘲小事无所不载，然叙事简径，比于南北正史，无烦冗芜秽之辞。窃谓陈寿之后，惟延寿可以亚之也。"① 《新唐书》称赞二史说："其书颇有条理，删落酿辞，过本书远甚。"② 这是李大师、李延寿父子对中国史学的贡献。

三、实录和国史

隋唐皇朝重视修撰起居注、实录和国史，这是时人关于本朝史的撰述。

《隋书·经籍志二》杂史类著录隋秘书监王劭所撰未完成稿《隋书》60卷③，起居注类著录《隋开皇起居注》60卷，以及王胄等所修《大业起居注》④，是后人所知隋朝在这方面撰述的大致情况。这些书早已散佚。隋朝的国史修撰无所建树，唐太宗和唐初史臣都有所批评。《隋书·王劭传》批评王劭"在著作，将二十年，专典国史，撰《隋书》八十卷。多录口敕，又采迂怪不经之语及委巷之言，以类相从，为其题目，辞义繁杂，无足称者，遂使隋代文武名臣列将善恶之迹堙没无

---

① 马端临：《文献通考》卷一九二《经籍考十九》，中华书局1986年版，第1627页。
② 欧阳修、宋祁：《新唐书》卷一〇二《李延寿传》，中华书局1975年版，第3986页。
③ 魏徵等：《隋书》卷六九《王劭传》，中华书局1973年版。
④ 刘知幾：《史通·古今正史》，浦起龙通释本，上海古籍出版社2009年版，第344页。

闻"。唐太宗批评隋炀帝"虽好文儒,尤疾学者"①。隋朝国史修撰的失误有多方面的原因,这给唐初提供了教训和启示。

唐朝建立之初,一方面大力修撰前代史,另一方面重视国史的撰述。据《唐会要》卷六十三"修国史"一项,所记起于贞观十七年(643),止于大顺二年(891),足见唐朝统治者和唐代史家对于国史撰述的重视程度。唐朝国史撰述包括起居注、实录、国史三个方面。起居注是按"君举必书"的古义,史官所记皇帝的言行录。实录是编年体史书的一种特殊形式,专记每一位皇帝在位时的国家大事。国史是根据起居注、实录和其他许多方面的资料撰成的纪传体朝代史,它跟先秦时期西周和各诸侯国的"国史"是有区别的。唐朝的国史撰述以修撰实录成绩最为突出。据《新唐书·艺文志二》起居注类著录,有温大雅《大唐创业起居注》3卷、《开元起居注》3682卷两种;而实录则自《高祖实录》至《武宗实录》,共25部。为皇帝撰写实录,在唐朝形成传统,唐以后成为定制,直至明清。《新唐书·艺文志二》正史类著录,唐代史家所撰国史有:长孙无忌、令狐德棻、顾胤等撰《武德贞观两朝史》80卷,吴兢撰《唐书》100卷,吴兢、韦述、柳芳、令狐峘、于休烈等撰《唐书》130卷,亦作《国史》106卷、113卷。这是在不同时期、经过许多史家撰写或续作的不同稿本。唐代的一起居注、实录和国史,为五代、北宋时期史学家撰写唐代历史留下了极宝贵的资料。其中流传至今的,只有《大唐创业起居注》和韩愈等所撰《顺宗实录》了。它们也是中国史学史上现存最早的起居注和实录。

唐代纂修实录受到高度重视,这从《唐会要》卷六三"修国史"条,《旧唐书》《新唐书》经籍、艺文二志的著录以及纪、传记载中可以看得十分清楚。这里,且举史官于休烈在"安史之乱"后的一次奏言及有关史实为例,以揭示其重要性。史载:

> 至德二载十一月二十七日,修史官太常少卿于休烈奏曰:"《国史》一百六卷,《开元实录》四十七卷,《起居注》并余书三千六百八十二卷,在兴庆宫史馆,并被逆贼焚烧。且国史、实录,圣朝大典,修撰多时,今并无本。望委御史台推勘史馆所由,并令府县搜访。有人收得国史、实录,能送官司,重加购赏。若是官书,并舍其罪,得一部超授官,一卷赏绢十匹。"数月惟得一两卷。前修史官工部侍郎韦述,贼陷入东京,至是,以其家先藏《国史》一百一十三卷送官。②

---

① 王钦若等编:《册府元龟》卷五五四《国史部·恩奖》,中华书局1960年版,第6657页。
② 王溥:《唐会要》卷六三《史馆上·修国史》,中华书局1955年版,第1095页。

这是"安史之乱"后,史籍遭受严重损失的情况下,修史官发出的呼吁。其中所言"国史、实录,圣朝大典",足以表明其分量之重。

《新唐书·艺文志二》史部著录唐代实录甚详,凡25部实录,分记16帝史事。从《唐会要》和新、旧《唐书》纪传提供的有关史实,同时对照《新唐书·艺文志二》史部所著录的某些细节,关于唐代纂修实录的情况,大致可以概括为这样几点认识:

第一,唐修实录是一项重要的和系统的史学活动,不论在何种情况下都必须确保其不致中断。唐代共21帝(唐殇帝李重茂不计在内),自唐高祖至唐武宗共16帝,每朝均有实录。这充分说明了"国史、实录,圣朝大典"的实际意义。武宗以下还有宣宗、懿宗、僖宗、昭宗、哀帝五帝,因社会动荡而未修实录,这是当时环境使然。

第二,有一帝一部实录的常态,也有一帝多部实录的特殊情况。其中一帝撰两部以上实录者有唐太宗(敬播等《今上实录》、长孙无忌《贞观实录》),唐高宗(许敬宗《皇帝实录》、刘知幾等《高宗后修实录》、韦述《高宗实录》、武则天《高宗实录》),武则天(魏元忠《则天皇后实录》、宗秦客《圣母神皇实录》),唐中宗(吴兢《中宗实录》、刘知幾《太上皇实录》),唐玄宗(张说《今上实录》、佚名《开元实录》、令狐峘《玄宗实录》),唐德宗(沈既济《建中实录》、蒋乂等《德宗实录》)等。这种情况的出现有多方面原因,有因政治纷争而必须重作者,有因补充、修订史事而必须重作者,有以完帙取代部分者,而新录撰毕,旧录照存,从而出现了一帝有两部以上实录的局面。关于唐代实录纂修的情况,论者已有详实考证①,此不赘述。

第三,唐代实录的纂修,大多在皇帝死后,而有的却撰于皇帝生前。如唐太宗时有敬播等撰《今上实录》,唐高宗时有许敬宗撰《皇帝实录》,唐德宗时有沈既济撰《建中实录》等。这跟后世每一皇帝死后,嗣位之君必敕史臣撰修实录颇有不同。因此,唐代实录除大多以皇帝庙号作为实录名称外,也有以年号作为实录名称的,如《贞观实录》《开元实录》《建中实录》等。

唐代的纂修实录同修撰国史的关系十分密切。史载:

> 贞观十四年,太宗谓房玄龄曰:"朕每观前代史书,彰善瘅恶,足为将来规诫。不知自古当代国史,何因不令帝王亲见之?"对曰:"国史既善恶必书,庶几人主不为非法。止应畏有忤旨,故不得见也。"太宗曰:"朕意殊不同古人。今欲自看国史者,盖有善事,固不须论;若有不善,亦欲以为鉴诫,使

---

① 参见陈光崇:《唐实录纂修考》,《辽宁大学学报》1978年第3期。

得自修改耳。卿可撰录进来。"玄龄等遂删略国史为编年体，撰高祖、太宗实录各二十卷，表上之。①

这里，唐太宗和大臣们讨论的是帝王能否自观"当代国史"或"国史"的问题，最后是房玄龄等"删略国史为编年体，撰高祖、太宗实录各二十卷，表上之"。所谓"高祖、太宗实录"，这是《贞观政要》作者吴兢以后人的口吻表述的，当时应称"武德、贞观实录"，固无疑义。问题在于"删略国史为编年体"这句话，揭示了"国史"同"实录"的关系以及"实录"的体裁。由此是否可以认为：编年体的实录，在当时本也作为"国史"看待，而区别于"实录"之作为"国史"的国史，在表现形式上自不同于编年体的实录，而应是纪传体或近于纪传体的史书。但它们在当时人们的观念上，都是"国史"。这也是为什么《唐会要》的"修国史"条，所载大多是关于纂修实录之事的缘故。

唐代官修本朝史，实录为其重镇而国史修撰似显得不力。究其原因，约略有二：一是客观原因，实录的时效性突出，阶段性明显，纂修相对来得容易，而国史的时效性不可能有明确要求，其阶段性也难以划定，只要唐皇朝存在一日，国史修撰就要继续一日，故创始易而续作难，草撰易而成稿难。二是主观原因，即史官的修养、德行颇有差异，以致国史修撰几起几落，难以见到突出成效。

唐代史家修撰国史，主要经历了三个阶段。第一阶段，根据刘知幾在《史通·古今正史》篇中所作的总结性概括，从唐初至武则天时期约 50 年中，唐国史修撰先后产生了两个稿本，即"贞观初，姚思廉始撰纪传，粗成三十卷。至显庆元年，太尉长孙无忌与于志宁、令狐德棻、著作郎刘胤之、杨仁卿、起居郎顾胤等，因其旧作，缀以后事，复为五十卷。虽云繁杂，时有可观"②。

第二阶段，史学家吴兢从武则天、唐中宗到唐玄宗前期，写成国史 65 卷。史载：武则天、唐中宗时期，吴兢参与修撰国史。③ 不久，吴兢"以母丧去官"，正如他自己所说，就是在"停职还家"期间，也还是"匪忘纸笔"，继续著述。吴兢在唐玄宗开元十四年（726）七月，以太子左庶子的身份上疏唐玄宗，表明他独立撰写的国史，"断自隋大业十三年，迄于开元十四年春三月，即皇家一代之典，尽在于斯矣"④。他希望得到皇家的帮助，以完成这一撰述。值得注意的是：吴兢的

---

① 吴兢：《贞观政要·文史》，上海古籍出版社 1978 年版，第 223—224 页。
② 刘知幾：《史通·古今正史》，浦起龙通释本，上海古籍出版社 2009 年版，第 346—347 页。
③ 王溥：《唐会要》卷六三《史馆上·修国史》："长安三年正月一日敕：'宜令特进梁王三思与纳言李峤、正谏大夫朱敬则、司农少卿徐彦伯、凤阁舍人魏知古、崔融、司封郎中徐坚、左史刘知幾、直史馆吴兢等，修唐史。采四方之志，成一家之言，长悬楷则，以贻劝诫。'"中华书局 1955 年版，第 1094 页。
④ 王溥：《唐会要》卷六三《史馆上·在外修史》，中华书局 1955 年版，第 1099 页。

这一封上疏是在开元十四年七月，可是他的史稿已经写到开元十四年三月了。从这里，我们看到了一个异常刻苦、异常勤奋的史家的形象。于是唐玄宗敕令吴兢"就集贤院修成其书"，不久，又转至史馆，继续修史。唐玄宗开元十七年（729），吴兢由于"坐书事不当，贬荆州司马，以史草自随"。就在这时，"中书令萧嵩监修国史，奏取兢所撰国史，得六十五卷"①。这一年，吴兢59岁。他从武则天圣历、长安年间参与国史，至此将近三十年的时间。

第三阶段，自唐玄宗后期至唐肃宗时，史学家韦述和柳芳为撰写国史所作的努力。韦述是唐玄宗时期的史家，他自玄宗开元五年（717）参与由马怀素、元行冲所主持的整理皇家图书的事务起，"在书府四十年，居史职二十年，嗜学著书，手不释卷"②。韦述对于唐代国史的修撰和保存作出了突出的贡献。他在前两个阶段有关国史撰述的基础上，"始定类例，补遗续阙"，撰成《国史》113卷，"简而记详，雅有良史之才"。"安史之乱"爆发后，两京陷落，韦述自己的"经籍资产，焚剽殆尽"，而他却"抱《国史》藏于南山"③，终使《国史》得以保存下来。④他说的"大丈夫奋笔将为千载楷则，奈何以一言而自动摇"⑤的话，堪为史家治史的格言。韦述治史，于己于人都严格要求遵循直书原则。

韦述的贡献，是保存了自刘知幾等人收拾"残缺"和吴兢多年努力的国史稿本，其中也包含了他本人在修撰上所付出的艰辛。韦述于唐肃宗至德二载（757）去世，与其共同修撰国史的柳芳继续唐国史的修撰，《旧唐书·柳登传》记载了他为此作出的努力：

> 父芳，肃宗朝史官，与同职韦述受诏添修吴兢所撰《国史》，杀青未竟而述亡。芳绪述凡例，勒成《国史》一百三十卷，上自高祖，下止乾元。而叙天宝后事，绝无伦类，取舍非工，不为史氏所称。然芳勤于记注，含毫罔倦。属安史乱离，国史散落，缀缉所闻，率多阙漏。上元中，坐事徙黔中，遇内官高力士亦贬巫州，遇诸途。芳以所疑禁中事咨于力士，力士说开元、天宝

---

① 刘昫等：《旧唐书》卷一〇二《吴兢传》，中华书局1975年版，第3182页。《新唐书》卷一三二《吴兢传》作"六十余篇"；《唐会要》卷六三《史馆上·在外修史》作"五十余卷"。
② 刘昫等：《旧唐书》卷一〇二《韦述传》，中华书局1975年版，第3184页。
③ 刘昫等：《旧唐书》卷一〇二《韦述传》，中华书局1975年版，第3184页。
④ 五代后晋刘昫等撰《旧唐书》，颇得力于唐代的《国史》。《旧唐书》的作者们不仅抄录了唐代《国史》的原文，甚至连同韦述在《国史》中所写的史论也加以照录，内中有的仍然保留着"史臣韦述曰"的字样（如《旧唐书》卷八四《刘仁轨传》所论即是）。不论这是《旧唐书》作者出于何种原因所致，但它可以让人们更真切地看到韦述对于唐代《国史》所作的贡献。
⑤ 封演：《封氏闻见记》卷一〇"讨论"条，《丛书集成初编》本，中华书局1985年版，第130—131页。

中时政事，芳随口志之；又以《国史》已成，经于奏御，不可复改，乃别撰《唐历》四十卷，以力士所传，载于年历之下。①

从这段记载中，可以得知以下几点关于唐国史修撰的信息：一是柳芳为唐国史撰写了凡例，二是唐国史成书时为 130 卷，三是唐国史上起于唐初、下止于唐肃宗乾元年间（758—760）约 140 年间史事，四是这部唐国史在唐肃宗上元年间（760—761）已经"奏御"，五是柳芳未及将宦官高力士口述"开元、天宝中时政事"补入国史，乃别撰《唐历》一书。

五代时，史家们撰写《唐书》（后世称《旧唐书》），唐代实录和国史以及会要等，都是最宝贵的历史资料。

第二节　刘知幾与《史通》

一、史学家批判意识的滋长

盛唐时期成书的《隋书·经籍志》，其史部大序和诸小序，李延寿《北史·序传》，乃至于唐高祖、唐太宗的修史诏书，都包含着丰富的史学批评思想。唐中宗景龙四年（710），史学批评家刘知幾写出了《史通》一书。这是中国古代史学上一部划时代的史学批评著作。《史通》的问世，标志着中国史学进入一个更高的自觉阶段，是史学思想和史学理论发展的新转折。

刘知幾（661—721），字子玄，唐徐州彭城（今江苏徐州）人。他于高宗永隆元年（680）举进士而入仕，武则天长安二年（702）任史官，撰起居注。长安三年，与朱敬则等撰《唐书》80 卷；中宗神龙时（705—707），与徐坚等撰《武后实录》；玄宗开元二年（714），与柳冲等撰《姓族系录》200 卷；开元四年，又与吴兢撰成《睿宗实录》20 卷，重修《则天实录》30 卷、《中宗实录》20 卷。其间，他因不满于武则天和唐中宗时史馆修史的紊乱和监修贵臣们对史馆修史的横加干涉，曾在中宗景龙二年（708）毅然辞去史职，"退而私撰《史通》，以见其志"。他的私人撰述还有《刘氏谱考》3 卷、《刘氏家史》15 卷和一些诗文。《史通》是他的主要著作，流传至今。《史通》传本以清人浦起龙《史通通释》流传最广。② 刘知幾的其他撰述多已不存。

刘知幾的史学批评意识，得力于他在史学上的修养。他自称："自小观书，喜

---

① 刘昫等：《旧唐书》卷一四九《柳登传》，中华书局 1975 年版，第 4030 页。
② 《史通通释》有今人王煦华整理本，上海古籍出版社 2009 年版。又，今人赵吕甫作《史通新校注》，反映了《史通》研究的新成果，重庆出版社 1990 年版。

谈名理，其所悟者，皆得之襟腑，非由染习。……其有暗合于古人者，盖不可胜纪。始知流俗之士，难与之言。凡有异同，蓄诸方寸。"这说明他在史学上有多年的积累。他的史学批评意识，还受启示于当时史馆的修史活动，这也是他撰写《史通》的直接动因。他写道：

> 既朝廷有知意者，遂以载笔见推。由是三为史臣，再入东观。每唯皇家受命，多历年所，史官所编，粗惟纪录。至于纪、传及志，则皆未有其书。……凡所著述，尝欲行其旧议。而当时同作诸士及监修贵臣，每与其凿枘相违，龃龉难入。故其所载削，皆与俗浮沉。虽自谓依违苟从，然犹大为史官所嫉。嗟乎！虽任当其职，而吾道不行；见用于时，而美志不遂。郁怏孤愤，无以寄怀。必寝而不言，嘿而无述，又恐没世之后，谁知予者。故退而私撰《史通》，以见其志。①

这里，最重要的一句话是"凡所著述，尝欲行其旧议"。所谓"旧议"，即是他多年积累的对于以往历史撰述的一些"得之襟腑"的独到见解。他试图按照这些见解，撰写包含纪、传、志的唐史。但他的这个希望屡屡受挫。刘知幾的志向是"其于史传也，尝欲自班、马以降"，以至唐初史家所撰诸正史，"莫不因其旧义，普加厘革"。当时史馆，对于他实现这样的目标，是不可超越的阻力，他终于发出了"吾道不行""美志不遂"的感叹。这就更加促使他决心把批评的意识变成批评的行动。他上书监修国史萧至忠等，直言国史之修面临着"五不可"：史官泛滥，簿籍难见，权门干预，十羊九牧，坐变炎凉，以致"头白可期，而汗青无日"②。可见此时的史馆跟太宗、高宗时相比，已有很大不同。刘知幾感叹之余，愤然辞去史职，写出了千古名著《史通》。

《史通》20卷，包括内篇10卷39篇，外篇10卷13篇，合52篇。其中内篇的《体统》《纰缪》《弛张》3篇亡于北宋以前，全书今存49篇。内篇是全书的主要部分，着重阐述史书的体裁、体例、史料采集、表述要求和撰史原则，而以评论纪传体史书体例为主。外篇论述史官制度、正史源流，杂评史家、史著得失，并略申作者在历史认识上的一些见解。

二、系统的史学批评著作《史通》

刘知幾撰述《史通》的初衷，是"伤当时载笔之士，其义不纯。思欲辨其指

---

① 以上均见刘知幾：《史通·自叙》，浦起龙通释本，上海古籍出版社2009年版，第270页。
② 刘知幾：《史通·忤时》，浦起龙通释本，上海古籍出版社2009年版，第555页。

归,殚其体统"①。他是志在总结历史撰述中的得失利弊,通过历史的反思和理论的分析,提高史家的认识,推动史学的发展。他自称此书"商榷史篇,下笔不休"②,"多讥往哲,喜述前非"③。这两句话,概括《史通》全书的精髓在于批评。从《史通》各篇的编次和涉及的问题来看,它的史学批评理论有其自身的逻辑体系。这个体系可以概括为:体裁、体例,编撰方法,文字表述,撰述原则,史书内容,史学功用。这几个方面,可以看作《史通》的史学批评的几个大范畴,而在每一个范畴中还有一些比较具体的原则和标准。现对其次第略作变通,并简述其要点。

关于史书内容。这是史家对客观历史的认识和概括,用刘知幾的话说,就是"记言之所网罗,书事之所总括"。《史通·书事》篇引用荀悦和干宝的论点并加以概括:"昔荀悦有云:'立典有五志焉:一曰达道义,二曰彰法式,三曰通古今,四曰著功勋,五曰表贤能。'干宝之释五志也:'体国经野之言则书之,用兵征伐之权则书之,忠臣烈士孝子贞妇之节则书之,文诰专对之辞则书之,才力技艺殊异则书之。'于是采二家之所议,征五志之所取,盖记言之所网罗,书事之所总括,粗得于兹矣。"④ 荀悦所谓"五志"重在表达撰述思想和撰述的社会目的,干宝的解释则偏重于撰述内容。刘知幾没有明确指出他们的同异,但他"采二家之所议",说明他是看到了其中的差别的。他说史书内容"粗得于兹",表明他并不认为他们所说就已经全面了。所以刘知幾接着上文继续写道:"然必谓故无遗恨,犹恐未尽者乎?今更广以三科,用增前目:一曰叙沿革,二曰明罪恶,三曰旌怪异。……于是以此三科,参诸五志,则史氏所载,庶几无阙。求诸笔削,何莫由斯?"⑤ 这里补充的"三科",除"旌怪异"外,其余两科,一是关于典章制度的沿革,一是关于国家盛衰存亡之故,都是历史的重要内容,显示出刘知幾的卓识。这里的问题不只是在于刘知幾对史书的内容提出更广泛的认识,还在于他提出了"记言之所网罗,书事之所总括"这个理论上的命题,这实际上是触及史家主观意识同客观历史存在之关系这个重要问题了。据此,他批评前史有"四烦",即有关记载符瑞、常朝、虚衔、家牒多有不当,提出了"记事之体,欲简而且详,疏而不漏"的史学批评标准。

关于编撰方法。在这个问题上,刘知幾尤其强调史家应谨慎地对待采撰。所谓"采撰",核心是史家要严肃地审查和采辑文献。刘勰《文心雕龙·史传》篇曾

---

① 刘知幾:《史通·自叙》,浦起龙通释本,上海古籍出版社2009年版,第271页。
② 刘知幾:《史通·原序》,浦起龙通释本,上海古籍出版社2009年版,第1页。
③ 刘知幾:《史通·自叙》,浦起龙通释本,上海古籍出版社2009年版,第271页。
④ 刘知幾:《史通·书事》,浦起龙通释本,上海古籍出版社2009年版,第212—213页。
⑤ 刘知幾:《史通·书事》,浦起龙通释本,上海古籍出版社2009年版,第213页。

批评一种史学现象:"俗皆爱奇,莫顾实理,传闻而欲伟其事,录远而欲详其迹",致使史书出现"诬矫"、不实。《史通·采撰》篇进而指出:"史文有阙,其来尚矣",只有"博雅君子"才能"补其遗逸",故应慎于对待"史文有阙"的问题。同时又指出:自古以来,"征求异说,采摭群言,然后能成一家,传诸不朽",是优秀史家的必经之途。这里,包含着刘知幾对于采撰的辩证认识。

刘知幾认为,自魏晋南北朝以来,史籍繁复,文献渐多,好处是"寸有所长,实广见闻";流弊是"苟出异端,虚益新事"。他从一些具体问题上指出了采撰中的流弊,进而概括采撰失误的三个原因。其一是"郡国之记,谱牒之书,务欲矜其州里,夸其氏族"。这是狭隘的地方观念和门阀观念的反映。其二是轻信"讹言"与"传闻",以致事同说异,"是非无定"。其三是没有注意到时间的变化,时代的不同,"古今路阻,视听壤隔,而谈者或以前为后,或以有为无,泾、渭一乱,莫之能辨。而后来穿凿,喜出异同,不凭国史,别讯流俗"。这几点,是从地域的因素、门阀的因素、传闻异说的因素和时间的因素,阐明史家应当慎于采撰。刘知幾的结论是:"作者恶道听途说之违理,街谈巷议之损实";"异辞疑事,学者宜善思之。"

《史通·杂述》篇进一步申述了刘知幾关于采撰理论的辩证认识,颇值得玩味。他在称赞"五传""三史"之后写道:"且夫子有云:'多闻,择其善者而从之。''知之次也。'苟如是,则书有非圣,言多不经,学者博闻,盖在择之而已。"

这种对待采辑文献的辩证认识,是刘知幾史学批评理论极具光彩的部分。

关于体裁、体例。《史通》因善言史书体例而历来倍受推崇。它是把体例作为史学批评的一个重大问题来看待的。《史通·序例》篇一字千钧地写道:"夫史之有例,犹国之有法。国无法,则上下靡定;史无例,则是非莫准。"刘知幾认为,体例不只是形式问题,对于史书体例、结构的选择和处置,也跟史家对撰述内容的取舍和思想见解有关,故体例跟"是非"是有关系的。他推崇《春秋》"始发凡例",《左传》"科条一辨";称赞干宝《晋纪》"远述丘明,重立凡例",范晔《后汉书》"纪传例"的"理切而多功",萧子显《齐书·序例》"义甚优长"。刘知幾关于史书体例之理论的新贡献,在于他从以往全部史学发展中,总结出关于史书体例的理论体系。

首先,他提出了从总体上把握史书外部形态的特点和相互间的区别的理论。《史通·六家》篇说:"古往今来,质文递变,诸史之作,不恒厥体。权而为论,其流有六……今略陈其义,列之于后。"所谓"诸史之作,不恒厥体",是从变化的观点来看史书的"体"的。"六家",指《尚书》《春秋》《左传》《国语》《史记》《汉书》。这是综合了体裁和内容两个方面提出来的。《史通·二体》篇紧接着说:"既而丘明传《春秋》,子长著《史记》,载笔之体,于斯备矣。"这里讲的

"体"就不是指史书内容而只是指它的外部形态了，即编年体和纪传体两种史书体裁。《六家》《二体》，以及《杂述》所论"自成一家"的10种"偏记小说"，构成了《史通》在宏观方面的史书体裁理论。而其所论编年、纪传两种体裁的"长"与"短"得失两存的认识，在中国史学上有长久的影响。

其次，他对纪传体史书的内部结构作了理论上的概括，阐述了各种体例在一部史书中所处的位置和相互间的关系。这在《本纪》《世家》《列传》《表历》《书志》《论赞》《序例》等篇，都论之甚详。这是自《史记》《汉书》以来，对"正史"体例所作的最全面的总结。在这些论述中，刘知幾批评前史有许多中肯的见解，也提出了一些新的设想。《论赞》篇批评说："每卷立论，其烦已多，而嗣论以赞，为黩弥甚。"《书志》提出增立都邑志、氏族志、方物志。《载言》篇提出"宜于表、志之外，更立一书"，"题为'制册［书］''章表书'"，以保存重要的文献。这都是很有价值的见解。当然，在这方面刘知幾对前史的批评，也有一些并非妥帖的论点：《本纪》篇批评司马迁以项羽入"本纪"；《表历》篇认为，以表为文，"载诸史传，未见其宜"；《世家》篇批评《史记·陈涉世家》为不当；《书志》篇批评前史书志"皆未得其最"等，曾引起后人的争论，不过这并不是刘知幾论纪传体史书体例的主流。

关于文字表述。《史通·叙事》篇说："夫史之称美者，以叙事为先。"刘知幾推崇《春秋》的"属词比事之言"、《尚书》的"疏通知远之旨"，进而把"意指深奥，诰训成义，微显阐幽，婉而成章"作为叙事的"师范"和"规模"。这是他关于文字表述的总论。在具体原则上，刘知幾提出："夫国史之美者，以叙事为工，而叙事之工者，以简要为主。"简要的标准是："文约而事丰，此述作之尤美者也。"可以认为，这是刘知幾从史学审美意识来看待史书的文字表述，进而看待史文的简要原则。

从审美意识来看待史书的文字表述，还有更深一层的含义，这就是"用晦之道"。"晦"与"显"，是存在优劣不同、层次差别的。刘知幾指出："显也者，繁词缛说，理尽于篇中。"人们读后，思想上没有波澜、涟漪。"晦也者，省字约文，事溢于句外"，人们读后回味无尽，追思不已。他的结论是："晦之将显，优劣不同，较可知矣。"关于"用晦"的具体要求，刘知幾说："夫能略小存大，举重明轻，一言而巨细咸该，片语而洪纤靡漏，此皆用晦之道也。"

刘知幾的史文审美要求还有一个重要方面，即史书记述"当时口语"应"从实而书"、不失"天然"，反对"妄益文彩""华而失实"。他嘲笑有的史家"怯书今语，勇效昔言"的作法，提倡"事皆不谬，言必近真"[①]的叙事之风。刘知幾

---

① 刘知幾：《史通·言语》，浦起龙通释本，上海古籍出版社2009年版，第142页。

关于史文文采的辩证思想是：一方面强调"史之为务，必藉于文"，要重视史文的文采；另一方面反对"虚加练饰，轻事雕彩""体兼赋颂，词类俳优"的文风，以避免走上"文非文，史非史"的歧路。①

《史通·叙事》篇是中国史学上关于历史叙事理论的最早源头，影响深远。

关于撰述原则。刘知幾的史学批评理论在这方面具有鲜明的特色，他提出了"直书"和"曲笔"两个范畴，用以区分史家撰述心态、品格和社会效果的迥异。《史通》的《直书》、《曲笔》两篇，首先从人的"邪正有别，曲直不同"，探讨"直书"与"曲笔"产生的社会根源，这是很有见地的。其次是从对史学的历史考察上可以看出："古来唯闻以直笔见诛，不闻以曲词获罪。"这是揭示了曲笔终究不能根绝的历史原因。再次是从史家本人的品行各异，以至出现"直书""曲笔"的分途：有的是"烈士徇名，壮夫重气，宁为兰摧玉折，不作瓦砾长存"，故能"仗气直书，不避强御"，"肆情奋笔，无所阿容"。有的或"曲笔阿时""谀言媚主"，或"假人之美，藉为私惠"，或"诬人之恶，持报己仇"。这些情况的出现，还有社会的原因，朝代的更替，政权的对峙，等级的界限，民族的隔阂，都可能成为"直书"与"曲笔"分道的缘由。

直书同曲笔的对立之所以成为史家的撰述旨趣的分水岭，是因为它从根本上决定着史书的价值和命运。刘知幾反复指出，直书产生"实录"，其社会影响是"令贼臣逆子惧"；曲笔制造"诬书"，其社会影响是"使忠臣义士羞"。他从这种史学自身的价值观和史学的社会价值观出发，热情地赞颂历史上那些"直书其事""务在审实""无所阿容"的史家，说他们"遗芳余烈，人到于今称之"；他激烈地批评那些制造"谀言""谤议""妄说""曲词"的人，认为他们的所作所为"安可言于史邪"？这里，他把史家应当遵循的撰述原则已作了清晰的阐述。

关于史学功用。《史通》在很多地方讲到史学功用问题，讲得比较集中的是《辨职》篇，《直书》《曲笔》《自叙》《史官建置》等篇也有所论及。刘知幾在这方面反映出他对于历史、史学、社会相互间的关系有比前人更深刻的见解。《史官建置》篇说：

> 苟史官不绝，竹帛长存，则其人已亡，杳成空寂，而其事如在，皎同星汉。用使后之学者，坐披囊箧，而神交万古；不出户庭，而穷览千载。见贤而思齐，见不贤而内自省。若乃《春秋》成而逆子惧，南史至而贼臣书，其记事载言也则如彼，其劝善惩恶也又如此。由斯而言，则史之为用，其利甚

---

① 参见刘知幾：《史通·叙事》，浦起龙通释本，上海古籍出版社2009年版，第167页。

博，乃生人之急务，为国家之要道。有国有家者，其可缺之哉！①

在这里，刘知幾提出了两个问题，一是史家和史书的关系，二是史书和社会的关系。前一个问题是说明因有"史官不绝"，才有"竹帛长存"，这是史家的历史贡献。后一个问题是阐述史学为什么有"用"、有"利"，是"急务"和"要道"。刘知幾认为，因"竹帛长存"，则人亡而事在。这是说明史书可以储存过往的历史信息、历史记忆。后人通过学习、研究史书，可以"神交万古""穷览千载"，从中受到教育和启示，产生"内省"和"思齐"的愿望与行动。正因为这样，史学便包含着极广泛的社会功用，成为"生人（民）之急务""国家之要道"。从今天的认识来看，刘知幾实际上是阐述了客观历史活动通过史家的记载，转化成作为精神财富的"竹帛"即史书；这种作为精神财富的史书经后人的学习和研究，能够唤起、启迪人们的"内省"与"思齐"的要求，从而使精神财富又转化成现实历史活动中的一个重要物质力量。在刘知幾以前，有不少史学家、思想家、政治家都讲到过史学的社会作用，但像刘知幾这样从理论上进行阐述的还不曾有过。刘知幾强调史学的教育作用（即唤起人们的"内省"与"思齐"意识），是他论史学功用的鲜明特色。

从史学批评的角度来看，刘知幾是从三个层次上分析了史学功用的不同情况。《史通·辨职》篇说："史之为务，厥途有三焉。何则？彰善贬恶，不避强御，若晋之董狐、齐之南史，此其上也。编次勒成，郁为不朽，若鲁之丘明、汉之子长，此其次也。高才博学，名重一时，若周之史佚、楚之倚相，此其下也。苟三者并阙，复何为者哉？"② 这里，反映出了刘知幾的史学功用思想，也反映出了他的史家价值观。

《史通》一书所具有的史学批评理论体系，在刘知幾所处的时代是空前的；就是在其身后千余年的史学发展中，亦不曾因岁月流逝而淡化了它的影响。与刘知幾同时代的学者徐坚评价《史通》说："居史职者，宜置此书于座右。"③ 这个评价，就是在今天似也不为过时。

三、刘知幾论"史才三长"

《史通》的史学批评理论，是围绕着历史撰述和史学功用的一些重要方面展开的。关于这些问题的论述，大多不脱离对史家的评价。这是《史通》作为史学批评著作的主要特色。但是，《史通》关于史家的许多评论，一般都是结合历史撰述

---

① 刘知幾：《史通·史官建置》，浦起龙通释本，上海古籍出版社2009年版，第280—281页。
② 刘知幾：《史通·辨职》，浦起龙通释本，上海古籍出版社2009年版，第261—262页。
③ 刘昫等：《旧唐书》卷一〇二《刘子玄传》，中华书局1975年版，第3171页。

的具体问题提出来的。然而，如何从理论上提出作为一个出色的史家应具备怎样的素质，以树立史家修养的目标，这是刘知幾史学批评理论的另一个重要方面。这一理论，是他在回答友人所问时阐述的，文不载于《史通》，而见于《旧唐书》本传：

> 礼部尚书郑惟忠尝问子玄曰："自古已来，文士多而史才少，何也？"对曰："史才须有三长，世无其人，故史才少也。三长，谓才也，学也，识也。夫有学而无才，亦犹有良田百顷、黄金满籯，而使愚者营生，终不能致于货殖者矣。如有才而无学，亦犹思兼匠石，巧若公输，而家无楩楠斧斤，终不果成其宫室者矣。犹须好是正直，善恶必书，使骄主贼臣，所以知惧，此则为虎傅翼，善无可加，所向无敌者矣。脱苟非其才，不可叨居史任。自敻古已来，能应斯目者，罕见其人。"时人以为知言。

刘知幾明确地指出，只有具备才、学、识"三长"的人，方可成为"史才"。这是他的史家素养论的核心，也是他提出的史家素养的最高标准。

从上述引文中刘知幾所作的比喻和说明来看，他说的"才"，主要是指掌握文献的能力，运用体裁、体例的能力和文字表述的能力，上文所说的编撰方法、体裁体例、文字表述大致属于这个方面。他说的"学"，是指各方面的知识，主要是文献知识，也包括社会知识以至自然知识，上文所说的史书内容、编撰方法、史学功用都与此有关。他说的"识"，是指史家的器局和胆识，上文所说的撰述原则、史书内容、编撰方法、史学功用都反映出这种器局和胆识。刘知幾对于史家胆识格外强调，其最高标准是"好是正直，善恶必书"，认为这是"善无可加，所向无敌"的境界。值得注意的是，刘知幾本人并未明言《史通》与"史才三长"论之间的内在联系，但通观《史通》全书，它的大部分篇目所论，都可以按照才、学、识这三个范畴去划分，去对应。从这个意义上说，《史通》一书也可以看作关于评论史家素养的著作。

刘知幾提出"史才三长"论，把史家素养问题提到了更加自觉的理论认识高度，对促进史家自身修养和史学进步都有积极的作用，在中国史学批评史上有重要的理论价值。

刘知幾的史学批评理论也存在着明显的时代局限性，这集中地表现为他极力提倡的直书精神和他始终要维护"名教"观念的矛盾。《史通·曲笔》篇说："史氏有事涉君亲，必言多隐讳，虽直道不足，而名教存焉。"《惑经》篇说："夫臣子所书，君父是党，虽事乖正直，而理合名教。"这样一来，他就为"实录直书"在理论的彻底性上打了折扣。即使是在阐扬直书原则时，他也有强烈的"激扬名教"

的意识。隋唐时期还是门阀观念极重的时代，刘知幾这样杰出的史学批评家，和在他之后的大史学家杜佑，在思想上和著作上都不可能完全脱离时代的印记。

第三节 典制体史书《通典》的旨趣及其史学价值

一、杜佑的经世致用史学思想

在唐代史学上，刘知幾《史通》是一座里程碑，它以论史学见长；杜佑《通典》是又一座里程碑，它以论历史尤其是制度史著称。它们是唐代史学上的两座高峰。

刘知幾在《史通·二体》篇中说："班（固）、荀（悦）二体，角力争先，欲废其一，固亦难矣。后来作者，不出二途。"这话，在他当时总结以往史书编撰来说，大致是不错的；若是用于对史书编撰的前瞻，则并不妥帖。中唐时期，杜佑所著《通典》的问世，便改变了古代历史编纂的格局，从而突破了刘知幾的理论概括，成为史学发展的又一个重大转折。

杜佑（735—812），字君卿，京兆万年（今陕西西安）人，出身于名门。唐谚云："城南韦杜，去天尺五。"杜佑之孙杜牧诗云："大明帝宫阙，杜曲我池塘。"①这都说明杜佑家族地位的显赫。杜佑不足20岁便以"门荫"入仕，至78岁致仕，近60年宦途，历玄、肃、代、德、顺、宪六朝。其间，他以任淮南节度使的时间最长，首尾14年；在生命的最后10年历任三朝宰相。杜佑从大历元年（766）开始撰写《通典》，至贞元十七年（801）成书，历时36年，成此巨制。唐宪宗在批准其请求致仕的诏书中称他："博闻强学，知历代沿革之宜；为政惠人，审群黎利病之要。"②杜佑是通晓史学的政治家，又是精于政治的史学家，他同时在这两个领域里都获得有重大历史影响的成就，在中国史学史上是罕见的，在中华文明史上也是罕见的。《通典》在很大程度上反映出这种双重价值。

经邦、致用，是杜佑史学思想的核心。同以前的历史著作比起来，《通典》具有更明确的经世致用的目的。杜佑在《通典》自序中开宗明义地说："佑少尝读书，而性且蒙固，不达术数之艺，不好章句之学。所纂《通典》，实采群言，征诸人事，将施有政。"像他这样由史家本人明确地表示，把历史撰述同"将施有政"直接结合起来的，在以往的史家中是极少见的。

杜佑的经邦、致用的史学思想有三个鲜明的特点。第一个特点，是具有大胆

---

① 杜牧：《樊川文集》卷一《冬至日寄小侄阿宜诗》，上海古籍出版社1978年版，第10页。
② 刘昫等：《旧唐书》卷一四七《杜佑传》，中华书局1975年版，第3981页。

的批判精神。他在《献〈通典〉表》中写道：

> 夫《孝经》《尚书》《毛诗》《周易》《三传》，皆父子君臣之要道，十伦五教之宏纲，如日月之下临，天地之大德，百王是式，终古攸遵。然多记言，罕存法制，愚管窥测，莫达高深，辄肆荒虚，诚为亿度。每念懵学，莫探政经，略观历代众贤著论，多陈紊失之弊，或阙匡拯之方。①

在这里，杜佑以婉转的口气指出儒家经典中有许多空泛的言论而"罕存法制"；同时，又直接批评"历代众贤"，说他们大多局限于指陈"紊失之弊"，很少有"匡拯之方"。从他的这种批判精神中，更可以看清楚他为什么"不达术数之艺，不好章句之学"了。

第二个特点，是重实际，讲功效，把对历史的认识转化为现实的实践。杜佑撰《通典》是着眼于现实而关注于"理道"。他主张"理道不录空言"，必然要认真探讨"礼法刑政"，进而研究"政理"的具体措施。② 贞元十九年（803），杜佑入朝为相的第一件事，就是辑录《通典》要点，另成《理道要诀》33篇，编为10卷，上奏德宗，重申"详古今之要，酌时宜可行"之旨。③《理道要诀》是《通典》的简本，从前者的书名可以看出《通典》的主旨实在于"理道"的"要诀"，在于历史认识之转化为现实的实践。为《通典》作序的李翰自谓"颇详旨趣"，他在序中强调指出："今《通典》之作，昭昭乎其警学者之群迷欤！以为君子致用，在乎经邦，经邦在乎立事，立事在乎师古，师古在乎随时。必参古今之宜，穷始终之要，始可以度其古，终可以行于今，问而辨之，端如贯珠，举而行之，审如中鹄。"这一段话，把《通典》意在"经邦""致用"的主旨阐述得十分透辟。"师古"的目的不是复古，而是"随时"，"随时"是为了"立事"，以达到"经邦"的最高目标。这就是《通典》"将施有政"的"致用"之旨。

第三个特点，是把握了社会的症结，反映了时代的要求。杜佑"经邦""致用"的史学思想是时代的产物，也是时代潮流的反映。杜佑青年时代经历"安史之乱"所造成的唐皇朝政治力量的削弱和财政收入的困难，极深刻地影响着他的思想、学风和撰述旨趣。这在《通典》中有突出的反映。他在讲到"历代盛衰户口"时列举了一些统计数字，以揭示"盛衰"之变：天宝十四载（755），"管户

---

① 刘昫等：《旧唐书》卷一四七《杜佑传》，中华书局1975年版，第3983页。
② 此处所言"理道""政理"，即"治道""政治"，因避唐高宗李治的名讳，改"治"为"理"。
③ 参见杜佑：《进〈理道要诀〉表》，王应麟：《玉海》卷五一，上海古籍出版社1992年版，第971页。

总八百九十一万四千七百九,管口总五千二百九十一万九千三百九,此国家之极盛也"。杜佑在注文中补充说:"自天宝十四年至乾元三年(即755—760——引者),损户总五百九十八万二千五百八十四,不课户损二百三十九万一千九百九,课户损三百五十九万六千六百七十五;损口总三千五百九十二万八千七百二十三,不课口损三千七十一万三百一,课口损五百二十一万八千四百三十二。户至大历中(即杜佑撰写《通典》之初——引者),唯有百三十万户。建中初,命黜陟使往诸道按比户口,约都得土户百八十余万,客户百三十余万。"① 杜佑列举这些数字,是以事实说明"安史之乱"后唐皇朝面临的财政危机。他的许多见解,既是政治家对历史的卓识,也是史学家对现实的洞察。中唐时期,国势衰弱,社会动荡,这种客观情势把一批有识之士推到了历史潮流的前头,杜佑是一个先驱,是一个代表性人物。

杜佑"将施有政"的撰述宗旨,《通典》"经邦""致用"的社会目的,充分证明:中国史学之具有自觉的和明确的经世致用意识,杜佑《通典》已达到极高境界。

二、典制体通史的开创之作《通典》

《通典》200卷,分食货、选举、职官、礼、乐、兵、刑、州郡、边防九门。每门之下分若干子目,子目之下更有细目。全书条分缕析,结构严谨,浑然一体。《通典》以历代典章制度的历史演变、得失兴革为撰述的中心,兼记与此有关的言论。其记事上起黄帝,下迄唐玄宗天宝末年,个别地方延至德宗贞元年间,距成书上奏只相隔数年。其所据文献,主要是"五经"、群史以及历代士人的文集、撰述、论议。《通典》创造了综合性的典制体通史形式,奠定了独立的制度史撰述的基础,扩大了历史研究和撰述的领域。

《通典》在内容和体裁上最显著的特点,是以制度分门立目,"每事以类相从,举其始终,历代沿革废置及当时群士论议得失,靡不条载,附之于事"②。在《通典》以前,重要的史书体裁有编年体和纪传体。《通典》创立了以典章制度为中心、分门立目、以类相从、叙其始终的典制体。这是在编年体、纪传体之后发展起来的又一种重要的史书体裁。在杜佑开始撰《通典》之前二十多年,刘知幾之子刘秩于开元末年"采经史百家之言,取《周礼》六官所职,撰分门书三十五卷,号曰《政典》"③。这书在"分门"上,对《通典》撰述有一定的启发。但若追本

---

① 杜佑:《通典》卷七《食货七》,王文锦等点校,中华书局1988年版,第153页。
② 李翰:《通典序》,杜佑《通典》卷首,王文锦等点校,中华书局1988年版,第2页。
③ 刘昫等:《旧唐书》卷一四七《杜佑传》,中华书局1975年版,第3982页。

溯源，《通典》之作则是"统前史之书志，而撰述取法乎《官礼》"①，"正史"的书志和《周礼》对《通典》的撰述有更多的启示。不过《通典》的分门立目，既不模仿《周礼》，也不因袭"正史"的书志，一是不列律历、天文、五行、祥瑞、舆服、艺文（经籍）方面的内容；二是增加了选举、甲兵、边防三个门类，反映出作者对于人才选拔、用兵之道和民族关系的重视。

《通典》除分门立目外，还有两个特点，一是讲求会通，二是重视论议。《通典》以"典"跟"通"相连，表明了作者的会通之旨。宋元之际的马端临评论《通典》，说它"肇自上古，以至唐之天宝，凡历代因革之故，粲然可考"②。这是说的《通典》在会通方面的特点和成就。《通典》重视论议，包括它详载历代"群士论议得失"，也包括作者对史事所作的许多评论。《通典》的论议，主要目的在于讨论历代典章制度的因革得失，但它在记言、记事的结合上也有新的创造。清人章学诚举《通典·礼典》为例，指出：凡"博士经生，折中详议"，"入于正文则繁复难胜，削而去之，则事理未备。杜氏并为采辑其文，附著《礼门》之后，凡二十余卷，可谓穷天地之际，而通古今之变者矣。……斯并记言、记事之穷，别有变通之法，后之君子，所宜参取者也"③。还有一种形式，是在同卷正文之中，叙典章制度与记"群士论议"杂而有之。第三种形式，是把"群士论议"附注于有关正文之下。这反映出了作者对"群士论议"的轻重和处置是有所区别的。《通典》中杜佑自撰的论议，有叙、论、说、议、评、按等名目，大多直接反映作者的历史见解，它们在本书中的价值比"群士论议"更为重要。其中，"说""议""评"也各有不同的含义④，表明作者在对待历史评论方面的认真和严谨。

要之，《通典》以分门囊括制度，以会通贯穿古今，以论议指陈得失，开拓了历史撰述的新领域，奠定了中国典制体史书发展的宏伟基础。

这里，需要着重指出的是，在《通典》一书中，杜佑最重要的思想成果之一，是他对社会结构的新认识。在这方面，他超过了以前的史家，是当时人们对社会历史认识所能达到的高峰。杜佑的这个认识，集中反映在他写的《通典》自序中：

> 夫理道之先在乎行教化，教化之本在乎足衣食。《易》称聚人曰财。《洪范》八政，一曰食，二曰货。《管子》曰："仓廪实知礼节，衣食足知荣辱。"

---

① 章学诚：《文史通义·释通》，叶瑛校注本，中华书局1985年版，第373页。
② 马端临：《文献通考·自序》，中华书局1986年版，第3页。
③ 章学诚：《文史通义·书教中》，叶瑛校注本，中华书局1985年版，第40页。
④ 杜佑：《通典》卷四二自注云："凡义有经典文字其理深奥者，则于其后说之以发明，皆云'说曰'。凡义有先儒各执其理，并有通据而未明者，则议之，皆云'议曰'。凡先儒各执其义，所引据理有优劣者，则评之，皆云'评曰'。他皆同此。"中华书局1988年版，第1167页。

夫子曰:"既富而教。"斯之谓矣。夫行教化在乎设职官,设职官在乎审官才,审官才在乎精选举,制礼以端其俗,立乐以和其心,此先哲王致治之大方也。故职官设然后兴礼乐焉,教化隳然后用刑罚焉,列州郡俾分领焉,置边防遏戎狄焉。是以食货为之首,选举次之,职官又次之,礼又次之,乐又次之,刑又次之,州郡又次之,边防末之。或览之者庶知篇第之旨也。①

在"刑又次之"之下,杜佑自注"大刑用甲兵",表明了"兵"与"刑"的关系。② 杜佑的这篇序文,用大手笔清晰地勾画出了当时社会的经济、政治结构和与之相适应的思想观念以及它们的相互关系。他认为,"理道"的逻辑思路和实施的具体步骤是:从重视"教化"出发而达到"致治"的目的,应首先以"食货"为基础;在这个基础上制定出选举制度、职官制度、礼乐制度、兵刑措施。礼、乐、兵、刑是职官的几个重要职能,州郡、边防是这些职能在地域上的具体实施。根据这个认识,杜佑把作为"将施有政"的《通典》,从内容编次上规定了其逻辑体系,即首先论述经济制度,然后依次论述选举、职官、礼、乐制度,以及用兵之道和刑罚设施,最后论述地方政权的建置和边防的重要。从今天的观点来看,食货是经济基础;选举、职官、礼、乐、兵、刑是讲上层建筑。其中礼、乐的核心是阐述社会的等级秩序和等级观念,既是上层建筑,又是意识形态,是"教化"的主要内容,与兵、刑相辅而行,此即所谓"教化隳然后用刑罚焉"。据此,大致可以认为:《通典》的内容和编次,是把中国封建社会处在发展阶段的经济基础、上层建筑、意识形态依次论述到了。

还应当指出的是,杜佑把食货置于《通典》各门之首,然后分别论述上层建筑的一些重要方面,这一认识和表述历史的方法,可以说是在根本点上体现了历史和逻辑的一致。他的这一认识和表述历史的理论根据来自《周易》《尚书·洪范》《管子》和孔子的有关言论。这些言论前人也曾征引过,杜佑的高明之处是把它们汇集起来作为首先必须研究社会经济制度的理论根据,这是他继承前人而又超出前人的地方。杜佑以"食货为之首"的撰述思想,自然受到历代"正史"中的《食货志》的影响,是历代史家之历史认识发展的必然结果;同时,它又是现实社会的必然产物,是当时时代精神的反映。自"安史之乱"后,整顿经济和改善财政是人们关注的大事。在肃、代、德、顺、宪、穆、敬、文、武等朝的八九十年间,探索经济问题的学者相继于世。比杜佑略早或大体跟杜佑同时的有刘晏、

---

① 杜佑:《通典》书首,王文锦等点校,中华书局1988年版,第1页。
② 《通典》初撰时,兵、刑合为一门,全书称为八门;定稿进呈时,兵、刑各为一门,全书称为九门。

杨炎、陆贽、齐抗，比杜佑稍晚的有韩愈、李翱、白居易、杨于陵、李珏等。① 其间，一些经济改革活动的进行和经济思想的提出，都是当时现实历史的产物。"以食货为之首"所包含的丰富思想，正是一个卓越的史学家在历史著作中回答了现实所提出的问题。《食货典》共12卷，依次叙述土地制度、乡村基层组织、赋税制度、户口盛衰以及货币流通、交通运输、工商业和价格关系。杜佑对于社会经济结构的这种逻辑认识，在他以前的史家中并不多见。

《通典·食货典》以下各门所叙内容，也反映出杜佑对社会结构的认识。在他看来，其余的八门中，职官是最重要的。所谓"行教化在乎设职官"，就是着重强调这一点。"选举"是为了保证职官的素质，"礼乐"是职官的教化职能，"兵刑"是职官的暴力职能，此即所谓"职官设然后兴礼乐焉，教化隳然后用刑罚焉，列州郡俾分领焉，置边防遏戎狄焉"。这里，显然有三个层次，一是选举、职官，二是礼、乐、兵、刑，三是州郡、边防，而职官居于核心地位。这清楚地表明了杜佑对封建社会国家政权结构及其职能的认识。这种逻辑认识，在他以前的史家中也是没有先例的。

总之，杜佑对中国封建社会结构的认识，不论其自觉程度如何，是体现了他对社会历史的认识之逻辑和历史的一致性的。他之所以能够获得超出前人的成就，从主要的或基本的方面来说，是中国封建社会的经济、政治制度经过将近一千年的发展已臻于完备，史学家有可能进行系统的总结。此外，前人的思想资料、时代要求的启迪、他本人的学识和器局，也都是不可缺少的条件。当然，杜佑把"礼乐"作为教化的基本内容，这反映了门阀时代的特点。

三、杜佑史论的特色

杜佑本人在《通典》一书中所撰写的史论，是他的历史思想的集中表现，在中国古代历史理论的发展上占有非常重要的位置，历来为研究者所重视。②《通典》史论除在历史思想上反映了突出的进步性外，它在形式上、方法论上、史学批评上也都显示出鲜明的特色。

关于《通典》史论的形式。《通典》的史论，有多样的形式，包含序、论、说、议、评。对此，有的研究者已经指出过。这里要讨论的是，《通典》史论的这几种形式有什么区别？也就是说，杜佑赋予这几种史论形式各有何种含义？

---

① 参见胡寄窗：《中国经济思想史》中册，上海人民出版社1963年版，第450页。
② 参见李之勤《杜佑的历史进化论》，陈光崇《杜佑在史学上的贡献》，以上参见吴泽主编《中国史学史论集》（二），上海人民出版社1980年版，第170—200页。瞿林东：《论〈通典〉在历史编纂上的创新》《论〈通典〉的方法和旨趣》，见《唐代史学论稿》，北京师范大学出版社1989年版，第249—290页。

据粗略统计，《通典》史论约有 70 首，其中序近 20 首；论、说、议、评 50 余首，而说与议占了半数以上。

先说什么是"序"。刘知幾《史通·序例》引孔安国的话说："序者，所以叙作者之意也。"《通典》的序，有三种情况：一是叙全书之意，二是分叙各典之意，三是叙某典之中某篇之意。《通典》叙全书之意的序，仅 227 字，加上自注 57 字，也只有 284 字。但它说明了作者的治学旨趣，指出了《通典》的撰述目的和逻辑结构，是古代史书中的一篇名序。《通典》除《食货典》以外，其他八典均有叙本典之意的序。这些序，反映了杜佑对诸典所述领域的认识，集中地表明了他的历史观点、政治思想和社会主张。概括说来，《选举》序指出了人才的重要和"以言取士"的失误；《职官·历代官制总序》概述了历代职官制度简史；《礼序》以很长的篇幅阐述了礼的性质、礼的文献和《通典》纂集礼制"将以振端末、备顾问"的目的；《乐序》讲了乐的作用及其与社会治乱的关系；《兵序》着重阐述历代用兵得失和《兵典》编纂原则；《刑法序》简述了刑法的产生和种类以及善用刑法的标准；《州郡序》阐述了作者的以德为尚的政治思想；《边防序》阐述了作者的民族思想和处理民族关系的政治主张。《食货典》处于全书之首，为什么反倒没有总序呢？这或许是在全书的序中作者已经强调了食货所处特殊重要位置的缘故，或许是《食货典一·田制》的序在本质上也可视为《食货典》的序。关于叙某典某篇之意的序，或叙其沿革，述其总相，或论其得失，辨其利害，往往更能清晰地反映出杜佑对历史的真知灼见。如"王侯总叙"实是一篇辨析封国制与郡县制之得失利害的大文章，作出了"欲行古道，势莫能遵"的历史结论，可与柳宗元的《封建论》相媲美。如《食货典一·田制》的序起首写道："谷者，人之司命也；地者，谷之所生也；人者，君之所治也。有其谷则国用备，辨其地则人食足，察其人则徭役均。"作者重视谷、地、人相互关系的思想，在经济思想史上有重要的价值。综上，《通典》这三个不同层次的序文，从结构和理论上确定了《通典》全书的内容与规模，是全书的支柱。

现在来说"论"。刘知幾《史通·论赞》认为："夫论者，所以辩疑惑，释凝滞。"《通典》的"论"有两种，一种是前论，一种是后论。前论，如《职官典四·尚书上》之下有"尚书省并总论尚书"、《职官典七·诸卿上》之下有"总论诸卿，少卿附"、《职官典十四·州郡上》之下有"总论州佐"、《职官典十五·州郡下》之下有"总论郡佐"和"总论县佐"等。这些"论"带有综述的性质，属于作者本人的评论并不多。后论，如《食货典七·历代盛衰户口·丁中》文末的长篇后论，论述户口对于"国足""政康"的重要，以及历代户口的盛衰和唐朝在"安史之乱"后户口锐减的严重局面与应采取的对策。这篇史论，多为唐史研究者和经济史研究者所引用。又如《选举五》后论论述了选拔人才的标准，强调对于传统的"身、言、书、判"四个标准,应以"判"作为重点,"以观理识",提出改革考试制度的具体办法。《通典》的史论,直接题为"论""后论"的并不多,但它们有一个非常突出的特点,就是引古论今,有强烈的时代感,反映了作者对于社会现实的关注和自觉的"以富国安人之术为己任"的责任意识。

《通典》的史论,"说"和"议"占了较多的数量,而"评"也比"论"来得多。那么,"说""议""评"三者之间究竟有什么区别呢?杜佑在《礼典二·沿革二·吉礼一》的一首"说曰"的文末自注云:"凡义有经典文字其理深奥者,则于其后说之以发明,皆云'说曰'。凡义有先儒各执其理,并有通据而未明者,则议之,皆云'议曰'。凡先儒各执其义,所引据理有优劣者,则评之,皆云'评曰'。他皆同此。"这一段话,对于理解《通典》史论的含义,理解杜佑的所谓"说""议""评"的真谛,具有至关重要的意义。从这段引文的本义来看,杜佑所谓"说""议""评"是属于三个层次上的史论:说,是阐说"经典"的深奥;议,是议先儒的"未明"之义;评,是评"先儒"所据之理的优劣。概括说来,这三个层次就是经典、义、理的区别,故分别用说、议、评表示出来。这里,除了反映出作者在三者之间所把握的极鲜明分寸感之外,还有对前人思想遗产持尊重与谨慎的态度。《通典》的"说",有十七八首,都分布在《礼典》之中,故其所要阐说的经典的深奥所在,也都是关于礼的制度方面的。《通典》的"议"约20首,分布在《职官》《礼》《刑》《州郡》诸典,以《礼典》为多,这比"说"的分布显然要广泛一些。从"议"先儒之义所"未明"的宗旨来看,《通典》的"议"在很多方面是提出了与前人不同的看法或是对前人见解的批评。《通典》的"评",大多是对于礼制中的某一制度而发,比之于"议",更加具体、细微。但也有特例,即从宏观方面对历代制度进行评论,如在《选举典六·杂议论下》卷末,杜佑总结了历代选拔人才制度上的得失。

从今天的认识来看,序、论、说、议、评的区别和运用,反映了杜佑治学的严谨和考量的细致,但这种区别又都包含在议论这个大范畴之中,本无截然划分的界限。

值得更多关注的是《通典》史论的方法论:不可"将后事以酌前旨"。《通典》史论的特点之一,是重视事实,反对臆说。从认识历史来看,这具有方法论的意义。杜佑的这一思想,在《职官典十三·王侯总叙》中阐述主封国者与主郡县者的争论时,反映得最为鲜明和最具有理论价值。杜佑认为:"夫君尊则理安,臣强则乱危。是故李斯相秦,坚执罢侯置守。其后立议者,以秦祚促,遂尔归非。向使胡亥不嗣,赵高不用,闾左不发,酷法不施,百姓未至离心,陈、项何由兴乱?自昔建侯,多旧国也。周立藩屏,唯数十焉,余皆先封,不废其爵,谅无择其利遂建诸国,惧其害不立郡县。"这段话的意思是:秦朝的废分封、立郡县,是从"君尊""臣强"两种不同的政治结局的经验中得到启示而抉择的;秦的"祚促",有许多其他具体原因,并非立郡县所致。至于古代的建侯,都以"旧国"为基础,周朝为"藩屏"而建侯数十。这些都是由当时的实际情况所决定的,并不是当时的人已经看到了"建诸国"就有利,"立郡县"就有害。在看待分封与郡县的问题上,这是从历史实际出发,实事求是的分析方法。杜佑批评历史上有些论者"乃将后事以酌前旨,岂非强为之说乎?"显示出杜佑史论的理性精神。

《通典》作为中国古代史学上"三通"以至"九通"之首,不仅在制度史研究方面,而且在历史理论研究方面,都有许多新的创造,在中国史学史上占有崇高的地位。

第四节 历史撰述的多方面成就

一、《帝王略论》与《贞观政要》

隋唐时期,尤其是唐代近三百年的历史存在,其间产生了丰富的历史撰述。除上文已经论到的,这里仅就史论与政论、地理书、民族史和历史笔记等方面有代表性的著作,作一简要论述。

首先,说说同史论、政论密切相关的两部书:《帝王略论》与《贞观政要》。

君主在历史上的作用和历代君主对后世的影响,是史学家历来都很重视的问题。唐初虞世南所撰的《帝王略论》是以问对的通俗形式,比较系统地阐述了关于君主的认识。书中所谓"公子",系指即帝位之前的秦王李世民,而"先生"当是虞世南本人。① 这是一部记帝王之事略、论帝王之贤愚的著作,其价值不在于"略"而在于"论"。它在评论历代君主方面或由此而涉及对其他历史问题的评论方面,在见解上和方法上,都有一定的理论意义。

《帝王略论》以问对的形式、比较的方法,用来评论历代帝王的贤愚,在历史撰述上有其新意。全书涉及这样一些重要问题:

第一,提出关于"人君之量"的见解。如唐人马总《通历》记东晋末年桓玄所建"伪楚"及其败亡的史实后,引《帝王略论》所记:

> 公子曰:桓玄聪敏有凤智,英才远略,亦一代之异人,而遂至灭亡,运祚不终,何也?
>
> 先生曰:夫人君之量,必器度宏远,虚己应物,覆载同于天地,信誓合

---

① 参见瞿林东:《唐代史学论稿》,北京师范大学出版社1989年版,第124—126页。

于寒暄，然后万姓乐推而不厌也。彼桓玄者，盖有浮狡之小智，而无含宏之大德，值晋室衰乱，咸不追下，故能肆其爪牙，一时篡夺，安国治人无闻焉尔；以侥幸之才，逢神武之运，至于夷灭，固其宜也。①

这里说的"人君之量"，不只是君主的个人品德问题，它还包含着君主在政治上的远见卓识，以及以这样的远见卓识为指导而制定的种种措施和这些措施所产生的社会效果。只有具备这种器度的君主，才能使"万姓乐推而不厌也"。虞世南认为，像桓玄这样的"浮狡小智""侥幸之才"，是不能成就大事业的，而遭到毁灭则是理所当然的。

"人君之量"是一个很高的道德标准和政治标准。在虞世南看来，不独桓玄这样的人与此无涉，历史上有一些看来还说得过去的君主也不曾达到这样的标准。如他论北周武帝宇文邕，是这样评说的：

> 公子曰：夫以周武之雄才武艺，身先士卒，若天假之年，尽其兵算，必能平一宇内，为一代之明主乎？
> 先生曰：周武骁勇果毅，有出人之才略。观其卑躬励士，法令严明，虽句践、穰苴亦无以过也。但攻取之规有称于海内，而仁惠之德无闻于天下，此猛将之奇才，非人君之度量。②

"人君之度量"不同于种种"奇才"的地方，在于前者应建立在很高的道德素养和政治素养之上，因而能产生影响于社会的"仁惠之德"。虞世南提出"人君之度量"的看法，尽管带着很重的理想主义色彩，但他在主观上是希望人君能对自己提出更高的要求。这一点，还是有积极意义的。

同"人君之度量"的见解相关联，虞世南还评论了"人君之才"与"人君之德"。《帝王略论》在评论汉元帝的时候，讲到了关于"人君之才"的问题："夫人君之才在乎文德武功而已。文则经天纬地、词令典策，武则禁暴戢兵、安人和众，此南面之宏图也。至于鼓瑟吹箫、和声度曲，斯乃伶官之职，岂天子之所务乎！"③

人的才华是多种多样的，对于不同身份的人来说，亦要求具备与之相适应的

---

① 参见马总：《通历》卷四所引，叶氏梦菉簃1915年铅印本。
② 参见马总：《通历》卷一〇所引，叶氏梦菉簃1915年铅印本。
③ 赵蕤：《长短经》卷二《君德》篇所引，岳麓书社1999年版，第134页。按：赵蕤在征引时，将"公子曰"改为"或曰"，"先生曰"改为"虞世南曰"，因避唐太宗李世民讳，故不书"世"。

才华。作为一个君主，其才能应反映在"经天纬地""禁暴戢兵"方面，否则将与身份不相吻合。这是提出了怎样看待"人君之才"的标准。在讲到"人君之德"时，虞世南极力称赞刘备，说："刘公待刘璋以宾礼，委诸葛而不疑，人君之德于斯为美。"① 他把尚礼和诚信看作"人君之德"的两个重要方面，这无疑是从儒家传统观念着眼的，但这两条对于当时的李世民和后来的贞观之治，特别对于维系唐太宗统治集团的稳定，或许不无关系。

第二，分别肯定一些君主的历史作用。虞世南对历史上一些君主的评价，往往反映出他的卓越史识。他对魏孝文帝和宋高祖的评价，就是很典型的例证，认为：

> 公子曰：魏之孝文，可方何主？
> 先生曰：夫非常之人，固有非常之功。若彼孝文，非常之人也。
> 公子曰：何谓非常之人？
> 先生曰：后魏代居朔野，声教之所不及，且其习夫土俗，遵彼要荒。孝文卓尔不群，迁都渡洞，解辫发而袭冕旒，祛毡裘而被龙衮，衣冠号令，华夏同风。自非命代之才，岂能至此！②

这是从民族关系上，特别是从"声教"（这大概是今天人们所说的许多个"文化"概念中的一个）方面高度评价了魏孝文帝的汉化措施，并把魏孝文帝称为"非常之人""命代之才"。在当时的历史条件下，作者能够对民族关系有这样的见解，能够对少数民族统治者作这么高的评价，确是卓识。

第三，着意于成败得失的总结。《帝王略论》从多方面评论历代君主的贤愚、明昏，根本的一条，是着意于对历代政治统治成败、得失的分析和总结。虞世南论秦始皇和秦朝的历史，既注重于政策的当否，又涉及有关人的才能的高下：

> 公子曰：秦始皇起秦陇之地，蚕食列国，遂灭二周而迁九鼎，并吞天下，平一宇内，其规摹功业亦已大矣。何为一身几殒，至子而亡乎？
> 先生曰：彼始皇者，弃仁义而用威力，此可以吞并而不可以守成，贻训子孙，贪暴而已。胡亥才不如秦政，赵高智不及李斯，以暗主而御奸臣，遵始皇贪暴之迹，三载而亡，已为晚矣！③

---

① 赵蕤：《长短经》卷二《君德》篇所引，岳麓书社1999年版，第141页。
② 马总：《通历》卷八所引，叶氏梦篆庼1915年铅印本。
③ 敦煌本《帝王略论》残卷（伯2636号）卷1。

这里着重批评了秦始皇一味任用"威力"的政策，殊不知在"守成"时亦需要以仁义相辅；而这种任用"威力"的政策作为贻训，又影响到秦二世的统治。

在总结历代皇朝成败得失的时候，虞世南对那些获得巨大成功的君主的失误，决不因其功业之大而讳言其短。他充分肯定刘邦在政治上的谋略和成功，但也批评他在对待吕后的"邪辟"上的迁就和无力，以致弄到"几亡社稷"① 的地步，这是重大的过失，怎么能说他是尽善尽美的人呢！可见在作者看来，所谓明者可为规范、昏者可为鉴戒，二者也不是截然分开的。这里面包含着作者在评论历代帝王时的朴素辩证观点。

从本质上看，《帝王略论》是一部史论著作，与此不同的是，《贞观政要》是一部政论著作。作者吴兢（670—749）是武则天至唐玄宗前期的史官。他撰写的《贞观政要》是一部按照专题写成的政论书，它记述了贞观年间唐太宗君臣关于治国安邦的讨论，其中蕴含着丰富的政治谋略和历史智慧。

吴兢著《贞观政要》的目的，在他写的《贞观政要·序》和《上〈贞观政要〉表》中，说得十分清楚。吴兢在《贞观政要》序中这样写道：

> 太宗时，政化良足可观，振古而来，未之有也。至于垂世立教之美，典谟谏奏之词，可以弘阐大猷，增崇至道者，爰命下才，备加甄录，体制大略，咸发成规。于是缀集所闻，参详旧史，撮其指要，举其宏纲，词兼质文，义在惩劝，人伦之纪备矣，军国之政存焉。凡一帙十卷，合四十篇，名曰《贞观政要》。庶乎有国有家者克遵前轨，择善而从，则可久之业益彰矣，可大之功尤著矣，岂必祖述尧、舜，宪章文、武而已哉！②

这里，充分显示了吴兢对唐太宗时期政治的仰慕，认为那时的"政化"，"良足可观，振古而来，未之有也"。在他看来，唐太宗君臣"垂世立教"的美德、"典谟谏奏"的词理，都是可以"弘阐大猷，增崇至道"的，因而具有"焕乎国籍，作鉴来叶"的作用，既能使历史生光，又能作未来鉴戒。这些，便是吴兢撰《贞观政要》的出发点。他的根本目的，是希望最高统治者"克遵前轨，择善而从，则可久之业益彰矣，可大之功尤著矣"。换言之，唐朝的统治者都能以太宗君臣为楷模，那么天下就可以长治久安了。

吴兢在《上〈贞观政要〉表》中，把他的这个目的说得更清楚。他写道："仍以《贞观政要》为目，谨随表奉进。望纡天鉴，择善而行，引而伸之，触类而长

---

① 敦煌本《帝王略论》残卷（伯 2636 号）卷 1。
② 吴兢：《贞观政要·序》，上海古籍出版社 1978 年版，书首第 1 页。

之……伏愿行之而有恒，思之而不倦，则贞观巍巍之化，可得而致矣。"① 显然，吴兢认为他所处时期的政治，已远远比不上唐太宗时期的政治了；他已经感到了一种衰颓的趋势和潜在的危机，因此，他以耿直而诚恳的心情，向唐玄宗提出了这样的希望。从《贞观政要》一书，人们不仅可以看到"良足可观"的"贞观之治"，而且还可以触及开元天宝之际的历史脉搏。

《贞观政要》共10卷40篇，因是"随事载录，用备劝戒"，所以每篇都有一个主题，每卷大致也有一个中心，如为君之道、求贤纳谏、历史鉴戒、教诫太子、道德规范、正身修德、学术文化、刑法贡赋、征伐安边、善始慎终，等等。

由于《贞观政要》多系"缀集所闻，参详旧史，撮其指要，举其宏纲"而成，所以从思想上来看，并不完全是反映吴兢的政治观点和历史观点。但是，吴兢在编撰此书的过程中，也表达了他的旨趣和倾向。譬如，吴兢列《君道》篇为40篇之首，正是反映了他认为君主是维系一个皇朝的关键所在。他在上书表中借"天下苍生"的名义表达他对唐玄宗的"诚亦厚矣"的期望，也是出于这种"君道"的思想。

在《君道》篇中，吴兢"缀集"了唐太宗君臣关于"草创""守成""兼听""偏信""知足""知止""居安思危"等的议论，中心是如何巩固政治统治的问题。

在《任贤》篇，吴兢列举了房玄龄、杜如晦、魏徵、王珪、李靖、虞世南、李勣、马周等人的事迹，一方面固然是称颂唐太宗的知人善任、爱才重贤，另一方面也高度评价了这些人在创立和巩固唐皇朝过程中的巨大作用。

在《君臣鉴戒》篇，吴兢表达了他对于总结历史经验教训之重要性的认识。而这些历史的经验教训，又多是从政治、经济中去加以总结的，并以此来说明治乱、安危之故。在《灾祥》篇中，吴兢引用虞世南的"妖不胜德，修德可以销变"、魏徵的"但能修德，灾变自销"的话，也都是上述思想的反映。

在《文史》篇，吴兢列举了唐太宗的"史官执笔，何须有隐"的观点，和褚遂良、刘洎的"君举必书"的认识。吴兢多年担任史职，被誉为"当今董狐"。上述唐太宗等人的一些观点，自然引起了他强烈的共鸣。

此外，吴兢在卷八中，列《务农》篇为本卷之首，而以《刑法》《赦令》等篇次之，是很有见地的编排，反映了他对农事的重视。在卷九中，他赞扬唐太宗慎征伐、主和亲、重安边的种种业绩，当然并不完全是出于对以往历史的一种美好的回忆，也是出于对现实的希望和寄托。吴兢以《慎终》篇为全书之末，其目的是希望唐玄宗及其继承者们能兢兢业业，"慎始敬终"。

---

① 吴兢：《上〈贞观政要〉表》，董浩编：《全唐文》卷二九八，中华书局1983年版，第3023页。

以上这些，从不同的侧面，直接地或间接地反映了吴兢的历史观点和政治观点的积极因素。

由于《贞观政要》是一本政论书，所以它受到最高统治集团的重视，以至把《贞观政要》作为座右铭和教科书来看待。唐宣宗李忱是唐代后期比较突出的君主。《旧唐书》的作者刘昫等称在他统治时期，"刑政不滥，贤能效用，百揆四岳，穆若清风，十余年间，颂声载路"①。唐宣宗李忱十分重视《贞观政要》这部书，"书《贞观政要》于屏风，每正色拱手而读之"②。《贞观政要》还被译成不同的民族文字，反映了辽、金、元、明、清统治者也都重视此书。可见《贞观政要》在统治集团政治生活中的重要地位。

二、地理书的撰述

在中国古代，地理书属于史书范围。《隋书·经籍志二》史部有地理篇，其小序指出："昔者先王之化民也，以五方土地，风气所生，刚柔轻重，饮食衣服，各有其性，不可迁变。是故疆理天下，物其土宜，知其利害，达其志而通其欲，齐其政而修其教。故曰广谷大川异制，人居其间异俗。《书》录禹别九州，定其山川，分其圻界，条其物产，辨其贡赋，斯之谓也。"这段话，表明唐初史家关于地理与社会历史之关系的认识。从中可以看出，举凡人民生活、国家政治、社会风俗、各方物产、贡赋等，都与地理相关。从更深的层次来看，这是说明了社会与自然之关系的理性认识。

有隋一代，在地理书的撰述方面多有成就。史载："隋大业中，普诏天下诸郡，条其风俗物产地图，上于尚书。故隋代有《诸郡物产土俗记》一百五十一卷，《区宇图志》一百二十九卷，《诸州图经集》一百卷。其余记注甚众。"③可惜这些书多已不存，但从书名和部帙来看，还是从一个方面透露出一个统一多民族国家的盛大气象。尤为值得注意的是，隋炀帝时，裴矩在经营西域事务中撰《西域图记》三卷，他在此书的序文中反复申说"无隔华夷""混一戎夏"之意。序文还对当时敦煌以西丝绸之路的三条路线，即北道、中道、南道有明确的记载：

> 发自敦煌，至于西海，凡为三道，各有襟带。北道从伊吾，经蒲类海铁勒部，突厥可汗庭，度北流河水，至拂菻国，达于西海。其中道从高昌，焉

---

① 刘昫等：《旧唐书》卷一八下《宣宗纪》后论，中华书局 1975 年版，第 645 页。
② 司马光：《资治通鉴》卷二四八，唐宣宗大中二年，中华书局 1956 年版，第 8032 页。
③ 以上均见魏徵等：《隋书》卷三三《经籍志二》地理类小序，中华书局 1973 年版，第 988 页。

者,龟兹,疏勒,度葱岭,又经𫓨汗,苏对沙那国,康国,曹国,何国,大、小安国,穆国,至波斯,达于西海。其南道从鄯善,于阗,朱俱波、喝槃陀,度葱岭,又经护密、吐火罗、挹怛、忛延,漕国,至北婆罗门,达于西海。其三道诸国,亦各自有路,南北交通。其东女国、南婆罗门国等,并随其所往,诸处得达。故知伊吾、高昌、鄯善,并西域之门户也。总凑敦煌,是其咽喉之地。①

这一记载,对后人了解当时的丝绸之路有重要的参考价值。

唐人的地理书著作,一个突出的特点,是沿袭隋朝的反映统一政治局面的地理书数量颇多,有的著作部帙很大,如魏王李泰主持编撰的《括地志》550卷。他如《长安四年十道图》《开元三年十道图》,李吉甫《十道图》,梁载言《十道志》《贞元十道录》等,都反映了在政治局面统一的条件下,人们对于撰写统一国家之地理面貌的重视和热情。其中大部分著作已经失传,而流传至今且又反映唐代统一局面之地理建置的重要著作即李吉甫所著《元和郡县图志》,就显得格外珍贵了。

《元和郡县图志》的著者李吉甫(758—814),是唐肃宗至唐宪宗年间的人,他仕途上最活跃的时期是在唐宪宗元和年间(806—820),曾两度为相。他著有《十道图》《古今地名》《删水经》《元和国计簿》和《元和郡县图志》等书,但只有这部《元和郡县图志》流传至今。

《元和郡县图志》是一部唐朝全国地理总志,成书于唐宪宗元和八年(813),故名。原书有文有图,正文40卷、目录2卷,图与目录久佚,正文第19、20、23、24、35、36卷全阙,第18、25卷有阙,今流传下来的正文凡34卷。② 李吉甫是一个政治家兼学者的人物,这一点他与同时代的杜佑有相似之处。他撰写《元和郡县图志》,有明确的经世致用的宗旨,诚如他在书的序文中所说:

> 吉甫当元圣抚运之初……以为成当今之务,树将来之势,则莫若版图地理之为切也……况古今言地理者凡数十家,尚古远者或搜古而略今,采谣俗者多传疑而失实,饰州邦而叙人物,因丘墓而征鬼神,流于异端,莫切根要。至于丘壤山川,攻守利害,本于地理者,皆略而不书,将何以佐明王扼天下之吭,制群生之命,收地保势胜之利,示形束壤制之端,此微臣之所以精研,圣后之所宜周览也。③

---

① 魏徵等:《隋书》卷六七《裴矩传》,中华书局1973年版,第1579—1580页。
② 李吉甫:《元和郡县图志》前言,贺次君点校,中华书局1983年版,第1页。
③ 李吉甫:《元和郡县图志·序》,贺次君点校,中华书局1983年版,第2页。

这篇序文,其实是李吉甫的上书表。文中,他批评了以往地理书的弊端,而强调了"丘壤山川,攻守利害",即地理之书在经济、军事方面的意义。他说的"佐明王扼天下之吭,制群生之命,收地保势胜之利,示形束壤制之端",正是针对"安史之乱"后唐皇朝面临的复杂的形势而说的。从这个意义上说,此书不独反映了唐皇朝的地理建置,也在一定程度上反映了中晚唐之际的政治形势,是后人认识唐代历史的重要著作,也是中国历史上现存最早的一部地理总志,故具有双重的历史价值。

《元和郡县图志》内容丰富,不只是记地理状况,而且往往包含有经济、政治、历史、民族、军事等方面的内容,读来使人兴致益然,开阔眼界,积累知识。如它记关内道华阴县,写了它的建置沿革及其境内重要地名地址,如长城、太华山、永丰仓的位置与作用等。尤其是华阴县境内的潼关,所记分外详细。它记河北道之定州,涉及历史上不同时期的民族迁徙、变化,而下限直至唐玄宗天宝年间。又如其记河南道之汴州,涉及历代建置沿革变化,从春秋、战国讲到郦生说汉高祖"陈留天下之中",从汉文帝"以皇子武为梁王,都大梁"讲到东魏孝静帝"于此置梁州",从周宣帝"改为汴州"讲到隋大业二年州废,武德四年"复置汴州",读来亦颇有兴味。其所记各州,都要注明"州境",即东西距离、南北距离,以及"八到",即每一方位抵达最近距离主要地点之里程。

《元和郡县图志》是中国古代现存最早又较为完整的一部全国地理总志,又出自唐代这一盛大的朝代,具有极高的历史价值。倘人们细读此书,领略其所记各方面内容,一种厚重的、真实的历史感不禁油然而生。

三、关于域外情况的记述

历史撰述中有这样一种情况,即"正史"中的民族史专篇,有的已超越当时或今日国境的范围,这就涉及对当时或今日域外情况的记述了,其中有些记述是很有价值的。

隋唐时期,有一些关于中外交通和域外情况的撰述,其中贾耽的《皇华四达记》和杜环的《经行记》是很重要的著作。《旧唐书·贾耽传》主要记述了贾耽在地理学上的成就。他的《皇华四达记》从书名上可以看出作者有明确的撰述意图。杜环是杜佑的族子,在唐军与大食军战于怛罗斯一役中被俘,后辗转回国,乃著《经行记》。杜佑《通典·边防典九》数次引用《经行记》,涉及"狮子国""大秦""大食""石国"等。从杜佑的这些引用来看,对于后人了解当时人们所具有的域外知识(如地理、风俗、宗教等)来说,对于后人了解那个时代的中外关系来说,都是非常重要的材料。

《经行记》虽久佚,但唐代学者的世界眼光却永不磨灭。关于中外交通和域外情况的撰述，佛教僧人有突出的贡献。《大唐西域记》《大唐西域求法高僧传》《南海寄归内法传》《往五天竺国传》都是知名之作。其中玄奘的《大唐西域记》在世界文明史上享有盛誉。

《大唐西域记》是玄奘应唐太宗的要求，记述其西行"求法"的经过和沿途所见所闻。此书由玄奘口授，其弟子辩机笔录、整理而成。玄奘在此书的序论中写道：

> 玄奘辄随游至，举其风土，虽未考方辩俗，信已越五逾三。含生之俦，咸被凯泽；能言之类，莫不称功。越自天府，暨诸天竺，幽荒异俗，绝域殊邦，咸承正朔，俱沾声教。赞武功之绩，讽成口实；美文德之盛，郁为称首。详观载籍，所未尝闻；缅惟图牒，诚无与二。不有所叙，何记化洽？今据闻见，于是载述。①

玄奘尤其强调"详观载籍，所未尝闻；缅惟图牒，诚无与二"，说明这是一些前所未知的典籍。至于"不有所叙，何记化洽"，这多少包含了文化交融、传播之意，显示了唐文化的气度。

当时的著名学者敬播也为《大唐西域记》作序，序中概述了玄奘西行的经历、意义和《大唐西域记》的价值，赞叹之情流露于字里行间。敬播的序文对《大唐西域记》的内容作了很好的概括；所谓"邈矣殊方，依然在目"②，把这书的价值画龙点睛地道了出来。

当时另一位著名学者于志宁对《大唐西域记》是这样评论的："具览遐方异俗，绝壤殊风，土著之宜，人伦之序，正朔所暨，声教所覃，著《大唐西域记》，勒成一十二卷。编录典奥，综核明审，立言不朽，其在兹焉。"③ 于志宁的这几句话讲得中肯，而且极有分量。所谓"立言不朽，其在兹焉"，千余年后，仍不失为卓见。

四、民族史撰述的新进展

隋唐时期，活跃于中国历史舞台上的少数民族主要是吐谷浑、突厥、回鹘，以及吐蕃、南诏、岭南、渤海等地区的有关民族。这些民族或以其本民族文字进行历史撰述，或者由中原史学家对其历史予以记载，呈示出民族史撰述的新进展。

关于吐谷浑的史学撰述。西晋永嘉年间（307—312），慕容鲜卑部吐谷浑率领

---

① 玄奘：《大唐西域记·序》，章巽点校，上海人民出版社1977年版，第1页。
② 敬播：《大唐西域记序》，玄奘：《大唐西域记》，章巽点校，上海人民出版社1977年版，第1页。
③ 于志宁：《大唐西域记序》，玄奘：《大唐西域记》，章巽点校，上海人民出版社1977年版，第2页。

部众从辽东远迁至枹罕（今甘肃临夏），融合周边氐、羌等部落，称河南王。其子叶延，以吐谷浑为国、族名，曾都伏俟城（今青海共和铁卜卡城），663年为吐蕃所灭，共存在三百多年。

吐谷浑语的"阿干之歌"①，记录了慕容鲜卑王室兄弟纷争，导致吐谷浑远徙大西北的故事，是该族历史意识的萌芽。吐谷浑王"自吐谷浑至叶延曾孙视罴，皆有才略，知古今"②，有较高的汉文化修养。叶延"好问天地造化、帝王年历。司马薄洛邻曰：'臣等不学，实未审三皇何父之子，五帝谁母所生。'延曰：'自羲皇以来，符命玄象昭言著见，而卿等面墙，何其鄙哉！语曰"夏虫不知冬冰"，良不虚也。'"历代吐谷浑王念念不忘于为中国西藩，言："我高祖吐谷浑公常言子孙必有兴者，永为中国之西藩，庆流百世。"③ 这是该族中华一统史观的体现。

吐谷浑人没有文字，其历史多用汉文写就。在十部魏晋南北朝正史中，八部设有吐谷浑传。《隋书》《旧唐书》《新唐书》《新五代史》《通典》《唐会要》和《五代会要》系统记载了吐谷浑族的历史、与隋唐朝廷的关系，以及最后融入汉民族的过程。

民国初年以来陆续在甘肃武威和宁夏同心县出土了十方唐代吐谷浑慕容氏墓志。敦煌文书中，《吐谷浑（阿豺）纪年》是用吐蕃文写成的一份纪年性质的文献，记载了706—715年吐蕃统治下吐谷浑王庭所发生的大事。④

关于突厥史学。突厥6世纪中叶兴起于阿尔泰地区，建突厥汗国，最盛时疆域东起辽水，西抵里海，北越贝加尔湖，南抵阿姆河以南，8世纪中叶衰败。留下了珍贵的史学遗产。关于突厥的起源，突厥神话称，其可汗系天命所生，以狼为图腾。或言"突厥之先曰射摩舍利海神，神在阿史德窟西"云云。⑤

《周书》《隋书》《北史》《通典》《旧唐书》《太平寰宇记》《新唐书》《唐会要》等史书中都有突厥的专传，以及数量可观的突厥属部和突厥人列传及碑志。这些记载，多层面、多角度展现了突厥盛衰的历史变迁，以及中原皇朝对突厥政策的演变和汉族史家的民族史观。

突厥人有自己的文字。已发现的突厥文碑铭主要有6世纪中期的《多罗郭德碑》，8世纪的《阙利啜碑》《阙特勤碑》《毗伽可汗碑》《暾欲谷碑》《翁金碑》等。这些碑铭，是突厥人以传记形式撰写在石头上的本民族英雄史。其特点，一

---

① 房玄龄等：《晋书》卷九七《四夷·吐谷浑传》，中华书局1974年版，第2537页。
② 杜佑：《通典》卷一九〇《边防六·吐谷浑》，中华书局1988年版，第5164页。
③ 房玄龄等：《晋书》卷九七《吐谷浑传》，中华书局1974年版，第2539—2540页。
④ 周伟洲、杨铭：《敦煌古藏文写本〈吐谷浑（阿豺）纪年〉残卷再探》，《吐谷浑资料辑录》，青海人民出版社1992年版，第395页。
⑤ 令狐德棻等：《周书》卷五〇《异域传下·突厥》，中华书局1971年版；段成式：《酉阳杂俎》卷四《境异》，中华书局1981年版，第44页。

是碑文在详述铭主的出生及事迹的同时，着重记载其东西征战的事迹，尚武的习俗和英雄史观十分突出。二是统治者通过立碑记功，希望这些人事能够流传后世，体现了其自觉的历史意识。三是在后突厥碑铭中，屡次使用十二生肖纪年法，按年代先后记述历史事件，反映了其历史学水平的提高。四是突厥史学尚不成熟，汗国没有专门的撰史机构，诸碑铭文都是撰写者凭其记忆写的，难免有失当之处。

关于回鹘族史学。唐玄宗天宝三载（744），回鹘族首领在蒙古高原至阿尔泰山建回纥汗国。唐文宗开成五年（840），被黠戛斯击破，族人分散，形成高昌回鹘、河西回鹘和喀喇汗王朝等政权，喀喇汗王朝在塔里木盆地和帕米尔高原以北地区，存至宋宁宗嘉定五年（1212）。

《旧唐书》《新唐书》《唐会要》《通典》《文献通考》《资治通鉴》《松漠纪闻》等，都有回鹘的记载。明朝四夷馆所编《高昌馆杂文》和《高昌馆课》，是汉文回鹘文对照的公文集。中亚作者也有关于回鹘历史的记载。①

回鹘人曾使用突厥文、吐蕃文等多种文字，7世纪前已创造出本族文字，并撰写出多种史书。西域、敦煌出土的回鹘文献，多数为佛教、摩尼教经典，有400多件世俗文书。

回鹘文史诗《乌古斯可汗的传说》②曾广泛流传于中亚地区，约于唐代宗宝应二年（763）前书写为文本，记述了乌古斯部族起源和创世说以及回鹘汗国早期的历史。

已发现的回鹘族碑铭主要有《磨延啜碑》《铁尔痕碑》《铁兹碑》《九姓回鹘可汗碑》，多为回鹘可汗的纪功碑，是用史传形式撰写的重要史学作品。诸碑铭以编年叙事，具有独立的民族史观和突出的英雄史观。碑文内容可以补充《旧唐书》《新唐书》中所载回鹘史事的缺遗，订正相关史事的讹误，有重要的史学价值。

关于初期的藏族史学。藏族先民是中国西部羌戎民族的一支。7世纪前期，山南雅隆部落出身的第33代赞普松赞干布统一西藏地区，建立吐蕃王朝。9世纪后期，吐蕃分裂。宋理宗淳祐七年（1247），蒙古王子阔端与吐蕃代表萨班达成吐蕃归附蒙古的协议，此后历代皇朝对西藏地区实现了有效统治。

藏文是7世纪中叶吞弥·桑布札创制的③，初期藏族史学的代表作品，有《敦煌本吐蕃历史文书》《拔协》和《西藏的观世音》等。

《敦煌本吐蕃历史文书》由《大事记年》《赞普传记》《小邦邦伯家臣及赞普

---

① 其详细情况，可参考程溯洛：《中外有关维吾尔史的研究》，《唐宋回鹘史论集》，人民出版社1993年版。
② 耿世民译：《乌古斯可汗的传说》，新疆人民出版社1980年版。
③ 阿底峡发掘，卢亚军译注：《西藏的观世音》，甘肃人民出版社2001年版。

世系》三部分组成，作者不详。① 残损的《大事记年》始于狗年（650）至于水兔年（763），编年记载了松赞干布至赤松德赞时期的大事。记录着眼于世俗政治生活，内容多为同期汉文史料不载，又与许多西藏本土史家的历史视角有着根本差异。《赞普传记》以止贡赞普上名号开篇，以赤松德赞执政时为下限，卷子完成的时间距朗达玛时期不远。共分八个部分，各有一个核心事件。整个文书是年表、纪传、纪事本末三者合一，世俗政治史观和明示善恶的史学主题是其历史哲学内核。

《拔协》是8世纪拔·塞囊所撰历史名著。② 开篇赞颂松赞干布、赤松德赞和赤祖德赞是菩萨化身，接着以赤祖德赞时期三次本佛之争及一次佛门顿渐之争展开，阐明以密乘为主的印度佛教最适于吐蕃君民。正文可视为赤松德赞朝的起居注。书中详尽记录了桑耶寺的修建经过，又是一部寺庙志。作者是历史的直接参与者，兼有历史主体和历史认识主体的双重身份，故《拔协》史料价值较高。该书对史实的认知明确，但时间表述颇模糊。

《西藏的观世音》③ 系入藏弘法的印度阿底峡尊者于1040年至1054年在聂塘发掘出的。这是一部十六章的传记体史书。本书主体部分据说系松赞干布自己写下或述说而由人记录成卷，历经十传后，由整理者增订而成。讲述了藏族人如何由蒙昧最终走向文明的历史，重点是观世音化身作松赞干布为吐蕃臣民谋利益的政绩，赤尊、文成公主建成大、小昭寺的事。揭示了这一转型期藏族人历史观和史学观的真实变化。本书题材涉及佛教、王统、圣迹等，多为后世藏族史书的选材之源，少量新史料的加入是后世史家整合历史源流的需要，并不影响全书记史的可信度。

关于南诏时期各族史学。唐代，洱海周边有"六诏"部落，后乌蛮人建南诏国政权，最盛时疆域至今云南全境、四川南部、贵州西部和缅甸、老挝及越南北部。南诏时期的民族主要有：乌蛮、白蛮、和蛮、黑齿蛮、金齿蛮、银齿蛮等。南诏各族无自己的文字，相关史书都是以汉文撰写的，反映了南诏各族的汉文化水平。

现存于云南大理市的《南诏德化碑》，立于赞普钟十五年（唐代宗永泰二年，766），作者可能是西泸县令郑回。④ 碑文着重叙述了南诏在唐皇朝扶持下统一六诏、合并两爨、叛唐附吐蕃和统一云南的经过。⑤《南诏图志》是南诏地理疆域政

---

① 王尧、陈践译注：《敦煌本吐蕃历史文书》，民族出版社1980年版。
② 拔·塞囊著，佟锦华、黄布凡译注：《拔协（增补本译注）》（藏汉文对照本），四川民族出版社1990年版。松巴堪布益西班觉（1704—1788）《如意宝树史》中认为，该书的作者还应加上赤松德赞的重臣桑喜（Sang-shi）。另一种意见认为，《拔协》增补部分是后弘期的高僧库敦·尊珠雍仲（1011—1075）完成的。
③ 阿底峡发掘、卢亚军译注：《西藏的观世音》，甘肃人民出版社2001年版。
④ 方国瑜：《南诏德化碑概说》，《云南史料丛刊》第2卷，云南大学出版社1988年版。
⑤ 王叔武：《〈南诏德化碑〉作者考》，《思想战线》1978年第2期。

区的地方史籍，于唐德宗贞元十年（794）由南诏王异牟寻遣其弟等献给唐。① 唐德宗遣袁滋出使南诏，袁滋据所见及搜集的南诏地志，撰成《云南志》一书。此书虽佚，却颇为樊绰《云南志》（亦称《蛮书》）所录引。南诏赞御臣王奉宗、信博士内常寺酋望忍爽张顺奉诏，依据早期的《巍山起因》《铁柱记》《西洱河记》等史籍绘制了《南诏图传》，分为图画、文字两卷，卷尾附有中兴二年（唐昭宗乾宁五年，898）南诏王舜化贞的敕文。《南诏图传》记录和反映了从细奴逻的发迹，阁罗凤的强盛，到异牟寻改革的史实，是南诏时期社会生活和云南民族史、经济发展史之真实记录。

关于岭南各少数民族史学。地理区位上的岭南，包括今天的两广、海南和越南中北部。岭南民族在史书中被称为蛮、獠、东南夷等。他们没有文字。随着汉、隋、唐的持续开发，岭南逐步成为汉族学者历史记录的新领域。

唐初撰成的《晋书》《梁书》《周书》《隋书》《南史》《北史》都有岭南少数民族史的篇章。唐梁载言《十道四蕃志》、元结《元次山集》、段成式《酉阳杂俎》、莫休符《桂林风土记》、房千里《南方异物志》、李德裕《南行录》、韩琬《南征记》、达奚通《海南诸蕃行记》、刘恂《岭表录异》、孟琯《南海异事》《岭南异物志》，都有岭南地方和民族史资料。《通典·边防典》中的"南蛮下"，可看成是一部唐代的岭南少数民族通史。其特点表现为内容全面，古今贯通，丰富的议论，脉络清晰，珍贵的自注，进步的民族观和民族史观。②

关于渤海族史学。武则天圣历元年（698），世居长白山以北的靺鞨族首领大祚荣建渤海国，改族名为渤海，经历了十四代君王，历228年，五代后唐庄宗同光三年（925）被契丹攻灭。遗民逐渐与汉、契丹、女真等族融合。

渤海族有自己独创的借用汉字以"表特有之音"的文字。③ 渤海族口传史诗《乌布西奔妈妈》于20世纪60年代被学者发现。诗中的女主人公乌布西奔，为了寻找太阳升起的地方，带领族人泛舟东海（日本海），与狂风恶浪搏斗，最后累死在大海上。人们把她的尸体安葬在现在的锡霍特山脉的一个山洞里，把她一生的壮举用他们自己的图画文字刻在洞穴的巨石上。后来学者在俄罗斯锡霍特山找到了这个山洞，看到了一些呈旋转形契刻的文字，为靺鞨先人有自己的文字提供了重要证据。另外还有陆续发现的用象形符号制作的日历和二十四节气牌，用特殊森林符号写就的书籍《高兴》以及出土的文字瓦和文字砖。④

---

① 欧阳修、宋祁：《新唐书》卷二二二上《南诏传上》，中华书局1975年版。
② 瞿林东：《论魏晋隋唐间的少数民族史学（下）》，《河北学刊》2006年第4期。
③ 《旧唐书》卷一九九下《北狄传·渤海靺鞨》称：渤海"风俗与高丽及契丹同，颇有文字及书记"。金毓黻：《渤海国志长编》卷二〇《金石古迹》，华文书局股份有限公司1968年版。
④ 黄斌等：《渤海国史话》，吉林人民出版社2004年版。

唐文宗大和七年（833），张建章被唐朝廷派遣出使渤海国，撰成《渤海国记》，"备尽岛夷风俗、宫殿、官品，当代传之"①。此书宋以后佚失。《新唐书》所记渤海国的文字，比《旧唐书》有改动和增加，所增有关"五京、十五府、六十二州"的行政建置、官职名称及设置情况，罗列的贵重的土特产等，都来源于张建章的《渤海国记》。

五、历史笔记的兴起

历史笔记的兴起，也是唐代史学发展中的新事物。刘知幾《史通·杂述》篇说："偏记小说，自成一家。而能与正史参行，其所由来尚矣。"他说的"偏记小说"，包含10项，其中"小录""逸事""琐言""别传""杂记"等，近于历史笔记一类的作品。这类作品，类似《汉书·艺文志》所谓"小说家者流"，而在魏晋南北朝时期又有了新的发展，故刘知幾说是"其所由来尚矣"。至于说它们"能与正史参行"，应包含两层意思，一是从内容上看可以补充正史，二是从形式上看可以丰富史书的体裁。刘知幾的高明之处，是他进一步认识到这类撰述在史学发展上的价值。

唐代历史笔记的发展跟唐代小说笔记的发展在进程上颇相近，即它们各按照自己的特点发展而达到较成熟的阶段。鲁迅认为唐代小说笔记作者"始有意为小说"，他引用胡应麟说的"作意""幻设"来证明这是小说"意识之创造"②。从历史笔记来看，它们的作者也逐步形成了一种"以备史官之阙"的意识，即作史的意识，从而提高了它们在史学上的价值。有的研究者认为："我们可以说唐代是笔记的成熟期，一方面使小说故事类的笔记增加了文学成分，一方面使历史琐闻类的笔记增加了事实成分，另一方面又使考据辨证类的笔记走上了独立发展的路途。这三种笔记的类型，从此就大致稳定下来了。"③ 从史学的观点来看，上述概括是符合历史笔记或历史琐闻笔记的发展趋势的，而对有的作品来说，还要作具体分析。有一点是应当注意到的，即在唐代笔记的发展中，晚唐实为重要的阶段，可以认为是笔记勃兴的时期。鲁迅在《中国小说史略》第十篇《唐之传奇集及杂俎》中列举的十余种书，基本上是晚唐人作品。今人刘叶秋《历代笔记概述》论唐代的笔记，所举"小说故事类"诸例和"历史琐闻类"诸例，半数以上亦出于晚唐人之手。晚唐笔记的勃兴，对于五代以至两宋以后的笔记发展，有直接的影响。

唐代的历史琐闻笔记，因其作者的身份、见识、兴趣、视野的不同而具有各自的特点和价值。它们说人物，论事件，讲制度，旁及学术文化、生产技艺、社会风情、时尚所好等，或多或少都可以从一个方面反映历史的面貌。在现存的唐代历史琐

---

① 张中澍：《张建章墓志铭文考释》，《博物馆研究》1982年第1期。
② 鲁迅：《中国小说史略》，《鲁迅全集》第9卷，人民文学出版社2005年版，第73页。
③ 刘叶秋：《历代笔记概述》，中华书局1980年版，第76页。

闻笔记中，张䯼的《朝野佥载》（六卷，原系二十卷）、刘𫗧的《隋唐嘉话》（三卷，亦称《国朝传记》《国史异纂》）、刘肃的《大唐新语》（十三卷，亦作《大唐世说新语》）、封演的《封氏闻见记》（十卷）、李肇的《国史补》（三卷，亦称《唐国史补》）、韦绚的《刘宾客嘉话录》（一卷）、李德裕的《次柳氏旧闻》（一卷）、郑处诲的《明皇杂录》（两卷）、赵璘的《因话录》（六卷）、李绰的《尚书故实》（一卷）、张固的《幽闲鼓吹》（一卷）、范摅的《云溪友议》（三卷，一作十二卷）、郑綮的《开天传信记》（一卷）、高彦休的《唐阙史》（两卷）等，记唐代事，比较真切。如《隋唐嘉话》记南北朝至开元间事；《朝野佥载》主要记唐初至开元时事，而以记武则天时事最多；《国史补》记开元至长庆年间事；《因话录》记玄宗至宣宗朝事；《幽闲鼓吹》《云溪友议》记唐末事。如上文所说，这些书的作者不少都具有为正史拾遗补缺的意识，从而增强了记事的严肃性。

李肇《国史补·序》说：

> 《公羊传》曰："所见异辞，所闻异辞。"未有不因见闻而备故实者。昔刘𫗧集小说，涉南北朝至开元，著为《传记》。予自开元至长庆撰《国史补》，虑史氏或阙则补之意，续《传记》而有不为。言报应，叙鬼神，征梦卜，近帷箔，悉去之；纪事实，探物理，辨疑惑，示劝戒，采风俗，助谈笑，则书之。①

这篇序文可以看作历史琐闻笔记走向成熟的标志。它如刘肃说的所记"事关政教，言涉文词，道可师模，志将存古"②，李德裕强调所记"以备史官之阙"，"惧其失传"③，郑綮说的"搜求遗逸，传于必信"④；以及僖宗时进士林恩撰《补国史》十卷，意在"补"国史，赵璘以《因话录》名书是说明其所"录"皆有"因"，等等，都反映出了作者的自觉史学意识。这种意识对于指导他们的撰述方向，从而确定他们的撰述在史学发展中所处的位置是很重要的。

这些历史笔记所记虽不及正史系统、全面，但在揭示时代特点和社会风貌方面，少有拘谨、言简意赅而具有独特的价值。《隋唐嘉话》卷上记李守素"尤精谱学，人号为'肉谱'"，虞世南又说可称他为"人物志"。卷中记薛元超说，"平生有三恨"，即"始不以进士擢第，不得娶五姓女，不得修国史"；记高宗朝"以

---

① 李肇：《唐国史补·序》，上海古籍出版社1979年版，第3页。
② 刘肃：《大唐新语·序》，许德楠、李鼎霞点校，中华书局1984年版，第1页。
③ 李德裕：《次柳氏旧闻》，《开元天宝遗事十种》，丁如明辑校，上海古籍出版社1985年版，第1页。
④ 郑綮：《开天传信记·序》，《开元天宝遗事十种》，丁如明辑校，上海古籍出版社1985年版，第49页。

太原王、范阳卢、荥阳郑、清河博陵二崔、陇西赵郡二李等七姓，恃其族望，耻与他姓为婚，乃禁其自姻娶。于是不敢复行婚礼，密装饰其女以送夫家"。这些记载，对于反映盛唐时期的门阀风气，是很重要的材料。而晚唐时期的历史笔记有一个共同特点，它们在客观上不是在为唐皇朝唱赞歌，而是在为它的腐败、衰落唱挽歌。《国史补》中的"汴州佛流汗""韦太尉设教""王锷散财货""御史扰同州"等条，写出了中唐时期文武官吏的贪赃枉法、贿赂公行的丑恶行径；而"京师尚牡丹""叙风俗所侈"等条，则活画出德宗朝及其以后贵族生活的奢靡和腐败；此外，如关于藩镇跋扈、宦官专权、官僚队伍膨胀的记载，都从比较深刻的意义上揭露了这个时期的社会问题和历史特点。玄宗开元、天宝之际，实为唐代历史的重大转折，其中盛衰得失引起后人的许多忧虑和反思。《次柳氏旧闻》《明皇杂录》《开天传信记》等书多触及这方面的内容。尤其是《开天传信记》虽只写了开元、天宝时期32件史事，却把玄宗开元年间的励精图治、盛世景象，天宝年间的奢侈享乐、政事腐败，以及玄宗在"安史之乱"后作了"太上皇"的忧思惆怅和政治上的失落感，都反映出来了。

唐代的历史笔记的文献价值，后来在司马光撰《资治通鉴》时被广泛采用而得到较大的发挥。高似孙《史略》卷四梳理"通鉴参据书"，列举多种。胡三省说："盖唐中世之后，家有私史。……《考异》三十卷，辩订唐事者居太半焉，亦以唐私史之多也。"[①] 中唐以后，唐代官修史书的效能大减，私家撰史得到新的发展机会。这里说的"私史"，多是指的私家所撰写的历史笔记。这些笔记，有的还没有完全摆脱神仙志怪的影响，但这毕竟不是它们的主要倾向。诚然，即使是小说、故事一类的笔记，也与史学有一定的关系。近人陈寅恪以韩愈主持修撰的《顺宗实录》同李复言的《续玄怪录》辛公平上仙条"互相发明"，证明宦官"胁迫顺宗以拥立宪宗"和"宪宗又为内官所弑"的事实，从而说明："李书此条实乃关于此事变幸存之史料，岂得以其为小说家言，而忽视之耶？"[②] 又如段成式所著《酉阳杂俎》二十卷、续集十卷，虽有不少神仙志怪的记载，但它却也包含了一些社会史、科技史和中外文化交流史的内容，历来受到中外学人的重视。

六、《会要》的编撰

在丰富的唐代史学中，唐代学人还创造了一种新的史书表现形式——会要，这是一种介于典制史与类书之间的史书形式。

唐代学人先后两次编撰会要。第一次是在唐德宗时期，今本《唐会要》卷三

---

① 司马光：《资治通鉴》卷二五〇，唐懿宗咸通元年七月，中华书局1956年版，第8089页。
② 陈寅恪：《〈顺宗实录〉与〈续玄怪录〉》，《金明馆丛稿二编》，生活·读书·新知三联书店2001年版，第88页。

六"修撰"一目有如下记载:"(贞元)十九年二月……杭州刺史苏弁撰《会要》四十卷。弁与兄冕,缵国朝故事为是书。弁先聚书至二万卷,皆手自刊正。今言苏氏书次于集贤芸阁焉。"① 另据《旧唐书》卷一八九下《儒学下·苏弁传》附记:"(苏)冕缵国朝政事,撰《会要》四十卷,行于时。"② 二书所记撰人有异,似当以《旧唐书》为是。

唐代学人第二次修撰会要是在唐宣宗时期,《旧唐书·宣宗本纪》有明确的记载:大中七年(853)"崔铉进《续会要》四十卷,修撰官杨绍复、崔瑑、薛逢、郑言等,赐物有差。"《唐会要》卷三六"修撰"条所记略同,唯《新唐书·艺文志三》类书类著录《续会要》时,增题撰人裴德融、周肤敏、薛廷望、于珪、于球等,则监修与撰者至少10人。

这两次撰述,总计八十卷,除成书年代、撰人外,没有提供更详细的记载。后北宋王溥据此增补、编订为《唐会要》一百卷,分五一四目。其中卷七至卷一〇已佚,今传本此四卷(连同子卷共六卷)为后人所补。《唐会要》记唐代沿革损益之制,记简事丰,内容详赡;有关细事,不便立目者,名为"杂录",附于各条之后;又颇采苏冕议论,名为"苏氏曰""苏冕曰""苏氏驳议"等,足见苏冕在编撰会要方面的贡献。今本《唐会要》署为"[宋]王溥撰",是不全面的。

七、佛教史籍的发展

隋唐时期,佛教史籍有了进一步发展,而且具有前后相衔接的特点。依前例,这里也略举一二,以窥全貌。

《历代三宝记》,十五卷,隋费长房撰。本书是目录书,陈垣指出:"本书卷四《后汉录》,有经二百五十九部;卷五《魏、吴录》,有经二百七十一部;卷六、七《东西晋录》,有经七百十八部;卷八、九《西秦、北凉录》,有经二百二十三部,皆可为补《后汉》《三国》《晋艺文志》者之用,惜乎利用之者尚未有其人也。"③ 据此,可知其文献价值所在。

《续高僧传》,三十卷,唐道宣撰。本书继慧皎《高僧传》而作,其体例与后者略有并、改,仍分为十类:一译经,四卷;二义解,十一卷;三习神,五卷;四明律,五护法,六感通,各二卷;七遗身,八读诵,九兴福,十杂科,各一卷。每一类后,系以论述。据今人考证,全书所记,正传四百八十五人,附见二百十九人。慧皎《高僧传》撰于南朝偏安之时,故略于北朝;《续高僧传》作于统一之

---

① 王溥:《唐会要》卷三六"修撰",中华书局1955年版,第660页。
② 刘昫等:《旧唐书》卷一八九《儒学下·苏弁传》,中华书局1975年版,第4977页。
③ 陈垣:《中国佛教史籍概论》,《陈垣全集》第17册,安徽大学出版社2009年版,第504—505页。

时，故搜罗广泛，这是二书的不同之处。①

《广弘明集》，三十卷，唐道宣撰。本书系接僧祐《弘明集》而撰，但前者略异于后者，故不称"续"而称"广"。其所异者有二：一是《弘明集》不分篇，而《广弘明集》分为十篇，即归正，辨惑，佛德，法义，僧行，慈济，戒功，启福，悔罪，统归。二是《弘明集》只选古今撰人之文，而《广弘明集》除选文之外，每篇起首均有道宣的序文，即有关叙述及"辩论列代王臣对佛法兴废等事"②具有更突出的思想性。其《归正》篇收录南朝阮孝绪所撰《七录》，是为中国古代目录学史上之重要文献。

《法苑珠林》，一百卷，唐道世撰。本书为类书体，以佛家故实分类排次，凡百篇。各篇之下有部，各部之下又有小部，均以二字为题，总共有六百四十余目，层次清晰。每篇前有"述意部"，即陈述此篇的本意。重"意"的观念，在中国古代史学上是一个突出的特点，这从佛教史籍中亦可得到印证。

《开元释教录》，二十卷，唐智昇撰。本书分为总录和别录两部分，各十卷。其总录著录十九朝有关著述：卷一汉、魏，卷二吴、晋，卷三东晋、苻秦，卷四姚秦、西秦、前凉、北凉，卷五宋，卷六齐、梁、元魏、高齐，卷七周、陈、隋，卷八、卷九唐，卷十诸家目录。本书从佛教史籍的视角反映出在政治统一局面下的撰述盛况。诚如陈垣所论，本书有两点值得格外关注。

其一，是论前凉张氏与两晋的联系：

> 张轨者，晋书八十六有传。永嘉之乱，中原沦陷，凉土与中朝隔绝，张轨父子崎岖僻壤，世笃忠贞，虽困苦艰难，数十年间，犹奉中朝正朔，此最难能而可贵者也。智昇为补一朝，殊有意义。近人撰《晋书校注》，于张轨孙《张骏传》，曾引近出之《流沙坠简》，书建兴十八年，知张氏迄骏之世，未尝建元，以证《玉海》谓骏改元太元之误。惜其未见《开元录》此节，张氏不独始称西晋愍帝建兴年号，其末仍用东晋简文帝咸安年号，此为希有史料，不必于地下求之，特学人未有注意耳。当中原云扰之日，凉州道俗，翻经不辍，试思湛露轩中，其好整以暇为何如也。此本书之特点也。③

这是佛教史籍记一般史籍之误的突出一例。

其二，是论《开元释教录》"后来居上"的优势：

---

① 参见陈垣：《中国佛教史籍概论》，《陈垣全集》第17册，安徽大学出版社2009年版，第524页。
② 陈垣：《中国佛教史籍概论》，《陈垣全集》第17册，安徽大学出版社2009年版，第547页。
③ 陈垣：《中国佛教史籍概论》，《陈垣全集》第17册，安徽大学出版社2009年版，第511页。

> 凡事创者难为功，因者易为力，著书亦然。开元录之前，已有诸家目录及僧传，此书集诸家之成，而补其阙漏，订其讹误。有旧录以为失译而并未失译者，有旧录未详时代而今已知其时代者，有旧录译人误而今特正之者，可称后来居上。①

这是以《开元释教录》之所以"后来居上"的缘由以及"凡事创者难为功，因者易为力"的客观规律。

联系上一章和这里所举出的几部佛教史籍的内容和特点，可见不论是研究历史，还是研究史学，佛教史籍都是不可或阙的部分。尤其值得重视的是，佛教史籍在外部形式和内部结构（即体裁和体例）方面，在重视评论和学术源流方面，在目录书的编纂方面，都进一步丰富了古代史学的成就，并在学术史的发展上产生了重要影响。

思考题：

1. 简述唐朝史馆的设立及修撰"正史"的成就。
2. 怎样看待刘知幾《史通》史学批评的理论体系？
3. 试论杜佑《通典》的撰述旨趣及其在历史编纂上的创新。
4. 唐人历史笔记的史学意识表现在哪些方面？

▶ 拓展阅读

---

① 陈垣：《中国佛教史籍概论》，《陈垣全集》第17册，安徽大学出版社2009年版，第510页。本书第三章、第四章中有关中国佛教史籍方面的内容，均参考、吸收了陈垣的名作《中国佛教史籍概论》一书的研究成果，在此一并予以说明。

第五章　五代两宋时期史学

五代两宋时期（907—1279），中国古代史学在思想上和学术上都达到了一个新的高度。

从历史进程和社会面貌来看，五代两宋的时代特点主要表现在：第一，在政治上，魏晋南北朝隋唐时期占统治地位的门阀地主退出了历史舞台，科举出身的庶族地主阶层兴起，成为政治权力的中心。第二，在民族关系上，周边民族发展壮大，一方面反映了中国历史前进的步伐，一方面又形成民族矛盾激化的局面。在思想领域，新兴庶族地主阶层倡导儒道复兴，弘扬"以天下为己任"的主体精神和忧患意识。是故，两宋史学也因此具有强烈的思想性、政治性、现实性，成为中国史学发展的一个高峰，以至被后人评价为"中国史学莫盛于宋"[1]。"这一时期的史学，比较上他们能针对着时代的要求，在史学上有很多有意义有价值的贡献。"[2]

五代两宋史学在理论上取得了显著的成就，历史评论和史学批评大盛，在若干理论问题上有重大发展，影响深远；在撰写前朝史方面，前后出现了《旧唐书》《旧五代史》和《新唐书》《新五代史》四部"正史"；史书编撰体裁的创新是宋代史学的一个重要成就，其中纲目体和纪事本末体是最重要的两种；另外，历史笔记和地方志在宋代尤其是南宋的迅速发展，反映了宋代社会历史意识的深化和普及；通史撰述在两宋时期达至极盛，会通思想在理论上得到总结和提高，出现了司马光《资治通鉴》、郑樵《通志》等鸿篇巨制。在北宋衰亡和政治纷争的刺激下，南宋史家注重本朝史撰述，成为宋代史学的突出特点，李焘《续资治通鉴长编》、李心传《建炎以来系年要录》、徐梦莘《三朝北盟会编》是这方面的代表作。两宋史学的发展是全面的，义理与考据并重，同时获得重大进展。司马光在撰述《资治通鉴》的同时，又撰成《资治通鉴考异》，系统总结了《资治通鉴》搜集、考证史料的方法；此外，金石学创立于宋代，对历史文献的刊误、纠谬、辨伪皆有重要成果。凡此，说明宋代史学在思想性和学术性上都达到了一个新的高度。

第一节　时代变迁与史家的历史思考

一、天人关系的理性认识

在时代变迁的激发之下，史家的思想非常活跃，无论对历史还是对史学都

---

[1] 陈寅恪：《陈垣明季滇黔佛教考序》，《金明馆丛稿二编》，生活·读书·新知三联书店2001年版，第272页。
[2] 钱穆：《中国史学名著》，生活·读书·新知三联书店2000年版，第163页。

进行了具有理论高度的深刻思考，并展开热烈的论辩，两宋史学的思想成就在中国史学发展史上显得尤其突出。"天人之际"是中国史学史上贯穿始终的重大理论问题，两宋思想家和史学家对这一问题重新进行探讨，达到了新的思想境界。

自西汉以来，形成并确立了"天人合一"的"天命"历史观，这种历史观建立在"阴阳五行""天人感应"的世界观基础上，"天"有自己的意志与情感，能降符瑞，发谴告，示人以祸福，人世的命运受到"天命"的宰制，有必然性、神秘性，不过，人又可以通过对阴阳五行的运行施加影响来反作用于"天命"。自汉至唐，尽管多有史学家、思想家怀疑甚至挑战"天命"，要从历史解释之中驱逐"天命"，但都不能提出一套系统的世界观与历史观取而代之。中唐以来，随着社会的巨大变迁，这种浅陋的神学日益暴露其荒谬妄诞，"天命"历史观开始受到致命的挑战与冲击。柳宗元重新提出"天人相分"论，将"天"还原为自然界及其运动，破除神秘的、有意志、能感应的"天命"观，其目的是要指出，人间历史并不取决于"天命"，人作为历史的主体必须为自己的历史命运担负全部责任。

作为北宋儒道复兴的领袖人物，欧阳修对"天人感应"的灾祥说、天谴论作了全面批判，影响非常重要。欧阳修要求以理性的精神衡量并改造儒家经学，请求朝廷将《九经正义》中的谶纬之说全部删去，使学者不为"怪异之言"所惑乱。他又将理性精神贯彻到了对历史的思考和撰述上，以往有的史书把祥瑞、灾变一类的天象当作"天"之谴告，与人间社会的兴亡治乱硬扯在一起，《天文志》《五行志》里充满了这类内容，欧阳修对此进行了有力的批判："呜呼！圣人既没而异端起。自秦、汉以来，学者惑于灾异矣，《天文》《五行》之说，不胜其繁也。"他明确规定《新五代史》的《本纪》"书人不书天"，另立《司天考》，表明记载天象仅仅是为了"以备司天之考"。他要强调的是："王者君天下，子生民，布德行政，以顺人心，是之谓奉天。"① 这种做法是要在历史编纂之中清除"天命"的影响，这在中国史学史乃至思想史上都是一件很重要的事。

理学的兴起发展到了二程的时候，重新形成了"天人合一"的世界观，即"天理"世界观。他们以"理"或"天理"来命名天地万物的本体，认为天地间每一事物都是"天理"的体现，世界上的现象和变化也都是有"理"可循的，是人们的理性可以理解和解释的，并没有神秘性。二程用这种理性化的"天理"取代了自汉代以来的"天命"："只是理，理便是天道也。且如说皇天震怒，终不是

---

① 欧阳修：《新五代史》卷五九《司天考第二》，中华书局1974年版，第706页。

有人在上震怒，只是理如此。"① 到了南宋，朱熹不但建立了一套完备的宇宙论、形上学体系，成为宋代理学的集大成者，他还精研历史，写出了一部"天理"历史观指导下的中国通史即《资治通鉴纲目》。

这一新的、理性主义的、"天人合一"的"天理"说，较之从前神秘主义的、"天人感应"的"天命"说，尤其强调相对于"天"的"人"之政治责任的无限性，当然，这里"人"指的是政治统治者，特别是皇帝。这一新的、合理性的"天"观的确立，使人们在一定程度上从"天命"中解放出来，树立起这样的意识：以道德完善为目标，依靠主体的努力，能够实现社会的安定与政治的清明，甚至灾害也完全可以依靠人的力量来克服。

代替"天命"的"天理"，其实质内容是儒家的人伦道德之理，它既是整个宇宙的目的与秩序，也是人间历史的目的、意义与规律，这是"天理"历史观的核心内容。在"天"与"人"的关系上，它特别强调，"天理"微而不显，必待人而后弘大，人对于"天理"在历史中的运行和实现负有根本的责任。朱熹有一段话把这个道理阐发得很透彻，他说："不可但见其穹然者常运乎上，颓然者常在乎下，便以为人道无时不立而天地赖之以存之验也。夫谓道之存亡在人而不可舍人以为道者，正以道未尝亡而人之所以体之者有至有不至耳，非谓苟有是身则道自存，必无是身然后道乃可亡也。天下固不能人人为尧，然必尧之道行然后人纪可修，天地可立也。"②

而人要真正做到"扶持"此"道"，就应当理解与把握"天理"作用下的历史规律，并主动顺应之，推动之，程颐说："君子尚消息盈虚，天行也；君子存心消息盈虚之理而能顺之，乃合乎天行也。"又说："理有消衰，有息长，有盈满，有虚损，顺之则吉，逆之则凶，君子随时敦尚，所以事天也。"③ 这是说，按照"天理"的标准，历史上有盛有衰，有治有乱，这也是自然之理，"君子"无论身处何时，都要对必然的、长远的历史趋势有信心，都要能根据具体历史环境给定的条件有所作为，所谓"随时敦尚"。

宋代的史学家和思想家一面破除了对"天命"的迷信，一面重建了对"天理"的信仰。在"天"与"人"的关系上，他们认为，主宰人间历史的"天"是一种理性可以理解和把握的客观法则，"人"在任何情况下，都必须认清这一法则及其指示的历史方向，不为复杂的、暂时的历史现象所迷惑，并在具体的"时势"下，

---

① 程颢、程颐：《二程集·河南程氏遗书》卷二二上，王孝鱼点校，中华书局1981年版，第290页。
② 朱熹：《朱文公文集》卷三六《答陈同甫》，《朱子全书》第21册，上海古籍出版社、安徽教育出版社2002年版，第581页。
③ 程颢、程颐：《二程集·周易程氏传》卷二，王孝鱼点校，中华书局1981年版，第813页。

努力顺应、推动历史的合"理"趋势。这是一种理性主义的历史观，肯定了人在历史中的主体地位。但是，在他们的心目中，儒家人伦道德之理作为"天理"既贯通整个自然界的运行，又主宰人间历史的演变，这样的观点又是"非理性"的。

二、"正统论"的兴起

两宋的史学家、思想家提出"正统论"，并进行了长期的、热烈的争论，这是宋代史学在历史思想方面又一个重大的成就，对其后中国史学、政治、文化都产生了深远影响。

自汉代以来，每一朝代都根据"五德终始"的天道运行来论证本朝受命应运之所由，以确立政权的正当性。随着时代的变迁，这一套神话历史观逐渐丧失其"合理内核"，彻底沦为现实权势自我神化的把戏。但是，在宋朝建立之初，仍然沿用"五德相生"说，认为周禅位给宋，周为木德，木生火，则宋朝应为火德，色当尚赤。宋真宗景德二年（1005），王钦若、杨亿编修《册府元龟》，仍以五行学说立论，认为历代政权本于"乘时迭起""上乘天统"，但是对于各朝所膺的德运却以统治者的主观去选取，十分紊乱。当时，客观上需要一种新的历史观和政治理论去说明宋朝开辟了一个崭新的历史时代，具有根本不同于五代诸朝的正当性。

另一方面，宋朝虽然结束了五代十国的分裂局面，但是并没有真正统一中国，北方燕云十六州被契丹占据，真宗时又订立了"澶渊之盟"，与他们眼中的"夷狄"契丹成为平等的兄弟之邦，并称皇帝，这在历史上是前所未有的，宋朝再也不能以"大一统"皇朝自诩。正是为了强调自己仍然是天下之主、真命天子，宋真宗才在大中祥符年间（1008—1016）演出了伪造天书、大行封禅的闹剧。仁宗时期，西夏兴起，元昊称帝，屡败宋军，给宋朝带来强大威胁。在这样的形势下，为了强化宋朝作为"中国"的政治正当性和文化优越性，"正统论"遂因时兴起。

欧阳修于仁宗康定元年（1040）始撰《正统论》，与此同时，他也在撰修《新五代史》。欧阳修的《正统论》七篇实在是中国史学史和思想史上的一大文章。他大力批判自汉以来盛行的那一套推五德相生以明天命在我的"正闰"说，斥之为"非圣之学""昧者之论"，应该彻底抛弃。他指出，新王兴起、鼎故革新之所以具有正当性，完全是由于"拯弊救民"，"功泽被于生民"，这乃是"至公大义"。欧阳修给"正统"下了一个全新的定义："正者，所以正天下之不正也；统者，所以合天下之不一也。"① 欧阳修的"正统"是一个二元的标准，一是"应天而顺人"的"德"，一是统一天下的"功"，而后者是得列"正统"的根本标准。按照这样

---

① 欧阳修：《居士集》卷一六《正统论上》，《欧阳修全集》第 2 册，李逸安点校，中华书局 2001 年版，第 267 页。

的标准，欧阳修将秦、晋、隋甚至五代皆进为"正统"。

欧阳修的"正统论"提出之后，立即引起热烈争论。不久，章望之写《明统论》与欧阳修论辩，他的理论根据是"王霸之辨"。他区分出"正统"与"霸统"，"正统"是据"至公大义"得天下，以"王道"治天下的统一皇朝，"霸统"是虽得天下而无功德者，如秦、晋、隋。他强烈批评欧阳修将"正统"给予行"霸道"而得天下者，将无以别善恶。之后，苏轼又著《正统论》三篇与章望之辩论，他的批评具有较高的思想价值。苏轼主张将欧阳修既重视道义又重视事功的二元标准变成一元标准："夫所谓正统者，犹曰有天下云尔。""视天下之所同君而加之，又焉知其他？"① 这是说，一个皇朝的正当性完全在于建立统一而强大的中央政权，使"天下有君"。按照这样的"正统论"，尧舜三代和篡弑以得天下者、行暴政以得天下者都是"正统"，并没有区别。但是，苏轼又指出，"正统"和"圣人之盛节"是两回事，之间没有什么关系，"正统"并不能说明一个王者、一代皇朝具有道义，也不能为其违背道义的行为赋予合理性。苏轼的"正统论"将政治正当性和道德正当性区分开来，意在强调政治领域有着相对独立的"理"，遵循着与道德领域并不相同的逻辑，这样一来，现实政权也不必用道德的名义将其统治神圣化。从今天的眼光来看，苏轼的这一思想是很深刻的。

司马光在修撰《资治通鉴》时，涉及编年、名号问题，遂就当时盛行的"正统论"进行讨论，提出了完全反对的意见。司马光根本不认为历代皇朝有所谓"正"与"不正"之别，他断然地说："臣愚诚不足以识前代之正闰，窃以为苟不能使九州合为一统，皆有天子之名而无其实者也。虽华夏仁暴，大小强弱，或时不同，要皆与古之列国无异，岂得独尊奖一国谓之正统，而其余皆为僭伪哉！"在修撰《资治通鉴》时，关于三国、南北朝、五代时期的纪年，司马光的做法是："故不得不取魏、宋、齐、梁、陈、后梁、后唐、后晋、后汉、后周年号，以纪诸国之事，非尊此而卑彼，有正闰之辨也。"② 《资治通鉴》也不对诸国加以"僭""伪""逆"的蔑称，书其帝王名号，皆从其实，至于是否篡位弑君，不合道义，则完全通过记载历史事实来反映。司马光对于"正统"的看法，表现了他在政治上的务实精神，更表现了一个历史学家的求实态度，这样的"书法"为后世史家尊重历史事实，不以主观看法褒贬历史人事立下了原则与范例。

南宋时期，金朝占据中原，与南宋争夺"正统"地位，在这样的历史形势下，南宋人皆强调，于三国时期必以蜀汉为正统，于南北朝时期必以东晋南朝为正统，

---

① 苏轼：《苏轼文集》卷四《正统论·辩论二》，孔凡礼点校，中华书局1986年版，第121页。
② 司马光：《资治通鉴》卷六九，魏文帝黄初元年，中华书局1956年版，第2187、2188页。

这其实是为了确立南宋相对于金朝的"正统"地位。有人问朱熹《通鉴纲目》的"正统"问题,朱熹批驳司马光以曹魏为正统乃是:"冠履倒置,何以示训?"明确指出:"三国当以蜀汉为正。"① 张栻也说:"汉献之末,曹丕虽称帝,而昭烈以正义立于蜀,不改汉号,则汉统乌得而绝?故献帝之后即系昭烈年号,书曰蜀汉。"而在南北朝时期以东晋南朝为"正统",则是以"华夷之辨"作为"正统"标准,具有更鲜明的民族主义色彩。如张栻说:"如元魏、北齐、后周皆夷狄也,故统独系于江南。"②

宋朝兴起的"正统"论取代"正闰"说,作为一种历史观和政治理论相结合的学说,成为以后历代皇朝论证政权之正当性的理论依据,也成为撰述史书要首先面对和讨论的问题。

三、史论与史评的发展

宋代史学注重理论思维,思想成就较高,还突出地表现在史论和史评著作大量涌现,呈现繁荣局面。在此基础上,南宋晁公武《郡斋读书志》特立"史评"类,以著录历史评论和史学评论两方面的撰述,从此,"史评"成为史部一个很重要的门类。史论、史评著作的繁荣兴盛,不仅与两宋时期的政治、社会危机有关,还得力于科举考试内容的改革,与唐代相比,策论在宋代科举中占有越来越重要的地位,受到前所未有的重视,而策论一般以历史评论为主而兼及时事,这极大地促进了史论、史评的发展。

欧阳修作《新五代史》,其撰述旨趣在于"仰师《春秋》"进行"议论褒贬",拨正五代以来发生混乱的价值标准,重新使人们的思想恢复应有的秩序。《新五代史》非常重视史论,每以"呜呼"发端,感情饱满,文字凝练,是历代正史史论中的杰作。司马光《资治通鉴》以"臣光曰"的形式评论史事、人物,重在总结历史上盛衰成败的经验教训,向宋代统治集团陈说长治久安之道,集中表达了司马光的政治和历史思想,在《资治通鉴》中有着画龙点睛的作用。欧阳修和司马光这两位史家对史论的高度重视,对宋代史论的繁荣发展起到了推动和示范的作用。

北宋著名史论著作《唐鉴》的产生,与《资治通鉴》有直接的关系。《唐鉴》的作者范祖禹(1041—1098),字淳甫,成都府华阳(今四川成都)人,他协助司马光编修《资治通鉴》的唐史部分,但在对唐朝历史的认识和评价上却与司马光甚为不同,于是,他另著《唐鉴》,表达自己的观点。其书先编年引述史事,再加

---

① 黎靖德编:《朱子语类》卷一〇五"通鉴纲目"条,王星贤点校,中华书局1986年版,第2637页。
② 张栻:《张南轩先生文集》卷一四《经世纪年序》,《张栻集》(下),邓洪波校点,岳麓书社2017年版,第613页。

以评论,这一体裁形式多为其后史论著作所承袭。三代以下,汉、唐号称盛世,但范祖禹却指出:"凡唐之世,治日如此其少,乱日如彼其多。"除了贞观、开元及政和几个时期外,唐朝政局始终不稳,统治集团内部争斗不断。范祖禹认为,其根本原因在于唐代最高统治者不能以儒家人伦道德修身齐家,示范天下:"昔三代之君莫不修身齐家以正天下,而唐之人主,起兵而诛其亲者,谓之定内难;逼父而夺其位者,谓之受内禅。此其闺门无法,不足以正天下,乱之大者也。"① 范祖禹《唐鉴》对唐代历史的评价和看法,在宋朝很有代表性,具有重要的现实政治意义。自庆历以来,宋人卑视汉唐,远慕三代,在大政方针上有意识地取鉴于唐,带来政治、文化风气上的重大转变。宋代帝王比较注重遵守儒家礼教,士大夫以修身为尚,看重名节;在政治上,强化中央集权和文官制度,一意防范军阀专权、藩镇割据的产生;在对外关系上,强调"华夷之辨",以自守为主,不轻启边衅;强调中国文化本位,对外来文化采取防范的态度。以上种种,皆大有别于唐代,与取鉴于唐大有关系,正如范祖禹所说:"取鉴于唐,取法于祖宗,则永世保民之道。"② 所以,《唐鉴》在宋朝受到崇高评价,《宋史》本传称:"《唐鉴》深明唐三百年治乱,学者尊之,目为'唐鉴公'云。"

另一部关于唐代历史的史论名著是孙甫的《唐史论断》。孙甫(998—1057),字之翰,许州阳翟人(今河南禹州),《宋史》本传说他"著《唐史记》七十五卷。每言唐君臣行事以推见当时治乱,若身履其间"。后人将其中史论92首编成《唐史论断》单独行世,原书则散佚。孙甫善于分析具体历史形势,着重评论在一定时势下政治人物行事的得失利弊。朱熹曾对比《唐史论断》和《唐鉴》说:"《唐鉴》意正有疏处,孙之翰《唐论》精炼,说利害如身处亲历之,但理不及《唐鉴》耳。"③

北宋时期,三苏皆善作史论,流传甚广,影响很大。苏辙曾说:"父兄之学,皆以古今成败得失为议论之要。"④ 苏轼著有史论88首,载于《文集》之中,所涉及史事上自尧舜下至于唐,其论历史人事,一改前人的认识和看法,观点新颖,出人意表,又具有很强的现实针对性。清四库馆臣说:"轼究心经世之学,明于事势,又长于议论,于治乱兴亡披抉明畅。"⑤ 苏辙著有《历代论》45首,《进论》25首,收于《文集》之中,较之其兄,所论更加平实简严。三苏尤其是苏轼史论

---

① 范祖禹:《唐鉴》卷二四,上海古籍出版社1984年版,第348页。
② 范祖禹:《唐鉴》卷二四,上海古籍出版社1984年版,第349页。
③ 黎靖德编:《朱子语类》卷一三四《历代一》,王星贤点校,中华书局1986年版,第3208页。
④ 苏辙:《苏辙集》,《栾城后集》卷七《历代论·引》,陈宏天、高秀芳校点,中华书局1990年版,第958页。
⑤ 永瑢等:《四库全书总目》卷一一《东坡书传》提要,中华书局1965年版,第90页。

特别受到科举应试者的重视,专门有《三苏文粹》之类的书,供举子们学习揣摩,以至于有"苏文熟,吃羊肉;苏文生,吃菜羹"的谚语。不过,这也影响了后人对三苏史论的评价,往往认为三苏史论专供场屋射策之用,而低估其思想价值。

宋代理学家也好作史论,他们强调要以"义理之正"对历史上的成败得失重新加以认识和评价,重视"义利之辨"和"王霸之辨",意在为后世树立正确的价值标准,教导人们在具体的历史形势中作出合乎"义理之正"的选择。晁公武在《郡斋读书志》著录有《读史明辨》30卷,汇集了程颐、杨时、张载、张栻、吕祖谦等人的史论。南宋胡寅《读史管见》是宋代理学史论的重要代表作,朱熹对其书非常推崇,在《资治通鉴纲目》中屡引其论,又对比《读史管见》和《唐鉴》说:"致堂《管见》方是议论。《唐鉴》议论弱,又有不相应处。"① 但是,此书往往不考虑历史人物所处的具体历史环境,好用严苛的道德标准褒贬人事,以致失去了史论对历史进行分析解释的功能。对于这一点,清四库馆臣提出严厉的批评:"大抵其论人也,人人责以孔、颜、思、孟;其论事也,事事绳以虞、夏、商、周。名为存天理,遏人欲,崇王道,贱霸功,而不近人情,不揆事势,卒至于窒碍而难行。"② 这也正是理学家史论共通的偏颇。

南宋浙东学派的学者如吕祖谦、叶适、陈亮、陈傅良、唐仲友等皆著有大量史论,他们重视典章制度和具体政治措施,主张经世致用,切于当代之务,其中,吕祖谦的史论尤其具有较高的理论价值。关于如何进行历史评论,吕祖谦认为:"读史既不可随其成败以为是非,又不可轻立意见易出议论,须揆之以理,体之以身,平心熟看,参会积累,经历谙练,然后时势事情渐可识别。"这是针对理学家史论的问题提出了进行历史评论的方法论,指出论史要能设身处地的分析、解释具体历史形势的特点,要对历史人事进行知人论世的理解,作出符合当时历史情境的评价,而不是把自己的"意见"强加于古人,这种观点很有历史主义的精神。吕祖谦之论史,继承"通变"思想而有所发展,善于从宏观上把握和认识历史演化之大势,抓住其中的关键问题。他说:"读史先看统体,合一代纲纪风俗消长治乱观之。如秦之暴虐、汉之宽大,皆其统体也。复须识一君之统体,如文帝之宽,宣帝之严之类。""既识统体,须看机括。国之所以兴所以衰,事之所以成所以败,人之所以邪所以正,于几微萌芽时察其所以然,是谓机括。"③ 这一段话也具有重要的方法论意义,所谓"统体",指的是一个时代政治、文化的主要倾向,所谓"机括",就是要在历史发生转变的早期阶段,抓住导致变化的主要原因并能预见

---

① 黎靖德编:《朱子语类》卷一三四《历代一》,王星贤点校,中华书局1986年版,第3207页。
② 永瑢等:《四库全书总目》卷八九《史部·史评类存目》,中华书局1965年版,第757页。
③ 吕祖谦:《东莱吕太史别集》卷一四《读史纲目》,《吕祖谦全集》第1册,浙江古籍出版社2008年版,第561页。

其趋势，这是对司马迁"原始要终""见盛观衰"之义的继承和阐发。

除了历史评论，宋代史学批评也十分繁荣，具有自觉的史学批评意识的史家越来越多，展开的范围更广泛。史学批评与历史撰述的发展是相互促进的，标志着史学在理论上的高度和成就。

第二节　撰述前朝史与修史制度的进一步完善

一、五代宋初的官修史书

五代十国时期（907—960），军阀割据，鼎革频仍，战乱不断，但诸朝皆继承唐代史馆制度，重视历史的记录和史书的编撰，一方面总结整理唐代官府所存史料，另一方面，又任命史官记录和收集当代史料，为北宋撰写五代史打下良好的基础。

唐亡之后，后梁和后唐都曾任命史官撰修唐代历史，但未成功。至后晋天福六年（941）二月，后晋高祖石敬瑭发布诏令，任命宰相赵莹为监修，与张昭远、贾纬、赵熙、郑受益、李为先等修撰《唐史》，至后晋开运二年（945）六月，修成《唐书》220卷，时距唐朝灭亡仅38年。北宋由宋祁、欧阳修编撰的《唐书》行世之后，此书被称为《旧唐书》。《旧唐书》之所以能在四年之内修成，不仅因为唐朝历代史家不断撰述而积累起来的"国史"和"实录"详赡可用，也因为后梁、后唐史家在征集史料方面做了不少工作，可以说，一部《旧唐书》凝聚了唐代以至后晋数代史家的心血。《旧唐书》于唐穆宗长庆以前，本纪简而有体，列传叙述详明；长庆以后，本纪委悉具书，语多枝蔓，列传则多叙官资，事实不详，这是因为穆宗长庆以来"国史""实录"皆不完备，无可依据。尽管存在不少问题，但《旧唐书》多用唐人所撰"国史"和"实录"的原本，保存了丰富的原始材料，作为第一部完整的唐史著作，至今仍有不可替代的史学价值。

五代时期撰成的另一部唐史著作是王溥编纂的《唐会要》。王溥（922—982）历仕后汉、后周和北宋，他在宋太祖建隆二年（961）撰成此书进呈朝廷，王溥撰修《唐会要》也是在唐朝旧有史书的基础上进行的。唐德宗贞元年间，苏冕撰成《会要》40卷，唐宣宗大中年间，崔铉等人接续苏冕《会要》撰成《续会要》40卷，以这两部书为基础，王溥又搜集唐宣宗以后的有关史料，加以增补、修订，撰成《唐会要》100卷，分514目。《唐会要》记载唐代典章制度的沿革损益，词简事丰，内容详赡，又采用苏冕的议论，加以注明，可见在编纂上的用心。在五代干戈扰攘之世，《旧唐书》《唐会要》的成书表明五代诸朝对唐代历史非常重视，及时地总结整理了唐代史料，从纪传体和典章制度史两个方面全面地反映了唐代历史。另外，五代各朝都编修"实录"，正是在这一基础上，范质（911—964）于宋太祖建隆年间编修成《五代通录》，记载自后梁开平元年（907）迄于后周显德六年（960）共54年的历史，当初后梁末帝并无"实录"，范质搜集史料又补以见闻修成，为宋初撰修五代史打下良好基础。

北宋建立之后，采取有力措施强化中央集权，结束武人统治，通过科举制度的扩大和完善文官制度，以求长治久安的政治局面。尤其是宋太宗、真宗大力培植科举入仕的士大夫，施行右文崇儒的政策，非常重视历史编纂。开宝六年（973）四月，宋太祖诏修五代史，任命薛居正（912—981）为监修，卢多逊、扈蒙、李穆、张澹、李昉等同撰，至开宝七年闰十月，全书修成奏上。宋朝把唐朝灭亡后中原的五个短祚皇朝归总起来编成正史，表明"五代"已经结束，宋朝要开创新的历史局面，建立长治久安的统一皇朝。这部《五代史》始于开平元年朱温称帝建立后梁，在书首以两卷的篇幅追叙唐末黄巢起义后的政治形势和朱温的活动，迄于后周显德七年赵匡胤在陈桥驿发动军变，后周灭亡。其书以梁、唐、晋、汉、周各为一书，各为《本纪》《列传》若干卷；又有《世袭列传》2卷、《僭伪列传》3卷，记述"十国"历史；又有"《外国列传》"，记述契丹、吐蕃等少数民族史事；有十《志》：《天文》《历》《五行》《礼》《乐》《食货》《刑法》《选举》《职官》《郡县》。其中《选举志》以明"审官取士之方"，这是受到《通典》的启发而在正史的志中属于首创。《食货志》写出了对赋役、田租的整顿，《刑法志》写出了刑法的紊乱和整饬，《职官志》记载了五代之命官及其"厘革升降"的情况，《郡县志》反映了这个时期地理建置的变迁而以后唐最详。这部《五代史》多取材于五代实录，撰者又多是在五代入仕的士人，修撰时间去后周之亡未远，故以资料丰富见长，尤其是《本纪》篇幅很大，在正史中是不多见的，《志》的内容也很详备，这说明五代"乱世"各朝史馆制度照旧发挥作用，都很注意留存当代史料。但《五代史》在历史思想方面陈腐苍白，反复称说"天命"，对历史经验的总结和对历史人物的评价，往往陷入自相矛盾，难以提出深刻精当的见解。自从欧阳修撰写的《新五代史》问世流传之后，这部《五代史》逐渐湮没无闻以至失传，直至清乾隆年间修《四库全书》时，担任馆职的史家邵晋涵从《永乐大典》中辑录编次，补充材料，才重现其原貌，被称为《旧五代史》。

另外，太平兴国二年（977）三月，宋太宗诏命翰林学士李昉将前代类书分门编为1000卷，历时8年成书，初名《太平总类》，后改名为《太平御览》。太平兴国八年十一月，太宗诏令将史馆所修《太平总类》每日上呈三卷以供亲览，这是太宗提倡文治，鼓励臣下读书进学的具体表现。同年，李昉、扈蒙、李穆、徐铉、赵邻几、王克贞、宋白、吕文仲等12人奉宋太宗之命编纂《太平广记》500卷，取材于汉代至宋初的野史、小说、杂著及释藏、道经等，于次年完成。全书按题材分为92类，又分150余细目，神怪故事所占比重最大，可见其取材重点所在，也可以看出宋初文化深受晚唐五代道教、神仙家思想的影响。太平兴国七年（982），宋太宗又下令从《太平御览》纂修班子中抽调李昉、宋白、徐铉等将近半数人力，加上杨徽之等共20多人重新编纂一部继《文选》之后的文章总集，即《文苑英华》，全书上起萧梁，下迄唐五代，选录作家近2200人，文章近20000篇，可谓卷帙浩繁，所收唐代作品最多，约占全书的十分之九。是书至雍熙三年（986）十二月完成。宋真宗景德二年（1005），真宗诏令资政殿学士王钦若、知制诰杨亿等10人纂修《历代君臣事迹》，唯取六经子史，不录小说杂书，至大中祥符六年（1013）成书，总50部，1000卷，真宗亲自阅览之后，赐名《册府元龟》。《太平广记》《太平御览》《文苑英华》《册府元龟》合称北宋四大部书。这四大部书沿袭了唐代编纂类书《北堂书钞》《艺文类聚》的传统，编纂者与《旧五代史》一样，大多是五代入仕的著名文臣，反映出北宋初年学术文化的主流仍然是晚唐五代之余风。

二、《新五代史》和《新唐书》

宋代自建国以来经近百年的发展，至宋仁宗庆历年间，形成了不同于唐朝五代的新的学术思潮、文化风气。在文学上，古文大盛，骈体文没落；在经学上，重视发明大义，摒弃汉唐注疏。古文运动和新经学共同推动儒道复兴，形成了"宋学"，范仲淹、欧阳修、李觏与"北宋三先生"即孙复、石介、胡瑗是主要代表人物。在史学领域，《新五代史》和《新唐书》代表了一股新的史学思潮。

庆历初年，统治集团普遍对成书于五代的《唐书》和成书于宋初的《五代史》感到不满，要求重新认识和评价唐五代历史，以重新确立自身的历史地位。《新五代史》由欧阳修撰成，欧阳修（1007—1072）字永叔，吉州庐陵（今江西吉安）人，他历仕仁宗、英宗、神宗三朝，官至枢密副使、参知政事。他既是古文运动的巨擘，也是新经学的主力，又是"庆历新政"的领袖人物，同时，还是开一代风气的史学家。《新五代史》从搜集材料到成书前后经历20余年，大致于宋仁宗皇祐五年（1053）撰成，其后又不断加工修订，上距《旧五代史》成书时已近百年。

《新五代史》之"新"意，在于欧阳修师法《春秋》，把一套"褒贬义例"贯穿于对五代历史的记述之中，并重视史论，用以表达自己的历史思考和社会政治思想。陈师锡《五代史记序》认为，以往的五代史之作"或文采不足以耀无穷，道学不足以继述作"，称赞"惟庐陵欧阳公慨然以自任，盖潜心累年，而后成书。其事迹实录详于旧记，而褒贬义例，仰师《春秋》，由迁、固而来，未之有也"。

《新五代史》的师法《春秋》，首先表现在欧阳修对五代历史的总体评价上，他用儒家的"道"和"礼"为价值标准，把五代比作春秋乱世，采取了有贬无褒的批判态度:"甚矣,五代之际,君君臣臣父父子子之道乖,而宗庙、朝廷、人鬼皆失其序,斯可谓乱世者欤!自古未之有也。"[1] 其二,《新五代史》的撰述体例表达了欧阳修对五代历史人事的认识和评价。《新五代史》改变了《旧五代史》以各朝君臣纪传相次的体例,而通叙五代之史,把五代十三个皇帝前后连接起来以为《本纪》,并模仿《春秋》,将诏令全部删除,记事十分简略且寓有"书法",其弟子徐无党作注以明其中"微言大义"。《新五代史》列传的体例多出自欧阳修的创制,他将专在某一代做官的人列入这一代的大臣传,其他历仕数代的人则归入《杂传》,他说:"其仕不及于二代者,各以其国系之,作梁、唐、晋、汉、周臣传。其余仕非一代,不可以国系之者,作杂传。夫入于杂,诚君子之所羞,而一代之臣未必皆可贵也,览者详其善恶焉。"[2] 他还特别区分了《死节传》和《死事传》。《死节传》记载所谓"全节之士",《死事传》记载"其初无卓然之节,而终以死人之事者";又特作《唐六臣传》,讽刺唐朝宰相张文蔚等帮朱温篡位,斥之为"庸懦不肖、倾险狯猾、趋利卖国之徒也"。《一行传》表彰于五代乱世不出仕的"洁身自负"之士。这样的体例和写法,都是为了贬斥五代时期"享人之禄,任人之国者,不顾其存亡,皆恬然以苟生为得"的士风,树立崇尚名节、以天下为己任的新的价值规范和人生理想,对于宋代新的文化风尚的形成起到了重要作用。欧阳修又特作《义儿传》《伶官传》《宦者传》,反映出五代时期军阀专制政治特有的阴暗面。欧阳修认为五代典章制度不足记录,仅以《司天考》和《职方考》记载天文和方镇军名;其书采用《世家》10卷和《年谱》1卷来记载中原皇朝以外10个割据政权的史事,最后以《四夷附录》记载当时的少数民族,这样的体例反映出欧阳修"尊王攘夷"的思想观念。其三,欧阳修重视史论,皆以"呜呼"二字开端,发表长篇议论,或娓娓道来或慷慨激昂,主要通过具体的历史事实"贬斥势利,尊崇气节",但也有不少史论反映出欧阳修精辟深刻的历史见识。

《新五代史》问世之后一直受到崇高评价,南宋以后,《旧五代史》读者日少,金泰宗泰和七年(1207)则明令削去薛居正《五代史》,专用欧阳修所撰,以致明代以后《旧五代史》散失。但到了清朝,学术风气重视考据,崇尚实事求是,史家们转而对《新五代史》评价不高,如钱大昕说:"欧公《本纪》,颇慕《春秋》褒贬之法,而其病即在此。……史家纪事,唯在不虚美,不隐恶,据事直书,是非自见。若各出新见,掉弄一两字以为褒贬,是治丝而棼之也。"[3] 但在今天看来,二史各有长短,实未可偏废。

---

[1] 欧阳修:《新五代史》卷一六《唐废帝王家人传》,中华书局1974年版,第173页。
[2] 欧阳修:《新五代史》卷二一《梁臣传》,中华书局1974年版,第207页。
[3] 钱大昕:《十驾斋养新录》卷一三《唐书直笔新例》,杨勇军整理,上海书店出版社2011年版,第301页。

宋仁宗庆历四年（1044），诏命重修《唐书》，至嘉祐五年（1060）书成奏上，被称为《新唐书》，主持修撰者为欧阳修。《新唐书》本纪、志、表之序，以及《选举志》《仪卫志》出自欧阳修，列传为宋祁所撰，范镇作志，吕夏卿制表。这几位参修者皆是当世名家，《新唐书》虽成于众手，却能代表宋代史学的较高成就。曾公亮在《进唐书表》中说："衰世之士，气力卑弱，言浅意陋，不足以起其文，而使明君贤臣，俊功伟烈，与夫昏虐贼乱，祸根罪首，皆不得暴其善恶以动人耳目，诚不可以垂劝诫，示久远，甚可叹也！"《新唐书》同样贯穿着欧阳修师法《春秋》的思想旨趣，他所撰写的本纪，如同编年大事记，并有一定书法以寓褒贬。《列传》在名目和编次上也体现出褒贬大义，如将《忠义传》列为类传之首，继之以《卓行传》《孝友传》和《隐逸传》，最后有奸臣、叛臣、逆臣三传。编修诸臣重视唐朝典章制度，新创《仪卫制》和《兵制》，《仪卫制》记载皇帝起居行动时仪仗护卫的声容风采之盛，以示"尊君而肃臣"；《兵制》写出了唐代兵制从府兵到彍骑、方镇的"大势三变"以及禁军的设置。杜佑《通典·兵典》讲战略战术而不叙兵制，《新唐书·兵制》则补充了唐代历史的重要内容。《新唐书·艺文志》是继《汉书·艺文志》《隋书·经籍志》之后优秀的目录学著作，反映了唐代学术文化的盛况，在文献学发展史上有重要价值。《新唐书》上继《史记》《汉书》之遗风，创立《宰相表》《方镇表》《宗室世系表》《宰相世系表》，其中，《方镇表》谱列唐代藩镇割据的局面，《宰相世系表》则显示了唐代门阀政治的盛衰，都鲜明地反映出唐代历史的特点。二表的序论，出于欧阳修的手笔，文字简洁，见解深刻。《新唐书》编修时得以参考的唐朝文献以及后人撰修的唐史著作要远远超过《旧唐书》，所以能做到"其事则增于前，其文则省于旧"①。但是，《旧唐书》更多保留了唐代文献的原始面貌，这又是《新唐书》所不能代替的。

三、国史纂修及其成就

为了巩固、加强中央集权，宋朝君主把"以文德致治"奉为基本国策，精心培育士大夫群体作为自己的统治基础。宋朝统治集团高度重视撰修本朝史，修史机构繁多，修史制度较前朝有所变化，官修本朝史的种类、体裁多种多样，成果丰厚，在历代封建皇朝之中显得十分突出。

宋太宗即位后，建昭文馆、史馆、集贤院等"三馆"于禁内，赐名为崇文院，目的是"蓄天下图籍，延四方贤俊"。端拱年间，又建秘阁于崇文院，自是秘阁与三馆并列，合称为"馆阁"。"馆阁之职"一般选拔科举高第、负有才学之名者为之，一经此职，遂为名流，号称"辅相养才之地"，是进入统治集团之核心的中转

---

① 曾公亮：《进〈唐书〉表》，《新唐书》卷末，中华书局1975年版，第6472页。

站，史官即属于"馆阁之职"，政治地位十分重要，从整体上来说，两宋史官乃是宋代士人阶层的才俊、政治集团的精英。宋朝史官的这种特殊重要的地位，一方面保证了宋代官修国史的质量，一方面也将修史活动深深地卷入政治斗争之中。

宋代官修国史，形成了一套环环相扣、完备有序的从史料搜集到史书修撰的制度和程序，且所修史书种类、名目繁多。宋朝设置起居郎、起居舍人负责专职记录和编辑《起居注》，这是一种编年性质的史料汇编，主要内容是朝廷政务，经皇帝审阅后送交史馆，以备修史之用。"两府"作为政治核心机构专门有人负责记录《时政记》并送交史馆。在纂修国史之前，首先设立专门机构和史官纂修《日历》，这是为修撰实录、国史而编纂的史料汇编，力求及时、系统、巨细无遗地征集和保存史料。《日历》大致有四方面的史料来源：一是诸司报状，二是《起居注》和《时政记》，三是《宣谕圣语》，四是应立传人物的墓志、行状。《日历》将所有按要求可以作为将来修史之用的材料，逐日排列，在重要大臣卒日，附有传记，属于一种结合编年体和纪传体的史料长编。宋朝继承唐代制度，新皇帝即位后，即诏修先朝《实录》，《实录》的史料来源大致是《时政记》《起居注》《日历》、私人记录、墓志行状以及史官采集的见闻。《实录》是宋朝政府经过精心准备而组织修撰的一朝编年体史书，从宋太宗开始直至宋朝灭亡，《实录》编纂持续不断。国史则是纪传体史书，以《实录》为基础，但材料选择并不以《实录》为限，而是在其基础上进一步"旁搜博取，校定是非"，所谓"校定是非"，不仅仅是对史料的考订、选择，更主要的，是对人物、事件的褒贬评价，国史撰修其实是最高统治集团进行的政治定性和功罪裁判，具有重大的现实政治意义。

尤其是在宋朝，本朝史的撰修与国家大政方针的变动和党争发生了前所未有的密切关系，已经成为政治斗争的重要领域，这一方面表明宋朝统治集团具有高度自觉的历史意识，另一方面，修史也越来越严重地受到现实政治的左右，一旦发生统治集团的权力变更或政策方针的转变，实录、国史就会随之重修。宋神宗时期，以熙丰变法为中心，朝臣形成新、旧两党进行激烈的政争。哲宗即位后由高太后主政，施行"元祐更化"，任用旧党，对王安石变法进行全面否定，《神宗实录》的修撰也由旧党主持，反映了他们的政治倾向。哲宗亲政以后，重新任用新党，"新法"得到肯定和继承，于是，《神宗实录》和"国史"全面重修，甚至连资料汇编性质的神宗《日历》也要重修。南宋高宗绍兴年间，又一次对神宗、哲宗朝"实录""国史"进行重修，为的是明确肯定旧党的"元祐更化"，而否定王安石变法以及哲宗的"绍圣"之政，将北宋亡国的原因归咎于之。南宋时，徽宗、高宗、孝宗、光宗、宁宗朝的"实录"和"国史"都经过重修，无不与政坛的权力变更以及与金和战政策的变化相关。尽管如此，两宋国史编纂仍成果斐然，到北宋末年，共成前七朝《国史》600卷。南宋高宗时，经过对神宗、哲宗两朝《国史》的重修，加上徽宗、钦宗朝《国史》，完成了北宋九朝《国史》620卷。至南宋理宗宝祐二年（1254），南宋高宗、孝宗、光宗、宁宗四朝《国史》修成，而理宗、度宗朝《国史》迄于宋亡未能完成。

除了"实录""国史"之外，宋朝还设立专门机构编修"会要"，专门记载典章制度的沿革变化。宋朝对"会要"的编修十分重视，前后编修成11种本朝《会要》，总计3000余卷，可惜原书均佚。清朝学者徐松自《永乐大典》中辑出《宋会要辑稿》，从中可以窥见宋朝编纂本朝典章制度史的格局和规模。

四、史学批评的发展与史家修养论的深入

魏晋南北朝时期，史学批评兴起，其主要内容在于"史法"即史书的体例、体裁，史料的采撰、历史叙事等方面，《史通》对之进行了全面总结。与这一时期相比，宋代的史学批评更具有理论色彩，能提出史学上的重要理论问题，富有思想价值。

《新五代史》和《新唐书》代表了宋代新兴的一股史学思潮，一方面强调史书不仅是"实录"，更要具有"大义"，重视褒贬书法，通过对历史人事的评价以树立新的价值规范；一方面摒弃骈体文，要求以"古文"表述史事，确立古文在历史叙事上的主流地位。也就是说，宋代新的史学潮流，把"褒贬"和"文采"作为史学的要素。对于这样一种新的史学思潮和观念，在当时即遭到了有力的反对。在《新五代史》和《新唐书》成书之后，吴缜撰写《新唐书纠谬》《五代史纂误》，就两部书的史实错误、体例问题进行专门的批评指摘。在《新唐书纠谬》序中，他提炼出了"为史之要"和"为史之意"的问题，这是史学上一个根本的理论问题，即"什么是史学""史学的要素是什么"？他说："夫为史之要有三：一曰事实，二曰褒贬，三曰文采。有是事而如是书，斯谓事实。因事实而寓惩劝，斯谓褒贬。事实、褒贬既得矣，必资文采以行之，夫然后成史。至于事得其实矣，而褒贬、文采则阙焉，虽未能成书，犹不失为史之意。若乃事实未明，而徒以褒贬、文采为事，则是既不成书，而又失为史之意矣。"吴缜认为，"事实"是史学之所以为史学的根本要素，而"褒贬"即对于历史的解释和评价必须建立在"事实"的基础上，最后，"文采"则是用来表述"事实"和"褒贬"的。吴缜对史学的性质、历史编纂的要素和过程的认识透彻全面，达到了新的理论高度。

针对史学效法《春秋》刻意褒贬的思潮，苏洵（1009—1066）则辨析经学和史学的区别及其关系，从而阐明"什么是史学"的问题。他指出，经学和史学具有相同的根本旨趣，都是要教育人们按照"道"和"礼"来生活；但是经学和史学有着明确的区别，史学是独立于经学的学术："大凡文之用四，事以实之，词以

章之,道以通之,法以检之。此经、史所兼而有之者也。虽然,经以道、法胜,史以事、词胜,经不得史,无以证其褒贬,史不得经,无以酌其轻重。经非一代之实录,史非万世之常法,体不相沿而用实相资焉。"经学的要义是阐发儒家的"道"与"法",而史学的要义则在于"事"与"词",但是,经学和史学又是紧密联系,相互为用的,经学为历史认识提供了价值标准,史学则用事实验证了经学中的"大经大法"。不过,他特别强调,史学不要试图去取代经学,总是力求发明"大义",而是要尽力于史学的本分即"实录"和"叙事":"噫!一规一矩一准一绳足以制万器,后之人其务希迁、固实录可也。慎无若王通、陆长源辈嚣嚣然冗且僭,则善矣。"①

郑樵十分尖锐地批评以褒贬为事的史学风气,指出其有悖于史学传统。他认为,《左传》"君子曰"和《史记》"太史公曰"本不是专意褒贬,而是用以阐发"经之新意"或补充"史之外事",而班固《汉书》以"论赞"褒贬人物和史事,从此开了一个坏头:"且纪传之中既载善恶,足为鉴戒,何必于纪传之后更加褒贬?此乃诸生决科之文,安可施于著述……后之史家,或谓之论,或谓之序,或谓之铨,或谓之评,皆效班固,臣不得不剧论固也。"这股专事褒贬的史学风气,自唐以来愈演愈烈,史家以取法《春秋》为名,大大偏离了史学之正轨,必须予以正本清源:"自唐之后,又莫觉其非,凡秉史笔者,皆准《春秋》,专事褒贬。夫《春秋》以约文见义,若无传释,则善恶难明。史册以详文该事,善恶已彰,无待美刺。……夫史者,国之大典也,而当职之人不知留意于宪章,徒相尚于言语,正犹当家之妇不事饔飧,专鼓唇舌,纵然得胜,岂能肥家?"②

两宋理学家将史学当作"穷理""格物致知"的重要途径,他们强调史学要以"大义""明道"为先,热衷进行史学批评,对史学的认识颇有可取之处。他们普遍认为,史家之考察历史要能从大处着眼,具有宏观视野,强调史学要能密切联系于人生和现实,这些观点即使在今天看来也具有一定的启发性。如程颐说:"凡读史,不徒要记事迹,须要识治乱安危兴废存亡之理。"③ 也就是说,史学不但要提供历史知识,更重要的是得出和给出历史智识。朱熹说:"读史当观大伦理、大机会、大治乱得失。"④ 这也是强调史家应该着眼于历史中的重大问题,而不是拘泥于具体的细节和事实,只有这样,史学才能有助于培养人们在现实中的政治见

---

① 苏洵:《嘉祐集》卷九《史论上》,曾枣庄、金成礼笺注本,上海古籍出版社1993年版,第229、230页。
② 郑樵:《通志·总序》,王树民点校《通志二十略》本,中华书局1995年版,第3、4页。
③ 程颢、程颐:《二程集·河南程氏遗书》卷一八《伊川先生语四》,王孝鱼点校,中华书局1981年版,第232页。
④ 黎靖德编:《朱子语类》卷一一《学五·读书法下》,中华书局1986年版,第196页。

识和能力。不过，理学家一般都将史学摆在经学之后，认为"读书须是经为本，而后读史"①。这就是说，史学必须接受经学的规范和指导，在这样的思想指导下，往往导致史学丧失独立性，成为儒家义理的事例和注脚，而所谓的深究历史之"理"，不过成了持一定的价值标准对史事进行善恶裁断的空洞说教，反而使史学丧失了思想性。

北宋文学家曾巩（1019—1083）志在史学，有意撰述，在宋神宗时被任命为史馆修撰，负责国史的撰修。他更加深入地论述了史家所应具备的修养，在理论上具有较高价值。曾巩在仁宗嘉祐年间曾编校史馆书籍，并作"目录序"，在这些文章中他进行了史学批评，其中一段话很是重要："将以是非得失兴坏理乱之故而为法戒，则必得其所托，而后能传于久，此史之所以作也。然而所托不得其人，则或失其意，或乱其实，或析理之不通，或设辞之不善，故虽有殊功茂德非常之迹，将暗而不章，郁而不发，而梼杌嵬琐奸回凶慝之形，可幸而掩也。"曾巩强调，历史的"是非得失兴坏理乱之故"固然是客观存在的，但如果没有史学，则不得所托，也不能传之久远，也就是说，人们总是通过历史学家撰写的史书来认识历史的，这其中包含了将客观历史与历史认识、历史撰述区分开来的思想。也正因如此，史家作为历史的保存者和书写者，无疑有着极其重大的文化功能和社会责任，曾巩就此提出了很高的"良史"标准："古之所谓良史者，其明必足以周万事之理，其道必足以适天下之用，其智必足以通难知之意，其文必足以发难显之情，然后其任可得而称也。"这是对史家提出了"明""道""智""文"四个方面的修养及其所应达到的标准，而尤其强调史家在政治上的见识即"明夫治天下之道"。在他看来，即使是司马迁这样的"隽伟拔出之才、非常之士"在这四个方面都有所欠缺，更何况"宋、齐、梁、陈、后魏、后周之书"。虽然，曾巩对汉以后史学史家的评价并不客观，但他想要表达的是，史家必须具备和他笔下最伟大人物几乎相当的思想高度，才能对其人其事有真正的理解，并将之准确地传达出来，从而使后人能对历史中的伟大事物有所了解："所记者岂独其迹也？并与其深微之意而传之。……使诵其说者如出乎其时，求其旨者如即乎其人。"又说："盖史者所以明夫治天下之道也，故为之者亦必天下之材，然后其任可得而称也。岂可忽哉！岂可忽哉！"②

宋代有诸多史家和学者重视并从事史学批评，史学批评是非常繁荣的，除了以上所述，《册府元龟·国史部》、洪迈《容斋随笔》、高似孙《史略》、陈振孙《直斋书录解题》、晁公武《郡斋读书志》、朱熹《朱子语类》、吕祖谦《东莱文

---

① 黎靖德编：《朱子语类》卷一二二《吕伯恭》，王孝鱼点校，中华书局1986年版，第2950页。
② 曾巩：《曾巩集》卷一一《南齐书目录序》，陈杏珍、晁继周点校，中华书局1984年版，第187、188页。

集)、"左氏三书"、叶适《习学记言序目》、黄震《黄氏日抄》等著作都含有丰富的史学批评思想。

第三节 编年体史书的代表性著作《资治通鉴》

一、司马光主修编年体通史《资治通鉴》

司马光主持编修的《资治通鉴》，是一部伟大的编年体通史，代表着宋代史学的最高成就。司马光与司马迁合称"两司马"，成为中国史学史上并峙的高峰。

司马光（1019—1086），字君实，陕州夏县（今山西夏县）人。历仕仁宗、英宗、神宗、哲宗四朝。司马光爱好史学，"自幼至老，嗜之不厌"。他认为，当时史学存在一个严重的问题，史书主要是纪传体和编年体的断代史，卷帙浩繁，难以卒读，缺乏一部比较简明完整的通史著作，集中地从政治角度呈现出历史上盛衰治乱之迹，使统治国家的"君臣"们得到有益的经验和启示："每患迁、固以来，文字繁多，自布衣之士，读之不遍，况于人主，日有万机，何暇周览！臣常不自揆，欲删削冗长，举撮机要，专取关国家盛衰，系生民休戚，善可为法，恶可为戒者，为编年一书，使先后有伦，精粗不杂。"① 英宗时，他写成《通志》8卷，起于周威烈王二十三年三家分晋，至于秦亡，进呈英宗，英宗非常重视，命司马光自行选择助手，设局修史。神宗即位后，赐名其书为《资治通鉴》，亲为之序，并请司马光在经筵上进读。王安石变法开始后，司马光成为反对新法的领袖人物，熙宁三年（1070），司马光坚决辞去朝官，出知永兴军（今陕西西安），次年，改判西京御史台，从此长驻洛阳，以书局自随，专意编写《资治通鉴》。至元丰七年（1084），书成奏上，共294卷，上起战国，下终五代，自称"臣之精力，尽于此书"②。

司马光居住洛阳著述的十五年，正是熙丰变法紧锣密鼓地进行之时，而在洛阳则聚集了一批以司马光为首的反对变法的人士。《宋史》本传称："凡居洛阳十五年，天下以为真宰相。"处于这样的政治背景，激于王安石变法，《资治通鉴》也成为司马光政治思想的强烈表达，很多附论都是他对时事"愤慨不能自已之言"③。

在编修《资治通鉴》时，司马光制订了一套严密合理的方法和步骤，为史书撰述提供了宝贵的经验，也代表了宋代史学在编纂方法上达到的水平，被后世称为"长编之法"。《资治通鉴》的编修分为三个步骤：第一步是把收集的史料，按

---

① 司马光：《进〈资治通鉴〉表》，《资治通鉴》卷末，中华书局1956年版，第9607页。
② 司马光：《进〈资治通鉴〉表》，《资治通鉴》卷末，中华书局1956年版，第9608页。
③ 胡三省：《新注〈资治通鉴〉序》，《资治通鉴》卷首，中华书局1956年版，第24页。

照年月日的顺序，一一标明事目，排列起来，叫做"丛目"。"丛目"要求事无巨细，尽量网罗详备。第二步是把"丛目"中编排的史料，进行初步整理，经过选择，决定取舍，然后重新组织，从文辞上加以修正，同时，要求对记载不同的史料进行初步考订，并说明取舍理由，作为附注。这样修成的初稿叫做"长编"。第三步由司马光删定勒成，进一步考订、剪裁史料，对全书的体例、思想进行整齐和贯通，润色文字，锤炼叙事，使全书浑然一体，如出一人之手。《资治通鉴》是一部集体编纂的著作，"丛目"和"长编"主要由助手完成，协助司马光编修《资治通鉴》的助手都是当时一流的学者、史家，刘恕负责魏晋南北朝、五代史部分，刘攽负责两汉、南北朝部分，范祖禹负责唐朝、五代部分，而最后由司马光总其成。

另外，与《资治通鉴》同时完成的，还有《资治通鉴目录》30卷，这是一部通贯1362年的大事编年，"略举事目，年经国纬，以备检寻"，既是全书的大纲，又起到索引的作用。又有《资治通鉴考异》30卷，参考同异，辨正谬误，说明史料取舍理由。相传《资治通鉴》初稿"长编"堆满了两间屋子，而经过史料的考订取舍，最后成书294卷，可以想见司马光是如何地"研精极虑，穷竭所有，日力不足，继之以夜"[①]。

二、《资治通鉴》的"资治"思想

《资治通鉴》的撰述思想就是"资治"二字，它以极其丰富的历史事实证明：政治统治的存在、巩固和发展，离不开对于历史经验教训的总结。这集中表现在司马光所说的"鉴前世之兴衰，考当今之得失，嘉善矜恶，取是舍非"[②]，《资治通鉴》的思想价值也主要在此。

"资治"的撰述思想决定了其书的内容以政治、军事、民族关系为主，如宋神宗在《序》中所说："其所载明君良臣，切摩治道，议论之精语，德刑之善制，天人相与之际，休咎庶证之原，威福盛衰之本，规模利害之效，良将之方略，循吏之条教，断之以邪正，要之于治忽，辞令渊厚之体，箴谏深切之义，良谓备焉。"而典章制度、学术文化和不关于政治的历史人物，都没有作为重点来记述。

司马光认为，历史上盛衰治乱之变的根本原因在于"君臣"的政治见识、能力和举措。在今天看起来，这样的历史思想未免肤浅苍白，不能追究社会历史变迁的更深层次的原因，但是，在当时的历史环境下，司马光能将历史上的盛衰治乱完全归咎于"人治"，是具有进步性的，他要强调的是，"君臣"们作为国家的

---

① 司马光：《进〈资治通鉴〉表》，《资治通鉴》卷末，中华书局1956年版，第9607页。
② 司马光：《进〈资治通鉴〉表》，《资治通鉴》卷末，中华书局1956年版，第9608页。

统治集团，必须担负起历史的责任，"国家盛衰""生民休戚"皆系于"君臣"之所为而非能推诿于"天命"。北宋中期，是各种社会矛盾、民族矛盾比较激烈的时代，司马光突出"人治"在历史上的作用，其实是用历史事实向当时的统治者提出迫切而具体的建议和劝诫。后人往往贬称《资治通鉴》一类的史书是"帝王将相教科书"，事实上，正是因为《资治通鉴》善于从政治主体的角度考察、总结历史上的经验教训，历代的统治者才能从中切实地学习治道和治术。

在司马光看来，决定"国家盛衰""生民休戚"的首要因素是君主的修养和能力，主要有三个方面："一曰仁，二曰明，三曰武。"君主的"治国之要"也有三个方面："一曰官人，二曰信赏，三曰必罚。"他上书神宗说，这是他研究历史得出的精义："诚以臣平生力学所得至精至要，尽在于是。"① 在《资治通鉴》中，他以"臣光曰"反复告诫君主应当讲求仁义，克遵于礼，反复阐明君主在用人、刑赏、纳谏上应格外认真。

司马光特别强调"官人"即选用人才对于政治统治的重要性。他说："为治之要，莫先于用人，而知人之道，圣贤所难也。"② 他主张用人不问亲疏，不讲门第，"举之以众，取之以公"，然后根据其人具体的功绩赏罚进退之，"皆众人所共然也，已不置毫发之私于其间"③。他一再用历史事实论述，为君为相者能识别人才、选拔人才以共治天下才是求得治理的根本道术。

司马光认为，维护"礼治"秩序是进行政治统治的根本原理。在《资治通鉴》一开篇，他就借着周威烈王命赵、韩、魏三家大夫为诸侯一事，开宗明义，提出了"礼为纪纲"的原则："臣闻天子之职莫大于礼，礼莫大于分，分莫大于名。何谓礼？纪纲是也。何谓分？君臣是也。何谓名？公、侯、卿、大夫是也。夫以四海之广，兆民之众，受制于一人，虽有绝伦之力，高世之智，莫不奔走而服役者，岂非以礼为之纪纲哉！是故天子统三公，三公率诸侯，诸侯制卿大夫，卿大夫治士庶人。贵以临贱，贱以承贵。上之使下犹心腹之运手足，根本之制支叶，下之事上犹手足之卫心腹，支叶之庇本根，然后能上下相保而国家治安。"④ 也就是说，要建立并巩固中央集权的君主专制统治，保障封建国家和社会的统一安定，就要尊奉君君臣臣父父子子的纲常伦理，用制度、礼仪、名位等手段，执行、维护上下尊卑长幼亲疏的等级秩序。他说："盖言治乱之道，古今一贯"⑤，纲常伦理、礼

---

① 司马光：《司马光集》卷三六《作中丞初上殿劄子》，李文泽、霞绍晖校点，四川大学出版社2010年版，第826、827页。
② 司马光：《资治通鉴》卷七三，魏明帝景初元年，中华书局1956年版，第2329页。
③ 司马光：《资治通鉴》卷二二五，唐代宗大历十四年，中华书局1956年版，第7528页。
④ 司马光：《资治通鉴》卷一，威烈王二十三年，中华书局1956年版，第1—2页。
⑤ 司马光：《稽古录》卷一六，《丛书集成初编》本，中华书局1991年版，第171页。

治秩序就是万古不变的"道"。司马光缺乏历史演变的思想,这与他主张"祖宗之法"不可变的保守政治立场是一贯的。

《通鉴》继承和发扬儒家"民本"思想传统,把"生民休戚"作为"国家盛衰"的根基,用一千多年的历史生动具体地论证着"民可载舟,亦可覆舟"的道理。在这一思想指导下,作为封建社会位至当朝宰相的史家,司马光却对历代农民战争进行了详实的记述,写出了每值皇朝末年政治腐败、社会动荡、百姓迫于苛暴饥寒的实况,也如实表现了历代农民起义以摧枯拉朽之势摧毁封建专制统治的伟大力量。

由于司马光在《资治通鉴》之中善于从主体角度考察政治统治上的得失成败,故能将读者带入具体的历史处境中,使之能设身处地地考察、分析时势,以抉择去取,这对于培养读者的政治见识和能力很有用处。王夫之说,读《资治通鉴》要"设身于古之时势,为己之所躬逢;研虑于古之谋为,为己之所身任。取古人宗社之安危,代为之忧患,而己之去危以即安者在矣;取古昔民情之利病,代为之斟酌,而今之兴利以除害者在矣。得可资,失亦可资也;同可资,异亦可资也。故治之所资,惟在一心,而史特其鉴也"。他又指出,一部《资治通鉴》包含了"君道""国是""民情""边防""臣谊""臣节""士之行己""学之守正"①,总之,封建社会士人所需要的修身齐家治国平天下之术都可以从《资治通鉴》中学习。

三、《资治通鉴》的叙事艺术

《资治通鉴》取材广泛,据清朝学者统计多达322种之多,驾驭如此丰富的史料,以呈现一千三百余年、十六朝的历史过程,而能线索明晰,扼要不烦,可见司马光的叙事之才。在宋代历史上,司马光虽不以文学名,但据《宋史》本传记载,宋神宗即位后,擢之为翰林学士,称赞他"学"与"文"兼而有之,并比之于董仲舒、扬雄。从《资治通鉴》的叙事艺术来看,这是一个非常恰当的评价。

首先,《资治通鉴》善于叙写战争,有不少是脍炙人口的名篇。

"淝水之战"是中国历史上又一次以弱胜强并从此改写了历史局势的重大战争,《资治通鉴》对这次战争的叙写充满悬念,险象环生。在战前,司马光用对比的手法描写了双方决策层人物对战争的不同反应和想法,以见双方所面临的不同危机。前秦方面,苻融告诫苻坚,主战的慕容垂和姚苌等人"常思风尘之变以逞其志",一旦开战,等于给过去的敌人制造了重新崛起的机会;东晋方面,则"都下震恐",司马光通过桓冲之口表达出东晋朝野对素以文雅著称之谢氏家族的不信任和内心的忧惧:"谢安石有庙堂之量,不闲将略。今大敌垂至,方游谈不暇,遣

---

① 王夫之:《读通鉴论·叙论四》,中华书局1975年版,第1114页。

诸不经事少年拒之，众又寡弱，天下事已可知，吾其左衽矣！"在战争第一阶段，东晋主将一直有畏敌情绪，谢玄听说苻坚亲自统帅前锋，"甚惧，欲不战以老秦师"。最后，终于在谢琰的劝说下，派刘牢之主动进攻前秦先头部队，取得重大胜利，苻坚"怃然始有惧色"，"望见八公山上，草木皆以为晋兵"。到了第二阶段，起决胜作用的并不是双方的战略战术，而是前秦军队内部激烈的民族矛盾已导致众心涣散，充满厌战情绪。苻坚令前秦军队后撤，好让东晋军队渡过淝水以决胜负，谁知前秦军队一退则不可复止而成溃败之势，东晋军队乘胜追杀，以致"其走者闻风声鹤唳，皆以为晋兵且至"。更精彩的是，正与人对弈的谢安得到捷报后，表现得十分淡然，置书床上，了无喜色，对来客"徐答曰：'小儿辈遂已破贼。'"但在过门槛之时，却连屐齿折断都没有察觉，这一个细节就暴露出在整个战争过程中，谢安虽表面上一直示众以"夷然"，但内心其实十分紧张。这一切都表明，前秦的失败并不在军事上，而是由更大的政治因素和社会力量所决定。①

其次，司马光对重大历史事件及其过程的叙述也堪称典范，具有鲜明的特点。如"安史之乱"历时七年，经玄宗、肃宗、代宗三朝，头绪复杂，人物众多，事件频发。而司马光以唐皇室、主要战场、安史集团为主要线索，按照时间顺序，交叉叙述，繁而不乱，历历清晰，引人入胜。尤其值得称道的是，司马光对史料的选择、剪裁精当而有深意，既不落痕迹又充分地表达了司马光对历史人事的见解和评价。在整个"安史之乱"的过程中，"睢阳之战"是一个重点，司马光对之有详尽的叙写，并刻画出张巡、许远忠勇壮烈的形象。他特别选择、记叙了"睢阳之战"最为惨痛的一幕，在援军不至，城中食尽的绝境下，"巡出爱妾，杀以食士，远亦杀其奴。然后括城中妇人食之，继以男子老弱。人知必死，莫有叛者，所余才四百人"。收复洛阳后，朝廷论功行赏，议者或罪张巡"食人"，司马光引李翰为张巡所作传记，指出张巡之"食人"，"非其素志"，若因此罪之而不奖，乃是"善遏恶扬，录瑕弃用，臣窃痛之"。最后，司马光借李翰之口，申明史书、史家要能实现历史对于历史人物的公正裁判，这是史书、史家崇高而重大的历史使命："今巡死大难，不睹休明，唯有令名是其荣禄。若不时纪录，恐远而不传，使巡生死不遇，诚可悲焉。臣敢撰传一卷献上，乞编列史官。"② 在这里，司马光呈现出一个典型的道德悖论，一种在价值判断上易陷入矛盾和争论的历史情境。按照儒家的价值观念，吃人是最为不仁的，但誓死守卫睢阳，又是忠君死义之举。司马光并不为贤者讳，直书张巡、许远"乖其素志"而"食人"，并通过这个极具

---

① 司马光：《资治通鉴》卷一〇五，晋孝武帝太元八年，中华书局1956年版，第3308、3309、3310、3311、3314页。
② 司马光：《资治通鉴》卷二二〇，肃宗至德二年，中华书局1956年版，第7038、7046—7047页。

悲剧性的情节表明，即使如此，从其所处的历史形势来看，张巡、许远仍不愧忠义大节，值得永垂青史。这一叙事艺术，表现出司马光对历史人事既复杂而又明确的认识和判断，具有很强的说服力。又如，叛军占领两京后，李泌曾向肃宗建议，暂且不要用力收复两京，而是佯作攻势，使安史军队常在两京一带作防，然后从陕北秘密派军队渡河直捣河北三镇，"覆其巢穴，贼退则无所归，留则不获安，然后大军四合而攻之，必成擒矣"。但唐肃宗急于收复两京，告大功于天下，闻之虽悦，却没有听从。① 李泌的这番建议，不见于新旧《唐书》的记载，而仅见于《李邺侯家传》，由此，更可见司马光对史料的选择、编排寓有深意，能真正做到"寓论断于叙事"。

现代史家翦伯赞总结《资治通鉴》的历史叙事说："叙事则提要钩元，行文则删繁就简；疏而不漏，简而扼要；言必有据，没有空话；事皆可征，没有臆说；文字精炼，没有费辞。"② 在中国史学史上，司马光之所以能与司马迁一齐并称"两司马"，《资治通鉴》在表述上的艺术成就是一个重要的原因。

四、袁枢的《通鉴纪事本末》

《资治通鉴》问世后，对于当时和其后的史学发展产生了极大的影响。补撰、改编、续作、注释、仿制、评论，诸家蜂起，蔚然大观。补撰如刘恕的《通鉴外纪》、金履祥的《通鉴前编》，改编如朱熹的《资治通鉴纲目》、袁枢的《通鉴纪事本末》，续作如李焘的《续资治通鉴长编》、毕沅的《续资治通鉴》，注释如胡三省的《资治通鉴音注》，评论如王夫之的《读通鉴论》，都是有影响的著作。近代以来，关于《资治通鉴》及在其影响下产生的各种著作的研究，已成专门之学，从张须所著《通鉴学》可窥其一斑。在改编的著作中，《通鉴纪事本末》和《资治通鉴纲目》是比较重要的，它们各自创造了新的史书体裁。关于《资治通鉴纲目》将于以后论述，在这里，专门介绍南宋史家袁枢的《通鉴纪事本末》。

袁枢（1131—1205），字机仲，建州建安（今福建建瓯）人。宋孝宗隆兴元年（1163）进士及第，曾担任国史院编修，官至工部侍郎兼国子祭酒，知江陵府。袁枢担任史官，能做到书法不隐。据《宋史》本传记载，宋哲宗时宰相章惇的子孙，以同乡关系请袁枢对《章惇传》加以"文饰"，袁枢勃然大怒说："吾为史官，书法不隐，宁负乡人，不可负天下后世公议！"袁枢撰写《通鉴纪事本末》，是在他任严州教授之时，约在乾道七年（1171）至淳熙元年（1174）之间。袁枢自幼喜读《资治通鉴》，但《资治通鉴》取材宏富，卷帙浩繁，又由于逐年纪事，不能连

---

① 司马光：《资治通鉴》卷二一九，肃宗至德元年，中华书局1956年版，第7009页。
② 翦伯赞：《学习司马光编写〈通鉴〉的精神——跋〈宋司马光通鉴〉》，《人民日报》1961年6月18日。

贯记载历史事件，常使读者"苦其浩博"，不能竟读，于是袁枢"乃区别其事而贯通之"，撰成《通鉴纪事本末》一书，对《资治通鉴》进行不失原意的简化改编，以方便读者。书成后，当时的参知政事龚茂良立即将之推荐给宋孝宗。宋孝宗读后赞叹说："治道尽在是矣。"当即下令摹印十部，分赐太子和江上诸帅，令熟读之，还提升袁枢为大宗正簿。①

《通鉴纪事本末》以事件为中心，按照《资治通鉴》原来的年代顺序，分类编辑，标以醒目的题目，抄上原文和司马光的史论，共编集了239个事目，始于《三家分晋》，终于《世宗征淮南》，共42卷。袁枢对《资治通鉴》的改编，创造了中国史学史上一种重要的史书体裁即纪事本末体，这是其书最大的贡献。自《左传》至于《资治通鉴》，编年体史书其实包含了纪事本末体因素，唐人还从理论上提出了"尽事之本末"的史学要求，但真正实践并确立这一史书体裁的，则创自袁枢。袁枢之后，多有仿作，纪事本末体史书蔚为大观，成了与编年体、纪传体三足鼎立的史书系列。当时人就已经充分认识并高度评价了纪事本末体在史书体裁上的创造之功。南宋文学家杨万里为书作序指出，编年体史书以叙事为主，但存在很大的缺点："盖事以年隔，年以事析，遭其初莫绎其终，揽其终莫志其初。"而纪事本末体则真正做到了以事件为中心记述历史："大抵搴事之成以后于其萌，提事之微以先于其明。其情匿而泄，其故悉而约，其作窕而槬，其究遐而迩，其于治乱存亡，盖病之源，医之方也。"杨万里已经准确指出，纪事本末体的好处在于能完整清晰地呈现一个历史事件发生发展的全部过程，凸显其中的因果线索，将史家对一历史事件原因、过程、结果、影响的解释，充分地通过叙事表达出来，从而达到更好的"鉴戒"之效。朱熹为此书作跋，他追溯了纪事本末体在中国史学发展史上的渊源来历，以说明其重要性。他认为《尚书》的一些篇章如《武成》《金縢》诸篇，已经初具纪事本末的规模，《国语》"国别事殊，或越数十年而遂其事，盖亦近《书》体。以相错综云尔"。至于清代，章学诚发挥朱熹的看法，对纪事本末体的创制提出了新的看法和评价："按本末之为体也，因事命篇，不为常格；非深知古今之大体，天下经纶，不能网罗隐括，无遗无滥。文省于纪传，事豁于编年，决断去取，体圆用神，斯真《尚书》之遗也！"②他认为，长期以来，以纪传、编年为主的历史编纂已成为固定的程式，无从表达史家对于历史演化及其所以然之故的见解，这使本来应该"究天人之际，通古今之变"的史学越来越等同于史料的记录和整理，从思想上禁锢了史学的发展。而纪事本末体则具有"因事命篇"的特点，这就使得史家能够根据

---

① 脱脱等：《宋史》卷三八九《袁枢传》，中华书局1977年版，第11935、11934页。
② 章学诚：《文史通义·书教下》，叶瑛校注本，中华书局1985年版，第51—52页。

自己对历史的"别识心裁"制订事目,不为常例所拘,充分而自如地表达对于历史的认识和解释。他建议,要对纪事本末体进行进一步的改造,使之成为史学的主要体裁,以打破史学发展的僵化局面。章学诚心目中经过创新的纪事本末体,非常接近于近代以来成为历史叙事之主流的章节体。也正因如此,梁启超在总结中国古代史书体裁时说:"盖纪传体以人为主,编年体以年为主,而纪事本末体以事为主。夫欲求史迹之原因、结果以为鉴往知来之用,非以事为主不可。故纪事本末体于吾侪之理想的新史最为相近,抑旧史界进化之极轨也。"[①] 不过,从中国古代史学发展之实际状况来说,这三种史书体裁各有所长,互相补充,不可偏废。

第四节 纪传体史书的"会通"之作《通志》

一、通史撰述理论的发展

在《史记》以后的数百年间,通史撰述甚为寥落,而断代皇朝史撰述则久盛不衰,刘知幾总结自先秦至隋唐的中国史学发展时说:"班、荀二体,角力争先,欲废其一,固亦难矣。后来作者,不出二途。"[②] 但是,自中唐以来,这一局面就发生了显著变化,通史撰述日渐兴起,成为重要的史学发展趋势。杜佑《通典》开创了典章制度史,同时也是一部重要的通史著作,其记事上起黄帝,下迄唐玄宗天宝末年,个别地方延至德宗贞元年间,距成书上奏只相隔数年。此外,高峻《小史》钞节历代史而成,下限至于德宗、顺宗时期,是一部纪传体通史;姚康《统史》成书于大中五年(851),"上自开辟,下尽隋朝,帝王美政、诏令、制置、铜盐钱谷损益、用兵利害,下至僧道是非,无不备载,编年为之"[③],比之《资治通鉴》,记载更加广泛;马总《通历》也是一部编年体通史,今存7卷;陈鸿《大统纪》,成书于元和六年(811),是编年体通史;韩潭《统载》成书于贞元十三年(797),是一部传记体通史。如此突出的通史撰述成就,在中晚唐以前的史学发展史上是不曾有过的。这一通史复兴的史学思潮一直延续到两宋,结出了丰硕的果实,编年体通史《资治通鉴》、纪传体通史《通志》、典制体通史《文献通考》都是中国史学史上的伟大经典,至此,中国史学的"通史家风"得到极大发扬,成为中国史学发展史上的精彩一章。章学诚曾说,至唐宋时代,中国通史撰述达至

---

① 梁启超:《中国历史研究法》,《饮冰室合集》专集之九十九,中华书局1989年版,第20页。
② 刘知幾:《史通·二体》,浦起龙通释本,上海古籍出版社2009年版,第22页。
③ 刘昫等:《旧唐书》卷一八《宣帝纪》,中华书局1975年版,第630页。

极盛，并列举代表作："总古今之学术，而纪传一规乎史迁，郑樵《通志》作焉。统前史之书志，而撰述取法乎官《礼》，杜佑《通典》作焉。合纪传之互文，而编次总括乎荀、袁，司马光《资治通鉴》作焉。汇公私之述作，而铨录略仿乎孔、萧，裴潾《太和通选》作焉。此四子者，或存正史之规，或正编年之的，或以典故为纪纲，或以词章存文献，史部之通，于斯为极盛也。"①

通史撰述的重大成就使中国史学的"通史家风"得到了理论上的总结和阐发，主要反映于郑樵在《通志》中提出的"会通"的史学思想。郑樵（1104—1162），字渔仲，南宋兴化军莆田（今属福建）人，于宋高宗绍兴三十一年（1161）撰成纪传体通史《通志》200卷。其书《总序》对"会通之义"的阐发，是论说通史撰述之必要性的一篇宏文，继承、发扬了中国史学的会通之旨，在理论上有重要的价值。《通志·总序》开宗明义地写道："百川异趋，必会于海，然后九州无浸淫之患；万国殊途，必通诸夏，然后八荒无壅滞之忧。会通之义大矣哉！自书契以来，立言者虽多，惟仲尼以天纵之圣，故总《诗》《书》《礼》《乐》而会于一手，然后能同天下之文；贯二帝、三王而通为一家，然后能极古今之变；是以其道光明百世之上，百世之下不能及。"他提出，通史之作，一方面要汇总全部的文献史料而能融会贯通，一方面要能"极古今之变"，不但在时间上要贯通全部的历史过程，而且要具有对于历史的通识。

通观《通志·总序》，郑樵所谓"会通之义""会通之旨""会通之道"，其主旨在于：一是重视古今"相因之义"，意在贯通历史的联系；二是重视历代因"损益"而带来的不同，意在揭示"古今之变"，在这一点上，郑樵不愧是司马迁历史思想的继承者和发扬者。正是在这个意义上，郑樵批评："自班固断代为史，无复相因之义，虽有仲尼之圣，亦莫知其损益，会通之道，自此失矣！"在郑樵看来，如果只有断代史而无通史之作，所造成最严重的问题将是无法认识、呈现历史的连续性，无法真正解释历史的变迁："语其异也，则前王不列于后王，后事不接于前事；郡县各为区域，而昧迁革之源；礼乐自为更张，遂成殊俗之政，如此之类，岂胜断绠。"此外，断代史都是站在某一皇朝的立场上进行褒贬裁断，凡反对自己的皆斥为"叛逆"，凡效忠自己的皆许为"忠义"，凡鼎立并列的政权则一律贬为"僭窃"甚至"夷狄"。而一旦时移势迁，这样的书法就成了违背社会伦理道德的"曲笔"，"伤风败俗，莫大乎此"。

要之，郑樵"会通"思想的理论价值，反映在历史观方面，是强调重古今之相因，极古今之变化；反映在历史文献学方面，是提出广搜博览，然后能成一家之言的原则，所谓"大著述者，必深于博雅，而尽见天下之书，然后无遗恨"。不

---

① 章学诚：《文史通义·释通》，叶瑛校注本，中华书局1985年版，第373页。

过,正如刘知幾推崇断代贬抑通史乃是一种片面的见解,郑樵之大张"会通之旨"而排斥"断代为史",同样也是一种偏见。会通与断代,反映了史家两种不同的历史视野,在历史撰述中都是不可缺少的。

马端临(约1254—1323),字贵与,元饶州乐平(今属江西)人,于元朝大德十一年(1307)写成了《文献通考》,这是继《通典》之后又一部典制体通史巨著。在书的序文中,马端临对史学"会通"之义提出了新的见解,进一步丰富和发展了中国古代史学的通史撰述理论。其一,他将历史"会通因仍之道"分成了两个方面,一是"理乱兴衰",二是"典章经制"。《资治通鉴》"取千三百余年之事迹,十七史之纪述,萃为一书,然后学者开卷之余,古今咸在",包含、呈现了历代的"理乱兴衰";《通典》"肇自上古,以至唐之天宝,凡历代因革之故,粲然可考",写出了"典章经制"的"会通因仍之道"。《资治通鉴》与《通典》在表现历史"会通因仍之道"上各有侧重,因此对这两部书的评价也要根据其著述"体要",不能求全责备,如《资治通鉴》"详于理乱兴衰,而略于典章经制。非公之智有所不逮也,编简浩如烟埃,著述自有体要,其势不能两得也"。其二,他对历史"相因"之道即历史变化中的联系性提出了新的认识。他认为:"理乱兴衰,不相因者也。晋之得国异乎汉,隋之丧邦殊于唐,代各有史,自足以该一代之始终,无以参稽互察为也。典章经制,实相因者也,殷因夏,周因殷,继周者之损益,百世可知。"他强调的是,在历代皇朝的兴盛衰亡之中,"典章经制"却代有继承,可以追源溯流,知其发展演化之过程:"爰自秦汉以至唐宋,礼乐兵刑之制,赋敛选举之规,以至官名之更张,地理之沿革,虽其终不能以尽同,而其初亦不能以遽异。如汉之朝仪、官制,本秦规也;唐之府卫、租庸,本周制也。其变通张弛之故,非融会错综,原始要终而推寻之,固未易言也。"不过,他显然将"理乱兴衰"不相因和"典章经制"实相因的关系绝对化了,再者,"理乱兴衰"在很大程度上也与"典章经制"相关联,未可截然分开。尽管如此,马端临将历史的"会通因仍之道"分为"理乱兴衰""典章经制"两个层面,指出并要求通史撰述各有"体要",这毕竟是通史撰述理论的一个重要进展。

二、典制史范围的扩大

继《通典》之后,宋代史家郑樵《通志》、元代史家马端临《文献通考》都在典章制度史的撰述上作出重要贡献,合称为"三通",成为中国典章制度史的三大经典。郑樵《通志》虽然是一部纪传体通史,但其书的主要价值在于《二十略》即典制史部分。《通志》和《文献通考》在《通典》之后进一步扩大了典制史的撰述范围。

郑樵自己对于《通志·二十略》评价甚高,他说:"臣今总天下之大学术而条其纲目,名之曰'略'。凡二十略,百代之宪章,学者之能事,尽于此矣。"《二十略》名称、卷帙如下表:

名称	氏族	六书	七音	天文	地理	都邑	礼	谥	器服	乐
卷帙	6	5	2	2	1	1	4	1	2	2

名称	职官	选举	刑法	食货	艺文	校雠	图谱	金石	灾祥	昆虫草木
卷帙	7	2	1	2	8	1	1	1	1	2

今考察《二十略》的立目和内容,大致可以区分三种情况:第一,立目与内容都依据前史。《礼略》《职官略》《选举略》《刑法略》《食货略》,从标目到史文,基本上出自杜佑《通典》,或直接移用,或加以隐括;第二,立目参照前史,而在分类和内容上都有所创造发展,这包括《天文略》《地理略》《器服略》《乐略》《艺文略》《灾祥略》六略;第三,立目和内容多属作者自创,这包括《氏族略》《六书略》《七音略》《都邑略》《谥略》《校雠略》《图谱略》《金石略》《昆虫草木略》等九略。关于《氏族略》,郑樵说:"生民之本,在于姓氏。帝王之制,各有区分,男子称氏,所以别贵贱,女子称姓,所以别婚姻,不相紊滥。"① 对姓氏的研究有助于考察中国民族的来历和演变,是中国社会史、民族史上的重要问题;《六书略》和《七音略》是关于文字、音韵的学问;《都邑略》讲的是历代建都的历史,这是一个重要的人文、政治地理问题,它与《氏族略》的创制都受到刘知幾的启发;郑樵将"谥法"从历代礼制中抽出以作《谥略》,反映、记载了中国传统政治和文化的一个重要方面;《校雠略》以书籍分类表现学术的门类和源流,具有学术史的意味,这是郑樵一个很重要的创造,后来章学诚的《文史通义》和《校雠通义》皆受其影响;《图谱略》和《金石略》强调了图画、地图、表谱、碑铭刻石作为文献的重要性,扩大了文献范围,表现出郑樵的卓识远见。将"金石"作为重要的文献加以研究和使用,始于宋代而成为风气,《金石略》的创制及时反映了当代学术的新发展;《昆虫草木略》是在天文、地理、灾祥之外,扩大了自然史的范围。总之,郑樵《通志·二十略》突破了典制史主要记述政治方面典章制度的藩篱,将范围扩展到了社会、文化、自然的重要方面,极大地开阔了历史视野,为发展新的专门史提供了途径。从这个意义上说,郑樵自称其书"总天

---

① 以上引文均见郑樵:《通志·总序》,王树民点校《通志二十略》本,中华书局1995年版,第5页。

下之学术",并非过分夸张之词。

三、郑樵《通志》的史学价值

郑樵一生隐居,不事科举,唯事研究、著述,"欲读古人之书,欲通百家之学,欲讨六艺之文而为羽翼"①,以刘向、扬雄那样的大学者自期;加之性情狷介,寡交游,遂自成一家,形成了自己独特的学术风格。他以"会通"精神广涉当时所有学问领域,经过切实、系统的研究,形成了自己的学术思想体系,自称其学为"实学""古学"。郑樵一生著述甚多,可惜大多亡佚,他的"实学""古学"主要体现于纪传体通史《通志》之中。

郑樵撰写《通志》,经历了一个十分艰难的过程。自宋徽宗宣和元年(1119)其父郑国器亡故,至高宗绍兴十九年(1149),在这30年间,郑樵随堂兄郑厚结茅庐于莆田县西北的夹漈山,谢绝人事,刻苦研读,《宋史》本传说他"游名山大川,搜奇访古,遇藏书家,必借留,读尽而去",以至遍览"东南遗书""古今图谱""上代之鼎彝与四海之铭碣"②。逐渐地,郑樵的名声大了起来,所作文字流传颇广,朝中大臣如李纲、赵鼎、张浚等都很器重他。绍兴十九年,他将所撰书稿140卷上呈朝廷,受到高宗重视,"诏藏秘府"。之后,他回到家乡,一面继续著述,一面从事讲学,被时人称为"夹漈先生"。绍兴二十八年(1158),经大臣推荐,郑樵得到了被宋高宗"召对"的机会,并奏上《修史大例》即《通志》的撰述计划,但朝廷并没有重用他,只是授他右迪功郎、礼兵部架阁的从九品小官。任官不久,他因事被人弹劾,改为监潭州(今湖南长沙)南岳庙,朝廷要求他在职期间抄写所著《通志》,在以后不到两年的时间里,他将自己的著述进行一番整理、删定,成书《通志》200卷,于绍兴三十一年(1161)呈上,并升任枢密院编修官。次年春,郑樵病故于家乡。

首先,如前所述,《通志·总序》批评班固断代为史,表彰和阐发中国史学的"通史家风",进一步丰富发展了通史撰述理论,《通志》集中反映出郑樵以"会通"为主的学术思想。通观《通志》全书,郑樵所谓"会",是要求尽可能全面地网罗汇总各种文献史料,加以综合;所谓"通",是按照事物本身固有的条理逻辑,加以整理、编排,探其源流,理出线索,描绘出各种事物从古到今的发展过程。郑樵不仅在理论上提出了"同天下之文""极古今之变"的"会通"原则,而且在纪、传、谱、表的编撰中也力求贯彻"会通"思想,做到"集天下之书为一书"。

---

① 郑樵:《夹漈遗稿》卷二《献皇帝书》,《丛书集成初编》本,中华书局1985年版,第10页。
② 郑樵:《夹漈遗稿》卷二《献皇帝书》,《丛书集成初编》本,中华书局1985年版,第11页。

其次，郑樵在《通志》中一再提倡"实学"。所谓"实学"，一方面是指反对迷信的理性批判精神，一方面是指实事求是、信而有征、注重实践和考察的近乎科学的精神和方法。他大力抨击专意褒贬书法的史学和迷信"天人感应"的灾祥之学，称前者是务以"欺人"的"妄学"，后者是务以"欺天"的"妖学"①。《通志》纪传部分在采用旧史原文时，皆删除原作者的褒贬评价。他写《天文略》"正欲学者识垂象以授民时之意，而杜绝其妖妄之源焉"②。写《灾祥略》则"专以记实迹，削去五行相应之说，所以绝其妖"③。他一方面注重文献的考订、辨伪，不轻信妄从，另一方面又不局限于文献记载，主张对实际事物进行考察和研究。在研究六经名物和历代典章制度的过程中，郑樵对天文、语言、动植物、医药都下了实际调查研究的功夫。他批评理学盛行的宋代学风："皆操穷理尽性之说，而以虚无为宗，至于实学，则置而不问。"④ 他要切切实实地了解一切事物的实状，所以非常重视图谱之学，专门作《图谱略》讲图谱对于学术的重要性。他的著作里原本有很多图画，可惜在编撰《通志》的时候基本删略。

《通志·二十略》之所以受到后人的高度称赞和重视，不仅因为它大大开拓了典制史的范围，将眼光扩大到文化史、社会史，还在于郑樵能够按照研究对象本身的性质、逻辑，对事物进行合理的分类，然后探其源流，理出发展线索。如《艺文略》打破了四部分类法，将典籍分为 12 类、100 家、432 种，用图书分类体现出学术分门及其发展历史；《氏族略》指出"因生赐姓，胙土命氏，又以字、以谥、以官、以邑命氏，邑亦土也"，将姓氏的来源区分为 32 类⑤；《六书略》将所有文字类分为象形、指事、会意、谐声、转注、假借等"六书"；《七音略》以四声为经，七音为纬，成为一部极明白的韵书；《昆虫草木略》把天地间品类繁多的动植物分成草类、蔬类、稻类、木类、果类、兽类、禽类等，让人们可以依类探寻，一目了然。对此，章学诚给予高度评价，称赞郑樵"惟创例发凡，卓见绝识，有以追古作者之原，自具《春秋》家学耳"⑥。

关于郑樵及其学术，历代学者褒贬不一，评价分歧，直到近代才获得应有地位。宋人陈振孙在《直斋书录解题》中著录了郑樵很多著述，但批评他"虽自成

---

① 郑樵：《通志·灾祥略·序》，王树民点校《通志二十略》本，中华书局 1995 年版，第 1905 页。
② 郑樵：《通志·天文略·序》，王树民点校《通志二十略》本，中华书局 1995 年版，第 450 页。
③ 郑樵：《通志·灾祥略·序》，王树民点校《通志二十略》本，中华书局 1995 年版，第 1905 页。
④ 郑樵：《通志·昆虫草木略·序》，王树民点校《通志二十略》本，中华书局 1995 年版，第 1979 页。
⑤ 郑樵：《通志·总序》，王树民点校《通志二十略》本，中华书局 1995 年版，第 5 页。
⑥ 章学诚：《文史通义·申郑》，叶瑛校注本，中华书局 1984 年版，第 464 页。

一家,而其师心自是,殆孔子所谓不知而作者也"①。马端临也说他"讥诋前人,高自称许"②。清代学者如钱大昕、王鸣盛、戴震、周中孚对郑樵都很反感,说他"大言欺人"③,甚至"贼经害道"④。在这种情况下,只有章学诚大力表彰其学,在《文史通义》中专设《申郑》篇,指出郑樵总结、发扬"通史家风",对于中国史学发展具有重大意义:"郑樵生千载而后,慨然有见于古人著述之源,而知作者之旨,不徒以词采为文,考据为学也,于是遂匡正史迁,益以博雅,贬损班固,讥其因袭,而独取三千年来遗文故册,运以别识心裁,盖承通史家风,而自为经纬,成一家言者也。"⑤ "新史学"开山梁启超也高度评价郑樵的史学思想,将之作为中国古代史学理论的重要成就而与刘知幾、章学诚并列。

第五节 两宋史学的其他成就

一、本朝史的撰述

关于本朝的撰述,除官修者外,南宋时期涌现出大量的私修本朝史,数量之多,水平之高,都令人惊叹,这是宋代史学一个突出的特点和成就。南宋私修本朝史与当时的历史形势密不可分。北宋灭亡,南宋又屡败于金,不得不称臣求和,这给整个南宋朝野带来巨创深痛,遂热衷于探究北宋所以败亡的历史原因,引起关于熙丰变法、元祐更化、绍圣之政以及相关人物之是非功过的争论,为此,国史多次重修;而与金和战的争论,更是贯穿南宋前期和中期。现实政治中的这些重大问题,激发了人们的历史思考,使一些史家将毕生精力倾注于本朝史的撰述,背后无不饱含着恢复北宋大业、重建政治统一局面的强烈企望。宋代本朝史撰述主要有两个重点:一是北宋史,以探求、总结北宋灭亡的历史教训;一是南宋初期"中兴"历史的回顾和总结。

以下,按照成书大致先后,表列私修本朝史之较著者,以见其大概。

作者	书名	卷数	体裁	成书时间	存佚
江少虞	宋朝事实类苑	78	典故、类书	绍兴十五年(1145)	存

---

① 陈振孙:《直斋书录解题》卷二,徐小蛮、顾美华点校,上海古籍出版社1987年版,第38页。
② 马端临:《文献通考》卷二〇一《经籍考二十八》,中华书局1986年版,第1685页。
③ 周中孚:《郑堂读书记》卷一八,黄曙辉、印晓峰标校,上海书店出版社2009年版,第326页。
④ 《戴震文集》卷九《与任孝廉幼植书》,赵玉新点校,中华书局1980年版,第138页。
⑤ 章学诚:《文史通义·申郑》,叶瑛校注本,中华书局1985年版,第463页。

续表

作者	书名	卷数	体裁	成书时间	存佚
李攸	宋朝事实	20	典故	绍兴二十五年（1155）	存
李丙	丁未录	200	编年	乾道八年（1172）	佚
朱熹	八朝名臣言行录	24	传记	乾道八年（1172）	存
徐度	国纪	100	编年	淳熙三年（1176）	佚
李焘	续资治通鉴长编	980	编年	淳熙十年（1183）	存
熊克	九朝通略	168	编年	淳熙十一年（1184）	佚
熊克	中兴小历	40	编年	淳熙十一年（1184）	存
赵汝愚	宋朝诸臣奏议	150	奏议	淳熙十三年（1186）	存
王称	东都事略	130	纪传	绍熙年间（1190—1194）	存
杜大珪	名臣碑传琬琰录	107	传记	绍熙五年（1194）	存
徐梦莘	三朝北盟会编	250	编年	绍熙五年（1194）	存
赵甡之	中兴遗史	60	编年	庆元六年（1200）	佚
李壁	中兴十三处战功录	1	杂史	开禧元年（1205）	存
彭百川	太平治迹统类	30	典故、类书	嘉定二年（1209）	存
彭百川	中兴治迹统类	30	典故、类书	嘉定二年（1209）	存
李心传	建炎以来系年要录	200	编年	嘉定三年（1210）	存
徐自明	宋宰辅编年录	20	编年、职官	嘉定八年（1215）	存
蔡幼学	国朝编年政要	40	编年	嘉定十年（1217）	佚
李埴	皇宋十朝纲要	25	编年	嘉定年间（1208—1224）	存
陈均	宋九朝编年备要	30	纲目	绍定二年（1229）	存
吕中	宋大事记讲义	23	史论	淳祐七年（1247）	存
杨仲良	续资治通鉴长编纪事本末	150	纪事本末	宝祐元年（1253）	存
刘时举	续宋编年资治通鉴	15	编年	景定五年（1264）	存

在蔚为大观的本朝史撰述中，最具有代表性的是三部巨著：李焘《续资治通鉴长编》、徐梦莘《三朝北盟会编》、李心传《建炎以来系年要录》。

李焘（1115—1184），字仁甫，眉州丹稜（今属四川）人。高宗绍兴八年（1138）进士及第后，任川中地方官多年，以余暇力学，"博极载籍，搜罗百氏，慨然以史学自任，本朝典故尤悉力研核"。① 其后，任职秘阁修撰权同修国史、权

---

① 脱脱等：《宋史》卷三八八《李焘传》，中华书局1977年版，第11914页。

实录院同修撰。他仿《资治通鉴》体例，以40年心血，撰成《续资治通鉴长编》，记事起自建隆，迄于靖康，全书980卷，另撰《举要》68卷，于孝宗淳熙十年（1183）进呈全书，这是中国史学史上前所未有的一部卷帙浩繁的编年体皇朝史。《续资治通鉴长编》的特点，一是史料来源丰富，记载详实，"宁失之繁，无失之略"。尤其是熙宁以后，"大废置、大征伐，关天下之大利害者，其事迹比治平以前特异"，是非纷纭，莫衷一是，李焘持"传信无穷"的态度，对相关史事几乎网罗殆尽①，神宗朝每年记事多达9卷，哲宗朝每年记事更是增至15卷；二是对于有争议的历史大事，务必荟萃不同史料，以互相参照，"破巧说伪辩之纷纭，益以昭明祖宗之丰功盛德"。②李焘虽"耻读"王安石书，但是，他对变法派和反对派的言论、行事都详细加以记述，正如叶适之所称赞："凡实录、正史、官文书无不就正一律也，而又家录、野记旁互参审，毫发不使遁逸，邪正心迹随卷较然。"③

在李焘撰成《续资治通鉴长编》后12年，即宋光宗绍熙五年（1194），徐梦莘撰成《三朝北盟会编》。徐梦莘（1126—1207），字商老，临江（今江西樟树西）人，宋高宗绍兴二十四年（1154）进士及第，一直担任地方官，他淡于仕途，思欲对靖康之乱探其本源，究其始末，乃网罗史料，撰成《三朝北盟会编》一书，于宁宗庆元二年（1196）进呈朝廷，受到重视，他也因此被授予直秘阁之职。《三朝北盟会编》250卷，其记事上起北宋徽宗政和七年（1117）宋金"海上之盟"，下迄南宋高宗绍兴三十二年（1162）金海陵王完颜亮侵宋失败后宋金再次和议，以宋金关系为主要的记事线索。此书采取编年体例，但每记一事则并列诸说，每取一说则照录全文，"不敢私为去取，不敢妄立褒贬。参考折衷，其实自见"④。全书网罗宏富，引书近二百种，"凡曰敕、曰制、诰、诏、国书、书疏、奏议、记序、碑志，登载靡遗"⑤，以丰富详细的史料反映了两宋之际复杂的社会矛盾和民族矛盾，将有关文献囊括于一书，具有难以取代的价值。

在《三朝北盟会编》成书12年之后，又一部编年体的本朝史巨著问世了，它就是李心传的《建炎以来系年要录》，于宋宁宗嘉定元年（1208）书成上奏。李心传（1166—1244），字微之，隆州井研（今四川井研）人。早年科举失意，遂不复应举，闭门读书，发奋著述。理宗绍定四年（1231），受到当时众多名流举荐，66岁的李心传受召入朝，担任史馆修撰，赐同进士出身。其后，多次担任史官，参

---

① 李焘：《续资治通鉴长编》卷首《淳熙元年上书表》，中华书局1992年版，第10页。
② 李焘：《续资治通鉴长编》卷首《乾道四年上书表》，中华书局1992年版，第9页。
③ 李焘：《续资治通鉴长编》卷首引叶适《习学记言》，中华书局1992年版，第11页。
④ 徐梦莘：《三朝北盟会编·序》，上海古籍出版社1987年版，第3页。
⑤ 脱脱等：《宋史》卷四三八《徐梦莘传》，中华书局1977年版，第12983页。

与编修《中兴四朝帝纪》《十三朝会要》等书。《建炎以来系年要录》200卷，以编年体裁记载高宗一朝36年历史，李心传有意识地把自己的撰述当作李焘《续通鉴长编》的续作："编年之体，不当追录前书已载之事。今以金人和战，帅府建立，皆中兴以后事迹张本，故详著之，以备始末。"①《要录》比之《长编》，叙事更加凝练，比之《会编》，采撰更加精审，其网罗史料之宏富不下于前两种书，引书多达200种左右。《要录》仿《资治通鉴考异》之法，对所记史事进行自注，或胪列众说，或考辨真伪，务求实事求是。四库馆臣评论说："大抵李焘学司马光而或不及光，心传学李焘而无不及焘。"②

自孔子《春秋》以后，中国史学形成了撰述本朝史的传统，从《史记》至《通典》，撰述通史者一般都及于当世，其中主要原因皆在于受到现实的触动而上求历史。两宋之际的历史变动，强烈地激发了史家"述往事，思来者"的责任感，以《续资治通鉴长编》《三朝北盟会编》《建炎以来系年要录》为代表的南宋本朝史撰述正是对这一优良史学传统的继承和发扬。

二、吕祖谦和朱熹的史学

南宋时理学家一方面继承了二程的史学思想，以读史为"穷理""致知"之学，并主张"先经后史"，一方面致力于历史撰述的实践，成果斐然，成为宋代史学的一个重要流派，对其后的中国史学发展产生了深远影响，其中最重要的代表人物，当推吕祖谦和朱熹。

吕祖谦（1137—1181），字伯恭，婺州金华（今属浙江）人，人称东莱先生。吕祖谦出身于宋代一个"累世辅相"的达宦、学术世家，他于宋孝宗隆兴元年（1163）进士及第，官至国史院编修官、实录院检讨官，其政治地位与其先祖们比起来，实在微不足道，但他以一生精力从事学术和教育，其学术成就远胜先祖，成为吕氏家学有代表性的人物。

在南宋，最有影响的学派有三支，一是以朱熹为宗的朱学，一是以陆九渊为宗的陆学，一是以吕祖谦为宗的吕学，而各有特点。"多识前言往行以畜其德""言性命必究于史"是吕学最重要的学术特点和成就。而这一点，遭到朱熹的严厉批评："婺州士友只流从祖宗故事与史传一边去，其驰外之失，不知病在不曾于《论语》上加工。"又说："伯恭于史学分外仔细，于经却不甚理会。"③

《大事记》《通释》《解题》是吕祖谦编著的一部"三合一"通史撰述，在体

---

① 李心传：《建炎以来系年要录》卷一，中华书局1988年版，第23页。
② 永瑢等：《四库全书总目》卷四七《建炎以来系年要录》提要，中华书局1965年版，第426页。
③ 黎靖德编《朱子语类》卷一二二《吕伯恭》，王孝鱼点校，中华书局1986年版，第2956页。

裁上独具匠心，最能凸显"通古今之变"的史学旨趣。《大事记》编年记载重大历史事件，仅列事目，用自注说明史料出处；《通释》引用《易传》《书序》《诗序》《论》《孟》等经典，以及司马迁、刘向直到二程等历代名儒议论，其实是表达自己的历史观点和思想，包括对历史演化的阶段性、时代变迁之脉络线索、每一时代之政教风俗的特点、重大事件与人物的历史意义、皇朝兴盛衰亡之故的认识；《解题》内容很丰富，主要是作者自己所作史论，也常常引用历代史书、诸儒议论，重在将历史事件放在历史演化过程之中阐发其重大历史意义，讨论其得失成败之所以然，又明辨人心之善恶、道德之是非，还对历史事件、人物、典制、名物、地理进行简要的解释。这部体裁新颖、思想深刻而丰富的通史著作，原本打算从公元前481年，一直写到五代结束北宋建立，但终因吕祖谦的早卒而未能完成全帙，只写到汉武帝征和三年（前90）。

吕祖谦还著有《历代制度详说》15卷，首重科举、教育和官员考核，以"食货"内容最多，继之以军事制度，最后是国家重大礼制，反映了宋朝典章制度的重点和特点。每一卷先叙述该制度的渊源和演变，再分析评论该制度及其沿革，重点在于如何得良法善制以用之于当今。这部书原本是为科举考试写的参考书，但仍然表现出吕祖谦卓越的史识和史才，四库馆臣称赞说："前列制度，叙述简赅；后为详说，议论明切。"①

朱熹（1130—1200），徽州婺源（今属江西）人，字元晦，晚年自号晦庵，别号紫阳。朱熹自绍兴十八年（1148）举进士，经历高宗、孝宗、光宗、宁宗四朝，一生主要时间过着讲学著书的生活。他继承周敦颐、二程、张载，兼采释、道各家思想，形成完整的哲学体系，成为宋代理学之集大成者。元仁宗皇庆二年（1313），诏定以朱熹《四书章句集注》为标准取士，从此朱学被定为科举考试的依据，成为中国封建社会后期的主流意识形态。与以前的理学家相比，他不但在思想上重视史学，更是在历史撰述上下了大功夫，真正将史学纳入理学体系之中，完成了史学的"理学化"。其中，以《资治通鉴纲目》《伊洛渊源录》最有代表性，既是宋代重要的史学著作也是重要的理学著作，对其后中国史学的影响是极其重大的。

《资治通鉴纲目》是朱熹以"天理"历史观为指导思想撰述的一部中国通史，"义正而法严，辞核而旨深，陶镕历代之偏驳，会归一理之纯粹"②。这书以及制定褒贬书法的《凡例》并非出自朱熹一人之手，而是由他的门人参与修撰并最终完

---

① 永瑢等：《四库全书总目》卷一三五《历代制度详说》提要，中华书局1965年版，第1147页。
② 李方子：《通鉴纲目》后序，《通鉴纲目》附录二，《朱子全书》（修订本）第11册，上海古籍出版社、安徽教育出版社2010年版，第3503页。

成,但基本上体现了朱熹的历史思想。朱熹为了用历史上兴盛衰亡之变体现"天理"之一贯,创制了"纲目体"这样一种新的历史编纂体裁。在《通鉴纲目序例》中,朱熹对这一编纂体裁概括如下:"盖表岁以首年,而因年以著统,大书以提要,而分注以备言。"首先,在逐年之上行,外书甲子纪年,虽无事,亦书之以备年;在甲子纪年之下,大书"正统"皇朝的年号,其下则分书不得"正统"的皇朝年号;然后,用醒目的大字把该年史事以提要形式写出来;接着,详细叙述事件始末因果、重要的人物言行,并以历代史家、诸儒议论表达朱熹自己的观点。这种编纂体裁,通过反映历史的连续进程、记叙历史重大事件,清晰明确地凸显了天理历史观,把叙事、史论、史评糅合成一个整体,所谓"岁周于上而天道明矣,统正于下而人道定矣。大纲概举,而鉴戒昭矣;众目毕张,而几微著矣"。

《通鉴纲目》成书后,继作者众多。宋、元间,金履祥撰《资治通鉴前编》及其《举要》,上起唐尧,下接《通鉴》,后人以《举要》为纲,将之改成纲目体,与《通鉴纲目》形成一体。明成化年间(1465—1487),商辂等奉敕撰《续资治通鉴纲目》,上起北宋建立,下至元顺帝至正二十七年(1367)。自此以后,刻书家多以三家合刊,成为流行最广的中国通史。清康熙帝经常翻阅三书,尤其对朱熹《通鉴纲目》研读甚勤,著有批语,他命臣下将这三部书及其"御批"重新汇编,命名为《御批通鉴纲目全书》。就像《四书集注》成为科举考试的程式一样,《通鉴纲目》成了对士人进行历史教育的思想标准,成了"奉敕""御批"的中国通史之编纂程式,在整个封建社会后期对人们的历史思想发生着极其重要的影响。

朱熹另一部产生重要影响的史学著作是《伊洛渊源录》。这是一部理学发展史,以二程为中心,溯源探流,呈现出以"北宋五子"即周敦颐、二程、邵雍、张载为中心的理学发展历程,事实上,是建构了理学"道统"相传的谱系,规定了理学的正宗思想,成为理学史最重要的经典。《伊洛渊源录》先是记述理学家的生平资料,然后摘录其学术思想论述,并加以同时人或后人的记述和评论,这一形式被后世学案体学术史著作继承并完善,成为一种重要的史书类型和史学分支。

三、民族史观和少数民族史记述

关于宋人的民族史观。面对北方辽夏金诸民族政权的威胁和侵袭,宋朝统治者穷于应付,屡屡败北,不断妥协退让,议和苟安,更无暇关心境内其他民族,仅以笼络、羁縻怀柔政策,以求无事,从而缓解其北部军事压力。在此情况下,宋人的民族历史观,将传统的"夷夏大防",与《汉书》区分汉与新莽的"正闰论"相结合,来区分宋朝与北方诸强邻不同的现实和历史地位,强调夷夏正闰观,在所撰史书中,更竭力对历史上和现存民族政权的鄙视和批评。

北宋欧阳修连撰七篇文章,始倡夷夏正闰观,说"君子大居正","正者,所以正天下之不正也；统者，所以合天下之不一也。由不正与不一，然后正统之论作"①。欧阳修所撰《新五代史》以《四夷附录》三卷居于全书之末，序云："自古夷狄之于中国，有道未必服，无道未必不来，盖自因其衰盛。虽尝置之治外，而羁縻制驭恩威之际，不可失也。其得之未必为利，失之有足为患，可不慎哉！"②书中以《附录》第一、第二两卷记契丹辽自耶律阿保机至其孙耶律璟的历史，系以梁唐晋汉周之年号，称"阿保机僭号"，"十四州之俗，至今陷于夷狄"③。充分显现了欧阳修的"褒贬义例"④的史家书法和夷夏大防的正统史观。其后，学者对正闰史观多有讨论，司马光言："臣愚，诚不足以识前代之正闰，窃以为苟不能使九州合为一统，皆有天子之名而无其实者也。虽华夏（或作夷）仁暴，大小强弱，或时不同，要皆与古之列国无异，岂得独尊奖一国谓之正统，而其余皆为僭伪哉！"⑤ 这是在讨论三国史时的论说，但在其撰至契丹辽的历史时，却以五代诸朝为正统，不系契丹辽的年号，称契丹皇帝为"契丹主"，屡以"契丹入寇""犯塞"为词，皆显作者在现实问题上仍持夷夏正闰之说，认为契丹辽为非正统政权。苏轼也有"正统论"⑥多篇。苏氏门人陈师道亦撰写《正统论》，训统为一，以为统者，一天下而君之者也。

南渡后的宋朝，伴随着对"夷氏猾夏"的激愤，金人的夷氏胡虏身份被一再强调，夷夏正闰观更成为历史思想之大宗，成为偏安之南宋朝廷的安慰剂。徐梦莘在《三朝北盟会编·序》开篇言："呜呼！靖康之祸，古未有也。夷氏为中国患久矣。昔在虞周，犹不免有苗、猃狁之征。汉唐以来，如冒顿之围平城，佛狸之临瓜步，颉利之盟渭上，此其甚者。又其甚者虏各陷洛，耶律入汴而已。是皆乘草昧凌迟之时，未闻以全治盛际遭颠覆如此其易也。"⑦ 朱熹编纂《通鉴纲目》，其凡例以"统系"为第一，强调"正统谓周、秦、汉、晋、隋、唐"，"僭国谓乘乱篡位或据土者"，"无统谓周秦之间、秦汉之间、汉晋之间、晋隋之间、隋唐之间、五代"。⑧ 至此，宋人的夷夏正闰史观最终定型，影响着以后的史学著述。

关于两宋的少数民族史记述。两宋史家对诸民族政权在言论上的貌视与在史

---

① 欧阳修：《居士集》卷一六《正统论上》，《欧阳修全集》第 2 册，李逸安点校，中华书局 2001 年版，第 267 页。
② 欧阳修：《新五代史》卷七二《四夷附录第一》序，中华书局 1974 年版，第 885 页。
③ 欧阳修：《新五代史》卷七二、七三《四夷附录一、二》，中华书局 1974 年版，第 890、905 页。
④ 陈师锡：《五代史记序》，百衲本《新五代史》附录。
⑤ 司马光：《资治通鉴》卷六九《魏纪一》"臣光曰"，中华书局 1956 年版，第 2187 页。
⑥ 苏轼：《苏轼文集》卷四《正统论》，孔凡礼点校，中华书局 1986 年版，第 120 页。
⑦ 徐梦莘：《三朝北盟会编·序》，上海古籍出版社 1987 年版，第 3 页。
⑧ 《御批资治通鉴纲目·凡例》，《四库全书荟要》史部，第 80 册，编年类，世界书局 1985 年版。

著中的关注形成了鲜明的反差，毕竟因其对两宋政权的军事威胁太甚，为现实应对计，也需要了解其历史与现实情况，以供朝廷决策和军事外交参考。宋朝始终重视对北方诸民族政权和境内各民族史的著述：

辽朝史著述。有自辽"归正"宋朝者所撰书，如仁宗嘉祐二年（1057），赵至（一作志）忠上所著《虏廷杂记》及《契丹地图》等，其上书言："陷番年深，异类之种皆耳目所睹，今偶录其事，纂成三册，并北庭建国而来僭位之人子孙图一本。"① 田纬《匈奴须知》一卷，"录契丹地理官制"②。嘉祐六年（1061），武珪撰《燕北杂录》五卷，燕北指辽朝。佚名《辨鴂录》一卷，凡八篇，系契丹译语。有宋朝官员所撰出使记。王曙《戴斗奉使录》二卷，记其景德三年（1006）和大中祥符三年（1010）出使契丹见闻。路振《乘轺录》一卷，记其大中祥符初（1008）使契丹情形。寇瑊《生辰国信语录》一卷，记其天圣六年（1028）使契丹，贺其主生辰，往返语录，并附景德二年至天圣八年使副姓名及杂仪。绍圣元年（1094），张舜民撰《使辽录》二卷，称："昨于元祐九年，差充回谢大辽吊祭宣仁圣烈皇后礼信使，出疆往来，经涉彼土，尝取其耳目所得，排日记录，因著为《甲戌使辽录》……其间所载山川、井邑、道路、风俗，至于主客之语言，龙庭之礼数，亦可以备清闲之览观。"③ 富弼《富公语录》一卷，为其出使辽朝所撰。元丰六年（1083），苏颂编《华戎鲁卫信录》二百二十九卷、事目五卷，分门别类编录了1004年澶渊之盟以来宋辽双方的外交盟誓规约文字。南宋初史愿《亡辽录》二卷。

宋人辽史的集大成者是纪传史《契丹国志》，二十七卷，叶隆礼撰。淳熙七年（1180）进书表称："其契丹国自阿保机初兴，迄于天祚之亡，立统承家，凡二百余载。臣奉敕命，谨采摭遗闻，删繁剔冗，缉为《契丹国志》以进。"④ 该书卷首尚有初兴本末、世系图、九主年谱、地理图，正文二十七卷，有皇帝纪十二卷，人物传记七卷，与诸国往来文牍和馈献二卷，地理制度二卷，宋人使辽行程录摘钞二卷，诸番杂记一卷，岁时风俗杂录一卷。体例独特，内容丰富，是元修《辽史》的主要参考之一，有重要的史学价值。

金朝史著述。最早有宣和二年（1120）赵良嗣出使金朝，约金夹攻辽朝，返国后所撰《燕云奉使录》。《宣和乙巳奉使金国行程录》，是许亢宗于徽宗宣和七年

---

① 徐松辑：《宋会要辑稿·崇儒五·献书升秩》，苗书梅等点校，河南大学出版社2001年版，第277页。
② 陈振孙：《直斋书录解题》卷五"伪史类"，徐小蛮、顾美华点校，上海古籍出版社1987年版，第140页。
③ 张舜民：《画墁集》卷六《投进使辽录长城赋札子》，清知不足斋刻本。
④ 叶隆礼：《契丹国志》卷首《经进契丹国志表》，贾敬颜、林荣贵点校，上海古籍出版社1985年版，第1页。

（1125）为贺金太宗吴乞买登位出使所撰记录，记载了"起自白沟契丹旧界，止于虏廷冒离纳钵三千一百二十里，计三十九程"①的情况，其中对女真本土情况的记载，是研究女真历史的第一手资料。绍兴十年（1140），张汇献所著《金虏节要》一卷，系"右陷虏人所上也。记金人初内侮，止绍兴十年，共十六年事，颇详实"②。《松漠纪闻》，本文一卷，续一卷，洪皓（1088—1155）撰。洪皓于高宗建炎三年（1129）出使金国，因拒任伪齐官，被扣留十五年。返宋后追忆见闻写成此书，对于研究女真社会风俗、上京、燕京等地的情况和女真政权前期的历史，有重要的参考价值。汪藻（1079—1154）撰《裔夷谋夏录》二卷、《金人背盟录》一卷，后者记金人背契丹迄于宣和乙巳攻破汴京，多采北辽遗事。淳熙三年（1176）李焘撰《淳熙四系录》二十卷，记女真、契丹起灭，自绍圣，迄宣和靖康。孝宗读后说："朕可一日忘此虏哉！"淳熙十六年（1189），张棣自金归宋，献所著《金国志》二卷、《金亮讲和事迹》一卷、《正隆事迹记》一卷。

《三朝北盟会编》二百五十卷，是徐梦莘撰写的一部本朝专题史，上文已经论及，因其包含丰富的民族史内容，故置于此重申，以示其重要性。书首列征引书目一百九十六种，如《金太祖实录》《神麓记》《金虏节要》《正隆事迹》《金国文具书》《金国闻见录》《金国部曲族帐录》等，所收宋金往来国书，有些为《大金吊伐录》所未载，实际引用书籍更多，其中不少已经失传，具有很高的史学和史料价值。

《大金国志》四十卷，旧题宇文懋昭著，是记载金朝始末的第一部较为系统的纪传体史书。端平元年（1234）进书。卷首为进书表及金初兴、世系、九主年谱，卷一至卷二六为太祖至义宗等九位皇帝的"纪年"，卷二七为"开国功臣传"，卷二八、二九为"文学翰苑传"，卷三〇至三二为伪楚、伪齐录和灭北宋文件，卷三三至三六记诸典章制度，卷三七两国往来誓书，卷三十八京府州军，卷三九风俗习惯等，卷四〇《许奉使行程录》。③ 本书最有价值的部分，是卷一至十五诸帝纪，《开国功臣传》，以及记载金朝典章制度的诸卷等原作，在许多方面可补正史之阙。

西夏、蒙古及其他民族的历史撰述。熙宁七年（1074），宋敏求等著成《藩夷朝贡录》二十一卷，是诸民族政权及"外国"朝贡宋廷的史事记录。刘温润《西夏须知》一卷，系其守延州（今陕西延安）日，编录所知西夏杂事的著述。孙巽

---

① 确庵编：《靖康稗史笺证·前言》，崔文印笺证本，中华书局1988年版，第3—4页。
② 晁公武：《郡斋读书志》卷二下"伪史类"，《万有文库》第二集七百种，商务印书馆1937年版，第137页。
③ 宇文懋昭：《大金国志校证·前言》，崔文印校证本，中华书局1986年版。崔文印认为："现在的《大金国志》并不是宇文氏端平元年所上奏的原书。""宇文氏的原书，就帝纪而论，应止于卷十五《海陵炀王》下，故本书只有《开国功臣传》。""从卷二十六《义宗》一卷的取资看，本书的狗尾，当在入元以后续成似无问题。"

纂《夏国枢要》二卷，"记夏虏兵屯会要、土地肥硗、井泉涌涸、谷粟窖藏、酋豪姓氏、名位司存，与夫城池之完缺，风俗之所尚，编为两帙，上之于朝"①。佚名撰《蕃尔雅》一卷，以党项人语依《尔雅》体译以华言。嘉定十四年（1221），赵珙往河北蒙古军前议事，归，著成《蒙鞑备录》。关于其他民族或地区的著作，崇宁二年（1103），王云随刘逵、吴栻出使高丽，撰成《鸡林志》记其事。冯炳撰《皇祐平蛮记》一卷，滕元发撰《孙威敏征南录》，皆记狄青讨平侬智高反叛之事。佚名撰《南蛮录》十卷，熙宁间，交趾反叛，朝廷议讨之，有人遂纂历代南蛮事迹及便宜，上之。淳熙（1174—1189）间，周去非任桂林通判，卸任后，撰《岭外代答》十卷，分二十门，记岭南诸民族、东南亚和海外诸国，以及各地风土、器用、服食、出产、花木鸟兽、古迹、少数族风俗等，是关于岭南诸民族和南海的最重要史书。

四、历史笔记、地理书和出使记

中晚唐兴起的历史笔记，在宋代获得迅速发展，数量激增，作者众多，历史笔记的撰述有了更加自觉的史学意识。《新唐书·艺文志》把凡是有补于史之阙闻的笔记，皆归入史部"杂史""杂传记"类，而将"鬼怪神异之事""虚诞怪妄之说"皆归入子部"小说"类。由此可见，宋代已经有了将纪实性的笔记与虚构性的笔记清楚加以区分的意识，前者被归入史部"杂史"类，我们称之为"历史笔记"，后者则归入子部"小说"类，成为文学创作的一种重要体裁。宋初历史笔记的作者多为从五代十国政权入仕宋朝的文臣，记述内容主要是唐、五代史事，往往杂采琐闻，多记谐谑，沿袭晚唐、五代笔记的记述风格。而仁宗以后，作者多为当代名公大臣及其门人子弟，内容偏重于辑录当代史料、朝廷典制掌故，表现出自觉而严肃的史学意识和政治上的忧患意识，如司马光《涑水记闻》、苏辙《龙川别志》、欧阳修《归田录》、王辟之《渑水燕谈录》，等等。南宋以后，任职地方甚至终身布衣的中下层士人也纷纷撰写历史笔记，种类更加繁多，内容更加广泛，除了记述当代政治、军事，还更多地涉及社会文化的方方面面，如名臣风貌、士人生活、科举书院、外族史地、风俗民情、都市百态，等等，反映出士人社会在南宋时期已经具有强烈的历史意识。

经宋太祖、太宗两代削平诸侯，至太平兴国四年（979），终于结束中唐以来的分裂割据，重新实现了国家统一。在这样的历史形势下，宋朝史家承继唐代全国地理总志的编纂，相继编修了几部重要的全国地理志，以反映和颂扬"大一统"

---

① 晁公武：《郡斋读书志》卷二下"伪史类"，《万有文库》第二集七百种，商务印书馆1937年版。

社会、政治理想,并下启元、明、清三代"一统志"的编纂传统,在中国历史地理学史上占有重要地位。宋太宗端拱元年(988),太常博士、直史馆乐史(930—1007)著成《太平寰宇记》200卷,上奏朝廷。这部全国地理志以宋初设置的十三道为根据,全面详实地反映了宋初行政区划的设置,以及各地区人口、经济、风俗、文化发展的基本状况。其书继承唐代李吉甫《元和郡县图志》的体裁,又在体例上加以创新,增加风俗、姓氏、人物等门,这种以人文结合地理的方式被后世地志奉为典范,四库馆臣指出:"盖地理之书,记载至是书而始详,体例亦至是大变。"[①] 北宋中期,宋神宗诏令王存、曾肇、李德刍等再次编修全国地理志,于元丰三年(1080)成书上奏,即《元丰九域志》10卷,简明扼要地反映了宋代中期全国行政区域建置的基本状况,有较强的实用性,为当世所重。

宋朝尤其是南宋时期的方志编修,是宋代史学一个显著的特点和成就,反映出历史意识在地方、基层社会的深化和发展。宋朝尤其是南宋时期,中国经济、文化的发展日渐呈现区域化的特点和倾向,另一方面,由于中原被金朝占据,南宋在政治、文化上都有强烈的危机感,必须论证自身是"中国"。为了加强文化上的地域认同,稳定、发展地方社会,方志编修迅速兴盛起来。在南宋,地方志的编修很普遍,每个州、府、县都定期编撰方志,方志编纂体例也成熟固定下来,综合地理、历史、人物和文献而为一书,内容十分丰富,并自觉作为国史的辅助和补充,发挥着与"正史"一样的政治、社会功能。如马光祖《景定建康志序》说:"忠孝节义,表人材也;版籍登耗,考民力也;甲兵坚瑕,讨军实也;政教修废,察吏治也;古今是非得失之迹,垂劝戒也。夫如是,然后有补于世。"两宋时期纂修的地方志现在留存下来29种,其中主要是南宋时所撰,有不少出自名家之手,在历史上负有盛名,对其后地方志的编修产生了示范性的影响。

宋辽金元是中国历史上第二次民族大融合、文化再创造的时期,两宋先后与辽、金订立条约,互派使节,也不断派出行人出使高丽、西夏、蒙古。使者回国后照例要作《行程录》上呈朝廷,并著有纪行诗、文,载之文集,这些出使行记以当时人的亲见亲闻反映了边疆、境外史地,记录了民族和对外关系。其中,徐兢《宣和奉使高丽图经》、范成大《揽辔录》、楼钥《北行日录》、彭大雅《黑鞑事略》、赵珙《蒙鞑备录》都很有名,为后世所重。尤其是徐兢《宣和奉使高丽图经》,体例完备,内容丰赡,是出使记中的代表作品。

五、金石学与考史之学

宋代学者在金石学、考史学方面有重大创新,成果突出。

[①] 永瑢等:《四库全书总目》卷六八《太平寰宇记》提要,中华书局1965年版,第596页。

中国古代史家之留意于金石铭文者甚早，但对其进行比较系统的搜集、整理、研究并用于证史、考史，则开始于宋代，并得到迅速发展，欧阳修《集古录》和赵明诚《金石录》是具有标志性的著述。《集古录》是中国古代流传下来的最早的金石学专书，欧阳修搜集的器铭碑刻"上自周穆王已来，下更秦汉隋唐五代，外至四海九州，名山大泽，穷崖绝谷，荒林破冢，神仙鬼物，诡怪所传，莫不皆有"①，他对收藏中最重要的部分进行编次，又作跋尾400余首，主要是用金石材料考史补史，说明其作为原始材料在史学上的价值。赵明诚（1081—1129），字德父，密州诸城（今属山东）人，著《金石录》30卷，其内容上起三代下至五代，前10卷为其搜求所藏2000件金石铭刻的目录，后20卷为其所撰部分金石铭刻跋尾，凡502首，仅占全部收藏的四分之一。赵明诚在《金石录》叙中明确指出其书与欧阳修《集古录》的继承关系，他自述撰述宗旨说："盖窃尝以谓《诗》《书》以后，君臣行事之迹悉载于史，虽是非褒贬出于秉笔者私意，或失其实，然至其善恶大节，有不可诬而又传之既久，理当依据。若夫岁月、地理、官爵、世次，以金石考之，其抵牾十常三四。盖史牒出于后人之手，不能无失，而刻词当时所立，可信不疑。则又考其异同，参以他书，为《金石录》三十卷。"② 赵明诚提出，金石刻词具有第一手资料的性质，又指出其在考订史料方面具体的用处，与欧阳修所论相比，在理论和方法上更加完善了，这是金石学向前发展的标志。《金石录》书后有赵明诚之妻李清照于绍兴二年（1132）所撰写的跋文，文辞婉转，寓意深沉，对读者了解此书及其作者大有裨益。金石学的发展，得到学者广泛关注，郑樵在《通志》的《二十略》中特立《金石略》，著录上古文字、钱谱、三代款识、秦至唐历代刻石，对于金石学在理论、分类、著录方面皆有开创性价值。从《集古录》《金石录》到郑樵《通志·金石略》，金石刻词之学成为历史文献学的一个重要方面，古代金石学的创立已初具规模。

宋代的考据学十分繁盛，这里仅就史书的考异、纠谬、刊误加以论述。司马光撰成《资治通鉴》的同时，还"又能考诸史之异同而裁正之"③，撰写了《资治通鉴考异》30卷。这在史学史上是一个创举，不但系统汇总了《资治通鉴》搜集、考证史料的方法，更是反映了中国史学在宋代所达到的科学成就。清朝史家钱大昕说："读十七史，不可不兼读《通鉴》。《通鉴》之取材，多有出于正史之外者，又能考诸史之异同而裁正之。昔人所言，事增于前，文省于旧，惟《通鉴》

---

① 欧阳修：《居士集》卷四一《集古录目序》，《欧阳修全集》第1册，李逸安点校，中华书局2001年版，第600页。
② 赵明诚：《金石录·序》，金文明校证，广西师范大学出版社2005年版，第1—2页。
③ 司马光：《进〈资治通鉴〉表》，《资治通鉴》卷末，中华书局1956年版，第9607—9608页。

可以当之。"① 司马光在撰写《资治通鉴》过程中参用文献 300 种以上，《考异》说明了他对所见文献史料何以取用，何以不取用，何以两存之的理由，凡是时间、地点、事件之真伪与人物之行事，都在考察范围之中。《考异》本自成一书，元人胡三省作《资治通鉴音注》，乃分记各条于所考之事文下，俾便于阅读。

针对他人史书所作的纠谬，代表性著述首推吴缜《新唐书纠谬》《五代史记纂误》。吴缜，字廷珍，北宋成都（今属四川）人，他在元祐四年（1089）撰《新唐书纠谬》20 卷，于绍圣元年（1094）奏进。按所摘举之谬误，取其同类，略加整比，厘为 20 门，目为：以无为有，似实而虚，书事失实，自相违舛，年月时世差互，官爵姓名谬误，世系乡里无法，等等。多以《新唐书》纪、志、表、传参照、对勘而得，对《新唐书》讹误颇多订正。吴缜在自序中指出，《新唐书》之所以致误有八条原因：责任不专，课程不立，初无义例，终无审复，多采小说而不精择，务因旧文而不推考，刊修者不知刊修之要而各徇私好，校勘者不举校勘之职而惟务苟容。这不但指出了成于众人之手的官修正史容易出现的问题，也批评了《新唐书》主要编修者欧阳修、宋祁的不当之处。作者对于《新唐书》谬误类型的划分和对致误原因的分析，虽未尽合理，但在历史文献学的发展上，具有一定理论意义。

针对前人史书进行修订、改正的刊误之作，主要有张泌《汉书刊误》，余靖《汉书刊误》，刘敞、刘攽、刘奉世《三刘汉书标注》，刘攽《后汉书刊误》，吴仁杰《两汉刊误补遗》等，集中于《汉书》和《后汉书》。刘攽《后汉书刊误》于英宗治平三年（1066）奏上，其书举范晔《后汉书》所记之误，于其下作按语正之，又对唐代的章怀太子注加以评论。《宋史》本传称："作《东汉刊误》，为人所称。预司马光修《资治通鉴》，专职汉史。"《两汉刊误补遗》是吴仁杰所著，在《三刘汉书标注》《后汉书刊误》的基础上，进一步考正两汉史，用功很深，为世所重。曾绛在序中称赞其书考订广博而精细："凡邑里之差殊，姓族之同异，字画之乖讹，音训之舛逆，句读之分析，指意之穿凿及他书援据之谬陋，毕厘而正之，的当精确。"

宋代学者因精于考史而受到清朝考据学家之尊崇者，当首推王应麟。王应麟（1223—1296），字伯厚，号深宁居士，庆元府鄞县（今浙江宁波）人，理宗淳祐元年（1241）进士，曾任著作郎、起居舍人，兼国史院编修、实录检讨等史职，因冒犯权臣贾似道而遭罢斥，后辞官回乡，专意著述 20 年。其为学宗朱熹，涉猎经史百家、天文地理，熟悉掌故制度，长于考证。《困学纪闻》20 卷是王应麟最具

---

① 钱大昕：《潜研堂文集》卷二八《跋柯维骐〈宋史新编〉》，《潜研堂集》，吕友仁点校，上海古籍出版社 2009 年版，第 497 页。

盛名的考据学著作，卷11至16专门考史，前5卷杂考历代史事，上起先秦，下迄南宋淳祐四年（1244）；末一卷为专题性质考史，包含《汉河渠考》《历代田制考》《历代漕运考》《两汉崇儒考》，反映了作者经世致用的怀抱和思想。元人牟应龙在序中称其书特点是："考订评论，皆出己意"，"辞约而明，理融而达。"考订、评论并重，这是宋人治史的特点。

思考题：
1. 试论宋代史学在历史理论和史学理论上的重要成就。
2. 试论宋代的通史撰述及其"会通"思想。
3. 为什么说宋代史学兼重"义理"和"考据"？
4. 试论宋代史学的时代特点。

▶ 拓展阅读

第六章　辽夏金三朝和元时期史学

辽夏金元时期（916—1368）在历史断限和地域范围上与五代两宋时期有所交叉，因其集中地凸显出中国古代民族史学的兴旺这一特点，乃设专章予以论述。

五代以后，北方先后有契丹族建立的辽朝（916—1125）、党项族建立的西夏朝（1038—1227）和女真族建立的金朝（1115—1234）。崛起于蒙古高原的蒙古族，先后灭夏、金和宋，建立全国统一的元朝（1276—1368）。这些政权都有本民族的文字，有独具特色的史官制度，有本民族的史家。因此，汉族史家和各民族史家用汉文或民族文字撰写出许多史书。这一时期，是中国古代少数民族史学的兴旺时期，在中国史学史上具有重要地位。

第一节　辽夏金三朝的史学

一、辽朝的史学

契丹族统治者对史学的重视。辽朝是契丹族建立的政权，其统治者在加强个人文化修养的同时，重视朝廷的史书修撰，这表现在以下三个方面。

第一，契丹字的创制及使用。契丹族本无文字，契丹国创始人耶律阿保机下令耶律突吕不和耶律鲁不古主持于神册五年（920）借用汉字，创制契丹大字。① 此后，皇弟迭剌参照回鹘字，对大字进行改造，创制了拼音文字契丹小字。② 两种契丹文字和汉字一直通行于辽境。辽朝灭亡后，仍有使用。在辽朝，契丹字除用来书写官方文书、碑碣，进行文学创作和撰写史书外，还翻译了大量儒家经典和汉文文学、史学、医学著作。如重熙十五年（1046），辽兴宗"诏译诸书，韩家奴欲帝知古今成败，译《通历》《贞观政要》《五代史》"③。汉文书籍的翻译，带动和促进了辽朝史学与文化的发展，推动了契丹文化与汉文化的交流融合。

第二，通过治史修史以利政权的巩固。辽朝注重汉文图籍的搜集保存。辽太宗会同十年（947），辽兵攻入后晋都城开封，即将晋之图籍运往北方。辽圣宗认真研读《贞观政要》，并阅读唐高祖、太宗、玄宗三本纪。翰林侍读学士马得臣"乃录其行事可法者进之"。看到圣宗"击鞠无度"，马得臣上书，从"亲亲之道"

---

① "汉人教之以隶书之半增损之，作文字数千，以代刻木之约。"欧阳修：《新五代史》卷七二《四夷附录第一》，中华书局1974年版，第888页。
② 脱脱等：《辽史》卷六四《皇子表》，中华书局1974年版。
③ 脱脱等：《辽史》卷一〇三《萧韩家奴传》，中华书局1974年版，第1450页。

讲起，讲到如何"以隆文治"、致"二帝之治"，最后谏"以球马为乐"有"不宜者三"①。辽世宗时，有人"取当世名流作《七贤传》"②，用编修史志树立典型的方式，引导和规范社会行为。

第三，辽朝通过修史建构其政权的合法性。辽"太祖慕汉高皇帝，故（皇族）耶律兼称刘氏；以乙室、拔里比萧相国，遂为萧氏"③。反映了契丹族对中华文化的认同。辽人自称是炎黄之后，言："盖炎帝之裔曰葛乌菟者，世雄朔陲，号鲜卑氏……既而慕容燕破之，析其部曰宇文，曰库莫奚，曰契丹。"④ 为本民族政权的合法性在族源上找依据。寿昌二年（1096），针对欧阳修《新五代史》附辽史于四夷，史官刘辉建议针锋相对，"请以赵氏初起事迹，详附国史"⑤。在国史中以辽朝为正统，宋为闰位，得到辽道宗的嘉奖。

辽朝的史馆制度。辽朝承唐仿宋，建立了完善的史馆制度，负责以契丹族为主要记述对象的史书修撰。

关于史馆与国史院。辽太祖时以耶律鲁不古为"监修国史"职⑥，说明其时已经有了修史机构——史馆。太宗时"以宰相员不足，乃牒冯道判史馆"⑦，判史馆是史馆负责人，掌"自除修撰外，应馆中著述及诸色公事"⑧。另设有史馆学士，为直史馆、史馆修撰等史官。史馆掌修国史，负责记述军国大事和追述本民族早期的历史。辽圣宗以后国史院代替史馆，成为修史的常设机构。⑨ 史馆、国史院设监修国史，一般以宰相或枢密使兼任，近半数为契丹族人，多为进士出身或才学出众者，可考者16人，即太祖朝的耶律鲁不古，太宗朝的刘昫，景宗朝的室昉，圣宗朝的耶律隆运、刘慎行、马保忠、张俭，道宗朝的耶律良、窦景庸、梁颖、耶律阿思、耶律孝杰、王师儒、梁援，天祚朝的耶律俨、左企弓。监修国史总领史务，并亲自修史，如圣宗统和年间邢抱朴因功加"户部尚书。迁翰林学士承旨，与室昉同修《实录》"⑩。后期，监修国史主要起组织、领导编修职能，一般不直接参与修史。国史院内设修国史、同修国史、史馆修撰等职。修国史主要由执政

---

① 脱脱等：《辽史》卷八〇《马得臣传》，中华书局1974年版，第1280页。
② 脱脱等：《辽史》卷七七《耶律吼传》，中华书局1974年版，第1259页。
③ 脱脱等：《辽史》卷七一《后妃传》，中华书局1974年版，第1198页。
④ 脱脱等：《辽史》卷六三《世表》，中华书局1974年版，第949页。
⑤ 脱脱等：《辽史》卷一〇四《刘辉传》，中华书局1974年版，第1455—1456页。
⑥ 脱脱等：《辽史》卷七六《耶律鲁不古传》，中华书局1974年版，第1246—1247页。
⑦ 叶隆礼：《契丹国志》卷一七《麻答传》，贾敬颜、林荣贵点校，上海古籍出版社1985年版，第169页。
⑧ 王溥：《五代会要》卷一八《修史官》，上海古籍出版社1978年版，第300页。
⑨ 朱子方：《辽朝史官考》，《史学史研究》1990年第4期。
⑩ 脱脱等：《辽史》卷八〇《邢抱朴传》，中华书局1974年版，第1278页。

官兼任，可考者有耶律玦、杜防、萧韩家奴、杨佶、张琳等5人，其职责为编修起居注、实录等当朝国史。此外还有参与翻译前朝史书的职能。同修国史可考者4人。史馆修撰可考者44人，是主要的修史官员。最初常以四品太常少卿等官充任，以后，多以稍低之中大夫或中散大夫兼任。后期，出现了以记注官等史职担任史馆修撰的专门修史官员，修史工作呈现专业化的趋势，顺应了契丹族史学发展的总体趋势。还有权史馆修撰，仅见天祚朝韩昉一人，似是一种临时性的兼职。国史院职责为编修后妃大臣传记、实录等，或参与翻译前朝史书。若修史再设局编修，如太康间，耶律孟简上表曰："本朝之兴，几二百年，宜有国史以垂后世"，"乃编耶律曷鲁、屋质、休哥三人行事以进。上命置局编修。"①

关于起居舍人院。辽门下省设有起居舍人院。起居舍人院由起居郎、起居舍人共同执掌。② 起居郎可考者11人，多以知制诰兼任。起居舍人可考者8人，多以他职兼任，只有程翥、赵为箕是专任。尚有行起居郎、知起居注官、修起居注官。另有修注郎之名，应是对记注官的泛称。辽朝皇帝始终保持着游牧民族的习惯，要举行四时捺钵活动。记注官作为记述帝王言动和朝中大事的史官，经常跟随皇帝在外，是辽记注官独有的特点。从辽圣宗时直到天祚末起居舍人院一直在进行起居注的编修。

关于著作局及其史官。至迟到辽景宗时已在秘书监置著作局，设有著作郎、著作佐郎、校书郎等职，职责与修史有关③，或仿唐及宋初之制，负责碑志、祭文之类的撰写。著作郎、著作佐郎考出杨皙、马保忠、张绩、刘六符、张锡口、耶律俨、李炎、贾师训、董庠、宁鉴10人，校书郎考出李珆、李忠宣、李懿、王夫、杨佶、王泽、杨皙、赵潗、刘文、窦景庸、王师儒、张检、郑恪、李谦贞、张衍、杨朴16人，一般由进士出身者担任。

辽朝史官的特点。辽朝史官有两个特点：第一，对中原皇朝史官制度的继承。一是史官多由朝廷重要官员兼任。二是以皇族参与修史，便于对修史工作的监督和控制。三是史官秉笔直书、不畏强权。耶律孟简对修史官员说："史笔天下之大信，一言当否，百世从之。苟无明识，好恶徇情，则祸不测。故左氏、司马迁、班固、范晔俱罹殃祸，可不慎欤。"④辽圣宗时有司奏猎秋山，熊虎伤死数十人，翰林都林牙、兼修国史萧韩家奴将此事如实记载，"帝见，命去之。韩家奴既出，复书。他日，帝见之曰：'史笔当如是。'"⑤。辽忽突堇、不撒等记注官不顾遭贬黜的危险，拒绝道宗观看起居注。

---

① 脱脱等：《辽史》卷一〇四《文学上·耶律孟简传》，中华书局1974年版，第1456页。
② 脱脱等：《辽史》卷五二《礼志五》，中华书局1974年版。
③ 吴怀祺：《辽代史学和辽代社会》，《史学史研究》1995年第4期。
④ 脱脱等：《辽史》卷一〇四《耶律孟简传》，中华书局1974年版，第1456页。
⑤ 脱脱等：《辽史》卷一〇三《萧韩家奴传》，中华书局1974年版，第1449页。

第二，民族特色。一是国史记载的主要对象是契丹等少数民族君臣。二是辽史官除修史之外，还兼翻译、制定或修改法律、礼仪，甚至从事天文、占卜活动，这是由辽朝政治、文化特点决定的。三是契丹族或其他北方少数民族史官占一定比例。他们是耶律鲁不古、耶律隆运、耶律良、韩知古、耶律阿思、耶律庶成、萧韩家奴、耶律孟简、耶律谷欲、耶律孝杰、耶律玦、耶律敌烈等。

关于辽朝史学成就。辽太祖时有《龙化州大广寺碑》《滦河纪功碑》《青冢纪功碑》《古回鹘城纪功碑》等，这些碑文可以看作石头上的大事记。太宗时有《应天皇太后圣诞碑》《太祖圣功碑》《太祖建国碑》等，多是对前代帝后事迹的追记，属于人物传记。

辽耶律德光会同四年（941）"诏有司编始祖奇首可汗事迹"，是对民族早期历史的追记。辽圣宗统和九年（991），邢抱朴与室昉等修成《实录》。辽兴宗下诏编"辽国上世事迹"，且诏谕"朕之起居，悉以实录"。修成了遥辇可汗以来诸帝实录二十卷。耶律庶成"偕林牙萧韩家奴等撰《实录》及《礼书》"。耶律谷欲"奉诏与林牙耶律庶成、萧韩家奴编辽国上世事迹及诸帝实录"。大安元年（1085），"史臣进太祖以下七帝《实录》"。辽道宗在重视修史的同时，加强了对修史的控制，如清宁二年（1056）"罢史官预闻朝议，俾问宰相书之"，取消了记注官在殿下听记君臣议政的权利。天祚帝时，耶律俨修成太祖以来的《皇朝实录》七十卷，含纪、志、传等部分。①

私人记史之作，有王鼎的《焚椒录》一卷，记述辽道宗宣懿皇后被诬陷冤死始末。宣懿皇后被耶律乙辛诬陷冤死时，当时南北面异说不一，作者任职禁侍，幸"鼎妇乳媪之女蒙哥，为耶律乙辛宠婢，知其奸构最详。而萧司徒复为鼎道其始末，更有加于妪者"。辽道宗大安五年（1089），王鼎被流放可敦城，遂"直书其事，用竢后之良史"。②再有《北辽遗事》二卷，《郡斋读书志》称："右不题撰人，盖辽人也。记女真灭辽事。"序云："辽国自阿保机创业于其初，德光恢廓于其后，吞并诸蕃，割据汉界，南北开疆五千里，东西四千里，戎器之备，战马之多，前古未有。子孙继统二百三十余年，迨至天祚失驭，女真称兵，十二年间，举国土崩。古人谓得之难失之易，非虚言耳。"③

辽朝"书禁甚严，传入中国者法皆死"④。所以辽朝的历史撰述，流传下来的

---

① 脱脱等：《辽史》卷二七《天祚皇帝纪》、卷七一《后妃传》、卷九八《耶律俨传》，中华书局 1974 年版，第 320、1198、1415 页。
② 王鼎：《焚椒录序》，陈述辑校：《全辽文》卷八，中华书局 1982 年版，第 206 页。
③ 晁公武：《郡斋读书志》卷二下"伪史类"，《万有文库》第二集七百种，商务印书馆 1937 年版，第 146 页。
④ 沈括：《元刊梦溪笔谈》卷一五"龙尾手镜"条，文物出版社 1975 年影印本，第 6 页。

数量很少。魏源指出："故国多文学之士,其史纪、表、志、传,皆详明正大,虽在元代之前,而远出元代之上。"① 对辽朝史学评价很高。独具特色的辽朝史学,在北方游牧民族史学史上留下了华彩篇章。

二、西夏的史学

关于史诗、碑铭和西夏文的创制使用。党项是中国古代众多羌族部落支系的一支。宋仁宗景祐五年(1038),党项羌首领元昊,在兴庆府(今宁夏银川)称帝,国号大夏,史称西夏,占有今宁夏、甘肃河西走廊及其邻近地区。宋理宗宝庆三年(1227)为蒙古成吉思汗所灭,历时190年,在中国历史上有重大影响。

党项人口耳相传的史诗作品有《夏圣根赞歌》《颂师典》和《新集金碎掌直文》等,这些诗歌将英雄人物的杰出事迹记载下来,反映了党项族早期的社会生活和部落活动,表现了党项族人对祖先的崇敬和赞美,从中可以看到党项族人与中华民族同源共祖的民族认同感,是党项族史学的萌芽。

广运二年(宋仁宗景祐三年,1036),元昊主持创制党项文字,"自制蕃书,命野利仁荣演绎之,成十二卷,字形体方整类八分,而画颇重复"。当时被称为"蕃书""国书",后世称为西夏文。② 西夏文在西夏朝野得到普遍使用。传世的西夏文碑铭,如《大夏国葬舍利碣铭》(1038年)、《西夏国皇太后新建承天寺顶骨舍利碑》(1050年)和《凉州重修护国寺感应塔碑》(1095年)等,包含了大量西夏时期的经济、政治、军事等方面的史料,属于史传和记事作品。如《凉州重修护国寺感应塔碑》是西夏第四代皇帝崇宗李乾顺所立,碑身一面是汉文,一面是西夏文,番汉对译。碑文记载了在西羌进犯和宋夏交战中该塔显灵吓退敌军,获得胜利的事件。崇宗李乾顺认为这座宝塔有护国神灵,于是命人修饰宝塔和殿宇,遂立此碑以示纪念。碑文中包含了大量西夏时期的宗教、经济、政治、军事情况等方面的史料。如碑文称:"武威当四冲地,车辙马迹,辐凑交会,日有千数。"③ 可以看出当时的凉州地区商业非常发达。碑文中"番汉僧""番汉四众"揭示了吐蕃和党项僧侣相互学习,和睦密切的关系。

西夏皇帝多次向宋朝皇帝求赐经书,如宋仁宗嘉祐七年(1062)四月,西夏主谅祚上表求宋太宗御制诗章隶书石本,欲建书阁宝藏之。且进马五十匹求"九经""唐史"、《册府元龟》及本朝正至朝贺仪。次年四月丙戌,宋"以国子监所

---

① 魏源:《书辽太祖事》,《魏源全集》(13),湖湘文库(甲编),岳麓书社2011年版,第192页。
② 脱脱等:《宋史》卷四八五《夏国传上》,中华书局1977年版,第13995页。
③ 罗福成:《重修护国寺感应塔碑铭》,《国立北平图书馆馆刊》1930年第4卷第3号,第152页。

印《九经》及正义、《孟子》、医书赐夏国,从所乞也"①。西夏得到经书后,即组织专人进行翻译或改编,并将其用于教育和选拔人才上。文献记载与考古发现的西夏所译汉文典籍,有《尔雅》《四言杂字》,有《论语》《孝经》《孟子》的注释本,还有《贞观政要》、唐孙昱撰《十二国史》《太宗择要文》《德行集》等书的节译本,《类林》译本等,大都是关于教化的经书和治国的史书,反映了西夏统治者对学习中原政治、历史经验的强烈愿望。

关于西夏修史机构与史官。修史机构翰林学士院及相关机构。修史与皇朝的政治密切相关,得到西夏皇帝的格外重视。西夏仁宗天盛十三年(1161),"立翰林学士院,以焦景颜、王金等为学士,俾修实录"②。翰林院最早见于唐代,起初各种艺能之士在此供职,是一个陪皇帝游乐消遣的机构。后来逐渐向草拟机密诏制的机构过渡,后期开始有部分翰林院的学士参与修史的任务。宋、辽、金代逐渐形成了以翰林学士兼修国史的风气。西夏皇朝以翰林学士院作为专职修史机构,完成了翰林学士从参与修史到独立修史的质的变化。这些无疑是建立在对中原文化的学习和不断借鉴创新基础上的,对后代产生了重大影响。翰林学士院设翰林学士、翰林待制和翰林直学士等官职。③ 可考的翰林学士有焦景颜、王金、杨彦敬、高岳、吕子温、王师信、刘昭、余良、李国安、张公甫等。西夏与修史有关的机构尚有制定历法的卜算院,保存档案、图书和典籍的秘书监,负责纂修国史的史院。④ 黑水城出土历书残页序言提到太史令及卜算院头监杨师裕,据学者考证,杨师裕既是修史的太史令,又是修历的卜算监头。⑤ 遗存有"恶恶史官专印"⑥,其中"恶恶"为西夏姓氏,职务是史官,职掌祭祀、记事,兼修国史、起草文书等。

西夏史官的特点:一是尽量以党项人担任史职。《天盛律令·颁律表》中记载该书二十三名修纂人,仅有四名汉族,其余全是党项族士人,这是西夏史官设置民族化的表现。二是翰林学士院的设立,使翰林学士集史官与翰林官双重职责,有多种渠道参与政治,使史学能够更好地影响政治。三是选用文化层次较高的人员来担任史官。如仁宗时的斡道冲、焦景颜和王金等,襄宗时的罗世昌等,都是在进士入仕后被选任史官的。

党项族史学世家——斡氏。斡氏家族早在元昊父亲德明时就受到重视,世掌

---

① 李焘:《续资治通鉴长编》卷一九八,嘉祐八年四月丙戌,中华书局1985年版,第4802页。
② 脱脱等:《宋史》卷四八六《夏国传上》,中华书局1977年版,第14025页。
③ 李蔚:《中国历史·西夏史》,人民出版社2009年版,第184页。
④ 史金波、聂鸿音、白滨等编译:《天盛改旧新定律令》,法律出版社2000年版,第377页。
⑤ 参见史金波:《西夏的历法和历书》,《民族语文》2006年第4期。
⑥ 参见李范文:《西夏官印考释》,《西夏研究论集》,宁夏人民出版社1983年版,第106页。

西夏国史。西夏仁宗时，斡道冲为番汉教授，官至中书宰相，他通晓汉文西夏文，将《论语》译成西夏文，撰有《论语小议》和《周易卜筮断》。天盛十三年（1161），斡道冲以兼修国史的身份组织翰林学士纂修了《李氏实录》。① 斡道冲的孙子斡扎箦，任番汉教授，亦掌西夏国史，蒙古军来时，"率父老以城降"②，使西夏的珍贵图籍保存下来。其几代后裔都学问深厚，在元朝身居要职，斡玉伦徒还参与了《宋史》的修撰。

西夏史书编纂。西夏在历史编纂上的主要成就包含以下几个方面：

第一，西夏所撰史书。《李氏实录》，是西夏仁宗时期，由斡道冲、焦景颜等编修的一部实录，以西夏文写成。该书明姚士粦《见只编》、清钱谦益《牧斋有学集·黄氏千顷斋藏书记》皆有记载，近人柯劭忞言："有得西夏国史数册者，皆梵字也……嘱文敏（王懿荣）购之，其人秘为鸿宝，不肯售。"③ 此书后再未见。其称李氏或许是西夏灭亡后钞写者所改的书名，内容很可能包括元昊以后四位皇帝的史事。《奉使日记》三卷，夏仁宗时宣德郎李师白三次出使金朝，回国后著成此书，对沿途的人文地理，金国的山川形胜、民俗风情都有记载。《夏国世次》，又名《西夏国谱》，二十卷，西夏末期罗世昌撰。《西夏书事》卷四二"宋正大（应为宝庆——引者）二年、夏乾定三年（1226）冬十月"条载："南院宣徽使罗世昌罢。世昌自奉使回，见金势日蹙，每言金援不足恃，劝德旺为自强计。及纳赤腊喝翔昆，力谏不从，遂乞休，三请方许之。世昌，世属银州乡里，已破，流寓龙州，知国且亡，谱《夏国世次》二十卷藏之。"④《金史·夏国传赞》言："夏之立国旧矣，其臣罗世昌谱叙《世次》称，元魏衰微，居松州者因以旧姓为拓跋氏。"⑤ 则《西夏世次》的内容除西夏皇帝的谱系外，还追述了党项羌的由来及拓跋氏部落的历史。《赵元昊西夏事实》和《西夏事宜》。元朝修撰三史时，翰林国史院检阅官袁桷开出书单，派人去寻找散落在民间的书籍。其中关于西夏的书籍，即《赵元昊西夏事实》和《西夏事宜》两种。⑥ 从书名看，前者可能是记载元昊朝的历史或西夏之史，后者可能是对西夏形势的分析或对策。可以肯定，两书皆为西夏朝或西夏遗臣所作。

第二，黑水城文献中的主要史籍。今内蒙古阿拉善盟额济纳旗达来呼布镇南32公里处有西夏黑水城遗址。20世纪初，俄国科兹洛夫和英籍匈牙利人斯坦因先

---

① 虞集：《道园类稿》卷一五《西夏斡公画像赞》，中华书局1991年版，第20页。
② 宋濂：《元史》卷一三四《朵儿赤传》，中华书局1976年版，第3254页。
③ 柯绍忞：《序》，戴锡章：《西夏纪》，宁夏人民出版社1988年版，第4—5页。
④ 吴广成：《西夏书事》，龚世俊等校证本，甘肃文化出版社1995年版，第495页。
⑤ 脱脱等：《金史》卷一三四《夏国传》，中华书局1975年版，第2876页。
⑥ 袁桷：《清容居士集》，台湾商务印书馆影印文渊阁《四库全书》1986年版，第1203册第550页。

后在此发掘出的古文献中，西夏文文献约占总数的90%。发现的主要史籍有：一是4225号残卷，是用西夏文写成的西夏史书。从三皇五帝开始，中间述各朝代杂史，卷末记载西夏太祖继迁、太宗德明、景宗元昊、毅宗谅祚的生平事迹，是研究西夏君王的第一手材料，这些资料经过与汉文文献的对比，得知他们的生卒年代与史书中记载相符，具有很强的可信性。① 二是《番汉合时掌中珠》，系西夏乾祐二十一年（1190）骨勒茂才奉仁孝之命编纂的一部辞书，其中不乏对西夏典章制度和历史的记述，是研究西夏语言、文字、社会历史的重要文献。三是《圣立义海》②，是一部大型的西夏文类书。该书五册十五卷142类，分门别类记载了西夏自然状况、社会制度、生活习俗以及伦理道德，尤其对西夏物品、国事、仪礼、典章等有许多记载，可以说是一部具有西夏时代特色的典制史书。

第三，《天盛改旧新定律令》③。黑水城发现的《天盛改旧新定律令》，是西夏所修典制史书，原为二十卷，今存十九卷1300多页，是中国古代第一部用少数民族文字印行的法典。成书于天盛年间（1149—1169），全书二十卷一百四十七门一千四百六十一条，吸收了唐宋律令的精华，在形式和内容上有所创新，非常接近现代法律条文形式。

法典编纂工作是在皇帝任命的机构中进行的，领衔纂定律令的是北王嵬名地暴，其后有嵬名忠□、嵬名地远、嵬名仁谋等皇族官员以及四名汉族官员。编纂者依据本朝实际情况，将律（刑法）、令（政令）、格（官吏守则和奖惩）、式（公文呈式）系统地编入律令之中，综合性更强，指导性和实用性大大提高。内容涉及西夏社会法律、政治、经济、文化、宗教等方面，涵盖之全面，是其他少数民族典籍所无法比拟的。正文前《名略》，用几个字或十几个字总结概括出条文的内容，让人一目了然，方便了法律条文的检索。

《天盛改旧新定律令》是流传至今有关西夏社会最为详尽的历史文献，对西夏军事制度研究、经济研究、社会习俗研究都有重要价值。其中大量与周边政权如吐蕃、回鹘、蒙古、女真和宋朝之间的贸易史料，极有价值。

关于西夏史学的民族特色。西夏以求书、译书等方式对中原文化的学习，是用先进文化来促进自身的进步，是对中原历史文化的认同。西夏因袭了历朝的史官制度，并加以改进，设置翰林学士院专责修史，并创造出了具有特色的史书体例。形式多样、内容丰富的史学成就，显示了党项民族史学的不懈创新和进步，为中国史学增添了富有民族特色的新内容。

元朝不修西夏正史，客观上造成西夏史书和档案大量佚失，对党项和西夏

---

① 参见史金波：《西夏出版研究》，宁夏人民出版社2004年版，第41页。
② 参见罗矛昆、李范文、［俄］恰克诺夫：《圣立义海研究》，宁夏人民出版社1995年版。
③ 史金波、聂鸿音、白滨等编译：《天盛改旧新定律令》，法律出版社2000年版。

在中国历史上尤其是民族史和文化史上的地位有很大影响。清代学者洪亮吉、张澍等致力于西夏文献的整理和西夏历史的撰述。黑水城遗址的发掘，更使许多佚失的西夏文史书资料重见天日，从而在国际汉学界和中国史学界兴起了西夏学的热潮，中国学者的辛勤耕耘，使西夏研究成为中国史学的一个重要领域。

三、金朝的史学

金朝统治者重视史学的有关措施。宋徽宗政和五年（1115），女真完颜部首领阿骨打称帝，国号金，都于上京会宁府（今黑龙江哈尔滨市阿城区南）。先后灭辽、灭北宋，控制了淮河以北（除西夏控制区外）的广大地区。后迁都大兴（今北京）、开封，金哀宗天兴三年（宋理宗端平元年，1234）被蒙古军所灭。清人赵翼云："金源一代文物，上掩辽而下轶元，非偶然也。"① 金朝史官制度健全，私人著史也比较发达，这与金朝统治者对史学的重视有关。

第一，创制、使用女真字，培育本民族人才。女真民族从诞生直至建立金朝之初，没有自己本民族的文字。由于"无书契，无约束，不可检制"，昭祖时只好"以条教为治"②。破辽后，通过契丹汉人学习契丹、汉字。"太祖命希尹撰本国字，备制度。希尹乃依仿汉人楷字，因契丹字制度，合本国语，制女直字。天辅三年（1119）八月，字书成，太祖大悦，命颁行之……其后熙宗亦制女直字，与希尹所制字俱行。希尹所撰谓之女直大字，熙宗所撰谓之小字。"③ 金代女真大小字并用，促进了金朝政治、文化尤其是史学的发展。

在推行科举制度、建立各级学校的同时，金朝大力培养民族人才。"自大定四年（1164），以女直大小字译经书颁行之。后择猛安谋克内良家子弟为学生，诸路至三千人。九年，取其尤俊秀者百人至京师，以编修官温迪罕缔达教之。十三年，以策、诗取士，始设女直国子学，诸路设女直府学，以新进士为教授。国子学策论生百人，小学生百人。府州学二十二……"大定二十八年"命建女直大学"④。

第二，重视对典籍文献的收藏、翻译和学习。天辅五年（1121），太祖阿骨打下诏："若克中京，所得礼乐仪仗图书文籍，并先次津发赴阙。"大臣金宗宪"从宗翰伐宋，汴京破，众人争趋府库取财物，宗宪独载图书以归"。章宗时"学士院新进唐杜甫、韩愈、刘禹锡、杜牧、贾岛、王建，宋王禹偁、欧阳修、王安石、

---

① 赵翼：《廿二史札记》，王树民校证本，中华书局1984年版，第623页。
② 脱脱等：《金史》卷一《世纪》，中华书局1975年版，第3—4页。
③ 脱脱等：《金史》卷七三《完颜希尹传》，中华书局1975年版，第1684页。
④ 脱脱等：《金史》卷五一《选举志一》、卷八《世宗纪下》，中华书局1975年版，第1133、200页。

苏轼、张耒、秦观等集二十六部"。又"诏购求《崇文总目》内所阙书籍"①。金世宗言:"朕所以令译《五经》者,正欲女直人知仁义道德所在耳。"② 金朝以女真字翻译出的儒家经典、史学著作和子书有:《孝经》《易》《书》《春秋左氏传》《论语》《孟子》《贞观政要》《白氏策林》《史记》《西汉书》《新唐书》《(新)五代史》《老子》《扬子》《文中子》《刘子》等。熙宗"颇读《尚书》《论语》及《五代》《辽史》诸书,或以夜继焉",认为"太平之世,当尚文物,自古致治,皆由是也"③。

第三,以史为鉴,吸取历史经验教训。金朝统治者积极吸取中原历史教训,以史为鉴指导对国家的治理。海陵王云:"国家吉凶,在德不在地。使桀、纣居之,虽卜善地何益。使尧、舜居之,何用卜为。"不忘桀、纣之所为,愿作尧、舜治天下。金世宗曾说:"朕观唐史,惟魏徵善谏,所言皆国家大事,甚得谏臣之体。""见光武所为,人有所难能者。……此其度量盖将大有为者也,其他庸主岂可及哉。"金章宗亲赐手诏给大臣永成:"《经》云:'在上不骄,高而不危。'是以知节慎者修身之本,骄矜者败德之源。朕每自励,今以戒卿……前人所行,可为龟鉴。"④

第四,重用文士,强调史家直笔。金太祖建国后就下诏:"国书诏令,宜选善属文者为之。其令所在访求博学雄才之士,敦遣赴阙。"金熙宗言:"自今本国及诸色人,量才通用之。"⑤ 把选用人才的范围由女真人扩大到各个民族。金朝皇帝给史家赏赐较优厚,如《太宗实录》修成后,世宗"赐良弼金带、重采二十端,同修国史张景仁、曹望之、刘仲渊以下赐有差"⑥。鼓励史家直笔修史,世宗说:"朕观前史多溢美。大抵史书载事贵实,不必浮辞谄谀也。"⑦ 认为:"事当任实,一事有伪则丧百真,故凡事莫如真实也。"⑧ 他还认为:"海陵时,记注皆不完。人君善恶,为万世劝戒,记注遗逸,后世何观?其令史官旁求书之。"⑨ 明确史官不得遗漏人君善恶史实,否则就会成为万古遗憾。

---

① 脱脱等:《金史》卷二《太祖纪》、卷七〇《宗宪传》、卷一〇《章宗纪》,中华书局1975年版,第36、1615、231页。
② 脱脱等:《金史》卷八《世宗纪下》,中华书局1975年版,第184、185页。
③ 脱脱等:《金史》卷四《熙宗纪》,中华书局1975年版,第77页。
④ 脱脱等:《金史》卷五《海陵纪》、卷八《世宗纪下》、卷八五《世宗诸子永成传》,中华书局1975年版,第97、199、202、1907页。
⑤ 脱脱等:《金史》卷二《太祖纪》、卷四《熙宗纪》,中华书局1975年版,第32、85页。
⑥ 脱脱等:《金史》卷八八《纥石烈良弼传》,中华书局1975年版,第1951页。
⑦ 脱脱等:《金史》卷七《世宗纪中》,中华书局1975年版,第172页。
⑧ 脱脱等:《金史》卷八《世宗纪下》,中华书局1975年版,第191页。
⑨ 脱脱等:《金史》卷八八《纥石烈良弼传》,中华书局1975年版,第1951页。

关于金朝的修史机构及史官。金朝具有完备的修史机构，拥有多民族出身的史官。

金朝的修史机构：著作局、记注院、国史院是金朝专职修史机构。秘书监下设著作局掌修日历，设著作郎、著作佐郎。记注院内设有"修起居注，掌记言、动。明昌元年，诏毋令谏官兼或以左右卫将军兼。贞祐三年，以左右司首领兼，为定制"①。国史院负责撰修国史和辽史，设监修国史，掌监修国史事；修国史，掌修国史，判院事；同修国史，女真人、汉人各一员；编修官，女真、汉人各四员；检阅官，女真、汉人各五人，书写；修《辽史》刊修官一员，编修官三员。②撰史机构的建立和制度的不断完善，使金朝本朝史和前朝史的修撰有了保障。

金代设秘书监、国子监、弘文院等兼管或分管一部分史学工作。秘书监设校书郎专掌校勘在监文籍。国子监有国子校勘，掌校勘文字；国子书写官，掌书写实录。弘文院有知院、同知弘文院事、校理，掌校译经史。③

金朝的多民族史官。金国史院官明确规定了女真人和汉人的员额。金朝史官队伍，主要由女真族、汉族和契丹族士人组成，颇多才学之士，多为进士出身。女真族的史官，如宗室金源郡王撒改之子宗宪，"兼通契丹、汉字"，有真知灼见，后"修国史，累官尚书左丞"。④ 契丹族史官，如移剌子敬，"皇统间，特进移剌固修《辽史》，辟为掾属，《辽史》成，除同知辽州事"。后"改秘书少监，兼修起居注，修史如故。诏曰：'以汝博通古今，故以命汝。'"⑤。女真族史官还有完颜勖、宗叙、纥石烈良弼、完颜守道、徒单镒、蒲察思忠、完颜寓、温迪罕缔达等。汉族史官，如张景仁、贾铉、杨伯雄、萧贡、张行简、杨云翼、赵秉文、胡砺、王竞、杨伯仁、郑子聃、党怀英、郝俣、李汾、王若虚等。契丹族史官还有移剌固、移剌履、韩昉、萧永祺等。

金朝史馆修史。金朝史馆在撰写起居注、实录、国史方面各有成就。

第一，起居注的编写。《文艺上·郭长倩传》云："郭长倩字曼卿，文登人。登皇统丙寅经义乙科。仕至秘书少监，兼礼部郎中，修起居注。"⑥ 说明至迟在金熙宗时期，已经开始修起居注。海陵王时修起居注制度健全，世宗、章宗时都曾撰修起居注，章宗以后不见记载。先后参与起居注撰修的史官，有郭长倩、杨伯雄、宗叙、杨邦基、王天祺、夹谷衡、移剌杰、移剌子敬、崇璧、徒单镒、杨伯

---

① 脱脱等：《金史》卷五六《百官志二》，中华书局 1975 年版，第 1280 页。
② 脱脱等：《金史》卷五五《百官志一》，中华书局 1975 年版，第 1245 页。
③ 脱脱等：《金史》卷五六《百官志二》，中华书局 1975 年版。
④ 脱脱等：《金史》卷七〇《宗宪传》，中华书局 1975 年版，第 1615、1616 页。
⑤ 脱脱等：《金史》卷八九《移剌子敬传》，中华书局 1975 年版，第 1988 页。
⑥ 脱脱等：《金史》卷一二五《文艺上·郭长倩传》，中华书局 1975 年版，第 2720 页。

仁、完颜守贞、张晗、完颜乌者等。起居注为实录、国史修撰奠定了基础。清赵翼云："《金本纪》所载世宗嘉谟懿训最详，较《贞观政要》更多数倍，推其故，盖当时记注官之得其职也。……故《章宗本纪》所载帝训亦多，皆记注官之得其职故也。"①

第二，实录的撰修。金朝仿唐、宋之制，除了晚期战乱中的几个皇帝外，大都有实录撰成。最早是皇统元年（1141）修成的《先朝实录》或叫做《祖宗实录》三卷。史称完颜"勖，字勉道，本名乌野，穆宗第五子。……天会六年，诏书求访祖宗遗事，以备国史，命勖与耶律迪越掌之。勖等采摭遗言旧事，自始祖以下十帝，综为三卷。凡部族，既曰某部，复曰某水之某，又曰某乡某村，以别识之。凡与契丹往来及征伐诸部，其间诈谋诡计，一无所隐。事有详有略，咸得其实。……皇统元年，撰定熙宗尊号册文。上召勖饮于便殿，以玉带赐之。所撰《祖宗实录》成，凡三卷，进入，上焚香立受之，赏赉有差"②。为始祖以下十帝直至阿骨打建金的史事。以后，皇统八年（1148），完颜勖奏上《太祖实录》二十卷。大定七年（1167）纥石烈良弼进《太宗实录》。大定十一年（1171）纥石烈良弼进《睿宗实录》，睿宗是世宗追尊其生父的谥号。大定二十年（1180）完颜思敬和完颜守道等完成《熙宗实录》。世宗初，郑子聃等修成《海陵实录》。章宗时，完颜匡进《世宗实录》。哀宗正大间（1224—1232），王若虚等成《宣宗实录》。元好问说："正大初，予为史院编修官，当时九朝实录已具，正书藏秘阁，副在史院。"③ 所指九朝实录，除上述八种外，或包括未继位而死之世宗太子的《显宗实录》。

第三，《辽史》的修撰。遵循为前朝撰修史书的惯例，金朝建立后，用了很长时间，动用了不少人力来撰修《辽史》。最早是耶律固写作《辽史》，未完稿。其弟子萧永祺"继之，作纪三十卷、志五卷、传四十卷，上之"④。以后多次续修、改修、增修。皇统间，移剌固、移剌子敬等重修《辽史》成。世宗时又组织史家，广泛搜集资料，进行修改。"大定二十九年，（党怀英）与凤翔府治中郝俣充《辽史》刊修官，应奉翰林文字移剌益、赵沨等七人为编修官。凡民间辽时碑铭墓志及诸家文集，或记忆辽旧事，悉上送官……泰和元年，增修《辽史》编修官三员，诏分纪、志、列传刊修官，有改除者以书自随。……怀英致仕后，章宗诏直学士陈大任继成《辽史》云。"⑤ 参修官有贾铉、萧贡、移剌履等，于泰和七年（1207）成书。

---

① 赵翼：《廿二史札记》，王树民校证本，中华书局1984年版，第625页。
② 脱脱等：《金史》卷六六《始祖以下诸子·勖传》，中华书局1975年版，第1557—1559页。
③ 元好问：《故金漆水郡侯耶律公神道碑》，苏天爵编：《元文类》卷五一"墓志"，上海古籍出版社1993年版，第660页。
④ 脱脱等：《金史》卷一二五《文艺上·萧永祺传》，中华书局1975年版，第2720页。
⑤ 脱脱等：《金史》卷一二五《文艺上·党怀英传》，中华书局1975年版，第2726—2727页。

《元史·张柔传》记："壬辰（1232）从睿宗伐金……金主败走睢阳。其臣崔立以汴京降，柔于金帛一无所取，独入史馆，取《金石录》并秘府图书……（中统）二年，以《金实录》献诸朝。"① 金修《辽史》和金代实录较完整地被蒙古政权接收，为元修《辽史》《金史》奠定了基础。

金朝其他史学成就。金朝史学，在起居注、实录、国史以外，还有许多成就。

丰富的史学著作：清代学者先后补撰了三部与金朝相关的艺文志，它们是钱大昕撰《补元史艺文志》；倪灿撰，卢文弨补《补辽金元艺文志》；金门诏《补三史艺文志》。三书中所列金朝所撰史著②有：萧永祺《辽纪》三十卷，《志》五卷，《传》四十卷。完颜孛迭《中兴事迹》。萧贡《史记注》一百卷。蔡珪《南北史志》三十卷，《晋阳志》十二卷，《水经补亡》三卷，《五声姓谱》五卷，《金重修玉牒》，《续欧阳公集录金石遗文》六十卷，《金石遗文跋尾》十卷，《古器类编》三十卷，《燕王墓辨》一卷。赵秉文、杨云翼等《续资治通鉴》《龟镜万年录》《君臣政要》。傅慎微《兴亡金镜录》一百卷。张特立《历年系事记》。杨伯雄《瑶山往鉴》，《礼器纂修杂录》四百卷，《大金仪礼》，《大金集礼》四十卷。陈大任《辽礼仪志》。张行简《礼例纂》一百二十卷，《新定律令敕条格式》五十二卷，《泰和律义》《郑当时节义事实》《会同记录》《朝献记录》《禘祫记录》《丧葬记录》《清台记》《皇华记》《戒严记》《为善自公记》《韩玉元勋传》《王郁王子小传》。完颜勖《女直郡望姓氏谱》。刘祁《归潜志》十四卷。赵秉文《贞观政要申鉴》。杨廷秀《四朝圣训》《承安律义》《皇统制条》。李佑之《删注刑统赋》。吕真干《碣石志》。王寂《辽东行部志》一卷，《鸭江行部志》一卷。徒单镒《史记译解》《西汉书译解》《女直字贞观政要》。史公奕《大定遗训》。范拱《初政录》十五篇。宇文懋昭《大金国志》四十卷，《金人吊伐录》二卷，《北风扬沙录》一卷，《天兴墨泪》。元好问《壬辰杂编》《金源野史》。

《大金吊伐录》和《大金集礼》：众多女真族或在金朝统治时期所编写的史学文献，绝大部分没有保留下来，今天已难知其概貌，但有两部基本保存下来。一是《大金吊伐录》，原书失传，今本是从《永乐大典》中辑录的。该书"不著撰者姓名，盖为金朝人所辑"③。卢文弨著录宇文懋昭有《金人吊伐录》二卷，或为一书。全书辑录了《与宋主书》《金人国书》《报南宋获契丹昏主书》《遣李梲持宝货物折充金银书》《宋主为分画疆界书》《宋主再乞免割三镇书》《宋主降表》《元帅府要秦桧惩段》《议迁都状》《册大楚皇帝文》《辽主耶律延禧降表》《册大齐皇帝文》等在内的二百零八篇金、宋往来的文件和有关资料，是一部历史文献汇编。

---

① 宋濂等：《元史》卷一四七《张柔传》，中华书局1976年版，第3473—3476页。
② 顾颉刚主编：《二十五史补编》，中华书局1956年版。
③ 《大金吊伐录校补·序言》，金少英校补本，中华书局2001年版，第1页。

清《四库全书提要》称:"《大金吊伐录》四卷,不著撰人名氏,其书纪金太祖、太宗用兵克宋之事,故以吊伐命名。盖荟萃故府之案籍,编次成帙者也……此书全据旧文,不加增损,可以互校缺讹,补正史之所不逮,亦考古者所当参证也。"①

二是政书《大金集礼》,大约是明昌六年(1195)礼部尚书张暐等所进。其书包含帝号、追加谥号、皇太后皇后、皇帝夏至日祭方丘、时享、原庙、赦诏、仪仗、舆服、岳镇海渎、长白山、朝会等。② 清钱曾云:"《大金集礼》四十卷,首列太祖、太宗即位仪,诸凡朝家大典,舆服制度礼文,莫不班班可考。嗟呼,杞宋无征,子之所叹。金源有人,勒成一代掌故。"③ 元修《金史》诸志,多以其为蓝本,而引用则屡有失其本意者。

《中州集》和《归潜志》:金末元初元好问(1190—1257),字裕之,金太原秀容(今山西忻县)人,他编纂的《中州集》十卷,为金代诗歌选集,共收诗1 980首,作者249人。附《中州乐府》一卷,收词115首,作者36人。元好问借诗存史,为每位作者作一小传,详具始末,兼评其诗,或一传附见数人,或附载他文,兼及它事,保存了不少金代文献史实,是金代诗集与诗人传记集,对于研究女真政权的历史和金代文学,都是一部必不可少的著作。

刘祁(1203—1250),字京叔,金浑源(今属山西)人,他目睹金朝的灭亡,从汴京辗转两千余里,回到故乡浑源以后写成《归潜志》十四卷,记载作者所熟悉的人和事,包括200余位各色人物小传六卷,时人逸事和时政得失五卷,蒙古军攻汴京、崔立投降事二卷,杂记、杂感二卷。记载既不没人之长,又不讳人之短,大大加强了史实的可靠性,分析金朝灭亡的原因是政治的腐朽,对了解女真政权末期历史有极大的参考价值。《四库全书总目》将其归于子部小说类,其实这是一部金朝历史和对其进行评论的史书。元代官修的《金史》不少地方即采用了此书的资料,特别是在元好问的《壬辰杂编》早已亡佚的今天,本书在研究女真政权特别是其后期历史方面的价值更加突出。

第二节 统一多民族国家的元代史学

一、元朝的修史机构和对中原文化的吸收

铁木真统一蒙古高原诸部族,1206年称汗,号成吉思汗,史书上也称作元太

---

① 永瑢等:《四库全书总目》卷五一《大金吊伐录》提要,中华书局1965年版,第465页。
② 《大金集礼》附识语、校勘记,《丛书集成初编》本,商务印书馆1936年版。
③ 钱曾:《读书敏求记》卷二之上,管庭芬、章钰校证本,佘彦焱标点,上海古籍出版社2007年版,第115页。

祖。蒙古军东征西讨，势力横跨欧、亚两洲。其孙忽必烈灭宋，建立统一多民族的元朝。仿照中原皇朝与辽、金史学的经验，结合蒙古族自身的实际，元朝设置起居注官和翰林国史院，以蒙古族、汉族、色目人学者，撰述出大量有影响的官修史书，包括列入正史的辽、金、宋三史，私人修史也成绩斐然，具有鲜明的特色。

关于蒙古文的创制和使用。用文字记录史事、撰著史书是史学相对进步的重要标志。蒙古族早期没有自己的文字，13世纪初，成吉思汗命乃蛮部降臣塔塔统阿创制回鹘式蒙古文（或称畏兀体蒙古文）。回鹘式蒙古文是一种拼音文字，最初有5个元音字母、14个辅音字母。字母在词首、词中、词尾等不同位置都有不同形式，以便连写。书写是从上到下、从左往右移行。这种早期的回鹘式蒙古文使用到17世纪初，后来发展为近代蒙古文字。1260年，忽必烈即大汗位，国师八思巴受命于1269年创制蒙古新字，忽必烈下诏"颁行天下"，而称之为国书或蒙古字。蒙古文字的创制，对蒙古的政治、文化和历史撰述产生了极大的影响。蒙古汗廷有专门起草政令文件、记录君主言词和国家政务的文史官员，"书写圣旨曰扎里赤，为天子主文史者曰必阇赤"①。有国家档案；有将民族传说和先代记忆转变为文字的青册；有蒙文史书，如《蒙古秘史》、诸帝实录等。

关于起居注官和翰林国史院。从成吉思汗起，蒙古汗廷就有了相当于起居注官的记言记事官。成吉思汗接见丘处机，"上约四月十四日问道，外使田镇海、刘仲禄、阿里鲜记之"。每次接见，"上温颜以听，令左右录之，仍敕志以汉字，意示不忘"。②为使朝廷"善政嘉谟不致遗失"，元世祖至元五年（1268）正式创设起居注官。③其官名屡有变更，起初称为起居注，下设左右补阙，后改升给事中兼修起居注，左右补阙改为左右侍仪奉御兼修起居注。仁宗"后定置给事中兼修起居注二员，右侍仪奉御同修起居注一员，左侍仪奉御同修起居注一员，令史一人，译史四人，通事兼知印一人"。起居注职"掌随朝省、台、院、诸司凡奏闻之事，悉纪录之，如古左右史"④。起居注官按日编录军国大政，并册命、启奏、封拜、罢免等事，每月汇为一册，逐月交付史官，供撰修实录和国史之用。为了保证起居注官能掌握朝廷的公文和政令，世祖"敕省、院、台诸司应闻奏事，必由起居注"⑤。起居注官责任重大，"择蒙古人之有声望、汉人之重厚者，居其任"⑥。和

---

① 宋濂等：《元史》卷六《世祖纪三》、卷九九《兵志二》，中华书局1976年版，第2524页。
② 李志常：《长春真人西游记》，中华书局1985年版，第17、21页。
③ 宋濂等：《元史》卷六《世祖纪三》，中华书局1976年版，第120页。
④ 宋濂等：《元史》卷八八《百官志四》，中华书局1976年版，第2225页。
⑤ 宋濂等：《元史》卷一〇《世祖纪七》，中华书局1976年版，第202页。
⑥ 宋濂等：《元史》卷一七三《崔彧传》，中华书局1976年版，第4040页。

礼霍孙、独胡剌、布只儿、月鲁帖木儿、窦默等人都曾任起居注官。

起居注的修撰一直在进行,但后来起居注官因不能入值内廷,不知帝王言动和朝廷大事决策,所记起居注只能以大臣奏议凑数。至治二年(1322),御史李端言:"朝廷虽设起居注,所录皆臣下闻奏事目。上之言动,宜悉书之,以付史馆。世祖以来所定制度,宜著为令,使吏不得为奸,治狱者有所遵守。"英宗采纳此意见,要求不折不扣地按世祖定制实行,即起居注官要"分番上直,帝王言动必书,以垂法于无穷"①。

中统元年(1260),忽必烈即大汗位,就以王鹗为翰林学士承旨兼修国史。次年"初立翰林国史院。王鹗请修辽、金二史,又言:'唐太宗置弘文馆,宋太宗设内外学士院。今宜除拜学士院官,作养人才。乞以右丞相史天泽监修国史,左丞相耶律铸、平章政事王文统监修《辽》《金史》,仍采访遗事。'并从之"。根据王鹗建议,学习中原皇朝传统,实行设馆修史制度。至元元年(1264)"敕选儒士编修国史,译写经书,起馆舍,给俸以赡之"②。

元朝翰林国史院规模颇大,并一度将集贤院并入,称翰林国史集贤院。皇庆元年(1312)定制,翰林国史院的主官承旨设六员,从一品,下有学士、侍读学士、侍讲学士、直学士多员。属官有待制、修撰、应奉翰林文字、编修官、检阅、典籍、经历、都事、掾史、译史、通事、知印、蒙古书写、书写、接手书写、典吏、典书等,组织十分完备。

翰林国史院职责范围十分广泛。它首先是修史机构,要搜集先朝和当朝事迹,积累修史资料;还要修国史,就是本朝史,包括实录和君臣后妃纪传的撰修;更要修前朝史,主要是《辽史》《金史》。其次,典制诰、备顾问,以及参与制定礼乐制度和拟定功臣谥号,参与科举取士等。

至元十二年(1275),从翰林国史院分置蒙古翰林院,"专掌蒙古文字,以翰林学士承旨撒的迷底里主之"③。国史院修史著史的资料,蒙古文的需要译为汉文,所著实录、后妃功臣传等是先用汉文写成,再译为蒙古文本进呈皇帝御览,都需要蒙古翰林院配合。后来,蒙古翰林院、集贤院与翰林国史院并驾齐驱,成为朝廷三大文职机构。

元朝史官的遴选比较严格,元仁宗亲自选任翰林官,谕省臣曰:"翰林、集贤儒臣,朕自选用,汝等毋辄拟进。人言御史台任重,朕谓国史院尤重;御史台是

---

① 宋濂等:《元史》卷二八《英宗纪二》、卷一七三《崔彧传》,中华书局1976年版,第625、4040页。
② 宋濂等:《元史》卷四《世祖纪一》、卷五《世祖纪二》,中华书局1976年版,第71—72、96页。
③ 宋濂等:《元史》卷八《世祖纪五》,中华书局1976年版,第165页。

一时公论,国史院实万世公论。"① 提出"文翰师儒难同常调,翰林院宜选通经史、能文辞者。布衣之士若果才德素著,必合不次超擢者,别行具闻"②。翰林国史院的官员有蒙古人、色目人,也有汉人、南人。蒙古族史官中颇多博雅淹通之士。如进士出身的廉惠山海牙,"召入史馆,预修英宗、仁宗实录……明年,预修辽、金、宋三史,迁崇文太监"。内外莅事,多著政绩。③

二、《蒙古秘史》和以蒙古族为主要内容的官修史书

元朝官修史书,有《蒙古秘史》,历朝实录、后妃、功臣传,《大元通志》《经世大典》和《大元大一统志》《元典章》等以蒙古族为主要对象的史著。

关于《蒙古秘史》。蒙古语作《忙豁仑·纽察·脱卜察安》,原书以畏兀体蒙古文撰写,已佚。现存者系自《永乐大典》中抄出的明初以汉字标蒙古文字音、旁注汉译而成的《元朝秘史》。该书于窝阔台汗至蒙哥汗时期陆续撰述,于"鼠儿年(1240或1252)七月写毕"。是在大汗为首的君臣决策参与下,集体创作的成果。④

《蒙古秘史》用诗歌式的韵文,记载了蒙古先世谱系事迹,以及成吉思汗、窝阔台汗史。先世谱系事迹重点阐明其族源与先世重要人物,成吉思汗、窝阔台汗时期记事详实而且采用十二生肖纪年顺序记事,反映出蒙古族史学的进步。《蒙古秘史》编著者的历史观淳朴,对传说或史事没有过分文饰,一些在后代看来并不完美的传闻、事实也予以保留。⑤ 这与成熟的古代史学有很大的差别。取材上传说与事实相杂,行文上多具文学色彩,反映出撰著者对史体的掌握还不很纯熟。

《蒙古秘史》保存了蒙古族的传说历史和汗国的政务档案资料,是蒙古早期的历史巨著。清代以后,此书被译为日、俄、德、英等多种文字,形成世界性的"秘史学"。通行的汉文本,有今人道润梯步《新译简注〈蒙古秘史〉》和余大钧译《蒙古秘史》。

关于实录与后妃、功臣传的撰修。从忽必烈至元元年(1264)王鹗奏请纂修成吉思汗实录始,到元末,陆续修撰成自成吉思汗到宁宗十三朝实录。见于记载的还有睿宗(拖雷)、顺宗(答剌麻八剌)、显宗(甘麻剌)几位未曾登极而被追尊为皇帝的实录。

太祖至宪宗五汗的《实录》,是由耶律铸、撒里蛮、兀鲁带等于至元二十五年

---

① 宋濂等:《元史》卷二四《仁宗纪一》,中华书局1976年版,第549页。
② 宋濂等:《元史》卷八三《选举志三》,中华书局1976年版,第2064页。
③ 宋濂等:《元史》卷一四五《廉惠山海牙传》,中华书局1976年版,第3447—3448页。
④ 余大钧:《蒙古秘史成书年代考》,《中国史研究》1982年第1期。
⑤ 余大钧译:《蒙古秘史》,河北人民出版社2001年版,第75—77、404—405页。

（1288）至大德七年（1303）陆续完成的。大德八年（1304），王恽、撒里蛮、李之绍、赵孟頫等撰成《世祖实录》二百一十卷，附《事目》五十四卷，《圣训》六卷。至此，元朝实录的体例确定。皇庆元年（1312），玉连赤不花、程钜夫等撰成《顺宗实录》一卷、《成宗实录》七十三卷、《武宗实录》六十卷。至治三年（1323）廉惠山海牙等撰成《仁宗实录》九十卷。至顺元年（1330），廉惠山海牙、马祖常等撰成《英宗实录》《显宗实录》五十卷。泰定帝、文宗、明宗、宁宗四帝《实录》于元统二年（1334）开始纂修，成书时间史无明载。

元朝诸帝实录先由史官撰成汉文文稿，经监修大臣听读、审查，再译为蒙古文本进呈皇帝御览，而后修改定稿。至元二十三年十二月，翰林承旨撒里蛮言："国史院纂修太祖累朝实录，请以畏吾字翻译，俟奏读然后纂定。"① 当指将实录由汉文译为蒙古文的事。而至元二十五年"二月……庚申，司徒撒里蛮等进读祖宗实录，帝曰：'太宗事则然，睿宗少有可易者，定宗固日不暇给，宪宗汝独不能忆之耶？犹当询诸知者。'"② 则是监修大臣将译成蒙古文的实录进读给皇帝，听取其意见的过程。可以肯定，元朝诸帝实录都有汉文和蒙古文两种文本，这是前代史著所无而颇具民族特色的。

修成定稿的元朝实录被视为秘典，公私皆不许阅读。《元史》中多处记载，为了修撰国史、政书，当事者欲调阅实录，遭到拒绝。

翰林国史院负责撰修后妃、功臣传。如至正八年（1348），顺帝"诏翰林国史院纂修后妃、功臣列传，学士承旨张起岩、学士杨宗瑞、侍讲学士黄溍为总裁官，左丞相太平、左丞吕思诚领其事"③。揭傒斯在延祐初任翰林兼国史院编修官，撰功臣列传，受到了监修国史、平章李孟的高度赞赏，说："是方可名史笔，若他人，直誊吏牍尔。"④ 但元朝所撰后妃、功臣传成绩似乎不大，《元史·后妃表序》言："累朝尝诏有司修后妃传，而未见成书。"⑤

元朝史官坚持皇帝不能调阅国史的史学传统，如元文宗在奎章阁欲取阅国史，被国史院编修吕思诚所阻，谏曰："国史纪当代人君善恶，自古天子无观阅之者。"事遂寝。⑥

关于政书的修撰。汇集当代典章制度文献，编辑政书，也是史学撰著的一项内容。成吉思汗建立大蒙古国后，立即命失吉忽都忽纂辑"大札撒"，于时已显示

---

① 宋濂等：《元史》卷一四《世祖纪十一》，中华书局1976年版，第294页。
② 宋濂等：《元史》卷一五《世宗纪十二》，中华书局1976年版，第308—309页。
③ 宋濂等：《元史》卷四一《顺帝四》，中华书局1976年版，第880页。
④ 宋濂等：《元史》卷一八一《揭傒斯传》，中华书局1976年版，第4184页。
⑤ 宋濂等：《元史》卷一〇六《后妃表》，中华书局1976年版，第2693页。
⑥ 宋濂等：《元史》卷一八五《吕思诚传》，中华书局1976年版，第4248页。

出蒙古族对典制法令之治国存史作用的认识。入主中原后,进一步吸纳传统史学中撰著典制史的范例,汇辑一代典制法规,著为政书,施政存史。重要者有三:

第一,《大元通制》。元世祖至元八年(1271)禁行金"泰和律",着手制定本朝新律。至元二十八年颁布《至元新格》,但各类法规还极不完备。仁宗即位后,下令将历朝颁行的有关法令文书斟酌损益,类集折中,汇辑成书,到英宗朝,又进行了增删审核,成八十八卷,定名《大元通制》,于至治三年(1323)刊行。全书分制诏、条格、断例和别类等四部分。今存仅"条格"部分,称《通制条格》。其类型大体上相当于前代的令,是民事、行政、财政等方面的重要法规。

元顺帝至元四年(1338),鉴于《大元通制》颁行已二十余年,其间又有朝廷续降诏条、法司续议格例,简牍滋繁,因革靡常等情况,组织相关人员重新删定增补,至正五年成《至正条格》二十三卷,分二十七目,内容有制诏一百五十条,格一万零七百条,断例一千零五十九条。

第二,《经世大典》。全名为《皇朝经世大典》,是元文宗前典章制度的总汇,属会要类著作。元文宗天历二年(1329)九月戊辰,"敕翰林国史院官同奎章阁学士采辑本朝典故,准唐、宋会要,著为《经世大典》"[1]。做法是"参酌唐宋会要之体,会粹国朝故实之文"。由赵世延、虞集主撰,至顺二年(1331)成书。全书八百八十卷,又目录十二卷,公牍一卷,纂修通议一卷。分十篇:君事四篇,为帝号、帝训、帝制、帝系,由蒙古局纂修;臣事九篇,为治典、赋典、礼典、政典、宪典、工典,由虞集等编纂。[2]《元史》言,"凡祭祀之事,其书为《太常集礼》,而《经世大典》之《礼典篇》尤备"[3]。可见其史学价值。

第三,《元典章》。全名《大元圣政国朝典章》,六十卷。元成宗时,要求各地官府抄辑中统(1260—1264)以来的律令格例,"置簿编写检举",作为官吏行政司法的依据。地方衙署抄汇的律令格例,坊刻流行,成为一部至治二年(1322)以前元朝法令文书的分类汇编。全书由两大部分组成,正文分圣政、朝纲、台纲、吏部、户部、礼部、兵部、工部、刑部十类。增附《新集至治条例》,分国典、朝纲、吏、户、礼、兵、工、刑八类,不分卷。类下有门、目,目下列举条格事例。总计八十一门四百六十七目二千三百九十一条,体例与《唐六典》相仿。《元典章》全部由原始文牍组成,内容涉及了元代政治、经济、文化等社会生活的各个方面。

此外,还有《圣武亲征录》和《大元大一统志》,也是重要的史著。《圣武亲

---

[1] 宋濂等:《元史》卷三三《文宗二》,中华书局1976年版,第740—741页。
[2] 赵世延:《经世大典序录》,苏天爵编:《元文类》卷四〇"杂著",上海古籍出版社1993年版,第527页。
[3] 宋濂等:《元史》卷七二《祭祀志一》,中华书局1976年版,第1780页。

征录》又名《圣武亲征记》，是记述成吉思汗和窝阔台汗时期蒙古史事的重要史籍。书中称太祖四子拖雷为太上皇，当为宪宗蒙哥或世祖忽必烈时所作。该书内容与《蒙古秘史》有同有异，对同一事件的记载也有详略之差。《元史·太祖纪》和《史集》第一卷《成吉思汗纪》内容几乎与此书完全相同，可见该书是诸蒙古史著的重要史源之一。学者认为，此书为王鹗奉世祖命所作，尽量吸收了《蒙古秘史》中的历史资料，而摈弃传说故事，用汉文写成，而后由蒙古必阇赤译为蒙古文，进呈皇帝御览。伊朗所传的《金册》（阿勒坦·帖卜迭儿）当是《圣武亲征录》的蒙古文译本。① 《圣武亲征录》的内容与写法，反映出蒙古族史学在汉文化的影响下，史学思想与史学方法更趋学术化。

继承隋以来历朝撰修全国地理志的惯例，至元二十三年（1286），集贤大学士行秘书监事札马剌丁建言："方今尺地一民，尽入版籍，宜为书以明一统。"世祖遂命立局，以札马剌丁与秘书少监虞应龙主持其事，于二十八年修成七百五十五卷的大书，名《大一统志》，藏之秘府。成宗大德初，陆续获得云南和辽阳等地方志书，应集贤待制赵汸之请修订补充该书，七年（1303）完成，由卜兰禧、岳铉奏进，总一千三百卷，顺帝至正六年（1346）由杭州刻版印行。该书内容广泛，包罗详备，是中国古代最大的一部舆地书。书题为"大一统志"，称"古之一统，皆名浮于实，而我则实协于名矣。我国家无疆之休，岂特万世而已哉！统天而与，天悠久矣"②。可见元人之史观与气派。此书今只存断简残编，至为可惜。

三、元修宋、辽、金三史与统一多民族国家的政治意识

宋、辽、金"三史"是元代史学的重大成果，突出地反映了朝廷和学者的史识。

关于王鹗主修《金史》。根据刘秉忠、王鹗、商挺的建议，忽必烈继位初就开始了诸前朝史的修撰。王鹗奏言："金实录尚存，善政颇多；辽史散逸，尤为未备。宁可亡人之国，不可亡人之史。若史馆不立，后世亦不知有今日。"③ 中统二年（1261）正式开始由王鹗主持《金史》的修撰，安排王恽、徒单履、李仁卿等组成修史班子，胡绍开为助手，拨国帑二千锭，在文庙盖屋用作史馆。王鹗制定编写规范，且称："修史事宜，急不宜缓，多半采访，窃恐老人渐无，费用不可

---

① 亦邻真：《莫那山与〈金册〉》，《亦邻真蒙古学文集》，内蒙古人民出版社2001年版，第374—383页。汉译文见《西域历史语言研究集刊》第二辑，科学出版社2009年版，第21—24页。
② 许有壬：《大一统志序》，白寿彝主编：《回族人物志（元代）》附录，宁夏人民出版社1985年版，第292页。
③ 苏天爵：《元朝名臣事略》卷一二《内翰王文康公》，姚景安点校，中华书局1996年版，第239页。

惜。"要求属下乘太史张中顺未老，对其采访，以得到金朝所有的天变记录。馆中缺乏金朝大安、崇庆间资料，"采摭当时诏令，故金部令史窦祥年八十九，耳目聪明，能记忆旧事，从之得二十余条。司天提点张正之写灾异十六条，张承旨家手本载旧事五条，金礼部尚书杨云翼日录四十条，陈老日录三十条，藏在史馆"①。王恽《玉堂嘉话》卷八存有王鹗定夺之《金史》目录，内有帝纪九卷，含太祖、太宗、熙宗、海陵庶人、世宗、章宗、卫绍王、宣宗、哀宗；志书七卷，含天文（五行附）、地理（边境附）、礼乐（郊祀附）、刑法、食货（交钞附）、百官（选举附）、兵卫（世袭附）；列传，以诸王后妃开国功臣在先，旧实录三品以上入传，现拟人物，凡英伟勋业可称，不限品从，皆入传。尚有忠义、隐逸（高士附）、儒行、文艺、列女、方技、逆臣（忽沙虎）等类传。可以说，基本具备了《金史》的规模。

关于史例的争论和最后确定。王鹗等所撰《金史》，可能因尚有缺陷，未得颁行。成宗时，袁桷"请购求辽、金、宋三史遗书"，并列出所知宋史书目，以供采择。② 仁宗、文宗都曾多次下诏修撰三史，直到顺帝中才真正启动。

三史修撰之所以迟迟不决，主要是史馆对辽、金、宋三朝的地位、统绪意见不一。"或欲以宋为世纪，辽、金为载记，或以辽立国在宋先，欲以辽、金为《北史》，宋太祖至靖康为《宋史》，建炎以后为《南宋史》，各持论不决。"③ 至正三年（1343），翰林学士承旨、知经筵事巎巎在进读《资治通鉴》时，进言："国家当及斯时修辽、金、宋三史，岁久恐致阙逸。"④ 接受巎巎的意见，顺帝于三月连发两道圣旨，指示："这三国为圣朝所取制度、典章、治乱、兴亡之由，恐因岁久散失，合遴选文臣，分史置局，纂修成书，以见祖宗盛德得天下辽、金、宋三国之由，垂鉴后世，做一代盛典。交翰林国史院分局纂修，职专其事"⑤，为"三史"修撰定下格局。任命右丞相脱脱为都总裁，铁睦尔达世、太平、张起岩、欧阳玄、吕思诚、揭傒斯为总裁官，后又增补贺惟一、李好文、王沂、杨宗瑞任总裁官。其中脱脱为蒙古人，铁睦尔达世（《元史》写作"铁木儿塔识"）为色目人，太平为赐蒙古姓的汉人，其余皆为汉人。都总裁脱脱正式确定"三国各与正统，各系其年号"办法，议者遂息。⑥ 这一认识与主张，突破中原皇朝正统历史观

---

① 脱脱等：《金史》卷一三《卫绍王》赞，中华书局1975年版，第298页。
② 袁桷：《修辽金宋史搜访遗书条列状》，《元代奏议集录》（下），邱树森、何兆吉辑点，浙江古籍出版社1998年版，第41页。
③ 赵翼：《廿二史札记》卷二三《宋辽金三史》，王树民校证本，中华书局1984年版，第495页。
④ 宋濂等：《元史》卷一四三《巎巎传》，中华书局1976年版，第3415页。
⑤ 脱脱等：《辽史》附录《修三史诏》，中华书局1974年版，第1554页。
⑥ 权衡：《庚申外史》，任崇岳笺证本，中州古籍出版社1991年版，第44页。

念,符合辽、金、宋三朝互不统属的历史状况,也符合中国历史上常有的多民族政权并存的客观实际,是元统治者统一多民族国家政治意识的体现。

关于三史的修成和体例的创新。主要症结解开之后,"三史"的修纂只用了三年左右的时间,至元惠宗至正五年(1345)全部完成。其中《辽史》于至正四年(1344)三月完成,《金史》于至正四年十一月完成,《宋史》于至正五年(1345)十月完成。翰林国史院除诸总裁外在三史局参与修史的,有蒙古人伯颜、阿鲁图、别儿怯不花、纳麟、泰不华等,汉人王沂、王理、徐昺、陈绎曾、宋褧、汪泽民、商企翁、杜秉彝、王思诚、干文传、张谨、贡师道、麦文贵、余贞、危素等,色目人沙剌班、廉惠山海牙、契哲笃、岳柱、全普庵撒里等,唐古人(原西夏人)余阙、斡玉伦徒等。欧阳玄"发凡举例,俾论撰者有所据依。史官中有悻悻露才、论议不公者,玄不以口舌争,俟其呈稿,援笔窜定之,统系自正。至于论、赞、表、奏,皆玄属笔"①。揭傒斯"毅然以笔削自任,凡政事之得失,人材之贤否,一切律以是非之公。至于物论之不齐,必与之辩,求归于至当"②。

《辽史》一百一十六卷,内本纪三十卷、志三十二卷、表八卷、列传四十五卷、国语解一卷,记述辽朝二百余年的历史,兼述以前契丹族和以后西辽的历史。《金史》一百三十五卷,内本纪十九卷、志三十九卷、表四卷、列传七十三卷,另金国语解一卷,叙金太祖完颜阿骨打到金亡约一百二十年的历史。《宋史》四百九十六卷,内本纪四十七卷、志一百六十二卷、表三十三卷、列传二百五十五卷,记述宋太祖至南宋亡共三百二十年的历史。

"三史"体例一遵前代"正史",而又有自己的特色。如《辽史》设《营卫志》《部族表》,《职官志》分北面官、南面官等,凸显了辽朝制度的特点。《金史》本纪首列《世纪》,又有《世纪补》,记太祖以前先世和追尊诸帝事迹,这是针对女真民族历史特点,学习《魏书·序纪》体例而作。《金史》创《交聘表》,反映了金、宋、西夏的交往史。辽、金二史各有《国语解》,不仅为读史提供帮助,还是研究契丹、女真语言文字的宝贵资料。

"三史"修成后,元顺帝这样说:"史书所系甚重,非儒士泛作文字也。彼一国人君行善则国兴,朕为君者宜取以为法。彼一朝行恶则国废,朕当取以为戒。然岂止儆劝人君,其间亦有为宰相事,善则卿等宜仿效,恶则宜监戒。朕与卿等皆当取前代善恶为勉。朕或思有未至,卿等其言之。"③ 反映出元朝君主重视史书

---

① 宋濂等:《元史》卷一八二《欧阳玄传》,中华书局1976年版,第4198页。
② 黄溍:《文安揭公神道碑》,《揭傒斯全集》,李梦生标校,上海古籍出版社1985年版,第475页。
③ 宋濂等:《元史》卷一三九《阿鲁图传》,中华书局1976年版,第3361—3362页。

撰述，以史为鉴，对史学社会作用的基本认识。

三史成书仓促，颇受诟病，后来屡有学者欲重修三朝史，然而总也替代不了元修三史，可见其质量不可低估。有学者评论，三者相较，《金史》"独为最善"，当因前有王鹗《金史》参考。

四、元代的私人著史

元朝私人修史成绩斐然，现举其重要者，略述如下。

游记、行记。元朝疆域广大，外交、军事活动频繁，游记、行记的撰述很盛。著名的有：《长春真人西游记》三卷，李志常撰，记录长春真人丘处机于1220年启程，经蒙古高原、天山到大雪山（今兴都库什山）谒见成吉思汗，并于1224年回到燕京（今北京）的经过和见闻。《西游录》一卷，耶律楚材撰，记录作者追随成吉思汗西征的沿途见闻。《西使记》一卷，刘郁撰，记录宪宗九年（1259）使臣常德西使皇弟旭烈兀西征营帐往返道途的见闻。此外还有周达观《真腊风土记》一卷、汪大渊《岛夷志略》、徐明善《安南行记》一卷，记载已涉及今东南亚、非洲等域外情况。郭松年《大理行记》一卷、乃贤《河朔访古记》十六卷等，是关于云南大理和黄河中下游历史地理的珍贵史书。

古代历史改编。元人有两部改编三国史的著作，一是郝经《续后汉书》九十卷，"升昭烈为本纪，黜吴魏为列传"[①]；二是张枢"取三国时事，撰《汉本纪列传》，附以魏吴《载记》，为《续后汉书》七十三卷"[②]。两书皆以蜀汉为正统，魏、吴为闰位，从一个侧面反映宋遗民学者借著史以抒故国之思的心态。另吕思诚有《两汉通纪》若干卷。

人物传记。著名者如苏天爵著《国朝名臣事略》（即《元朝名臣事略》）十五卷，于文宗天历二年（1329）编成。收录元代前、中期四十七位著名政治家、军事家、学者的墓碑、墓志、行状、家传等资料。其体例系综合朱熹《名臣言行录》和杜大珪《名臣碑琬集》创新而成。吴师道辑《敬乡录》十四卷，为地方人物传记，记梁至宋末金华乡贤事迹，在每人行略后，附录所著诗文，亦有只著其目者。色目人辛文房撰《唐才子传》，从各种著述中搜罗资料，抄辑成唐代三百九十七位诗人（包括妓女、女道士）的传记。原书十卷，今本为清人从《永乐大典》中辑出整理而成，存二百八十七人传。

笔记体著作。如周密《齐东野语》二十卷、《癸辛杂识》六卷，杨瑀《山居新语》四卷，陶宗仪《南村辍耕录》二十卷等，都享有盛名，是研究宋元历史和元

---

① 永瑢等：《四库全书总目》卷五〇《续后汉书》提要，中华书局1965年版，第451页。
② 宋濂等：《元史》卷一九九《杜本附张枢传》，中华书局1976年版，第4478页。

末农民战争的重要资料。

第三节 马端临《文献通考》对《通典》的拓展

一、《文献通考》对《通典》的拓展

马端临生活于宋元易代的历史大变动时期。其父马廷鸾，在南宋末年任右丞相兼枢密使，因与权相贾似道不合，辞官归乡。马廷鸾是一位史学家，曾担任过国史院编修官和实录院检讨官。马端临深受其父影响，《文献通考》中的"先公曰"都是绍述马廷鸾的见解。南宋灭亡时，马端临23岁，他终身不仕，以宋遗民自居。他大约于元至元二十二年（1285）前后开始撰述《文献通考》一书，历时20余年，至大德十一年（1307）成书，在泰定元年（1324）正式刊印。《文献通考》记事起自上古，至于南宋宁宗嘉定年间，共348卷，凡24门，继承了《通典》的规模而分类更加完善和细化，进一步扩大了典制史的范围。马端临明确地承认，《文献通考》继承杜佑《通典》的基本规模而有所修订补充，改善了《通典》"节目之间，未为明备；而去取之际颇欠精审"的地方，并补充了唐玄宗天宝以后直至宋宁宗嘉定以前的典章制度。马端临的《文献通考》虽然不及郑樵《通志·二十略》那样广涉文化史、社会史，但是，它毕竟在《通典》的基础上补充增加了不少门类和内容，也同样扩大了典制史的撰述范围。

以下，是《通典》与《文献通考》各门名称的对照表：

《通典》各门名称	《文献通考》各门名称
食货	田赋 钱币 户口 职役 征榷 市籴 土贡 国用
选举	选举 学校
职官	职官
礼	郊社 宗庙 王礼
乐	乐
兵	兵
刑	刑
	经籍
	帝系
	封建
	象纬
	物异
州郡	舆地
边防	四裔

从上表可以看出，马端临完全继承了《通典》关于典章制度的逻辑体系，而且强化了《通典》以"食货为之首"的思想。他把《食货典》分为八门，并指出其分类不尽合理之处，以及自己加以调整的理由："古者因田制赋，赋乃米粟之属，非可析之于田制之外也。古者任土作贡，贡乃包篚之属，非可杂之于税法之中也。"又将《选举典》分为《选举》《学校》两门；将《礼典》分为《郊社》《宗庙》《王礼》三门，克服了《通典》"叙选举则秀、孝与铨选不分，叙典礼则经文与传注相汨"的问题；另外，《通典》的《兵典》只记载了历代战役的"成败之迹"，而《文献通考》则详赡记载了历代兵制，这是对典章制度史一个很大的完善；马端临还指出："至于天文、五行、艺文，历代史各有志，而《通典》无述焉。"于是，《文献通考》增加了《象纬》《物异》和《经籍》三考，这显然受到郑樵《通志》的影响。《经籍》相当于《通志》的《艺文》《校雠》，《象纬》《物异》相当于《通志》的《天文》《灾祥》；相较于《通典》《通志》和历代正史中的"书志"，马端临增加了《帝系》《封建》二考。他认为："凡是二者，盖历代之统纪与典章系焉"，如果付之阙如，"则亦未为集著述之大成也。"正是这一"集著述之大成"的撰述旨趣，使《文献通考》在《通典》和《通志》的基础上，又进一步地扩大、丰富了典制史的范围和内容。①

二、马端临的历史思想

经过对历代典章制度"变通张弛之故"进行一番"融会错综，原始要终而推寻之"的功夫，马端临认识到，历史的变化发展经历着不同的过程和阶段。他基本上把中国历史分为三个大的阶段，第一个阶段是唐虞以前，第二个阶段是夏商周三代，第三个阶段是秦汉以后。唐虞以前是"公天下"的"大同"之世；夏商周三代是"家天下"的"小康"之世，行诸侯封建制度，"古之帝王未尝以天下自私也"，尚有"公天下"的精神，土地也是公有的，实行受田于官的井田制，社会上贫富差距不大；秦汉以后，建立了中央集权君主专制制度，"而始以天下奉一人矣"，与此相应，土地私有制确立："三代以上，田产非庶人所得而私也，秦废井田，而始捐田产以予百姓矣。"

马端临在《学校考》小序中指出，从教育和政治的关系来看，唐虞三代政教不分，官师不分："盖古之为吏者，其德行道艺，俱足以为人之师表，故发政施令，无非教也。"而秦汉以后，"儒与吏始异趋，政与教始殊途。于是曰郡守，曰县令，则吏所以治其民；曰博士官，曰文学掾，则师所以教其弟子。二者漠然不相为谋，所用非所教，所教非所用。士方其从学也，曰习读；及进而登仕版，则弃其诗书礼乐之旧

---

① 以上引文均见马端临：《文献通考·自序》，中华书局2011年版，书首。

习，而从事乎簿书期会之新规"。这说的是，秦汉以后，学术和政治分化，人们必须以学术和教育的途径取得士人资格，然后才能进入政治领域，参与到统治集团之中。

关于职官制度，马端临在《职官考》中这样说，三代及其以前，"因事设官，量能授职，无清浊之殊，无内外之别，无文武之异"。而秦汉以后，执掌具体技艺的官职与行政官职被区分开来，后者地位远高于前者，居于朝廷主要位置："于是审音、治历、医祝之流，特设其官以处之，谓之杂流，摈不得与搢绅伍，而官之清浊始分矣。"同时，为君主、宫廷服务的机构和政府机构被区分开来，"出入宫禁""陪侍晏私"者与"公卿将相，为国家任大事"者"职掌不相为谋，品流亦复殊异"。更重要的是，在秦汉以前身为贵族者既为武将又兼治民，而秦汉以后"官之文武始分矣。"

《兵考》小序说社会组织：三代之时，行封建、井田，生产组织和军事组织重合，所谓"兵农合一"："故凡食土之毛者，除老弱不任事之外，家家使之为兵，人人使之知兵，故虽至小之国，胜兵万数可指顾而集也。"而秦汉以后，职业分途，形成了一个士农工商的"四民"社会，"而所谓兵者乃出于四民之外"，唐宋以后"始专用募兵，于是兵与民判然为二途"。

马端临还在有关的小序中谈"选举""钱币""征榷"等制度变迁，认为：从"秦汉以后"到"唐宋以来"，历史发生了重大变化。从选举和职官来看，"两汉以来，刺史、守、相得以专辟召之权魏晋而后，九品中正得以司人物之柄"。而隋唐实行科举制度，"州郡僚属皆命于铨曹，搢绅发轫悉由于科目"，对官吏的选拔、任命和考核迁转之权全部收归中央。从土地和田赋制度来看，战国时期，商鞅变法，废除井田制，"随田之在民者税之，而不复问其多寡"，土地私有制得以确立。中唐以来，施行两税法，"随民之有田者税之，而不复视其丁中"，土地私有制进一步深化，均田制和租庸调制从此退出历史舞台。从货币制度上看，上古之世"以珠玉为上币，黄金为中币，刀、布为下币"，秦汉以来盛行铜钱，唐朝时，随着商品经济的发展，开始出现一种早期纸币"飞钱"，至于宋代，商品经济繁盛，纸币得到广泛使用："宋庆历以来，蜀始有交子；建炎以来，东南始有会子。自交、会既行，而始直以楮为钱矣。"从经济制度和政策来看，征收工商业税的"征榷"制度，本来是为了取于豪强、商贾以助国家经费，减轻百姓负担，但行之后世，国家逐步管控了有关国计民生的商业领域："官自煮盐、酤酒、采茶、铸铁，以至市易之属。"还把本来应该征之于工商业的赋税强加到所有百姓头上："或计口而课盐钱，或望户而榷酒酤，或于民之有田者计其顷亩，令于赋税之时带纳，以求及额，而征榷遍于天下。"总之，历史的大趋势是中央集权专制主义日渐强化，土地私有制度日渐盛行，商品经济日渐发达，国家对社会经济的控制、对人民的剥削日渐繁重。

宋代儒者往往盛言尧舜三代，卑视汉唐，复古思潮相当流行。马端临也受到这一时代思潮的影响，他以"公天下"的理想，批判秦汉以后君主专制中央集权的强化，是"以天下奉一人"，赋税、劳役、征榷、和买、和籴等国家财经政策，日益严苛横暴，使百姓"重困"。他也梦想恢复三代封建井田，将之美化为有"公天下"之意的理想制度。但是，作为一个明古今之变的史学家，马端临明确地指出，封建废而行郡县，井田废而田产为庶人所有，政教分离，儒吏异趋，兵农分途，乃至行科举铨选之法"亦其势然也"，这样的历史变动造成了"古今异宜"，因此，典章制度的制定或是变革，只能以现有的历史条件为根据，只能适应于现实历史形势，而绝不能照搬古代的良法善制，否则只能造成更大的灾难和混乱："欲复封建，是自割裂其土宇以启纷争；欲复井田，是强夺民之田以召怨蘏。"他抨击一切复古之论，以为是绝不可行的"书生之论"。强调有一种客观的历史变动趋势，强调要尊重客观历史形势，自觉认识到现实中人们的行动必须根据相应的历史条件并顺应历史变化，这也是马端临"通变"思想的一个重要方面。

第四节　丰富的少数民族史学

一、藏族史学的成果

1247—1349 年的萨迦时期，西藏地区政治和社会环境较为稳定，几部史学代表作表明政教史逐渐成为一种固定模式。

《拔协》增补部分。这是 8 世纪历史名著《拔协》的增补部分，或是 12 世纪某人所作，所记史事以阿底峡入藏传法为下限，分裂时期的历史记载较为详尽。增补本言，拉萨疫病的流行是松赞干布和文成公主所致，文成公主因为破坏改造了吐蕃所有的地脉得麻风病而死。这些自然是朗达玛出于本教观念对二人的诅咒，但松赞干布和二公主皆死于麻风病却是历史真实。书中展现出作者良好的史学素养，包括对历史的认知、对史料的把握、对编纂原则的确定、对良史和秽史的区分以及历史文学意义上清晰的叙事层次、细腻的历史笔法等。

《奈巴教法史——古谭花鬘》。这是撰成于 1283 年的藏族政教传承史，作者为噶当派僧人扎巴·孟兰洛卓。① 全书分三品：第一品《古代吐蕃史》列出吐蕃王朝所在地理空间及其本部四十七个东岱的名称，王统，并以别传形式补充各赞普史事。第二品《吐蕃佛教弘传史》起于吐蕃佛法弘传，终于后弘期佛教复兴。第三品《教法纪年之辨析》。以体例而言，本书是一部事略体的通史。

---

① 藏族人名字，汉译多有不同，本段仅用其引用者所译之名，不列其他译名。扎巴·孟兰洛卓：《奈巴教法史——古谭花鬘》，王尧、陈践译注，《中国藏学》1990 年第 1 期；索朗顿珠编：《藏族史学书目》（藏文本），西藏人民出版社 2000 年版，第 244 页。

《布顿佛教史》。本书全称为《善逝教法源流史·圣言宝藏》①，由一切智布顿仁波切·仁钦珠于元至治二年（1322）写成。有四大总纲，分别讲佛法的功能、佛法的内容、修习佛法的途径和方法、佛教的起源，是一部纲目体著作。该书及前几部史书的作者受教政互依、政教两利史观的支配，是多数藏族佛教史家的习惯思维。

《红史》。此书系布顿大师的好友蔡巴·贡噶多吉（1309—1364）撰，是第一部政教史题材成型的藏族史书。该书叙事的核心是各族各邦的王统世系和藏传佛教的师徒传承，还首次对中原、西夏、蒙古的帝统和王统作专题记述。

《朗氏家族史》。此书以《朗氏灵犀宝卷》及《遗训史》为主体②，是朗氏家族史料的汇编。《宝卷》人物多按成就而非世次立传，格言和训诫贯穿其间。《遗训史》是大司徒·绛曲坚赞的自传，按时间顺序编排了1322年至1361年的重大事件，其中的遗训，充溢着一个族长对族民慈父般的爱心和亲情。

《西藏王统记》。由萨迦派大学者索南坚赞（1312—1375）初撰，后人于1388年补充完成。其述史时段从佛教创立到藏地分裂时期，以松赞干布与二公主融入观世音像眉间构成全书主体。各章史事相对独立，但又前后照应。部分史事评价上运用象征手法，是作者与历史呼应的结果。

二、《突厥语大词典》与《福乐智慧》的史学价值

喀喇汗王朝（又称黑汗或黑韩王朝）③是10世纪中后期到12世纪，在塔里木盆地和帕米尔高原以北地区，回鹘族建立的第二个王朝。这一时期回鹘文的史学作品主要有《突厥语大词典》《福乐智慧》《真理的入门》等。

《突厥语大词典》。出生于喀喇汗王朝军事贵族家庭的默合木德·喀什噶里（又译麻赫默德·喀什噶里）于1074年编定，不仅是研究回鹘语言的空前巨著，还叙述了各突厥语民族的地理分布，突厥语与回鹘文的特点，喀什地区的回鹘语，南疆土著居民语言的融合关系等内容。词汇部分以阿拉伯文注释突厥语，以当时流行于南疆和中亚地区的民歌、谚语为例，保存了突厥语系各民族语言、历史、文学、艺术等方面的资料，使我们对喀喇汗王朝历史有了更加清晰的认识，如："我们第一次从马氏书中知道，突厥古代民歌中的英雄阿勒普通阿（Alp Tonga）与阿夫拉西雅普是一个人。"④

---

① 《布顿佛教史》（藏文本），中国藏学出版社1988年版。前此两年，郭和卿汉译本由民族出版社出版，题为《佛教史大宝藏论》。
② 索朗顿珠编：《藏族史学书目》（藏文本），西藏人民出版社2000年版，第21页。
③ 参见魏良弢：《关于喀喇汗王朝的史料、文献及研究情况》，《新疆大学学报（哲学社会科学版）》1982年第1期。
④ ［俄］维·维·巴尔托里德、［法］伯希和等著：《中亚简史》（外一种），耿世民译，中华书局2005年版，第113页。

《词典》中有一幅地图,采用"绿以表海、红以表山、黄以表沙、灰以表河",上东、下西、左北、右南的方位排列,将突厥诸部和突厥语言及河流大山的分布情况进行了描述。"这幅圆形地图,被中外学者公认为中世纪历史地理学的重大成就。"①《词典》中的官职称谓表明,喀喇汗王朝时期,存在一套成熟而又严格的社会等级。《词典》中引用各种体裁、各类题材的突厥语文学作品的片断二百四十余节,谚语二百余条,还有一些箴言、韵文、诗歌、民谣、叙事诗和散文片断等,包含着许多历史事件的记载,散佚历史文献的大量片断得以保存。《词典》还广泛地记录了如食品饮料及其加工方法,乐器、房屋、城池的形制,动植物,医药,天文,历法,军事制度,婚丧习俗,农作物及其农作器具,服饰,社会道德规范等诸多方面,内容包罗万象,是蕴含喀喇汗王朝全史的重要著作。

《福乐智慧》及其史观。② 优素甫·哈斯·哈吉甫于1069—1070年完成了这部作品,并且在喀喇汗王宫中朗诵给当时的统治者桃花石博格拉汗哈桑·本·苏莱曼听,得到赏识,被封为哈斯-哈吉甫("可靠的侍臣")。《福乐智慧》一般定义为文学和哲学作品,但是其中所提到了真实存在的历史人物的言行,作品透露出的文化道德观对于本民族文化的构建起到了史学上的功用,作者赞扬君主、劝谏君主的诗句也是以史为鉴的产物。作品十分重视君主在历史上的作用,历代君主对于治国安邦和对后世的影响,对君主的个人品德和在政治军事问题上的远见卓识以及对待大臣的措施等有很详细的论述。作品展示了当时社会各个阶层的生活状况,让后人对这个时代的历史有了较全面的了解。书中从道德方面将人与人之间以及人与国家之间的义务进行了阐释和回答,吸收了伊斯兰文化、佛教文化和儒家文化的伦理道德思想,形成了具有本民族特色的道德体系,奠定了本民族文化的基础和源流。《福乐智慧》大部分诗文部分都是对君主进行劝谏,涉及如何对待社会各个阶层的人,如何维护社会的和谐发展等,为的就是为君主治理国家提供借鉴,说明此时回鹘民族经世致用的史学思想已经产生。

三、南方少数民族的史学

关于白族的有关历史文献。元朝以白族段氏世袭大理总管,元代白族的历史记载丰富多彩。

"白古通"系地方文献是以《白古通记》(即《僰古通纪》)为核心的记载白族起源、南诏大理国历史的地方文献史料,大致包括《纪古滇说集》《僰古通纪》《绎年运志》《云南志略》《滇载记》《南诏源流纪要》《南诏野史》《白国因

---

① 新疆维吾尔自治区社会科学院"突厥语大词典"课题组:《突厥语大词典·汉译本序》,民族出版社2002年版,第5页。
② 优素甫·哈斯·哈吉甫,郝关中、张宏超:《福乐智慧》,刘宾译,民族出版社1986年版。

由》等。

《纪古滇说集》，元张道宗撰，书中记载了自唐虞时期，下迄元代云南的地方史事，尤详于南诏历史。其中以神话故事和宗教传说为主，夹杂汉、唐以来的史书记载。"南诏时事，采录《新唐书》之文，杂以佛教传说，史事亦多错乱。南诏亡后，大理三百年之事仅数语，后袭郭松年《行记》之文，并记元初事。按王崧《道光志钞》卷三《封建志序》曰：'《纪古滇说》支离杂诡，乃好事者所妄造。'不足为典要也。"①

《云南志略》，元李京撰。大德年间，李京由枢庭宣慰乌蛮升乌撒乌蒙道宣慰副使，曾亲历乌蛮、六诏、金齿、白夷诸地，根据见闻撰写了《云南志略》。记载了云南的山川地理、土产风俗、民族社会生活等内容。其《总叙》叙述了春秋战国至元代云南的历史沿革，追述了南诏、大理国的辉煌历史，详细列举了历代国王、年号和相关史事。是元代有关云南诸族情况的唯一较为详尽的册籍，也是云南最早的志书。原有四卷，今存仅《云南总叙》与《诸夷风俗》两篇，尚不足一卷。方国瑜考证，《云南志略·总叙》之文，"据史传及《白古通简要》录之，颇具条理，非草率成书者可比，足见景山用力之勤。以史料言，则南诏、大理诸王传位之年数及年号，当出自《白古通》，与《南诏野史》、《滇载记》诸书，每有出入，而此为较早记录，且多可据考校南诏、大理纪年，颇为有益"②。

关于傣族的有关历史文献。元朝文献中，称傣族为"金齿""金齿百夷"等。元人王恽在其《秋涧先生大全文集》中有对元初金齿百夷来内蒙古朝见元世祖忽必烈的记载。"中统二年辛酉夏四月十四日，呼金齿蛮使人，问其来廷之意及国俗、地理等事。言语侏离，重译而后通。国名百夷，概群蛮之众称也。"③

芒莱（1239—1317）是西双版纳第四代召片领陶珑建仔的外孙，曾在景线为王，是傣族历史上的一位英武人物。傣文法典《芒莱法典》就是他在位时制定的，是傣族社会和道德的法律规范，数百年之后在西双版纳仍被遵循，是研究傣族法律制度史的重要史著。

1287年，元军远赴缅甸，意大利人马可·波罗奉使随军，经过云南。在《马可·波罗游记》中，对金齿地区也有较为详细的记述。言"从哈剌章西行五天的路程，并进入了卡丹丹省金齿。这个省当时也隶属大汗的版图，省会名永昌。这个地区是以黄金作通用货币，以重量为计量单位，也有用贝壳"。"这个省区的男

---

① 方国瑜：《纪古滇说集概说》，《云南史料丛刊》第2卷，云南大学出版社1998年版，第654页。
② 方国瑜：《云南志略概说》，《云南史料丛刊》第3卷，云南大学出版社1998年版，第122页。
③ 参见江应樑：《百夷传校注·序言》，云南人民出版社1980年版，第13页。

女，有用金片镶牙的习惯。依照牙齿的形状，镶得十分巧妙，可以长期留在牙齿上，男人又在他们的臂膀和腿上，刺一些黑色斑状条纹。"这是对傣族地区妇女镶牙、男人文身习俗的记载。"在这个地区既没有庙宇，也没有偶像，人们只崇拜家中的长者和祖宗。"① 这段记载被后来学者用作元代傣族地区佛教尚未流行的证据。

关于壮族的有关历史文献。《南丹州蛮传》② 是一篇壮族土官莫氏传记，系元朝学者依据宋代官书撰写的壮族历史著述。记载南丹州壮族首领莫洪噎于宋开宝七年（974）遣使内附，受封赐印为南丹州刺史。下传其弟洪皓，皓传其长子洪淮勋。淮勋被其弟淮汕击败奔宋，淮汕致仕后其子世渐袭任，世渐死后其子公帐袭任，被其叔世忍攻杀。世忍被宋授检校户部尚书，自制"西南诸道武盛军德政官家明天国主"印。其子公佞袭职，被宋广西经略使王祖道擒获，其弟公晟袭刺史。后延沈袭职，"延沈恣行惨酷，为诸蛮所逐，归死省地，众推延廪袭职。隆兴二年，延廪复为诸蛮所图，携家归朝，经略司奏以延甚袭职"。其后延阴袭职。传记最后记嘉定五年（1212）延阴子光熙袭职。这篇不足两千字的传记，不仅详述了壮族土官莫氏在宋代240余年间的传承，还准确地记载了莫氏与宋朝的贡职、羁縻关系。

思考题：

1. 辽、夏统治者为什么都重视汉文经史的翻译和学习？
2. 浅述金朝重视史学的表现和原因。
3. 如何评价元修辽、金、宋三史的学术水平？
4. 什么是藏族史书的政教史模式？

▶ 拓展阅读

---

① ［意］马可波罗口述、鲁思梯谦笔录：《马可波罗游记》，陈开俊等译，福建科学技术出版社1981年版，第148—149页。
② 脱脱等：《宋史》卷四九四《蛮夷传二》，中华书局1977年版。

第七章 明至清中期史学

明代至清代中期（1368—1840）是中国封建社会的衰老时期，中国古代史学呈现出总结和嬗变的趋向。中国历史在迈入近代社会门槛之前的这几百年中，新的社会因素渐渐萌芽，旧的势力日趋衰落却依然顽强，新力量的滋长与旧势力的压抑亦深刻影响史学，史学因此开始它的嬗变。明至清中期史学嬗变的表现，一是思想和理论上因循保守的气息充斥，同时反映时代抗议精神的优秀史著亦不断问世；二是史学传承延续的同时，出现了总结历史文献、探讨史学理论和摸索编撰新体裁等学术趋向；三是方志撰述兴盛，稗史著作空前增多，史学在通俗化方面的发展和历史教育广泛展开，标志着这时期的史学在走向社会的深层。此外，明至清中期，也是世界各国、各地区不断加强联系，逐渐形成新的世界格局的开始时期。从明代晚期开始，西方殖民势力不断东进，中西文化交流逐渐活跃，其影响亦在史学中有所显现。

明至清中期史学的发展，依据时代与史学的特点大致分为三个阶段：从明朝建立到明正德为第一阶段，从明正德以后到明末清初为第二阶段，从清康熙中期以后到中英鸦片战争爆发前，为史学发展的第三阶段。

第一节 明代史学的发展

一、君主专制政治的发展与官修史书

中国古代的政治制度，到了明代又有了新的发展。以明太祖朱元璋废除秦以来设相辅政制度，"收天下之权以归一人"①，将所有权与行政权合一掌控为标志，中国政治开始进入了完全意义的君主独裁专制时期。与此同时，专制政治的本质，也决定了有明一代"合众途于一轨，会万理于一原"②，保证"家不异政，国不殊俗"的文化专制政策。③ 君主专制政治的发展，给明代史学，尤其是官修史书打上了深刻的印记。

君主专制政治对官修史书的影响，包括制度和实践两个方面。

修史制度方面，在君主专制政治一般原则指导下，明朝建立不久，统治者即

---

① 王世贞：《弇山堂别集》卷九〇《中官考一》，魏连科点校，中华书局1985年版，第1720页。
② 胡广等：《进〈大全〉书表》，转引自侯外庐等《宋明理学史》下，人民出版社1987年版，第12页。
③ 《明太宗实录》卷一六八，台湾"中央研究院"历史语言研究所1962年版，第1874页。

将唐宋时独立设置的史馆,与原内廷备为文学顾问的翰林院合并,以翰林院的编修、修撰、检讨等为史官兼"掌修国史"①,宫中虽保留史馆官署,但不设专职修史官员,与此相应,于废相翌年废弃传统的起居记注制度。② 史馆与翰林院合二为一,一并归为外朝官署③,虽说有官僚行政运作意义上的进步,但史馆沦为一般官僚机构,也确实表明,对于史学,明朝统治者已没有了唐宋统治者那样的关怀。至于在内廷记录君主言、动的起居注制度的废弃,使史臣不再能"通知典故,亲见在廷君臣言动而书之"④,则一定意义上体现了专制君主不愿受到任何束缚的本质。

修史活动方面,据李晋华《明代敕撰书考》统计,有明一代敕撰图籍200余种,其中绝大多数是史学著作,且超半数修于洪武、永乐两朝,其中"洪武一朝又几于两倍永乐",达84种之多,反映出"凡一代创业之君,以其得之之艰,辄欲制之极密,防之极周,图子孙久长之业。此固无代不然,而明代为尤显"的史实。⑤ 事实上,洪武时期敕撰的一些史著,如记述明太祖言行《大明日历》《皇明宝训》,规范礼法和行政制度的《大明律》《诸司职掌》,训诫宗藩臣民的《资世通训》《相鉴》《臣戒录》《宗藩昭鉴录》《武士训戒录》等,以及永乐时期敕撰的《历代名臣奏议》等,除一些含有"稽古定制"目的外,大部分属于钤着专制君主政治意志和功利印记的作品。

明朝专制君主的政治意志和功利意识,在编撰第一部官修史书《元史》时就有体现。洪武元年(1368)八月,明军攻克元大都,十二月将获得的《元实录》等文献运抵应天府,明太祖随即下诏修撰《元史》。次年二月正式开局,至八月告成。洪武三年二月,以补顺帝一朝事再次开局,七月成书进呈。两次开局通计331天,不足一年,前后只30余人参与,且频繁更换,结果是使《元史》成为二十四史中编纂得最草率、问题最多的一部正史。其时国家远未统一,政权尚多危机,

---

① 据《明史》卷七三《职官志二》记载,明代的翰林修撰、编修和检讨等所谓史官,在"分掌考辑撰述之事"的同时亦兼司他职,遇"经筵充展卷官,乡试充考试官,会试充同考官,殿试充收卷官"(中华书局1974年版,第1786页)。故郑晓说:"我朝虽设修撰、编修、检讨为史官,特有其名耳。"(《今言》卷二,中华书局1984年版,第56页)
② 《明史》卷七三《职官志二》载:"起居注,甲辰年置,吴元年定秩正五品。洪武四年改正七品。六年升从六品。九年定起居注二人,后革。十四年复置,秩从七品,寻罢。"万历时,权臣张居正一度"命翰林院兼摄"起居注,但随着张居正去世和神宗亲政,起居注制度再次废置。(中华书局1974年版,第1788—1789页)
③ 翰林院虽迁于外廷,但其属下的史馆仍设在午门内,内阁成立后,史馆亦毗邻内阁公署。龙文彬《明会要》卷三〇《职官二·宰辅杂录》载"东阁在左顺门,廊接史馆",可证。(中华书局1956年版,第494页)
④ 王鏊:《震泽长语》卷上《官制》,中华书局1985年版,第18页。
⑤ 顾颉刚:《宝树园文存》卷一《明代敕撰书考序》,中华书局2011年版,第345页。

明太祖诏修《元史》的初衷，显然不在史学而在政治，在于凸显明政权的正统性与合法性。初衷虽不在史学，但明太祖并未因此放松对修史的控制，而是不时督导，贯注自己意志。压力之下，史臣竟不敢轻发议论，只能是"不作论赞，但据事直书"，"准《春秋》及钦奉圣旨事意"而已。①

明专制君主意志体现于前朝史修撰如此，体现于本朝史的修撰亦如此。与唐、宋朝不同，明代没有修撰"国史"，时人惯称《实录》为国史。有明一代先后修有13部实录合3 045卷，系统记载了除崇祯朝外所有15朝史事。按照明代制度，每朝帝死，继位之君须指定大臣担任总裁和监修官，组织翰林院官员纂修前朝实录，史料主要取于诸司部院保存的奏章、邸报等档案，"分派诸人以年月编次"②。书成进呈，密藏宫中，草稿焚灭。由于明朝基本取消了起居注制度，因此流传至今的明实录，便成了明官修史学留下的最系统、最详细的著述。然而它的编纂难免受到专制统治者意志侵蚀。统治者一面在诏书里高唱"恪勤纂述，必详必公"③，一面又时时窜改于己不利的记载，加之明代党争突出，一些负责编修官员，往往将个人恩怨带入编纂之中，致使《实录》"史之曲讳甚多，不可枚举"④，也因此受到很多史家批评。⑤ 如沈德符就认为《实录》修撰"可哂亦可叹"，说："本朝无国史，以列帝实录为史，已属纰漏。乃《太祖录》凡经三修，当时开国功臣，壮猷伟略，稍不为靖难归伏诸公所喜者，俱被划削。建文帝一朝四年，荡灭无遗，后人搜括捃拾，百千之一二耳。景帝事虽附《英宗录》中，其政令尚可考见，但曲笔为多，至于兴献帝以藩邸追崇，亦修实录，何为者哉！"⑥

二、私人著史的繁荣与局限

"礼失求诸野"。与明朝官修史学的寥落形成鲜明对照的是私人著史的繁荣。明代私撰史著的数量之多，是以往各朝代都无法比拟的。与形式僵化，思想苍白保守的官修史籍相比，明代私人历史撰述几乎涉及史学的各种体裁，而且受社会新因素影响思想极为活跃，无论是在编撰实践，还是在史学理论等方面，都留下不少有价值的内容。

明朝史学的重心开始转到私人著史大约是在正德时期，至万历时形成高潮。顾炎武说："国初人朴厚，不敢言朝廷事，而史学因以废失。正德以后，始有纂为

---

① 宋濂等：《元史》附《纂修元史凡例》，中华书局1976年版，第4676页。
② 王圻：《续文献通考》卷一七二《经籍考·内府书》，现代出版社1986年版，第2644页。
③ 《明太宗实录》卷一三，台湾"中央研究院"历史语言研究所1962年版，第235页。
④ 王世贞：《弇山堂别集》卷二〇《史乘考误》一，魏连科点校，中华书局1985年版，第372页。
⑤ 明代史学家批评《实录》者很多，如王鏊、郑晓、郎瑛、张居正、王世贞、焦竑、余继登、沈德符、李清、何良俊、何乔远、钱谦益、谈迁、张岱等都有程度不同的批评。
⑥ 沈德符：《万历野获编》卷二"《实录》难据"条，中华书局1959年版，第61页。

一书，附于野史者……万历中，天子荡然无讳，于是实录稍稍传写流布，至于光宗，而十六朝之事具全。"①

明中后期私人著史的繁盛，有多方面原因，概括其要，一是明中期以后，统治者渐怠于政，初期实施的文化高压政策有所和缓；二是经过长期社会稳定，社会经济，尤其是包括出版业在内的商品经济，在中期后获得长足发展；三是学校教育的普及与科举的发达，使享有政治和经济特权的缙绅势力崛起，逐渐显露出表达自我和政治诉求的愿望；四是嘉靖以后一些管理制度逐渐弛废，庋藏中秘的《实录》往往被翰林院官员利用工作之便抄出外流，至万历十六年（1588），更因神宗下令抄录为小型御览本，以至诸誊录、校对官员往往"于馆中誊出，携归私第，转相钞录"，抄出外流的《实录》"遍及台省"。②

明代私撰史著，主要集中于本朝史，这也是明代史学的主要特点。在以著录明当代著述为旨的《千顷堂书目》中，正史类著录的私家纪传体史著有14部，670余卷；编年类著录的私家编年史著有39部，约2087卷；职官、典故、食货、仪注诸类及政刑类等著录的私家典制史著述380余部，而别史类著录的私人著述则高达490余部。此外《千顷堂书目》的传记、地理、簿录等部类，也著录有大量的私撰史著。

在私撰本朝纪传体史著中，郑晓《吾学编》（刊于1567年）、邓元锡《皇明书》（刊于1606年左右）、朱国祯《皇明史概》（刊于1632年）、尹守衡《皇明史窃》（刊于1634年左右）、何乔远《名山藏》（刊于1640年）等，是卷帙和影响较大的著作。其中《吾学编》编纂时间最早，大约是在正德、嘉靖年间，但此稿"未竟"，因惧权臣严嵩之势，恐被私论史罪，遂将史稿"悉畀火"。其稿虽因作者之子私匿而得部分保存，并在穆宗隆庆改元后"伦次补辑"刊行，但是已非完帙。③

在私修本朝编年史著中，具代表性的是陈建《皇明资治通纪》（刊于1555年）、薛应旂《宪章录》（刊于1573年）、黄光昇《昭代典则》（刊于1600年）、雷礼《皇明大政记》（刊于1602年）、谭希思《明大政纂要》（刊于1619年）和谈迁《国榷》（初稿完成于1626年）等。其中陈建《皇明资治通纪》是明代首部通记至作者生活时代的编年体史著。该书分两部分完成，最初完成的是明代开国时期的历史，称《皇明启运录》，此后接受好友黄佐意见，又将史著续写至正德朝，于嘉靖末完成并与《启运录》合刊，称《皇明资治通纪》。《国榷》108卷，是明代史学的压轴之作，有很高的史学价值，尤其是保存了大量的明季史料，为

---

① 顾炎武：《亭林文集》卷五《书吴潘二子事》，《亭林诗文集》，刘永翔点校，上海古籍出版社2011年版，第175页。
② 朱国祯：《涌幢小品》卷二"实录"条，中华书局1959年版，第31页。
③ 郑履淳：《吾学编序略》，《四库禁毁书丛刊》史45册，北京出版社1997年版，第6页。

其他史书所不及。

明代也是私撰典制体史书大发展时期，产生了徐学聚《国朝典汇》（刊于1601年）、王圻《续文献通考》（刊于1602年）、冯应京《皇明经世实用编》（刊于1604年）、陈仁锡《皇明世法录》（刊于1630年）等一批大卷帙的综合性典制史著。其中《续文献通考》卷帙最大，共254卷，所续自宋嘉定之后至作者当世的明万历后期。该著的类目安排去取虽有不尽合适处，但所体现的自觉续史意识，以及对明代典章制度的详尽记述，仍有很大的史学价值。《国朝典汇》卷帙稍逊，有200卷，同样纂于万历时期，分类记载了明开国至隆庆200余年间朝廷内外典章故实（个别门类涉及万历年间事）。前33卷称"朝端大政"，记载与时政攸关之事，卷33以后，按吏、户、礼、兵、刑、工六部分类辑录事实。

明代史料研究者指出："除了那些价值在于作为政治品德的表率的奏议外，为实际用途而精选出来的奏议汇编，确实是明代的一大发明。"① 明后期，社会危机深化，这些"为实际用途而精选出来的奏议汇编"的经世文编日益增多，从正德、嘉靖之际到明末，先后纂辑刊刻的经世文著作20种左右，其中陈子龙等主编的《明经世文编》是这类著作最出色的代表。该著以"明治乱""存异同""详军事"为主要原则，搜集官方奏议等文书和私人文集千余种，从中选出有关时政、制度等方面的文章3 100余篇，反映了有明一代的政治发展、社会状况、民族关系、中外交往等多方面的历史。

按照明黄虞稷《千顷堂书目》分类，编年体、纪传体以外，杂记历代或一代史实的私修史著称"别史"。除此，明代还留下数以千计记载王朝掌故、历史琐闻和社会风俗等内容的笔记。这些笔记或著录于史部，或著录于子部小说家类等，一般被统称为"野史稗乘"。这些著述各有侧重，如余继登《典故纪闻》18卷、陆容《菽园杂记》15卷，以记本朝故实为主；沈德符《万历野获编》正续编32卷、谢肇淛《五杂俎》16卷，以记本朝风俗为主；朱国祯《涌幢小品》32卷，于制度、风俗外，兼记人物行事；张萱《西园闻见录》107卷，是按前言、往行二类分专题编排的著作；项笃寿《今献备遗》、邹漪《启祯野乘》，则主要记载人物。明代史学中，别史和稗乘杂史是私修史著中值得关注的著述，不仅数量巨大，反映内容丰富，而且思想的表述也相对自由，体现了史学走向社会深层的特点。

丰富的私修史著，一方面显出明代史坛的繁荣，一方面也暴露出它的局限。清龚自珍说："有明中叶，嘉靖及万历之世，朝政不纲，而江左承平，斗米七钱。士大夫多暇日，以科名归养望者，风气渊雅，其故家巨族谱系多闻人，或剞一书，

---

① ［美］牟复礼、［英］崔瑞德编：《剑桥中国明代史》，张书生等译，中国社会科学出版社1992年版，第785页。

或刻一帖,其小小异同,小小源流,动成掌故。使侁伋拮据,朝野骚然之世,闻其逸事而慕之,揽其片楮而芳芬恻悱。"①繁荣的商品经济,相对弛懈的政治控制,以及由此培壅的缙绅阶层庸俗的趣味追求,对明中期后的史学有相当负面的影响,加之明中期后党争严重,自我夸饰,相互倾轧,于是"翰林先生以意行,是是非者踵相接也,诸琬琰所载诔墓之辞亡非贤者,大要以位或子孙差高下耳,而稗官小乘类出迁人畸畯手,修怨之音与耳传之讹半之"②。追奇好异驱使下随意编撰与党争导致的对史实的歪曲与隐没,在晚明成了史学的一大弊端,因此遭到严肃史家的批评。史学上的颓风最终在明末得到一些扭转。

三、专史与方志

白寿彝曾将中国历史体裁的演变分为四个时期,认为明末以后是专史时期。这里所说的专史,包括个人专史(主要指年谱)、地方专史(即地方志)、学术专史和制度专史等。③ 其中从史学发展的角度看,明代专史应注意的是制度专史和地方志。

明代是古代政治制度发展的重要时期,在君主高度集权的同时,于具体的行政,则分工分权更加明晰,制度更加缜密,管理职能发挥得更加有效,内容也更加丰富,史学与社会的联系也随之日益紧密。而这两点,无论是对官、私制度史,还是地方志的撰述,都提供了有利的发展条件。

就制度专史来讲,除传统上一直受重视的礼制专史外,更有史学意义的是出现了大批典制专史,开拓出许多新的史学领域,如出现记述漕运、盐政、赋税、厂库、关榷、荒政、学政、茶马、钱法、矿业、军事等诸多方面的专史。这样,中国史学对于典章制度的记述,从纪传体史著中的书志,到综记典章制度的典制史,再到专记某一类别的典制专史,走过了一条不断丰富的道路。这些特点,既体现了国家制度和管理职能的发展,也体现了史学家对于社会认识的深化。

明代制度专史的作者,大多都是曾经或正在执掌朝廷相关职能的官员,如《皇明马政记》的作者杨时乔曾任南京太常寺少卿、吏部左侍郎,《漕运志》的作者杨宏曾任漕运总兵官,《济宁闸河类考》的作者陈梦鹤曾任工部主事,等等。这个特点,一方面使这些制度专史具有很高的史料价值,另一方面也使之带有浓重的国本的色彩,即无论提出什么新思想,其主旨都是基于国家的立场,以改善国

---

① 龚自珍:《龚自珍全集》第三辑《江左小辨序》,上海人民出版社1975年版,第200页。
② 王世贞:《弇州山人四部稿》卷七一《文部·弇山堂识小录》,明万历刊本。
③ 所谓体裁演变的四个时期,分别是:一、编年、纪传二体的确定时期;二、断代史普遍发达时期;三、通史时期;四、专史时期。白寿彝:《白寿彝史学论集》(下),北京师范大学出版社1994年版,第650—659页。

家职能管理为目的。

明代制度专史的卷帙多少不一，少者仅有一卷，多者可达百卷以上，如茅元仪完成于天启元年（1621）的《武备志》就多达240卷，是古代史学史中卷帙最大的军事学史著作。它详细地记述了历史上的军事学说理论、军事战略、战斗阵法和军队驻扎、攻守安置、武器装备、后勤补给及伤员的医治乃至气候预测与地形勘察等内容。从宏观的战略理论，到具体的战术实施，再到后勤支援等，形成完整的有机整体。

明代方志，无论官修还是私撰，在史学史中都占有重要地位。方志自宋代定型后，至元明清逐渐兴盛。由于专制政治的强化与制度的进一步完善，明代方志表现出承前启后的学术特点。

明代方志发展的突出特点是数量巨大、编修地方普遍。在有明一代270余年间，共修成各类志书2892种，是宋、元方志总和的五倍。明代方志的类型也很多，有反映一代全国面貌的"一统志"，有反映各省发展沿革的"总志""通志"，有反映不同行政区划状况的"府志""州志""县志""镇志""乡志"乃至"里志"等，有反映军事区域兵事、武备的"卫志""所志"等，有反映边关要塞重镇形势及军备的"边志""关志"等，有反映少数民族地区风貌的"土司志"，以及一些山、水、书院、寺庙等不易归属的"杂志"等。这些不同类型的方志，从不同层面生动地展现出明代的社会发展，展现了明代方志编修的空前繁荣。

明代方志编修的空前繁荣，除了方志学本身的成熟发展外，统治者对修志的重视是很重要的原因。早在洪武三年（1370），明太祖就诏令儒士"类编天下州郡地理形势、降附颠末为书"，称《大明志书》，其时明政权尚未统一全国。此后，随着政权统一的完成与巩固，洪武十六年（1383）、二十七年（1394）又两次诏修了《大明清类天文分野之书》和《寰宇通衢》两部各有侧重的志书。①

洪武时编修的诸志，多少都有些政治应急性质，无论体制还是内容都较简略，所以明成祖在夺得皇位并巩固住统治后，于永乐十年（1412）谕令全国各地府、县、卫、所皆必修志，同时颁布《修志凡例》十七则，对于志书内容和分目等作出原则性规定。这也是所知最早的由国家颁布的修志凡例。永乐十六年（1418），明成祖再次"诏纂修天下郡县志书"，要求"必欲成书，贻谋子孙，以嘉惠天下后世"，② 同时再次颁布《纂修志书凡例》，在原基础上调整至二十一则。这次举国

---

① 三部志书中，第一部早已散佚。第二部《大明清类天文分野之书》，特点是"以十二分野星次，分配天下府州县于郡县之下，又详载古今建置沿革之由"，即旨在记述郡县位置及沿革。第三部《寰宇通衢》，与洪武三年修《大明志书》多地尚未归入统一不同，此时云、贵、川已尽入版图，据《千顷堂书目》记载，这是一部专门记述全国交通驿程的总志。
② 《明英宗实录》卷三二七，台湾"中央研究院"历史语言研究所1962年版，第6741页。

修志活动，虽因成祖身殁北征途而终止，但从实际影响看，一是因曾"遣官徧诣郡县，博采事迹及旧志书"，将一批有价值的资料搜集到朝廷，为后来总志的编修奠定了基础；一是由于在诏修志书同时，亦命"纂修天下郡县志书"奉上，①促使各地方编志工作广泛开展。

继洪武、永乐之后，景泰、天顺年间再次展开总志的编修活动，分别修成了《寰宇通志》和《大明一统志》两部巨帙。

《寰宇通志》119卷，成书于景泰七年（1456）。内容共分38门，后附引用书目，特点是仿宋祝穆《方舆胜览》例，偏重叙述名胜景物，无官修总志常见的地图、道里、户口等内容，因而遭到人们批评。《寰宇通志》进呈不久适逢英宗复辟，虽刊印却未能颁行。逾二年余，英宗不欲"让景泰专美于前"，遂于天顺二年（1458），以《寰宇通志》"繁简失宜，去取未当"为由，敕令重修，"三阅寒暑，乃克成编"，赐名《大明一统志》，并亲为之序，镂版颁行。《大明一统志》凡90卷，体例依《元一统志》，以天顺时两京十三布政使司分区，依府、州、县之秩，分述建置沿革、郡名、形胜等19门内容，末附"外夷"，记四域诸国，增绘全国总图和各布政使司分图，列各府至两京里数及至所辖州县的里数等。

由于朝廷的重视，将方志的编修纳入国家职能，每每下旨遍征天下志书，加上社会经济和教育的发展等原因，明代各级行政区划方志编修普遍展开。

明代方志的修纂大致经历了四个阶段。其中从洪武到天顺是初步开展阶段。据不完全统计，这期间大约编修了各种方志257种。从成化到正德是蓬勃发展阶段，出现"天下藩郡州邑莫不有志"的局面，修纂各类方志460部。从嘉靖到万历是修志的鼎盛时期，所修各类方志1622部，约占明代方志总数的56%，方志的分布也更加广泛，达到"国都有志，藩省有志，郡县有志，下逮一梵一祠、垄岗汇潴之末，亦或纪其胜而志焉"的盛况。②从天启到崇祯是最后阶段。由于社会政治、军事危机，编修活动进入低潮，修纂各类方志仅仅60余部。

明代修撰方志的蓬勃展开及其取得的重大成就，是中国古代史学进一步走向社会深层的最重要的标志之一，在中国史学史上留下辉煌的一页。

四、少数民族历史的撰述

关于蒙古族的历史撰述。明朝的蒙古文史著，主要有两部。《白史》撰成于1540年至1586年。③该书附会元帝的诏敕和元代的个别史事，阐述藏传佛教格鲁派的政教理论，为在蒙古更深广地传播格鲁派张本，是17世纪流行的藏传佛教史

---

① 《明太宗实录》卷二〇一，台湾"中央研究院"历史语言研究所1962年版，第2089页。
② 汪子卿：《泰山志》，周郢校证本，黄山书社2006年版，第721页。
③ 李保文：《关于〈白史〉的成书年代及其编纂者》，《中央民族大学学报》1994年第4期。

观指导下的蒙古史学的先声。《阿勒坦汗传》撰成于16世纪末至17世纪初，作者是"侍于阿勒坦答汗（即俺答汗）左右的一位通晓佛教的人物，大概是一位喇嘛"①。该书在简述成吉思汗至答言汗的史事后，重点记述了俺答汗的生平业绩。其中有关俺答汗及其后裔引进和传播藏传佛教的内容最丰富，反映了藏传佛教文化对蒙古族的影响。

明人所著明代蒙古史著，有郑晓《北虏考》，王世贞《北虏始末志》《三卫志》，冯时可《俺答前志》《俺答后志》，叶向高《四夷考·北虏考》，萧大亨《北虏风俗》附《北虏世系》和瞿九思的《万历武功录》等，总体上属专题史料的性质。

关于藏族的历史撰述。明朝的藏族史学著作，主要有《雅隆尊者教法史》《西藏王统记》《青史》《新红史》《印度佛教史》《汉藏史集》《智者喜宴》《西藏王臣记》等，多数为政教传承史著作，但又各有特点。不少著作对佛教和藏传佛教的传承、群体等的年代和分类意识十分明确，说明传承史观已深入藏族史家的内心。诸书文字表述趋于细腻详实，史料也更为丰富。产生了有别于政教通史的个人传记和地方志，如《米拉日巴传》《玛尔巴传》和《后藏志》，客观上拓宽了藏族史学视域。这时期的藏族史家们较注重对历史的评论，在史事考证上用力甚勤，在史料搜集和疑古精神方面往往较前人更胜一筹，对史料的考释抉择总体上又十分审慎细致。

关于回族的历史撰述。明代回族学者的历史著述，有马欢《瀛涯胜览》、费信《星槎胜览》，详细记载了郑和下西洋的路线、经过以及15世纪亚非各国的历史与社会状况，是中外交通史的重要史籍。马文升《马端肃公三记》，详细记载了明政府经略东北女真和哈密少数民族、平定满四地方叛乱的经过，尤其是对相关民族政策的反思，具有重要价值。张忻《清真教考》、詹应鹏《群书汇辑释疑》，对伊斯兰教的起源、发展、教义、回回历法等有详细的研究，并以儒家学说会通伊斯兰教教义，为伊斯兰教中国化开辟了道路。这一时期还编撰了许多回族家谱，对族源、族史、宗法制度、人口、人物以及婚姻习俗等方面有详细的记述，属谱牒类历史著作。

关于满族入关前的历史撰述。努尔哈赤、皇太极都十分重视学习历史，以了解历代政权兴亡的史事，特别是注意了解少数民族成就大业的史事。皇太极通过对辽金元史事的分析，认同《尚书》中"皇天无亲，惟德是辅"②的观点，为满族取代明朝获得天下寻找历史根据。

---

① 包文汉、乔吉等：《蒙文历史文献概述》，内蒙古人民出版社1994年版，第25页。
② 《清太宗实录》卷二八，天聪十年夏四月己丑，中华书局1986年版，第371页。

后金设有文馆或称书房负责翻译经史记注政事。1636年（天聪十年），"改文馆为内三院，一名内国史院，记注上起居、诏令，收藏御制文字，凡用兵、行政、六部所办事宜、外国所上章奏，俱令编为史册，并纂修历代祖宗实录，撰拟郊天、告庙祝文，功臣诰命，诸贝勒册文。一名内秘书院，撰与外国书，及上赐敕书并谕祭文，录各衙门奏疏及词状。一名内宏文院，注释古今政事得失，进讲御前，侍讲皇子，并教诸亲王，颁行制度"①。

1599年创制满文，随后形成记述史事的满文档册。出版的《旧满洲档》共四十册②，记明万历三十五年（1607）至清崇德元年（1636）间史事，是满族贵族入关之前的一部官修史籍。《满洲实录》八卷，记述了满洲发祥及努尔哈赤的战绩，并绘制了八十七帧努尔哈赤事迹图。在此基础上，1636年编成《清太祖武皇帝实录》四卷，记载了努尔哈赤一生的活动和后金兴起的重大史事。

关于维吾尔族的历史撰述。1514—1680年，在今新疆地区有以今莎车为都城的叶尔羌汗国，近代维吾尔民族就于此时期形成。《拉失德史》可视为第一部维吾尔族的史书。米尔咱·马黑麻·海答儿怀着强烈的历史责任感于1544至1546年间撰写成该书。作者清醒地认识史学的作用，说："历史家的惯例是实事求是地叙述一件事情，以便录载世人的事迹流传后世。这样，世之读史者无分贵贱，都可以从他们的忠告中获取教益。可以看到美德和恶行的结果各不相同，同时还可以借鉴各君主汗室流传于世的为政之道以资治：总之，可以使世人趋善而避恶。"③ 该书第一编叙述了东察合台汗国与早期叶尔羌汗国的历史；第二编记述作者的生平事迹，以及在他生活的年代所发生的大事，旨在为第一编提供资料。其写作态度严谨，对所采用的资料进行过审慎的分析和辨别。该书为研究14—16世纪的维吾尔族史、新疆和中亚地区的历史提供了十分珍贵的资料。

关于南方诸民族的历史撰述。洪武间朝廷遣行人李思聪、钱古训出使缅甸及百夷，"思聪等还，具奏其事，且著《百夷传》，记其山川、人物、风俗、道路之详以进"④。该书可称为对云贵少数民族的调查记录，内容详实可靠，为后来地方史志及私家著作广为抄引。

明朝前期，白族杨姓遗民用僰文撰成《白古通记》⑤，内容为白子国历史、观

---

① 《皇清开国方略》卷二一，景印文渊阁《四库全书》史部编年类，台湾商务印书馆1983年版。
② 台北"故宫博物院"1969年影印本，名为《旧满洲档》。
③ 米尔咱·马黑麻·海答儿：《中亚蒙兀儿史——拉失德史》第一编，新疆社会科学院民族研究所译、王治来校，新疆人民出版社1983年版，第350页。
④ 《明太祖实录》卷二四四，洪武二十九年二月庚寅，台湾"中央研究院"历史语言研究所1963年版，第3543页。
⑤ 《白古通记》的成书年代，学者有唐、宋和元诸说。此处据侯冲：《白族心史——〈白古通记〉研究》所说，云南民族出版社2002年版。

音幻化故事、南诏、大理国史事等。其后相继出现了蒋彬《南诏源流纪要》、杨慎《滇载记》、倪辂《南诏野史》等"白古通"系地方文献。白族学者李元阳编修万历《云南通志》和嘉靖《大理府志》，杨南金纂辑嘉靖《邓川州志》，敖浤贞修、艾自修纂辑崇祯《重修邓川州志》等。

明代初步定型的《木氏宦谱》系云南丽江木氏土司的家谱，是纳西族历史上第一部具有自觉意识的历史著作，显示了土司们希望其战功和荣衔能世世代代荫庇子孙的历史愿望。

1616年成书的老傣文作品《论傣族诗歌》，有对世界从翻腾滚动着的雾气变成无限大的一个圆体即地球的过程的描述。约成书于16世纪中的傣文抄本《咋雷蛇曼蛇勐》，在叙述宗教和传说的同时，对傣族发展历史也有较系统的论述，是古代傣族最重要的史籍之一。

广东顺德学者欧大任撰《百越先贤志》四卷，内容是东汉以后一百二十位越人的传记。

苗族历史，主要见于汉文著述。嘉靖《贵州通志》对各地苗族的族称及其风俗文化等已有较详实的记载。田汝成《炎徼纪闻》、王士性《广志绎》、沈瓒《五溪蛮图志》、侯加地《苗缴纪事》等，"不少是对历代苗民治、乱轨迹的镇压、统治'苗疆'方略的考察，也有关于苗族各时期所发生的重大事件的记述，而通史大多都有苗族生活状况和民情风俗的见闻"[①]。

海南黎族历史，主要见诸岛内汉族士人或地方官的作品，如王佐《鸡肋集》卷二的《平黎记》，海瑞的《治黎策》，顾芥的《海槎余录》，方民悦《交黎抚剿事略》五卷等。

第二节 晚明史学的特点

一、王世贞、胡应麟的史学理论成就

明代史学的发展，到嘉靖、万历时开始逐渐形成高潮。这个史学高潮，不仅表现在史书编撰，更表现在对史学理论问题的思考和对历史的批判，表现在实学精神下对史学经世之旨的强调和对史学严肃性的坚持。这些都是晚明史学的特点。

在嘉、万时期史家关于史学理论的思考中，王世贞和他的学生胡应麟的论述最有价值。

王世贞（1526—1590），字元美，号凤洲，又号弇州山人，苏州太仓（今属江

---

① 伍新福：《中国苗族通史·绪论》（上），贵州民族出版社1999年版，第4页。

苏）人，是晚明文学"后七子"的代表，同时也是重要的史家。王世贞的史学成就，包括了明本朝史著述和史学批评理论的阐述两方面。

王世贞一直想撰写一部本朝信史，虽因种种原因，这一理想未能实现，但留下的大批悉心考订和整理的史料，仍足以奠定他的史学地位。这些史料中，以《弇山堂别集》100卷、《嘉靖以来首辅传》8卷、《明野史汇》100卷及"卷亦过百"的《皇明名臣琬琰录》最重要。此外尚有《国朝从记》《觚不觚录》《阉宦小纪》《少阳丛谈》《戚武梼杌》《弇山堂识小录》等以当朝掌故为主的史学笔记，以及后来由门生董复整理而成的百卷本《弇州史料》等。王世贞的文集《弇州山人四部稿》《续稿》中亦有大量当朝史事的记载与评述。

王世贞史学理论成就主要集中在两个方面：一是对"史"之认识和史之价值的论述，二是对不同史料之不同价值的分析。

在对所谓"史"之认识和其价值的阐述方面，王世贞提出"天地间无非史而已"①的命题，认为人类的一切活动无不是历史，客观之"史"赖文本之"史"而使后人得以认识，任何文本都是人类对过往历史认识的遗迹，因而也都属于"史"，只是文本形式不同。在这个意义上，"《六经》皆史"，"经史一也"，"《六经》，史之言理者也"，即经只是史的一种形式。王世贞不仅将《六经》纳入史的范围，更将史学的价值置于经学之上，认为"史不可以已"，他说："经不敢续也，亦无所事续也，至于史则不然，一代缺而一代之迹泯如也，一郡国缺而一郡国之迹泯如也。"② 甚至宣称"吾读书万卷，而未尝从六经入"③。这些论述反映了此时史家对"史"认识的深入。

对不同史料相对价值的分析，也是王世贞史学理论中最有价值部分。明代官、私史学种种弊端对史学严肃性的破坏，引起一些史家的批判。王世贞作为代表，在尖锐批判同时，更进一步从史学实践层面，针对本朝史学，提出国史、家史和野史不同价值的分析。王世贞认为："国史人恣而善蔽真，其叙典章、述文献，不可废也；野史人臆而善失真，其征是非、削讳忌，不可废也；家史人谀而善溢真，其缵宗阀、表官绩，不可废也。"④ 王世贞这一论述的理论价值，在于认识到不同史学主体，因所受主、客观条件影响的不同，认识途径的不同，会产生对历史事实记述的差异。史家应对不同史料的局限有所认识，注意史料的参互补充，才能相对客观地揭示历史的真实。王世贞的这个认识，具有很高的理论与实践的价值，

---

① 王世贞：《艺苑卮言》卷一，明万历十七年武林樵云书舍刻本。
② 王世贞：《弇州山人四部稿》卷一一六《策·湖广第三问》，明万历刊本。
③ 查继佐：《罪惟录》列传卷一九《王偉附孙世贞》，浙江古籍出版社1986年版，第2383页。
④ 王世贞：《弇山堂别集》卷二〇《史乘考误》引言，魏连科点校，中华书局1985年版，第361页。

体现了中国史家对于史学认识的深入。王世贞对于史学理论的思考也影响了他的学生胡应麟。

胡应麟(1551—1602),字元瑞,号石羊生,又号少室山人,浙江兰溪人。胡应麟"自髫龀厌薄荣利,余子女、玉帛、声色、狗马、服玩诸好一切泊然,而独其嗜书籍自天性,身先后所购经、史、子、集四万余卷,手钞集录几十之三,分别部类,大都如刘氏《七略》而加详密,筑室三楹贮之",① 是以藏书宏富与学识淹博著称晚明士林的学者,主要论述集中于《少室山房笔丛》。

胡应麟的理论成就包括历史文献与历史编纂两个方面。胡应麟有关历史文献学的论述很丰富,有文献存亡聚散"十厄"之说,有文献分类发展由简到繁,著录应随时调适之说,等等,但最有价值的应是文献辨伪的理论。在《四部正讹》中,胡应麟将伪书归纳了十几种情况,系统总结了伪书的类型,提出了辨别伪书的八种方法,从著录情况、作者处境、文体形式、文本语言以及典籍由来等方面进行文献辨别,是迄止当时最系统的文献辨伪论述。

胡应麟关于历史编纂的论述有多方面,如"独任"说,即史书纂修应委任相宜、才用相协,以及史文繁简的辩证关系和"务成曩美,勿薄前修"的史学批评思想等,但最有理论价值的是他的"公心""直笔"二善说。

胡应麟认为:"才、学、识三长足尽史乎?未也!有公心焉、直笔焉。五者兼之,仲尼是也。董狐、南史,制作亡征,维公与直,庶几尽也。"认为除了"三长"之外,史家还需具备"公心"和"直笔"二善。关于这"二善"的关系,胡应麟说:"直则公,公则直,胡以别也?而或有不尽符焉。张汤、杜周之酷,附见他传,公矣,而笔不能无曲也;裴松、沈璞之文,相评一时,直矣,而心不能无私也。"认为"公心"和"直笔"是既区别又联系的两个范畴。至于怎样做到公心与直笔"二善"兼具,胡应麟提出了"尽"的概念,认为:"夫直有未尽,则心虽公犹私也;公有未尽,则笔虽直犹曲也。"② 认为史家只有在公心和直笔两方面都做到"尽",即尽公心以下直笔,尽直笔以申公心,才能使"公心"与"直笔"兼得,信史亦由此生焉。与王世贞一样,胡应麟的这些理论,也是当时维护史学严肃性思潮下的产物。他的学说既发展了唐刘知幾的学说,也对清章学诚"史德"说有所影响。

二、李贽历史评论的批判精神

李贽(1527—1602),号卓吾,又号宏甫、百泉,别号温陵居士,明泉州晋江(今属福建)人。李贽是个心理和思想都充满矛盾的人,他以言论的激烈一直被正

---

① 王世贞:《石羊生传》,胡应麟《少室山房集》卷首附,文渊阁《四库全书》,上海古籍出版社1987年影印本,第1290册,集部229。
② 胡应麟:《少室山房笔丛》卷十三《史学占毕一》,上海书店出版社2001年版,第128页。

统学者称为"异端之尤",但近代后人们又认为"他此后的言行实际上代表了全国文人的良心"①。李贽的一生著述宏富,著有《藏书》《续藏书》《焚书》《续焚书》《初潭集》等,其中《藏书》68卷、《续藏书》27卷是其史学代表作。《藏书》取材于历代正史,记战国至元末约800个历史人物。《续藏书》取材于明代人物传记及有关文集,记明代万历以前约400个历史人物。从历史思想来看,李贽这些著作,尤其是《藏书》中的历史评论,富有批判精神,具有突出的史学价值。

李贽的历史评论批判精神,一是强调史家对于历史是非的判断,应是"断自本心"的独立思考,反对历史"咸以孔子之是非为是非","以定本行罚赏"②;一是认为历史是非的价值判断没有固定不变的标准,对于历史的是与非,不仅应依据不同的历史情势去判定,而且可以有不同的多种意见并存并育。这也是其批判精神相互联系的两个方面。

关于历史之是与非的评判,实质也是价值观在历史认识上的体现。李贽尖锐指出:"天生一人,自有一人之用,不待取给于孔子而后足也。若必待取足于孔子,则千古以前无孔子,终不得为人乎?"③"咸以孔子是非为是非",就是"未尝有是非耳",是"可不大哀乎"之事。李贽在《藏书·史学儒臣传》论道:"夫所谓作者,谓其兴于有感而志不容已,或情有所激而词不可缓之谓也,若必其是非尽合于圣人,则圣人既已有是非矣,尚何待于吾也。夫按圣人以为是非,则其所言者,乃圣人之言也,非吾心之言也。"故史家须有独立的是非判断,言"吾心之言",否则"兹史固不待作也",司马迁"是非颇缪于圣人",也正是"迁之不朽"之处。④ 李贽的这些论述,也是从反对思想文化专制的立场,对史家史识和史德问题的论述,较之刘知幾"直书"说有更深刻的思想内容。

人们为何不能"咸以孔子之是非为是非"?受庄子思想影响,李贽认为是非标准是不定的,任何是非评价的标准只能是历史的、相对的。他说:"夫是非之争也,如岁时然,昼夜更迭,不相一也。昨日是而今日非矣,今日非而后日又是矣,虽使孔夫子复生于今,又不知作如何非是也。"即人之是与非本是历史的和社会的产物:"人之是非,初无定质;人之是非人也,亦无定论。无定质,则此是彼非并育而不相害;无定论,则是此非彼亦并行而不相悖矣。"所以人们认识事物的"是"与"非"是可以同时存在的,不仅可以"并行",而且可以"并育",相互促进认识的发展。反之,"若执一定之说,持刊定死本,而欲印行以通天下后世,

---

① 黄仁宇:《万历十五年》,中华书局1982年版,第205页。
② 李贽:《藏书·世纪列传总目前论》,中华书局1959年版,第7页。
③ 李贽:《焚书·答耿中丞》,张建业译注,中华书局2011年版,第38页。
④ 李贽:《藏书》卷四〇《司马谈、司马迁》"李生曰",中华书局1959年版,第692页。

是执一也",而"执一便是害道"。① 这样,李贽便从理论上否定了文化专制对思想文化的压抑。

在反对文化专制思想支配下,李贽重新审视历史,深感"自古至今多少冤屈,谁与辨雪"②,"真英雄子,画作疲软汉矣;真风流名世者,画作俗士;真啖名不济事客,画作褒衣大冠,以堂堂巍巍自负"③,遂以"与百千万人作对敌"的批判精神,写出一系列"不与旧时公案同"的评论,如鼓吹儒释道诸家学说价值平等,认为荀子较孟子"其文更雄杰,其用之更通达而不迂"④,为"儒臣"之首,此外像"以吕不韦、李园为智谋,以李斯为才力,以冯道为吏隐,以卓文君为善择佳偶,以司马光论桑弘羊欺武帝为可笑,以秦始皇为千古一帝"等⑤,都是有悖传统观点的评价。

历史人物评价外,值得重视的是支持李贽这些"颠倒千万世之是非"背后的"异端"思想。这些思想主要体现在两个方面:一是在对历史历程的认识中,否定正统史家以道德划分时代价值的判别;一是在历史伦理的认识上,肯定私欲的历史意义。李贽认为,历史运动的轨迹是"乱之终而治之始也","治之极而乱之兆","一治一乱若循环"。历史运动形成的盛衰嬗递之"势","虽神圣在上,不能反之于质与野","虽圣人亦顺之尔"。⑥ 由于将历史看作治乱盛衰交递的自然过程,一切时代也就都在一个时间序列中获得了同等的价值,从而既摆脱了天命论的窠臼,也跳出了以王霸、圣凡、正闰等划分历史的正统观念。李贽的《藏书》,就是以"混一诸侯""混一南北""华夷一统"概括秦、隋、元的历史,以东晋为南朝开端、刘渊为北朝起始划分这段历史,表现出李贽不同正统史观的历史通识。

表现在历史伦理方面,李贽肯定人的"私欲"对历史进步的积极意义。认为:"夫私者,人之心也。人必有私而后其心乃见,若无私则无心矣。"所谓"无私之说者,皆画饼之谈,观场之见","无益于事,只乱聪耳,不足采也"。⑦ 这种肯定私欲合理性的历史思想,也是晚明商品经济发展在价值观上的反映。

三、史学的经世之旨与考据之功

明代晚期,史学的发展表现出两大走向,一是因社会矛盾日益突出,危机四

---

① 李贽:《藏书》卷三二《孟轲》,中华书局1959年版,第520页。
② 李贽:《续焚书·与焦弱侯》,张建业译注,中华书局2011年版,第332页。
③ 李贽:《焚书·答焦漪园》,张建业译注,中华书局2011年版,第27页。
④ 李贽:《藏书》卷三二《荀卿》"李生曰",中华书局1959年版,第519页。
⑤ 《明神宗实录》卷三六九,台湾"中央研究院"历史语言研究所1962年版,第6917—6918页。
⑥ 李贽:《藏书》卷一《世纪总论》,中华书局1959年版,第2页。
⑦ 李贽:《藏书》卷三二《德业儒臣》"德业儒臣后论",中华书局1959年版,第544页。

伏，遂强调起经世致用；一是因学风衰颓，史学严肃性受到破坏，而重视考据之风。经世致用一直是中国史学的传统，这一传统到了明代中期，因受当时涌动的实学思潮影响，又有了新发展，并在明清之际达到思想和实践的高峰。

关于经世致用，明代学者王畿认为："儒者之学，务于经世，然经世之术约有二端：有主于事者，有主于道者。主于事者，以有为利，必有所待，而后能寓诸庸；主于道者，以无为用，无所待而无不足。"① 也就是说，儒学即经世之学，但具体到怎样致用，则存在"主于道"和"主于事"两条路径。面对中期逐渐显露的社会危机，有鉴于实施八股取士制度后，"士循章句，吏谙笺奏，分镳而骛"②，职事者不谙实务的弊端，士人中兴起一股实学的思潮。实学思潮影响之下，史学经世的重心，也渐从宋以来的"主于道"转向"主于事"，从关注形而上之"道"转向关注形而下之"器"，以政治实践的视野研究历史，出现了一批富有实学色彩的史著。

早在明中叶，史家丘濬就认为"儒者之学，有体有用之学"，有感"宋真德秀《大学衍义》止于格致诚正修齐，而阙治国平天下之事"，遂"采录史事"，"补以治国平天下之要"，纂成《大学衍义补》③，已表现出经世史学的实学取向。此后，经世史学的实学取向逐渐成有影响的史学思潮。万历末年的冯应京甚至直接将自己的史著题曰《经世实用编》，在史学史上第一次将"经世"与"实用"直接联系在一起。这些"主于事"的经世史学，与所谓"主于道"，旨在"格君心之非以正朝廷"的经世史学相比，表达的旨趣显然有很大区别。

史学经世之旨转向实用后，出现了一批反映社会经济生活及其相关国家管理制度的史著，广泛涉及农政、水利、漕运、荒政、盐政、仓储、田赋、军事防务等内容。直接以实用为目的而编纂的"经世文编"，也出现于此时，反映了当时史学实学取向的深入。其中如朱家相《增修清江漕船志叙》云："夫《禹贡》志山川也，于贡赋则纤入丝枲，禹以之告成功；《周礼》志六典也，记考功则木石毛革之属，周公持以归政焉。斯志也，志漕政之大也，器数昭矣，品式具矣，材用饬矣，综理周矣，防范严矣。而其细也，不遗竹头、木屑。盖必如是而后能理天下之财，能成天下之务，上以副承遣之命，下以摅驰驱之怀。"④ 龚用卿《福建运司旧志序》说："或曰盐一细务耳，而先王若是其重之欤？余曰不然也。孟子论王道，而

---

① 王畿：《王畿集》卷一四《赠梅宛溪擢山东宪副序》，吴震编校，凤凰出版社 2007 年版，第 374 页。
② 朱健：《古今治平略》卷首《自序》，北京师范大学图书馆藏明刊本。
③ 丘濬：《大学衍义补》卷首《序》，北京师范大学图书馆藏清同治十三年夔州郭氏家塾刻本。
④ 潘埙：《增修〈清江漕船志〉叙》，席书编次、朱家相增修：《漕船志》，《玄览堂丛书》本，广陵书社 2010 年版，第 1961 页。

及于鸡豚狗彘之蓄、鱼鳖材木之类,以为可以致王者,其基实本于此。则盐政也者,较之鸡豚鱼鳖之类,不为尤切乎?使其行之便于民,推之裕于国,是亦先王之仁政也,而可概以刀锥之末少之哉。"① 这些论述反映了实学思潮影响下史学思想的变化。

同时,考据之学亦出现复兴之势。考据之法作为历史研究的辅助手段,发生得很早。自宋代始,考据渐渐发展为专门之学,出现了一批考据专家和考据著述。元至明中期,学风衰颓,考据之学亦不复盛行,直至明中期,才又出现考据的趋向。陈垣说:"明季心学盛而考证兴,宗门昌而义学起,人皆知空言面壁,不立语文,不足以相慑也,故儒释之学同时丕变,问学与德性并重,相反而实相成焉。"② 嵇文甫亦说:"大概明朝中叶以后,学者渐渐厌弃烂熟的宋人格套,争出手眼,自标新异。于是乎一方面表现为心学运动,另一方面表现为古学运动。心学与古学看似相反,但其打破当时传统格套,如陆象山所谓'扫俗学之凡陋',其精神则一。王阳明已经要讲古本《大学》了,王学左派的焦弱侯竟以古学著名了。自杨慎以下那班古学家,并不像乾嘉诸老那样朴实的下工夫,而都是才殊纵横,带些浪漫色彩的。他们都是大刀阔斧,而不是细针密线。他们虽不免于驳杂,但古学复兴的机运毕竟由此打开了。"③ 这些论述都敏锐地看到明代中晚期心学、禅学的发展,与考据之学兴起的关系。晚明的考据名家有杨慎、焦竑、陈第、方以智等,其考据精神一脉相传,直接为清代学者所承继,故清代四库馆臣称:"风气既开,国初顾炎武、阎若璩、朱彝尊等沿波而起,始一扫悬揣之空谈。"④

随着文献考据的复兴,澄清官私史学各种史实错误的考据,也伴随着史学批评逐渐展开,其中以考证本朝史实为主的代表作有王世贞的《史乘考误》、钱谦益的《太祖实录辩证》、潘柽章的《国史考异》等,此外一些历史笔记,如朱国桢的《涌幢小品》、沈德符的《万历野获编》、李清的《三垣笔记》等,亦包含本朝史的考据内容。

随着学风好转和考据学发展,一些学者开始以问题考据为手段,展开对前代正史的研究,如朱明镐的《史纠》和李清的《诸史同异录》《南北史合注》《南唐书合订》等书,皆能于前史抵牾处发现问题,详征博引,辨析考证。考据中多种校法的交互使用,注意对碑刻、诗文等资料的利用等,虽不乏商榷之处,但实已

---

① 龚用卿:《福建运司旧志序》,江大鲲等修:《福建运司志》,《玄览堂丛书》本,广陵书社2010年版,第2078页。
② 陈垣:《明季滇黔佛教考》卷二"藏经之遍布及僧徒撰述第七",中华书局1962年版,第86页。
③ 嵇文甫:《晚明思想史论》,东方出版社2013年版,第151—152页。
④ 永瑢等:《四库全书总目》卷一一九《通雅》提要,中华书局1965年版,第1028页。

开清代考史风气之先，因而较之明代其他史家，更受清代学者青睐，称之"于诸史皆钩稽参贯，得其条理，实一一从勘验本书而来……要其参互考证，多中肯綮，精核可取者十之六七，亦可谓留心史学者矣"①。

第三节　明清之际史学家的历史批判精神

一、黄宗羲的历史批判

明清之际是朝代更迭、社会剧变的时代，史学受其影响也有了新的面貌。史学家面对明朝灭亡的现实反思历史，前一阶段兴起的经世致用的史学思想和历史批判思想，在这时都有了深度的发展，史风也更加朴实，这些，都将史学推向一个新的高峰。号称明清之际三大儒的黄宗羲、顾炎武、王夫之等史家的著作和思想，突出地反映了史学发展的这个新趋势。

黄宗羲（1610—1695），字太冲，号南雷，学者尊称梨洲先生，浙江余姚人。在明清之际的史学家中，黄宗羲的历史批判精神具有鲜明的时代性，其批判的锋芒直指君主专制政治。明太祖废除宰相制度，将君主专制政治推到极致的同时，也将儒家"士与君主共治天下"的理想彻底打破。从晚明开始，社会经济的发展与专制政治的矛盾日益显现，李贽、吕坤以及后来的东林党人等，都有从私与公的角度对专制君主专制政治进行批判，如吕坤说："世间万物皆有所欲，其欲亦是天理人情"，"天之生民，非为君也，天之立君，以为民也，奈何以我病百姓？……岂其使一人肆于民上，而剥天下以自奉哉！"② 很多东林党人亦提出"天下万事是非公论，当与天下万世共之"③ 的呼声。明清之际的政治变局，加深了士人的历史反思，也深化了对专制政治的批判。黄宗羲的《明夷待访录》就是这方面的代表性著作。

《明夷待访录》之"明夷"二字源自《周易》卦名，有明显的经世致用寓意。该书分原君、原臣、原法、置相、学校、取士、建都、方镇、田制、兵制、财计、胥吏、奄宦共 13 目 21 篇，其中围绕专制君主为核心展开的专制政治批判，反映了黄宗羲对封建君主专制政治关系和政治本质的深刻认识。尤其是前半部分，寓政治设计于历史批判，格外集中地反映了黄宗羲近代民主启蒙色彩的反君主专制思想。

所谓"原"，即探究、考查，体现着黄宗羲使用的历史批判方法。《原君》中，黄宗羲承继晚明批判思想又有进一步的深入，指出："古者以天下为主，君为客，

---

① 永瑢等：《四库全书总目》卷八八《史纠》提要，中华书局 1965 年版，第 755 页。
② 吕坤：《呻吟语》卷五，欧阳灼点校，岳麓书社 2016 年版，第 256、264 页。
③ 张廷玉等：《明史》卷二六五《范景文传》，中华书局 1974 年版。

凡君之所毕世而经营者，为天下也。今也以君为主，天下为客，凡天下之无地而得安宁者，为君也。"原初为公而推之君，在专制君主政治下，已蜕变为"屠毒天下之肝脑，离散天下之子女，以博我一人之产业"，"敲剥天下之骨髓，离散天下之子女，以奉我一人之淫乐"，以一人之私，夺千万人之私的"天下之大害者"。①

《原臣》中，黄宗羲继续《原君》对君主专制政治的批判，通过历史的考查，指出："夫治天下犹曳大木然……君与臣，共曳木之人也。"即君臣之分不过是为治理天下形成的分工，绝不能同于血缘关系的父子，为臣之道理应"为天下""为万民"，而"非为君""非为一姓也"②，从而否定了统治意识形态坚持的君尊臣卑的名教纲常。

《原君》《原臣》之后，黄宗羲又逻辑地导出"法"的问题，提出改革制度的必要性。《原法》中，黄宗羲认为三代后之"人君"既以"天下"为己家业，其所定法律典制，亦不过是为"藏天下于筐箧"、实现一己之私的"一家之法"，是"非法之法"，故而亟应改革以建立真正的法。③ 黄宗羲说："论者谓有治人无治法，吾以谓有治法而后有治人。"④ 颠覆传统儒家的"有治人无治法"的命题，将制度建设置于人治的优先地位。

在一系列历史批判之后，如何改变君臣关系，限制君主专制权力，或建立怎样的"法"，成为《原法》之后讨论的重心，其中最重要的是"置相"和"学校"。所谓"置相"，是在"是官者，分身之君也"，"君之去卿，犹卿、大夫、士之递相去，非独至于天子遂截然无等级"的理解基础上⑤，将不能传贤的专制君主"虚化"，代之以能"传贤"的宰相为行政权力中心，形成类似近代"责任内阁"的制度。⑥ 所谓"学校"，按照黄宗羲的设计，是朝廷养士和议政的重要机构，"必使治天下之具皆出于学校，而后设学校之意始备……天子之所是未必是，天子之所非未必非，天子亦遂不敢自为非是而公其非是于学校"云云⑦，这些接近近代民主观念的设想，应该说既有东汉、宋代太学生思潮以及明东林党讲学议政的传统，也多少有明代废相之后建立的内阁制度和廷议、廷推等制度的启发。

二、《明儒学案》《宋元学案》的学术成就

随着明清易代的历史形势已不可逆转，一些士人开始转向存史寄思，编撰明

---

① 黄宗羲：《明夷待访录·原君》，中华书局1981年版，第2页。
② 黄宗羲：《明夷待访录·原臣》，中华书局1981年版，第4页。
③ 黄宗羲：《明夷待访录·原法》，中华书局1981年版，第6页。
④ 黄宗羲：《明夷待访录·原法》，中华书局1981年版，第7页。
⑤ 黄宗羲：《明夷待访录·置相》，中华书局1981年版，第7—8页。
⑥ 黄宗羲：《明夷待访录·置相》，中华书局1981年版，第8—9页。
⑦ 黄宗羲：《明夷待访录·学校》，中华书局1981年版，第9—10页。

史，整理包括南明在内的明代史料，一时成为明清之际的史学特征，包括黄宗羲在内的很多史家都留下了重要的史学著述。这时，黄宗羲除了编撰《明史案》《明文案》等大卷帙著作和一些记述南明史事的杂史、史料外，还创造性地编撰了反映明代学术思想史的《明儒学案》和为上溯其学术渊源而作的《宋元学案》。

《明儒学案》是一部记述明代学术思想及其流派的学术史著作，完成于康熙十五年（1676）。全书62卷，卷首有《师说》一篇，以下基本按照时间先后和不同学术授受统绪，将明代200余名学者依次分崇仁、白沙、河东、三原、姚江、浙中、江右王门、南中王门、楚中王门、北方王门、粤闽王门、止修、泰州、甘泉、诸儒、东林、蕺山等不同流派，立17目19个学案。

具体的编撰形式是：首先，于每学案前撰小序，略述该学派学术渊源和论学要旨；其次，每学者各立小传，简介生平、著述、学术思想和传授；再次，摘录案主主要论点，间或按语。全书脉络清晰，结构严谨，较客观地对明代各个学派和主要学者的学术宗旨和传授作出叙述，反映了明代学术发展的大致脉络。

黄宗羲编撰《明儒学案》的原则是：第一，强调学有宗旨和自得之学。《发凡》说："大凡学有宗旨，是其人之得力处，亦是学者之入门处。天下之义理无穷，苟非定以一二字，如何约之使其在我。故讲学而无宗旨，即有嘉言，是无头绪之乱丝也。学者而不能得其人之宗旨，即读其书，亦犹张骞初至大夏，不能得月氏要领也。"又说："学问之道，以各人自用得著者为真。凡倚门傍户，依样葫芦者，非流俗之士，则经生之业也。"①学有宗旨和自得之学，既是黄宗羲自己的学术追求，也是《明儒学案》选择、评价明代学者思想价值的原则。第二，戒门户之见，平等看待各个学术流派。黄宗羲认为，学术史应在容纳各派学术的基础之上，力戒党同伐异的门户之见。认为各学术派别和思想，往往相反相成，因此不可以一家之言定是非，"学者于其不同处，正宜着眼理会"。《明儒学案》力图做到不对任何学派刻意褒贬。至于那些"特起者，后之学者不甚著名"的"诸儒"，有价值者，仍为之立诸儒学案。黄宗羲本人师从刘宗周，学术渊自王学，但他尊王并不贬朱，追求的是评价学术是非的"公道""公学"。因此，《明儒学案》才能成为超乎于一家一派之上而综论明代各家各派的学术史名著。但其不收李贽，是一缺憾。

《明儒学案》完成后，黄宗羲晚年又着手著《宋元学案》，"以志七百年来儒苑门户"，然"未成编而卒"②。临终前，嘱子黄百家继续纂辑。百家在原17卷的基础上增撰了十几个学案，仍未能续成父业，赍志而殁。后稿本传至全祖望，祖望

---

① 黄宗羲：《明儒学案·发凡》，沈芝盈点校，中华书局1985年版，第17—18页。
② 全祖望：《全祖望集》，朱铸禹汇校集注本，上海古籍出版社2000年版，第222—223页。

复以 10 年之功修订增补，稿成未刊而卒。后又经宗羲玄孙稚圭及其子平黼与王梓材、冯云濠先后校订，始得最终完成刊刻，其时距黄宗羲之死已有 143 年。《宋元学案》100 卷，共列 89 个学案，3 个学略，将宋元两代学术思想按不同派别加以系统总结。与《明儒学案》不同，《宋元学案》每学案先列一表，列举师友弟子，以明学术渊源，此外每案主传后还附有轶事和后人评论。

三、王夫之史论的理论价值

王夫之（1619—1692），字而农，号薑斋，湖南衡阳人。因晚年隐居于衡阳之石船山，学者称船山先生。曾入仕南明桂王政权，后隐居深山，勤恳撰述垂 40 年，"完发以终"。王夫之"其学无所不窥"，极其渊博，一生著书多达百余种 400 余卷，内容涉及政治、经济、哲学、历史、文学、宗教、文字训诂、天文等诸多方面。

与同时代优秀史家一样，王夫之亦强调史学的经世致用，他说："所贵乎史者，述往以为来者师也。为史者，记载徒繁，而经世之大略不著，后人欲得其得失之枢机以效法无由也，则恶用史为？"[①] 王夫之主要的史学成就在史论，《读通鉴论》《宋论》是代表作。《读通鉴论》是据《资治通鉴》撰写的历史评论。王夫之在《读通鉴论·叙论四》中，借着阐说"资治""鉴""通"之意，把史学为何有用，有何用，都分析得鞭辟入里。《宋论》15 卷，围绕宋代历史详论得失，是《读通鉴论》的姊妹篇。两论之外，王夫之其他著述中亦有大量历史理论论述，体现了历史在其学术体系中的地位。

思想家思考历史，大多更重理论的探讨。王夫之史论的价值，也在于他对历史的哲学思考。

首先，在对历史的认识上，王夫之提出了"通古今而计之"的方法。认为历史是连续性与统一性的整体，因而"以一时之利害言之，则病天下；通古今而计之，则利大而圣道以弘"[②]。认为只有将历史事件和人物置于古与今连续的时间流变之中去理解，才能认识历史事件或人物的影响。这种将古今界限打通，以联系观点认识历史的方法，也是对司马迁"通古今之变"思想的深化。"通古今而计之"深化了王夫之的历史认识，也奠定他历史理论的基础。

其次，在"通古今而计之"的认识基础上，王夫之探讨了历史运动的规律，提出"势、理相成"的理论。这也是王夫之史学理论中最有价值的论述。

"势"是中国古代历史理论表述的主要范畴，王夫之在对前人继承的基础上，

[①] 王夫之：《读通鉴论》卷六"光武"十，中华书局 1975 年版，第 350—351 页。
[②] 王夫之：《读通鉴论》卷三"武帝"十五，中华书局 1975 年版，第 156 页。

从其"理依于气""道器相须"的理论出发,将说明历史客观趋势的"势"与说明历史规律的"理"结合,提出"势、理相成"的理论,将历史理论提升至哲学高度。王夫之认为,"势"由各种主客观因素构成,决定历史变化方向且不以人的意志为转移的"不得不然"趋势:"一动而不可止者,势也。"① 而"理"是历史的固有规律,是"合万化于一源","天所昭著之秩序"的内在法则。按照王夫之"势、理相成"的理论,历史在发展的过程中,每一时期都因各种主客观因素构成发展趋势,这趋势同时也是历史发展之"理"的表现。历史趋势引发历史事件,历史事件的发生有发展规律影响的因素。历史没有脱离"势"的"理",也没有不表现"理"的"势"。"理"与"势"的关系包括两个方面。一方面合理的必然会形成"势":"理当然而然,则成乎势矣。"如周文王"以百里而兴",宋太祖"统一天下",所取得的成功,体现的也是"得理自然成势"的历史规律。另一方面,顺应"势"所趋者也自然合乎"理"者:"顺必然之势者,理也。"② 即凡是表现为趋势的,俱有其合理性。或者说历史的必然之势也必然是历史发展规律的体现。对于这种理、势合一的格局,王夫之使用传统概念称之为"天",曰:"'势'字精微,'理'字广大,合而名之曰'天'。"③ 而"天者,合往古来今而成纯者也"④。理势合一的"天",主宰历史发展而不以人的意愿为转移。王夫之说:"秦以私天下之心而罢侯置守,而天假其私以行其大公,存乎神者之不测,有如是夫!"⑤ 认为秦始皇出于私心,为追求一己私利而争斗统一了六国,但客观上则成就了结束诸侯割据,形成了完成统一大业的"大公"。假手个体的争斗,"天"(历史)实现了自己的计划,个体成为天的不自觉的工具。所以王夫之说:"势之所趋,岂非理而能然哉?"⑥王夫之"理势相成"的历史观,抛弃了以往的神学史观和天理史观,一定程度揭示了历史发展的内在必然性或规律性,达到了古代朴素形态的历史理论发展的空前高度,也是他朴素的历史进化观的基础。

四、顾炎武的史学及其影响

顾炎武(1613—1682),初名绛,字忠清,明亡,改名炎武,字宁人,自号亭林山人,后人尊称他亭林先生,江苏昆山人。与黄宗羲、王夫之一样,顾炎武也有过一段抗清复明的经历,并在军事失败后转入以游为隐,同时整理学术与思想。

---

① 王夫之:《读通鉴论》卷一五"孝武帝"五,中华书局1975年版,第1161页。
② 王夫之:《宋论》卷七"哲宗"一,中华书局1964年版,第134页。
③ 王夫之:《读四书大全说》卷九《孟子·离娄上》八,中华书局1975年版,第602页。
④ 王夫之:《读通鉴论》卷三"武帝"十五,中华书局1975年版,第156页。
⑤ 王夫之:《读通鉴论》卷一"秦始皇"一,中华书局1975年版,第4页。
⑥ 王夫之:《读通鉴论》卷一"秦始皇"一,中华书局1975年版,第1页。

史著主要有《日知录》《历代宅京记》《天下郡国利病书》及其姊妹篇《肇域志》等,其他单篇论著则有后人编纂的《亭林文集》。

顾炎武史学的特点可以概括为经世致用精神、批判意识和开一代实证风气。经世致用是顾炎武毕一生着力提倡的治学精神。他生前有感于明末文人"不习六艺之文,不考百王之典,不综当代之务"①,空谈误国,一再强调"文须有益于天下",说:"文之不可绝于天地间者,曰明道也,纪政事也,察民隐也,乐道人之善也。若此者,有益于天下,有益于将来,多一篇,多一篇之益矣。若夫怪力乱神之事,无稽之言,剿袭之说,谀佞之文,若此者,有损于己,无益于人,多一篇,多一篇之损矣。"②他要求自己:"凡文之不关于《六经》之指、当世之务者,一切不为。"③称:"君子之为学,以明道也,以救世也。徒以诗文而已,所谓雕虫篆刻,亦何益哉!"④

顾炎武的史著,大都是本着"引古筹今,亦吾儒经世之用"观念所编纂,如他在早年纂辑的《天下郡国利病书》的自序说:"崇祯己卯(十二年,1639年),秋闱被摈,退而读书。感四国之多虞,耻经生之寡术,于是历览二十一史以及天下郡县志书、一代名公文集及章奏文册之类,有得即录,共成四十余帙。一为舆地之记,一为利病之书。"其所说的"利病书",即《天下郡国利病书》,凡120卷,分区划辑录了各地山川形势和政治、军事、经济概况材料,尤以各地的社会经济材料为主,是以地理讨论国计民生经济"利病"的明代社会经济史资料辑著。所说之"舆地之记"乃《肇域志》,不分卷,计318万余字,编纂重在地理形势与行政建置沿革。二书的编纂互为补充成姊妹之编,不仅集中地反映了顾炎武"感四国之多虞,耻经生之寡术"的感慨和由此生发的历史使命感和经国济世的抱负,也蕴含了他丰富的经济、政治思想和深刻的历史见解。

与黄宗羲、王夫之一样,顾炎武批判的锋芒直指"收天下之权归于一人"的君主专制政治,他说:"古之圣人,以公心待天下之人,胙之土而分之国;今之君人者,尽四海之内为我郡县犹不足也,人人而疑之,事事而制之"⑤,任意"肆于

---

① 顾炎武:《日知录》卷七"夫子之言性与天道"条,黄汝成集释本,栾保群、吕宗力点校,上海古籍出版社2006年版,第402页。
② 顾炎武:《日知录》卷一九"文须有益于天下"条,黄汝成集释本,栾保群、吕宗力点校,上海古籍出版社2006年版,第1079页。
③ 顾炎武:《亭林文集》卷四《与人书三》,《亭林诗文集》,刘永翔点校,上海古籍出版社2011年版,第139页。
④ 顾炎武:《亭林文集》卷四《与人书二十五》,《亭林诗文集》,刘永翔点校,上海古籍出版社2011年版,第148页。
⑤ 顾炎武:《亭林文集》卷一《郡县论一》,《亭林诗文集》,刘永翔点校,上海古籍出版社2011年版,第57页。

民上以自尊","厚取于民以自奉"。然而揆之历史,"班爵之意,天子与公侯伯子男一也","君"在最初并不是至高无上、绝对尊贵,按爵禄言之,其不过比公侯高一等而已,"是故'知天子一位'之义,则不敢肆于民上以自尊;知禄以代耕之义,则不敢厚取于民以自奉"。① 顾炎武激烈地反对专制君主"独治",主张实行"众治",提出"以天下之权寄之天下之人"的民本主义诉求。在此认识基础上,区分"亡国"和"亡天下"的不同,认为:"易姓改号,谓之亡国;仁义充塞,而至于率兽食人,人将相食,谓之亡天下……是故知保天下,然后知保其国。保国者,其君其臣肉食者谋之;保天下者,匹夫之贱与有责焉耳矣。"② 表达了"生民之生死高于一姓之兴亡"的观点。

治学上,顾炎武重视实证与博学,反对宋明心性之学的态度最决绝,提出"舍经学无理学","经学即理学"的命题,晚年完成的《日知录》32卷,以"采铜于山"的精神,寓经世致用和社会批判思想于学术考据之中,与其另一部音韵考据专著《音学五书》,皆是积数十年功力而成的开风气之作。顾炎武的考据广泛采用归纳法,继承并发展了宋人运用小学、金石学和版本目录学考经证史的方法,开启一代考据之风,"要而论之,清代许多学术,都由亭林发其端,而后人衍其绪"而已。③

第四节　清代前期史学的繁盛与嬗变

一、以《明史》为代表的官修史书

随着清朝多民族国家的相对稳定与空前统一局面的进一步巩固,其修史机构也逐渐建立健全,形成统属关系不一、建制多元的修史格局,其中既有常设的史馆如国史馆等,也有为特定撰修事项而建立的专门史馆,如明史馆、"三通"馆等。修史人员的配备也相对灵活,大多依所纂史著性质选任不同部门人员入馆,事毕则回原衙署继续职事。修史资料、档册一般直接行文各部门调集,皇帝指令直接下达史馆,成稿亦由史馆直接进呈皇帝。清朝较为灵活的史馆制度,在避免朝廷行政机构膨胀、强化专制君主控制的同时,也有便于史书的编撰。

---

① 顾炎武:《日知录》卷七"周室班爵禄"条,黄汝成集释本,栾保群、吕宗力点校,上海古籍出版社2006年版,第433页。
② 顾炎武:《日知录》卷一三"正始"条,黄汝成集释本,栾保群、吕宗力点校,上海古籍出版社2006年版,第756—757页。
③ 梁启超:《中国近三百年学术史》,《饮冰室合集》专集之七十五,中华书局1989年版,第63页。

清朝的私人撰述远没有明朝繁盛，严峻的文化政策，使大多士人的兴趣转向文献考据整理，于是官修史书无论数量还是质量，便成了清代史学的重镇。清朝官修史书种类繁多，其投入之大、部帙之巨、编纂活动持续之久，都超过了以往各代。官修史书中虽不乏统治者删削、篡改忌讳记载的情况，但整体上看，史学成就是主要的。

清代官修史书可分当代史撰述和前代史纂著。其中当代史撰述重要者有《清实录》《清国史》《清会典》、诸《方略》《清一统志》《清漕运全书》及《清通典》《清通志》《清文献通考》等，前代史重要者有《明史》和续"三通"等。

《清实录》是清代历朝实录的总称，属于官修的编年体史料长编，修纂制度承继明朝又有发展，内容包含清太祖至清德宗十一朝实录。此外还包括清入关前修纂的《满洲实录》即《太祖实录战迹图》，以及清亡后清室自修的《宣统政纪》，合计4484卷，详尽地记载了有清一代的重大史事和朝章国故，有极高的史料价值。

与明代无国史不同，清朝常设国史馆，以纪传体裁累朝修纂国史。所修本纪"自天命至光绪朝，分满、汉文两种"，现藏台北"故宫博物院"①，所修传记，重要者有《大臣列传》《满汉名臣传》《国朝耆献类征》等。国史之外，清亦承明制按朝廷机构、编制、职掌、事例分类编修会典。《清会典》设馆纂修始于康熙三十二年（1693），此后经雍、乾、嘉三朝连续增修后，至光绪二十五年（1899）再次增修，形成传至今日的定稿。

方略亦称纪略，是清代官修史书的一种特殊形式，内容多记重大的军事活动始末，体裁一般采用纪事本末。编撰时专门设馆，以重臣任总裁，书成罢馆。始修于康熙二十年的《平定三逆方略》，至乾隆时修纂最盛，撰修了包括《开国方略》在内的11部。嘉庆朝以后，方略编撰步入低潮，计嘉庆朝3部、道光朝1部、同治朝2部。编撰方略虽意在宣扬朝廷武功，但也保存了相关战事的资料。

需要指出的是清朝廷主持编撰的舆图、舆志。其重要者有康熙时编绘的《皇舆全图》，乾隆时修撰的《皇清职贡图》《皇舆西域图志》和始修于康熙二十五年（1686），经乾隆朝续修、嘉庆朝重修并完成于道光二十二年（1842）的《清一统志》等。② 这些官修舆图、舆志的编撰，大多在清廷盛时，对于统一多民族国家疆域的明确和国家管理职能、统治职能的实施，皆起有重要作用，尤其是在17、18世纪，西方和沙俄帝国皆急欲东侵扩张之时，更显出这些舆地图志编撰的意义。

---

① 王钟翰：《〈清史列传〉点校序言》，《清史列传》，中华书局1987年版，第2页。
② 因道光年那次纂修始于嘉庆年间，材料又以嘉庆二十五年为下限，故名曰《嘉庆重修一统志》。

学术上，受当时朴学学风影响，其编撰多"遍稽正史，旁罗群籍，择其尤雅凡可考据者，引述辨证，不厌其详，征信存疑，兼为区析"①；同时注重实地勘测，并任用西洋人员，弃中国"分野"旧说，采先进的经纬测量之术，取得了"足以补前朝舆记之遗，而正历代史书之误"的成就。②

清官修史学中成就最突出的是《明史》的修撰。前后历时近百年，历经顺、康、雍、乾四朝方告完成。断续原因有政治也有学术。数次开馆中，康熙十八年（1679）开馆最关键。这次开馆，也是特开"博学鸿儒"科后一年实施的、具有同样政治目的的举措。一些汉族学者在志在"存史"观念下，或直接参与，或在野支持，形成"朝野合作"著史的格局。如黄宗羲虽拒绝应聘，但支持学生万斯同以布衣身份参与撰修，自己则在野遥操史局。修史每有疑难争议，往往询之建议。顾炎武亦与时任总裁的外甥徐元学往复致信，提出相关建议。经过这次开馆，《明史》虽未能最终定稿，但编撰义例和史实疑难问题的解决，以及所留由万斯同悉心核定的416卷史稿，为最终成稿奠定了坚实基础。

《明史》刊行于乾隆四年（1739），题张廷玉等撰，共332卷，包括本纪24卷、志75卷、表13卷、列传220卷。其成就和主要特点：其一是考证谨严，"首尾略具，事实颇详"。有明一代近三百年史实纷纭，各种文献记载多歧，万斯同对史实辨析考核用功极深："凡《实录》之难详者，吾以他书证之。他书之诬且滥者，吾以所得于《实录》者裁之。虽不敢具谓可信，而是非之枉于人者盖鲜矣。"③ 其二是表述详略得体，繁简适中。万斯同说："昔人于《宋史》已病其繁芜，而吾所述将倍焉，非不知简之为贵也，吾恐后之人务博而不知所裁，故先为之极使知吾所取者有可损，而所不取者必非其事与言之真而不可益也。"④ 尽力做到表述精当。此后初稿又经王鸿绪等名人"三十载之用心"斟酌、修改，避免了纪传体叙事重复的弊病。其三是体裁完善且有创新。《明史》除体裁完备外，其中如《艺文志》只著录明代"二百七十年各家著述"，是对刘知幾史学主张的采用；创《七卿年表》与《宰辅年表》相互配合，反映了"明太祖十三年罢丞相，政归六部，部权重也"的重大变革等，皆值得称道。一些类传如《阉党传》《土司传》等，则属于为表述明特有之事的创立。但讳言清兵入关前明廷与建州三卫的关系、清兵入关后南明诸朝的史事，则是《明史》的不足。

---

① 傅恒等：《钦定皇舆西域图志·凡例》，清乾隆四十七年（1782）武英殿刻本。
② 永瑢等：《四库全书总目》卷六八《皇舆西域图志》提要，中华书局1965年版，第605页。
③ 方苞：《方苞集》卷一二《万季野墓表》，刘季高校点，上海古籍出版社1983年版，第333页。
④ 方苞：《方苞集》卷一二《万季野墓表》，刘季高校点，上海古籍出版社1983年版，第333页。

"二十四史"修撰简表

书名	修撰人		例目					总卷数	记事起讫时间（不包括追溯年代）
	时代	姓名	本纪	表	书志	世家	列传		
史记	西汉	司马迁	12	10	8	30	70	130	传说中的黄帝（约前2550）—汉武帝元狩元年（前122）
汉书	东汉	班固	12	8	10		70	100	汉高祖元年（前206）—王莽地皇四年（23）
后汉书	南朝宋	范晔	10		30		80	120	汉光武帝建武元年（25）—汉献帝延康元年（220）
三国志	晋	陈寿	4				61	65	魏文帝黄初元年（220）—晋武帝太康元年（280）
晋书	唐	房玄龄等	10		20	载记30	70	130	晋武帝泰始元年（265）—晋恭帝元熙二年（420）
宋书	南朝梁	沈约	10		30		60	100	宋武帝永初元年（420）—宋顺帝升明三年（479）
南齐书	南朝梁	萧子显	8		11		40	59	齐高祖建元元年（479）—齐和帝中兴二年（502）
梁书	唐	姚思廉	6				50	56	梁武帝天监元年（502）—梁敬帝太平二年（557）
陈书	唐	姚思廉	6				30	36	陈武帝永定元年（557）—陈后主祯明三年（589）
魏书	北齐	魏收	12		20		98	130	魏道武帝登国元年（386）—东魏孝静帝武定八年（550）
北齐书	唐	李百药	8				42	50	北齐文宣帝天保元年（550）—北齐幼主承光元年（577）
周书	唐	令狐德棻等	8				42	50	西魏文帝大统元年（535）—周静帝大定元年（581）
隋书	唐	魏徵等	5		30		50	85	隋文帝开皇元年（581）—隋恭帝义宁二年（618）

续表

书名	修撰人		例目					总卷数	记事起讫时间（不包括追溯年代）
	时代	姓名	本纪	表	书志	世家	列传		
南史	唐	李延寿	10				70	80	宋武帝永初元年（420）—隋文帝开皇九年（589）
北史	唐	李延寿	12				88	100	魏道武帝登国元年（386）—隋恭帝义宁二年（618）
旧唐书	后晋	刘昫等	20		30		150	200	唐高祖武德元年（618）—唐哀帝天祐四年（907）
新唐书	宋	欧阳修、宋祁等	10	15	50		150	225	同上
旧五代史	宋	薛居正等	61		12		77	150	梁太祖开平元年（907）—周恭帝显德六年（959）
新五代史	宋	欧阳修	12	1	3	10	45 四夷附录3	74	同上
宋史	元	脱脱等	47	32	162		255	496	宋太祖建隆元年（960）—赵昺祥兴二年（1279）
辽史	元	脱脱等	30	8	32		45 国语解1	116	辽太祖神册元年（916）—辽天祚帝保大五年（1125）
金史	元	脱脱等	19	4	39		73	135	金太祖收国元年（1115）—金哀宗天兴三年（1234）
元史	明	宋濂等	47	8	58		97	210	元太祖元年（1206）—元顺帝至正二十八年（1368）
明史	清	张廷玉等	24	13	75		220	332	明太祖洪武元年（1368）—明庄烈帝崇祯十七年（1644）

二、史书体裁的新探索与历史文献的整理

由于历史叙事存在着客观史实的无限性与文字表述有限性的矛盾，所以用什么文本体裁承载、反映客观历史，一直是史家考虑并努力尝试的问题。这种思考与尝试，自唐刘知幾《史通》从理论上专门讨论后，便越来越受到史家的关注，

并引发一些史家对史书体裁创新的尝试，这些创新尝试到了晚明，逐渐呈现活跃的趋势。

晚明以降史书体裁新探索取向的表现，除前面讲到的各种专史的发展和纪传体类目去取日见灵活外，主要的表现是吸收纪事本末体的优长，综合纪传与编年两种体裁，从以记人为主或以纪年为主，转向以记事为主、更能显示历史演进大势、反映社会丰富内容的综合体。这个特点，既是人们对客观历史认识的深入，也反映出宋人袁枢《通鉴纪事本末》对于后世的影响。

纪事本末体自袁枢创立后，在以后长达400多年的历史中，虽受到普遍肯定，但除南宋章冲撰《春秋左氏传事类始末》等，鲜有追摹，直到嘉靖末，才有高岱的《鸿猷录》，分专题记述明嘉靖前的军政大事。万历中，则有傅逊《左传属事》，"仿建安袁枢纪事本末之体，变编年为属事，事以题分，题以国分，传文之后，各隐括大意而论之"①。继而是再后万历末有冯琦、陈邦瞻《宋史纪事本末》和陈邦瞻《元史纪事本末》等。所谓"前后始末一览了然"的纪事本末体在晚明史坛间的频频出现，表明当时史家对于体裁的积极探索。尤其是以陈氏为主编纂的《宋元纪事本末》，与袁枢仅就《资治通鉴》一本"本有脉络可寻"的史著剪裁成书不同，乃通过剪裁多部、多种体裁的巨帙宋、元史书而成，故"其寻绎之功乃视枢为倍矣"②。而且该著涉及问题也较广泛，除政治事件外，如治河、茶盐、学术思想等皆有专题叙述，还记载了金、元的早期历史，不仅扩大了袁枢之书的记事范围，更重要的是，它的创作，使纪事本末体跳出了袁枢"重编"旧史的模式，向着真正以"事"为核心的创作迈进了一大步。至清初，谷应泰又进一步以纪事本末体撰述《明史纪事本末》，对明史做出囊括政治、军事、经济、文化各方面的完整叙述。至此纪事本末体完全跳出了"重编"而走向了独立创作。

纪事本末体完善后，体裁创新的脚步并没有停留，史家继续探索着更完善的表述体裁，并取得了重大成就。这方面最突出的代表是马骕（1621—1673）的《绎史》。在这部160卷的通史著作中，不仅采用了纪传体、纪事本末体、学案体、典制体等多种体裁，而且还撰有世系图、地图和年表等与正文相配合，形成熔炼多种体裁于一体的综合体裁。马骕自述其著述的主旨说："纪事则详其颠末，纪人则备其始终，十有二代之间，君臣之迹，理乱之由，名法儒墨之殊途，纵横分合之异势，了然具焉。"③表明他创立综合体的目的，是既要表述历史事件的本末发展，又要能表述历史主体的活动，最终达到使历史发展的"理乱之由"和"纵横分合之异势"，"了然具焉"的目的。从史学史上讲，《绎史》的出现，是史书体裁

---

① 永瑢等：《四库全书总目》卷二八《左传属事》提要，中华书局1965年版，第232页。
② 永瑢等：《四库全书总目》卷四九《宋史纪事本末》提要，中华书局1965年版，第439页。
③ 马骕：《绎史》卷首《征言》，上海古籍出版社1993年版，第3页。

发展的重大突破。

除史书体裁创新外，另一股晚明时出现的历史文献整理的潜流也在清中期逐渐壮大，史学的主流亦因此逐渐转向对历史文献的总结性整理。历史文献总结潮流的兴起，既有专制统治对思想文化的打压的外部原因，也有两三千年学术发展积累下的大量文献问题，随着学术认识和方法的进步达到一定高度，亟待人们予以清理和总结的内在原因。而顾炎武、黄宗羲等明清之际学者开拓的学术领域、采用的研究方法，所取得的卓越的学术成就，亦为后来的研究树立了典范，促进了学术转向，并在日后逐渐成为学者遵从仿效的学术范式。

清代历史文献总结表现的基本形态，是以文献考据为手段，对两三千年积累的历史文献进行相对全面的总结与清理，其内容也有一个从经学到史学、子学的文献研究全面铺开的过程，其全盛时期则是在乾隆、嘉庆年间。因与宋明理学的学术方法和追求存在巨大不同，人们对这一时期的这一学术思潮，或称之为汉学，或称之为朴学，或称之乾嘉考据学。它的发展历程是"肇始于惠栋，经戴震加以发展，至焦循、阮元而进行总结，方才走完其历史道路"①。习惯上，人们按地域称惠栋（1697—1758）及其后学为"吴派"，称戴震（1724—1777）及其后学为"皖派"，称阮元（1764—1849）等为"扬州学派"。

乾嘉时期考据学达到全盛，其范围广泛涉及音韵、训诂、目录、版本、校勘、辑佚、算术、舆地、声律、礼制等不同学科，亦无不涉及广义的史学或历史文献之学。在学者的努力下，几千年流传下来的古籍得到了全面的整理，一向难以通解的古书得以通解，一向真伪难辨的书籍得到正确的理解，沉埋已久的古音古义得以复现。此外，考据学发展出来的带有科学色彩的研究方法、实事求是的研究理念和理性的怀疑精神等，对于史学的健康发展同样具有积极意义。但研究问题的琐碎，对于明清之际经世致用精神的淡化，则是这时期历史文献总结潮流中的消极倾向。

三、三大考史家的成就与崔述史学的疑古思想

清代考据学的经学研究与宋明经学研究不同，特点是以历史学的方法研究经学，或者可以说其经学就是史学，因而考据学的发展，从经学扩展到史学也是学术自身发展必然，体现了清代史学意识的提升。另外，与叙事性史书不同，发现和解决问题是考据展开的前提条件，而从叙史到考史也是史学向近现代史学发展之链的一环。清代乾嘉时期的三大考史家王鸣盛、钱大昕和赵翼，分别以他们的

---

① 陈祖武：《清代学术源流》，北京师范大学出版社2012年版，第171—172页。又参见侯外庐《中国思想通史》第5卷，人民出版社1957年版，第414、629、577页。

成就推进了这一进程。崔述则以疑古考信独树一帜，开后世疑古之风。

王鸣盛（1722—1797）字凤喈，号礼堂，又号西庄，晚年改号西沚居士，清江苏嘉定（今属上海市）人。考史代表作《十七史商榷》100卷。晚年仿顾炎武《日知录》著《蛾术篇》百卷，为平时考史之作的汇编，但生前未定稿。此外尚著有《尚书后案》《续宋文鉴》《周礼军赋说》等。

关于《十七史商榷》撰述之由和内容，按其《自序》说："十七史者，上起《史记》，下讫《五代史》，宋时尝汇而刻之者也。商榷者，商度而扬榷之也。海虞毛晋汲古阁所刻行世已久，而从未有全校之一周者，予为改讹文，补脱文，去衍文，又举其中典制事迹，诠解蒙滞，审核踣驳，以成是书，故名曰商榷也。"①

王鸣盛的史学观是认为治史应以弄清史实为目的，事实清则是非自明，反对史家任情褒贬和驰骋议论。② 他的考史，一是以校书始，校书则首重版本。他说："好著书不如多读书，欲读书必先精校书。""既校始读，亦随读随校，购借善本，再三雠勘。"③ 二是重视目录之学，认为"目录之学，学中第一紧要事，必从此问途，方能得其门而入"④。三是校书以本校为主，而兼取他校法，广采稗史丛说、金石碑铭等其他记载以证其讹。这种方法，源于他对史料的辩证认识。认为"采小说者未必皆非，依实录者未必皆是"，"实录中必多虚美"，有时反不如野史笔记真实可信。因而他指出："大约实录与小说互有短长，去取之际，贵考核斟酌，不可偏执。"⑤ 这种理性、辩证的史料观，显然有助于王鸣盛的考史取得成就。王鸣盛虽一再说他不属意所谓"虚文"的议论，但他仍难掩性情，考据中每发议论。这一点与他的妹夫，当时另一位考史大家钱大昕形成对照。

钱大昕（1728—1804）字晓徵，号辛楣、竹汀居士，晚自称潜研老人。江苏嘉定（今属上海市）人。是乾嘉时期渊博而专精的学者，阮元曾说："国初以来，诸儒或言道德，或言经术，或言史学，或言天学，或言地理，或言文字音韵，或言金石诗文，专精者固多，兼擅者尚少，唯嘉定钱辛楣先生能兼其成。"⑥ 著有《廿二史考异》《十驾斋养新录》《宋辽金元四史朔闰考》《宋学士年表》《元史氏族表》《元史艺文志》《元诗记事》及《潜研堂金石文跋尾》等。

---

① 王鸣盛：《十七史商榷·序》，黄曙辉点校，上海书店出版社2005年版，第1页。
② 有关说法详见王鸣盛：《十七史商榷·序》，黄曙辉点校，上海书店出版社2005年版，第1—3页。
③ 王鸣盛：《十七史商榷·序》，黄曙辉点校，上海书店出版社2005年版，第2页。
④ 王鸣盛：《十七史商榷》卷一，黄曙辉点校，上海书店出版社2005年版，第1页。
⑤ 王鸣盛：《十七史商榷》卷九三"欧史喜采小说薛史多本实录"条，黄曙辉点校，上海书店出版社2005年版，第866页。
⑥ 阮元：《十驾斋养新录序》，钱大昕：《十驾斋养新录》，上海书店出版社1983年版，第7页。

在当时普遍重经轻史的时代，钱大昕对史学的重视格外突出，认为"经与史岂有二学哉"①，对当时研治经学者不读史亦深不以为然："尝谓自惠（栋）、戴（震）之学盛行于世，天下学者但治古经，略涉《三史》。《三史》以下，茫然不知，得谓之通儒乎！"其"《廿二史考异》，盖有为而作也"②。所谓"廿二史"，包括了从《史记》到《元史》，不计《旧五代史》和《明史》，共二十二部正史。《廿二史考异》原100卷，编定后又续补《三史拾遗》和《诸史拾遗》各5卷，皆为钱大昕倾毕生精力所聚的考述。其纠举疏漏，校订讹误，驳正舛错，学术上的发明和严谨，皆优于同时代的其他考史著作。

钱大昕考史最重视舆地、官制和氏族三项，"尝论史家先通官制，次精舆地，次辨氏族，否则涉笔便误"③。因而有关这三方面内容的考证在《考异》中最多。此外，有感于明修《元史》芜杂讹错，对元史用功尤深。考订《元史》多达15卷千有余条。考证方法上，钱大昕一是注意金石文字与典籍互证相佐证，一是充分利用语言学、音韵学知识辨析史实。

乾嘉学者俱好言"实事求是"，钱大昕表现得格外突出，认为"通儒之学，必自实事求是始"④。后人概括钱大昕为人治学的特点：一是不分门户，唯是之从；二是言必有据，无征不信；三是文必己出，反对剽窃；四是平等讨论，知错即改；五是订讹规过，意存忠厚；六是奖拔人才，折节交下。⑤ 其为人治学，俱广受推重。

与王、钱二人考史风格皆不同的是乾嘉时另一位考史大家赵翼。赵翼（1727—1814）字云崧，一字耘崧，号瓯北，又号裘萼，晚号三半老人，江苏阳湖（今江苏常州）人，所著有《廿二史札记》《陔馀丛考》等。

《廿二史札记》36卷，补遗1卷，所考及论，包括全部二十四史，以《旧唐书》《旧五代史》当时朝廷尚未列入"正史"，故称"廿二史"。

《廿二史札记》虽与《十七史商榷》《廿二史考异》合称清代三大考史名著，其编目按二十四史先后分卷，每卷以类相从，各立标题，共609题。但与《十七史商榷》《廿二史考异》几乎单纯考史不同，《札记》虽也"多就正史纪、传、表、志中参互勘校，其抵牾处，自见辄摘出"，却每"至古今风会之递变，政事之屡更，有关于治乱兴衰之故者，亦随所见附著之"⑥。因此稍后的李慈铭认为"其

---

① 赵翼：《廿二史札记》附录二《钱大昕序》，王树民校证本，中华书局1984年版，第885页。
② 江藩：《国朝汉学师承记》卷三《钱大昕》，钟哲整理，中华书局1983年版，第49页。
③ 钱大昕：《廿二史考异》卷四〇《北史三》"外戚传"条，方诗铭、周殿杰点校，上海古籍出版社2004年版，第648页。
④ 钱大昕：《潜研堂集》卷二五《卢氏群书拾补序》，吕友仁点校，上海古籍出版社1989年版，第421页。
⑤ 钱大昕：《潜研堂集》前言，吕友仁点校，上海古籍出版社1989年版，第8—11页。
⑥ 赵翼：《廿二史札记》卷首《小引》，王树民校证本，中华书局1984年版，第1页。

书以议论为主",而"不以考核见长"①。陈垣认为《札记》的特点是"每史先考史法,次论史事"②。说明《札记》是一部考论结合,且既论史事,亦论史学的著作。其中所论史事,大多能抓住问题实质,如"汉初布衣将相之局""明初文人多不仕"等。故梁启超说:"惟赵书于每代之后,常有多条胪列史中故实,用归纳法比较研究,以观盛衰治乱之原,此其特长也。"③ 至于所论史法,则能以比较之法,分析评论编纂的优劣。

当江南以汉学标榜的考据之学正盛,学术主流"信而好古"之时,生活在北方的崔述,却承唐宋疑古辨伪之余绪而独树一帜,其学虽不见重于时人,但对后世史学影响深远。

崔述(1740—1816)字武承,号东壁,直隶大名府(今河北大名)人。生前著书凡34种,由门人汇刻为《东壁遗书》,其中以《考信录》最重要,包括《考信录提要》《补上古考信录》《唐虞考信录》《夏考信录》《商考信录》《丰镐考信录》《洙泗考信录》等计36卷。崔述是对先秦古史系统考证的第一人。其学术始于疑而落实于考信,但他的疑是有限度的疑,即只疑战国以后的古史记载而不包括六经,他考信的原则也是"取信于六艺"。他说:"余少年读书,见古帝王圣贤之事多有可疑者,初未尝分别观之也。壮岁以后,抄录其事,记其所本,则向所疑者皆出于传记,而经文皆可信,然后知'六经'之精粹也。"④ 认为不能凭战国以后文献去说明六经时代的上古历史,因其中掺杂有后人的曲解。于是崔述便由疑而考信,由考古书真伪进而考古史真伪,目的是返回经书以寻历史真貌,以求圣人真意。

崔述虽然与那个时代学者一样认为"六经"是载道之具,但是崔述与那个时代学者普遍希冀借助训诂认识经典不同的是,认为从史学也可通达圣人之"道",这也是他之所以能够以史学的方法研究圣人经典的认识基础。他说:"三代以上经史不分,经即其史,史即今所谓经也。后世学者不知圣人之道体用同原,穷达一致,由是经史始分。"⑤ "夫经史者,自汉以后分别而言之耳,三代以上所谓经者,即当日之史也。《尚书》,史也,《春秋》,史也,经史恐未可分也。"⑥ 联系前面已讲过的钱大昕,和后面将要讲的章学诚,这些说法表明,在乾嘉以训诂之学研究

---

① 赵翼:《廿二史札记》附录三《越缦堂批注》,王树民校证本,中华书局1984年版,第887—888页。
② 赵翼:《廿二史札记》附录三《陈垣题记》,王树民校证本,中华书局1984年版,第888页。
③ 梁启超:《清代学术概论》之十四,《饮冰室合集》专集之三十四,中华书局1989年版,第39页。
④ 崔述:《考信录提要》卷下《总目》,《崔东壁遗书》,上海古籍出版社1983年版,第16页。
⑤ 崔述:《洙泗考信录自序》,《崔东壁遗书》,上海古籍出版社1983年版,第262页。
⑥ 崔述:《洙泗考信录余录》,《崔东壁遗书》,上海古籍出版社1983年版,第395页。

经学最盛之时，历史意识也获得极大扩展。崔述与清汉学主流的区别在于："汉学运动走的路是间接的，崔述是直接的；汉学运动想假道于汉儒以至六经，而崔述要推翻秦汉百家言以直接回到六经。"① 应该说崔述所坚守的"取信于六艺"的原则，既是他突破同时代学者迷信汉儒注疏的局限取得成就的原因，也是他未能取得进一步学术突破的局限。但仅此在当时也足以惊人骇世了。稍后有人读《考信录》曾有感曰："圣人，人知尊之；经传，人知读之。读之，而不知考；尊之，而不敢议之，遂至圣人之真，圣人之正，混于附会伪托之辞者，几二千年矣。"② 对古书古史迷信的突破，是崔述疑古考信的思想史意义。而崔述史学理论和方法论上的贡献，则是他提出"岂非以其识愈下则其称引愈远，其世愈后则其传闻愈繁乎"③ 的观点，这也是对近代疑古思潮的理论启迪。

四、少数民族历史撰述的进展

关于满族的历史撰述。清朝是满洲贵族为主建立的全国性政权，清代史学有大量满族史学的因素。入关后的清廷皇帝都很重视史学，尤以康熙帝与乾隆帝为甚，二帝亲自主持和控制史学活动，组织了许多大型修史项目。官修了大量合乎其政治要求的史书，康熙朝二十三种，乾隆朝六十种。设立健全的修史机构，持续修史。根据修史性质，开设了明史馆、"三通"馆等特开之馆，实录馆、玉牒馆等例开之馆，起居注馆、国史馆、方略馆等常设之馆，会典馆、功臣馆等阅时之馆。

清朝史学中满族因素极为明显，一是实行文字狱，禁毁一切对满族不利的史书、文字，甚至删改古史书中的蛮夷戎狄等字词；二是史馆虽然汉、满、蒙学者皆有，但总裁、提调等负责官员多以满官为首，所撰史书都要送呈皇帝"圣裁"，都是为了对修史的控制；三是官修史书都有满、汉文两种文本，有的还有蒙文文本；四是特别重视满族史的修撰，入关至乾隆末，先后编成《八旗通志》《八旗满洲氏族通谱》《盛京通志》《开国方略》《盛京事迹图》《满洲源流考》《钦定宗室王公功绩表传》《热河志》《满洲祭神祭天典礼》《国朝宫史》等。

关于蒙古族的历史撰述。自16世纪藏传佛教格鲁派传入蒙古并兴盛发展以后，浓厚的藏传佛教思想笼罩了蒙古史学。其时杜撰的历史认知说，蒙古族的始祖是吐蕃王室的后裔，而吐蕃王的先世又出自印度王室，这种"印藏蒙同源论"是当时蒙古藏传佛教历史观的反映。前期重要的蒙古文史著有《蒙古黄金史纲》《黄史》《蒙古源流》《蒙古黄金史》《阿萨拉克齐史》等。后期影响较大的蒙古文史

---

① 胡适：《科学的古史家崔述》之《崔述的年谱》上，《崔东壁遗书》，上海古籍出版社1983年版，第968页。
② 崔述：《考信附录》卷二"刘云评"，《崔东壁遗书》，上海古籍出版社1983年版，第478页。
③ 崔述：《补上古考信录》卷上，《崔东壁遗书》，上海古籍出版社1983年版，第28页。

著有《恒河之流》《金轮千辐》《水晶念珠》《蒙古博尔济吉忒氏族谱》《金鬘》《水晶鉴》《宝贝念珠》《如意宝树史》，以及《四卫拉特史》《土尔扈特诸汗史》《蒙古溯源史》《咱雅班第答传》《哲布布尊丹巴传》等。这些史书具有时代特色，体例多样，利用文献有据，既充满了对先世辉煌的敬仰与怀念，又记载了当时蒙古史的新内容，还贯穿了作者对自然、社会和相关问题的探讨、理解，显示了蒙古古代史学的面貌。

关于藏族的历史撰述。清代前期的藏族史著，主要为格鲁派的历史传记和地方化的政教史。前者主要有《达赖喇嘛传》《章嘉国师若必多吉传》《颇罗鼐传》《噶伦传》等。传主多是在西藏历史上的高僧活佛，有两部还是传主的自传，记录了传主的政教业绩和日常起居，且详录了同时代藏族聚居区的重大史事，又有对亲历史事的反思，史实和史观统一。后者主要有《嘉木样协巴佛历表》《达陇教史》《宝天成教史》《格鲁教史黄琉璃镜》《如意宝树史》等。

关于回族的历史撰述。清代许多回族学者充任史官，撰修史书。如张瑞先后充《明史》修纂官，《清太宗实录》副总裁；马世俊任修撰，后迁侍读，著《茅山记》《燕山记》《华阳游志》；刘岩、俞梅参编《康熙字典》《渊鉴类函》；杨开沅参纂《方舆考略》；马汝先后充任三朝国史、方舆、路程三馆的纂修。回族学者私撰的史书，有杨才瑰《廿一史纂要》，丁旭《明史稿》等。雍正间佚名撰成北京牛街回族地区志书《冈志》，是当时唯一一部回族邑镇志。刘智《至圣实录年谱》、赵灿《经学系传谱》、马注辑注《清真指南》，将伊斯兰教义的阐述与历史记载相结合，可以称为回族经史。

关于维吾尔族的历史撰述。《编年史》是沙·马合木·楚拉斯为接续《拉失德史》未完史事，于1672年至1676年用波斯文撰成的一部叶尔羌汗国史。作者的祖先是汗国的开国功臣，作者目睹了汗国内部的斗争与汗国的衰落。作者还著有《寻求真理者之友》一书，记述了叶尔羌汗国伊斯兰教宗教领袖的事迹，以及纳克什班底教派的白山派与黑山派之间的关系。《编年史》前半部摘编《拉失德史》，后半部为作者新写，记述了从拉失德汗登基（1532年）至伊思玛业勒汗中期，下距叶尔羌汗国的灭亡只有几年的时间。这一部分的资料主要来源于口头传说与作者的亲历见闻。《编年史》与《拉失德史》一样具有较高的史学价值。①

关于南方民族的历史撰述。白族学者王崧（1752—1837）晚年在故乡大理撰成《云南备征志》和《云南志钞》，前者是一部有关滇史的资料总辑，后者体例严谨，长于考证。

---

① 参见魏良弢：《"叶尔羌汗国"及有关非汉文史料介绍》，《新疆大学学报（哲学社会科学版）》1986年第1期。

容美土司田舜年（1640—1706），是土家族历史上著名的学者，所著《廿一史纂》是对汉文"正史""二十一史"的简编，并予以考证和评议的综合性著作。还撰有《五峰安抚司列传》《石梁安抚司列传》《水浕安抚司列传》《容阳世述录》等土司传记，并撰碑炫耀自己的功绩和对当朝皇帝的感激之情，显示了土家族学者的中华一统观。

清前期关于黎族的历史记述，由地方官员或地方学者所作，著名的有张庆长《黎岐纪闻》、陈坤《治黎辑要》、戴肇辰《琼台纪事录》、张岳崧《琼州府志》四十四卷。

康熙二十三年（1684），台湾重新纳入中央皇朝的版图。随后，大陆官员和移民来台，开始了以"采风录俗"和"议事备治"为主要内容的台湾世居少数民族文献的撰述。郁永河的《裨海纪游》和黄叔璥的《台海使槎录》（包括《赤嵌笔谈》《番俗六考》《番俗杂记》）是其中价值较高的两部。

第五节 章学诚与《文史通义》

一、章学诚撰《文史通义》

当乾嘉时代以王、钱、赵、崔为代表的史学家在历史考证方面取得总结性成果之时，中国古代史学理论方面也取得了总结性成果，而章学诚的《文史通义》则是理论成果的集中代表，堪称中国古代史学理论殿军，并对近代史学产生重要影响。

章学诚（1738—1801），字实斋，浙江会稽（今浙江绍兴）人。乾隆进士，但"自以迂疏，不敢入仕"，除短暂在朝廷担任国子监典籍一职外，一生多奔走于各地或任教书院，或入幕协修史著，或在地方主持修纂方志。著作除《文史通义》《校雠通义》外，大部分散佚，后人辑而汇刻为《章氏遗书》。其中《文史通义》是章学诚学术思想的集中体现，从35岁开始撰写，直至逝世前尚未完全定稿。《文史通义》兼论文、史，以史为主，共8卷，包括内篇和外篇两部分。其中内篇5卷，专论文史理论问题，为全书的要旨所在；外篇3卷，主要论述有关方志编纂问题。但因版本不同，各版本的内容亦有不尽一致之处。

《文史通义》是章学诚"挽救"时学之弊的有为之作。他在给钱大昕的信中说："学诚从事于文史校雠，盖将有所发明，然辨论之间，颇乖时人好恶，故不欲多为人知……世俗风尚，必有所偏，达人显贵之所主持，聪明才俊之所奔赴，其中流弊必不在小。载笔之士不思救挽，无为贵著述矣。苟欲有所救挽，则必逆于时趋。"[①] 可以

---

① 章学诚：《章学诚遗书》卷二九《外集二·上钱辛楣宫詹书》，文物出版社1985年版，第332页。

看出，章学诚著《文史通义》所反对的，一是"达人显贵之所主持"的作为朝廷意识形态的程朱之学，因为它认为"理在气先"，脱离具体之物而抽象言理；一是"聪明才俊之所奔赴"的不谈义理，专事饾饤考据的所谓汉学。其中前者是博取利禄之学，后者是"不知为己，而骛博以炫人"①，"疲精劳神于经传子史，而终身无得于学者"之学。② 章学诚认为，只有超越"汉学宋学之交讥，训诂辞章之互诋，德性学问之纷争"的学术格局③，取"训诂章句，疏解义理，考求名物""三者而兼用之"④，才是有自得之义的经世致用之学。

章学诚的这种思想，在汉学盛行的乾嘉时代，自然得不到大多数人的理解。终其一生，学术上基本是个孤独者。这种不为时人理解的忧虑，在他与友人的信中常会不自觉地流露："拙撰《文史通义》，中间议论开辟，实有不得已而发挥……然恐惊世骇俗，为不知己者诟厉。姑择其近情而可听者，稍刊一二，以为就正同志之质，亦尚不欲遍示于人也。"⑤ 这种情况下，《文史通义》在章学诚生前只有部分内容刊刻，直至他去世多年以后，于道光十二年（1832）方全帙刊刻行世。

二、章学诚在史学理论上的重要成就

章学诚最重史学，曾自称："吾于史学，盖有天授。自信发凡起例，多为后世开山。"⑥ 晚年更是直言"言性命者必究于史"⑦，认为史学为人生第一学问。他在对当时学风提出尖锐批判的同时，纵横经史之学，在继承刘勰、刘知幾、曾巩、郑樵等人理论的基础上，对许多问题作出了极富理论意义的阐述，将古代史学理论的思考向前推进了一大步。

第一，从理论上阐述了"六经皆史"说。这也是章学诚整个史学理论体系展开的基点。"六经皆史"说，从明中期就开始盛行，但在章学诚的史学理论体系中，它是作为核心提出的。《文史通义》开篇即云："六经皆史也。古人不著书，古人未尝离事而言理，六经皆先王之政典也。"⑧《文史通义》中的《易教》《书

---

① 章学诚：《文史通义·假年》，叶瑛校注本，中华书局1985年版，第323页。
② 章学诚：《文史通义·博约中》，叶瑛校注本，中华书局1985年版，第161页。
③ 章学诚：《文史通义·天喻》，叶瑛校注本，中华书局1985年版，第310页。
④ 章学诚：《文史通义·原道下》，叶瑛校注本，中华书局1985年版，第138页。
⑤ 章学诚：《章学诚遗书》卷九《文史通义外篇三》"与汪龙庄书"，文物出版社1985年版，第82页。
⑥ 章学诚：《章学诚遗书》卷九《文史通义外篇三》"家书"二，文物出版社1985年版，第92页。
⑦ 章学诚：《文史通义·浙东学术》，叶瑛校注本，中华书局1985年版，第523页。
⑧ 章学诚：《文史通义·易教上》，叶瑛校注本，中华书局1985年版，第1页。

教》《诗教》《礼教》《经解》《原道》《史释》诸篇，基本是围绕这个观点展开的论述。章学诚对于"六经皆史"的分疏，包括认识论层面和历史层面二重。认识论层面，章学诚从"道不离器，犹影不离形"的认识说明经史的相互依存关系，指出："后世服夫子之教者自六经，以谓六经载道之书也，而不知六经皆器也。"① 认为"六经"不是"道"本身而是载道之"器"。历史层面上，章学诚指出"六经皆先王之政典"，"与史同科"②，是历史的产物，是古代的官司掌故。古人不著书，行事即行"道"，"其为政教典章，切于民用，而非一己空言"③，同时道、器也皆具有历史性，随时代而变化，"事变之出于后者，六经不能言，固贵约六经之旨，而随时撰述以究大道也"④。因此章学诚结论说"舍器而求道，舍今而求古，舍人伦日用而求学问精微"，都是不知六经之旨和史学之义。⑤

章学诚对"六经皆史"阐述的史学意义，一是否定宋学与汉学的偏颇，重申"求道于器"，倡导史学要有验于人事的经世致用精神。二是把"六经"还原为历史著述，既以历史的眼光看待经学，提高史学地位，亦以经学的意义看待史学，突出史学的明道价值。这些理论，一定意义上预示了即将到来的经学衰落和史学成为重心的学术趋向。

第二，系统论述了历史编纂理论。这是章学诚史学理论的主要内容。继续章学诚"六经皆史"，皆为载"道"之"器"的理论，问题自然转入史学怎样行"道"，表达史义或史意的探讨，于是历史编纂问题即随之提出。

章学诚论史学最重史意（义），声称："刘（知幾）言史法，吾言史意。"⑥ 他的编纂理论也多从史意著论。他的《文史通义》多处言及史意问题，其中《言公》上说："载笔之士，有志《春秋》之业，固将惟义之求，其事与文，所以藉为存义之资也……作史贵知其意，非同于掌故，仅求事文之末也。"⑦ 但是史意（义）或"道"是抽象的，只能借助事与文，于是就有了史家对事与文要有别裁心识的问题。章学诚说："笔削之义，不仅事具本末，文成规矩已也，以夫子义则窃取之旨观之，故将纲纪天人，推明大道，所以通古今之变而成一家之言者，必有详人之所略，异人之所同，重人之所轻，而忽人之所谨，绳墨之所不可得而拘，类例之

---

① 章学诚：《文史通义·原道中》，叶瑛校注本，中华书局1985年版，第132页。
② 章学诚：《文史通义·易教上》，叶瑛校注本，中华书局1985年版，第1页。
③ 章学诚：《文史通义·易教上》，叶瑛校注本，中华书局1985年版，第2页。
④ 章学诚：《文史通义·原道下》，叶瑛校注本，中华书局1985年版，第139页。
⑤ 章学诚：《文史通义·史释》，叶瑛校注本，中华书局1985年版，第231页。
⑥ 章学诚：《章学诚遗书》卷九《文史通义外篇三》"家书"二，文物出版社1985年版，第92页。
⑦ 章学诚：《文史通义·言公上》，叶瑛校注本，中华书局1985年版，第171—172页。

所不可得而泯，而后微茫杪忽之际，有以独断于一心。"① 这也是史实剪裁、安排和表述，即编撰的体裁、体例和表述的问题。

关于历史编纂的体裁体例，章学诚首先是从整体上就史书性质分为撰述和记注两大类别说："《易》曰：'筮之德圆而神，卦之德方以智。'间尝窃取其义，以概古今之载籍，撰述欲其圆而神，记注欲其方以智也。夫智以藏往，神以知来，记注欲往事之不忘，撰述欲来者之兴起，故记注藏往似智，而撰述知来拟神也。藏往欲其赅备无遗，故体有一定，而其德为方。知来欲其决择去取，故例不拘常，而其德为圆。"② 圆如天，周行不殆，是指史书著述形式的灵活变化，使之能够充分反映史家的历史认识，即所谓"决择去取"；方似地，包罗万象，是指史书体例上的严整有序，使之能够分类容纳更完备的历史知识，即所谓"赅备无遗"。两大宗门实际也是史学担负的保存史料和揭示历史兴亡之故两大任务。保存史料是对过去而言，目的是尽可能多地留住过去以备分析；揭示历史兴亡之故则是显现历史趋势，找出教训指导未来。任务功能的不同决定了编撰形式和要求的不同。"然圆神方智，自有载籍以还，二者不偏废。"③

关于史书编纂两大宗门的形成原因，章学诚认为，除了史家见识、史家的追求和史家制订的撰述旨趣不同外，也是历史编纂从无定法到有定法，再到突破定法创新法，不断"神奇化臭腐，臭腐复化为神奇"的辩证发展过程。他认为："夫史为记事之书。事万变而不齐，史文屈曲而适如其事，则必因事命篇，不为常例所拘，而后能起讫自如，无一言之或遗而或溢也。"④ 那么怎样才能使"史文屈曲"有效地表现"万变不齐"之事呢？在总结史书编纂形式的基础上，章学诚认为宋代袁枢创制的纪事本末体，"因事命篇，不为常格"，"文省于纪传，事豁于编年，决断去取，体圆用神"⑤，最能融贯地表现历史的发展变化。章学诚这种以事为史书记述核心的思想，符合人们历史认识逐渐深入的一般进程。

第三，揭示历史认识的主体因素，倡言史德。这也是章学诚最具近代史学色彩的理论。史学的目的是再现客观历史的真实，但是再现客观历史真实的条件却在主体，在于主体的认识和表述。史学是主、客体矛盾的产物，这是进入 20 世纪以后的西方史学才逐渐认识的事实，但是它在章学诚的史学理论中已得到相当清晰的表述。章学诚论道：

---

① 章学诚：《文史通义·答客问上》，叶瑛校注本，中华书局 1985 年版，第 470 页。
② 章学诚：《文史通义·书教下》，叶瑛校注本，中华书局 1985 年版，第 49 页。
③ 章学诚：《文史通义·书教下》，叶瑛校注本，中华书局 1985 年版，第 49 页。
④ 章学诚：《文史通义·书教下》，叶瑛校注本，中华书局 1985 年版，第 52 页。
⑤ 章学诚：《文史通义·书教下》，叶瑛校注本，中华书局 1985 年版，第 51—52 页。

> 夫史所载者事也，事必藉文而传，故良史莫不工文，而不知文又患于为事役也。盖事不能无得失是非，一有得失是非，则出入予夺相奋摩矣。奋摩不已，而气积焉。事不能无盛衰消息，一有盛衰消息，则往复凭吊生流连矣。流连不已，而情深焉。凡文不足以动人，所以动人者，气也。凡文不足以入人，所以入人者，情也。气积而文昌，情深而文挚；气昌而情挚，天下之至文也。然而其中有天有人，不可不辨也。气得阳刚，而情合阴柔。人丽阴阳之间，不能离焉者也。气合于理，天也；气能违理以自用，人也。情本于性，天也；情能汩性以自恣，人也。史之义出于天，而史之文，不能不藉人力以成之。①

这里，章学诚指出史学是"有天有人"，有客观也有主观的矛盾体。其中主体必然要有是非爱憎情感，这些会很自然地烙印在他所表述的文字之中。于是"有天有人"，有客观有主观，有事实判断也有价值判断的史学，就一定"不可不辨"。章学诚认为，虽然有情感是非的主体面对客观历史必然会有感而叙，有感而评，使其作品会不免"气昌而情挚"，文字表述不免"患为事役"，只要所发之气能够"合于理"，所生的情能够"本于性"，把握好主体意志表达之"度"，"尽其天而不益以人，虽未能至，苟允知之，亦足以称著述者之心术矣"②。于是"史德"，即史家主体修养的问题便凸显了出来。章学诚认为："能具史识者，必知史德。德者何？谓著书者之心术也。"③ 这是说，史家治史要有尊重历史真实的基本态度，即"慎辨于天人之际，尽其天而不益以人"，在强调史义主客的同时，尽可能不以主观偏见影响客观史实陈述。因此注意克制自己的主观影响在一定的"度"之内，是"欲为良史"的基本条件。虽然章学诚这里的"尽于天而不益以人"和"著述者之心术"等，受时代制约，有些卫道的意思，但其中所涉及的历史与主体认识和表述的理论问题，仍是值得注意的。

三、章学诚的方志学理论

方志学理论在章学诚史学理论体系中占有重要地位。梁启超在《清代学者整理旧学之总成绩》文中说："实斋以清代唯一之史学大师而不能得所藉手以独撰一史，除著成一精深博大之《文史通义》及造端太宏未能卒业之《史籍考》外，其创作天才，悉表现于和州、亳州、永清三《志》及《湖北通志稿》中，'方志学'之成立，实自实斋始也。"④ 章学诚把自己的史学理论，用于方志编修实践，撰写

---

① 章学诚：《文史通义·史德》，叶瑛校注本，中华书局1985年版，第220页。
② 章学诚：《文史通义·史德》，叶瑛校注本，中华书局1985年版，第220页。
③ 章学诚：《文史通义·史德》，叶瑛校注本，中华书局1985年版，第219页。
④ 梁启超：《中国近三百年学术史》，《饮冰室合集》专集之七十五，中华书局1989年版，第304页。

了《方志立三书议》《州县请立志科议》和《修志十议》等一系列论著，形成了系统的方志学理论，不仅丰富了史学理论，也促进了方志学的建立。

章学诚方志理论非常丰富，主要包括：

第一，确定方志的性质。章学诚之前，方志多被列在舆地图经门类视作地理专书。自宋以来，虽不断有人提出方志为史说，但并未有理论上的说明。章学诚则就方志的性质明确界定说"方志乃一方全史"，并对戴震所谓"志以考地理，但悉心于地理沿革则志事已竟"的观点进行批驳，强调"方志如古国史，本非地理专门"，因而"修志非示观美，将求其实用也"①，"朝廷修史，必将于方志取其裁"②，方志实"国史之羽翼""朝史之要删"。章学诚对方志性质的界定，对于方志学的建立具有重要意义，所以梁启超说："实斋关于斯学之贡献，首在改造方志之概念。前此言方志者为'图经'所囿，以为仅一地理书而止。"③

第二，提出系统的方志编撰理论。首先，在体例问题上提出方志立"三书"、分"四体"的主张。关于"三书"，章学诚说："凡欲经纪一方文献，必立三家之学，而始可以通古人之遗意也。仿纪传正史之体而作'志'，仿律令典例之体而作'掌故'，仿《文选》《文苑》之体而作'文征'。三书相辅而行，阙一不可，合而为一，尤不可也。"④"三书"以"志"为主体，具有"成家立言"的"著述"作用。"掌故"是地方衙署的章程文书的汇编，"文征"是地方诗文的纂辑，二者作用在于"辅志"和"证史"，属于"比类"或记注。章学诚称："著述譬之韩信用兵，而比类譬之萧何转饷，二者固缺一而不可。"⑤

所谓"四体"，是将"三书"中的"志"分为纪、谱、考、传四种体例，其中"纪"为编年大事记，全书之纲。"传"以记人述事，"编年文字简严，传以申其未究。或则述事，或则书人，唯用所宜"⑥。"考"仿正史之志，记载地方"政教典礼，民风土俗"。"表"分年表、事表和人物表等。"四体"之外则设图以济文字表述之穷。

---

① 章学诚：《章学诚遗书》卷一四《方志略例一》"记与戴东原论修志"，文物出版社1985年版，第128页。
② 章学诚：《章学诚遗书》卷一四《方志略例一》"州县请立志科议"，文物出版社1985年版，第124页。
③ 梁启超：《中国近三百年学术史》，《饮冰室合集》专集之七十五，中华书局1989年版，第304页。
④ 章学诚：《章学诚遗书》卷一四《方志略例一》"方志立三书议"，文物出版社1985年版，第123页。
⑤ 章学诚：《章学诚遗书》卷九《文史通义外篇三》"报黄大俞先生"，文物出版社1985年版，第77页。
⑥ 章学诚：《章学诚遗书》卷二五《湖北通志检存稿二》"序传"，文物出版社1985年版，第257页。

其次，提出方志须辨体的思想。章学诚认为各级方志应当义例有别，详略不同，各有重点，不容混淆。这是有鉴于明清以来，省、府、州、县各级无不有志，但各级志书间相互关系、体例和内容重叠混乱的状况而提出的问题。具体则要求各级方志应有各自的编修义例，不能将各个县志机械合并成府志或州志，将府志凑合又成通志；也不可将通志简单析为府志，再将府志析为县志等。

再次，提出一系列方志编撰原则和方法。主要有：详近略远，突出当代；强调方志"原属天下公物，非一家墓志寿文，可以漫为浮誉"①，修志者须具史德，"持论不可不恕，立例不可不严，采访不可不慎，商榷不可不公"②；"盖棺论定，不为生人立传"；主张"乘二便"，"除八忌"，以"归四要"。"乘二便"，是指修志应充分利用"地近则易核"和"时近则迹真"的便利条件收集和核实资料。"除八忌"，指除去条理混乱、详略失体、偏尚文辞、妆点名胜、擅翻旧案、浮记功绩、泥古不变、贪载传奇八种弊病。"归四要"是指方志编纂旨归应要简，要严，要核，要雅。即记载要简明，体例要严谨，内容要真实，文字要雅洁。③

第三，为有利征集文献和编修方志，提出州县建立志科的主张。章学诚认为，编修地方志必须在州县设立相应的机构——志科，专门收集、整理、保管档案资料、地方文献，以备修志之用。认为"州县既立志科，不患文献之散逸矣"④，"凡政教典故，堂行事实，六曹案牍，一切皆令关会。目录真迹，汇册存库，异日开局纂修，取裁其富"⑤。章学诚的这一主张，实际上是建立地方档案资料机构，不仅能为方志撰修积累史料，同时也有利于地方文献的整理与保管。因此章学诚亦可说是中国古代主张建立地方档案馆的先驱者。

第六节　中国古代史学优良传统及其局限

一、中国古代史学的优良传统

中国古代史学因具有古老的渊源和长期发展的积累，形成了许多优良传统，

---

① 章学诚：《章学诚遗书》卷一五《方志略例二》"答甄秀才论修志第一书"，文物出版社1985年版，第138页。
② 章学诚：《章学诚遗书》卷二五《湖北通志检存稿二》"序传"，文物出版社1985年版，第252页。
③ 章学诚：《章学诚遗书》卷一五《方志略例二》"修志十议"，文物出版社1985年版，第140页。
④ 章学诚：《章学诚遗书》卷一四《方志略例一》"州县请立志科议"，文物出版社1985年版，第125页。
⑤ 章学诚：《章学诚遗书》卷一五《方志略例二》"答甄秀才论修志第一书"，文物出版社1985年版，第138页。

其中，重视修史的传统、讲究体裁体例和历史叙事的传统、发挥史学经世致用功能的传统、关注史家自身修养的传统、追求信史为最高目标的传统等，是最重要的几个传统。

这里，先说重视修史的传统。重视修史的传统，同先贤们所具有的深刻的历史意识密切相关。他们很早就指出："君子以多识前言往行以畜其德。"① 如果说，这话主要是针对人们通过认识历史而提升自己的知识、品德、见识和才能的修养而言的话，那么"彰往而察来"② 的见解，就包含了认识历史而观察未来的观念了。这种认识和观念，成为后世历代政治家重视修史、史学家潜心著史的思想渊源。西汉司马迁著《史记》，旨在"述往事、思来者"③，极其鲜明地反映了历史意识与时代意识的结合。唐高祖李渊在一道关于修撰梁、陈、魏、齐、周、隋六代史诏书中回顾了唐以前的修史传统，指出："伏羲以降，周、秦斯及，两汉继绪，三国并命，迄于晋、宋，载籍备焉。"④ 这几句话，把唐以前的修史传统概括得十分清晰。值得注意的是，即使在以少数民族贵族为主建立的朝代，对修史传统同样存在明确的、积极的认识。元朝初年，大臣王鹗向元世祖忽必烈建议修前朝史，他说：

> 自古帝王得失兴废，班班可考者，以有史在。我国家以威武定四方，天戈所临，罔不臣属，皆太祖庙谟雄断所至，若不乘时纪录，窃恐岁久渐至遗忘。……若史馆不立，后世亦不知有今日。

元世祖忽必烈"甚重其言，命修国史，附修辽、金二史"⑤。从上引王鹗的这些话可以看出，他所反映出来的历史意识，包含了历史、"今日"和"后世"，意义深远。清代思想家龚自珍从士人忧患意识的特点，进一步揭示了中华民族历史意识的连续性，他说："智者受三千年史氏之书，则能以良史之忧忧天下。"⑥ 这同王鹗说的"自古帝王得失兴废，班班可考者，以有史在"互相发明，把中国历史上先贤们的历史意识的存在、传承及其表现，概括得明确而精炼。

中国古代史学重视修史的传统，正是在这种历史意识的驱动下形成和发展的。而重视修史的传统则主要表现在三个方面：一是史官、史馆制度的建立和不断完善，二是官修史书累代不绝，三是私家著史蔚然成风。官修、私著互相补充，相

---

① 《周易·大畜》，《十三经注疏》本，中华书局1980年版，第40页。
② 《周易·系辞下》，《十三经注疏》本，中华书局1980年版，第89页。
③ 司马迁：《史记》卷一三〇《太史公自序》，中华书局1959年版，第3300页。
④ 李渊：《命萧瑀等修六代史诏》，宋敏求编：《唐大诏令集》卷八一，商务印书馆1959年版，第466页。
⑤ 以上见苏天爵：《元朝名臣事略》卷一二《内翰王文康公》，中华书局1996年版，第239页。
⑥ 龚自珍：《龚自珍全集》第1辑《乙丙之际箸议第九》，上海古籍出版社1975年版，第7页。

得益彰。

中国古代，史官制度出现甚早，有所谓"君举必书"①、"动则左史书之，言则右史书之"②的记载。春秋时期涌现出一批很有影响的史官，如周王室史官史伯、晋国史官董狐、齐国史官太史与南史、楚国史官左史倚相等，都是留下了感人事迹的史官。唐贞观三年（629），设史馆于禁中，负责修国史和前朝史，进一步完善了史官制度和史官职守。自宋迄清，有所损益，而其功能没有本质变化。官修史书因史官、史馆制度的存在和发展而得到充分的保障。私家著史自孔子以后至魏晋南北朝时期已蔚为大国，司马迁、范晔、杜佑、郑樵、马端临等，是为名家。官修的地方史志，私著的野史、笔记，数量巨大，进一步扩展了官修、私著的历史内容和表现形式，丰富了修史传统的内涵。

中国古代史学的优良传统，还突出表现在推崇史学经世致用的社会功能。春秋时期，楚国大夫申叔时主张以各种史书教导太子，是中国历史上较早提出史学教育功能的先驱。其后孔子作《春秋》，认为"我欲载之空言，不如见之于行事之深切著明也"③，意在写出春秋乱世的历史以告诫时人和后人，故孟子说"孔子成《春秋》而乱臣贼子惧"④。司马迁也认为："《春秋》之义行，则天下乱臣贼子惧焉。"⑤ 这都是推崇《春秋》的社会功能。同时，司马迁用了前引"述往事，思来者"这六个字来概括他的《史记》的社会功能。此后，历代政治家、史学家，对史学的经世致用的社会功能，都有许多推崇的言论和切实的措施。诚如唐代史学家刘知幾所概括的："史之为用，其利实博，乃生人之急务，为国家之要道。"⑥ 这里用"急务"和"要道"来强调，说明此事既重要又紧迫。清人龚自珍进而概括为"欲知大道，必先为史"⑦。如何从理论上认识史学何以具有社会功能和如何发挥史学的社会功能，明清之际王夫之所撰《读通鉴论》的四篇《叙论》作了简明扼要的阐述，可视为这方面的一个总结。

内容的丰富性、体裁的多样性和讲求叙事，是中国古代史学的又一个优良传统。从内容上看，以"正史"为代表的纪传体史书之最大特点是能够容纳广泛的社会历史内容，其本纪记帝王言行和国家大事，书志记典章制度，史表记时代划分或重大专题序列，列传记社会各阶层代表人物或社会特殊群体。从体裁上看，编年体史书是中国古代最早出现的历史著作，《春秋》是现存最早的有完整体系的

---

① 《左传》庄公二十三年，《十三经注疏》本，中华书局1980年版，第1779页。
② 《礼记·玉藻》，《十三经注疏》本，中华书局1980年版，第1342页。
③ 司马迁：《史记》卷一三〇《太史公自序》，中华书局1959年版，第3297页。
④ 《孟子·滕文公下》，《十三经注疏》本，中华书局1980年版，第2715页。
⑤ 司马迁：《史记》卷四七《孔子世家》，中华书局1959年版，第1943页。
⑥ 刘知幾：《史通·史官建置》，浦起龙通释本，上海古籍出版社2009年版，第281页。
⑦ 龚自珍：《龚自珍全集》第一辑《尊史》，上海古籍出版社1975年版，第81页。

编年体史书，司马光《资治通鉴》是古代编年体史书的集大成者，它们以帝王（或诸侯）纪年，以时间为中心记一方或全国大事。典制体史书专记典章制度，杜佑《通典》是这类史书的代表作。袁枢的《通鉴纪事本末》一书开纪事本末体史书之先河，此类史书在叙述重大历史事件始末原委方面有突出的优点。加上以《史记》《汉书》为代表的纪传体史书，这四种史书的表现形式，互相补充，构成了中国古代史学的整体面貌，进而辅以方志、笔记、族谱家史、各类传记等，使中国古代史学在外在形式上建构成一座风格各异、具有美感的史学园地。与内容、形式相协调的，是古代史家讲究史书的叙事。《左传》《国语》《战国策》《史记》《汉书》《后汉书》《三国志》《资治通鉴》等名著，是讲究历史叙事的代表作。刘知幾《史通》有《叙事》专篇，提出"史之称美者，以叙事为先""国史之善者，以叙事为工"①的论断，赋予史书叙事以审美的价值。在这方面，司马迁和司马光堪称中国古代史学讲究叙事的典范，而《史记》《资治通鉴》亦可视为在内容、体裁、叙事三个方面达到协调一致的极佳境界的历史名著。

关注史家的自身修养，是中国古代史学传统的重要方面。中国古代史官对史职的崇高性有深刻的认识，因而对自身修养亦非常重视，他们不畏权势，以至以身殉职。春秋时期晋国太史董狐记"赵盾弑其君"②，并以理驳斥执政大夫赵盾的质问。齐国太史记"崔杼弑其君"，为崔杼所杀，他的两个弟弟先后续书，亦为崔杼所杀，第三个弟弟冒死再书，终于续成太史之志。此时有位南史氏"执简以往"欲书之，听说业已书就，于是返回。③ 这两件事充分表明，当时的史官把史官操守视如生命，不惜以死殉职。还有一类史官，以自身的知识、智慧，"能道训典，以叙百物，以朝夕献善败"于国君，使国君"无忘先王之业"④，这就是被誉为"楚国之宝"之一的左史倚相。这些史官成为后世史家的楷模，在千百年之下产生深刻的影响。唐初，史家撰《隋书·经籍志》，其史部大序对史官的标准和要求是这样表述的：

> 夫史官者，必求博闻强识，疏通知远之士，使居其位，百官众职，咸所贰焉。是故前言往行，无不识也；天文地理，无不察也；人事之纪，无不达也。内掌八柄，以诏王治，外执六典，以逆官政。书美以彰善，记恶以垂戒，范围神化，昭明令德，穷圣人之至赜，详一代之亹亹。⑤

---

① 刘知幾：《史通·叙事》，浦起龙通释本，上海古籍出版社2009年版，第152、156页。
② 《左传》宣公二年，《十三经注疏》本，中华书局1980年版，第1866页。
③ 《左传》襄公二十五年，《十三经注疏》本，中华书局1980年版，第1984页。
④ 《国语·楚语下》，上海古籍出版社1978年版，第580页。
⑤ 魏徵等：《隋书》卷三三《经籍志二》，中华书局1973年版，第992页。

这是对史官之知识与能力的要求，和对史学之社会功能尤其是与政治密切关系的认识与践行能力的要求。与此同时，史家朱敬则向唐高宗提出慎重选拔史官的建议，于是唐高宗颁布了《简择史官诏》，诏书说："修撰国史，义在典实，自非操履贞白，业量该通，谠正有闻，方堪此任。"① 显然，这是从德与才两个方面提出对史官的要求。由此可见，中国古代史官、史馆制度在唐初已臻于完备。

从史家自身出发，对史家修养提出全面认识的是盛唐时期的刘知幾，他的"史才三长"论从史才、史学、史识三者的结合上，对史家的综合素质作了明确的阐述，同时强调"尤须好是正直，善恶必书"② 的精神，可以看出在才、学、识之外，也包含着"德"的因素。刘知幾关于史家修养的"史才三长"论，对后世有广泛而深远的影响，对促进史家自身修养产生了积极作用。清代史学家章学诚以"史德"补充发展"三长"③，使这一史家修养体系更加完备，同时把中国古代史家关注自身修养的传统提高到新的理论高度。

以追求信史为最高目标，是中国古代史学优良传统的核心所在。中国古代史学在其早期阶段，遵循这样一条原则："君举必书，书而不法，后嗣何观？"④ 从政治上看，这一原则在客观上对君主言行有一种约束作用，也表明史职的崇高地位。从史学上看，这是为了确保历史记载的真实性。开创私家著史的孔子，他撰写《春秋》的原则同他做人的原则是一致的，即"多闻阙疑，慎言其余"⑤。由此逐渐形成了这样一条撰写史书的原则："《春秋》之义，信以传信，疑以传疑。"⑥ 据《春秋公羊传》所记，孔子在回答别人所问时，讲过这样的话："《春秋》之信史也，其序则齐桓、晋文，其会则主会者为之也，其词则丘有罪焉尔。"⑦ 这是目前所知中国史学上第一次提出"信史"的概念。

司马迁从另一个角度也讲到了孔子的这一原则，他写道："孔子因史文次《春秋》，纪元年，正时日月，盖其详哉。至于序《尚书》则略无年月；或颇有，然多阙，不可录。故疑以传疑，盖其慎也。"⑧ 从孔子到司马迁，在历史撰述中记信而存疑的原则，已形成一个有广泛影响的优良传统。正因为如此，司马迁受到后人

---

① 宋敏求编：《唐大诏令集》卷八一，商务印书馆1959年版，第467页。
② 刘昫等：《旧唐书》卷一〇三《刘子玄传》，中华书局1975年版，第3173页。亦可见欧阳修、宋祁：《新唐书》卷一三二《刘子玄传》，中华书局1975年版，第4522页。
③ 章学诚：《文史通义·史德》，叶瑛校注本，中华书局1985年版，第219—222页。
④ 《左传》庄公二十三年，《十三经注疏》本，中华书局1980年版，第1779页。又见《国语·鲁语上》，上海古籍出版社1978年版，第153页。
⑤ 《论语·为政》，《十三经注疏》本，中华书局1980年版，第2462页。
⑥ 《春秋穀梁传》桓公五年，《十三经注疏》本，中华书局1980年版，第2374页。
⑦ 《春秋公羊传》昭公十二年，《十三经注疏》本，中华书局1980年版，第2320页。
⑧ 司马迁：《史记》卷一三《三代世表》序，中华书局1959年版，第487页。

的极高评价:"自刘向、扬雄博极群书。皆称迁有良史之才,服其善序事理,辨而不华,质而不俚。其文直,其事核。不虚美,不隐恶。故谓之实录。"① 一部史书被誉为"实录",这在中国史学上,尚属首次。

降至南北朝时期,梁人刘勰在所撰《文心雕龙·史传》篇中写道:"文疑则阙,贵信史也。"② 这是强调"文疑则阙"也是尊崇"信史"的原则之一,是对以往传信传疑思想的总结。当然,并不是所有的史官、史家都能恪守传信传疑的原则,甚至有人有意无意地走向曲笔作史的邪路。刘知幾《史通》一书,在彰显"直书"精神的同时,也对种种"曲笔"作史的不良现象予以鞭笞。③ 对于"曲笔"的原因及其造成史学上的危害程度作具体的分析,对杜绝此种不良现象是必要的。

自唐而下,史学家们在追求信史方面不断作出努力。一是广泛征集史料,以求尽可能比较全面地反映历史面貌。如唐朝除朝廷直接掌握的文献资料外,还制定了"诸司应送史馆事例"的规定,内容包含自然、社会、民生等诸多方面内容。④ 此后,历代都因不同需要而有类似规定,以保证文献资料的广泛性。二是提高鉴别史料的自觉性,严肃地对待史书采撰过程。刘知幾赞扬《史记》《汉书》取材精审,认为:"此并当代雅言,事无邪僻,故能取信一时,擅名千载。"⑤ 他主张史学应广泛搜求材料,但运用时应取慎重态度:"书有非圣,言多不经,学者博闻,盖在择之而已。"⑥ 博览需要勤奋,善择尤须功力,二者对史学的求真、求信都非常重要。中、晚唐之际的李翱进而提出历史撰述所作的价值判断,应当"取天下公是公非以为本"⑦;他认为出自门生、故吏之手笔的个人行状,"不可取信",因而不可作为人物传记的依据,因为这样的行状大多"虚加仁义礼智,妄言忠肃惠和","善恶混然不可明"⑧。这都反映了对史料之真实性提出严格的要求。三是批评、考证的逐步强化。宋人吴缜撰《新唐书纠谬》,分二十个门类对《新唐书》之"谬"提出批评。吴缜在此书序中阐述作史应有事实、褒贬、文采三个要素,而事实居于根本性位置⑨,这是历史撰述原则在理论上的新成就,同时也推动

---

① 班固:《汉书》卷六二《司马迁传》,中华书局1962年版,第2738页。
② 刘勰:《文心雕龙·史传》,周振甫注释本,人民文学出版社1981年版,第287页。
③ 参见刘知幾:《史通》之《直书》《曲笔》两篇,浦起龙通释本,上海古籍出版社2009年版,第179—189页。
④ 参见王溥:《唐会要》卷六三《史馆上》,中华书局1955年版,第1089—1090页。
⑤ 刘知幾:《史通·采撰》,浦起龙通释本,上海古籍出版社2009年版,第106页。
⑥ 刘知幾:《史通·杂述》,浦起龙通释本,上海古籍出版社2009年版,第257页。
⑦ 李翱:《答皇甫湜书》,董浩等编:《全唐文》卷六三五,中华书局1983年版,第6410—6411页。
⑧ 李翱:《百官行状奏》,董浩等编:《全唐文》卷六三四,中华书局1983年版,第6399—6400页。
⑨ 吴缜:《新唐书纠谬·序》,《丛书集成初编》本,中华书局1985年版,第3页。

了"纠谬"之书的发展。明代史家王世贞更是以辩证的思维，提出了史学批评的方法论原则，指出："国史，人恣而善蔽真，其叙章典、述文献，不可废也；野史，人臆而善失真，其征是非、削讳忌，不可废也；家史，人谀而善溢真，其缵宗阀、表官绩，不可废也。"① 王世贞提出的这一辩证的史学批评方法论，为中国史家追求信史的目标开辟了新的路径。中国古代考史之学渊源久远，而清代钱大昕、赵翼、王鸣盛、崔述等考史学者，是这方面的集大成者。考史（包括史书和史事）是为了求真、求信，诚如钱大昕所说："史非一家之书，实千载之书。祛其疑乃能坚其信，指其瑕益以见其美"，"惟有实事求是，护惜古人之苦心，可与海内共白。"② 这是道出了历史考证之学的目的和主旨，是中国史家追求信史目标的又一路径。

总的来看，中国古代史学的优良传统，从一个重要方面反映出了中国古代史学的基本面貌和主要特点。

二、中国古代史学的时代局限

中国古代史学有许多优良传统，值得今人加以继承和发扬，但任何事物都有其两面性，中国古代史学也存在着难以避免的时代局限，这是我们应当注意到并予以辨析与剔除的。

首先，在历史记载方面的时代局限。

在先秦时期，史官记事受到"礼"的约束，有时候难以反映历史真相，如董狐记"赵盾弑其君"这种"书法不隐"，是根据"礼法"原则的记载，故孔子在称赞董狐是"古之良史"的同时，也称赞"为法受恶"的赵盾是"古之良大夫"。这样一来，若是离开了当时的"礼"的原则，人们便难以辨别历史真相了。在魏晋南北朝时期，门阀地主在政治上占统治地位，讲"名教"、重阀阅是时代风尚。所谓"名教"，东晋史家袁宏作了这样的定义："夫君臣父子，名教之本也。然则名教之作，何为者也？盖准天地之性，求自然之理，拟议以制其名，因循以弘其教，辩物成器，以适天下之务者也。"③ 这是以君臣父子的关系比附于天地自然之理，因而这种关系是至高无上的，不可改变的。这种伦理原则反映在历史记载和历史判断上，都有碍于反映历史真相。正如刘知幾所表述的那样，他一方面大力抨击曲笔作史，一方面又从"《春秋》大义"出发，强调君臣父子的关系不可改变，故"史氏有事涉君亲，必言多隐讳，虽直道不足，而名教存焉"④。这种现象在史学家为其先辈作传时，尤为突出。在门阀制度下，讲地望、重阀阅的观念反

---

① 王世贞：《弇山堂别集》卷二〇《史乘考误》引言，魏连科点校，中华书局1985年版，第361页。
② 钱大昕：《廿二史考异·自序》，《丛书集成初编》本，中华书局1985年版，第1页。
③ 袁宏：《后汉纪》卷二六《孝献皇帝纪》"袁宏曰"，"两汉纪"本，中华书局2002版，第509页。
④ 刘知幾：《史通·曲笔》，浦起龙通释本，上海古籍出版社2009年版，第182—183页。

映在史书编撰上是彰显世家大族的家族史，客观上限制了史家的视野和史书所能容纳的空间。沈约《宋书》和魏收《魏书》在这方面尤为突出。

其次，在历史观方面的时代局限。

在中国古代的殷、周时期，占统治地位的历史观是天命史观，即社会历史是"天命"安排的。西周末年至春秋战国时期，轻天命、重人事的思想逐渐发展起来。西汉时，虽有董仲舒的"天人感应"论的流行，但在司马迁笔下"天命"已退至边缘，各种英雄人物成了历史的创造者。此后，在漫长的历史年代里，英雄史观占据了主导地位。在中国古代思想史上，尽管有"民惟邦本，本固邦宁"的思想，有"民贵君轻"的思想，有以舟与水比喻君与民的思想，有肯定陈胜、吴广起义历史作用的思想，直到黄宗羲批判君主专制的思想等，总的看来，这些思想具有一定的进步性，但都不是占主导地位的思想。因此，中国古代史学家在历史观上不可能不在英雄史观的笼罩之下表述历史和评价历史。换言之，中国古代史书都在不同的程度上，打上了英雄史观的印记。

再次，立场方面的时代局限。

这里说的立场，包括阶级立场、政治立场、民族立场等。在阶级社会里，一般说来，阶级立场是根本性的立场，这一点在中国古代史书（包括"正史"）中表现突出。即以具有进步思想的魏徵主编的《隋书》来说，此书在总结隋朝兴亡得失方面有深刻洞见，而且采用了历史比较的方法，把秦、隋两个朝代联系起来思考，有很多发人深思之处。但此书在分析隋末历史形势时，反复讲到"群盗蜂起"①、"群盗并兴"②。《旧唐书》为黄巢立传，全传充斥着"盗"字。③《新唐书》以黄巢入"叛臣传"④，亦是以"盗"与"贼"书之。这种立场自然影响了史家对历史事件的价值判断以至于事实判断，均可表明史学家的阶级立场。凡此，不一一枚举，而如同司马迁的《史记·陈涉世家》那样的篇章，可谓绝无仅有。

政治立场的不同。同样妨碍着史家对历史真相的认识和揭示。沈约《宋书》、萧子显《南齐书》记南朝事，与魏收《魏书》记北朝事，在表述同一史事时常有抵牾，甚至以"索虏""岛夷"相诟。魏收是北齐人，所撰《魏书》以北齐前朝东魏为正统，故对西魏历史记述甚简。隋朝史家魏澹受命重撰《魏书》，因隋的前朝是北周，而北周出于西魏，故魏澹《魏书》乃以西魏为正统。史称隋文帝"以魏收所撰书，褒贬失实……诏澹别成《魏史》"。魏澹撰成《魏书》九十二卷，

---

① 魏徵等：《隋书》卷五《恭帝纪》后论，中华书局1973年版，第102页。
② 魏徵等：《隋书》卷七〇后论，中华书局1973年版，第1636页。
③ 参见刘昫等：《旧唐书》卷二〇〇下《黄巢传》，中华书局1975年版，第5391—5398页。
④ 参见欧阳修、宋祁：《新唐书》卷二二五下《逆臣下·黄巢传》，中华书局1975年版，第6451—6464页。

"义例与魏收多所不同"①,并具体列出五条义例。魏澹《魏书》已失传,尚可从其"义例"中看出它与魏收《魏书》的"不同"。诸如此类因政治立场的不同而带来的历史撰述的"失实"的情况,是需要认真辨析的。

民族立场的不同,也会影响历史认识和历史撰述。从历史上看,中国是一个多民族国家,自秦以后是一个不断发展的统一的多民族国家,历史文化认同的传统及其规律,深刻地影响着中国历史的发展。具体说来,中国史学有撰写统一多民族国家历史的优良传统,但在对民族和民族史的看法上,确也存在着认识上的差别,而这种差别便直接影响着对民族关系和民族关系史的正确判断。② 如西晋江统曾著《徙戎论》,申言"《春秋》之义",强调"内诸华而外夷狄"③,建议把内迁的北方少数民族迁出内地。如果按江统的观点来写那时的历史,则晋史将是另一个面貌。江统的主张得到一些人的赞同,但终于未能实施,可见各民族的杂处与融合这一客观规律是不以人的意志为转移的。

上述种种局限,均系时代所致,但它们都给史学的发展造成了不同程度的消极影响。今天的读者对此应有清楚的认识。我们不苛求古人,但指出其时代的局限性是必要的。

思考题:

1. 简述明清时期史学发展的特点。
2. 章学诚史学理论的基本内容是什么?
3. 概说中国古代史学的优良传统及其局限。

▶ 拓展阅读

---

① 魏徵等:《隋书》卷五八,中华书局1973年版,第1417页。
② 参见白寿彝主编:《中国通史》第1卷《导论》第一章,上海人民出版社1989年版,第24—26页。
③ 参见房玄龄等:《晋书》卷五四《江统传》,中华书局1974年版,第1529—1534页。

第八章　晚清时期史学

晚清时期（1840—1911），中国史学开启了走向近代的历程。中国史学经历两千余年的发展，到鸦片战争前后出现了重大的转折。鸦片战争以前的史学，基本上是在中国自身的社会和文化环境中形成和演变的，是"古代史学"或"传统史学"。近代史学发轫于鸦片战争时期，其在历史观和著述内容等方面都已开始明显不同于古代。史学领域的深刻变化，是由于社会条件发生剧变的刺激和推动的，同时也是学术文化内部新旧推移的结果。

从鸦片战争开始到五四运动前的史学，我们称之为中国近代前期史学，它走过了80年的路程，大致可以划分为以下三个阶段：鸦片战争（1840）到1860年前后，是经世致用、救亡图强史学思潮勃兴和中西文化撞击下史学开始突破传统学术格局的时期。19世纪七八十年代到90年代末，由于维新变法思潮酝酿、发动的刺激，以及西方近代思想进一步传播的影响，感觉敏锐的知识分子走出国门、开阔眼界，中国人学习西方已经注重学习其制度，进而注重学习其思想学说；史学领域出现的最大变化，便是阐发世界必变、历史必变的观点并日益扩大影响，以及西方近代进化论的迅速传播。进入20世纪最初的20年，民族危机更加深重，当封建帝制最后崩溃、辛亥革命爆发和中华民国成立，曾促进了民主精神的高涨，但很快革命归于夭折，国内政治处于北洋军阀黑暗统治之下。此20年间，在思想文化领域内，进步势力和反动势力激烈对抗，史学领域内的主要特点，则是"新史学"思潮的涌起和宣传革命的历史思想的活跃；最后，中国思想界、学术界跨进了五四新文化运动的门槛，在治史方法和历史观点上都产生了别开生面的著述，由此而昭示中国近代史学将向新的境界发展。民国建立至新文化运动兴起近十年间的史学，与20世纪初年的史学趋势直接关联，因此置于本章一起论述。

第一节　民族危机刺激下历史演进观念的深入发展

一、民族危机的紧迫感和救亡图强史学思潮

史学的发展既有本身内在的学术演进逻辑，同时又与时代条件的变迁密切相关。1840年鸦片战争的爆发，标志着中国历史进程出现巨大变局，开始沦为半殖民地半封建社会，而中国近代史学恰好也发轫于这一时期。

中国封建社会行进到明清时期，已经步入衰老阶段，虽还有一定的生命力，在某一时间内经济、文化上尚有发展，但总体上已失去旺盛的活力，行将衰落。

尤其是乾隆末年以后，专制主义统治所造成的各种社会矛盾暴露无遗，社会危机迅速加深。统治集团日益腐化，吏治败坏，贪污贿赂公行，政风污秽不堪。"为大府者，见黄金则喜；为县令者，严刑非法以搜刮邑之钱米，易金贿大府，以博其一喜。"① 繁重的赋敛盘剥致使大量农民破产，官僚地主则乘机兼并土地，丧失土地的农民在苛捐杂税、横征暴敛和水旱灾害的逼迫下流离失所，造成嘉道年间极为严重的流民问题。1796 年爆发的白莲教起义，就是阶级矛盾极端尖锐化的产物。这次起义蔓延鄂、豫、陕、川、甘五省，持续时间长达 9 年之久，有力地撼动了清朝的统治。

与中国衰老的封建社会步履蹒跚形成鲜明对照的是，西方国家由于地理大发现和资产阶级革命而进入资本主义发展时期，两大文明体系之间的格局发生根本性变化，中国转入了被动的劣势地位。明朝永乐年间，中国曾有郑和七下西洋的壮举，规模皆在两万人以上，写下了海上丝绸之路的伟大篇章，但此后再无远洋航海者继其踪迹。相比之下，哥伦布、达·伽马、麦哲伦等人的航海壮举却引起欧洲一大批航海者踵继其事业，由此构成整个的地理大发现，推动欧洲资本主义迅速发展。明代对中外交往的限制尚不严格，至清初则厉行海禁，规定片帆不得下海，之后虽开放几处贸易口岸，但整体上实行闭关锁国政策，造成朝野对于世界变化反应迟钝。1793 年，英国马戛尔尼使团来华，乾隆仍以蛮夷之邦视之，对于使者不愿行跪拜礼大为诧异和恼怒，而马戛尔尼此行却将清朝外强中干的现状打探得一清二楚。其后，英国即图谋用武力强行打开中国大门。总之，至鸦片战争前夜，清朝已陷入内外交困、岌岌可危的境地。

史学是社会生活的反映。社会生活状况发生了深刻变化，史学风气也必然要发生变化。在此之前的清代史学，经历过清初和乾嘉时期两个阶段，前者具有强烈的经世意识和批判精神，后者则以考证学发达为特征。就整体而言，乾嘉史学的经世致用意识虽大为褪色，但在戴震、赵翼、崔述和章学诚等出色人物身上，却又分别在考证方法的精良、探求历代盛衰治乱之迹和理性批判精神等方面彰显出近代色彩，预示着乾隆末年以后学术风气行将转变的趋势。这一趋势的进一步发展，便是在鸦片战争前后时代剧变的推动下产生了经世致用、救亡图强的爱国主义史学思潮。

鸦片战争开启了中国由几千年的传统社会向近代社会转变的复杂行程，西方列强用大炮轰开了古老中国紧锁的大门，中华民族不断遭受野蛮的侵略和凌辱，历史悠久、行进缓慢、步履维艰的东方文化面临着西方进步文化的严重挑战，构成了东西方文化的冲突、融合。晚清士人常以"亘古未有之变局"来表达其切身

---

① 张际亮：《答黄树斋（爵滋）鸿胪书》，《张亨甫全集》卷三，同治六年（1867）福州刻本。

感受，充分折射出时代转变的空前剧烈和深刻。社会危机和民族危机的双重刺激，迫使有识之士把学术与批判封建专制、改革社会积弊联系起来，进而与反抗侵略、学习西方长处联系起来，史学走出了"醉心考据"的"象牙之塔"，由"考史"转变为"著史"。鸦片战争时期及其后，一系列与社会现实问题紧密联系、同民族命运息息相关的历史著作如雨后春笋般出现，而且打破了传统史学的格局，破天荒地把视线投向世界，开始抛弃闭目塞听、夜郎自大的旧观念，表现出浓厚的近代意识和世界意识，这在以往是很少见的。

置身于这场对整部中国社会变迁史和学术发展史都具有深刻意义的历史变局之中的先进学人，不畏艰险地树起理性思考和反映时代前进要求的进步观点的旗帜，与落后迂腐顽固的旧意识相对抗，因而引起历史观、哲学观一场意义重大而深刻的变革。强烈要求变革、救亡图强是鸦片战争前后史学演进的时代主题，也是贯穿整个晚清时期史学发展的主线。

二、龚自珍的批判精神和对公羊学"三世说"的改造

嘉道年间，空谈义理性命、耻言经济事功的理学，埋头故纸堆中、闭口不谈现实问题的考据末流，仍在思想界占据统治地位，对日益深重的社会和民族危机绝少反映。然而，时代的激烈变动终究要冲破传统观念的牢笼，少数对环境敏感的知识分子感受到时代的危机，起来批判腐朽的封建制度。龚自珍（1792—1841）就是他们当中的突出代表，其思想是时代的一面镜子。在举世如痴如梦、歌舞升平中，他敏锐地感受到时代风暴即将来临，为国家民族命运忧心如焚，早夜不安，上指天下画地，规设经世大计。这种对时代危机痛切的感受，逼使他去寻找社会的病因，解救的良策，展开了对扼杀民族生机的专制主义和束缚人们头脑的腐朽文化的猛烈批判。

在此之前，人们把封建帝制视为天经地义，对专制君主顶礼膜拜，尤其在清代，士人只求俯首服从、肝脑涂地，丧失了独立思考的能力，更不能有半点非议。龚自珍则继承和发扬了清初反封建的民主意识，深深地揭露了专制君主仇视、摧残天下之士的实质，指斥其"霸天下之氏"，对众人"震荡摧锄"以建立淫威。[①]并分析专制制度对社会造成的祸害，"天下无巨细，一束于不可破之例"，这"例"就是用"一切琐屑牵制之术"，处处实行"约束"和"羁縻"，就像逼着活人"卧之以独木，缚之以长绳，俾四肢不可以屈伸，则虽甚痒且甚痛，而亦冥心息虑以置之耳"[②]。他对统治集团的腐朽、专横和顽固，鞭挞得淋漓尽致，指出当时的官

---

① 龚自珍：《龚自珍全集》第一辑《古史钩沉论一》，上海人民出版社1975年版，第20页。
② 龚自珍：《龚自珍全集》第一辑《明良论四》，上海人民出版社1975年版，第34页。

僚制度，是"累日以为劳、计岁以为阶"①，只讲资格不讲能力，"贤智者终不能越，而愚不肖者亦得以驯而到"，因此"尽奄然而无有生气"②。龚自珍虽然没有形成系统的反封建专制的理论体系，但他诸多富有战斗性的激烈言论，却促使长期受封建思想禁锢的人们惊醒过来，激发他们对专制主义的不满和反抗。

龚自珍对当时的社会矛盾有深刻的洞察，认为"贫者日愈倾，富者日愈壅"，财富占有极不平均，已经达到"人畜悲痛，鬼神思变置"的程度③，因此必须打破"天不变，道亦不变""祖宗之法不可变"的陈旧教条。他呼吁进行变革，否则就是自取灭亡："自古及今，法无不改，势无不积，事例无不变迁，风气无不移易"④，"夏之既夷，豫假夫商所以兴，夏不假六百年矣乎？商之既夷，豫假夫周所以兴，商不假八百年矣乎？无八百年不夷之天下，天下有万亿年不夷之道。然而十年而夷，五十年而夷，则以拘一祖之法，惮千夫之议，听其自倰，以俟踵兴者之改图尔。一祖之法无不敝，千夫之议无不靡，与其赠来者以劲改革，孰若自改革？"⑤ 显然，他将变革提高到历史必然规律，提到民族盛衰存亡的高度来论述，实开近代维新派言论之先河。

龚自珍对专制的批判和对变革的倡导，其理论基础是对"公羊学"进行革命性改造而建构起的新历史哲学体系。这一时期学风转变的深层意义，实为今古文经学地位的划时代变化。日益紧迫的民族危机要求打破现状、革除积弊、认识变局，因此需要阐释变易、变革的哲学。龚自珍即代表这种时代需要，他对由《春秋公羊传》、董仲舒、何休相继阐释的公羊"三世说"进行了革命性的改造。他精警地论述"世有三等"，并且预言"乱亦将不远矣"："吾闻深于《春秋》者，其论史也，曰：书契以降，世有三等，三等之世，皆观其才；才之差，治世为一等，乱世为一等，衰世别为一等。衰世者，文类治世，名类治世，声音笑貌类治世。黑白杂而五色可废也，似治世之太素；宫羽潎而五声可铄也，似治世之希声；道路荒而畔岸骞也，似治世之荡荡便便；人心混混而无口过也，似治世之不议……当彼其世也，而才士与才民出，则百不才督之缚之，以至于戮之……然而起视其世，乱亦竟不远矣。"⑥ 这是思想史上第一次提出以"治世—衰世—乱世"作为概括时代变迁的理论。龚自珍讲的"深于《春秋》者"，显指两汉公羊学大师董仲

---

① 龚自珍：《龚自珍全集》第一辑《明良论二》，上海人民出版社1975年版，第31页。
② 龚自珍：《龚自珍全集》第一辑《明良论三》，上海人民出版社1975年版，第34页。
③ 龚自珍：《龚自珍全集》第一辑《平均篇》，上海人民出版社1975年版，第78页。
④ 龚自珍：《龚自珍全集》第五辑《上大学士书》，上海人民出版社1975年版，第319页。
⑤ 龚自珍：《龚自珍全集》第一辑《乙丙之际箸议第七》，上海人民出版社1975年版，第5—6页。
⑥ 龚自珍：《龚自珍全集》第一辑《乙丙之际箸议第九》，上海人民出版社1975年版，第6—7页。

舒、何休。公羊学家朴素进化史观，为龚自珍提供了极具激发创造力的思想资料，而社会危机日益严重的现实使他深受刺激，推动他作出理论的新概括。儒家经典历来是各个时代的政治指导思想和学术指导思想，其中又蕴含着可供各个时代有作为的思想家根据自己时代的特点进行发挥和再创造的内在机制。在当时不可能有其他更高的哲学指导，而只能在《春秋公羊传》这部儒家经典内部找到恰当的命题进行大胆的诠释和精心的改造，灌输进去时代的新内容。龚自珍保留了三世变易的理论模式，而改造其内容，另外从中国思想史上丰富的关于治乱盛衰变化的思想资料中加以总结、提炼，提出了"治世—衰世—乱世"这一新"三世说"，作为指导观察晚清历史变局的崭新的历史演进观。

龚自珍在史学理论方面也提出了不少卓有见识的看法。首先，他针对乾隆以来"号为治经则道尊，号为治史则道绌"的流行观点，强调史学的极其重要性，将其提升到关系国家存亡的高度："灭人之国，必先去其史；隳人之枋，败人之纲纪，必先去其史。"① 其次，他继承和发扬章学诚"六经皆史"的主张，提出"六经，周史之大宗"的论点。既然六经是史的一部分，就不再是顶礼膜拜的对象和万古不变的教条，而是研究的材料，这对传统思想是一种冲击，而提高了史学的地位。再次，他主张史学具有"忧天下""探世变"② 的功能，要探究历史潮流的发展变化，要用历史事实来教训统治者，作为革除弊政、挽救危机的依据。最后，他创造性地总结史家应具有"善入"和"善出"的学术素养。"善入"，是指熟悉社会生活各个领域，"天下山川形势，人心风气，土所宜，姓所贵，皆知之"；"善出"，是指要把各个领域的相互联系明白生动地表现出来，使人如观演剧一样心领神会。③

龚自珍曾写下这样的诗句："一事平生无齮齕，但开风气不为师。"④ 在学术风气的转变上，他确有披荆斩棘的开创之功。对于乾嘉时期极盛的考据学，他一方面肯定重考证的治学态度矫正了明人学术空疏的毛病，有整齐排比之功，另一方面，他指出考据学的致命弱点是琐碎饾饤，不是做学问的正途。他的全部主张，都旨在把学术从脱离实际的歧路转移到注重现实问题的方向上来，无疑是思想解放的先行者，影响至为深远。梁启超评价说："语近世思想自由之向导，必数定庵。吾见并世诸贤，其能为现今思想界放光明者，彼最初率崇拜定庵。"⑤ 饶有兴味的是，清末保守派也将戊戌维新至清朝灭亡的历史变局，归结到由于龚

---

① 龚自珍：《龚自珍全集》第一辑《古史钩沉论二》，上海人民出版社1975年版，第22页。
② 龚自珍：《龚自珍全集》第一辑《乙丙之际箸议第九》，上海人民出版社1975年版，第7页。
③ 龚自珍：《龚自珍全集》第一辑《尊史》，上海人民出版社1975年版，第80—81页。
④ 龚自珍：《龚自珍全集》第十辑《己亥杂诗》，上海人民出版社1975年版，第519页。
⑤ 梁启超：《论中国学术思想变迁之大势》，《饮冰室合集》文集之九，中华书局1989年版，第97页。

自珍所倡导的新思潮所引发。叶德辉曾谓："海内风尚《公羊》之学，后生晚进，莫不手先生（按，指龚自珍）文一编。其始发端于湖、湘，浸淫及于西蜀、东粤，挟其非常可怪之论，推波扬澜，极于新旧党争，而清社遂屋。论者追原祸始，颇咎先生及邵阳魏默深。"[①] 他从保守的立场责骂龚自珍和魏源是导致清朝灭亡的"祸始"，恰恰是从反面证明两人的思想学说有力地推动了晚清的历史进程。

三、早期维新派的历史变革观

19世纪70年代以后，对中国学者历史演进观念产生巨大推进作用的有两个重要因素：一是，经过第二次鸦片战争、中法战争等事件，西方列强对中国的侵略步步加紧，民族危机不断加深，刺激中国学者从总结现实"时""势"变迁中寻找御侮图强之良策；二是，中西文化交流有显著的进展，上海江南制造局出版的西方著作译本、外国传教士的译著广为传播，西方新学理的输入大大加快。这一时期的早期维新派，继承了传统文化中的朴素唯物主义和历史变易的思想，并且吸收和利用了西方资本主义的思想，加以改造，从多方面对封建制度展开了深刻的批判，在近代中国首次提出了带有资本主义色彩的维新变法主张。而这一主张重要的理论基础，就是资产阶级性质的历史观。

传统的历史变易思想主要肇源于《周易》的"易之三义"说，既具有生生不息的变革精神，又蕴含变化不已的辩证思想，而"穷则变，变则通，通则久"的经典表述，则为历代改革者提供了变革的理论依据。以冯桂芬、王韬、薛福成、郑观应、陈虬、马建忠等为代表的早期维新派，在其著作中无不屡次称引这一儒家古训，并以此为基础阐发了历史变化的客观性、历史进化的法则性等反映时代进步要求的命题。王韬的《变法（中）》一文开宗明义，以此作为宣传变法的理论依据："《易》曰：穷则变，变则通。知天下事未有久而不变者也。上古之天下一变而为中古。中古之天下一变而为三代。自祖龙崛起，兼并宇内，废封建而为郡县……三代之天下至此而又一变……自明季利玛窦入中国……至今日……几于六合为一国，四海为一家；秦、汉以来之天下，至此而又一变。"[②] 他将历史的演进划分为五个阶段，"上古—中古—三代"这三个阶段讲得过于简略而有些朦胧，可以理解为洪荒时代—野蛮时代—华夏文明确立时代；此后，秦统一中国，废封建而置郡县，直至明朝，是专制皇权确立和统治的时代；明末以来，则是东西方文明接触，中国逐步了解世界，和世界各国联系日益紧密的时代。王韬的论述虽

---

① 叶德辉：《龚定庵年谱外纪序》，孙文光、王世芳：《龚自珍研究资料集》，黄山书社1984年版，第123—124页。
② 王韬：《弢园文录外编》，中华书局1959年版，第13页。

然尚不够具体和确切，但毕竟对几千年历史演进的阶段性，和当时中国与世界联系加强的趋势，第一次作了概括，因而很有时代意义。在王韬之后，郑观应的《公法》、陈炽的《盛世危言·序》、薛福成的《变法》、陈虬的《治平通议·卷首序》中都表述了相似的观点。

郑观应又在《盛世危言·教养》中，提出"中国文明开寰宇之先，唐、虞之时已臻盛治，迄乎三代，文化尤隆"，为历史演进第一阶段。至秦之后，"教养之道荡然无余"，"生民涂炭"，"其不复等于禽兽者几希"，为历史演进的第二阶段。而至近世，西方格致之学东来，只有效仿西方，才能"庶百王之弊可以复起，而三代之盛可以徐复还也"，此为历史演进的第三阶段。在郑观应的历史演进三阶段论中，可以明显看出受到历代儒生所盛称的三代是黄金时代，以后世道陵替、人心浇薄的历史倒退论的影响；而经过前一代之否定和后一代否定之否定以后，经由向西方学习的路径，可以重新达到"盛治"的境界，这又凸显出学习西方先进文化的时代主题。郑观应又将人类社会的演进归结为"由弋猎变而为耕牧，耕牧变而为格致"的必然趋势，"此固世运之迁移，而天地自然之理也"①。堪称是第一次向国人传播了全世界范围内由游牧社会—农耕社会—工业社会这一历史演进三阶段论的观点。

薛福成则强调晚清所面临的西方势力东来、中国受制于西方列强的形势是古今未有之变局，这既是不可改变的法则（"天事"）所决定，同时又昭示着发挥人的主观努力（"人事"）的时代契机和紧迫任务。他认为："方今中外之势，古今之变局也。推其所以启之者，有天事，有人事。"世界各国日益密切的经济联系"其所以然者，天也，非人之所能为也"；而西方对中国侵略的加深，"其所以然者，人也，不可尽委之天也。居今之世，事之在天者，宜有术以处之，然后不为气数所穷；事之在人者，必有术以挽之，然后不为邻敌所侮"②。他强调总结历史演进的趋势要引起国人的警醒，发愤努力，挽救危局，以寻求国家民族富强之道："自强之道，半系气运主之，是在中外上下，勠力同心，破除积习，发愤有为。"③

上述王韬、郑观应、薛福成关于历史演进的论述，明显地继承了龚自珍的思想路线，即发挥儒家经典和其他传统思想中关于历史变易和政治变革的观点，并结合时代变迁的感受，作出新的概括，因而成为19世纪中国学者推进历史演进认识的中间环节。至19世纪90年代前后，康有为又将这一认识大大向前推进，由于其所作的论述更强烈地反映出时代特征，且又更具理论的系统性，因而对社会生

---

① 郑观应：《郑观应集》，上海人民出版社1982年版，第479—482页。
② 薛福成：《薛福成选集》，上海人民出版社1987年版，第22—23页。
③ 薛福成：《薛福成选集》，上海人民出版社1987年版，第88页。

活产生了更加深刻而巨大的影响。

四、康有为的新"三世说"

康有为（1858—1927）从青年时代起，便逐步形成强烈的经世意识和救亡图强的精神，这是他后来立志发挥今文公羊学的变易观、从事新的理论创造的重要原因。他18岁时即深受岭南著名学者朱次琦的学术旨趣和人品的影响，树立了经世报国的治学和人生目标。次年，结识京官张鼎华，尽知京师风气，大大开阔了眼界，于是舍弃考据帖括之学，以经营天下为志。康有为生活的广东沿海地区，又使他很早就接触西方文化，认识西方制度、学术的先进，从而为糅合中西学理、阐发独特的历史演进学说奠定了基础。

1888年，康有为到北京参加乡试，鉴于中法战争以来民族危机更加深重，遂上书光绪帝，较系统地提出改良中国政治的主张，遭到保守派的阻挠和攻击。面对国事日蹙的局势，康有为决定选择创立新学说以影响大众的道路。离京之前，他致书好友沈曾植，尖锐地批判清代盛行的考据词章之学："今之学者，利禄之卑鄙为内伤，深入膏肓，而考据词章，则其痈疽痔赘也。"而他所要创立的是同世事巨大变化相适应的、不"拘常守旧"的新异学说，故云："仆最爱佛氏入门有发誓坚信之说，峭耸精紧，世变大，则教亦异，不复能拘常守旧，惟是正之。"①

1891年，康有为在广州刊行他所著《新学伪经考》，从辨伪、纠谬出发，对于一千多年来居于正统地位的古文经学施加总攻击，力辨刘歆所争请立于学官的古文经均系伪造，并指责两千年封建腐败统治是由于"奉伪经为圣法"②造成的，从根本上否定专制统治和思想文化的合法性和合理性。1897年，他又撰成《孔子改制考》，通过阐释孔子"改制"学说宣传变法的合法性、迫切性，与《新学伪经考》共同奠定了维新变法的理论体系。它们在学术上开启了近代学者重新审查古籍的风气和治史方法，破除了封建社会学者"尊古""泥古""嗜古"的陋习。"五四"以后，古史辨派的形成，康有为的著作即为其思想前驱之一。

戊戌变法前后，康有为还撰有《春秋董氏学》《礼运注》《中庸注》《论语注》《孟子微》《大同书》等著作。它们阐释了共同的历史演进观，即将儒家经典中的公羊"三世说"，《礼运》中的小康、大同思想，与西方政治中君主专制—君主立宪—民主共和思想糅合起来，构成了解释社会历史进程的新"三世说"，即：据乱世（君主专制）—升平世（君主立宪）—太平世（民主共和）。康有为指出："孔子之道有三统、三世，此盖借三统以明三世，因推三世而及百世也。夏、殷、周，

---

① 康有为：《与沈刑部子培书》，《康有为全集》第1卷，上海古籍出版社1987年版，第383页。
② 康有为：《新学伪经考·序》，中华书局1956年版，第2页。

三统递嬗，各有因革损益，观三代之变，则百世之变可知也。盖民俗相承，故后王之起，不能不因于前朝；弊化宜革，故一代之兴，不能不损益为新制。人道进化皆有定位，自族制而为部落，而成国家，由国家而成大统。由独人而渐立酋长，由酋长而渐正君臣，由君主而渐为立宪，由立宪而渐为共和。由独人而渐为夫妇，由夫妇而渐定父子，由父子而兼锡尔类，由锡类而渐为大同，于是复为独人。盖自据乱进为升平，升平进为太平，进化有渐，因革有由，验之万国，莫不同风。……孔子之为《春秋》，张为三世……盖推进化之理而为之。"① 可见康有为"三世说"的要义有二：其一，据乱—升平—太平三世，相当于君主专制—君主立宪—民主共和三个阶段，是天下万国共同的普遍规律。所以，变法维新是历史的必然，是达到太平盛世的必由之路。其二，既然两千年前孔子已据"进化之理"作过改制，那么现在仿效"圣人"实行变法，也就完全是正当的了。表面上，康有为是在发挥今文经学的"微言大义"，推演古奥的概念术语；而实质上，他是代表资产阶级维新派提出了反对封建专制、建立君主立宪、变法救国的时代要求。而且他的新"三世说"具有远比前人丰富得多的内容，从各个层面阐发文明演进的程序，如称："乱世者，文教未明也；升平者，渐有文教小康也；太平者，大同之世，远近大小如一，文教全备也。"②

这一崭新而有系统的历史演进观念深刻地反映了19世纪末时代的需要，指导人们观察历史的进程和社会前进的方向，因而成为维新运动的理论纲领，并在社会上产生极大的震动。中国历史行进到19世纪最后十年，已紧迫地面临着重大的抉择，要求出现质的飞跃。中国社会要求有变革的哲学思想，要求有掀起政治上改革运动的理论武器，而中国的封建统治势力又那么强大，旧的传统观念又是那么根深蒂固，进步力量为了进行斗争，必须找到既对正统地位别树一帜又具有儒家经典合法地位的思想学说，以减轻非圣无法的压力。公羊学恰恰是这样一种可以利用的思想武器。戊戌维新派利用和改造它作为宣传变法的理论，实具有最深刻的时代必然性。

康有为虽描绘出民主共和的美好远景，但实现的途径只能是渐变和改良，反对突变和革命，因此其"三世说"中每一世又分为小三世，再划为更小的三世，辗转可至无限："三重者，三世之统也；有拨乱世，有升平世，有太平世……每世之中，又有三世焉。则据乱也有乱世之升平、太平焉，太平之世亦有其据乱、升平之别……辗转三重，可至无量数，以待世运之变，而为进化之法。"③ 显然，这未能摆脱历史循环论的影响。而且他在改造、推演过程中，常用比附、改经的手

---

① 康有为：《论语注》，中华书局1984年版，第27—28页。
② 康有为：《春秋董氏学》，中华书局1990年版，第29页。
③ 康有为：《中庸注》，中华书局1987年版，第222—223页。

法来证明己说,学风武断,有不少言论都属牵强附会。这些都反映其严重的历史局限性,因此成为革命派的批判对象。

第二节 中西文化撞击下对古代史学面貌的突破

一、魏源的《海国图志》

魏源（1794—1857）是鸦片战争时期著名的爱国史家,他在揭露封建专制的腐朽、批判烦琐考证学风、倡导经世致用和运用公羊学传播历史变革观等方面,与其挚友龚自珍的观点诸多契合。龚自珍卒于鸦片战争爆发的第二年,主要着眼于国内问题的思考,魏源则在经历了这场历史巨变之后又生活了十余年,对英国野蛮侵略引起的民族生存的严重危机和御侮图强的急迫需要有深刻的认识。由于鸦片战争清朝战败的刺激,他发愤著述,先后撰成《圣武记》《海国图志》《道光洋艘征抚记》等三部爱国主义史著,以后又撰有《元史新编》,因而成为近代史开端时期史坛风气转变的出色代表人物。《海国图志》一书尤其集中地体现史学突破了传统学术的旧格局,实现了意义重大的飞跃。它是由乾嘉时期"考史"转向关心社会现实问题而"著史"的重要标志,是传统史学重视经世致用、重视创新的优良传统在历史大转折时代放出的异彩。

鸦片战争以后,林则徐被革职遣戍伊犁,途经京口（今江苏镇江）时与魏源见面,并将其主持编译的《四洲志》交给魏源,嘱托、鼓励他编纂《海国图志》。魏源遂以此为基础,竭力搜求相关材料,"钩稽贯串,创榛辟莽,前驱先路"[1],于1842年底撰成这部当时最详备的世界史地参考书,原刻为50卷,后增为60卷,复又增为100卷。其时鸦片战争刚刚发生,魏源发愤完成的这部著作,恰恰适应"开眼看世界"这一时代需要。他在《海国图志叙》中揭示本书的著述宗旨："是书何以作？曰：为以夷攻夷而作,为以夷款夷而作,为师夷长技以制夷而作。"同时强调在材料依据上特别重视外国人的著作,即"以西洋人谭西洋也"。对于当时所能搜集到的史地著作,如《外国史略》（英,马礼逊）、《地理备考》（葡,马吉斯）、《美理哥国志略》（美,高理文）,都大量引用。《海国图志》60卷本和100卷本的两次增补,主要就是增加新搜集到的外国人著作,使其内容更加丰富和可靠。以《平安通书》（美,培瑞）为例,该书从1850年到1853年每年出版一册,而完成于1852年的《海国图志》百卷本就有十二处选辑了其刚刚出版的部分内容[2],由此可

---

[1] 魏源：《海国图志·原叙》,陈华等点校注释,岳麓书社1998年版,第1页。
[2] 参见熊月之：《〈海国图志〉征引西书考释》,《中华文史论丛》第55辑,上海古籍出版社1996年。

见魏源确实为提供国人所迫切需要的外国史地知识竭尽了全力!

《海国图志》介绍外国史地贯穿着反侵略的思想,这是全书的主线。魏源强调说,"志南洋""志西南洋""志北洋"的目的皆在于"志西洋,正所以志英吉利也"①,点明介绍各国都间接服务于对付英国这一当时主要的敌人。比如,在亚洲各国中,魏源最重视两类国家,一是已经沦为英国殖民地的新加坡、印度,考察他们在英国侵略活动中起到的作用;二是注重总结缅甸、安南这类国家抵抗英国侵略的经验。而对于北美独立战争的胜利经验,他给予了高度评价:"弥利坚国非有雄才枭杰之王也,涣散二十七部落,涣散数十万黔首,愤于无道之虎狼英吉利,同仇一倡,不约成城,坚壁清野,绝其饷道,逐走强敌,尽复故疆。"②

针对战争失败后朝野间普遍出现的恐惧情绪和投降主张,魏源大声疾呼,签约以后侵略的危险仍然严重存在,必须革除腐败、寻求御敌办法,"此凡有血气者所宜愤悱,凡有耳目心知者所宜讲画也"③。他总结了沿海各次战役的经验教训,提出了坚决御敌、以主待客、扼守海口内河、利用义兵水勇歼灭敌人等一套策略办法,并对反侵略战争能够取得胜利和在技术上赶上西方具有强烈信心。他认为,英国船坚炮利并不神秘,"在中国视为绝技,在西方各国视为平常"。中华民族经过学习,一定能迎头赶上,"因其所长而用之,即因其所长而制之,风气日开,智慧日出,方见东海之民,犹西海之民"④。这与投降派的奴颜婢膝、畏洋人如虎形成强烈对照。

魏源跨越了中西文化的鸿沟,表明了要保持御侮图强的信心,却又要放下"天朝上国"的架子,承认西方制度文化比自己先进,中国应该向西方学习这一复杂而紧迫的时代课题。他所提出的"师夷长技以制夷",就成为近代向西方学习的起点。他用"天地气运之变"来概括东西方先进与落后地位转变的空前大变局:"地气天时变,则史例亦随世而变。"⑤他尖锐地揭露统治集团对外国昏暗无知,是造成战争惨败的重要原因:"以通市二百年之国,竟莫知其方向,莫悉其离合,尚可谓留心边事乎?"⑥相比之下,英国却"洞悉中国情形虚实。而中国反无一人洞彼情伪,无一事师彼长技,喟矣哉!"⑦因此,他在呼吁同仇敌忾抗击侵略的同时,

---

① 魏源:《海国图志》卷三七《大西洋欧罗巴洲各国总叙》,陈华等点校注释,岳麓书社1998年版,第1093页。
② 魏源:《海国图志》卷五九《外大西洋墨利加州总叙》,陈华等点校注释,岳麓书社1998年版,第1611页。
③ 魏源:《海国图志·原叙》,陈华等点校注释,岳麓书社1998年版,第2页。
④ 魏源:《海国图志》卷二《筹海篇三·议战》,陈华等点校注释,岳麓书社1998年版,第30—31页。
⑤ 魏源:《海国图志》卷五《叙东南洋》,陈华等点校注释,岳麓书社1998年版,第348页。
⑥ 魏源:《海国图志》卷二《筹海篇三·议战》,陈华等点校注释,岳麓书社1998年版,第26页。
⑦ 魏源:《海国图志》卷九《暹罗东南属国今为英吉利新加坡沿革》,陈华等点校注释,岳麓书社1998年版,第449页。

把了解"夷情"提到首要地位,"欲制外夷者,必先悉夷情始"①。除主张大力学习西方船坚炮利的军事技术外,魏源还提出要发展民用工业,"凡有益民用者,皆可于此造之",如千里镜、火轮机、自转碓、千斤秤等,并允许私人设厂制造,"沿海商民有自愿仿厂设局,以造船械,或自用,或出售者,听之"②,并在书中介绍外国铁路、银行、保险等知识。这些在客观上都有利于发展资本主义。再者,魏源还表达了对资本主义制度的向往。他赞扬美国华盛顿开创的议会制度和"一变古今官家之局"的总统定期换选制度,具有"公"(与"私天下"相对立)和"周"(合理周全)的优越性③,远比封建专制进步得多。又称北美的制度"其章程可垂奕世而无弊",并再次用气运说来表达他的预见:"岂天地气运自西北而东南,将中外一家欤!"④ 预见西方民主政治也终将在东方实行,取代封建专制,中西制度、文化有可能沟通、融合。这是儒家朴素理性精神和公羊学变易观在新的历史条件下对历史演进趋势取得的重要成果,具有预示近代历史发展方向的深远意义。

《海国图志》在历史编纂方面也进行了大胆探索,尝试改造传统典志体以适应新的时代要求。它虽然名为"志",却不是一部单纯的地理著作,实则为"一部首创的综合性著作"⑤。全书采用"图""志"配合的编纂方法。"纵三千年,圜九万里,经之纬之,左图右史。"⑥"志"是全书的正文,记述亚洲、非洲、欧洲、美洲各国情况,包括历史、地理、物产、经济发展、交通贸易、政治情况、风俗、宗教等。书中以专卷绘刻世界各国地图70余幅,各种船炮器物图80余幅,《中西历法异同表》《各国教门表》等各类表近十幅。全书气魄宏伟,内容详博,具有实用性和直观性的特点,堪称是当时中国和东方最详备的世界史地文献总汇。

《海国图志》最大限度地利用了当时所能搜集到的中外资料和著作,为那时亟需了解世界史地知识的国人勾勒出了一个相对清晰而完整的世界图像,达到了当时所能达到的最高水平,尤其是其中所寄托的"师夷长技以制夷"思想,开拓出近代中国寻求救国救民的正确道路,因此在近代史上产生了极其巨大的影响,在19世纪后期被先后刊刻达九次之多。梁启超评价说:"其论实支配百年来之人心,直至今日犹未脱离净尽,则其在历史上之关系,不得谓细也。"⑦

---

① 魏源:《海国图志》卷二《筹海篇三·议战》,陈华等点校注释,岳麓书社1998年版,第26页。
② 魏源:《海国图志》卷二《筹海篇三·议战》,陈华等点校注释,岳麓书社1998年版,第30、32页。
③ 魏源:《海国图志》卷五九《外大西洋墨利加洲总叙》,陈华等点校注释,岳麓书社1998年版。
④ 魏源:《海国图志·后叙》,陈华等点校注释,岳麓书社1998年版,第8页。
⑤ 费正清等编:《剑桥中国晚清史(1800—1911)》下卷,中国社会科学院历史研究所编译室译,中国社会科学出版社1985年版,第176页。
⑥ 魏源:《海国图志·原叙》,陈华等点校注释,岳麓书社1998年版,第2页。
⑦ 梁启超:《中国近三百年学术史》,《饮冰室合集》专集之七十五,中华书局1989年版,第323页。

《海国图志》提出的学习西方的思想在当时的中国应者寥寥，当其得到回应，成为社会潮流，已经是鸦片战争后几十年的事了。而《海国图志》在日本则间接引发了维新运动，使之避免沦为殖民地的命运，并迅速地走向近代化，一跃而成为亚洲强国。梁启超曾总结《海国图志》与日本明治维新的关系："日本之平象山、吉田松阴、西乡隆盛辈，皆为此书所激刺，间接以演尊攘维新之活剧。不龟手之药一也，或以霸，或不免于洴澼绕，岂不然哉！"①

二、《瀛寰志略》《中西纪事》《朔方备乘》

徐继畬（1795—1873）所撰《瀛寰志略》，是近代史开端时期介绍外国史地的又一名著。他为撰著此书倾注了大量心血，自1843年起即为搜求资料殚精竭虑，"荟萃采择，得片纸亦存录勿弃。每晤泰西人，辄披册子考证之"，至1848年完成，"五阅寒暑，稿凡数十易……未尝一日辍也"②。《瀛寰志略》的撰成，同《海国图志》一样，成为近代中国人了解世界的起点。它突破了传统学术的范围，提供了具有近代意义的外国史地知识和东西方历史的趋势，引导国人认识外部世界的广阔和先进性。

《瀛寰志略》为国人展示出一幅比较正确而完整的世界图画。徐继畬对官书《皇朝文献通考》中所谓中国居大地中央、四周是海等非科学的臆说明确作了否定，开卷《地球》篇，介绍南北极、赤道、各大洲、各大洋，概述亚细亚大陆之广袤，欧罗巴洲之诸国林立、犬牙交错，美洲新大陆的晚近发现，南冰海的探险……所有这些，在当时都是令人耳目一新的科学知识。书中重点记述了欧美国家，颇为准确地勾勒出欧洲历史的轮廓，各国地理形势、版图、人口、兵力，以及技术、商业、宗教等。更有意义的，是他明确阐述西方文明居于先进地位，指出欧罗巴人"善于运思，长于制器，金木之工，精巧不可思议，运用水火尤为奇妙……造舟尤极奥妙，篷索器具，无一不精，测量海道，处处志其浅深，不失尺寸。越七万里而通于中土，非偶然也"③。他显然意识到东西方先进与落后的关系发生了根本性转折，并把这个信息传递到国内。

书中介绍了资本主义的特点，认识到民主制度的先进性，尤其衷心赞扬了华盛顿所创立的美国民主制度。他认为，华盛顿在领导美国取得独立后，提出"得国而传子孙，是私也"，创立了四年一选，不得连任两届以上的总统选举制，这比起封建制度视"朕即国家"、帝位世袭来，是"公"的原则的体现。而美国"不设

---

① 梁启超：《论中国学术思想变迁之大势》，《饮冰室合集》文集之九，中华书局1989年版，第97页。
② 徐继畬：《瀛寰志略·自序》，上海书店出版社2001年版，第6页。
③ 徐继畬：《瀛寰志略》卷四《欧罗巴》，上海书店出版社2001年版，第112—113页。

王侯之号，不循世及之规，公器付之公论"，乃是"创古今未有之局"，所以华盛顿是西方世界第一伟人！① 这样的议论出自一位清朝大员之口，实属难能可贵。此外，徐继畬还有意识地记述了西方殖民者东来以后亚洲的局势，注意反映东方民族反抗殖民主义者的经验教训。

夏燮（1800—1875）所著《中西纪事》，是记载鸦片战争和第二次鸦片战争的纪事本末体史书，也是近代第一部中外关系史专著。自 1843 年起，夏燮就为撰著此书作准备，"搜抄邸抄文报及新闻纸之可据者，录而存之"，并受到魏源爱国思想的直接影响，自谓："是书草创未就，得见同年魏默深中翰（源）所撰《海国图志》，爱其采摭之博。"② 1850 年，他将所藏资料整理成初稿，但未敢刊行。此后，夏燮陆续作了三次增订，才最后完成这部 24 卷的著作，历时 23 年，充分体现出他的炽热爱国心和强烈的时代责任感。他赤诚地表明自己的著史态度："沥血叩心，忧危入告，不避文字之忌，故今悉据实书之，不敢诬也不敢讳也。"③

鸦片战争中长江之役、台湾抗英将领姚莹遭受诬陷的事件和广州人民反对英人入城的斗争，是夏燮记述的重点。他把批判的锋芒指向权奸穆彰阿乃至道光帝，指出南京城下屈辱条约的签订，不仅是因为耆英、伊里布"预存一不敢战之心"④，更与朝廷的投降政策有直接关系。夏燮还谴责清朝当局屈服于侵略者旨意，诬陷抵抗派姚莹、达洪阿，构成近代史上一大冤案。书中围绕台湾军民抗英史实、诬陷的由来和制造冤案的幕后人物三个问题，逐层揭示，使事情的真相大白于天下，将历史的是非曲直昭示后世，并再次对统治集团的投降路线给予有力抨击，斥责他们"辄以'恐误抚夷之局'一语奉为金针"⑤。尤其可贵的是，他在书中热烈地赞扬人民群众的反侵略斗争。在卷六《粤东要抚》中，他记述三元里人民抗英斗争说："（侵略者）取路泥城、过萧关。三元里人因其淫掠起愤，哗然争逐之。于是一时鸣金、揭竿而起者，联络一百有三乡，不戒而集，顷刻间男妇数千人，围之数重。"在卷十三《粤民义师》中，他首尾完整地记述了广东人民用"团练"的自发武装组织，进行反对英人进广州城的斗争并取得胜利的过程。他对民众斗争的力量有如此生动的表现，说明这位爱国史家与民众感情息息相通，同时他对人民抗英斗争的历史作用又有如此深刻的认识，这些都无愧为近代爱国主义传统在史学上的突出显示。

---

① 徐继畬：《瀛寰志略》卷九《北亚墨利加米利坚合众国》，上海书店出版社 2001 年版，第 276、291 页。
② 夏燮：《中西纪事·原叙》，清光绪二十三年（1897）慎记书庄石印本。
③ 夏燮：《中西纪事》卷一五《庚申换约之役》，清光绪二十三年（1897）慎记书庄石印本。
④ 夏燮：《中西纪事》卷八《江上议款》，清光绪二十三年（1897）慎记书庄石印本。
⑤ 夏燮：《中西纪事》卷一〇《台湾之狱》，清光绪二十三年（1897）慎记书庄石印本。

边疆史地学是道咸年间兴起的新学问，如梁启超所言："盖道光中叶以后，地理学之趋向一变，其重心盖由古而趋今，由内而趋外。以边徼或域外地理学名其家者，寿阳祁鸿皋韵士、大兴徐星伯松、平定张石洲穆、邵阳魏默深源、光泽何愿船秋涛为最著。……此数君者，相为师友，而流风所被，继声颇多。兹学遂成道光间显学。"① 何秋涛（1824—1862）所撰《朔方备乘》一书，就是这一时期边疆史地的名著。此书共 80 卷，采用综合性体裁，包括圣训钦定之书、圣武述略、纪事始末、记、考、考订诸书、辨正诸书、传、表、图等部分，骤视虽有庞杂之嫌，实则以记载北部边疆和中俄关系事件为纲。作者开宗明义标出"是书备用之处有八"，其中尤为重要者有："明曲直以示威信"，"惩前事以具法戒"，"志险要以昭边禁"，"详遐荒以备出奇"②。清中叶以后，北方边疆一再出现危机，沙俄的军事侵略成为中国的严重威胁。何秋涛撰成这部适时的、详尽的北方边疆史地和中俄关系的专门著作，是中国史学经世致用优良传统在特定时代条件下取得的新成果，表明这位出色的边疆史地学者对于国家、民族命运的深沉关切。

《朔方备乘》记载的重点，是中俄关系史上的重大事件，特别是对中俄雅克萨之役的前因后果，对于中国政府坚决反抗沙俄侵略，在军事上胜利之后又主动给俄方以通商等项的便利，予以明确记载，同时纠正了官修《一统志》等书中的重大错误。按照《尼布楚条约》界碑碑文，格尔必齐河以东，外大兴安岭以南为中国领土，外大兴安岭以北为俄罗斯。但《一统志》竟误为："分界石碑云：有石大兴安，以至于海，凡山南一带之溪河，尽属鄂罗斯。"何秋涛斩钉截铁指出："语意与事理全相矛盾，殊不可解……详细校勘，始知刊本《一统志》于碑文山南二字下，脱落'流入黑龙江之溪河尽属中国'十二字，又脱去'山北'二字，遂致文意舛误，关系匪细！"③ 此外，《朔方备乘》还详载土尔扈特部回归祖国始末，以示民族关系的历史经验，又以专篇记载中俄经济文化往来，这些都证明何秋涛成功地做到将"备用"的著述宗旨贯穿于全书各部分之中。同时，他的"备用"又与大量的史实考订、山川地理形势考订紧密结合在一起，以其内容的丰富和精审言，置之乾嘉考证名家著作之林也毫不逊色。可以说，此书同样是表明由此前的"考史"向"经世致用"学风转变的代表性著作。它兼具"求真"和"致用"的特色，既有丰富的史料、精审的考订，又有大量有的放矢的精彩议论。这些议论，或对重要史实抒发见解，或对歧误异说断以己见，或对全篇画龙点睛，关系至大。

张穆所著《蒙古游牧记》是道咸年间与《朔方备乘》并称的边疆史地名著。

---

① 梁启超：《中国近三百年学术史》，《饮冰室合集》专集之七十五，中华书局 1989 年版，第 321 页。
② 何秋涛：《朔方备乘·凡例》，清光绪元年（1875）畿辅通志局刻本。
③ 何秋涛：《朔方备乘》卷八《北徼界碑考》，清光绪元年（1875）畿辅通志局刻本。

张穆（1805—1849）只活了四十五岁，他潜心多年著述之《蒙古游牧记》在生前尚未全部完成，卒后由友人何秋涛继之十年时间整理，最末几卷秋涛补充者尤多。此书是第一部关于内外蒙古的部旗、行政区划的历史和地理沿革的系统著作，在政治上，它适时地提供了了解蒙古各部、各旗历史由来、蒙古与内地关系等的需要，以作为处理蒙古地区事务的依据。在军事上，则对加强北方边防、抵御外来侵略尤其有重要意义。祁隽藻为此书作序，称誉此书为独能将实事求是的考证功力与经世致用的治史旨趣二者相兼的"卓然不朽"之作。①

晚清边疆史地学的兴起，又因蒙元史领域相继出现的具有鲜明时代特色的新著作而更受关注。从学术发展的内在逻辑言，晚清西北史地之学的大盛实具深刻的原因。清代西北边疆广大地区是元朝故土，而明初《元史》纂修仓卒成书，加上蒙古语言文字难懂，有关历史地理就存在大量缺载、歧误、混淆之处。清初以来，顾炎武、钱大昕等人即相继在此领域作深入研究。乾嘉学者擅长于广搜材料、严密考证，"以元史在诸史中特为芜杂繁难，宜于施此方法，故致力者独多"。② 此后魏源在《元史新编》有关西域、漠北诸篇中进一步考证元代西北疆域地理，并开始利用外国资料如马礼逊《外国史略》、玛吉士《地理备考》作为参考。咸、同以后，"风气渐开，学问一端皆思实事求是"。③ 随着中西文化交流的进展，西方文献资料逐渐大量传入中国，引起人们的重视，于是融会中外史料进行研究，成为一种新的学术风尚。西北边疆史地和蒙元史领域遂为学者们的共同关注点，"一时风会所趋，士大夫人人乐谈"。④ 京城士大夫乃以不通此学为耻，以至凡能进行研究并有所著述的，均被尊奉为专家学者。

晚清西北史地研究的盛行，不仅推动学术的近代化，又因国家屡遭列强侵凌、民族危机日益深重的局势而具有救亡图存的学术取向。同治光绪年间，中国的外患愈演愈烈，列强疯狂侵略，致使清政府外交上接连失利，沙俄胁迫中国连续签订不平等条约，使中国丧失大片国土。同时，由于清廷用事大臣暗于边务地理，因而在勘界谈判中动辄失地千里。受此严峻时局的刺激，爱国学者群起研讨西北地理，企图通过清理疆域沿革变迁对边界交涉有所助益。一些京朝士大夫还以此互相倡导，风气所及，连朝廷科举考试也常出现此类策论问题。⑤

由于上述学术上和时局上的深刻原因，晚清盛行的西北史地和蒙元史研究便

---

① 祁隽藻：《蒙古游牧记序》，同治六年（1867年）寿阳祁氏刊本。
② 李思纯：《元史学》第二章，上海书店出版社1974年版，第52页。
③ 丁谦：《元秘史地理考证·自跋》，见浙江图书馆丛书，第二集第十三册。
④ 梁启超：《中国近三百年学术史》，《饮冰室合集》专集之七十五，中华书局1989年版，第323页。
⑤ 参见胡逢祥、张文建：《中国近代史学思潮与流派》，上海师范大学出版社1991年版，第125页。

扮演了推动 19 世纪末 20 世纪初史学近代化的重要角色，一批学者形成共同的志趣，互相讨论、砥砺，先后以此名家。举其著者，有李文田、丁谦、洪钧、沈曾植、屠寄等。李文田（1834—1895）著有《元朝秘史注》，他遍寻群籍，广征博引，对原书涉及的部族、人物、地理、年代、史实都作了详细的校勘考释，取材极为丰富。丁谦（1843—1919）所著《元秘史地理考证》及《长春真人西游记》等书的地理考释，被誉为"鸿览博闻"，"有功于后学"。① 沈曾植（1850—1929）著有《元秘史补注》十五卷，其特点是偏重于史事考证，方法之精审多出于李文田之上。洪钧（1839—1893）曾任湖北学政、内阁学士。光绪十三年（1887）奉命出使俄、德、奥、荷，在三年时间内，悉心搜访中国学者未曾见过的外文蒙古史地资料和图籍，组织使馆人员翻译。遇有不懂之处，辄向外国人士请教，然后译成中文。在此基础上广参博证，"稿经三易，时逾两年"，② 成《元史译文证补》初稿。归国后又与沈曾植等学者切磋讨论，参证本国史籍，进行修订。洪钧所采用的外国学者著作，包括拉施特《集史》、志费尼《世界征服者史》、瓦萨甫《伊利汗国史》、多桑《蒙古史》等多种。并据此考证了有关蒙元史大量事件、人物、地理等内容。《元史译文证补》的面世，使研治元史的学者眼界大开，国人借此得以了解蒙古人在中亚、西亚乃至欧洲的活动历史及国外有关蒙古史料的情况。从此以后，在我国蒙元史领域利用域外史料与汉文史料互补互证遂成为一种新风气，我国蒙元史研究才开始真正实现与国际学术界对话和交融。屠寄（1856—1921）所著《蒙兀儿史记》也因记载范围广阔、史料丰富而备受重视。晚清以西北边疆史地及蒙元史闻名的学者，还有曾廉、文廷式、柯劭忞、施世杰等。其后，随着 20 世纪西方学理更大规模的传入，以及视野开阔、功力深厚的学者创造精神的激发，出现了如王国维、陈垣等新一代蒙元史学大师，中国蒙元史研究翻开了新的一页。

三、黄遵宪《日本国志》的时代价值

《日本国志》共 40 卷，50 余万字，采书 200 余部，共分 12 篇"志"：国统、邻交、天文、地理、职官、食货、兵、刑法、学术、礼俗、物产、工艺。全书以"志"为主体，用"论"和"表"配合而成。它是近代第一部有系统地记述外国当代史的著作，在当时被誉为"奇作"③。

黄遵宪（1848—1905）自 1879 年创稿，至 1887 年完成，历时九年才实现了自己的心愿。为此，他曾怀着对时局的深切忧虑，写了《〈日本国志〉书成志感》一

---

① 杨敏曾：《元秘史地理考证·序》，见浙江省图书馆丛书，第二集第十三册。
② 陆润庠：《元史译文证补·序》，商务印书馆 1937 年版，第 1 页。
③ 薛福成：《〈日本国志〉序》，光绪二十四年（1898）上海图书集成印书局刻印。

诗:"湖海归来气未除,忧天热血几时摅?! 千秋鉴借《吾妻镜》,四壁图悬人境庐。改制世方尊白统,罪言吾窃比《黄书》。频年风雨鸡鸣夕,泪洒挑灯自卷舒。"① 这首含意深刻的诗,确是全书的画龙点睛之笔,揭示出作者撰述的意图和报国的赤诚。他将满腔的"忧天热血"都倾注到此书之中,取得出色成就,主要表现在以下三个方面:

第一,对明治维新"改从西法,革故取新"的及时总结。《日本国志》撰述时间与所记史实的发展几乎是相平行的。黄遵宪却能做到对于明治维新这一复杂而且正在变动中的"活的历史"作出总结,把握住其"改从西法,革故取新"这一核心问题,提供了一条中国确实应当效法的改革图强的道路。这是《日本国志》时代价值的首要所在。黄遵宪详细记述日本自1871年以来"锐意学习西法"的过程,并断言:日本历史的进步与学习外国关系绝大,尤其近世大力学习西方的结果,已使日本"骎骎乎进开明之域,与诸大国争衡"②。对于当时中国人最有警醒作用的是,书中明白宣告日本君主专制制度已经注定要完结,召开国会为期不远了:"二千余岁君主之国,自今以往,或变而为共和,或变而为民主。"③ 黄遵宪希望中国走日本式的道路,废除帝制以求自强,这是他爱国民主思想的突出表现。书中还重点记述了日本明治维新以来经济上军事上增强国力、由弱变强的制度、办法,总结了日本颁行新学制、在全国建立起西式教育制度的经验,尤其盛赞了新闻纸在开发民智、推动政治改革方面的巨大作用。当时新政正在施行,各种制度尚处于变动之中,日本社会舆论对新政毁誉不一,而黄遵宪却明确肯定这是日本走向富强的道路,从纷纭复杂的现象中把握住其来龙去脉,可谓见识卓越。

第二,打开观察世界潮流的窗口。黄遵宪所定的另一撰述要求,是要努力溯源介绍西方资本主义制度、文化,如《自叙》所说:"凡牵涉西法,尤其详备,期适用也。"他在日本五年,通过究心日本的"学习西法",已对西方制度有所了解,又到美国三年余,对西方制度作直接的考察。他把这些熔铸入史,使本书又成为观察世界潮流的窗口,这是构成《日本国志》时代价值的又一重要内容。黄遵宪用"事变之亟,开辟未有"八个字概括当时世界形势急剧变化的特点,并驳斥守旧派以为"泰西之国"不胜其渺茫辽远的说法,大声疾呼:不求自强就要亡国! 对于欧美各国强盛的原因,他归结为两大主要方面:一是它们建立起民主制度。"其国大政事、大征伐,皆举国会议询谋,佥同而后行。其荐贤授能、拜爵叙官,

---

① 黄遵宪:《人境庐诗草》卷五,钱仲联笺注本,上海古籍出版社1981年版,第443—444页。
② 黄遵宪:《日本国志》卷三二《学术志一》,光绪二十四年(1898)上海图书集成印书局刻印。
③ 黄遵宪:《日本国志》卷三《国统志三》,光绪二十四年(1898)上海图书集成印书局刻印。

皆以公选。君臣上下无甚差别，相维相系，而民气易固。"① 这是远远胜于专制制度的民主制度，欧美各国已经实现，日本正在实现，他认为其他国家也应跟上这种世界潮流。二是西方国家通过竞争角逐，大力发展产业、增强国力。他认为产业发展与否决定国力的强弱，从多方面总结西方国家殚精竭虑增殖产业的办法。如，论述西方国家把发展产业作为根本国策，说："今海外各国汲汲求富，君臣上下，并力一心，期以所繁殖物产。"② 同时，他又反复告诫人们：西方国家的先进性和侵略性并存，资本主义的民主制虽是大势所趋，但也出现严重的流弊。故此，《日本国志》提供给人们的世界潮流的图画，具有更多的真实性。

第三，具有强烈的史论色彩。《日本国志》突出的时代价值，还在于结合史实发表议论，直接提出救亡图强的主张。黄遵宪在他的诗中以王夫之《黄书》相比，即点明本书具有强烈的政论特色。他在书中大量地运用序、后论，以及正文和小注中夹叙夹议的形式，热烈地表达自己改革图强的进步要求。比如，黄遵宪尖锐地抨击封建专制的罪恶。他说："盖自封建之后，尊卑之分，上下悬绝，其列于平民者，不得与藩士通嫁，不得骑马，不得衣丝，不得佩刀剑……间或罹罪，并无颁行一定之律，畸重畸轻，唯刑吏之意，小民任其鱼肉，含冤茹苦，无可控诉……盖积威所劫，上之而下，压制极矣！"这段话概述日本封建专制在政治、经济上对小民的压迫剥削，实际上也表达了他对中国封建压迫的抗议。再如，黄遵宪褒彰了明治维新中爱国志士"一往无前""视死如归"的精神。他评论说，"处士横议"在启开由幕府专权走向明治维新这一历史变局中起了关键性作用。前有山县昌贞等人，"或佯狂涕泣，或微言刺讥，皆以尊王之意鼓动人心"。后有他们的门生子孙"张皇其说，继续而起……伏萧斧、触密网者，不可胜数。前者骈戮，后者偶起，慨然欲伸攘夷尊王之说于天下，至于一往不顾，视死如归，何其烈也"③！充分肯定了由于爱国志士不畏死难、前仆后继的行动，才导致演出了明治中兴的活剧，其间亦隐含着鼓舞中国的爱国志士勇于为革新事业献身的深刻寓意。

黄遵宪对《日本国志》的价值有充分的自信，1887 年书成之后即誊抄送总理各国事务衙门，冀图用书中"志在变法"的思想去影响清朝当局，然无人问津。甲午战败后，在全国一片公愤中，此书的价值也被大家看清楚了：原来书中所记日本经维新而崛起、预见日本争霸亚洲、主张学习西方变法图强，这一切与国家大局竟有这样密切的关系！梁启超在本书《后叙》中高度评价了此书内容的重要

---

① 黄遵宪：《日本国志》卷一〇《地理志一》，光绪二十四年（1898）上海图书集成印书局刻印。
② 黄遵宪：《日本国志》卷三八《物产志一》，光绪二十四年（1898）上海图书集成印书局刻印。
③ 黄遵宪：《日本国志》卷三《国统志三》，光绪二十四年（1898）上海图书集成印书局刻印。

和预见的卓越，说："今知日本之所以强，赖黄子也！其言，十年以前之言也；其于今日之事，若烛照而数计也……有王者起，必将取法斯书。"梁氏所言并非溢美之词。《日本国志》确实在戊戌变法中产生了引人注目的直接影响，黄遵宪本人也实行了他在书中的主张，成为维新运动的核心人物之一。

总起来说，黄遵宪在《日本国志》中倾注了炽热的爱国热情，他的撰述意图符合于当时中国历史前进的要求，是近代先进的中国人向西方学习、摸索救国救民道路的一份宝贵记录。在近代史学史上，《日本国志》是对鸦片战争时期以来爱国主义史学思潮的继承和发展。黄遵宪继承了魏源史学的爱国精神，向西方学习的进步思想，利用书志体广泛记载外国政治、经济情形的撰史方法。而《日本国志》在思想上明确要求发展资本主义，介绍日本、欧美的制度、文化，批判封建专制，则较魏源的思想大大向前发展了；在编撰上，由于黄遵宪多年担任驻日外交官，亲自了解、观察、访求，而直接获得大量资料，熔铸成篇，因而更具系统性。

四、严复《天演论》的传播和史学意义

严复（1854—1921）少年时代在福建船政学堂学习五年，后被派往英国学习海军三年，同时热心地研读西方近代哲学和各种社会思想学说，回国后历任北洋水师学堂总教习、会办、总办。他目睹清朝衰弱腐败，尤其是甲午战争中老大的中国被因学习西方而骤强的日本打败，"腐心切齿，欲致力于译述以警世"[①]。于是，他怀着"警世"的愿望，着手翻译赫胥黎所著《天演论》一书，并先后在报上发表《论世变之亟》《原强》《辟韩》《救亡决论》等论文，系统地介绍西方进步社会学说和进化论哲学思想，由此标志着中国近代思想界进入新纪元。

严复阐发生存竞争、优胜劣败而形成进化发展的规律，是同唤起人们对民族危亡形势的认识紧密联系的。他选择赫胥黎的通俗著作《进化论与伦理学》及时地译述（原书于1894年在英国出版），在当时情况下，不作原书直译，而采取意译、改写、插入议论和加上大段按语的方法，着眼于中国国情，就原著某一内容或观点加以发挥，抒发本人的哲学思想和政治观点，以达到"警世"的目的。

他阐述进化发展是宇宙的普遍规律。小至草木虫鱼，大至天地日月，"一切民物之事，与大宇之内局诸体……乃无一焉非天之所演也"[②]。天地一切都在变化，只有"天演"的规律是永恒的。严复很赞赏斯宾塞把生存竞争、自然淘汰的规律引到人类社会的观点。他认为：人类自远古以来，也各争以自存。"其始也，种与

---

① 王蘧常：《严几道年谱》，商务印书馆1935年版，第14页。
② ［英］赫胥黎著、严复译：《天演论》导言二《广义》，商务印书馆1981年版，第6页。

种争，群与群争，弱者常为强肉，愚者常为智役，及其有以自存而遗种也，则必强忍魁桀矫捷巧慧，而与其一时之天时地利人事，最其相宜者也。"① 故此，适应环境，不断进化，产生新特性、新能力，这是在激烈的生存竞争中取胜的根本条件。严复称此为"体合"。他强调："于此见天演之所以陶熔民生，与民生之自为体合。（自注：体合者，物自变其形，能以合所遇之境，天演家谓之体合）体合者，进化之秘机也。""进者传而存焉，不进者病而亡焉！"② 目的在于使人们警发"保群进化之图"，去旧即新，学习西方，变革图强。严复吸收了斯宾塞把生存竞争引入人类社会的思想，而抛弃其"任天为治"的观点，同时吸收和发挥赫胥黎所主张的人类不应任由物竞天存命运的摆布，人类应发挥力量加以干预的论点。这样，严复以达尔文进化论学说为基础，又经过自己的综合、创造，使他的理论主张具有鲜明的时代性，以激励处于危急关头的中国人"自强保种"为最大特色。

《天演论》出版时，正是民族危机最严重，举国人心激愤、思变思强的时刻，严复创造性介绍的进化论学说，提供了一套新鲜的哲学观、历史观，极大地鼓舞了国人的斗志和信心。进化论学说在海内迅速传播，使中国思想界产生了划时代的变化。如革命派机关报《民报》即评论说："物竞天择之理，厘然当于人心，而中国民气为之一变。"③《天演论》被书肆争相翻印，版本达三十多种，成为空前畅销书。

严复又论述道，正是由于泰西各国民众崇尚向上、进取的精神，因而构成中西文化在古今关系看法和政治伦理观念的绝大不同甚至完全对立。"中之人好古而忽今，西之人力今以胜古"，同中国俗儒以三代为黄金时代，悲叹世风日下、今不如古相反，西方人士相信后代胜过前代，经过今天的努力，定能使社会不断进步，而臻于美好境界。在政治伦理观念上，中国视服从专制君主统治为天经地义、神圣不可改变，而西方则以提倡平等、天赋人权为根本的法则。由于根本观念的不同和对立，造成东西方国家的强弱、社会之治理、民众的智力等情形相去悬殊。严复概括西方社会制度的特点是"以自由为体，以民主为用"，"上下之势不相悬隔，君不甚尊，民不甚贱，而联若一体者"④。因而盛赞欧美民主制度对于保证社会发展、上下同心所具有的巨大优越性，严厉地抨击中国两千年封建专制政体造

---

① 严复：《原强》，中国史学会编"中国近代史资料丛刊"《戊戌变法》（三），上海人民出版社1957年版，第41页。
② [英]赫胥黎著、严复译：《天演论》导言十五《最旨》，商务印书馆1981年版，第36—37页。
③ 胡汉民：《述侯官严氏最近政见》，张枬、王忍之编：《辛亥革命前十年间时论选集》第2卷上册，生活·读书·新知三联书店1963年版，第146页。
④ 严复：《论世变之亟》，中国史学会编"中国近代史资料丛刊"《戊戌变法》（三），上海人民出版社1957年版，第73页。

成的祸害，痛斥专制皇帝是"最能欺夺者"，是从民众手里窃取权柄的大盗贼！①这些论述，深刻地揭示出资本主义与封建主义在制度上、文化上先进与落后的巨大差异和根源，如蔡元培在《五十年来中国之哲学》一文中所说，洋溢着"尊民叛君，尊今叛古"②的激进精神。

严复传播的近代进化论学说不仅与抗击列强瓜分中国和结束封建帝制统治的时代潮流相合拍，而且直接推动史学达到质的飞跃。如夏曾佑于1897年在天津与严复共同创办《国闻报》，由于过从密切，他有充分的机会聆听严复讲解《天演论》学说，遂使他的眼前打开了新天地，长久以来他苦苦追求、思索的宇宙观、发展观和认识历史的指导思想问题至此豁然贯通，达到了新的境界。至20世纪初年，他便以这些新学理来分析中国历史，写出近代史上第一部以进化论为指导的中国通史著作——《中国古代史》。又如梁启超在戊戌新时期也十分服膺严复介绍的西方学说，称赞他"于西学中学，皆为我国一流人物"③。戊戌政变后他流亡日本，更有机会学习其他西学著作，在20世纪初年，他在撰写大量介绍西方近代学说的启蒙论著的同时，以"史界革命"的倡导者自任，著成史学理论名作《新史学》，宣传历史研究应以叙述人群进化之公理公例为宗旨。他又写成近代中国史学史上第一篇系统的长篇论文《论中国学术思想变迁之大势》，运用进化观和因果律，把中国几千年的学术思想变迁看作有因果联系的嬗变过程，研究政治、经济、民族、文化等原因对学术的影响和各种学派之间的相互作用。这三部进化论学说催开的史学之花，便分别以通史、史学理论和学术史的不同形式，宣告严格意义上的"近代史学"的诞生。

严复《天演论》历史进化观迅速传播以后，此前风行海内的今文公羊学说即完成了自己的历史任务，其地位被进化论取代，而价值融入其中。因为，西方进化论是近代学术体系，前进了整整一个历史时代。公羊三世说虽然比之僵死的封建思想更具进步性，但又具有粗疏原始、主观和神秘的致命弱点。它所讲的变易历史哲学，是靠阐释古代经典中的"微言大义"而得，在很大程度上，建立在主观推论和比附的基础上，未能摆脱传统学术的旧体系，因而很带争论性，使许多人对此感到怀疑甚至骇异。而西方进化论学说，是从大量的实例中归纳出来的，可以动植物、人体、地形、地质、化石来作验证，因而具有严密的科学性和鲜明的实证性的优点。比较粗疏的原理一定要被更加科学的原理代替，这正是学术进化发展的规律。而春秋公羊学历史演进观念成为沟通19世纪、20世纪之交进步知

---

① 严复：《辟韩》，中国史学会编"中国近代史资料丛刊"《戊戌变法》（三），上海人民出版社1957年版，第79页。
② 蔡元培：《蔡元培全集》第4卷，中华书局1984年版，第353页。
③ 《新民丛报》第1期，1902年2月8日。

识界通向西方进化论的桥梁,这一贡献是不可埋没的。

第三节 外国史学的输入与中国史学在国外

一、洋务派人士和西方传教士的外国史译介

从明中后期到19世纪初,西方传教士在传教的同时,还致力于汉译西方的科学、技术、文化等方面书籍,随之带来一些关于欧美历史的信息。但是,外国历史著作真正输入中国却是从19世纪初开启的。

19世纪伊始,外国的主要是西方学者的历史著作被翻译过来,而且出现逐渐增强的趋势,这跟西方传教士和洋务派人士的努力是相关联的。

西方传教士为西方史著的汉译做了许多工作。据专门研究此类问题的学者统计,仅从1822年到1900年,在89种历史译著中,西方传教士编著的或作为主译者的译著有48种,占总数的53.9%。① 在这些译著中,重要的有:

英国传教士米怜(William Milne)编辑的杂志《察世俗每月统记传》(*Chinese Monthly Magazine*),于1820—1821年连载于《全地万国纪略》(*Universal Geography*),论述欧洲、亚洲、非洲和美洲的史地,突出欧洲在世界中的地位,以基督教神学解释历史,流露出进步史观。英国传教士麦都思(Walter Henry Medhurst)编纂的编年体《东西史记和合》(*Comparative Chronology*),在1827—1828年的《天下新闻》(*Universal Gazette*)上和1833年创刊的《东西洋考每月统记传》上连载,以时间为线索将中国与西方历史并列,表现出与《全地万国纪略》完全不同的特点,带有强烈的比较色彩,且有助于中西人士对双方历史的相互了解。普鲁士传教士郭实猎(K. F. A Gutzlaff)编写的《古今万国纲鉴》(*Universal History*),也曾在《东西洋考每月统记传》上发表过,于1835年出版,无论是空间还是时间上都是真正的世界通史,当然也同样突出以西方为中心的倾向。美国传教士谢卫楼(Devello Zolotos Sheffield)编译的《万国通鉴》(*Outline of General History*),于1882年出版,它以卷、章、段为形式,以古代、中世代和近世代为分期,是突出基督教历史地位的世界史著作。英国传教士艾约瑟(Joseph Edkins)在19世纪80年代翻译并出版了费夫(C. A. Fyffe)的《希腊志略》(*History of Greece*)、克埃顿(M. Creighton)的《罗马志略》(*History of Rome*)和福利曼(E. A. Freeman)的《欧洲史略》(*History of Europe*),较早在中国透露出关于希腊和罗马的历史信息。

---

① 邹振环:《西方传教士与晚清西史东渐——以1815至1900年西方历史译著的传播与影响为中心》,上海古籍出版社2007年,第15页。

英国传教士李提摩太（Timothy Richard）与中国学者蔡尔康一起将麦肯齐（John Robert Mackenzie）的《十九世纪史》（The Nineteenth Century）编译成《泰西新史揽要》，首刊于1894年的《万国公报》上，后单独出版于1895年，这部反映欧美近现代史的著作，有大量关于基督教传播的记述，除了透露出西方中心主义、历史进步主义外，还包涵着社会达尔文主义，显然与此前的译著有明显区别。

需要说明的是，洋务运动促进了传教士对于外国史的翻译工作。清廷洋务集团出于办理洋务和外交需要，非常重视对外国历史和地理的了解，例如，张之洞曾要求和支持外国传教士翻译《万国通史》。他们举办京师同文馆、上海广方言馆，招募传教士译介西学。尤为突出的是，1867年江南制造局在徐寿、华蘅芳等人建议下筹建翻译馆，聘请英国的傅兰雅（John Fryer）、伟列亚力（Alexander Wylie），美国的林乐知（Yound John Allen）、金楷理（Carl T. Kreyer）等一批欧美传教士翻译包括历史著作在内的外国书籍。其中，林乐知为美国监理会教徒，1859年被批准到中国传教。他于1867年进入江南制造局协助译书，编译《印度国史》（History of India by Hugh Murray）、《俄罗斯国史》（History of Russia by Hugh Murray）、《德国史》（History of Germany by Kohlraush）、《欧罗巴史》（History of Other European States in the Encyclopedia Britannica）、《万国史》（History of the Chief States and Colonies in Asia, Africa, America, etc in the Encyclopedia Britannica）、《全地五大洲女俗通考》（Woman in All Lands or China's Place among the Nations）等历史类著作。

西方传教士所译的史著在中国知识分子中产生了重要影响，并促进了中国史学的变革。具体说来，这些史著给中国带来关于西方史学的信息。这些被翻译或者编译过来的史著，在思想上不同程度地存在基督教神学史观、欧洲中心论，有的还颂扬殖民主义，鼓吹种族主义，同时也包含着历史进步论、社会进化论等因素；在编纂体例上，展示了以耶稣纪年法纪年，使用章节体，插入新式图表等形式；在方法上反映出西方史学重量变分析，运用社会学、人类学、民族学、语言学、考古学的方法和成果于历史学研究的趋势。当然，事实上也存在着西方传教士的编译著作有融合中国传统史书的做法，例如，林乐知与中国学者严良勋共同把据说为博纳（Henry George Bohn）所作的《长编》（The Book of Dates）翻译为《四裔编年表》，此书作者显然受中国正统观念的影响，把中国以外的国家称为"四裔"，以中国皇朝纪年为主，辅以甲子纪年，与基督教纪年相结合，将东西方史事汇编在一起。唐才常在《史学论略》中就赞誉此书，并在《各国政教公法总论》中加以引用。西方传教士的翻译或者编译工作，展现出完全不同于中国的西方史学面貌，成为处于封闭至少是半封闭社会里的中国学者了解外国史学的一条途径。

这些史著成为中国学人"开眼看世界"的材料依据。例如，英国传教士马礼逊（John Robert Morrison）父子所著《外国史略》，是为国别史，它贬低非洲和亚洲，美化西洋文明，尽管如此，它成为魏源《海国图志》在"以西洋谭西洋"原则下所征引的重要材料。美国传教士裨治文（Elijah Coleman Bridgman）所编译的《美理哥合省国志略》（Brief Geographical History of the United States of America），是一部美国史志，也成为魏源《海国图志》所征引的外国历史著作。梁廷枏的《合省国说》，主要依据《美理哥合省国志略》所提供的材料，与他的《耶稣教难入中国说》《兰仑偶说》《粤道贡国说》一起合称为《海国四说》。特别是徐继畬的《瀛寰志略》，不仅关于美国的部分内容取自《美理哥合省国志略》，而且在全书的形式上也都模仿后者。英国传教士慕维廉（William Muirhead）在中国学者蒋剑人的帮助下，翻译英国史学家托马士·米纳尔（T. Milner）所著的一部英国王朝更替史《大英国志》（History of England），此书显示出推崇基督教权的思想倾向，但是郭嵩焘认识英国的政治、宗教、科技和殖民等问题，王韬认识英国的政治、军事和经济问题，都是以此书为重要依据，因此梁启超在《读西学书法》中特别向国人推荐《大英国志》。

这些史著促进中国传统史学向近代史学转型。中国传统史学主要以纪传体、编年体、纪事本末体等为表现形式，而近代史学则在体裁上增加章节体和论文形式等，拓展研究领域，扩大历史视野，引进跨学科方法。就西方传教士所译历史著作来看，近代史学都与之有不解之缘。它们使近代早期的史学家把眼光投向更为广阔的空间，构建起纵横交织的历史比较意识；它们所包含的历史进步观念，与中国传统的"春秋公羊学"的三阶段说和《周易》中所体现的历史变易观念相结合，孕育出中国史学中的进化史观；它们所包括的历史内容，不仅有政治领域，而且广涉经济、社会、思想、文化领域，给中国史学家以重要启发，拓展了历史研究的范围；虽然它们中的大部分使用的体裁不是典型的或者成熟的章节体，却是处于雏形中的章节体，为中国史学中成熟的章节体提供了有益的启示。总之，可以这样说："'新史学'包括历史视野、史学观念、史书体例、历史词汇等一系列的突变，都留下了晚清西方传教士历史译著的影响。"①

二、维新派人士对外国史学的输入

维新派人士重视外国历史的学习和撰述。维新派出于借鉴国外变法图强的需要，非常重视外国史著的刊行情况。康有为在1896—1897年编《日本书目志》，

---

① 邹振环：《西方传教士与晚清西史东渐——以1815至1900年西方历史译著的传播与影响为中心》，上海古籍出版社2007年版，第14页。

广泛介绍明治维新后出版的有关日本史、世界史著作和教科书，其中不少是根据西方学者的著作编译的。王韬从19世纪60年代末到70年代末，游历英、法、俄、日等国，对于西学有切身体会，著有《普法战纪》《法国志略》《西古史》《俄罗斯志》《美利坚志》等，其中《法国志略》多取材日本冈千仞《法兰西志》和冈本监辅《万国史记》，宣传君主立宪制；黄遵宪在1877年去日本后，搜集和阅读有关日本历史的材料，著有《日本国志》和《日本杂事诗》等，突出日本政治制度的变法维新。这些书都在戊戌变法中产生一定影响，1897年4月22日，维新派办的《湘学报》把《法国志略》和《日本国志》推荐为读者必读书。

维新派人士关于外国史著作的翻译。戊戌变法时期，维新人士出于对世界史了解和借鉴的需要，提倡阅读关于外国历史的著作，并着手编写这类书籍。例如，康有为编《俄彼得变政记》《日本变政考》，梁启超编《波兰灭亡记》，唐才常编《最古各国政学兴衰考》等，宣传维新变法思想。政治的需要，促使维新人士在学术上，从编写走向了介绍与翻译，特别是他们翻译外国学者的宪政史著作以助其声威。又如，佩弦生翻译英国非立啡斯弥士著的《英国制度沿革史》，1902年由广智书局出版，麦孟华译日本松平康国著的《英国宪法史》、罗普译日本细川广世著的《日本国会纪原》，翌年也由广智书局出版。胡源仁等译日本太阳杂志社编的《明治维新四十年政党史》，宪政研究社1907年出版。此外，他们还编译一些同类题材的著作，例如，佩弦生编译《欧美各国立宪史论》，程尧章译述《日本变法次第类考》，罗普编译《日本维新三十年》。这些译著一方面有助于推动维新进程，另一方面客观上促进了外国史学的输入。

维新派人士对新式历史教科书的引进。戊戌变法时期，许多进步知识分子开办的学堂，重视外国历史教育。例如，湖南时务学堂要求学生阅读《日本国志》《罗马志略》《欧洲史略》《希腊志略》《万国史记》和《泰西新史揽要》。但是这些史著作为教科书显然是不适合的。戊戌变法失败后，新式教育并没有废止，重视历史教育的做法得以延续，具有维新思想的学者探索解决教科书问题的办法，经过清政府1903年《奏定学堂章程》的认可，采取引进的方式以解决教科书缺乏的燃眉之急。这样，一批外国学者编写的教科书被引进过来。例如，那珂通世用汉文著《支那通史》，1899年王国维主持的东文学社重刻出版，供各省学堂使用。桑原骘藏的《东洋史要》，由陈毅翻译，1899年东文学社刊印，并且成为京师大学堂审定史学教科书。家永丰吉、元良勇次郎合著《万国史纲》，邵希雍译，上海支那翻译会社1903年印刷发行。箕作元八、峰岸米造合纂《西洋史纲》，徐有成等译为《欧罗巴通史》，东亚译书会1901年出版。小川银次郎著《西洋史要》，樊炳清等译，金粟斋书社1901年出版。美国威廉斯因顿（William Swinton）的《万国史要》，张相译，通记编印书局印，杭州史学斋1903年发行；德国布列（Karl

Julius Ploetz)《世界通史》,特设译补,于 1903 年印刷发行。中国学者编译的有,两湖文高等学堂 1903 年出版的《中国历史教科书》,作新社 1902 年出版的《万国历史》,商务印书馆 1902 年出版的《西洋历史教科书》。

维新派人士的外国历史理论与方法的输入。严复自 1895 年发表《原强》,简述斯宾塞(Hebert Spencer)的社会学观点,从此至 1903 年翻译出版斯宾塞《群学肄言》(The Study of Sociology)全书,其中所阐释的重视证据和发现规律的理论,与实证主义史学的追求并无二致。他还翻译甄克斯(Edward Jenks)《社会通诠》(A History of Politics),此书使用社会学观点考察人类社会的发展,认为人类社会经历蛮夷社会、宗法社会和国家社会,并对各阶段的政治、经济、文化、宗教、习俗和制度作了论述,是社会学和历史学结合的范例。他翻译赫胥黎《天演论》,强调物竞天择、适者生存的社会进化学说。自 1902 年到 1907 年还翻译出版亚当·斯密《原富》、穆勒(密尔)《群己权界论》、穆勒《名学》和耶芳斯《名学浅说》等。这些著作都包含着类似史学理论。日本人浮田和民曾留学耶鲁大学,执教东京专门学校(早稻田大学前身)、东京高等师范学校,提倡文明史学,著有《政治史》《西洋上古史》《西洋中近世史》和《史学原论》。梁启超在 1899 年就读过浮田和民的《史学原论》,于 1901—1902 年发表《中国史叙论》《新史学》,其中关于历史学的界定、地理与历史、历史与人种等问题的观点,多取自《史学原论》和《西洋上古史》。当然,梁启超所输入的外国史学理论具有多元性,他还从坪内雄藏《西洋上古史》和桑原骘藏《中等东洋史》吸收了营养。①

维新派人士输入的外国史学对中国史学的影响。在所引进的外国史学影响下,中国先进知识分子例如康有为、梁启超、夏曾佑等人把中国传统的"公羊三世说"与西方社会进化论结合起来,确立近代早期占据时代潮头的进化史观。在外国史学的比照下,中国学者如梁启超、谭嗣同、赵必振、邓实、曾鲲化等人尖锐批判中国传统史学是"君史"的专制。在编纂形式上,传教士的著作采用类似章节体,翻译过来的教科书配合近代新式教育的需要,也采用章节体,于是章节体作为一种新的编纂形式在中国确立起来。这些是近代早期新史学思潮的重要内容,在这一思潮推动下,中国学者纷纷着手重撰中国历史。

三、欧美革命史著的译介与影响

近代早期,特别是辛亥革命前后,民族民主革命的声浪促成了中国学人对欧美革命史著的译介。

---

① 邬国义:《梁启超史学思想探源》,张广智主编:《20 世纪中外史学交流》,北京师范大学出版社 2007 年版,第 181—226 页。

法国革命史著的译介。早在1900年，冯自由翻译了日本学者涩江保著的《法国革命史》，连载在他主编的1900年12月到1901年3月的《开智录》上，但未译完。到了1903年1月，广益书局出版了赵天骥的译本《法国革命战史》。同年4月，商务印书馆出版中国民国丛书社同名译本，其《例言》中称："法之所以能确立于世界上者，实以此革命为之母。"其中"此革命"指的是1789年革命。1903年5月，文明书局由出版人演社的译本《佛国革命战史》。上海通雅斋1903年9月出版的《新学书目提要》称："十八世纪之佛，犹二十世纪之支那，国民蒙昧如久寐然。"商务印书馆的译本在1911年、1912年和1913年三次再版。涩江保著的《法国革命史》的翻译，在客观上起到了宣传革命的作用。1901年，中国出洋学生编辑所译刊日本自由民权运动激进理论家江笃介的《革命前法朗西二世纪事》，书前印有孟德斯鸠、伏尔泰、卢梭等思想家和米拉波、罗伯斯庇尔、丹东等人的肖像，译者《弁言》提出要了解法国革命必须了解革命前两个世纪的历史。1903年7月4日《大公报》载有《革命前法兰西二世纪事》介绍，文中说："昔法革命前二世纪时，政治社会黑暗腐败……今取支那现象而一一比较之，殆返其影。"借法国革命以讽现实之意清晰可见。日本奥田竹松著有《法兰西革命史》，留日学生组织的革命团体"青年会"翻译成汉文，由上海明权社于1903年印发。书中介绍法国革命破封建遗习、灭专制恶政、树民主平等旗帜。《江苏》1903年第3期的广告说"欲鼓吹革命主义以棒喝我国民"；《浙江潮》1903年第7期的"绍介新著"说"购而读之，不觉起舞"，法国革命为"救吾国之妙药，兴吾国之主动机关"。

此外，还有编译的文章和相关图片也透露出法国革命史著的信息。《游学译编》1903年连载《记十八世纪末法国之乱》，分发端、革命之原因、革命中萌芽和国会时代，介绍法国大革命的历史，鼓吹革命，认为法国革命孕育了19世纪伟大的进步，为一切革命之母，并把法国的历史跟中国史相互比较。实际上它是集译河津祐之《法兰西革命史》、松平康国《世界近代史》和大内畅三所译《欧洲十九世纪史》中所述法国革命史事的成果。1907年5月至1908年2月，《民报》发表署名寄生的《法国革命史论》，分"绪论""法国革命之所以""法国革命之次第"，叙述法国大革命历史背景、原因和爆发，宣扬革命主张，其材料采自河津祐之《法兰西革命史》，日本贺长雄、本多浅次郎各自的《西洋历史》。1902年6月20日第10号《新民丛报》的"图画"专栏刊出"法国硕儒造像"伏尔泰和孟德斯鸠，1905年11月26日第1号《民报》等刊出卢梭图画。它们还刊登过巴黎人民攻占巴士底狱图、围攻皇宫图、宣布革命条例图和处死路易十六图等。

由此可见，法国革命史著作的译介，在学术界加速了自由、民主和平等思想的传播，为中国学者解读历史找到新视角，对于辛亥革命前后的思想活跃起到促进作用。

民族独立革命的外国史著则以译介美国革命者为突出。在19世纪，外国传教士编译的外国史例如裨治文的《美理哥合省国志略》、谢卫楼的《万国通鉴》等，都有关于美国独立的论述；中国学者的著作，例如魏源《海国图志》、徐继畬《瀛寰志略》，根据他人的相关译述，都有关于美国独立和华盛顿事迹的介绍；而1886年黎汝谦与蔡国昭合译华盛顿·欧文（Washington Irving）著的《佐治·华盛顿全传》，是中国第一本直接从美国翻译过来的华盛顿传记，10年后《时务报》馆重印为《华盛顿全传》。

到了20世纪初，关于美国史的专门译著多了起来。1902年留日学生的译书汇编社出版留美学生章宗元的《美国独立史》，它是根据哈佛大学史学教授姜宁（Edward Channing）的《美国史》前6卷翻译过来的，《美国独立史》出版后风行一时，足见其影响，后8卷于1903年译为《美史纪事本末》；同时他还译刊《美国宪政》和《美国民政考》，向中国介绍美国民主政治史。1903年《大陆报》发表《美国独立记演义》，作者不明，但是文中提到此"演义"是根据一美国博士口述而随笔记下的，是中国最早以通俗形式讲述美国独立故事的著作。1902—1903年《游学译编》连载留日学生杨毓麟根据九松义典的《革命史鉴》、松平康国的《世界近代史》和福山义春的《华盛顿传》编译的《自由生产国家生产日略》，内容是关于美国独立，希望中国能从中借鉴经验教训，谋取民族的民主、自由和独立。涩江保的《美国独立战史》则是影响更为重大的著作。此书作于1899年，1903年由作新社、商务印书馆译成汉文本，这两种本子对美国革命持赞赏的态度，都引起中国学界的关注。商务印书馆在1911年、1912年、1913年连续发行第二、三、四版，希望它成为中国爱国青年的思想先导。

除了专门的美国史著外，一般意义上的世界史或者美国史译著也涉及美国独立问题。作新社编译的《万国历史》，从1902年到1903年就出了6版，其中第5章为"亚美利加之独立"，赞扬国民爱权利、爱自由、反暴政的伟大举动。戴彬、任一民编译的《亚美利加通史》，商务印书馆1902年出版，全书计10编，其中第4编分15章，从独立战争爆发一直讲到联邦宪法的制定，强调自治精神和平民思想对于建国的重要性。

美国独立史著的翻译促使原始文献的翻译。1901年的《国民报》、1903年支那翻译会社出版的《译文四种》、1911年《民国报》等多次刊登《美国独立宣言》，有的还配有美国独立方面的图片，并附以评论文字，意在供中国借鉴，可见具有强烈的民族独立的意识。

总之，从19世纪早期到20世纪初，日本和欧美学者关于美国独立历史的著作，被陆续翻译过来。它一方面影响了中国学者的世界史著述，使具有革命理想的学者借助相关历史的解读，写出宣传革命思想的著作；另一方面也影响了中国社会，使民族独立和民族革命的思想广为传播并深入人心，对于近代中国人民反对外国资本主义压迫产生了积极的影响。

四、中国史学在国外

晚清时期，中国史著不仅有传统的纪传体、编年体史书，而且也有近代学者救亡图存的著作，如《海国图志》《瀛寰志略》等，都在国外传播并产生了影响。

中国纪传体史书被大量译成外文。奥地利汉学家皮菲麦尔（August Pfizmaier），从1857年到1884年，把《史记》《汉书》《后汉书》《晋书》《宋书》《南齐书》《北齐书》《隋书》《新唐书》选译为德文。法国汉学家爱沙畹（Emmanuel Edouard Chavannes）除了在1890年到1895年选译《史记》《三国志》外，还写出《司马迁及其〈史记〉概说》，成为欧洲学者研究《史记》的代表作。根据王尔敏《中国文献西译书目》，从1823年到1865年，《明史》有利波菲索夫（Lipofzoff）选译的俄文本、杜莱马瑞（Delamarre）选译的法文本；从1834年到1886年，《三国志》有塞格（Padre Segui）翻译的西班牙文本、罗斯尼（Leon de Rosny）翻译的法文本；从1890年到1896年，《新唐书》分别有庄延龄（Edward Haper Parker）、格若恩威德（Willem Fieter Groeneveldt）选译的英文本。

中国编年体史书也在国外得以译刻。例如，朱熹的《通鉴纲目》，1829年俄国比丘林（Никита Яковлевич Бичурин）将之译成俄文。此书在日本刻印后，在藩校中多次印行，与朱熹其他著作一起传播朱子的思想。据田村园澄等《日本思想史基础知识》统计，1630年至1871年，各藩校担任过教授者共1912人，属朱子学派者1388人。可见，"朱熹思想不但从哲学层面影响着日本学界，而且其史学思想通过《通鉴纲目》及朱熹其他的著作日益对日本学界起着广泛、重要而且深远的影响"①。再如，法国的毕欧（M. Edouard Biot）于1831年把《竹书纪年》翻译成法文、英国的里雅阁（James Legge）于1865年把《竹书纪年》翻译成英文、1872年把《春秋》《左传》译成英文。

外国学者不仅翻译中国纪传体、编年体史著，还对中国史学进行介绍和研究。例如，美国传教士裨治文（Blijah Coleman Bridgman）于1832年所创办的《中国丛报》（*Chinese Repository*），其中有不少这方面的内容。如，1834年第3卷中介绍中国历史文献、历史学原则等。1840年第9卷中有关于司马谈、司马迁、司马光、马端临研究历史情况的介绍。1841年第10卷1月号有关于中国历史记载及其方法的文章，3月号有关于中国纪年方式、纪年内容和纪年特点的文章，11月号有关于中国史年表的文章。卫三畏（Samuel Wells Williams）的《中国总论——中华帝国

---

① 汤勤福：《朱熹的史学思想》，齐鲁书社2000年，第378页。

的地理、政府、教育、社会生活、艺术、宗教及其居民概观》中,也有关于中国史学的介绍。1883 年修订版的《中国总论》下册第 17 章的"中国的历史及其年表"就涉及这些内容。这本著作的修订序言还专门谈到中国史学的编年问题,认为中国史学对有志于对其研究的学者,"是十分有趣的课题"①。

18 世纪的法国思想家伏尔泰和 19 世纪的德国思想家恩格尔,在不同的时代对中国史学的特点作出各自的评价,反映了中国史学在西方的影响。

伏尔泰在 1765 年发表了他的《历史哲学》。在《历史哲学》中,伏尔泰是这样评论中国史学的:

> 我们在谈论中国人时,不能不根据中国人自己的历史。他们的历史已由我们那些热衷于互相诘难的各个教派——多明我会、耶稣会、路德教派、加尔文教派、英国圣公会教派——的旅行者们所一致证实。不容置疑,中华帝国是在四千多年前建立的……
>
> 如果说有些历史具有确实可靠性,那就是中国人的历史。正如我们在另一个地方曾经说过的:中国人把天上的历史同地上的历史结合起来了。在所有民族中,只有他们始终以日蚀月蚀、行星会合来标志年代;我们的天文学家核对了他们的计算,惊奇地发现这些计算差不多都准确无误。其他民族虚构寓意神话,而中国人则手中拿着毛笔和测天仪撰写他们的历史,其朴实无华,在亚洲其他地方尚无先例。②

这是二百多年前,一位影响了整整一个时代的西方哲人、历史学家对中国史学的评价。

当然,伏尔泰对中国史学的认识和评价,间或也有过誉之处,这一方面寄托着他的理想和追求,一方面也是出于同欧洲及世界其他各国的比较,这后一点从他的著作中看得十分清楚。这就是说,从总体上看,伏尔泰对中国史学的认识和评价,是一种严肃的认识和评价,是把中国史学作为世界史学的一个辉煌的部分来认识和评价的。

如果说伏尔泰是着重在评论中国史书的话,那么黑格尔对中国史家则有他的精辟的认识。他讲过一句名言:"中国'历史作家'的层出不穷、继续不断,实在是任何民族所比不上的。"③ 黑格尔对中国历史的评价,有些是需要后人予以澄清的,但他对中国史家的这个评论,则是中肯的。中国至晚自西周以来,史官、史

---

① 参见朱政惠、李江涛:《20 世纪中外史系列流回顾》,《史林》2004 年第 5 期。
② [法] 伏尔泰:《风俗论·导论》,梁守锵译,商务印书馆 1994 年版,第 85—86 页。
③ [德] 黑格尔:《历史哲学》,王造时译,生活·读书·新知三联书店 1956 年版,第 161 页。

家确是"层出不穷、继续不断"。就史官来说，唐代以前姑且不论，如果把唐太宗贞观三年（629）正式设立史馆以后直至清代的史馆中有史官职衔的人统计一下，那将是一个庞大的名单；如果把自孔子、司马迁以下历朝历代那些没有史官职衔的史家统计一下，同样也将是一个庞大的名单。黑格尔之所以特别指出这一点，是因为这对文明的发展和史学的发展都具有非常重要的意义。

中国史学对日本也产生了很大影响。作为救亡图存的史著，魏源《海国图志》、徐继畬《瀛寰志略》、黄遵宪《日本国志》也在海外产生了影响。梁启超曾指出："其书在今日，不过束阁覆瓿之价值。然日本之平象山、吉田松阴、西乡隆盛辈，皆为此书所激刺，间接以演尊攘维新之活剧。"[①] 的确，1850年到1854年，《海国图志》就有三次运入日本，总数二十多部。此后，日本人纷纷翻译、注解、刊刻，从1854年至明治维新时期翻刻的版本有23种之多。[②] 日本嘉永、安政（1848—1859）年间，像佐久间象山、吉田松阴、安井息轩、横井小楠、桥本左内等人都争读《海国图志》，井上清在其《日本现代史》中明确道："幕府末期的日本学者文化人等，经由中国输入的文献所学到的西洋情形与一般近代化，并不比经过荷兰所学到的有何逊色。例如横井小楠的思想起了革命，倾向开国主义，其契机是读了中国的《海国图志》。"并说："幕府末期人士又经由中国文献的媒介，最初获得了关于国际法和立宪政治的知识。"这里所说的中国文献，也是指《海国图志》等书。[③]除日本学者外，传教士郭实猎还摘译给英国当局；英人威妥玛（T. Wade）还曾将1848年本《海国图志》第12编的关于日本部分译成英文，刊载于1850年3月号的《中国丛报》。

1850年，《瀛寰志略》问世不久，来华的美国传教士觅得一部寄回美国。1853年，在华美国传教士将该书中论华盛顿的文字，以中英两种文字刻于花岗岩碑上，赠送美国华盛顿纪念馆，该碑后砌于华盛顿纪念塔第10级内壁。至迟在1861年日本就有《瀛寰志略》刊本，这一年德屿小西的"对峨阁刻本"，由井上春洋等训点，地球全图采用红、黄、绿三色印刷，人名、地名均用日文、英文注出，年代亦用日本年号注于边上，其印刷和装帧质量，远远超过中国的刻本。以后又有几次翻刻，该书在日本广泛流传开来，对日本人民了解世界各国情况，进行维新改革起了积极的影响。随着《瀛寰志略》等书东传，其间对译西洋概念的新语也在日本流行开来，成为幕末、明治时期日本使用汉字新词的一大来源。后来，日本的《瀛寰志略》刊本反过来流入中国，成为一些坊肆翻刻的摹本。它和《海国图

---

① 梁启超：《论中国学术思想变迁之大势》，《饮冰室合集》文集之七，中华书局1989年版，第97页。
② 黄丽镛：《魏源年谱》，湖南人民出版社1985年版，第229页。
③ 袁英光、桂遵义：《中国近代史学史》上册，江苏古籍出版社1989年版，第133—134页。

志》一起影响外国学者的历史地理著作,例如,慕维廉在谈到他所编《地理全志》时说:"兹所讲之地理……向中土文人略识之,亦有诸书述其大意,若《海国图志》与《瀛寰志略》二书,颇有盛名,广行华夏。兹著是籍,亦仿其意,专以外国地志为本,希中土儒林,披而获益。"①

1895年,黄遵宪《日本国志》出版后,在日本也引起了反响,日本学者认为此书从日本历史的沿革到学制的细节,都进行了深入研究。岛田久美子在《黄遵宪·解说》中说:"于明治日本进行了无偏见和无先入感的考察与评述。"实藤惠秀评价黄遵宪《日本国志》是"清末日本研究书中最好的一本"。实藤的赞语已在日本成为公论。②

第四节 20世纪初年"新史学"的倡导

一、以进化论为指导的"新史学"的提出

1902年,梁启超发表《新史学》著名论文,成为20世纪初年中国文化学术界的第一声春雷,也吹响了有识之士在经历学习西方的器物、制度阶段后转向文化救国的号角。此文以鲜明的立场对两千年旧史展开激烈批判,以明确论点提出新史学的理论主张。这一时期,邓实、曾鲲化、马叙伦、汪荣宝、陈黻宸等人都撰有激烈批判旧史学、热情提倡新史学的论著。从此,新史学磅礴于神州大地,成为众多先进学人的共同体认,进而演进为波澜壮阔的时代思潮。

以梁启超为代表的"新史学"思潮的出现,有着崭新的时代意义。随着民族资本主义的初步发展,资产阶级开始形成独立的政治力量,登上了历史舞台。为了建立资本主义制度,维新派和革命派不仅先后发动了戊戌维新运动和辛亥革命,还通过办报纸、兴学堂、开学会、著书立说,输入西方近代社会政治和哲学理论,进行了一系列启蒙宣传,力图确立起本阶级在意识形态领域的主导地位。新史学思潮的兴起,就是当时国内资产阶级文化启蒙运动的一个重要方面。

戊戌维新虽然被顽固派扼杀了,但戊戌维新又是中国近代史上第一次思想解放运动,由此开启的思想解放的潮流是阻挡不了的。至20世纪初年,由于空前民族危机的刺激,逐步形成的共和革命思想的推动,中国思想界出现了急剧变化的局面,掀起了输入西方新思想、新学理,用以分析中国历史与现实问题,寻找救国道路的进步潮流。十年之间,雨后春笋般地刊行了大量译著、杂志和报纸。梁

---

① 慕维廉:《地理全志·序言》,上海美华书院刊本1883年版。
② 转引自盛邦和:《黄遵宪史学研究》,江苏古籍出版社1987年版,第120—121页。

启超对当时情况有过生动的概括:"戊戌政变,继以庚子'拳祸',清室衰微益暴露,青年学子相率求学海外……壬寅、癸卯间,译述之业特盛。定期出版之杂志不下数十种,日本每一新书出,译者动数家。新思想之输入,如火如荼矣。"① 新史学倡导者急切地输入和传播西方近代史学理论和方法,对于封建时代为专制统治服务的旧史学展开猛烈批判,呼吁实行"史界革命",建立起具有崭新时代内容、唤起民众觉醒、适应救国需要的新史学。

中国20世纪初输入西方史学理论,主要是通过日本进行的。前此,在19世纪末,一些进步学者在开始介绍日本学者新著新译的历史书籍的同时,也有零星地介绍刚刚传入日本的某些西方近代史学理论。到了20世纪初年,开始稍有系统的介绍。西方新学理的输入,为当时激愤于时局危险和清廷腐败的进步学者提供了思想武器,他们大声疾呼对旧史学实行根本改造,注入与时代潮流相适应的新内容,迎接新史学时代的到来。

梁启超和其他新思想的传播者特别重视新史学的探讨,有着深刻的学术渊源。史学在传统学术中素称发达,历代许多进步思想家和卓有建树的学者都视修史为名山事业,呕心沥血地撰成史著遗留后世。20世纪初新思想的传播者同样重视著史事业,要以它激发爱国思想,提高民众掌握民族命运的责任感,争取国家的光明前途。

二、梁启超前期的史学建树

梁启超(1873—1929)是著名的维新变法运动领袖人物,西方新思想的热心传播者和"新史学"的倡导者。倡导"史界革命",是梁氏进行思想启蒙的内容之一,他对此十分重视,曾说:"'史界革命'不起,则吾国家遂不可救。悠悠万事,惟此为大。"② 不论在他活动的前期或后期,他都为撰写史学著作付出了巨大的精力。据不完全估计,他一生所写的大约1400万字论著中,有半数可划归史学著作,故称其为中国文化史上著述最丰富的史学家,并不为过。就前期的史学著作而言,即涉及史学理论、学术史、当代史、外国史著等诸多领域。这些论著大都撰写于20世纪初年,不仅在理论上对古代旧史的严重弊病作了有力的廓清,对建设近代史学的方向提出了初步的设想,而且在研究实践上,对如何摆脱长久沿袭的旧格局、开创近代式的学术研究作出了成功的示范。这对于中国史学的发展,具有极不平常的意义。

《新史学》一文,堪称是激烈批判旧史、宣告具有不同时代意义的新史学到来

---

① 梁启超:《清代学术概论》,《饮冰室合集》专集之三十四,中华书局1989年版,第71页。
② 梁启超:《新史学》,《饮冰室合集》文集之九,中华书局1989年版,第7页。

的宣言。此前（1901年），他还撰有《中国史叙论》，文中所论涉及新旧史在性质和内容上的根本性不同，中国历史上地理条件、民族关系和历史阶段划分等重要理论问题，明显地具有时代性和探索性的特点。梁启超之所以能够居高临下地对旧史作批判性的总结，其理论基石是国民意识和进化观念。前者是戊戌变法失败后进步社会力量要求推翻帝制，最终实现民主的时代潮流的产物，后者则来自《天演论》。在马克思主义传入中国以前，这一近代进化理论是最进步的理论体系。

《新史学》开宗明义标明史学的地位和作用，认为史学应是"学问之最博大而最切要"的一门，是"国民之明镜"，"爱国心之源泉"。而造成旧史陈腐落后的根源，正在于完全违背国民意识和进化观念："盖从来作史者，皆为朝廷上之君若臣而作，曾无有一书为国民而作之者也。""夫所贵乎史者，贵其能叙一群人相交涉、相竞争、相团结之道，能述一群人所以休养生息、同体进化之状"，旧史界却"未闻有一人之眼光能见及此者"。由此而造成旧史"四蔽""二病"："知有朝廷而不知有国家""知有个人而不知有群体""知有陈迹而不知有今务""知有事实而不知有理想"；"能铺叙而不能别裁""能因袭而不能创作"。致使旧史简直成为二十四姓之家谱，是墓志铭、相斫书、蜡人院的偶像。

梁启超对千百年来封建专制思想窒碍了史家创造性的发展深恶痛绝，他认为过去称得上具有创造性的史家，只有司马迁等数人。而其他众多史家，则墨守成规，不求创新变通："《史记》之后，而二十一部，皆刻画《史记》；《通典》以后，而八部皆摹仿《通典》，何其奴隶性至于此甚耶！若琴瑟之专壹，谁能听之？以故每一读惟恐卧，而思想所以不进也。"再如《资治通鉴》旧时称"别择最精善"，但由于其出发点是为帝王"资治"，备君王之浏览，故拿近代眼光看，"其有用者，亦不过十之二三耳"。旧史家因袭成性之形成，除了由于专制君主迫害，使作史者唯恐触犯忌讳外，即因为国民意识的不发达，以致"认历史为朝廷所专有物，舍朝廷无可记载"。故中国史学"外貌虽极发达，而不能如欧美各国民之实受其益也"。梁氏对旧史的批评确实攻势凌厉，具有廓清摧陷之功，这是因为他的批判集中到旧史即"君史"这一根本问题，痛陈其奴化国民思想、阻挡时代潮流的危害，而以"民史"即写出民族群体之兴衰这一崭新价值体系取而代之，这就为史学近代化开辟了道路。

在哲学理论指导上，梁启超旗帜鲜明地提出用历史进化观，来取代旧史"一治一乱"的循环史观。他参照西方和日本学者近代史学观点，进行理论的创造，生动地阐明历史的螺旋式运动等问题，使人们有豁然开朗之感。他明确提出要划清旧史一治一乱的循环观和新史学认为历史的变化"有一定之次序，生长焉，发达焉"，即由低级向高级进化二者的界限；主张近代史家应该彻底摒弃旧史家几千年来所信奉的"天下之生久矣，一治一乱"的旧观点，代之以将近代进化论作为研究历史的指导,通过研究,描述人类进化途径及其具体表现。历史是进化的,但历史的进步并非直线式,"或尺进而寸退,或大涨而小落,其象如一螺线"。

梁启超对新史学的理论方向作了初步规划。他强调根本改变旧史把史书变成孤立的人物传的做法,而近代史学要求近代史家写出人类"藉群力之相接相较、相争相师、相摩相荡、相维相系、相传相嬗,而智慧日进焉"的历史情状。他又论述史家应善于通过比较研究和纵贯联系考察:"内自乡邑之法团,外至五洲之全局;上自穹古之石史,下至昨今之新闻",从人类活动背景中去求得人群进化的真相,并且重视史学与其他学科的关系,从而总结了历史进化的公理公例。"以过去之进化,导未来之进化",使后人循历史进化的公例公理,"以增幸福于无疆"。

梁启超对于旧史中因粉饰君权的需要而大肆渲染、严重歪曲历史真相的"正统"论和"书法"论痛加驳斥。如对"正统"论,他指出旧史家宣扬"正统"的实质即是维护"君统","视国民为无物",与国家是全体国民所有的观念根本对立。他分析旧史家陈寿、司马光、朱熹等所持的"正统"标准均互相矛盾,与对历史的理性认识毫不相容,并且认为,要讲符合道理的正统,乃在众人而并非在君主一人。为国民所承认、所拥护的人物,才称得上真正符合"正统"。①

总之,《新史学》以其符合20世纪初救亡图强需要的时代精神,以新鲜的理论和价值观,开启中国史学的近代化时代,此后几十年中,进步史家无不以"新史学"看待自己的事业和这门学科取得的进展。

同年,梁启超撰成长篇论文《论中国学术思想变迁之大势》(8万余字),鲜明地贯彻了进化观和因果论的理论指导,体现出新的研究风格,因而成为史学近代化在研究实践上结出的第一个硕果。首先,梁氏以开阔的视野和宏观的把握,第一次把几千年中国学术作为一个发展进化的、前后有因果联系的对象来论述,揭示其演进的脉络,并且中肯地总结出各个阶段的特点。其次,他深入地论述学术思想与社会条件的关系,论述不同学派和学者间的互相影响和推动,第一次生动地呈现出学术变迁动态的、交互作用的格局。再次,他做到以近代价值观作为评判标准,精到地阐释传统学术中符合理性的、具有近代科学精神的优秀部分,同时尖锐地批判其中为封建专制服务的腐朽部分。

《新史学》和《论中国学术思想变迁之大势》对于史学近代化具有理论和实践的奠基意义,为中国史学的发展确立了新的路标,把一代敏锐进取的青年学者带入了一个新的天地。胡适曾经极真切地讲出自己的感受:"严(复)先生的文字太古雅,所以少年人受他的影响没有梁启超的大。梁先生的文章,明白晓畅中,带着浓挚的热情,使读的人不能不跟着他走,不能不跟着他想……我个人受了梁先

---

① 梁启超:《新史学》,引文均据《饮冰室合集》文集之九,中华书局1989年版。

生无穷的恩惠,现在追想起来,有两点最分明。第一是他的《新民说》,第二是他的《(论)中国学术思想变迁之大势》……'新民'的意思是要改造中国的民族,要把这个老大的病夫的民族改造成一个新鲜活泼的民族……我们在那时代读这样的文章,没有一个人不受他的震荡感动的。他在那时代主张最激烈,态度最鲜明,感人的力量也最深刻……《(论)中国学术思想变迁之大势》也给我开辟了一个新世界,使我知道四书五经以外还有中国学术思想。梁先生分中国学术思想史为七个时代,现在看这个阶段,也许不能满意……但在二十五年前,这是第一次用历史眼光来整理中国旧学术思想,第一次给我们一个'学术史'的见解。"①

这一时期,梁启超还撰有《戊戌政变记》等当代史著述,《袁崇焕传》和《王荆公》等人物传记以及《波兰灭亡记》《朝鲜亡国史略》等亡国史鉴,要皆紧扣时代脉搏,表现出非凡的才识和创造力。②

三、夏曾佑《中国古代史》的创新价值

夏曾佑(1863—1924)所著《中国古代史》,原名《最新中学中国历史教科书》,由商务印书馆于1904—1906年分3册出版,后在1933年被该馆列入"大学丛书"重新出版时易名。它的产生是"新史学"思潮在通史编纂领域取得的重要成果。

进步的历史观点是史书的灵魂,对于一部纵贯上下、囊括社会生活诸多方面的通史著作来说,尤其起着统帅和指导的作用。夏曾佑在通史撰述上取得显著成就,具有决定性意义之点,在于他着力探索当前社会生活所需要的历史哲学;自19世纪末至20世纪初,他经历了当时一些有识之士所共同走过的道路,从喜谈公羊学说到热心地接受西方进化论,并且运用这一体现了时代精神的历史观点作为著述的指导。这就在根本上保证了他的通史著作具有鲜明时代的气息和创新意义。夏曾佑推尊今文学,并明确肯定晚清今文学风靡于世的进步意义,但又不拘牵于经师的旧说,而运用今文学的精髓,与进化论的原理相结合,在书中阐明"历史因果之理"③。

由于夏曾佑在哲学探索上站在时代的前列,他对历史—现实—未来的关系尤有精到的见解。全书叙言说:"智莫大于知来。来何以能知?据往事以为推而已矣。故史学者,人所不可无之学也……泊乎今日,学科日侈,目不暇给。既无日力以读全史,而运会所遭,人事将变,目前所食之果,非一一于古人证其因,即

---

① 胡适:《四十自述》,上海亚东图书馆1931年版,第105—107页。
② 梁启超倡导的"新史学"在中国思想史和史学史上有极其重大的影响,他提出的一些观点和见解,对于开辟历史研究和史学研究具有开辟路径的意义。他对"旧史学"的批判,在他后来的论著中有一些新的论述。在今天的历史条件下,不论是对梁启超的"新史学",还是对梁启超批判的"旧史学",我们都应当以马克思主义的历史主义观点和方法,来看待二者之间的关系。
③ 夏曾佑:《中国古代史》,生活·读书·新知三联书店1955年版,第340页。

无以知前途之夷险，又不能不亟读史！若是者将奈之何哉？是必有一书焉，文简于古人而理富于往籍，其足以供社会之需乎！今兹此篇，即本是旨。"他把总结历史与当前救亡图强的紧迫需要紧密结合起来，认为研究历史，才能更加看清当前社会积弊积弱的症结所在，找到解救的良法。而通过了解历史与现实的联系，又能使人们清醒地认识当时所处的环境，既包括将来可能发生的更大的危机，又提供了通过变革、争取民族光明前途的机遇，加倍努力。

《中国古代史》的出版，在当时确实令人感到耳目一新。夏曾佑以进化论和因果规律为指导，对中国历史的演进作了别开生面的论述。首先，该书以发展变化的观点，高度概括了中国历史的总趋势，对自古到今几千年的中国历史，系统地提出了划分为各具特点的不同阶段的崭新看法。中国历代"正史"的编纂，均以朝代起讫定终始，体例沿用不变，编年体史书则按年代先后逐年编写，也一向无所改易。至夏曾佑出，才第一次以进化发展观点为指导，提出了一套划分中国历史发展阶段的自成体系的学说。他认为中国历史经历了三个大的阶段：自传说时代至周，为上古之世；自秦至唐，为中古之世；自宋至今，为近古之世。上古之世又可分为二期："由开辟至周初，为传疑之期。因此期之事并无信史，均从群经与诸子中见之。往往寓言实事，两不可分，读者各信其所习惯而已，故谓之传疑期。由周中叶至战国为化成之期。因中国之文化，在此期造成。此期之学问，达中国之极端，后人不过实行其诸派中之一分，以各蒙其利害，故谓之化成期。"中古之世，又可分为三期："由秦至三国，为极盛之期。此时中国人材极盛，国势极强，凡其兵事，皆同种相战，而别种人则稽颡于阙廷。此由实行第二期人之理想而得其良果者，故谓之极盛期。由晋至隋，为中衰之期。此时外族入侵，握其政权，而宗教亦大受外教之变化，故谓之中衰期。唐室一代，为复盛之期。此期国力之强，略与汉等，而风俗不逮，然已胜于其后矣。故谓之复盛期。"近古之世，也可再分为二期："五季宋元为退化之期。因此期中，教殖荒芜，风俗凌替，兵力财力，逐渐摧颓，渐有不能独立之象。此由附会第二期人之理想，而得其恶果，故谓之退化期。清代二百六十一年为更化之期。此期前半，学问政治，集秦以来之大成；后半，世局人心，开秦以来所未有。此盖处秦人成局之已穷，而将转入他局者，故谓之更化期。"① 夏氏这样划分历史阶段，所注重的是国势强弱、文化发展及种族关系。由于他已站在进化发展和注重考察因果关系的哲学高度，才能高屋建瓴地概括历史发展的趋势，对于清末历史即将出现转折，尤其具有真知灼见。

其次，夏曾佑注重考察历史因果关系，对于历史上的转折时期每有独到的分

---

① 夏曾佑：《中国古代史》，生活·读书·新知三联书店1955年版，第5—6页。

析。书中辟有专节论述战国时代这一历史变革。夏氏所作的分析有几项特别值得重视：一是认为春秋时代学术上的变化，已为战国的社会变革开辟了道路。他说："古今人群进化之大例，必学说先开，而政治乃从其后。春秋之季，老子孔子墨子兴，新理大明，天下始晓然于旧俗之未善，至战国时，社会之一切情状，无不与古相离，而进入今日世局焉。"这样强调新的学说具有转变旧的风气、解放人们思想的巨大作用，正是20世纪初先进的人们大力倡导并身体力行的观点，是一种极为宝贵的近代意识。二是论述政治上打破贵族世袭制度、平民参政的意义。他对比春秋战国先后的不同：春秋时代，"天下皆封建，其君为天子之同姓者，十之六，天子之勋戚者，十之三，前代之遗留者，十之一。国中之卿大夫，皆公族也，皆世官也，无由布衣以跻卿相者"。到战国时代，"战争既急，需材自殷，不复能拘世及之制，于是国君以外无世禄，而姓氏遂无辨矣"。夏氏认为，此项是战国时代最根本的改革，"此事既改，则其他无不改者矣"。三是在阐述经济范畴之改革时，夏氏卓越地论及商鞅变法标志着由农奴制度向土地私有制的转变。他认为西周至春秋："土地为贵人所专有，而农夫皆附田之奴，此即民与百姓之分也。至秦商君，乃克去之，此亦为社会进化之一端。""民得蓄私产之法，即起于此。"① 经过近代学者相继深入的探索，证明上述论断大致都符合于后人研究得出的结论。

此外，夏曾佑还注重对社会生活各方面如制度、思想、风俗、民族等作具体的描述，将纵向研究与横向研究结合起来，从而使全书主干分明、内容丰富。尤应引起注意的是，《中国古代史》一经问世便使读者"有心开目朗之感"，"上下千古，了然在目"，其原因还在于它有比较恰当的新颖的编纂形式，而编纂形式上的创新，同样标志着近代史学比传统史学取得了巨大进步，其意义不容忽视。该书在编纂上的特点，是借鉴于当时刚刚传入的外国史书分章叙述的方法，同时吸收了中国古代纪事本末体史书的优点，将二者糅合起来，达到创新的目的。

夏曾佑尝试的体裁形式，反映了历史编纂的新趋势。而这种体裁形式在20世纪初出现和流行，有着极深刻的原因。一则，由于历史学家接触了西方的新理论，着意要说明历史的进化和因果关系，自然也要借鉴外国新的编纂方法；二则，中国史学的发展也已提出突破旧的编纂形式的要求。早在18世纪末，章学诚就提出了改革史书编纂的方向，主张用纪事本末体的优点去弥补纪传体的缺陷，以利于反映历史的大势。纪事本末体产生于中国封建社会后期，它具有因事命篇、灵活变化的优点，成为20世纪初史家学习西方、从事体裁创新的基础，诚如梁启超所说："纪事本末体与吾侪理想之新史学最相近，抑亦旧史界进化之极轨也。"② 从实

---

① 夏曾佑：《中国古代史》，生活·读书·新知三联书店1955年版，第183—185页。
② 梁启超：《中国历史研究法》，《饮冰室合集》专集之七十三，中华书局1989年版，第20页。

质说，分章节叙述的形式与以事件为中心，两者正有相通之处。因此，新的编纂形式一出现，就得到广大读者的承认，而且长期流行。可以说，学习西方的历史观点和方法是外因，中国史学发展本身提出的要求和业已达到的基础是内因，因此二者才能糅合在一起。在大胆向外国学习有用东西的同时，又对本国原有形式加以改造和发展，吸收别人之长与发扬本民族的特点相结合，这就是夏曾佑在史书体裁上取得成功的根本经验。

四、中小学历史教科书的编著

近代意义上的历史教科书，在中国最早出现于传教士创办的教会学校[①]，并随着学术分科和教育制度的西化不断发展，至20世纪初形成繁荣局面。当时，清政府颁布了新学制，要求各级学堂必须开设历史课程，而传统社会的历史教本从内容到形式都与近代教育格格不入，编纂新式历史教科书就成为刻不容缓的时代任务。为解燃眉之急，清政府在《奏定学堂章程·学务纲要》专列"选外国教科书实无流弊者，暂应急用"的条目，但同时指出，"另撰""自编"是今后教科书的发展方向。[②] 在最初几年里，翻译和编译国外历史教科书蔚然成风，种类达几十种之多，所译者大都取自日本，最有影响的是那珂通世的《支那通史》和桑原骘藏的《东洋史要》等，皆以近代史学观念和方法编纂而成，对于新史学思想的传播发挥了重要作用，而新史学思潮的深入发展又反过来推动历史教科书由译介向自编转型。1903年始，新式学人掀起一股自编本国史教科书的热潮，十年间编纂"不下数百种"[③]，最著名的即为夏曾佑的《最新中学中国历史教科书》，他如刘师培的《中国历史教科书》、陈庆年的《中国历史教科书》、姚祖义的《最新中国历史教科书》、章嵚的《中国历史教科书》、汪荣宝的《中国历史教科书》等也都在当时产生较大影响。

综观这一时期的历史教科书，从内容到形式都表现出新的时代特点和学术风格。首先，贯彻以进化论为指导阐述历史演进因果关系的编纂主旨。比如，曾鲲化的《中国历史》旨在"调查历代国家全部运动进化之大势，撮录其原因结果之密切关系，以实国民发达史价值，而激发现在社会之国魂"[④]；汪荣宝则在《中国历史教科书》中明言："历史之要义，在于钩稽人类之陈迹，以发见其进化之次

---

① 1877年，丁韪良、韦廉臣、狄考文、林乐知、傅兰雅等人组成"学校教科书委员会"，专门编写、出版教会学校使用的教科书，其中历史教科书有4种15册，如《古代史纲要》《现代史纲要》《中国史》《英国史》《美国史》等。（参见陈学恂主编：《中国近代教育史教学参考资料》，人民教育出版社1987年版，第87页）
② 璩鑫圭、唐良炎编：《中国近代教育资料汇编·学制演变》，上海教育出版社1991年版。
③ 《新书批评》，《独立周报》1912年第13期。
④ 曾鲲化：《中国历史》，东新译社1903年版。

第。务令首尾相贯,因果毕呈。晚近历史之得渐成为科学者,其道由此。夫人类之进化,既必有其累代一贯之关系,则历史亦不能于彼此之间,划然有所分割。"① 他们将历史视为前后联系、不断进步的整体,因而抛弃传统的皇朝叙述模式,采取能够反映历史进化大势的分期叙述模式。

其次,突出国民意识,倡导以"民史"取代"君史"。比如,章嵌的《中国历史教科书》被认为是清末历史教科书中书写"民史"的代表,有学者曾评论其"犹有足述者,即其历史观念,即由其'君史'的立场进而至于'民史'的立场,这在我国史学史上,可谓是个大的过渡"②。《中国历史》同样倡写"民史"、高扬民权,认为"所谓二十四史、资治通鉴等书,皆数千年王家年谱、军人战记,非我国民全部历代竞争进化之国史也",并将中国落后的根本原因归结为政治专制:"自秦汉而降,进化之度极迟,虽谓中国人气质,有是古非今、尊中贱外、保守照例、傲慢自大等病,然其最大之原因,未始非沉沦于专制政治之黑暗时代,而结成此腐败不堪之秽录也。"③ 他们反对以帝王将相为中心的历史叙事,主张写出整个国家和民族的历史,因此尽力扩充历史书写范围,以克服传统史书偏重政治、军事记载的弊端。刘师培就明确指出:"中国史书之叙事,详于君臣而略于人民,详于事迹而略于典制,详于后代而略于古代。今所编各课,其用意则与旧史稍殊。其注意之处约有数端,试述之如左:一、历代政体之异同。二、种族分合之始末。三、制度改革之大纲。四、社会进化之阶级。五、学术进退之大势。"④

再次,以激发民族主义和爱国精神作为编纂目的。1903年,商务印书馆出版的《中国历史教科书·序》中说:"盖处今日物竞炽烈之世,欲求自存,不鉴于古,则无以进于文明,不观于人,则无自由……其于本国史独详,则使其自知有我,以养其爱国保种之精神,而非欲仅明于盛衰存亡之故焉。"⑤《中国历史》则称要"别树光华雄美之新历史旗帜,以为我国民族主义之先锋",而附录《东新译社开办之原由及其性质》中亦谓:"痛国家之窝割、愤种族之犬羊,怜然创办东新译社,就我国之性质上习惯上编辑中学校各种教科书,熔铸他人之材料而发挥自己之理想,以激动爱国精神,孕育种族主义为坚确不拔之宗旨。"⑥ 事实上,清末

---

① 汪荣宝:《中国历史教科书·绪论》,商务印书馆1909年版,第1页。
② 吴景贤:《近代中国历史研究法与通史之检视》,《教与学》1935年第4期。
③ 曾鲲化:《中国历史·总论》,东新译社1903年版,第1页。
④ 刘师培:《中国历史教科书·凡例》,《刘申叔遗书》,江苏古籍出版社1997年版,第2177页。
⑤ 商务印书馆把培养爱国精神作为编辑教科书的宗旨,曾谓:"至于爱国、合群、进化、自立等事,尤言之至详,以期养成立宪国民之资格。"(见李桂林、戚名琇、钱曼倩编:《中国近代教育史资料汇编·普通教育》,上海教育出版社2007年版,第187页)
⑥ 曾鲲化:《中国历史》"总论""附录",东新译社1903年版,见书后附录。

历史教科书自编热潮的出现，正是高扬救亡图存的民族思想产物。针对当时历史教科书广泛译编自日本的现象，各种批评开始频繁见诸报端。《大公报》就刊文指出："顾近岁以来，各学堂多借东邦编述之本，若《支那通史》、若《东洋史要》，以充本国历史科之数。夫以彼人之口吻，取吾国史料为彼学校外国历史之科，吾率取其书用之，勿论程级之不审，而称谓辞气之间，客观让作主位，令国民遂不兴其历史之观念，可忧孰甚焉。"① 字里行间，洋溢着民族的气节与自尊。

此外，新式历史教科书在体裁形式上普遍采用了具有叙事系统、容量丰富等优点的西方章节体，促使这一新体裁迅速风靡全国。

清末新式历史教科书的编纂是新史学思潮的重要组成部分，它是除报刊文章、理论专著之外，学人传播新史学思想的主要载体之一。这些教科书大都纵贯古今，且喜以"最新"题名，意在区别旧史编纂，因而在某种意义上又成为新式中国通史编纂的开端。

五、近代新史学的积极作用及其局限

新史学在中国史学发展史上占有极其重要的地位，它初步建构起与中国传统史学相区别、适应新的时代需要的新范式，标志着传统史学的终结和严格意义上近代史学的形成。20世纪初，"新史学"思潮磅礴于海内，其崭新的理论主张和巨大的进步意义，可以概括为六个方面：首先，新史学站在新的时代高度对皇朝体系下的传统史学展开全面反思和激烈批判，吹响"史界革命"的号角，对于推进史学的近代化具有划时代的意义。其次，新史学确立了进化史观的指导地位，超越了古代朴素的历史进步观，摒弃了循环、倒退等旧史观，注重考察史实之间的因果关系，主张求得人群进化的公理公例。以梁启超为代表的进步学者充满时代激情地结合中国面临外强瓜分的危险局面，力倡运用进化史观来观察民族命运和指导学术的革新，紧扣时代的脉搏，震动着无数海内爱国士人以及普通民众的心弦，成为推动社会前进的巨大力量。再次，在目的上，主张发挥史学教育国民的致用功能，倡导以"民史"取代"君史"，将著史与爱国、救亡的崇高事业联系起来，从而大大提升了史学的地位。第四，新史学扩大了历史叙述的范围，将以往被忽略的社会生活等内容纳入史学视野。第五，重视历史编纂的革新，使史书形式适应具有时代特色的新鲜内容的需要，同时利于历史知识的传播。最后，新史学首次提出要注意史学与其他学科的关系，开跨学科治史的先河。总之，新史学家大量吸收了西方的新学理，但不是生硬移植，而是结合中国的历史和学术传统加以发挥和创造，并且以此为指导在通史、专史等领域取得具体成果，表现出与

---

① 《文明书局编辑蒙学中外历史教科书约怡》，《大公报》1903年10月19日。

传统史学不同的学术风格和时代特征。新史家还撰写了大量外国亡国史、中外改革史或革命史以唤醒民众,起到了思想启蒙和催人警醒的积极作用。

新史学既在当时引起极大震动,又对此后整个20世纪中国史学的发展产生了广泛而深远的影响。它以历史解释、史学致用、社会整体、科际整合和历史编纂等为基本要素所初步建构的史学范式,在民国时期得到继承、拓展和深化,于诸多领域内取得出色成就,从而与新历史考证学、马克思主义史学一齐构成中国现代史学的三大干流。纵观20世纪前期的学术演进趋势,新史学的蓬勃兴起在前,影响深远,它所倡导的治史观念、学术视野等项,恰恰成为新历史考证学的重要条件,同时又为马克思主义史学的兴起培育了适宜的学术思想土壤。尤应注意的是,新史学所倡导的批判和求新精神对于中国现代史学的发展起到重要推动作用,民国时期西方史学理论和方法的大量输入也与此直接相关。此外,新史家还以自觉的学科意识致力于将史学纳入科学范畴,开启了中国史学的学科化和科学化之路。

20世纪初期"新史学"思潮所依据的进化史观,主要来自西方的社会达尔文主义,将用于解释生物世界的进化理论来解释人类社会、把人类历史发展视为简单的和线性的发展过程,其结果是无法解释人类历史发展进程中许许多多复杂的历史现象,也不可能科学地说明历史进程中的一系列重大问题。这是进化史观的局限,也是中国近代"新史学"的局限。"新史学"思潮对于"旧史"批判也显然过头。当时,有不少学者持"中国无史"的观念。比如,邓实在《史学通论》一文中指出:读三千年来的史书,"渊渊焉而思,睊睊然而忧,曰,史岂若是邪?中国果有史邪?"① 陈黻宸在《独史》一文中反复感叹:"我中国之无史久矣。"② 他们一方面宣传了新思想,使中国史学发生根本变革,另一方面却几乎全盘否定了传统史学的价值,由此产生了不小的负面影响。这种片面性认识,随着中国史学近代化的不断深入才逐步得到纠正。

第五节 辛亥革命前后史学的新进展

一、章炳麟、邹容、陈天华宣传革命的史论

20世纪初年,是辛亥革命的准备时期,革命派人物十分重视运用历史知识做宣传教育工作。他们采用写通俗读物或政论文章的形式,以大量中外历史知识作有力的根据,揭露帝国主义企图灭亡中国的阴谋,揭露清朝政府对内残害人民,

---

① 邓实:《史学通论》,载《光绪壬寅政艺丛书》,收入《近代中国史料丛刊》续编第27辑,台湾文海出版社1976年版,第714页。
② 陈黻宸:《独史》,《陈黻宸集》,中华书局1995年版,第568页。

对外屈辱投降的本质,动员人民用革命手段推翻清廷,实现建立民主共和国的理想。革命派做的是成效显著的历史教育工作,他们喊出了时代的最强音,所采用的通俗浅近的形式更利于广泛传播,因而有力地帮助民众提高觉悟,认清武装革命、推翻清朝才是唯一出路。这一时期,用历史知识宣传革命的出色代表是章炳麟、邹容、陈天华。

章炳麟(1869—1936)号太炎,他精熟传统的经史学问,而在接触了西方和日本学者的进化论和社会学说之后,对中国古代学术和历史演进产生了新的看法。他曾计划编纂《中国通史》,以贯穿自己的新思想,一是"以发明社会政治进化衰微之原理为主",以近代进化论作为研究历史的指导,探求社会政治状况盛衰变化的原因;一是"以鼓舞民气、启导方来为主"①,以中国历史中具有积极意义的内容来鼓舞民众的革命情绪,增强对未来的信心。他的主张与新史学思潮相合拍。作为辛亥革命时期著名的宣传家,章炳麟最被广泛传诵的名文是《驳康有为论革命书》(撰于1903年),广征博引中外历史事实论证用革命手段推翻清朝的必要,驳斥康有为诋毁革命的谬论。他揭露清廷经济上"行其聚敛",政治文化上屡兴文字狱,为害酷烈,"万国所未有"。针对康有为"革命之惨,流血成河,死人如麻,而其事卒不可就"的谬论,章炳麟引证西欧、日本的历史说,不但革命要流血,立宪也要流血,上书奏请是得不来的,"使前日无此血战,则后之立宪亦不能成"。他响亮地喊出:"公理之未明,即以革命明之;旧俗之俱在,即以革命去之。革命非天雄大黄之猛剂,而实补泻兼用之良药!"章炳麟还指出康有为希望依靠光绪帝的力量以实现立宪,是绝对不能实现的幻想,因为戊戌维新的事实已经证明,纵使光绪帝本人诚心变法,也无法改变整个满洲贵族的腐朽局面,"载湉小丑,未辨菽麦,铤而走险,固不为满洲全部计"②。章炳麟代表革命派彻底否定清朝的统治,直斥光绪帝为"载湉小丑",这在千百年封建专制统治下所形成皇权统治绝对神圣的观念中,简直如晴天霹雳,尤其在知识界和市民中产生了强烈反响。这封信一刊布,上海人人争购,而清廷达官贵人和一些保皇派人物则惊得目瞪口呆。

邹容(1885—1905)于1903年春撰成《革命军》一书,共7章,2万余字,署名"革命军之马前卒邹容",章炳麟为之作序。他以火热的激情庄严宣告,当前要摆脱腐败黑暗的封建专制统治,要挽救民族的危亡,唯一的出路就是革命,对此别无选择,绝对不能犹豫徘徊,并自信地说:"文字收功日,全球革命潮。"他从社会前进的普遍规律,论述革命的必然性和正义性:"革命者,天演之公例也。革命者,世界之公理也。革命者,争存争亡过渡时代之要义也。革命者,顺乎天

---

① 章炳麟:《致梁启超书》,《章太炎政论选集》上册,中华书局1977年版,第167页。
② 章炳麟:《驳康有为论革命书》,《章太炎政论选集》上册,中华书局1977年版,第201、204、199页。

而应乎人者也。革命者,去腐败而存良善者也。革命者,由野蛮而进文明者也。革命者,除奴隶而为主人者也。"① 他又专辟一章,对清朝历史作了鞭辟入里的分析,论证这一腐朽、专制、卖国的皇朝必须用革命手段推翻它的理由。最突出的有三项:一是分析清廷在政治上对人民实行极端反动的压迫,二是揭露清廷在经济上对农民实行残酷剥削,三是痛斥清廷的卖国实质。《革命军》的问世,无异于在政治上宣布清朝专制统治的死刑,从深刻总结历史经验中得到革命必然爆发的结论,为危机深重的中国指明了通向光明的前途。短时间内,它成为革命志士的必读书。《苏报》主笔章士钊对邹容出色地将民主革命理论与总结历史教训相结合作了高度评价,认为"此诚今日国民教育之第一教科书"②。《革命军》出版不久,全国各地竞相翻印,其销行数量,占清末书刊的第一位。鲁迅曾中肯地评价其巨大动员教育作用:"倘说影响,则别的千言万语,大概都抵不过浅近直截的'革命军马前卒邹容'所做的《革命军》。"③

陈天华(1875—1905)的《猛回头》和《警世钟》均撰于 1903 年,其在宣传革命思想上获得的巨大的成功,是由于他以炽热深沉的感情,叙述了大量确凿的史实,又运用通俗的唱本形式,生动形象地讲出不以革命手段推翻清朝,中国就要亡国灭种的道理,为群众所乐于接受。发表后传遍城乡,震撼全国,学生读之"如同着迷",士兵读之"都奉为至宝",民间用作歌本,到处传唱。《猛回头》以铁的事实,揭露清廷残酷榨取民脂民膏的腐败实质,斥责清廷对外妥协投降,屈辱苟安,"件件依了洋人",造成列强合伙瓜分,中国面临灭亡的危险局面。陈天华又列举世界史上印度、波兰等亡国的教训,沉痛地呼吁民众猛醒奋起:"怕只怕,做印度,广土不保;怕只怕,做越南,中兴无望……怕只怕,做波兰,飘零异域;怕只怕,做犹太,没有家乡……怕只怕,做非洲,永为牛马;怕只怕,做南洋,服事犬羊。"④ 陈天华还撰有《中国革命史论》,从阐明历史发展规律的高度,说明革命史推动社会前进的伟大动力:"革命者,救人救世之圣药。终古无革命,则终古成长夜矣。"其有如声震寰宇的洪钟,鼓舞着处在清朝腐朽、黑暗统治下的人民,用革命手段争取光明的前途。陈天华宣传革命的论著,在 20 世纪初年发挥了巨大的教育作用,重刊十余次之多,发行至全国各地。革命党人赞扬说:《警世钟》《猛回头》等书,由于"咸用白话文或通俗文,务使舆夫走卒都能读之

---

① 邹容:《革命军·绪论》,中国史学会编"中国近代史资料丛刊"《辛亥革命》(一),上海人民出版社 1956 年版,第 333 页。
② 章士钊:《读〈革命军〉》,《苏报》1903 年 6 月 9 日。
③ 鲁迅:《坟·杂忆》,《鲁迅全集》第 1 卷,人民文学出版社 2005 年版,第 234 页。
④ 陈天华:《猛回头》,《陈天华集》,湖南人民出版社 1958 年版,第 38—40 页。

了解,故其文字小册散播于长江沿岸各省,最为盛行。"①

二、国粹派史学活动

20世纪初年运用史学宣传革命思想,还表现在国粹学派的论著中。国粹学派是资产阶级革命派的一翼,他们从爱国救亡和排满革命出发,利用史学宣传保存固有文化,鼓吹民族主义。1905年,邓实、黄节、刘师培等在上海成立"国粹保存会",出版《国粹学报》,编印丛书。章炳麟在上海出狱,甫抵日本,就在东京留日学生欢迎会上提倡"用国粹激励种姓,增进爱国的热肠"。其后,在他主编的《民报》上连续发表宣扬"国粹"的文章,并在《民报》内设立"国学振起会",与国内的《国粹学报》相呼应。国粹学派这种颇大声势,一直保持到辛亥革命发生。

国粹派所阐扬的"国粹",主要是指那些能够从中发挥民族主义和民主主义精神的传统文化。章炳麟说:"为甚要提倡国粹?不是要人尊信孔教,只是要人爱惜我们汉种的历史。这个历史,是就广义说的,其中可以分为三项:一是语言文字,二是典章制度,三是人物事迹。"② 章炳麟又说:"仆以为民族主义,为稼穑然,要以史籍所载人物制度、地理风俗之类,为之灌溉,则蔚然以兴矣。不然,徒知主义之可贵,而不知民族之可爱,吾恐其渐就萎黄也。"③ 邓实的《民史总序》、马叙伦的《古政通论》都把民族或氏族问题列在首位论述。黄节在《国粹学报》第一期发表《黄史总叙》,以申论"种族大义"为著史的宗旨。刘师培的《攘书》和《中国民族志》,章炳麟的《序种姓》和《中华民国解》,都着重阐述汉族的起源和历史,以强化"光复汉种"的民族意识。黄节编《正气集》,著《宋遗儒略论》,陈去病辑《明遗民录》,大量搜集宋、明遗臣、志士的著作和事迹,表彰他们的民族气节。

国粹派又主张发掘具有民主主义精神的"国粹"。邓实论述从古代史学到近代史学的变迁,必然是"君史"的消亡和"民史"的渐兴,要求仿效西方近代史家著史,"一面以发明既往社会政治进化之原理,一面以启导人类光华美满之文明"④。邓实著《中国群治进退之大势》,着重批判专制制度严重阻遏中国历史发展。他又主张区分"君学"和"国学","在朝之学"和"在野之学",推崇旧文化中具有反抗性和民主性的部分。邓实还明确提出儒学是"利君不利民"的"君学"⑤。国粹派在批评历代帝王所利用的儒学的同时,尽力提高诸子这类"在野之

---

① 冯自由:《〈猛回头〉作者陈天华》,《革命逸史》第2集,中华书局1981年版,第119页。
② 章炳麟:《东京留学生欢迎会演说辞》,《章太炎政论选集》,中华书局1977年版,第276页。
③ 章炳麟:《答铁铮》,《章太炎全集》(四),上海人民出版社1985年版,第371页。
④ 邓实:《史学通论》,《政艺通报》1902年第12、13号。
⑤ 邓实:《国学会论》,《国粹学报》1905年5月,第4期。

学"的地位。章炳麟在《诸子学略说》中批评封建专制时代学术的弊端在于"一尊孔子",而赞扬先秦诸子"各为独立"的学术精神和"往复辩论"的自由学风。① 刘师培则在《周末学术史论》中,通过比较儒、墨两家政治学说,批评儒家,表彰墨家:"儒家以德礼为本,以政刑为末,视法律为至轻。……故儒家所言之政治,不圆满之政治也。""墨家不重阶级,以众生平等为归,以为生民有欲无主则乱,由里长、乡长、国君以上同于天子,而为天子者又当公好恶,以达下情。……是墨子者以君权为有限者也,较之儒家,其说进矣。"② 刘师培、林獬还搜集历代思想家论"民贵君轻"、批判专制的言论,编著成《中国民约精义》一书,广泛发行,刘师培当时也被誉为"东方卢梭"。

然而,国粹派人物大多在政治上、文化上有严重的保守以至复古的倾向。他们宣传最多的是"排满",并且包含着强烈的大汉族主义情绪。章炳麟还认为中国的封建社会的"纲纪"并不坏,坏的只是满人。他在后来写的《自述学术次第》中曾说:"清之失道,在乎偏任皇族,贿赂公行,本不以法制不善失之。旧制或有拘牵琐碎,纲纪犹自肃然。"③ 黄节在《国粹学报序》则提出宣扬国粹的目的是光复周公、孔子之学。至辛亥革命后,国粹派人物认为排满目的已经达到,于是国粹主义落后、甚至反动的一面更加突出了,而最终汇入民国初年的复古主义逆流中。

思考题:

1. 鸦片战争前后时代的剧变促使史学领域出现了哪些新变化?
2. 谈谈20世纪初年"新史学"思潮的基本特征和进步意义。
3. 中西文化交流对晚清史学的演进如何起到推动作用?

▶ 拓展阅读

---

① 章炳麟:《诸子学略说》,《国粹学报》1905年9、10月(8、9)。
② 刘师培:《周末学术史序·政法学史序》,《刘申叔先生遗书》,民国二十五年(1936)宁武南氏排印本,第2页。
③ 章炳麟:《自述学术次第》,汤志钧编:《章太炎年谱长编》上册,中华书局1979版,第378页。

第九章　民国时期史学

民国时期（1912—1949），中国近代史学的发展取得了新的成就。

从1912年中华民国成立至1949年中华人民共和国建立前的三十余年的史学，是中国近代后期史学。它一方面与"新史学"思潮以及辛亥革命前后的史学相衔接，一方面逐步显示出自身的独特面貌。这时期史学的特点是：在新文化运动的影响下，治史者追求"科学"的历史学。西方史学的引入强化了史学学科独立意识，历史研究中对"科学方法"的提倡、对新史料的重视与利用、对史学"求真"观念的强调，使民国时期史学的发展以历史考证为主流。唯物史观史学也在这个时期产生和发展起来。处于转型中的中国史学在历史教育、人才培养、学科设置、研究机构建制等方面都发生了明显变化。新视野下的中国少数民族史学研究也取得重要的成果。

以唯物史观为指导的中国马克思主义史学与新中国史学关系更为密切，为了叙述上和理解上的连贯性，本书将在第十章集中论述。

第一节　史学观念的转变与西方史学的引入

一、新文化运动与史学观念的转化

1915年9月，陈独秀主编的《新青年》杂志创刊①，以此为标志，新文化运动逐渐兴起，并在1919年的五四运动前后形成高潮。

新文化运动对旧文化、旧制度、旧信仰、旧礼教进行了猛烈的抨击，打破了长期束缚在人们头脑中的精神桎梏。新文化运动提倡新思想、新观念，明确意识到要真正改变中国穷困落后、积贫积弱的状况，必须从思想观念上作彻底的变革。新文化运动提出要重新估定一切传统价值，强调"个人"的解放、"个性"的张扬，都是前所未有的。新文化运动真正为中国人敞开了认识世界的窗口，真正开始了中西文化与文明的比较、检讨和融通，实实在在地有了建立新文化和新文明的愿望和措施。

新文化运动的思想主流是民主与科学。

提倡民主，带给中国史学的是启蒙。启蒙的意义在于走出愚昧，重新看待人本身，重新看待人类历史的发展。具有了民主的意识，便具有了平等的眼光，历

---

① 《新青年》创刊时名为《青年杂志》，从第2卷第1号（1916年）更名为《新青年》。

史上那些圣人、帝王、显贵们的地位便有可能动摇，历史上被奉若神圣的经典、价值观念、说教就有可能成为被怀疑的对象。

提倡科学，带给中国史学的是理性。理性的精神，就是承认人具有正确认识客观历史的能力，而不是依靠直观感悟或超自然的力量。理性精神促使人们摆脱迷信和盲从，中国史学在思想解放的氛围中提倡和追求科学的历史学，在研究中强调材料和证据。

新文化运动促使历史学在史学观念和史学方法上的转化。中国古代史学一直或隐或显地受到经学的束缚与支配。辛亥革命至新文化运动前后，经学的衰落与终结，使得史学有可能进一步摆脱经学的羁绊；民主与科学的深入人心，使得史学以主动的姿态要求学科的独立。史学以"求真"为鹄的，凸显了对近代意义的历史学学科"独立"的追求和对史学研究自身的"尊重"。史学"求真"，除去主观上的认识外，在具体的研究层面表现为对史料考证的重视，而学术研究中"科学方法"的提倡，则成为当时沟通中西史学的最响亮的口号。胡适强调说："中国旧有的学术，只有清代的'朴学'确有'科学'的精神。"① 结合传统史学的考证方法，冠以"科学方法"加以提倡，不仅成为结合中西史学的有效尝试，也是中国史学追求"科学的"历史学的努力方向之一。新的历史考证学在民国时期渐成中国史学主流。

二、各种西方史学观念的引入

戊戌维新前后，西方的学术思想观点传入中国出现过一次高潮，其中影响最大的是进化史观。西方学理对于中国史学的意义，是开阔了人们的视野。在接受西方史学的同时，以西方史学为参照，比较中国史学的落后和封闭状况，进而对旧史学进行抨击。

五四新文化运动使中国的思想文化领域进入了一个空前开放、活跃的时期，中国史学又迎来了一个引进、学习西方史学的高潮。与戊戌维新时期有着重要区别的是，"五四"时期介绍和引入西方史学，内容多由西文原著直接翻译过来，从事西方史学输入的学人素质发生了很大变化，主要是由在欧美留学的留学生从西方直接输入，他们"多为直接受过欧美现代史学或科学方法正规训练的专业史学家，如何炳松、陈衡哲、徐则陵、李济、李思纯、陈翰笙、胡适等。"② 在"五四"时期，西方史学较之以往更为有系统地被翻译介绍到中国、被宣讲于大学讲坛，其规模和内容，与晚清时代相比已不可同日而语。"五四"学人对西方史学的

---

① 胡适：《清代学者的治学方法》，《胡适文存》一集卷二，上海亚东图书馆 1921 年版，第 216 页。
② 参见胡逢祥：《"五四"时期的中国史坛与西方现代史学》，《学术月刊》1996 年第 12 期。

态度不再局限于介绍和引进,而是力图在中西史学的结合的基础上,建立科学的历史学,促进中国史学新的发展。

南京高师《史地学报》、北京高师《史地丛刊》、中国史地学会《史学与地学》,以及《新青年》《学衡》《东方杂志》《北京大学社会科学辑刊》《时事新报·副刊学灯》等报刊,大量发表缪凤林、陈训慈、徐则陵、何炳松、陈定谟、朱希祖等人介绍西方史学的文章。许多留学或者游历日本、欧美的学者,例如李大钊、梁启超、胡适、傅斯年、张荫麟等人归国后,在北京大学、清华大学、南开大学、中山大学等高等学校讲授"史学要论""历史研究法""史料学"之类课程,宣传西方实证主义史学观念和方法。甚至一些欧美学者例如杜威、杜里舒,被邀请到中国讲学,宣传其学术主张,也促成西方史学在中国的传播。一些出版社,如商务印书馆等,组织学者翻译出版西方学者的史学著作或者他们编写的历史教科书,这些原作者主要为英、德、美、法学者;从内容看,不仅有经济史、思想史,并且有政治史、战争史、生活史、宗教史等;从类型上看,既有专门史,又有通史,这样使更多的人能够了解西方史学。可见,"五四"时期西方史学输入途径是多样的。

被输入的西方史学理论与方法,无论日本的还是欧美的,在中国都产生了影响。其中,来自日本的主要有形成于明治维新时期的文明史学,福泽谕吉、浮田和民等人的理论主张在中国得以流行,并使中国学者熟悉伏尔泰、基佐、博克尔等;来自美国的有鲁滨逊新史学观念、杜威实验主义史学方法;来自欧洲的有兰克的客观主义史学、兰普勒希特的实证主义史学、康德和黑格尔等人的历史哲学、斯宾格勒的文化形态史观、马克思主义史学观念、新生机主义、新康德主义等,这些形形色色的西方史学理论与方法都在中国流传起来。例如:欧洲文化和美国本土学术共同孕育而成的鲁滨逊的"新史学",在20世纪前30年的美国影响很大,何炳松翻译了鲁滨逊的《新史学》一书,受到当时中国史学界的关注。比尔德、贝克尔、巴恩斯、海斯和汤普森等人的史学理论、欧洲史、美国史、史学史著作,由何炳松、蒋廷黻、陈训慈、李泰棻等人的介绍和翻译,在中国广为流传,成为中国学者书写"史学概论""史学方法论"类著作和讲授欧洲史不可或缺的材料,也成为中国学者编写相关教材的重要参考书。王光祈、张君劢、李思纯、张荫麟较早介绍斯宾格勒及其著作,后来《战国》半月刊聚集林同济、雷海宗、陈铨、贺麟等人,他们运用斯宾格勒的文化形态理论来解读中国历史,形成"战国策派"。朱谦之对于输入西方历史哲学有重要贡献,他著《历史哲学》《历史哲学大纲》《黑格尔主义与孔德主义》《黑格尔的历史哲学》《孔德的历史哲学》等,传播黑格尔、孔德、杜里舒和新黑格尔主义克罗齐等人的历史哲学。可见,这些西方史学理论与方法的输入,颇有流派纷呈、令人目不暇接之感。

以兰克为代表的客观主义史学的输入。早在1900年,王国维为箕作元八、峰山米造的《西洋史纲》作序,提到兰克之名;1921年,陈训慈就论述过德国兰克的国家主义;后来徐则陵、张其昀、何炳松、张荫麟等人则介绍兰克的考证方法及其在美国的影响,表现出对兰克等人治史原则的推崇。具有客观主义理论倾向的朋汉姆的《史学方法论》,1937年由陈韬译成汉语、商务印书馆出版,成为中国科学史学中史料搜求派理论方法的圭臬。

以巴克尔、兰普勒希特为代表的实证主义史学的输入。在孔德实证主义影响下,巴克尔、兰普勒希特等人的史学成为不同于兰克史学而具有新倾向的科学史学派别。朱希祖的《中国史学通论》最初是1919年他在北京大学史学系的讲义,后由独立出版社于1943年出版,书中采纳兰普勒希特的史学理论。1920年夏,朱希祖主持北京大学史学系,读兰普勒希特《近代西方史学》,并依据其观点设置史学专业课程。其他人如徐则陵、陈训慈、李大钊等宣传兰普勒希特史学主张。代表着实证主义史学理论与方法的专著是法国朗格诺瓦和瑟诺博司的《史学原论》,由留学法国的李思纯翻译的汉文本于1923年出版,对中国史学产生了重大影响,胡适《中国哲学史大纲》、何炳松《历史研究法》、梁启超《中国历史研究法》都受其影响。

以杜威为代表的实验主义史学的传播与影响。实验主义是胡适对杜威学术思想的称呼,而杜威自称工具主义,国内一般称为实用主义。这一方法是实证主义在美国的一个分支,在20世纪初的美国非常流行,以杜威的观点为最典型。1919年杜威来华讲学,曾到上海、北京等地演讲,花两年多时间宣传实验主义,胡适、蒋梦麟主持的《新教育》杂志出杜威专号,报道这些活动,并登载杜威的讲话。胡适还在1919年4月15日的《新青年》6卷4号发表《〈实验主义〉引论》,为其张目;其他人如陈定谟在1925年10月的《东方杂志》上发表《认识论之历史观》,专门讨论实验主义,为其推波助澜。胡适等人的大力宣传,使实验主义一时在中国学术界非常流行,艾思奇曾经指出,"五四"时期,"在哲学上,胡适所标榜的实验主义占了一时代的上风"[①]。

新史学中的唯物史观,同客观主义、实证主义一样,成为科学史学观念的重要内容。在中国传播的马克思主义历史学观念,除了阶级属性、唯物辩证属性之外,就其秉持历史进化论、相信历史规律性、追求史学科学性而言,与实证主义史学观念是相通的。

可以说,20世纪初以来的新史学最初是以近代科学的姿态出现的,到了"五

---

① 艾思奇:《二十二年来之中国哲学思潮》,《中华日报》第2卷第1期,1933年12月。

四"时期，科学的追求成为史学的主流。而这种追求恰是西方史学中的科学精神与方法在中国传播时被放大并发生影响的结果。

分析这个时期引入西方史学和中西史学结合的情况，可以得出几点认识。第一，中西史学的结合途径有多种多样，结合的重点也不尽相同，全方位的探讨中西史学的结合之路，是中国史家的艰巨任务。第二，在任何时候都不可忽视中西史学结合的目的之所在，外来思想"即令一时输入，非与我中国固有之思想相化，决不能保其势力"[①]。第三，中西史学的结合不是一朝一夕的事情，而是一件长期的、不间断的工作，不断地引进西方史学，不断地总结中西史学结合的成果，有利于促进中国史学的发展进程。

三、新的史学体制的形成

1905年正式废除科举制以后，新式学堂普遍建立。到了民国时期，高等教育、中小学校教育制度已初具规模。在高等学校，以西式学科分类为基础的专业设置逐步规范化，史学作为独立的学科门类，在高等院校中被设置为专门的教学系或研究院，成为新的历史教学与史学研究体制中的重要组成部分。

1917年蔡元培任北京大学校长后，废去文、理、法科之名，改门为系，史学系即在其中，朱希祖任史学系主任，这是国内各大学中首创的现代历史学系及相应课程和规模。南京高等师范学校于1923年改名为东南大学后，各学科重新划分，设有历史系，柳诒徵等知名学者在此任教，讲授中国文化史、东亚各国史、印度史、南亚各国史、中国政治制度史等课程。南开大学的历史系属文科门下，开有中国历史及史家、日本通史、美国通史、英国通史、清史、欧洲近代外交史、中国外交史、欧美政治哲学史等课程。中山大学的史学系也在文科门下，1927在朱家骅的主持下改革学科设置，顾颉刚曾任史学系主任。此外，北京高等师范学校、武昌高等师范学校等也设有史地系或史地部。

在本科一级历史教学的基础上，一些学校仿西方大学制，开始筹建更高一级的研究所或研究院。蔡元培曾经说："大学者，研究高深学问者也。"[②] 时值"整理国故"运动兴起，凡中国学术与文化领域皆以"国学"统称，故这类研究所或研究院也纷纷冠名"国学"，但是其实际的研究对象即以史学、文学等人文学科为主要内容，这又反映出当时的中国学术界的学科分类、学科独立的实际状况，仍处于新旧转换的阶段。1922年12月，北大的学校评议会公布了《国立北京大学研

---

① 王国维：《论近年之学术界》，《静庵文集》，《王国维遗书》第5册，上海古籍出版社1983年版，第97页。
② 蔡元培：《就任北京大学校长之演说》，朱有瓛主编：《中国近代学制史料》第3辑下册，华东师范大学出版社1992年版，第36页。

究所组织大纲》，正式确定了预科、本科、研究所三级的学制方式，计划在研究所下设自然科学、社会科学、国学和外国文学4门，率先成立的国学门，研究对象包括中国的文学、史学、哲学、语言学、考古学等方面。1925年，清华学校建立研究院，吴宓任研究院筹备主任，聘请王国维、梁启超、赵元任、陈寅恪为研究院导师。其章程宗旨为"本院以研究高深学术，造就专门人才。"① 1926年林语堂任厦门大学文科学长，聘沈兼士、顾颉刚、鲁迅等人同办厦大国学研究院。傅斯年等人于1928年1月在中山大学成立了语言历史研究所。

历史教学体制中的课程设置内容大致包括了中国通史与断代史（古代、中古、近代）、西洋通史与断代史（古代、中古、近代）、人文学科的专门史（史学史、文学史、哲学史）与社会科学学科的专门史（政治史、经济史、文化史等）、史学理论与历史研究法，以及思想史、民族史、历史地理学等。课程设置的建立健全，不仅使各级历史教学内容得以规范和丰富，也成为现代史学的学科研究格局的基本框架。

1928年11月，傅斯年在广州筹备建立了中央研究院历史语言研究所，创办《历史语言研究所集刊》。次年春，历史语言研究所迁至北平，下设历史、语言、考古三个组，分别由陈寅恪、赵元任、李济任主任。史语所有着更为规范的运作机制和较为固定的研究人员，在建所之后的数年间就开展了明清内阁大库档案整理、安阳殷墟考古发掘、方言调查等多项研究，并取得一系列重要研究成果，很快成为近代中国史学的标志性研究机构。

高校中设立系、院（所）两级的教学与研究建制以及专门的史学研究院所的建立，形成了延聘名师、选拔人才、分科而治、科学管理的现代历史教学系统，从而改变了以往私塾、书院教育或依靠家学、师承关系式的传统治学形式，为现代史学的高水平、高层次的研究创造了条件。

史学刊物的创办与发行，也成为及时传播史学研究成果、发布史学研究动态的新方式。高校学报如北京大学的《国学季刊》、清华大学的《清华学报》、燕京大学的《燕京学报》等，史学专业性杂志如历史语言研究所的《历史语言研究所集刊》、东南大学的《史地学报》、中国史地学会的《史学与地学》等，综合性报刊如《东方杂志》《学衡》《晨报副刊》《大公报副刊》，史学专门研究领域刊物如《食货》《禹贡》等，既为学者提供了及时发表和了解研究成果的机会，也提供了进行学术交流和学术争鸣、辩论的园地。学术期刊还吸引了学术旨趣大致相同的人们聚集在一起共同切磋，进而形成某种思潮和学派。此外，商务印书馆、中华书局、亚东图书馆等出版机构，也出版了大量史学论著。学术期刊和出版机构刊

---

① 齐家莹：《清华人文学科年谱》，清华大学出版社1999年版，第8页。

发或出版的史学研究成果，全面地反映出该时期学术研究的状况和走向，为当时及后人了解学术动态提供方便。

第二节　新历史考证学的成就

一、新史料的发现

1925 年，王国维在清华学校的一次演讲中说："今日之时代，可谓之发见时代，自来未有能比者也。"[①] 新史料的发现，为中国近代史学的发展提供了难得的机遇和条件。

19 世纪末，河南安阳发现的刻有文字的甲骨引起了学者的注意，经王懿荣、刘鹗、孙诒让、罗振玉等人的搜集和整理，确定甲骨文是殷商时期以占卜记录为主要内容的早期文字。刘鹗的《铁云藏龟》、孙诒让的《契文举例》、罗振玉的《殷墟书契》等著述，和罗振玉、王国维等人利用甲骨文对殷商时期的历史研究所取得的突破性成就，使殷墟卜辞的史料价值受到高度关注。中央研究院历史语言研究所在傅斯年、李济、董作宾等人的策划和主持下，从 1928 年至 1937 年，先后对殷墟进行了 15 次发掘，获得有字甲骨二万四千余片。安阳的发掘不仅大规模地、科学地收集到了殷墟甲骨，而且成为中国学者自己进行现代考古发掘的开端。对甲骨文研究卓有成就的罗振玉（雪堂）、王国维（观堂）、郭沫若（鼎堂）和董作宾（彦堂），被誉为"甲骨四堂"。

1900 年，道士王圆箓在敦煌莫高窟发现了"藏经洞"，洞内堆满了从十六国到北宋时期的各类经卷、文书和文物 4 万多件，主要是写本、印本、石拓本卷轴，除汉文写本，还有许多古藏文、梵文、回鹘文、龟兹文的写本。这批日后震惊世界学术界的珍贵文物，在当时并未得到相应的保护，致使其中的大部分先后被英国、法国、日本、俄国、美国人掠走，敦煌文物遭受到了极大的损失，也给中国学者利用这些文献造成了极大的不便。"敦煌者，吾国学术之伤心史也。"[②] 敦煌文物以其丰富的形式（文书、藏经、壁画等）和内容（涉及时间约 5 世纪初至约 11 世纪初，包括政治、军事、经济、宗教、文化等各个领域）提供了一个地区的充足的研究材料，其意义则扩至整个的中古史研究。

20 世纪初，由外国学者组成的"探险队"在中国西北地区发现的汉晋简牍也引起了学术界的轰动。1914 年，王国维的《流沙坠简》是中国学者研究简牍的最

[①] 王国维：《最近二三十年中中国新发见之学问》，《学衡》第 45 期，1925 年 9 月。
[②] 陈寅恪：《陈垣敦煌劫余录·序》，《金明馆丛稿二编》，生活·读书·新知三联书店 2001 年版，第 267 页。

早成果。大批秦汉、战国时的简牍的问世,为战国秦汉以来的烽燧、官僚、军事、法律、土地、邮传制度等方面的研究提供了宝贵的史料。

明清内阁大库档案一直深藏于北京紫禁城里的清代内阁大库中。1921年,北洋政府为筹发教育部职工的工资,将档案的大部分拟作为"还魂纸"原料处理。经罗振玉、陈垣等学者的多方努力,明清内阁大库档案的大部分得以保存,这批史料也由此引起注意。明清内阁大库档案是研究明清史、近代史的第一手材料。北京大学研究所国学门、中央研究院历史语言研究所等机构都曾对明清内阁大库档案部分内容进行了整理,在整理过程中也培养了一批明清史研究人才。

上述20世纪初的四大史料发现,以及史前遗址的发掘、用少数民族或域外文字书写的各类文字史料、上古时代的金石铜器等器物和镌刻其上的铭文等,都大大扩展了史料范围。新史料的发现和使用,改变了旧的史料观念,促进了中外史学交流,开拓了历史研究的新领域。因新史料而出现的甲骨学、敦煌学、简帛学等新学科成为国际显学。

二、王国维的古史考证成就及其"二重证据法"

用新史料和新方法研究中国古史,影响最大的是被誉为中国近代新史学的开山的王国维。

王国维(1877—1927),字静安,号观堂,浙江海宁人。16岁考取秀才。22岁时到上海接触新学,因在罗振玉创办的东文学社半工半读,受到罗振玉的赏识,又因日本教师而接触西方哲学。后至南通、苏州师范学堂讲授哲学、社会学、心理学,在文学、戏曲、美学、伦理学、教育学领域亦多有研究与著述。辛亥革命后,随罗振玉赴日本,治学方向转入中国古史史料、古文字、古器物、音韵学等研究领域。1916年回国,在上海为英人哈同编《学术丛刊》,兼任仓圣明智大学教授。1922年受聘为北京大学研究所国学门通讯导师。1925年应聘为清华学校国学研究院教授。1927年6月2日,王国维自沉于颐和园昆明湖。

王国维的古史考证研究直接受益于殷墟卜辞等新发现的史料。王国维一方面考释甲骨文、金文、汉晋简牍等新史料的文字字义,另一方面用甲骨文等新史料考证历史文献的记载,他在1917年撰成了著名的《殷卜辞中所见先公先王考》《殷卜辞中所见先公先王续考》两篇论文,考证了殷代先公先王帝喾、相土、季、王亥、王恒、上甲、报丁、报丙、报乙、主壬、主癸、大乙(汤、唐)、羊甲13人的名号和前后顺序,证明了《史记》袭《世本》所记的商代世袭基本无误,订正了《史记》记载中不确之处,指出《史记·殷本纪》《三代世表》与《汉书·古今人表》中所记商代世数的互异之处应以《殷本纪》所记为近。同年完成的

《殷周制度论》指出殷、周制度的三个重大不同之处是立子立嫡之制、庙数之制、同姓不婚之制。商代是以兄死弟及为主，无弟然后传子，周代则定为立子制。商人祭祀无亲疏远迩之别，周人祭祀时有尊卑远近之别，有毁庙之制。商人六姓以内或可通婚，周人同姓不婚。"中国政治与文化之变革，莫剧于殷周之际。"① 结合甲骨文、金文和文献史料研究商周史，由地下出土的史料和传世文献史料互证其真伪，因具体考证而至制度史研究，王国维的研究成就产生了重大影响。

王国维的古史研究涉及商周史、西北史地、蒙古史、汉唐史、宋元史、历史文献学等领域，大部分成果汇集在《观堂集林》中。他的《秦汉郡考》（1913年）、《殷虚卜辞中所见地名考》（1915年）、《鬼方昆夷猃狁考》（1915年）、《三代地理小记》（1915年）、《毛公鼎考释序》（1916年）、《汉魏博士考》（1916年）、《释史》（1916年）、《西胡考》（1919年）、《〈蒙鞑备录〉跋》（1925年）、《〈黑鞑事略〉跋》（1926年）、《鞑靼考》（1926年）、《金界壕考》（1927年）、《南宋人所传蒙古史料考》（1927年）、《蒙古札记》（1927年）等研究成果，都具有重要的学术价值。

王国维在研究中实践并总结出"二重证据法"。在《古史新证》中，王国维定义其"二重证据法"："吾辈生于今日，幸于纸上之材料外，更得地下之新材料。由此种材料，我辈固得据以补正纸上之材料，亦得证明古书之某部分全为实录，即百家不雅驯之言亦不无表示一面之事实。此二重证据法惟在今日始得为之。虽古书之未得证明者不能加以否定，而其已得证明者不能不加以肯定，可断言也。"② 在中国古代史学研究中，使用纸上材料和地下新材料互证的方法并不罕见，王国维"二重证据法"的意义在于：第一，此时的"地下新材料"与古代的实物史料在概念、范围和在历史研究中所占的分量都有很大不同，"二重证据法"是将"地下新材料"与"纸上之材料"视为同等重要而提出的，改变了以往以纸上文字材料为主、辅以实物史料进行历史研究的史料观念；第二，"二重证据法"的提出，是对研究方法在理论层面的概括，因而具有近代史学的史学方法论意义，开辟了近代的中国古史研究道路。进一步说，"二重证据法"的意义并不仅止于"取地下之实物与纸上之遗文互相释证"，陈寅恪在总结王国维治学方法时说的"取异族之故书与吾国之旧籍互相补证""取外来之观念与固有之材料互相参证"③，都是王国维对史学方法的重要贡献。

---

① 王国维：《殷周制度论》，《观堂集林》卷一〇，《王国维遗书》第 4 册，上海古籍书店 1983 年版，第 1 页。
② 王国维：《古史新证》，清华大学出版社 1994 年版，第 3 页。
③ 陈寅恪：《王静安先生遗书序》，《金明馆丛稿二编》，生活·读书·新知三联书店 2001 年版，第 247 页。

王国维对学术与文化的发展有着精辟的见解。他总结清代学术的特点说:"道咸以降,涂辙稍变。言经者及今文,考史者兼辽、金、元,治地理者逮四裔,务为前人所不为,虽承乾嘉专门之学,然亦逆睹世变,有国初诸老经世之志。故国初之学大,乾嘉之学精,道咸以降之学新"①。关于历史学的性质问题,王国维认为:"学有三大类:曰科学也、史学也、文学也。""凡事物必尽其真,而道理必求其是,此科学之所有事也;而欲求知识之真与道理之是者,不可不知事物道理之所以存在之由与其变迁之故,此史学之所有事也;若夫知识道理之不能表以议论,而但可表以情感者,与夫不能求诸实地,而但可求诸想象者,此则文学之所有事。"面对晚清民国以来中西文化的碰撞,王国维指出学术的功能:"今之言学者,有新旧之争,有中西之争,有有用之学与无用之学之争。余正告天下曰:学无新旧也,无中西也,无有用无用也。""中国今日实无学之患,而非中学西学偏重之患。""余谓中西二学,盛则俱盛,衰则俱衰,风气既开,互相推助,且居今日之世,讲今日之学,未有西学不兴而中学能兴者,亦未有中学不兴而西学能兴者。"② 既要大胆引入西学,又不是不要中学,西学"即令一时输入,非与我中国固有之思想相化,决不能保其势力。"③ 这些观点对后人仍然有着重要的启示。

三、胡适、傅斯年的史学方法论

胡适是新文化运动的著名人物,是民国时期的启蒙思想家、文学家、哲学家、政治活动家,也是一位史学家,而且是在 20 世纪前半期中国史学转型中作出了重要贡献的史学家。

胡适(1891—1962),字适之,安徽绩溪人。1910 年考取庚款留美官费生,先后在美国康奈尔大学和哥伦比亚大学学习,师从著名的实验主义哲学家杜威。1917 年完成了他的博士论文《中国古代哲学方法之进化史》,同年启程回国,被聘为北京大学教授。后又曾担任过中国公学校长、北京大学校长等职,并于 1938 年出任国民党政府驻美国大使。1949 年 4 月起寓居美国。1958 年到台湾任"中央研究院"院长。1962 年 2 月在台湾去世。

1919 年 12 月,胡适在《新青年》上发表了《新思潮的意义》一文,把新思潮的宗旨概括为"研究问题、输入学理、整理国故、再造文明"④。1923 年,胡适

---

① 王国维:《沈乙庵先生七十寿序》,《观堂集林》卷二三,《王国维遗书》第 4 册,上海古籍书店 1983 年版,第 26 页。
② 王国维:《国学丛刊序》,《观堂别集》卷 4,《王国维遗书》第 4 册,上海古籍书店 1983 年版,第 7—9 页。
③ 王国维:《论近年来之学术界》,《静庵文集》,《王国维遗书》第 5 册,上海古籍书店 1983 年版,第 97 页。
④ 胡适:《新思潮的意义》,《新青年》第 7 卷第 1 号,1919 年 12 月 1 日。

撰写的《国学季刊发刊宣言》提出了"整理国故"的具体方法："（一）用历史的眼光来扩大国故研究的范围；（二）用系统的整理来部勒国学研究的资料；（三）用比较的研究来帮助国学的材料的整理与解释。"①"整理国故"重在对传统学术的重新整理与研究，是新文化运动继续深入发展之后对传统文化重新审视的一种态度。

从胡适的"整理国故"的思路出发，他在哲学、文学、史学诸领域均有涉猎。在哲学史、思想史方面的研究，有《中国哲学史大纲》（上）、《戴东原在中国哲学史上的位置》（1923年）、《费经虞与费密——清学的两个先驱者》（1924年）、《戴东原的哲学》（1925年）、《几个反理学的思想家》（1928年）、《说儒》（1935年）、《颜李学派的程廷祚》（1936年）等论文。《章实斋先生年谱》（1921年）和《科学的古史家崔述》（1923年），前者区别于旧式流水账式的年谱，重在表明章学诚的学术思想，后者首次全面肯定了崔述疑古与考信的意义。章学诚在史学理论上的建树，崔述在考辨古史上的成就，均由此在近代中国史学上得以彰显。

胡适的《中国哲学史大纲》（上）是对中国近代学术产生影响最大、开史学新风气的著作之一。1919年2月出版的《中国哲学史大纲》首次对没有可靠材料依据的中国古史的内容采取了拒绝的态度，在叙述古代哲学史的时候"截断众流"，撇开三皇五帝尧舜禹汤的传说，"径直从孔子、老子"讲起。胡适此举在当时产生了极大影响，书出不到两个月即再版，到1922年已出到第8版。《中国哲学史大纲》还给当时的中国学术界展示了现代学术的研究方法。胡适在书的"导言"中界定了什么是哲学、什么是哲学史等研究哲学史首先应当明确的基本概念，认为研究哲学史的目的在于"明变""求因""评判"，指出了中国哲学在世界哲学史上的地位，进而对中国哲学史的发展作了阶段划分，最后就研究哲学史的史料和史料的审定与整理作了分析。《中国哲学史大纲》所引起的震动，不仅仅是在哲学史研究本身，而是在中国当时整个的文化思想领域。蔡元培在为该书写的序言中认为此书有四大长处：证明的方法、扼要的手段、平等的眼光、系统的研究。

胡适一生不断地宣传倡导"科学方法"。他多次提到这样的观点："我的唯一的目的，是要提倡一种新的思想方法，要提倡一种注重事实，服从验证的思想方法。"② 从1916年的《诗三百篇言字解》直到1960年的《中国哲学里的科学精神与方法》，胡适一生所写注重"学问思想的方法"的文章，据统计在百万言以上。③ 胡适所说的"科学方法"以他的老师杜威的实验主义为理论基础。他多次强

---

① 胡适：《国学季刊发刊宣言》，《国学季刊》第1卷第1号，1923年1月。
② 胡适：《我的歧路》，《胡适文存》二集卷三，上海亚东图书馆1924年版，第100页。
③ 许冠三：《新史学九十年》，岳麓书社2003年版，第152页。

调："实验主义只是一个方法，只是一个研究问题的方法。"① 一般认为，胡适的"科学方法"的中心内容，可以归结为"大胆的假设、小心的求证"十个字。总起来看，大胆假设、小心求证与其说是一种方法，不如说是一种治学的精神和态度。真正具有"方法"意义的内容，是他将中国传统治学方法与西方现代科学法则加以贯通，所得出的一系列结论。其一，结合西方现代科学方法，阐发清代乾嘉考据学已经具有了"科学"的精神，"他们用的方法无形之中都暗合科学的方法"②；其二，结合西方进化论的观念，注重使用"历史的眼光""历史的态度""历史演进的方法"对研究对象进行考察，目的在于"各还他一个本来面目"；其三，强调存疑的方法，对于所有的传统旧说，都必须"拿证据来"，从而达到"重新评估一切价值"的目的。胡适所提倡的"整理国故""科学方法"等号召，在当时也存在一定争议，在今天亦须客观地给予评价。

傅斯年在中国近代史学的规划、组织和建设方面作出了重要贡献，他的史学成就和史学方法主张也颇具特色。

傅斯年（1896—1950），字孟真，山东聊城人。1916年入北京大学，在学期间组织"新潮社"，创办《新潮》杂志，是五四运动的组织者之一。毕业后留学英国、德国。1926年回国后，任中山大学教授。1928年任中央研究院历史语言研究所所长。1949年1月去台湾任台湾大学校长，继续主持历史语言研究所。1950年12月在台北去世。

为了集中力量、有组织地进行中国历史学和语言学的研究，以实现赶超国外汉学并将汉学研究中心从巴黎、东京夺回中国的目标，傅斯年说服中央研究院院长蔡元培和总干事杨杏佛，于1928年10月成立了中央研究院历史语言研究所，下设历史、语言和考古三组。史语所成立伊始，即抢救性购买了流失在外的明清内阁大库档案，并经过历史组人员长达三年的艰苦努力，对八千麻袋档案进行了整理。语言组在十多年的时间里进行了二十余次大范围的汉语及方言调查，将语言学研究推向了科学的研究道路。考古组除了在河南安阳对殷墟甲骨进行了系列发掘之外，还在河南、山东、四川、甘肃等地进行了多次考古发掘。在这些学术活动中，史语所聚集并培养了一大批历史学、考古学和语言学研究人才。史语所先后出版了各种学术研究成果，其中以《历史语言研究所集刊》最为著名，至1948年，该刊共出版20本，成为中国近代史学史上最有影响的刊物之一。

史语所的研究成绩和人才培养，与傅斯年的组织与领导密不可分，也与傅斯

---

① 胡适：《我的歧路》，《胡适文存》二集卷三，上海亚东图书馆1924年版，第99页。
② 胡适：《论国故学——答毛子水》，《胡适文存》一集卷二，上海亚东图书馆1921年版，第287页。

年的学术主张直接相关。在《历史语言研究所工作之旨趣》中，傅斯年陈述了他的学术理念：一是尊重并保持前辈学者"利用旧的新的材料，客观地处理实在问题"的传统；二是"扩张研究的材料"；三是"扩张研究的工具"。史料成为傅斯年史学思想的中心："我们反对疏通，我们只是要把材料整理好，则事实自然显明了。一分材料出一分货，十分材料出十分货，没有材料便不出货。""我们只是上穷碧落下黄泉，动手动脚找东西。""利用自然科学供给我们的一切工具，整理一切可逢着的史料。"他提出的一个著名的学术口号便是："近代的历史学只是史料学。"[1]

如果从方法论的角度理解"史学只是史料学"的主张，可以看出其回归历史学实事求是基本功能的诉求，是将历史学研究方法"科学化"的努力，也反映了现代考古学的迅速兴起使史料范围的扩大和史料观念转变对历史学的影响。然而，史料和史料学毕竟是历史学研究的基础，而不是历史研究的全部，"史学只是史料学"的提法本身也有其偏颇之处。傅斯年主持撰写的《东北史纲》，就是为了证明东北自古属于中国领土、驳斥日本的侵略谬论、激励国人抗日信心的"书生报国"之作。1948年他当选中央研究院院士的两篇代表作分别是《夷夏东西说》和《性命古训辨证》。《夷夏东西说》认为中国历史上古三代和三代以前的民族分东系的夷、商和西系的夏、周，此东西两大族群、两大文化系统的对峙，构成了上古史研究的新视角，可以看作傅斯年在古史考证中的历史"疏通"之作。《性命古训辨证》是结合训诂学与近代语言学方法，统计先秦典籍中"生""性""令""命"的出现及含义，论证先秦诸家有关性命之义及其演变。这些成果也表明了傅斯年学术的不同面相。

四、陈垣、陈寅恪的史学成就

陈垣和陈寅恪是民国时期历史考证领域中最有成就的史家，他们的学术成就都具有近代史学的特点。

陈垣（1880—1971），字援庵，广东新会人。早年参加过科举，考取了秀才。曾习医，与人创建光华医学校。辛亥革命后弃医从政，办《震旦日报》，后以报人身份当选为中华民国众议院议员、教育部次长。1914年袁世凯解散国会后，定居北京，潜心治史。曾任北京大学、北平师范大学、辅仁大学教授，1926—1952年任辅仁大学校长，1952年以后任北京师范大学校长。

1917—1923年，陈垣先后完成的《元也里可温教考》《开封一赐乐业教考》

---

[1] 均见傅斯年：《历史语言研究所工作之旨趣》，《历史语言研究所集刊》第一本第一分册，1928年。

《火祆教入中国考》《摩尼教入中国考》，后来合称"古教四考"，填补了中国古代宗教史的研究空白，奠定了他在史学界的地位。陈垣的关于佛教史和道教史的研究成果还有《释氏疑年录》（1938年）、《中国佛教史籍概论》（1942年）、《明季滇黔佛教考》（1940年）、《清初僧诤记》（1941年）、《南宋初河北新道教考》（1941年）等，后三书又合称"宗教三书"。陈垣在1923—1927年完成的《元西域人华化考》，从选题到材料，从方法到内容，达到了当时历史考证研究学的最高水准，也是陈垣历史考证的典范之作。这部著作从文化传播、交流与融合的角度，对元代文化发展状况作了深入全面的探讨，内容包括元代西域人在儒学、佛教、史学、礼俗、文学、美术等多方面的成就，并结合民族迁徙、中西交通、西北史地的研究，通过阐述元代西域各族接受汉文化的事实，纠正了明以来轻视元代文化的倾向。《元西域人华化考》的学术意义已不限于历史考证本身，如陈寅恪誉其"有以合于今日史学之真谛"，"关系吾国学术风气之转移者至大，岂仅局于元代西域人华化一事而已哉"①。

陈垣在目录学、年代学、史讳学、史源学和校勘学等方面均有开创性成就。他以研读《书目答问》《四库全书总目》为治学门径，认为掌握目录学是史学考证必经之路。《中国佛教史籍概论》论证了佛教重要史籍的流传情况，也是他在目录版本学上的代表性著作。他编著的《二十史朔闰表》（1926年）和《中西回史日历》（1925年），将两千多年来几种历法的变化一一表而出之，首次明确了中、西、回历在历史上的换算日期，极大地方便了学者历史研究，为中外学者所重。《史讳举例》（1928年）凡举82例避讳实例作为示范，全面说明避讳使用的方法和种类，是对历史文献中避讳现象的总结性著述，"意欲为避讳史作一总结束，而使考史者多一门路一钥匙也"②。史源学由他开设的"史源学实习"课程而来，"择近代史学名著一二种，逐一追寻其史源，检照其合否，以练习读一切史书之识力及方法，又可警惕自己论撰时不敢轻心相掉也"③。陈垣强调："考证为史学方法之一，欲实事求是，非考证不可。"④ 在研究中实事求是、"考镜精微"，讲类例、重史源、对史料"竭泽而渔"，是陈垣考证史学的主要特点。

校补《元典章》、作《通鉴胡注表微》（1940年）等，是陈垣在校勘学方面的代表性成果。陈垣校勘《元典章》得出各种各样的谬误一万二千余条，于是取其

---

① 陈寅恪：《陈垣元西域人华化考序》，《金明馆丛稿二编》，生活·读书·新知三联书店2001年版，第270页。
② 陈垣：《史讳举例·自序》，科学出版社1958年版，第1页。
③ 陈垣：《史源学实习》，《陈垣全集》第22册，安徽大学出版社2009年版，第431页。
④ 陈垣：《通鉴胡注表微》，《陈垣全集》第21册，安徽大学出版社2009年版，第95页。

有代表性的校补实例分类示之，作《〈元典章〉校补释例》六卷（1933年）：卷一，行款误例；卷二，通常字句误例；卷三，元代用字误例；卷四，元代用语误例；卷五，元代名物误例；卷六，校例。值得重视的是，作者在阐明五个方面"误例"的基础上，在卷六"校例"中提出了"校法四例"，将校勘学的方法归纳为对校法（"以同书之祖本或别本对读，遇不通之处，则注放其旁"）、本校法（"以本书前后互证，而抉摘其异同，则知其中之谬误"）、他校法（"以他书校本书"）、理校法（"遇无古本可据，或数本互异，而无所适从之时，则须用此法。此法须通识为之"）。这是以近代史学意识对古代校勘学进行的理论总结，从而将古代校勘方法归纳至具有方法论意义的层面。此书因之又名《校勘学释例》，胡适认为"校法四例""是中国校勘学的第一次走上科学的路。"①

陈寅恪（1890—1969），江西义宁人（今江西修水）。早年赴日本学习，1910年以后，留学欧美十余年，先后就读德国柏林大学、瑞士苏黎世大学、法国巴黎高等政治学校、美国哈佛大学。1926年归国后，先后任清华学校国学院、清华大学、西南联合大学、岭南大学、中山大学等校教授，也曾在中央研究院历史语言研究所兼任研究员。

多年海外留学的经历，让陈寅恪不仅掌握了多种域外语言，而且通晓梵文、巴利文、西夏文等古文字，更让他能够在历史研究中融会多种文字史料，以更为宏阔的史料观扩展历史研究的视野，探索历史现象的深层内涵，洞悉中外史学的特点，进而提出以民族本位、民族精神为核心的精辟识见。

陈寅恪痛惜中国学术的落后状况，认为这是关系到"吾民族精神上生死一大事者"②。他盛赞王国维"其著作可以转移一时之风气，而示来者以轨则"，是因为"关系于民族盛衰学术兴废者，不仅在能承续先哲将坠之业，为其托命之人，而犹在能开拓学术之区宇，补前修所未逮"③。以民族文化为本，借鉴外来思想，开拓学术区宇，这是陈寅恪民族文化史观的基本观点。陈寅恪指出："其真能于思想上自成系统，有所创获者，必须一方面吸收输入外来之学说，一方面不忘本来民族之地位。此二种相反而适相成之态度，乃道教之真精神，新儒家之旧途径，而二千年吾民族与他民族思想接触史之所昭示者也。"④

研究历史、评价古人及其著述，陈寅恪强调"了解之同情"，他说："凡著中

---

① 胡适：《元典章校补释例序》，陈垣：《校勘学释例》，上海书店出版社1997年版，第6页。
② 陈寅恪：《吾国学术之现状及清华之职责》，《金明馆丛稿二编》，生活·读书·新知三联书店2001年版，第363页。
③ 陈寅恪：《王静安先生遗书序》，《金明馆丛稿二编》，生活·读书·新知三联书店2001年版，第247页。
④ 陈寅恪：《冯友兰中国哲学史下册审查报告》，《金明馆丛稿二编》，生活·读书·新知三联书店2001年版，第284—285页。

国古代哲学史者，其对于古人之学说，应具了解之同情，方可下笔。"① 简单地用现代人的观点和处境要求古人，就不可能真正理解古人立说的良苦用心。面对大量引进西方学术思想的趋势，陈寅恪断言"其忠实输入不改本来面目者，若玄奘唯识之学，虽震动一时之人心，而卒归于消沉歇绝。"对于各类史料，陈寅恪认为："大抵私家纂述易流于诬妄，而官修之书，其病又在多所讳饰"，正确的应该态度是，"于官书及私著等量齐观，详辨而慎取之，则庶几得其真相，而无诬讳之失矣"②。至于史料辨伪，陈寅恪指出："真伪者，不过相对问题，而最要在能审定伪材料之时代及作者，而利用之。盖伪材料亦有时与真材料同一可贵。"③ 面对新史料和由此兴起的新学问，陈寅恪予以高度评价："敦煌学者，今日世界学术之新潮流也。"他说陈垣的《敦煌劫余录》的出版，"国人获兹凭藉，宜益能取用材料以研求问题，勉作敦煌学之预流。庶几内可以不负此历劫仅存之国宝，外有以襄进世界之学术于将来"④。陈寅恪在纪念王国维时所申明的"独立之精神，自由之思想"⑤，也是他贯之始终的学术理念。

陈寅恪自谓"平生为不古不今之学"⑥，当为中国中古史时期。他在佛教史考证、唐史研究、诗史互证、六朝史论四个方面的研究成果，均属中国中古史范畴。⑦ 陈寅恪在民国时期发表的部分文章收录在《金明馆丛稿初编》《金明馆丛稿二编》中，还有《隋唐制度渊源略论稿》（1944 年）、《唐代政治史述论稿》（1943年）、《元白诗笺证稿》⑧ 等著作。

五、新历史考证学的贡献与局限

民国时期史学的主流是新历史考证学。以王国维、胡适、傅斯年、陈垣、陈寅恪等为代表的史家，不仅在其各自的历史考证研究中取得了杰出成就，而且在

---

① 陈寅恪：《冯友兰中国哲学史上册审查报告》，《金明馆丛稿二编》，生活·读书·新知三联书店 2001 年版，第 279 页。
② 陈寅恪：《顺宗实录与续玄怪录》，《金明馆丛稿二编》，生活·读书·新知三联书店 2001 年版，第 81 页。
③ 陈寅恪：《冯友兰中国哲学史上册审查报告》，《金明馆丛稿二编》，生活·读书·新知三联书店 2001 年版，第 280 页。
④ 陈寅恪：《陈垣敦煌劫余录序》，《金明馆丛稿二编》，生活·读书·新知三联书店 2001 年版，第 267—268 页。
⑤ 陈寅恪：《清华大学王观堂先生纪念碑铭》，《金明馆丛稿二编》，生活·读书·新知三联书店 2001 年版，第 246 页。
⑥ 陈寅恪：《冯友兰中国哲学史下册审查报告》，《金明馆丛稿二编》，生活·读书·新知三联书店 2001 年版，第 285 页。
⑦ 参见汪荣祖：《史家陈寅恪》，北京大学出版社 2005 年版。
⑧ 《元白诗笺证稿》撰写时间自 1933 年至 1950 年，1958 年出版。

引领、推进新历史考证学的不断发展方面作出了重要贡献。张荫麟说："严格的考证的崇尚，科学的发掘的开始，湮没的旧文献的新发现，新研究范围的垦辟，比较材料的增加，和种种输入的史观的流播，使得司马迁和司马光的时代顿成过去。"① 总起来看，新历史考证学的贡献可以概括为以下几个方面：

第一，新历史考证学以史学"求真"为学术目标，以整理、运用新史料为主要特点，以"科学方法"为串联中西史学的纽带，以归纳、阐发考证方法和学术理念为显著特色，在中国近代史学转型的历程中率先迈出坚实的一步。史学"求真"，使中国史学有可能摆脱经学的羁绊，克服片面学以致用的弊端，强化近代意义的学科独立意识。新史料的运用，改变了传统的史料观念，给历史考证注入了新的生机。提示传统学问中的考证方法"暗合"现代"科学方法"，使新历史考证学成为近代史学沟通中西最早、也是最有效的尝试。王国维的"二重证据法"、胡适的"大胆假设"和"小心求证"、陈垣对传统考证方法的总结意识、傅斯年的"史学便是史料学"、陈寅恪的文史互证等一系列历史考证学新理念的提出，无不标志着近代史家理论意识的自觉和近代史学的学术规范意识的进步。

第二，开辟了历史研究的新领域和新学科，扩大了历史考证学的研究范围。甲骨学、敦煌学、简牍学等新学科得到了国际学术界的广泛承认，中外交通史、科技史等新的研究领域受到格外重视。古史考证、宗教史考证、民族史考证、历史地理考证、学术史考证等领域，突破了以往多以传统文献资料为主的局限，有意识地使用甲骨文、金文、简牍等新发现的史料，并结合笔记、杂史、档案、方志、域外史籍等文献史料，以及石器陶器、石窟壁画、墓铭碑拓、玺印封泥、兵符唐尺等实物史料。在文献史料方面也出现了校勘学、年代学、史讳学、史源学等。在历史考证的具体选题和内容成果上，或超越前人，或发前人所未发，解决了许多重大历史问题。

第三，精湛的考证成果为历史撰述打下了基础，历史考证与现实也有一定关系。顾颉刚说过："通史的写作，非一个人的精力所能胜任，而中国历史上需待考证的问题又太多，因此最好的办法，是分工合作，先作断代的研究，使其精力集中于某一个时代，作专门而精湛的考证论文，如是方可以产生一部完美的断代史，也更可以产生一部完美的通史。"② 近代史学中的通史、断代史、各类专史和史学理论的研究与撰述是建立在这些具体的、专题性的历史考证研究成果的基础上的。此外，历史考证的研究动机与研究内容也不是全然停留在学术层面，而是在特定的情况下被赋予现实关怀。如《禹贡》杂志的创办，即通过历史地理的考证研究

---

① 张荫麟：《中国史纲·自序》，上海古籍出版社1999年版，第1页。
② 顾颉刚：《当代中国史学》，上海古籍出版社2006年版，第88页。

强化主权疆域和民族意识；抗战时期，陈垣在沦陷区北平借历史考证表彰爱国精神和民族气节等。

第四，一批以历史考证见长的史学家成为民国时期史学的重要研究力量。如古史研究领域的王国维、顾颉刚、郭沫若、吴其昌、徐中舒、徐旭生等，秦汉史研究领域的劳榦、贺昌群等，中古史研究领域的陈寅恪、周一良、岑仲勉、唐长孺等，宋辽金元史研究领域的聂崇岐、冯家昇、邵循正、陈述等，明清史研究领域的孟森、李华晋、吴晗、萧一山、王崇武等，中西交通史研究领域的张星烺、冯承钧、向达等，历史地理研究领域的谭其骧、史念海，宗教史研究领域的陈垣、汤用彤等。

历史考证学以其严谨、扎实、广征博引、实事求是的研究手段而成为历史研究的基础性工作。但是，历史考证毕竟只是历史研究的一个不可或缺的重要方面，对史料的考证、弄清史实也只是历史研究的基础部分，"不应以部分之研究，而忘却整个之贯通"①。仅凭历史考证还难以做到对宏观历史发展的理论概括，还难以上升到对客观历史的一般性认识的层次。如柳诒徵所说："考据的方法，是一种极好的治学方法。不过学者所应留心的，就是须慎防畸形的发达，不要专在一方面或一局部用功，而忽略了全部。所以一方面能留意历史的全体，一方面更能用考据方法来治历史，那便是最好的了。"② 这说明，历史考证是历史研究的基础，但不是历史研究的全部。

第三节　史学变革中的多种趋向

一、梁启超后期的史学建树

以 1918 年底至 1920 年 3 月梁启超游历欧洲诸国为界，可以将他的一生分为前期和后期两个部分。在前期，他的主要精力和主要活动均在政治领域，他的所思所想及著作言论多为政治而发，如他所言："吾二十年来之生涯，皆政治生涯也。"③ 无论是宣传进化史观，还是撰写《中国史叙论》《新史学》等史学论著，都以救亡图强的现实目的为主，其中所表现的对传统史学的强烈的批判态度，也是政治激情大于学术分析。他所提出的"新史学"主张，一方面表现为开创性和批判性的特色，另一方面，在系统性和建设性方面则实有不足，甚至带有明显的

---

① 金毓黻：《中国史学史》，河北教育出版社 2000 年版，第 436 页。
② 柳诒徵：《历史之知识》，《史地学报》第 3 卷第 7 期，1925 年 5 月。
③ 梁启超：《吾今后所以报国者》，《饮冰室合集》文集之三十三，中华书局 1989 年版，第 51 页。

片面性。在后期，情形与以前有了很大不同，梁启超的主要精力开始集中于学术，而对于政治则放在其次，"吾自今以往，除学问上或与二三朋辈结合讨论外，一切政治团体之关系，皆当中止"①。这是他一生历经数次变化中最重要的一次。此后直至去世，梁启超的主要时光是在著述和讲学中度过的。从政治转向学术，从政治家转向学者，既使梁启超对政治与学术、对致用与求真等问题有了不同以往的认识，也使梁启超史学思想和著述特点有了明显变化。

1918年底至1920年梁启超游历欧洲，受到西方社会因第一次世界大战而产生的对历史前途的悲观情绪的影响，同时也亲身感受到了西方的文化氛围，实际了解到了西方学术的发展状况，接触到了西方不同的哲学思想流派和各种历史观点。回国后，他对曾经大力提倡的进化史观产生了怀疑，也改变了以前对传统史学的否定态度。

《清代学术概论》（1920年）从宏观的角度梳理了清代学术的发展过程，评价了三百年间众多主要学者的学术成就和历史地位，既勾勒出了学术思想演变的脉络，又对重要学者和论著作了深入具体的分析。他指出了惠栋治学的特点是以"凡古必真"定是非，虽有确立"汉学"地位之功，也有胶固、盲从之弊。戴震的治学特色是"深刻断制"，推断务求精审，不盲从迷信。梁启超对传统文化的缺陷，如"好依傍""名实相混"的痼疾、因"重道轻艺"的偏见造成自然科学不发达以及几千年来"惑世诬民汩灵窒圣"的迷信邪说等，都提出了批评。对其师康有为和他本人过去的一些学术观点也做了否定性评述。直到今天，《清代学术概论》仍然是了解研究清代学术的重要著作，原因之一就在于他的"重新估价""求真求实"的著述原则。

在《中国历史研究法》和《中国历史研究法补编》中，基本的学术理念是西方史学思想，而论述内容则是中国古代史学资源，包括研究历史与编纂史书的范围和目的、史料的采集、考辨的使用、史书的编次、对旧史书的改造、史家的修养等。梁启超阐述"史之意义及范围"："史者何？记述人类社会赓续活动之体相，校其总成绩，求得其因果关系，以为现代一般人活动之资鉴者也。"② 在《中国历史研究法补编》中进一步说："历史的目的在将过去的真事实予以新意义及新价值，以供吾人活动之资鉴。"③ 强调历史的"资鉴"作用，并非简单的、传统史学中讲的"资鉴"，而是通过对历史的新的认识，把历史和现实结合起来，由"求得

---

① 梁启超：《吾今后所以报国者》，《饮冰室合集》文集之三十三，中华书局1989年版，第53—54页。
② 梁启超：《中国历史研究法》，《饮冰室合集》专集之七十三，中华书局1989年版，第24页。
③ 梁启超：《中国历史研究法补编》，《饮冰室合集》专集之九十九，中华书局1989年版，第5页。

其因果关系"变为"将过去的真事实予以新意义或新价值",说明了在求真的基础上的致用的关系。"新意义"和"新价值"究竟是什么呢,梁启超说,新意义有几种解释,一是从前的活动,本来很有意义,后人没有觉察出来,必须把它重新复活,即"发潜阐幽";二是从前的活动被看错了,须重新改正过来;三是本来的活动完全没有意义,过了多少年后,忽又看到新意义来了。新价值就是把过去的事实重新估价,"就是从前有价值,现在无价值的,不要把它轻轻抹杀了。从前无价值,现在有价值的,不要把它轻轻放过了。"既然要重新面对"过去的真事实",在对待传统史学的态度上,梁启超改变了前期的单纯的批判态度,而是对旧史学进行了重新估价,既指出旧史学的不足,又注意阐发其优点和长处,力求实事求是地加以总结。他特别指出,"批评史书者,质言之,则所评即为历史研究法之一部分,而史学所赖以建设也。自有史学以来二千年间,得三人焉。"① 这三人是刘知幾、郑樵、章学诚,他们所共同具备的重视史学的创新、重视史学理论与史学方法的特点,其实也是梁启超所着意发挥的。

在各种学问中,梁启超最重视的是史学。梁启超晚年自忖,"假如我将来于学术上稍有成就,一定在史学方面"②。由政治家转而为学者的梁启超,在史学方面有着全面的规划,志在中国通史、中国学术史、中国文化史、中国佛教史、中国史学史等领域取得建树。在不到十年间,梁启超以惊人的才华和毅力完成几百万字的学术论著,主要有:

1920 年:《清代学术概论》《墨经校释》;

1921 年:《中国历史研究法》《墨子学案》《老子哲学》;

1922 年:《先秦政治思想史》《五十年中国进化概论》《中国历史上民族之研究》;

1923 年:《国学入门书要目及其读法》《颜李学派及现代教育思潮》;

1924 年:《中国近三百年学术史》《戴东原哲学》《戴东原传》《近代学风之地理分布》;

1925 年:《要籍解题及其读法》;

1926 年:《中国历史研究法补编》《先秦学术年表》;

1927 年:《中国文化史·社会组织篇》。

如果说,梁启超前期充当了开启新史学、批判旧史学的勇士的话,那么梁启超后期则是在建立新史学、开创近代史学的成就卓著的建设者。研究者称,梁启超"新史学的成长经历,恰好是一个从迷信西学到择善而取、从背离传统到选优

---

① 梁启超:《中国历史研究法》,《饮冰室合集》专集之七十三,中华书局1989年版,第24页。
② 梁启超:《文史学家的性格及其预备》,《时事新报·学灯》1923年11月10日。

发扬的辩证过程。"① 梁启超后期的学术建树既具有总结性又具有开创性，为中国史学转型和发展作出了重大贡献。

二、顾颉刚的"层累"说与古史论战

顾颉刚（1893—1980），字铭坚，江苏苏州人。1913 年考入北京大学预科，1920 年毕业于北京大学本科哲学门，留校图书馆任助教。后曾在厦门大学、中山大学、燕京大学、北京大学、云南大学、中央大学等校任教授。

1923 年 5 月出版的《努力》周报所附《读书杂志》第九期，发表了顾颉刚的《与钱玄同先生论古史书》，提出了他著名的"层累地造成的中国古史"说。其主要观点是："第一，可以说明'时代愈后，传说的古史期愈长'。如这封信里说的，周代人心目中最古的人是禹，到孔子时有尧舜，到战国时有黄帝神农，到秦有三皇，到汉以后有盘古等。第二，可以说明'时代愈后，传说中的中心人物愈放愈大'。如舜，在孔子时只是一个"无为而治"的圣君，到《尧典》就成了一个'家齐而后国治'的圣人，到孟子时就成了一个孝子的模范了。第三，我们在这上，即不能知道某一件事的真确的状况，但可以知道某一件事在传说中的最早的状况。我们即不能知道东周时的东周史，也至少能知道战国时的东周史；我们即不能知道夏商时的夏商史，也至少能知道东周时的夏商史。"② 此后，他又提出了判别古史可信与否的四项标准：打破民族出于一元的观念、打破地域向来一统的观念、打破古史人化的观念、打破古代为黄金世界的观念。

顾颉刚说："我所以有这种主张之故，原是由于我的时势，我的个性，我的境遇的凑合而来。"③ 他从戏曲故事、歌谣内容的变迁得到启发，借鉴了古文经学的实事求是和今文经学的怀疑精神，钦佩夏曾佑将三皇五帝视为"传疑时代"的学术眼光，体察清人著述的内在原则，受益于崔述的辨伪成绩和胡适对不可信的古史的"截断众流"的处理方法，直到 1922 年为商务印书馆编纂历史教科书时系统推敲《尚书》《诗经》《论语》中的古史资料，发现了尧舜禹的地位问题，提出了"层累地造成的中国古史"说。④ 从根本上说，顾颉刚疑古思想的形成，是受到五四新文化运动的深刻影响使然。顾颉刚的疑古学说，打破了长期以来被人们奉为信史、实则充满了历代的传说、神话和杜撰成分的古史系统，在思想文化领域产生了巨大反响。

---

① 许冠三：《新史学九十年》，岳麓书社 2003 年版，第 14 页。
② 顾颉刚：《与钱玄同先生论古史书》，《古史辨》第 1 册，上海古籍出版社 1982 年版，第 60 页。
③ 顾颉刚：《自序》，《古史辨》第 1 册，上海古籍出版社 1982 年版，第 4 页。
④ 详见顾颉刚：《自序》，《古史辨》第 1 册，上海古籍出版社 1982 年版。

顾颉刚的疑古学说引发了古史论战。刘掞藜、胡堇人、柳诒徵等人对"层累"说提出批评和质疑，顾颉刚、钱玄同等进一步申说其疑古思想。除了对史料的理解、对辨别古史真伪的方法不同等学术上的分歧外，批评者主张对于古史应该采取"察传"的态度，"参之以情，验之以理，断之以证"，他们担心的是"这种翻案的议论，这种怀疑的精神，很有影响于我国的人心和史界"①。顾颉刚则认为双方的根本分歧在于"这是精神上的不一致，是无可奈何的"②。胡适评论说："顾先生的'层累地造成的古史'的见解真是今日史学界的一大贡献，我们应该虚心地仔细研究他，虚心地试验他，不应该叫我们的成见阻碍这个重要观念的承受。"③"我们可以说，颉刚的'层累地造成的中国古史'一个中心学说已替中国史学界开了一个新纪元了。"④ 顾颉刚疑古学说的积极意义主要表现在：第一，斩除思想上的荆棘，指出了旧的古史系统的不可信，打破了长期以来被奉若经典而不可触动的圣贤之言，为重建可信的中国古史开辟了道路；第二，促使中国史学走出旧史学的窠臼，迈出了以史学独立、史学"求真"为宗旨的近代史学学科建设的实实在在的一步。

1926年6月，汇集了讨论古史的信件与文章的《古史辨》第一册由朴社出版，一年中重印了二十次，疑古学说产生了更为广泛的影响，至1941年，共出版了7册，收入各类文章350余篇，300多万字。在《古史辨》系列中支持、赞同并声援疑古学说的学者被称为"古史辨派"。

顾颉刚因考辨古史而清理《尚书》的《尧典》《禹贡》时，深感问题太多，几乎牵涉到中国古代全部地理。在教授"中国上古史"时亦感古代地理研究的不足极大地限制了史学的发展。于是将研究重点转入历史地理学，创办了《禹贡》杂志，成立了禹贡学会。中国传统的沿革地理经过他们的努力发展成为现代历史地理学，而在抗战时期中华民族处于危亡之际，禹贡学会将研究方向转移到边疆史地和民族学方向，恪尽学者报效国家的职责。顾颉刚培养的历史地理学人才纷纷成为中国现代历史地理学的重镇，顾颉刚在历史地理方面的卓越成就和深远影响获得学术界的一致公认。顾颉刚整理的《吴歌甲集》成为民俗学研究的典范之作，他组织的妙峰山香会调查开民俗学田野作业之先声，他的《孟姜女故事研究》则首次将传说故事纳入学术研究领域，这些学术业绩使顾颉刚成为中国民俗学的

---

① 刘掞藜：《讨论古史再质顾先生》，《古史辨》第1册，上海古籍出版社1982年版，第161、152—153页。
② 顾颉刚：《答柳翼谋先生》，《古史辨》第1册，上海古籍出版社1982年版，第228页。
③ 胡适：《古史讨论的读后感》，《古史辨》第1册，上海古籍出版社1982年版，第191页。
④ 胡适：《介绍几部新出的史学书》，《古史辨》第2册，上海古籍出版社1982年版，第338页。

领路人。

三、柳诒徵、吕思勉、钱穆的史学

民国时期史学出现了一大批重要史家,他们引领着中国史学发展的多种趋向,这里择其有代表性的史家简要加以介绍。

柳诒徵(1880—1956),字翼谋,号知非,晚年号劬堂,江苏丹徒(今江苏镇江)人。1902 年随缪荃孙等赴日本考察教育,致力"教育救国",创办若干中小学堂。1915 年任南京高等师范学校教员,1923 年任东南大学历史教授。后又在东北大学、中央大学(重庆)等校任教,并曾出任江苏省国学图书馆馆长等职。

柳诒徵早年曾编写历史教科书《历代史略》。在东南大学期间,主办《学衡》《史地学报》等杂志,他的文章主要发表在这些杂志上。柳诒徵不赞同新文化运动所倡导的诸如白话文学、浪漫主义、实验主义。他明确表示:"我们研究历史的最后目的,就在乎应用。""我所希望于研究历史的人,并不在乎成为考据家,或历史家,而在乎自己应用。"① 在史学功能的求真与致用两端,更不忘史学致用的重要性。对于辨析伪史伪书,柳诒徵甚至表示:"即使拆穿西洋镜,证实他是造谣言,我们得了一种求真的好方法,于社会国家有何关系。……所以只讲考据和疑古辨伪,都是不肯将史学求得实用。"② 因此,他反对顾颉刚的疑古学说。即如《学衡》杂志的办刊宗旨"昌明国粹,融化新知",柳诒徵更多地倾向于尊崇和维护传统,也主张汲取和融化西方的思想文化。

1919 年至 1921 年柳诒徵在南京高等师范学校讲授的"中国文化史"讲义,从 1925 年开始在《学衡》杂志上陆续发表,《中国文化史》于 1932 年修订成书出版,是其代表作之一。全书资料丰富,经子史集之外,历代各家著述、国外汉学家论著、近代报章杂志、统计资料等参考文献多达 600 余种,尤其以能够及时征引刘师培、夏曾佑、章太炎等人的新近学术观点和日、美、德、法等外国学者的观点,并一一注出资料出处而别开生面。作者以近代史学所极为关注的文化史视角,辅以世界文化的眼光,贯通古今地阐述中国文化发展,以"推求因果"为宗旨,以民族本位为立意,"中西杂糅",时有比较中西文化的论断。胡适评价该书"可算是中国文化史的开山之作"③。

柳诒徵的另一部代表作是被誉为"奇作"的《国史要义》。1942 年,柳诒徵在抗战内迁时期的中央大学研究院讲授中国史学原理,后经整理成书,1948 年出

---

① 柳诒徵:《历史之知识》,《史地学报》第 3 卷第 7 期,1925 年 5 月。
② 柳诒徵:《讲国学宜先讲史学》,《柳诒徵史学论文集》,上海古籍出版社 1991 年版,第 501—502 页。
③ 胡适:《书籍评论》,《清华学报》第 8 卷第 2 期,1933 年。

版。《国史要义》的旨意首先在于，作者认定儒家文化即中国传统文化的主体，儒学即史学，儒学的中心是礼，以礼释史就成为本书的一个特点；其次，所谓"国史"，专指传统意义上的史或史学，全书以归纳传统史学理论范畴、阐释国史要义为主体，虽难掩西方史学观念的影响，但通篇以中国史学资源为素地。全书共十篇，先后为"史原""史权""史统""史联""史德""史识""史义""史例""史术""史化"，分专题依次申论。其书历时愈久，其蕴意愈可回味，是一部重要的史学理论著作。

吕思勉（1884—1957），字诚之，江苏武进（今江苏常州）人。自幼习史，毕生从事历史研究。曾在东吴大学、南通国文专修馆、沈阳高等师范学校、沪江大学、光华大学执教。

吕思勉的史学，既具有传统史学的著史特征，又反映出近代史学的诸多特点，在著述体裁、史料运用、治史方法、历史观点等方面合新旧史学于一体，以淹博的学识，完成了数量宏富的历史著作。谭其骧这样评价吕思勉史学的特点："近世承学之士，或腹笥虽富而著书不多，或著书虽多而仅纂辑成编。能如先生之于书几无所不读，虽以史学名家而兼通经、子、集三部，述作略数百万言，淹博而多创获者，吾未闻有第二人。"[①]

吕思勉的通史著述在民国时期影响极大。1923年《白话本国史》出版，吕思勉以贯通的眼光将中国历史划分为六个发展时期，叙述王朝治乱兴衰的前因后果、历代政治变局的成败得失、中原皇朝与历代少数民族王朝的关系。"书中既有重要历史事实的叙述，又有必要的考据和议论。作者指出中国自秦汉以后，多次出现周期性治乱兴衰，'这是由于生产方法和生产社会组织始终没有变更的缘故'。在20年代初能有这样的认识，应该说是很难能可贵的。"[②] 该书为民国年间发行量最大的一部中国通史，长期被用作大学教材，被誉为"以丰富的史识与流畅的笔调来写通史，方为通史写作开一个新的纪元"[③]。他的另一部通史撰述《吕著中国通史》尝试使用一种新的通史体例，"上册以文化现象为题目，下册乃依时代加以联结，以便两面兼顾"[④]。该书上册出版于1940年，叙述社会经济、政治制度、学术文化的发展，分婚姻、族制、阶级、财产、衣食、住行等18个专题；下册出版于1944年，按时间顺序叙述政治历史的变化。在以专精考证为主要史学趋向的民国时期，吕思勉坚持以贯通的眼光考察历史的宏观发展进程，关注历史上的制度沿

[①] 谭其骧：《吕思勉先生编年事辑》，余振基：《蒿庐问学记：吕思勉生平与学术》，生活·读书·新知三联书店1996年版，第524页。
[②] 林甘泉：《二十世纪的中国历史学》，《历史研究》1996年第2期。
[③] 顾颉刚：《当代中国史学》，上海古籍出版社2006年版，第85页。
[④] 吕思勉：《吕著中国通史·自序》，华东师范大学出版社1992年版。

革、风俗变迁、文化嬗递、朝代更迭，集观点与考证于不同体例的通史撰述中，表现出了突出的历史见识和深厚的史学功力。

吕思勉还撰写了《先秦史》（1947年）、《秦汉史》（1947年）、《两晋南北朝史》（1948年）、《隋唐五代史》（1959年）等断代史。他对自己的断代史著述的评价是：《先秦史》"论古书材料、古史年代、中国民族起原及西迁、古代疆域、宦学制度，自谓甚佳"。《秦汉史》"叙西汉人主张改革，直至新莽；及汉武帝之尊崇儒术，为不改革社会制度而转入观念论之开端；儒术之兴之真相；秦汉时物价及其时富人及工资之数；选举、刑法、宗教各章节，均有特色"。《两晋南北朝史》"论五胡时，意在激扬民族主义，稍失其平，因作于日寇入犯时，不自觉也，异日有机会当改正"。①

通史和断代史撰述之外，吕思勉还著有民族史、社会史、思想史、制度史、文化史等多部专史，并在历史研究法、史学评论等方面多有心得。

钱穆（1895—1990），字宾四，江苏无锡人。曾在厦门、无锡、苏州等地的师范学校、中学教书。1930年经顾颉刚举荐入燕京大学任国文讲师。后历任燕京大学、北京大学、清华大学等校教授。抗战期间曾在西南联大等校任教，后又执教于昆明五华书院、云南大学等校。1949年移居香港，创建新亚学院。

钱穆的成名作《刘向歆父子年谱》（1930年）针对康有为《新学伪经考》所主刘歆伪造群经以助王莽篡汉之说提出怀疑并予以辨正，以《汉书·儒林传》为基本材料，指出康说"不可通"之处28条，证明刘歆伪造经书既无可能也无必要，推翻了刘歆、王莽造伪经书之成说，也明确了今古文之分在东汉以前势同水火的认识是廖平等人张皇过甚之论。《先秦诸子系年》（1935年）是钱穆的另一部代表作。全书包括考辨专文四卷163篇、通表四、附表三，通过对材料的曲证旁推、纵横贯通诸子而非拘于某一流派的考证方法，对诸子的出身行事详加考订，探明各家的学术思想渊源，又清理出有关魏文诸贤、稷下学士的史实，以《竹书纪年》和诸子之书补证《史记》记载之失。这两部考证名作充分反映了作者考订精密、立意深远、以小见大的特点。

钱穆的《中国近三百年学术史》（1937年）首章提出近代学术导源于宋学，故先论两宋学术直至明末的东林学派，第二章至最后一章，分论清代学者50余人的学术思想。该书与梁启超的同名著作被认为是治清代学术史的"双璧"。《国史大纲》（1940年）是钱穆在抗战时期完成的中国通史撰述，全书从上古三代至清代共分八个部分，以纲目体行文，提纲挈领地叙述了中国五千年历史，是民国时

---

① 吕思勉：《自述》，余振基：《蒿庐问学记：吕思勉生平与学术》，生活·读书·新知三联书店1996年版，第226页。

期的又一通史名著。该书突出地反映了作者对中国历史和史学的深入思考，形成了他自己独到的史学观："自称知识在水平线以上之国民，对其本国以往历史，应该略有所知"，"所谓对其本国以往历史略有所知者，尤必附随一种对其本国以往历史之温情与敬意。"① "积极的求出国家民族永久生命之泉源，为全部历史所由推动之精神所寄"，"消极的指出国家民族最近病痛之证候，为改进当前之方案所本。"② 这些见解都具有深刻的启发意义。

第四节　新视野下的少数民族史学

一、少数民族史的田野调查和史料整理

民国时期，"五族共和"成为处理民族关系的原则，边疆危机则使人们认识到建设和扶持少数民族地区的必要性。为了解和帮助少数民族发展，政府和学界大力进行少数民族历史和社会调查。调查遍及西南、西北、中南、东北、台湾等地，涉及赫哲、瑶、彝、苗、高山、黎、纳西、藏、蒙古、回、傣、羌、畲等众多民族。

政府机构的调查，如内政部发放《现有土司调查表》《现有盟旗及其他特殊组织调查表》《西南边民调查表》进行调查，对川、康、滇、黔四省当时所存土司进行调查。外交部下发《云南省傣族人民调查表》，调查其种类、人口数目、散布区域、与汉人及其他民族人口的百分比、有无特殊活动情形等。③ 蒙藏委员会发放《西南苗夷民族调查表》，对西北、西南民族地区进行调查，出版《马鬃山调查报告》《伊盟右翼四旗调查报告》《伊盟左旗三旗调查报告》《青海玉树囊谦称多三县调查报告》《祁连山北麓调查报告》《昌都调查报告》等。1928年秋，广东南区善后公署参谋长黄强赴黎区调查，出版《五指山问黎记》。

占主导地位的是大学和学术研究机构进行的调查。如杨成志受中山大学委派深入大小凉山彝族（罗罗）地区调查，在河口从事瑶人的调查，撰写了《云南民族调查报告》《罗罗族巫师及其经典》和《从西南民族说到独立罗罗》等著作。杨成志率中大师生到广东瑶山和海南岛进行调查，发表《粤北乳源瑶人调查报告》，王瑞兴撰《海南岛之苗人》《海南岛黎人调查报告》。江应樑受中山大学等校派遣考察，撰写《云南西部摆夷研究》《滇西摆夷之现实生活》《凉山彝族的奴隶制度》等。金陵大学徐益棠对彝族、傣族、藏族调查，撰《雷马屏峨纪略》《雷波小

---

① 钱穆：《国史大纲》（修订本）上册，商务印书馆1994年版，第1页。
② 钱穆：《国史大纲·引论》（修订本）上册，商务印书馆1994年版，第8页。
③ 参考马玉华：《20世纪上半叶民国政府对西南边疆少数民族的调查》，《中国边疆史地研究》2005年第1期。

凉山之倮民》《到松潘去》《雷马行纪》等。1930年，中央研究院凌纯声等到东北调查，写出了《松花江下游的赫哲族》。后凌纯声带领芮逸夫、勇士衡到湘西、浙江丽水、云南调查，撰写了《湘西苗族调查报告》《畬民图腾文化的研究》等。

抗战时期，随着大批研究机构和高等学校迁往西南地区，有关西南民族的调查出现了高潮。如大夏大学吴泽霖、陈国钧主持贵州、广西等地苗夷调查，撰写了《安顺县苗夷调查报告书》《贵州各县少数民族社会状况调查报告》《贵州省东南边陲县黑苗、生苗、侗家、水家生活调查资料》等20余种调查报告，出版了《贵州苗夷社会研究》。① 中央研究院历史语言研究所与中央博物院筹备处对川康羌族、彝族、藏族进行调查，马长寿撰《钵教源流》《嘉戎民族社会史》等。西南联大陶云逵，云南大学田汝康、李有义，金陵大学柯象蜂，燕京大学林耀华等也组织人员进行民族调查，撰写了不少有关少数民族的论文和调查报告，如林耀华到大小凉山、川康调查，撰写《凉山彝家》《康北藏民的社会状况》《川康北界的嘉戎土司》《川康嘉戎的家族与婚姻》等。

许多学者独自从事少数民族社会历史调查。1911年至1914年，丁文江调查云、贵、川少数民族，发表《贵州的土著民族》《云南的土著人种》《四川会理的土著人种》等文，著《漫游散记》。1920年，楚图南撰《云南土人状况》，对云南少数民族的分布、生活、习俗等作了记述。1929年、1935年林惠祥到台湾调查，撰《台湾番族之原始文化》《台湾石器时代遗物研究》等。1935年费孝通、王同惠夫妇在金秀瑶山进行民族调查，著成《花篮瑶的社会组织》。1938年至1941年，李安宅、于式玉夫妇到甘肃拉卜楞寺藏族聚居区调查，撰《黄河南亲王与拉卜楞》《萨迦派喇嘛教》《拉卜楞寺概况》《藏族宗教史之实地研究》《西藏系佛教僧教育制度》等。1940年至1946年，傅懋勣在西南地区调查少数民族历史与语言文字，相继出版了《维西么些语研究》和《丽江么些象形文〈古事记〉研究》两部专著，前者是作者根据自己的调查结果写成的我国较早的一部研究少数民族语言的专著，后者是第一部对纳西族经书中最著名的一种《古事记》的科学的记录、译文与研究的专著。游国恩先后发表了《南诏用汉文字考》《文献中所见西南民族语言资料》等成果。1941年俞湘文到甘南藏族聚居区调查，撰写了《西北游牧藏区之社会调查》。

民国时期的少数民族社会历史调查研究，在20世纪民族史学发展史上具有重要的意义。第一，调查都是按照现代民族学的调查规范进行的，撰写的调查报告和学术论文，详细地记述了各少数民族的经济生活、社会组织、婚姻生育、宗教

---

① 参见何长凤：《贵州近代少数民族调查研究的拓荒者——抗战时期大夏大学社会研究部的成就》，《贵州民族研究》2002年第1期。

信仰、文化教育、语言习俗、居住条件、公共活动与娱乐、丧葬仪式等,还大量搜集少数民族文物,为今天了解少数民族历史和社会状况留下了宝贵的资料。第二,培养了大批民族学、民族史研究人才。参加民族调查的学者除了著名的民族学家外,还有青年学者和学生,通过调查实践,迅速成长起来,成为20世纪后期民族学研究的主力。第三,民国时期的少数民族社会历史调查为20世纪民族史学的繁荣奠定了基础。如论及"中华民族多元一体格局"这一理论的形成时,费孝通指出:"我总觉得一个人的思想观念是在接触实际中酝酿和形成的,理论离不开实践。我这篇《中华民族多元一体格局》的根子可以追溯到1935年广西大瑶山的实地调查。"①

民国时期学者对少数民族的文献也进行了搜集与初步的整理研究。一是对传世的有关少数民族历史的文献进行辑佚、汇编、校勘、考释,二是对调查所得的少数民族文献进行整理研究,三是对少数民族碑铭进行译释,四是对国外有关中国少数民族的史料进行了评介、编译。

加强对蒙古史、元史的研究与撰述,是民国时期对少数民族史学研究的重点,如屠寄《蒙兀儿史记》、柯绍忞的《新元史》等;王国维著有《蒙古史料校注四种》(《蒙鞑备录笺证》《黑鞑事略笺证》《圣武亲征录校注》《长春真人西游记校注》),是其整理研究蒙古史料的代表作;沈曾植、张尔田注释整理文津阁汉译本《蒙古源流》,以《蒙古源流笺证》刊行。搜集辽金文献,对《辽史》进行校勘、补遗、研究的,有金毓黻主编的《辽海丛书》,汇集东北史地文献。其中如《辽小史》《金小史》《渤海国记》《松漠纪闻》等都属于辽金历史文献;罗福颐《辽文续拾》《辽文续拾补遗》《满洲金石志》,冯家昇《辽史初校》《〈辽史〉〈金史〉〈新旧五代史〉互证举例》,罗继祖《辽史校勘记》,傅乐焕《辽史复文举例》《宋辽聘使表稿》,陈汉章《辽史索引》,黄任恒《辽痕五种》等;罗福成《宴台金源国书碑考》《宴台金源国书碑释文》和王静如《宴台女真文进士题名碑初释》。对西夏文字的译释和文献整理,如罗福成《西夏国书类编》《(北平图书馆)馆藏西夏文经典目录考略》,罗福苌《西夏国书略说》,罗福袭、罗福颐《宋史夏国传集注》,罗振玉刊印《番汉合时掌中珠》《音同》。藏族文献整理研究,如吴丰培编成《西藏图笈录》《清代西藏史料》第一辑、《清季筹藏奏牍》等。金梁组织人员翻译沈阳故宫崇谟阁所藏《满文老档》,刊出部分译稿,后改称《满洲秘录》;鲍奉宽、齐增桂、张玉全和李德启等对《满文起居注》《满文黄册》和军机处档簿,内务府档案、内阁大库发现的《满文老档》及《满文木牌》进行整理研究,李德启

---

① 费孝通:《简述我的民族研究经历和思考》,《北京大学学报(哲学社会科学版)》1997年第2期。

还编辑了《满文书籍联合目录》。

对其他少数民族文献的搜集整理也得以展开。丁文江在经师罗文笔帮助下整理翻译《爨文丛刊》，汇集了《千岁衙碑纪》《帝王世纪（人类历史）》等11种彝文经典。① 杨仲鸿在东巴和华亭的帮助下整理纳西族东巴经，撰写了《么些文多巴字及哥巴汉字译字典》（稿本）。李霖灿学习东巴文，著《么些象形文字字典》，译注纳西象形文字经典辑为《么些经典译注六种》《么些经典译注九种》出版。搜集整理土司家族谱，如方壮猷《雷波屏山沐川等县土司家谱》《蛮夷司文等九土司家谱》，无畏《德格土司世传译记》，陈秉渊《青海土司世系考》等。

19世纪末20世纪前期，在外蒙古（今蒙古国）境内陆续发现了十几通突厥文、回鹘文碑铭。外国学者较早对碑铭进行解读。清末沈曾植等将少数民族文汉译、解读或出版。民国时期，韩儒林将《阙特勤碑》《毗伽可汗碑》和《暾欲谷碑》三碑从德文、英文转译成汉文，进行解释。岑仲勉进一步整理研究突厥文碑铭，作出新解释。王静如、黄仲琴、乐嘉藻、朱延丰等也对突厥碑铭进行了研究。

有关域外中国少数民族文献的翻译整理，主要有张星烺的《中西交通史资料汇编》、冯承钧译《多桑蒙古史》《西突厥史》《马可·波罗行纪》等。

二、多种少数民族史撰述

梁启超、王国维是20世纪较早以新观念、新方法从事民族史研究的学者。梁启超撰有《历史上中国民族之观察》《中国历史上民族之研究》等，对民族概念、中国民族的分类、演变，以及各族的起源、地域、迁徙、习惯、心理、发展历程进行了研究。王国维撰有《鬼方昆夷猃狁考》《西胡考》《西胡续考》《月氏未西迁大夏时故地考》《萌古考》《鞑靼考》《辽金时代蒙古考》《黑车子室韦考》《金界壕考》等，采用新历史考证法对古代北方民族进行研究。

关于各少数民族研究的论著还有：何震亚《匈奴与匈牙利》，蒙文通《犬戎东侵考》《古代民族迁徙考》，黄文弼《古代匈奴民族之研究》，冯家昇《匈奴民族及其文化》，岑仲勉《伊兰之胡与匈奴之胡》等，陈汉章《中国回教史》，陈垣《回回教进中国的源流》，1941年延安解放社出版李维汉、刘春、牙含章撰《回回民族问题》，王静如《西夏研究》1—3辑，郭克兴《黑龙江乡土录》，孟定恭《布特哈志略》，阿勒坦噶塔《达斡尔蒙古考》，钦同普《达斡尔民族志稿》，何维忠《达古尔蒙古嫩流志》，孟希舜《达斡尔民族志略》，岑仲勉《明初曲先阿端安定罕东四卫考》，王日蔚《维吾尔（缠回）民族名称演变考》，李符桐《撒里畏兀尔部族考》，范义田《云南古代民族之史的分析》，吴泽霖《贵州苗夷社会研究》，陶云

---

① 马学良：《〈增订爨文丛刻〉序言》，《民族语文》1983年第2期。

逵《车里摆夷之生命环》，李拂一《泐史》，徐松石《泰族、僮族、粤族考》，姚荷生《水摆夷风土记》，柯树勋《思普沿边志略》，杨汉先《黔西苗族调查报告》《大花苗名称来源》《大花苗的氏族》等。

随着民族史研究的深入，出现了十余种综合的民族史专著，反映了这一时期史学家对中国民族史的认识和研究水平。王桐龄《中国民族史》（1934年）将中国民族史分为八个发展阶段，经过四个蜕化时代、三个休养阶段，中国境内各民族最终汇入主体民族汉族之中。书中还就中国民族史上的重要理论问题进行了探讨。提出中国民族的主体汉族"善于蜕化"这一特性，使中国文明不断获得新鲜血液而富有生命力。中国民族同化的方法有五种，少数民族同化于汉族是中国民族史发展的方向与主流，而杂居、杂婚、更名、改姓、养子、易服色、变更语言等是民族同化的主要途径。吕思勉《中国民族史》（1934年）共十三章，第一章概述汉、匈奴、鲜卑、丁令、貉、肃慎、苗、粤、濮、羌、藏、白等民族，作为全书的总纲。其余各章分别阐述这十二个民族族称、起源、地理范围、生产、政治、文化、习俗、社会组织、宗教信仰、其与汉族的关系、发展历程，以及其支系的变迁，并以附录的方式考证与这一民族有关的一些重要问题。吕思勉《中国民族演进史》（1945年），以问题为中心简要地阐述中国民族的理论认识和历史发展等。该书以文化论民族，认为："民族的成因，总说起来，可以说是原于文化。一民族，就是代表一种文化的。文化的差异不消灭，民族的差异，也终不能消灭。"林惠祥《中国民族史》（1939年）共十八章，首二章为总论，讨论了中国民族的分类、中国民族史的分期等问题；其余各章，每一章论述一种民族，包括该民族起源、名称与他族之关系，该族历史沿革，现今状况。作者认为，中国民族史的分期应以各民族之每一次接触混合而至于同化为一期，中国民族以华夏族为主干，其同化皆系消融于华夏系，故每一期之终亦即华夏系之扩大。他认为，民族史撰述对民族的分类既应着眼于过去之民族，也需考虑现代民族，并指明古代民族与现代民族之关系，以明中国民族之发展演变。现代中国各民族皆由多个民族融合而成。吕振羽《中国民族简史》（1948年），是"用马克思主义观点综合叙述中国各民族历史的最早的一部著作"①。该书首先对以往的民族史观进行了清算，特别是对以蒋介石《中国之命运》为代表的所谓汉族是正统，其他民族是宗支的说法进行了尖锐的批评。其次，分析汉族与其他民族的关系，和各民族对中国历史的贡献，认为汉族在中国历史上起主导作用，其他民族也对中国历史的发展作出了贡献。最后用社会形态理论考察中国各民族发展历程，分析各民族所处的社会历史发展阶段，从而指出其发展前途。白寿彝指出："吕振羽试图从马克思主义

---

① 蔡美彪：《重读吕振羽〈中国民族简史〉书后》，《社会科学战线》1993年第1期。

民族理论上解释一些问题,并探索各民族的历史的前途,尽管他在具体的史实方面有不少误解,但从书的总体上看,代表一个新的研究方向。"① 以上诸种中国民族史的特点是,运用西方传入不久的关于民族的概念和人类学理论,通过爬梳整理古籍文献中有关的民族史料,分别对中国民族的分类、民族史的分期、民族的起源、名称和与他族的关系、历史沿革与现状等进行了较为全面的论述,其主要功绩在于全面驳斥了"中国人种西来说",打破了中华民族或汉族"一元"论,初步确立了民族史研究的主体架构,为民族史学的深入研究和发展奠定了基础。

思考题:

1. 民国时期历史考证学兴起的原因是什么?有何主要成就?
2. 如何评价胡适、傅斯年的史学建树?
3. 顾颉刚"层累地造成的中国古史"说的主要内容和学术意义是什么?
4. 简述陈垣在历史考证学方面的主要贡献。

▶ 拓展阅读

---

① 白寿彝:《民族史工作的历史传统》,《史学史研究》1987 年第 1 期。

第十章 中国马克思主义史学的建立与发展

20 世纪 20—40 年代，中国马克思主义史学建立并逐步发展起来。马克思主义理论在 20 世纪 20—40 年代的中国思想界、知识界产生了广泛影响。唯物史观的传入、中国革命现实的需要和对中国历史整体发展宏观认识的理论需求，使中国马克思主义史学得以建立并迅速成长起来。用唯物史观研究中国历史、认识中国历史不同发展阶段的社会性质，成为中国史学如何面对现实和学术的双重任务。郭沫若的《中国古代社会研究》是中国马克思主义史学形成的标志性著作。抗战时期延安和重庆地区的马克思主义史学得到了长足发展。毛泽东关于史学工作的论述和中国历史的论断，对中国马克思主义史学具有重要指导作用。

第一节 唯物史观的传播与李大钊的贡献

一、唯物史观的传播

19 世纪末至 20 世纪初，作为一种新的社会科学理论，唯物史观已经开始被介绍进中国。马克思主义最早被介绍到中国，大约是 1898 年夏上海出版的、翻译自英国人克卡朴的《社会主义史》一书的《泰西民志》。1899 年 2 月和 4 月，在《万国公报》上先后发表了两篇译文，也提到马克思。这些资料对马克思主义的介绍都还非常简单。较为全面地开始介绍马克思主义理论，应该还是在 20 世纪初。1902 年上海广智书局翻译出版的日本学者福井准造的《近世社会主义》，1903 年出版的《译书汇编》中所刊马君武的《社会主义与进化论比较》以及同年中国达识译社翻译的日本学者幸德秋水的《社会主义精髓》等，提及了唯物史观一些主要观点。这些并不算完整的断续介绍，说明唯物史观在当时的中国社会已引起了一定的重视。马克思主义关于经济是社会存在的基础、阶级和阶级斗争、人类社会历史发展阶段等理论观点，都曾被当时的资产阶级革命派、改良派以及无政府主义者所重视而先后提到，壮大了清末反帝反封建斗争的声势，为马克思主义理论在中国的广泛传播创造了条件。

唯物史观在中国的真正受到重视和流行则是 1917 年俄国十月革命和五四新文化运动前后。毛泽东说："十月革命一声炮响，给我们送来了马克思列宁主义。十月革命帮助了全世界的也帮助了中国的先进分子，用无产阶级的宇宙观作为观察国家命运的工具,重新考虑自己的问题。走俄国人的路——这就是结论。"① 更多的外国学者介绍、论述唯物史观的著作被翻译成中文,如徐苏中译河上肇的《见于资本论的唯物史观》,禾崧龄译河上肇的《唯物史观研究》《俄罗斯革命和唯物史观》,心瞑译桑木严翼的《唯物论与唯物史观》、存统译栉田民藏的《唯物史观在马克思学上的位置》。再如,常乃惪译 W. Paschal Larkin 的《马克思历史的唯物主义》,李达译郭泰的《唯物史观解说》,汪馥泉译博哈德的《史的唯物论概说》,王灵皋译波克洛夫斯基的《历史论集》、考茨基的《马克思的经济学说》,胡汉民译考茨基的《资本论解说》,刘初鸣译拉法格的《卡尔·马克思的经济决定论》等。这些译著大大丰富了中国学者对马克思主义理论的了解。中国知识分子也积极主动地介绍马克思主义,如渊泉在《新青年》1919 年 6 卷 5 期上发表《马克思的唯物史观》,陶履恭在《东方杂志》1920 年 17 卷 20 期上发表《经济史观序言》,李荫清在《史地丛刊》1920 年 1 卷 1 期上发表《唯物的历史观与科学的历史》,范寿康在《东方杂志》1921 年 18 卷 1 期上发表《马克思的唯物史观》,邝摩汉在《今日》1922 年 2 卷 1 期上发表《唯物的中国史观》,高一涵在《北大社会科学季刊》1924 年 2 卷 4 期发表《唯物史观的详解》,刘叔琴在《东方杂志》1924 年 21 卷 1 期上发表《唯物史观在历史哲学上的价值》,蒋侠僧在《新青年季刊》1924 年 3 期上发表《唯物史观对于人类历史发展的解释》等,这些都对唯物史观的输入起到重要作用。

唯物史观之所以在中国广为传播,其原因非常复杂。简言之,第一,它适应中国社会革命的需要。俄国十月革命给中国革命带来曙光,唯物史观成为中国先进知识分子认识历史与分析现实问题的有力工具,成为中国革命运动的指南。第二,它的一些重要理论包含了中国思想传统尤其是儒家的社会理念中某些进步的因素,乃是中国学人接受唯物史观的思想基础。关于这个问题,郭沫若在《马克斯进文庙》② 中有形象的论述。第三,马克思主义唯物史观把历史看成有规律的运动,而历史学是能够认识这种规律的科学,尤其是中国马克思主义学者对唯物史观持有的科学信念,与五四新文化运动所大力提倡的科学精神是一致的。

马克思主义在中国的广泛传播并开始对中国革命和中国共产党产生指导性作用,主要是通过一批早期中国马克思主义者具体实现的。李大钊、陈独秀、杨匏安、蔡和森、瞿秋白、李达等人,都是中国最早的马克思主义理论的传播者和宣传者,他们非常重视对马克思主义理论的阐述,力图运用马克思主义的社会经济形态学说揭示人类社会发展规律的基本原理,用马克思主义的观点观察中国的现

---

① 《毛泽东选集》第 4 卷,人民出版社 1991 年版,第 1471 页。
② 这里的"马克斯"即"马克思"。

实社会和历史发展，分析中国的社会性质。

李大钊在1919年至1920年先后发表了一系列介绍了马克思主义有关唯物史观、剩余价值和阶级斗争学说的基本内容（李大钊传播唯物史观部分详见下文）。

1919年11月至12月，《广州中华新报》连载杨匏安的《马克思主义》，这也是较早且较为系统地介绍马克思主义的文章。文中强调马克思以唯物的史观为经，以革命思想为纬，加之在考察英法经济状态的心得，建立了以经济的内容为主之世界观，即科学的社会主义。

陈独秀在《新青年》杂志上积极宣传马克思主义，他说："我以为唯物史观底要义是告诉我们：历史上一切制度底变化是随着经济制度底变化而变化的。我们因为这个要义底指示，在创造将来的历史上，得了三个教训：（一）一种经济制度要崩坏时，其他制度也必然要跟着崩坏，是不能用人力来保守的；（二）我们对于改造社会底主张，不可蔑视社会经济的事实；（三）我们改造社会，应当首先从改造经济制度入手。"①

蔡和森于1924年出版了《社会进化史》，这部著作以恩格斯的《家庭、私有制和国家的起源》以及摩尔根、列宁的著作为蓝本，结合中国的历史实际，用马克思主义的立场、观点和方法阐述了人类社会发展的历史及其规律。蔡和森在此书的《绪论——有史以前人类演进之程序》中写道：

> 摩尔根的著作初发表时，欧洲研究有史以前的原史学家或人类学家，始而惊讶，继而攻击，争论四十年之久，最后才默认而剽窃其次要的发现以为己有；至于《太古社会》中之重要的部分，他们故意含默不宣。至恩格斯著《家族私产与国家之起源》，将摩尔根和马克思两人的意见联合一致，至此摩氏不朽之业才发扬光大于世，而历史学亦因此完全建立真实的科学基础。②

这是中国马克思主义史学对史前文明研究成果的高度评价。蔡和森的《社会进化论》一书论述了家庭、财产制度的产生过程、国家的起源和人类历史进化的一般规律，强调人类进化的基本原因是生产和生殖，生产是一切生活手段的生产，生殖是人类自身的生产，任何社会都被这两种生产所限制。人类婚姻的发展，私有制、国家的产生都是随着生产的变化而变化的。书中还根据唯物史观的基本原理阐述了国家的产生和国家的进化，认为生产力的发展促使私有制的出现，产生了

---

① 陈独秀：《答蔡和森〈马克思学说与中国无产阶级〉》，《新青年》第9卷第4号，1921年8月。
② 蔡和森：《蔡和森文集》，人民出版社1980年版，第438页。这里的《太古社会》即摩尔根的《古代社会》，《家庭私产与国家之起源》即《家庭、私有制和国家的起源》。

阶级，形成了国家，国家是在经济上占优势的阶级掠夺被压迫阶级的工具，随着生产力的进一步发展，阶级消灭，国家也终将消亡。《社会进化史》还尝试运用唯物史观原理解释中国的历史实际，如井田制、村落等。该书在传播马克思主义的唯物史观，使其民族化、大众化方面做了有益尝试。

1923年瞿秋白从苏联回国后，先后撰写了《社会哲学概论》《现代社会学》《社会科学概论》三本专著和一系列文章。这些著述在继承了李大钊、陈独秀等人宣传马克思主义理论的基础上，第一次将辩证唯物主义和历史唯物主义作为一个整体进行研究和宣传，介绍并阐发了辩证唯物论的历史主义思想，并努力将马克思主义的普遍原理与中国革命的具体实践相结合。《社会科学概论》根据唯物史观关于生产力和生产关系、经济基础与上层建筑的矛盾的理论，论述了人类社会中政治、经济、法律、宗教等因素或现象间的联系。

李达也是早期介绍与阐述唯物史观的理论家之一。他撰写的《唯物史观要旨》一文，根据马克思的《〈政治经济学批判〉序言》的基本观点，论述了生产力与生产关系的矛盾运动、社会存在决定社会意识、社会经济形态学说和阶级斗争理论。他于1926年出版的《现代社会学》一书是当时的又一部较为全面系统地阐述唯物史观的理论专著。书中从社会构造、起源、发达、变革等社会诸因素的相互作用，论述了社会历史发展是以生产力与生产关系、经济基础与上层建筑间的矛盾运动为基本原因的，指出阶级斗争和社会革命都是推动历史发展的重要因素，阐发了历史符合客观规律发展与个人在历史发展上的作用间的关系等。《现代社会学》"为中国马克思主义史学由诞生到形成，提供了理论前提"，"在唯物史观一些基本理论的理解和阐述上有明显的进步"①，是中国马克思主义史学在理论建设之初的重要论著。

新文化运动前后马克思主义的传播使更多的人认识到，唯物史观作为马克思主义的重要组成部分，可以作为了解和改造中国社会的思想观点和理论依据，唯物史观可以被广泛运用于历史学、社会学、文学等诸多领域，用来考察中国的政治变迁、历史发展、思想变动、文化更新。

二、李大钊的史学贡献及其《史学要论》

李大钊（1889—1927），字守常，河北乐亭人。1907年考入天津北洋法政专门学校，1913年赴日本入东京早稻田大学政治本科学习。1916年回国后任北京大学图书馆主任兼经济学教授。1920年初，和陈独秀一同筹建中国共产党，为实现国共合作作出重要贡献。1927年被奉系军阀张作霖逮捕，4月遇难。1919—1920年，

---

① 桂遵义：《马克思主义史学在中国》，山东人民出版社1992年版，第52页。

李大钊在《新青年》《每周评论》《新潮》《学灯》和《社会科学季刊》等刊物上相继发表了《我的马克思主义观》《物质变动与道德变动》《史观》《马克思的历史哲学与理恺尔的历史哲学》《唯物史观在现代史学上的价值》等文章，宣传马克思主义唯物史观，试图用唯物史观认识中国古代史和现代史问题。

1919年9月、11月，《新青年》第6卷第5号、第6号连续登载了李大钊的《我的马克思主义观》。在当时介绍马克思主义的中文资料十分缺乏的情况下，李大钊借助日文和英文的相关文献资料写成了这篇文章，第一次较为系统地介绍了马克思主义的基本原理。李大钊在北京大学、北京女子高等师范等学校讲授"史学思想史""唯物史观研究""史学要论"等课程，课程讲义包括有《鲍丹的历史思想》《鲁雷的历史思想》《孟德斯鸠的历史思想》《韦柯及其历史思想》《孔道西的历史思想》《马克思的历史哲学与理恺尔的历史哲学》等专题。李大钊著述和讲授的这些内容，除了向人们展示了西方一些重要思想家的历史思想之外，还让人们了解了唯物史观的发展过程，借此说明马克思主义的唯物史观是欧洲近代思想高度发展的结果。李大钊还尝试运用唯物史观为指导，进行具体的历史研究。1920年写就的《原人社会于文字书契上之唯物的反映》，就是运用唯物史观研究古史的一篇论文，从文字的起源、取火、货币的早期形态、造纸术的传播、母权制、图腾与姓氏及婚仪等方面作了种种假说性的解释，借以考察古代社会生活的遗迹。

《史学要论》1924年由商务印书馆出版，署名李守常。这是李大钊运用马克思主义理论观点阐发他的史学思想的史学名著，本书不仅介绍阐述了他的史学思想，而且是一部从理论上给中国马克思主义史学开辟道路的著作，具有重要的理论价值。

《史学要论》全书分六个部分，言简意赅地论述了关于史学的六个方面的理论问题："什么是历史""什么是历史学""历史学的系统""史学在科学中的位置""史学与其相关学问的关系""现代史学的研究及于人生态度的影响"。这些问题，有的是在当时被讨论过的，李大钊加以条理化、系统化。如"历史学的系统"，就已有人进行过划分，李大钊分为"广义的历史学"和"最广义的历史学"两个系统，后者包括前者；广义的历史学包含"记述的历史"和"历史理论"，最广义的历史学包含"普通历史学""特殊历史学""历史哲学"。又如"史学与其相关学问的关系"，也是20世纪初以来的史学家所格外重视的问题，李大钊作了更加系统的阐述，认为与史学有较近的关系的学问有六类：其一，言语学、文学；其二，哲学、心理学、论理学、伦理学、美学、教育学、宗教学；其三，政治学、经济学、法律学、社会学、统计学；其四，人类学、人种学、土俗学、考古学、金石学、古书学、古文字书；其五，关于自然现象的诸种科学及其应用诸科学；其六，地理学。其中文学、哲学、社会学与史学的关系尤为密切。另有一些问题，是前人已有初步涉及，李大钊用现代史学的眼光加以明确，如历史记录或历史撰述并不是客观历史本身，并不等于"活的历史"，所谓历史，包含"记述历史"和"生活的历史"两种含义，我们应当研究活的历史，而活的历史意味着"社会的变革"，意味着"不断的变革中的人生及为其产物的文化"。

在坚信历史学是科学的前提下，李大钊对史学的目的和功能作了深入论述。他认为史学的要义有三："（一）社会随时代的经过发达进化，人事的变化推移，健行不息。就他的发达进化的状态，即不静止而不断的移动的过程以为考察，是今日史学的第一要义。（二）就实际发生的事件，一一寻究其证据，以明人事发展进化的真相，是历史的研究的特色。（三）今日历史的研究，不仅以考证确定零零碎碎的事实为毕乃能事；必须进一步，不把人事看作片片段段的东西；要把人事看作一个整个的，互为因果，互有连锁的东西去考察他。于全般的历史事实的中间，寻求一个普遍的理法，以明事实与事实间的互相的影响与感应。"① 从对活动的历史过程加以考察，到探明人类发展的真相，再到寻求一个普遍的理法，这个认识过程，为日后建立的中国马克思主义史学指明了认识历史的方向。同时，李大钊也指出了历史考证学的局限，认为在历史考证的基础上，应对历史进行更加全面、更加深入的研究。书中反映的对马克思主义唯物史观的信念，对史学与社会、与人生观之间的联系的重视程度，都令人深受感染和启发。

三、关于历史学学科体系

《史学要论》是中国马克思主义史学之史学观的最早著作，也是中国马克思主义史学之学科体系的最早的论述。概括说来，它主要有以下几个论点：

首先，明确区分"历史"和"历史学"的性质，提出把客观存在的历史同人们主观反映的历史加以区别的重要性。

什么是"历史"？李大钊从三个方面提出了对客观存在之历史的认识：

第一，历史撰述所反映的"历史"，并不等同于"活的历史"即客观存在的历史本身。李大钊指出："不错，我们若想研究中国的历史，像那《史记》咧，'二十四史'咧，《紫阳纲目》咧，《资治通鉴》咧，乃至其他种种历史的纪录；都是很丰富、很重要的材料，必须要广搜，要精选，要确考，要整理。但是他们无论怎样重要，只能说是历史的纪录，是研究历史必要的材料，不能说他们就是历史。这些卷帙，册案，图表，典籍，全是这活的历史一部分的缩影，而不是这活的历史的本体。"② 作者指出这种区别和联系，在理论上使人们懂得"历史的本体"即

---

① 李守常：《史学要论》，商务印书馆1999年版，第90页。
② 李守常：《史学要论》，商务印书馆1999年版，第75页。

"活的历史"比历史撰述所反映的内容更生动、更丰富,从而拓展了人们的历史视野;在实践上则使人们可以感受到自己也生活在"活的历史"之中,增强了对于历史的体察和责任。第二,历史就是社会的变革。阐明这一点,使人们懂得历史是变化的、进步的、生动不已的。李大钊写道:"这样讲来,我们所谓活的历史,不是些写的记的东西,乃是些进展的、行动的东西。写的记的,可以任意始终于一定的范围内;而历史的事实的本身,则永远生动无已。不但这整个的历史是活的东西,就是这些写入纪录的历史的事实,亦是生动的,进步的,与时俱变的。"① 第三,历史是一个整体,是不可能割断的。李大钊认为:"历史是亘过去、现在、未来的整个的全人类生活。"② 全人类的历史如此,一个国家、一个民族的历史也是如此。

那么,什么是"历史学"呢?其主要论点是:

第一,关于"历史学"研究的对象。李大钊写道:"史学有一定的对象。对象为何?即是整个的人类生活,即是社会的变革,即是在不断的变革中的人类生活及为其产物的文化。换一句话说,历史学就是研究社会的变革的学问,即是研究在不断的变革中的人生及为其产物的文化的学问。"③ 李大钊对历史学所作的这一定义,对人们认识历史学的性质与作用,有深刻的启示。第二,历史学应着力于建立历史理论。李大钊认为:在整理、记述历史事实的基础上,"建立历史的一般理论"即历史理论,才能使"今日的历史学"成为历史科学。第三,历史科学是可以建立起来的。针对当时的一种见解,即认为"历史是多元的,历史学含有多元的哲学",因此"史学缺乏属于一般科学的性质"云云,李大钊阐述道:"各种科学,随着他的对象的不同,不能不多少具有其特色;而况人事科学与自然科学不可全然同视,人事科学的史学与自然科学自异其趣。然以是之故,遽谓史学缺乏属于一般科学的性质,不能概括推论,就一般史实为理论的研究,吾人亦期期以为不可。人事现象的复杂,于研究上特感困难,亦诚为事实;然不能因为研究困难,遽谓人事科学全不能成立,全不能存在。将史实汇类在一起,而一一抽出其普通的形式,论定其一般的性质,表明普遍的理法,又安见其不能?"④ 各种科学"自异其趣",都有自身的特点,史学亦然。历史科学是可以建立起来的。这就是作者的结论。

其次,指出历史学研究的对象包含"记述历史"和"历史理论"两个含义丰富的方面,认为这是"广义的历史学"。

---

① 李守常:《史学要论》,商务印书馆1999年版,第79页。
② 李守常:《史学要论》,商务印书馆1999年版,第82页。
③ 李守常:《史学要论》,商务印书馆1999年版,第85页。
④ 李守常:《史学要论》,商务印书馆1999年版,第91页。

李大钊把"狭义的历史学"称为"历史理论",即指个人的、氏族的、社团的、国民的、民族的、人类的"经历论"①。"狭义的历史学"加上记述历史,便构成"广义的历史学"。

李大钊这样分析"记述历史"和"历史理论"的关系,他写道:

> 记述历史与历史理论,其考察方法虽不相同;而其所研究的对象,原非异物。故历史理论适应记述史的个人史,氏族史,社团史,国民史,民族史,人类史,亦分为个人经历论,氏族经历论,社团经历论,国民经历论,民族经历论,人类经历论等。为研究的便利起见,故划分范围以为研究。那与其所研究的范围了无关系的事项,则屏之而不使其混入;但有时为使其所研究的范围内的事理愈益明了,不能不涉及其范围以外的事项,则亦不能取不敢越雷池一步的态度。例如英雄豪杰的事功,虽当属之个人史,而以其事与国民经历上很有影响,这亦算是关于国民生活经历的事实,而于国民史上亦当有所论列,故在国民史上亦有时涉及个人氏族或民族的事实。反之社会的情形,如经济状况,政治状况,及氏族的血统等,虽非个人史的范围以内的事,而为明究那个人的生活的经历,及思想的由来,有时不能不考察当时他所生存的社会的背景,及其家系的源流。
>
> 记述历史与历史理论,有相辅相助的密切关系,其一的发达进步,于其他的发达进步上有莫大的裨益,莫大的影响。历史理论的系统如能成立,则就个个情形均能据一定的理法以为解释与说明,必能供给记述历史以不可缺的知识,使记述历史愈能成为科学的记述;反之,记述历史的研究果能愈益精确,必能供给历史理论以确实的基础,可以依据的材料,历史理论亦必因之而能愈有进步。二者共进,同臻于健全发达的地步,史学系统才能说是完成。②

这两段话,把"记述历史"同"历史理论"的关系阐述得十分透彻。此外,值得注意的是,李大钊把"历史研究法""历史编纂法""历史哲学"以及"特殊历史学"(即各种专史的记述部分与理论部分)同"普通历史学"(即前面所说的"广义的历史学")合称为"最广义的历史学"③。尽管这里没有提到"自然史",但仍使我们想起了马克思、恩格斯的那句名言:"我们仅仅知道一门唯一的科学,即历史科学。历史可以从两方面来考察,可以把它划分为自然史和人类史。但这两

---

① 李守常:《史学要论》,商务印书馆1999年版,第96页。
② 李守常:《史学要论》,商务印书馆1999年版,第97页。
③ 李守常:《史学要论》,商务印书馆1999年版,第107页。

方面是不可分割的；只要有人存在，自然史和人类史就彼此相互制约。"① 李大钊所说的"最广义的历史学"，实已大大开阔了人们对"历史学"的理解。

再次，阐明了史学在科学中的位置以及它与相关学科的关系。

关于"史学在科学中的位置"。这里所论述的，是关于史学在科学史上之地位的问题。作者以欧洲为例，指出在中世纪以前，史学"几乎全受神学的支配"；到了十六七世纪，随着文艺复兴的发展，近代科学产生；其后又经许多人"先后努力的结果，已于历史发见一定的法则，遂把史学提到与自然科学同等的地位，历史学遂得在科学系统中占有相当的位置"②。这就是说，只是当人们从历史中发现了"一定的法则"时，历史学在科学史上或者说在科学系统中才占有自己的位置。作者对马克思的有关理论作了如下的概括："马克思一派，则以物质的生产关系为社会构造的基础，决定一切社会构造的上层。故社会的生产方法一有变动，则那个社会的政治、法律、伦理、学艺等等，悉随之变动，以求适应于此新经变动的经济生活。故法律、伦理等不能决定经济，而经济能决定法律、伦理等。这就是马克思等找出来的历史的根本理法。"③ 作者认为历史学之所以能够成为科学，其主要根据即在于此。

关于"史学与其相关学问的关系"。李大钊把与史学相关的学问划分为六类，一一阐述。他认为，文学、哲学、社会学与史学的关系尤为密切，故择出分别论述，而又以论述"史学与哲学"最为详尽。

最后，强调史学的社会价值和实践意义。

李大钊十分强调"现代史学的研究及于人生态度的影响"。关于这个问题，李大钊作了深刻而精辟的论述，他的主要论点是：第一，史学对于人生有密切的关系。他开宗明义地写道："历史学是研究人类生活及其产物的文化的学问，自然与人生有密切的关系；史学既能成为一种学问，一种知识，自然亦要于人生有用才是。依我看来，现代史学的研究，及于人生态度的影响很大。"④ 第二，现代史学研究可以培养人们的科学态度和脚踏实地的人生观。李大钊指出："有生命的历史，实是一个亘过去、现在、未来的全人类的生活。过去、现在、未来是一线贯下来的。这一线贯下来的时间里的历史的人生，是一趟过的，是一直向前进的，不容我们徘徊审顾的。历史的进路，纵然有时一盛一衰、一衰一盛的作螺旋状的运动，但此亦是循环着前进的、上升的，不是循环着停滞的，亦不是循环着逆返的、退落的，这样子给我们以一个进步的世界观。我们既认定世界是进步的，历

---

① 《马克思恩格斯文集》第1卷，人民出版社2009年版，第516页。
② 李守常：《史学要论》，商务印书馆1999年版，第113页。
③ 李守常：《史学要论》，商务印书馆1999年版，第116页。
④ 李守常：《史学要论》，商务印书馆1999年版，第132页。

史是进步的,我们在此进步的世界中、历史中,即不应该悲观,不应该拜古,只应该欢天喜地的在这只容一趟过的大路上向前行走,前途有我们的光明,将来有我们的黄金世界。这是现代史学给我们的乐天努进的人生观。"① 在李大钊看来,有什么样的历史观就会影响到有什么样的世界观,进而影响到有什么样的人生观。第三,历史教育的重要作用。李大钊很深刻地阐述了这个道理,他写道:"即吾人浏览史乘,读到英雄豪杰为国家为民族舍身效命以为牺牲的地方,亦能认识出来这一班所谓英雄所谓豪杰的人物,并非有与常人有何殊异,只是他们感觉到这社会的要求敏锐些,想要满足这社会的要求的情绪热烈些,所以挺身而起为社会献身,在历史上留下可歌可哭的悲剧、壮剧。我们后世读史者不觉对之感奋兴起,自然而然的发生一种敬仰心,引起'有为者亦若是'的情绪,愿为社会先驱的决心亦于是乎油然而起了。"② 史学的魅力就在于此。历史教育是一桩伟大的事业。

综上,可以看出,在 20 世纪 20 年代,李大钊从当时学术界所达到的认识水平,提出了关于历史学学科体系的新认识,其学术上的价值有两点是值得注意的:第一,它拓展了人们对历史学的认识,这是中国史学在走向近代过程中的一个重大变化。第二,它以"马克思等找出来的历史的根本理法"为指导,使这一学科体系建立在科学理论的基础上。第三,它展示出一种积极的史学观,认为史学对社会前途、对人生道路具有乐观的、奋进的影响。

李大钊所提出的历史学的学科体系,在 20 世纪 80 年代产生的影响尤为突出,对推进和发展马克思主义史学理论发挥了重要作用。

四、关于历史观和方法论

中国马克思主义史学的史学理论同以往史学或其他史学的一个重要区别,是它十分强调历史观以及在历史观指导下的方法论原则。这个历史观就是马克思主义的唯物史观。在 1924 年前后,有一些论述史学的著作出版,它们当中有的也可看作关于历史学学科之一种体系的表述。除了在一些具体内容上的异同外,历史观是它们同《史学要论》的根本区别。

李大钊作为中国马克思主义史学的奠基者之一,在阐释、传播唯物史观方面作出了重要贡献。1919 年,李大钊在《新青年》杂志上发表《我的马克思主义观》一文,以通俗和简明的笔触,表明了他对马克思主义理论精髓的理解和认识。他指出:"唯物史观也称历史的唯物主义。他在社会学上曾经,并且正在表现一种理想的运动。"③ 它代替旧有的历史观是不可遏止的发展趋势,是历史观的本质上

---

① 李守常:《史学要论》,商务印书馆 1999 年版,第 134—135 页。
② 李守常:《史学要论》,商务印书馆 1999 年版,第 135—136 页。
③ 李大钊:《李大钊全集》第 3 卷,河北教育出版社 1999 年版,第 233 页。

的变革。他着重指出唯物史观的核心是:"唯物史观的要领,在认经济的构造对于其他社会学上的现象,是最重要的;更认经济现象的进路,是有不可抗性的。"①李大钊认为,从经济现象去研究历史、说明历史,是唯物史观的核心,进而指出马克思的唯物史观"把从前历史的唯物论者不能解释的地方,与以创见的说明,遂以造成马氏特有的唯物史观,而于从前的唯物史观有伟大的功绩"②。在中国史学上,这是第一次极明确地阐述唯物史观的内容与价值,因而在史学发展历程上具有划时代的意义,它标志着中国史学走向科学化道路的开端。

1923年,李大钊发表《史观》一文,运用唯物史观的观点阐说什么是"历史",揭示"历史"是运动的、连续的和有生命的内在本质,这在中国史学发展上也是第一次。李大钊强调"历史观本身亦有其历史,其历史亦有一定的倾向";"吾侪治史学于今日的中国,新史观的树立,对于旧史观的抗辩,其兴味正自深切,其责任正自重大"③。从李大钊的这些论述来看,可以得到这样一个认识:"五四"时期,随着马克思主义在中国的传播,中国史学上所固有的历史观即发生了极大的革命性的变化。20世纪20年代初,是中国史学发展上的一座巨大的界标,这就是唯物史观的确立。

在提出马克思主义唯物史观之核心的基础上,李大钊在历史思想方面尤其重视如下一些原则:

首先,强调思想变动的原因应当到经济变动中去寻找。1920年,李大钊撰《由经济上解释中国近代思想变动的原因》,指出:"凡一时代,经济上若发生了变动,思想上也必发生变动。换句话说,就是经济的变动是思想变动的重要原因。"④他分析了中国的农业经济因受到世界工业经济的压迫,从而使中国社会发生巨大变化;这变化中显著的一点是大家族制的崩颓,于是风俗、礼教、政治、伦理也都跟着发生变化,种种"思潮运动""解放运动"均由此而起。

其次,重视阶级斗争学说。李大钊在《我的马克思主义观》中写道:与马克思的唯物史观"很有密切关系的,还有那阶级竞争说"。"历史的唯物论者,既把种种社会现象不同的原因总约为经济的原因,更依社会学上竞争的法则,认许多组成历史明显的社会事实,只是那直接,间接,或多,或少,各殊异阶级间团体竞争所表现的结果。他们所以牵入这竞争中的缘故,全由于他们自己特殊经济上的动机。"⑤李大钊用阶级和阶级斗争的理论来看待历史、说明历史,这在中国史

---

① 李大钊:《李大钊全集》第3卷,河北教育出版社1999年版,第235页。
② 李大钊:《李大钊全集》第3卷,河北教育出版社1999年版,第235页。
③ 李大钊:《李大钊全集》第3卷,河北教育出版社1999年版,第309、311页。
④ 李大钊:《李大钊全集》第3卷,河北教育出版社1999年版,第433页。
⑤ 李大钊:《李大钊全集》第4卷,河北教育出版社1999年版,第243页。

学发展上是第一次。

再次,突出人民群众在历史发展中的作用。李大钊早年曾撰《民彝与政治》一文,认为人民的意志和力量在历史运动中起着决定的作用。他写道:"古者政治上之神器在于宗彝,今者政治上之神器在于民彝。宗彝可窃,而民彝不可窃也;宗彝可迁,而民彝不可迁也。"① 这是充分肯定"民彝"在历史运动中的重大作用。1918年,他写了《庶民的胜利》一文;1920年以后,他写的《平民政治与工人政治》《平民主义》等文章,就是这种观念对于现实的历史运动的诠释。

最后,对"历史"的新概括。客观历史是什么,中外学人有不少解释。李大钊提出自己的独到见解,他说:"什么是活的历史,真的历史呢?简明一句话,历史就是人类的生活并为其产物的文化。因为人类的生活并为其产物的文化,是进步的,发展的,常常变动的;所以换一句话,亦可以说历史就是社会的变革。这样说来,把人类的生活整个的纵着去看,便是历史;横着去看,便是社会。历史与社会,同其内容,同其实质,只是观察的方面不同罢了。"② 他说的"活的历史""真的历史""有生命的历史"包含这样几个特点:第一,它同"社会"的实质、内容是相同的;第二,它是变革的;第三,它不只是指的过去而是贯穿于过去、现在和未来。

《史学要论》为中国马克思主义史学的发展提供了理论上的指导。

第二节　中国马克思主义史学的建立

一、中国马克思主义史学产生的社会环境

中国马克思主义史学产生于20世纪二三十年代。中国马克思主义史学之所以能够很快发展成为民国时期中国史坛上的一支不容忽视的学术派别,顺应中国现实社会发展的需求、符合中国史学的学术发展方向,应该是其外在和内在的主要原因。其中,外在的现实社会环境对中国马克思主义史学发展所产生的直接影响显得尤为关键,成为马克思主义史学在中国迅速成长、发展起来的重要推助力,使中国马克思主义史学具有鲜明的时代感和斗争性。

1927年,国共合作破裂,大革命失败。中国向何处去、中国革命的前途何在、中国社会性质是什么等问题成为摆在人们面前的首要问题,受到了前所未有的关注。面对大革命失败的结局,人们不禁要问:中国的革命道路是什么?应当怎样

---

① 李大钊:《李大钊全集》第2卷,河北教育出版社1999年版,第336页。
② 李守常:《史学要论》,商务印书馆1999年版,第76页。

认识中国社会？要想认清中国社会的性质，就必须联系中国社会史的性质。只有这样，才能够回答中国向何处去的问题。因此，现实政治的需要使先进的知识分子不得不拿起"唯物史观"作武器去分析中国现实，进而分析中国历史。

20世纪20年代末到30年代初的中国社会性质和社会史的论战、1934—1935年的中国农村社会性质的论战，虽然与中国的社会现实紧密相关，但是关于中国社会史的论战，则是唯物史观和历史学紧密结合的一个典型。中国社会史论战有广义和狭义之分，广义上指20世纪20年代末到30年代初的中国社会性质和社会史的论战，1934—1935年的中国农村社会性质的论战；狭义上就是以《读书杂志》为主要阵地的中国社会史论战。有着不同政治背景的各种观点在中国社会性质问题上激烈交锋、各抒己见。1931年创刊出版的《读书杂志》开辟"中国社会史论战"专栏，直到1933年停刊，该杂志成为中国社会史论战的主要阵地，各家各派陈述自己的观点，相互之间的论战达到高潮。论战的问题主要包括：第一，奴隶制社会是不是人类必经的社会阶段，中国历史上有没有奴隶社会？第二，中国封建社会始于何时？终于何时？有什么主要特征？第三，什么是亚细亚生产方式？中国历史上是否出现过亚细亚生产方式？这些问题都是中国社会性质问题的深入与延续。辨明这些问题，才能认清中国社会性质，才能明确中国革命的对象、目的和任务。

此外，知识界关于"问题与主义"的论战、"走社会主义道路，还是走资本主义道路"的论战、"实行无政府主义，还是实行共产主义"的论战，"东西方文化"的论战等，都推动了马克思主义的广泛传播，加深了中国知识分子对马克思主义的理解。

在中国社会史论战中的一个最突出的现象是，尽管人们在使用唯物史观时的态度、目的并不一致，对唯物史观的理解也不一定十分深入，许多人可能不信仰、不使用乃至排斥、反对唯物史观，许多人不过是从马克思主义词句中寻章摘句，并不是真正依据马克思主义的基本原理，但是，论战的参与者都大量引用马克思主义的词句，作为自己观点的支持。马克思主义理论在整个社会和思想理论界取得了重要地位，产生了巨大影响。

从社会史论战到1937年全民族抗战爆发，无论是中国社会史大论战，还是中国共产党继续革命的路线、方针、政策的制定，认清中国的社会性质，明确中国革命的目标和任务，都是必须解决的重要问题。把马克思主义与中国历史的实际结合起来，用历史事实论证马克思主义完全适合中国国情、是指导中国革命的思想理论武器，成为马克思主义史学的首要任务。中国社会史大论战的结果，对革命者正确了解中国革命的形势、性质，明确革命的对象、任务、前途等都起到了重要作用。运用唯物史观阐述中国社会发展的历史，也得到人们的共识。普遍存在着的公式主义、教条化的错误倾向，也被人们有所认识并不断地努力予以纠正。

现实社会环境要求马克思主义史学得出马克思主义适合中国历史和国情的论断。以郭沫若、吕振羽等人为代表的马克思主义史学家从唯物史观的基本原理出发，根据物质生产方式的发展与变革的史实，对中国社会历史发展作了阶段性划分，把中国历史叙述为五种生产方式有规律的依次发展的过程，进而论证了近代中国的半殖民地半封建社会性质，为判断中国革命的对象、任务提供了依据，马克思主义史学的理论威力得以展现，中国马克思主义史学的发展由此打下了坚实的基础。

二、《中国古代社会研究》与中国马克思主义史学的建立

郭沫若（1892—1978），四川乐山人，原名开贞，又名鼎堂。早年曾赴日本学医，出版白话诗集《女神》。1926年回国应聘广东大学（中山大学前身）文科学长，不久参加北伐战争和南昌起义，加入中国共产党。1928年避居日本。1937年全民族抗战爆发后回国，次年抵重庆，从事学术研究和历史剧的创作。1949年2月，由香港经沈阳到达北平，参加新中国成立的筹备工作。

流亡日本期间，郭沫若从1928年7月起开始研究中国古代社会史。他认为"大抵在目前欲论中国的古学，欲清算中国的古代社会，我们是不能不以罗、王二家之业绩为其出发点了"①，但是以新旧史料研究古史、"整理国故"，目的是对古代历史真相的"知其然""实事求是"，而借助于唯物史观能够达到由"知其然"到"知其所以然"、由"实事求是"到"实事之中求其所以是"的目的，"没有辩证唯物论的观念，连'国故'都不好让你们轻谈"②。郭沫若以摩尔根《古代社会》、恩格斯《家庭、私有制和国家的起源》为向导，于1928—1930年完成了《〈周易〉的时代背景与精神生产》《〈诗〉〈书〉时代的社会变革与其思想上之反映》《中国社会之历史的发展阶段》等，又通过考释甲骨文、金文，将对古文字的研究心得运用于对古代社会的研究，写出了《卜辞中的古代社会》和《周代彝铭中的社会史观》等论文，后将这些文章汇集为《中国古代社会研究》，于1930年3月由上海联合书店出版。全书由"中国社会之历史的发展阶段"《周易》时代的社会生活""《诗》《书》时代的社会变革与其思想上之反映""卜辞中的古代社会""周代彝铭中的社会史观"及附录"追论及补遗"等部分组成。首篇导论《中国社会之历史的发展阶段》首先明确"人类社会的发展是以经济基础的发展为前提，这已经是成了众所周知的事实了"，然后将中国历史划分为原始公社制、奴

---

① 郭沫若：《中国古代社会研究·自序》，河北教育出版社2000年版，第8页。按：罗、王二家，指罗振玉、王国维。
② 郭沫若：《中国古代社会研究·自序》，河北教育出版社2000年版，第6—10页。

隶制、封建制、资本制诸阶段。以后各篇分别就《周易》《诗经》《尚书》卜辞、金文和考古材料论证中国古代历史各阶段的状况和性质，首次在研究中实现了将唯物史观与中国古史的结合，成为中国马克思主义史学研究的开创之作。书中的论证、分析虽不免有公式化的倾向和史料史实方面的错误，但是都不能掩盖该书为中国史学开创新路径、例示新范式、贡献新见解、提出新方法的学术贡献。当时就读于美国斯坦福大学的张荫麟读罢该书后即将读后感撰写成文寄交国内《大公报》发表，指出《中国古代社会研究》的学术意义在于"例示研究古代的一条大道"①。20 多年后，"不甚赞同"郭沫若"新古史系统"的董作宾仍然认为："唯物史观派是郭沫若的《中国古代社会研究》领导起来的"，"他把《诗》《书》《易》里面的纸上材料，把甲骨卜辞、周金文里面的地下材料，熔冶于一炉，制造出来一个唯物史观的中国古代文化体系……郭书所用的旧史料与新史料，材料都是极可信任的。"②《中国古代社会研究》问世以后，在当时和后来产生了广泛而长久的影响，书中对中国马克思主义史学的开创与探索之功，使其在中国马克思主义史学发展过程中具有划时代意义。《中国古代社会研究》标志着中国马克思主义史学的开始建立。

1931 年至 1937 年，郭沫若推出了《甲骨文字研究》《卜辞通纂》《殷契粹编》等三部甲骨文研究著述和七部金文著述，确立他在这个领域的学术地位，也为他的古史研究提供了更为扎实的史料保证。可见，中国马克思主义史学在其建立之初，就十分明确地以新旧史料为依据探讨古代历史真相的研究路径作为其学术出发点之一，以郭沫若为代表的马克思主义史学家对史料在历史研究中的作用的反复强调，都充分说明中国马克思主义史学对史观与史料的重视程度。

第三节　中国马克思主义史学的发展

一、抗战时期延安与重庆地区的中国马克思主义史学

抗战时期，延安和重庆两地的中国马克思主义史学形成了各自的研究规模与研究群体。两地的马克思主义史家在中国通史、古史分期、中国社会史、中国思想史、中国近代史、中国革命史、中共党史等诸多领域取得了重要成果，初步形成了中国马克思主义史学的框架体系和话语系统。

延安地区成立最早的史学研究团体，是 1937 年 3 月由张闻天组织建立的"中

---

① 素痴（张荫麟）：《评郭沫若〈中国古代社会研究〉》，《大公报》1932 年 1 月 4 日。
② 董作宾：《中国古代文化的认识》，《中国现代学术经典·董作宾卷》，河北教育出版社 1996 年版，第 614 页。

国现代史研究委员会"，目的是为了编写中国革命史教材，同年冬季即出版了《中国现代革命运动史》。1939年2月组建了马列学院历史研究室，不久，范文澜任历史研究室主任，并于1940年8月至1941年年底撰写完成了《中国通史简编》上册和中册。1941年9月，马列学院改成中央研究院，下有9个研究室，原来的历史研究室改称为中国历史研究室，含近代史组、农民土地组和民族组，完成了《中国国文选》（1942年付印，毛泽东作序）、编撰《中国通史简编》下册，《中国文学史》《中级中国史课本》和《苏维埃运动史》等书也已着手撰写。①

重庆地区马克思主义史学的开展，在客观环境上与延安地区有所不同。抗战进入相持阶段的艰苦环境以及国民党的专制文化政策，尤其是1941年皖南事变后，大后方的政治气候显得十分压抑和恶劣。胡绳曾经说："（1940年以后）实际的形势使人更加看出抗战的胜利和中国问题的解决绝不是短期间可以奏效的事，也就逼得人不能不从更深远处来研究中国的历史和实际，由这里来追寻解决中国问题的线索。所以就形成了这一时期中中国历史研究风气的旺盛。"② 从历史研究中"追寻解决中国问题的线索"是重庆地区马克思主义史家的主要任务。此外，郭沫若于1937年夏从日本回国，被委任为国民政府军事委员会政治部"文化工作委员会"的负责人，该机构成为中国共产党在重庆的一个文化活动中心，这在客观上为学术研究活动的开展创造了条件。文化工作委员会以"勤业、勤学、勤交友"为方针，聚集了翦伯赞、侯外庐、吕振羽、杜国庠、华岗、胡绳、嵇文甫、吴泽、赵纪彬、陈家康等史家和学者，他们以《中苏文化》《新华日报》《群众》《读书月报》《理论与现实》等报纸杂志为阵地，发表学术论文，进行学术讨论，同时揭露和抨击国民党的独裁统治政策，批判与回击那些不利于抗战的错误与反动言论。

从研究者在两地的分布来看，重庆地区马克思主义史家的标志性人物是郭沫若。此前，吕振羽已经在社会史论战中产生影响，翦伯赞也以《历史哲学教程》一书确立了其马克思主义史学家的地位，侯外庐则在潜心翻译《资本论》并观察思考社会史论战中正待厚积薄发。日后并称"五老"的马克思主义史家中的"四老"都在重庆（吕振羽1941年3月离开重庆赴抗日根据地），加之杜国庠、华岗、胡绳、嵇文甫、赵纪彬、吴泽、陈家康等，重庆地区的马克思主义史家群体实力突出。《中国通史简编》上册完成出版后，延安地区史家的标志性人物当为范文澜，而毛泽东、张闻天、吴玉章等中共领导人对历史学的关注与扶植，尤其是毛泽东对历史的高度重视和对历史研究走向的调控等，也使延安地区史学随处可见中共高层领导人的身影，陈伯达、杨松、何干之、叶蠖生、尹达、谢华、佟冬、

---

① 参见《原延安中央研究院各研究室的计划》，温济泽等编：《延安中央研究院回忆录》，湖南人民出版社1984年版，第75页。
② 胡绳：《近五年间中国历史研究的成绩》，《新文化》第2卷第5期，1946年。

金灿然等人，则成为延安史学研究队伍中的主要成员。

通史撰述是中国马克思主义史学研究的迫切任务，受到了延安和重庆两地马克思主义史家的高度重视，其中以范文澜《中国通史简编》、吕振羽的《简明中国通史》、翦伯赞的《中国史纲》最具代表性，又以范文澜《中国通史简编》影响最为广泛。在马克思主义史学的中国通史撰述中，用马克思主义社会经济形态学说解释中国历史，把中国历史划分为原始社会、奴隶社会、封建社会等不同阶段，力图揭示历史发展的本质和规律性；把经济因素作为分析历史变动的决定性因素；把人民大众看作历史的主人；把历史视为阶级斗争的历史，阐述被统治阶级的苦难，揭露统治阶级罪恶。这些内容都成为中国马克思主义史学话语系统的共同之处。此外，力图克服初期马克思主义史学著作中存在的公式主义的错误，努力以唯物史观的理论为指导，深入研究中国历史的实际，以具体历史事实为依据，揭示中国历史的发展规律，也是这几部通史著作的共同特点。与当时流行的历史考证研究相比，马克思主义史学家的通史著作能够以宏观的视野从大处着眼，力图把握中国历史发展的整体脉络和特点，无论从学术意义还是从现实意义上都对学术界、对普通读者有开阔眼界、壮阔胸襟的巨大作用，给人耳目一新、脉络清晰之感，受到了包括非马克思主义史家在内的当时学术界的关注。

思想史是重庆地区马克思主义史家为中国马克思主义史学开辟的一个新的研究领域。马克思主义史学研究的发展需求以及重庆当时的状况，使马克思主义史学研究扩展到思想学术史领域有了可能。郭沫若的《青铜时代》和《十批判书》、侯外庐的《中国古代思想学说史》和《中国近世思想学说史》，都是中国马克思主义史学思想史研究的力作。

延安地区马克思主义史学研究成果还包括对中国近现代史、革命史、党史和民族史的研究。范文澜的《中国近代史》上册和张闻天主持编写的《中国现代革命运动史》分别是中国近代史和中国革命运动史的代表作。毛泽东的《中国革命和中国共产党》《新民主主义论》等论著本身就是中共党史、中国革命史的经典性著作。王稼祥的《中国共产党与革命战争》、王若飞的《关于大革命时期的中国共产党》、叶蠖生的《中国苏维埃运动史稿》、陈伯达的《论十年内战》等也属同类著述。

民族史研究也是马克思主义史学的研究重点。马克思主义史学家在中国通史撰述中就十分重视各民族人民历史的记述。1942年年底吕振羽抵达延安时便开始酝酿撰写中国民族史，他做了大量的民族问题研究工作，最终完成了《中国民族简史》。

延安地区开展的中国马克思主义史学的相关工作还包括对各级干部在马克思

主义历史观点方面的教育与培训,指导各级学校以唯物史观为指导进行历史教学,运用各种通俗化、大众化的形式向人民大众普及历史知识、传播新的历史观念等自上而下的举措。张闻天、吴玉章、艾思奇、田家英、师哲、何干之、杨松、李初黎等社会科学文化工作者均大力宣传马克思主义理论,对推进中国马克思主义史学的发展都有贡献。

这个时期中国马克思主义史学研究的主要成果还包括:华岗的《1925—1927年中国大革命史》(1931年)和《中华民族解放运动史》(1940年)、李平心的《中国近代史》(1933年)和《中国现代史初编》(1940年)、邓初民的《中国社会史教程》(1940年)、吴泽的《中国原始社会史》(1943年)和《中国历史简编》(1945年)、尹达的《从考古学上所见到的中国原始社会》(1943年)等论著。

1938年,毛泽东在中共六届六中全会上提出:"马克思主义必须和我国的具体特点相结合并通过一定的民族形式才能实现。""对于中国共产党说来,就是要学会把马克思列宁主义的理论应用于中国的具体的环境。"① 马克思主义"学术中国化"问题在延安进行了热烈的讨论。在中国的马克思主义史学继续发展的关键时期,延安地区和重庆地区马克思主义史学研究格局的初具规模,加之"学术中国化"讨论的适时展开,使马克思主义史学在中国史坛上的形象渐趋明朗,也使马克思主义史学逐渐发展为"中国马克思主义史学"。

抗战时期延安和重庆两地的马克思主义史学有着不同的风格与特点,共同壮大了中国马克思主义史学阵营的声势,在中国史坛形成了一支不可忽视的史学流派,为新中国成立后成为中国史学主导地位奠定了坚实基础。

二、郭沫若、吕振羽的史学贡献

抗战时期在重庆期间,郭沫若加强了对先秦社会和学术思想史的研究,撰写相关学术论文达20余篇,并于1945年结集为《十批判书》和《青铜时代》,还写出了产生重大影响的《甲申三百年祭》。从《中国古代社会研究》对于古代社会历史的研究,到《十批判书》等论著对于古代历史社会史和思想学说史的研究,反映了郭沫若史学研究不断深入的自觉意识,也反映了中国马克思主义史学研究的继续发展。以《十批判书》为例,该书的特点大致包括:在材料上的全面爬梳与悉心整理,在基本观点持"以人民为本位"的思想,在研究方法上的"向社会还原"与"判定价值"。所属材料与方法均为马克思主义史学和非马克思主义史学研究共所遵循的基本学术规范指标,也是对先秦思想史研究的新意所在,而"以人

---

① 《毛泽东选集》第2卷,人民出版社1991年版,第534页。

民为本位"的指导思想则影响了研究结论的价值取向,当为马克思主义史学研究的现实反映。

郭沫若关于历史研究的方法论,同他重视史家确立正确的世界观的认识是一致的。他在为1954年新版《中国古代社会研究》所写的引言中指出:"研究历史,和研究任何学问一样,是不允许轻率从事的。掌握正确的科学的历史观点非常必要,这是先决问题。但有了正确的历史观点,假使没有丰富的正确的材料,材料的时代性不明确,那也得不出正确的结论。"① 这是强调了"正确的科学的历史观点"和"丰富的正确的材料",都是研究历史所不可缺少的。他还指出:"任何研究,首先是占有尽可能接触的材料,其次是具体分析,其次是得出结论。"② 这可以看作他对于历史研究方法论模式的简要概括。从重要性来看,历史观点是"先决问题";从研究程序来看,"首先"要占有材料。他把两者的关系阐说得很清楚,具有重要的方法论的指导意义。

吕振羽(1900—1980),名典福,字振羽,湖南武冈(今属邵阳市)人。1921年考入湖南省立工业专科学校,后参加北伐战争。1929年在北平主编《村治月刊》,又与人合作创办《新东方》杂志。曾在中国大学和朝阳大学任教,参加"中国社会史论战"。1938年创办塘田战时讲学院,一年后到重庆从事历史研究、理论宣传和统战工作。1942年到延安,在中央马列主义研究院任职。抗战胜利后,赴华北、东北从事革命工作,任大连大学校长兼党委书记。

吕振羽是最先投入社会史论战中的马克思主义著名史家之一。1934年4月,吕振羽在《文史》杂志创刊号上发表《中国经济之史的发展阶段》,同年6月出版了《史前期中国社会研究》,次年完成《殷周时代的中国社会》,这些著述上承郭沫若的观点,将中国社会历史自上古到鸦片战争时期,按照原始社会、奴隶社会、封建社会等社会形态作了阶段划分,对中国封建制内部也进行了分期,展现了马克思主义史学对中国历史发展的系统观点。《史前期中国社会研究》以考古资料结合神话传说考察远古历史,成为用马克思主义指导研究中国史前社会史的最早著作。《中国政治思想史》(1937年)是吕振羽针对陶希圣的同名著作而作的,通过划分中国社会发展的不同阶段,对各个时期不同阶级、阶层的思想家和思想流派进行重新考察,对陶希圣的观点进行了批驳,建立了一个新的中国思想史研究体系,是用唯物史观研究中国思想史的开创之作。吕振羽的《中国民族简史》(1947年)是以唯物史观为指导的第一部中国民族史撰述。在中国古代社会史、经济史、政治史、文化思想史等领域,吕振羽完成了大量的研究成果,成为中国马克思主

---

① 郭沫若:《郭沫若全集·历史编》第1卷,人民出版社1982年版,第4页。
② 郭沫若:《郭沫若全集·历史编》第3卷,人民出版社1982年版,第443页。

义史学的重要开拓者之一。

三、翦伯赞、侯外庐的史学贡献

翦伯赞（1898—1968），湖南桃源人，维吾尔族。1919 年毕业于武昌商业专门学校，1924 年赴美国加利福尼亚大学学习经济学，不久退学回国。1927 年参加北伐战争，1937 年加入中国共产党。1940 年辗转到重庆，为《中苏文化》副主编，从事统一战线和理论宣传工作。1946 年在上海兼任大夏大学教授，次年到香港任达德学院教授。1949 年年初抵北平。

翦伯赞在社会史论战中发表了《中国农村社会之本质及其历史的发展阶段之划分》《前封建时期之中国农村社会》等文章，认为中国当时社会是半殖民地半封建性质，主张继续进行民族主义革命。1935 年以后发表了《殷代奴隶社会研究之批判》《关于历史发展中之"奴隶所有者社会"问题》等论证奴隶制可以有多种表现形式、但属于人类社会必经阶段的文章，研究领域转向史学。

翦伯赞深感当时在唯物史观理论和方法论方面研究的薄弱，他说："历史哲学在中国，或者沉溺于刻版的公式主义，或者使理论脱离实践，陷于纯经院式的无病呻吟了。所以一直到现在，关于历史哲学之系统的著作，在中国我们还没有看见。"[①] 为了加强马克思主义历史理论的研究，也为了清理各种混乱的历史观，为全民族抗战提供思想武器，他撰写了《历史哲学教程》（1938 年）。该书有六章。第一章是"绪论"，论述"历史科学的任务""历史科学之史的发展"和"历史科学的积极性"三个问题。第二至五章论述"历史发展的合法则性""历史的关联性""历史的实践性"和"历史的适应性"四个问题。第六章论述"关于中国社会形势发展史问题"。翦伯赞在书中从理论上清算了社会史论战以来存在的"机械论"的弊端，更为明确地强调马克思主义理论中的辩证法，突出了中国马克思主义史学在斗争环境中所应当担负起的社会功能，首次系统论述了中国马克思主义史学中的一系列重大理论问题，主要包括人民群众在历史创造中的局限性问题、历史研究中的整体性原则、历史发展与自然环境的关系、历史发展中的统一性和多样性问题、历史必然性与人的主观能动性问题等，是对马克思主义史学近十年的发展历程和学术实践的理论总结，及时为中国马克思主义史学的继续发展壮大作了充实的理论准备。

作为一位具有鲜明的理论和方法论意识的马克思主义史学家，翦伯赞特别强调史料、史料学对历史研究的作用。他的《史料与史学》（1946 年）一书就是这样的一部著述，对中国马克思主义史学的学科建设具有重要意义。翦伯赞对中国

[①] 翦伯赞：《历史哲学教程》，北京大学出版社 1990 年版，第 3 页。

马克思主义史学的通史撰述亦有突出贡献，计划撰写的《中国史纲》的第一卷《史前史·殷周史》（后更名《先秦史》）出版于1944年，接下来的《秦汉史》出版于1946年，两书受到学术界的广泛好评，时任燕京大学历史系主任的齐思和说："翦伯赞先生的《中国史纲》，很受到学术界的重视"，"他这部书规模甚大，特点是考古材料的大量的应用与中国文化和其他文化的比较。"① 历史理论、通史撰述、秦汉史和史料学，是翦伯赞史学成就的几个最突出的方面。

侯外庐（1903—1987），原名兆麟，又名玉枢，山西平遥人。1922年分别考入北京的政法大学和师范大学。因主编秘密刊物《下层》遭到北洋政府通缉，避居哈尔滨。1927年赴法国求学，加入中国共产党。1930年回国，先后在哈尔滨政法大学、北平大学、北平师范大学任教。1938年辗转抵重庆，任《中苏文化》主编，从事抗日宣传和学术研究。1947年至香港，任达德学院教授，1948年与郭沫若、翦伯赞等一道抵沈阳，1949年3月至北平，参加新政协筹备工作。

在法国期间，侯外庐开始致力于翻译《资本论》，1928年至1937年十年间，他把主要精力都投入《资本论》的翻译工作上（与王思华合作翻译），后因郭大力、王亚南的译本出版，才中止了这项工作，此后，他的研究领域从经济学进入历史学。

1941—1942年在重庆期间，他完成了《中国古典社会史论》（该书后定名为《中国古代社会史论》）和《中国古代思想学说史》两部马克思主义史学论著。前书由14篇论文集成，重点讨论了"亚细亚生产方式"，对自殷至秦的中国古代历史中关于生产方式、文明起源、政治变迁、阶级关系、国家和法权、道德与变法等问题进行了深入研究，具有突出的问题意识。侯外庐在研究中遵循三个基本原则：其一，确定中国的古代，是"亚细亚生产方式"为主导的古代；其二，谨守考证辨伪的方法；其三，力求把马克思主义同中国古代史料结合起来，作统一的研究。② 因此该书在研究内容与研究方法方面都有创新。后书将先秦学术史分为以《诗》《书》为代表的西周官学、春秋战国之际的孔墨显学和战国时期的诸子百家之学三个时期，开辟了先秦思想史研究的新途径。1944年完成出版的《中国近世思想学说史》一书对明末清初至民国初年近300年思想学说进行了研究，以揭示近世思想启蒙为主旨，注重发掘清初以来思想家的启蒙思想，对许多学者的思想阐释多有新见。以"古代"和"近世"这两部思想史著述为基础，侯外庐有了清理全部中国思想史的愿望，遂与杜国庠、赵纪彬、邱汉生等一同撰写《中国思想通史》，至1947年前后完成了前三卷的初稿。侯外庐在社会史和思想史方面的建

---

① 齐思和：《近百年来中国史学的发展》，《燕京社会科学》第2期，1949年10月。
② 侯外庐：《韧的追求》，生活·读书·新知三联书店1985年版，第117页。

树,使其在中国马克思主义史学研究中独具特色。张岂之指出:"侯外庐先生治中国历史、中国社会史和中国思想史,既继承中国思想学术史的优良传统,又创造性地运用马克思主义历史唯物论作为研究的指导,在马克思主义与中国社会史、学术史、思想史方面做出了重要贡献。这正如历史学家白寿彝先生所说,侯外庐先生'研究中国历史总是想把马克思主义历史理论中国化,也可以说把马克思主义历史理论民族化。这一点很重要'。白先生又说:'这反映了我们中国马克思主义史学发展到新的阶段,外庐同志的著作是这个阶段的标志。'"①

四、范文澜与《中国通史简编》

范文澜(1893—1969),字芸台,又字仲沄,浙江山阴(今浙江绍兴)人。1913年考入北京大学,毕业后曾任校长蔡元培的秘书。1924年以后在南开中学、南开大学、北京大学任教。1926年加入中国共产党。1932年任北平女子文理学院国文系主任,次年受聘为院长。1936年任教于河南大学。因从事革命活动曾数次遭通缉和逮捕。1939年10月到延安。1946—1948年先后任北方大学校长、华北大学副校长。

范文澜赴延安之前,已经出版有《诸子略义》(1928年)、《水经注写景文钞》(1929年)、《文心雕龙注》(1929年)、《正史考略》(1931年)、《群经概论》等论著,已是成名的经史学家。1935年冬,范文澜撰写了《大丈夫》一书,记述了历史上25位抗敌御侮的爱国志士、民族英雄,受到读者的广泛欢迎,该书也成为范文澜将研究重点从经学、《文心雕龙》等研究领域转向以历史研究为主的转折点。到延安后,范文澜任马列学院历史研究室主任。1940年,经毛泽东提议,中共中央宣传部计划编写一部供广大干部阅读的中国历史读本,范文澜承担了这项编撰任务,《中国通史简编》于1941年底完成了上册(五代十国以前)和中册(宋至清中叶),成为最早完成的用马克思主义观点叙述自上古至鸦片战争前中国历史的贯通性著作。全书"肯定历史的主人是劳动人民","按照一般社会历史发展的规律,划分中国历史的段落","中国是长期延续的封建社会,但三千年来决不是没有发展","肯定农民起义的作用","注意收集生产斗争材料"②。范文澜文史兼通,书中引用的资料十分丰富,语言通俗凝练,体裁新颖。《中国通史简编》的这些新特点,展示了中国马克思主义史学对中国历史发展进程的整体认识,因而受到广泛关注和欢迎,出版后的十年间先后有8种版本刊行,重印、翻印次数难以计数,成为延安地区干部的必读书,在国统区也产生了很大反响。"中国社会史

---

① 张岂之:《〈侯外庐著作与思想研究〉总序》,见《侯外庐著作与思想研究》第1卷,长春出版社2016年版,第1—2页。
② 范文澜:《关于〈中国通史简编〉》,《科学通报》1951年第6期。

之唯物辩证法的研究，到了范文澜先生所编著的《中国通史简编》才由初期的创造而开始走进了成熟的时期。"①

《中国通史简编》原计划撰写的下册，是中国近代史部分，因原书上中册已经出版，写成于1945年的下册便以《中国近代史》（上编）为书名单独成书。该书以近代中国社会在列强的侵略下变为半殖民地半封建社会性质的过程和中国人民一系列反帝反封建过程为基本线索，成为早期中国近代史研究的重要著作。

五、邓初民、胡绳的史学贡献

邓初民（1889—1981），曾用名希禹，字昌叔，湖北石首人。1940年和1942年，邓初民先后出版了《社会史简明教程》（后改称《社会进化史纲》）和《中国社会史教程》。第一本书是论述一般的人类社会历史的发展过程及其规律。《社会史简明教程》是继蔡和森的《社会进化史》之后，又一部马克思主义的社会发展史著作，也是一部历史理论著作。全书要回答的中心课题是："社会是怎样的构成着，社会又是怎样的变革着"。它论述的方法是："在竖的分期，是把社会进化分为原始共产社会、古代社会、封建社会、资本主义社会、社会主义社会各阶段，而叙述了由原始公社到社会主义时代的全系列；在横的内容，是把人类的主要社会生活分为经济的、政治的、精神的，由社会的经济结构进而考察政治的形式、精神的意识形态，以探求各个社会阶段的特征。"②《中国社会史教程》也是遵照这个方法进行论述的。作者指出："中国社会发展史的前途是光明灿烂的"；"中国社会发展史的伟大前途，决不能袖手坐待，需要我们努最后必死之力，加以争取。"③ 全书显示出对历史前途的信心。这两本书都曾作为大学教材使用，在青年学生中有广泛影响。

胡绳（1918—2000），原名项志逖，浙江钱塘人。1948年，胡绳出版了《帝国主义与中国政治》一书，此书是这个时期马克思主义史学在专史撰述方面的代表作。这是一部通俗的政治读物，也是一部严肃的历史著作。全书共六章，上限起于1840年，下限断至1924年，包含85年史事。毛泽东曾说，帝国主义侵略中国的历史，就是中国的近代史。《帝国主义与中国政治》一书，正是突出地论述了中国近代史上的这一重大课题。但是，正如作者所说，帝国主义列强与半殖民地中国之间的政治关系，内容极其复杂。为了深入地揭示这一个重大课题的本质，作者在本书中着重阐明"帝国主义侵略者怎样在中国寻找和制造他们的政治工具"；"他们从中国统治者与中国人民中遇到了怎样不同的待遇"，"一切政治改良主义者

---

① 齐思和：《近百年来中国史学的发展》，《燕京社会科学》第2期，1949年10月。
② 邓初民：《社会史简明教程·自序》，生活出版社1942年版。
③ 邓初民：《中国社会史教程》，文化供应社1949年第2版，第291页。

对于帝国主义者的幻想曾怎样地损害了中国人民的革命事业"①。所有这些，都表现了作者的马克思主义的历史见识。这本书篇幅不大，但长期地拥有广大的读者，起着广泛的影响。②

第四节　毛泽东对中国马克思主义史学的理论贡献

一、毛泽东关于史学工作的论述

毛泽东历来重视历史学的现实作用，他不断强调要把历史学的功能提升到指导中国革命实践的高度来认识。抗战期间，毛泽东就指出："指导一个伟大的革命运动的政党，如果没有革命理论，没有历史知识，没有对于实际运动的深刻的了解，要取得胜利是不可能的。"因此，他一直强调学习历史和研究历史的重要性："学习我们的历史遗产，用马克思主义的方法给以批判的总结。""我们这个民族有数千年的历史，有它的特点，有它的许多珍贵品。对于这些，我们还是小学生。今天的中国是历史的中国的一个发展；我们是马克思主义的历史主义者，我们不应当割断历史。从孔夫子到孙中山，我们应当给以总结，承继这一份珍贵的遗产。"③

史学工作不仅对于中国的革命事业有着重要指导意义，而且对于提高民族自信、鼓舞中华民族团结一心共同奋斗有着重要作用。毛泽东认为，继承优秀的历史文化遗产，"是发展民族新文化提高民族自信心的必要条件"④。他在《中国革命和中国共产党》中说："中国是世界文明发达最早的国家之一，中国已有了将近四千年的有文字可考的历史"，"中华民族又是一个有光荣的革命传统和优秀的历史遗产的民族"，"中国人民，百年以来，不屈不挠、再接再厉的英勇斗争，使得帝国主义至今不能灭亡中国，也永远不能灭亡中国。"⑤ 提示人们要从对中国历史的深入了解中总结经验、收获启示、面向未来。

毛泽东还强调史学工作与端正学风的关系。在1941年写的《改造我们的学习》一文中，他指出主观主义的态度"就是割断历史，只懂得希腊，不懂得中国，

---

① 胡绳：《帝国主义与中国政治》香港初版序言，《胡绳全书》第5卷，人民出版社1998年版，第151页。
② 上述有关邓初民、胡绳的这两段论述，参见白寿彝主编的《史学概论》，宁夏人民出版社1983年版，第338—339、346—347页。
③ 《毛泽东选集》第2卷，人民出版社1991年版，第533—534页。
④ 《毛泽东选集》第2卷，人民出版社1991年版，第707—708页。
⑤ 《毛泽东选集》第2卷，人民出版社1991年版，第623、632页。

对于中国昨天和前天的面目漆黑一团",而马克思主义的、正确的学习历史的态度"就是不要割断历史。不单是懂得希腊就行了,还要懂得中国;不但要懂得外国革命史,还要懂得中国革命史;不但要懂得中国的今天,还要懂得中国的昨天和前天。"文中批评了史学工作中存在的不足:"对于自己的历史一点不懂,或懂得甚少,不以为耻,反以为荣。特别重要的是中国共产党的历史和鸦片战争以来的中国近百年史,真正懂得的很少。近百年的经济史,近百年的政治史,近百年的军事史,近百年的文化史,简直还没有人认真动手去研究。有些人对于自己的东西既无知识,于是剩下了希腊和外国故事,也是可怜得很,从外国故纸堆中零星地检来的。"在端正学风的前提下,他建议要有计划、有步骤地开展历史研究:"对于近百年的中国史,应聚集人材,分工合作地去做,克服无组织的状态。应先作经济史、政治史、军事史、文化史几个部门的分析的研究,然后才有可能作综合的研究。"①

毛泽东反复强调,研究历史和现实问题,要注意"不凭主观想象,不凭一时的热情,不凭死的书本,而凭客观存在的事实,详细地占有材料,在马克思列宁主义一般原理的指导下,从这些材料中引出正确的结论。"②"我们的同志学会应用马克思列宁主义的立场、观点和方法,认真地研究中国的历史,研究中国的经济、政治、军事和文化,对每一问题要根据详细的材料加以具体的分析,然后引出理论性的结论来。"③ 在历史研究中忽视理论的指导或者轻视材料的作用,都不可能获得正确的研究结论,只有详细地占有史料,应用马克思列宁主义理论对历史问题进行分析研究,从中引出正确的结论,这是研究历史的科学方法。在《新民主主义论》中,毛泽东强调要辩证地看待和研究历史,他指出:"中国现时的新政治新经济是从古代的旧政治旧经济发展而来的,中国现时的新文化也是从古代的旧文化发展而来,因此,我们必须尊重自己的历史,决不能割断历史。但是这种尊重,是给历史以一定的科学的地位,是尊重历史的辩证法的发展,而不是颂古非今,不是赞扬任何封建的毒素。"④ 用辩证的眼光看待历史,历史主义十分重要,他说:"今天的中国是历史的中国的一个发展;我们是马克思主义的历史主义者,我们不应当割断历史。"⑤

毛泽东强调对待马克思主义的科学态度:"不应当把他们的理论当作教条看待,而应当看作行动的指南","因此,使马克思主义在中国具体化,使之在其每

---

① 《毛泽东选集》第3卷,人民出版社1991年版,第799、801、798、802页。
② 《毛泽东选集》第3卷,人民出版社1991年版,第801页。
③ 《毛泽东选集》第3卷,人民出版社1991年版,第814—815页。
④ 《毛泽东选集》第2卷,人民出版社1991年版,第708页。
⑤ 《毛泽东选集》第2卷,人民出版社1991年版,第534页。

一表现中带着必须有的中国的特性,即是说,按照中国的特点去应用它,成为全党亟待了解并亟须解决的问题。"① 这些论述,对中国马克思主义史学的发展产生了重要影响。

二、毛泽东关于中国历史的论断

毛泽东对于中国历史的发展有着许多深刻的见解和论断。

1939年冬,毛泽东和在延安的几位马克思主义史学工作者合作编写《中国革命和中国共产党》,其中的第一章《中国社会》由他人起草、毛泽东修改定稿,第二章《中国革命》由毛泽东亲自撰写。本书较为集中地反映了毛泽东对中国历史发展特点所持有的基本观点,是确定马克思主义的中国史研究体系的纲领性著作。其主要论点如下:

中华民族的发展(主要指汉族的发展),和世界上其他民族同样,曾经经过了长时期的原始公社的生活。从原始公社崩溃到转入阶级生活时代开始,经过了奴隶社会、封建社会,鸦片战争以后是半殖民地半封建社会(日本沦陷区是殖民地社会)。中国是世界文明发达最早的国家之一,中国已有了将近四千年的有文字可考的历史。

中国自从进入封建制度以后,其经济、政治、文化的发展,就长期地陷在发展迟缓的状态中,自周秦以来一直延续了三千年左右。中国封建时代的经济制度和政治制度,是由以下的各个主要特点构成的:

第一,自给自足的自然经济占主要地位。虽有交换的发展,但是在整个经济中不起决定的作用。

第二,封建的统治阶级——地主、贵族和皇帝,拥有最大部分的土地,而农民则很少土地,或者完全没有土地。农民用自己的工具去耕种地主、贵族和皇室的土地。这种农民,实际上还是农奴。

第三,不但地主、贵族和皇室依靠剥削农民的地租过活,而且地主阶级的国家又强迫农民缴纳贡税,以维持国家机器的运转。

第四,保护这种封建剥削制度的权力机关,是地主阶级的封建国家。专制主义的中央集权的封建国家建立于秦始皇统一中国以后。在封建国家中,皇帝有至高无上的权力,在各地方分设官职以掌兵、刑、钱、谷等事,并依靠地主绅士作为全部封建统治的基础。

中国历代的农民,被束缚于封建制度之下,没有人身的自由,没有任何政治权利。地主阶级这样残酷的剥削和压迫所造成的农民的极端的穷苦和落后,就是

---

① 《毛泽东选集》第2卷,人民出版社1991年版,第533、534页。

中国社会几千年在经济上和社会生活上停滞不前的基本原因。封建社会的主要矛盾，是农民阶级和地主阶级的矛盾。

地主阶级对于农民的残酷的经济剥削和政治压迫，迫使农民多次地举行起义，以反抗地主阶级的统治。中国历史上的农民起义和农民战争的规模之大，是世界历史上所仅见的。在中国封建社会里，只有这种农民的阶级斗争、农民的起义和农民的战争，才是历史发展的真正动力。

鸦片战争以后，中国一步一步地变成了一个半殖民地半封建的社会。帝国主义列强侵略中国，在一方面促使中国封建社会解体，促使中国产生了资本主义因素，把一个封建社会变成了一个半封建的社会；但是在另一方面，它们又残酷地统治了中国，把一个独立的中国变成了一个半殖民地和殖民地的中国。主要特点是：

第一，封建社会的自给自足的自然经济基础遭到破坏，但是地主阶级对农民的剥削依旧保持着，而且同买办资本和高利贷资本的剥削结合在一起，在中国的社会经济生活中占着优势。

第二，民族资本主义有了某些发展，并在中国政治的、文化的生活中起了颇大的作用，但是没有成为中国社会经济的主要形式，它的大部分与外国帝国主义和国内封建主义都有或多或少的联系。

第三，皇帝和贵族的专制政权被推翻，代之而起的先是地主阶级的军阀官僚的统治，接着是地主阶级和大资产阶级联盟的专政。在沦陷区，则是日本帝国主义及其傀儡的统治。

第四，帝国主义不但操纵了中国的财政和经济的命脉，并且操纵了中国的政治和军事的力量。在沦陷区，则一切被日本帝国主义所独占。

第五，由于中国是在许多帝国主义国家的统治或半统治之下，由于中国实际上处于长期的不统一状态，又由于中国的土地广大，中国的经济、政治和文化的发展，表现出极端的不平衡。

第六，由于帝国主义和封建主义的双重压迫，特别是由于日本帝国主义的大举进攻，中国的广大人民，尤其是农民，过着饥寒交迫的和毫无政治权利的生活。中国人民的贫困和不自由的程度，是世界所少见的。

帝国主义和中华民族的矛盾，封建主义和人民大众的矛盾，这些就是近代中国社会的主要的矛盾。当然还有别的矛盾，例如资产阶级和无产阶级的矛盾，反动统治阶级内部的矛盾。这些矛盾的斗争及其尖锐化，造成日益发展的革命运动。近代和现代的中国革命，是在这些基本矛盾的基础之上发生和发展起来的。①

---

① 详见《毛泽东选集》第 2 卷，人民出版社 1991 年版，第 622—631 页。

上述毛泽东对中国古代史和近现代史的发展特点、社会性质、主要矛盾的概括分析，成为中国马克思主义史学研究的主导线索和基本观点，对中国马克思主义史学有着深远的影响。

此外，毛泽东所提倡的在历史研究中的"实事求是"态度、阶级分析的方法、对历史事件和历史人物评价的标准等观点，都成为中国马克思主义史学的研究指南。

思考题：

1. 中国马克思主义史学形成的时代背景与社会环境是怎样的？
2. 郭沫若《中国古代社会研究》的学术价值与意义何在？
3. 抗战时期延安和重庆地区的中国马克思主义史学取得的主要成就是什么？
4. 毛泽东对中国历史有什么重要论述？

▶ 拓展阅读

第十一章 新中国时期史学的变革、成就和当前发展趋势

1949年10月1日，中华人民共和国成立，中国马克思主义史学居于主导地位。毛泽东对历史研究与史学发展提出了新的见解、新的思想，具有重要的理论意义。新中国成立后的十七年间，史学界在唯物史观与中国历史实际相结合的重大历史理论问题上进行了广泛深入的讨论，马克思主义史学在许多领域取得了新的成就。而伴随着新的成就的取得，也存在一些不足和教训。"文化大革命"期间，历史学受到严重摧残。改革开放后，中国史学呈现出新的气象，中国史研究、中国的世界史研究和考古学研究等领域都取得了重大进展，中外史学交流更趋频繁和深入，在马克思主义史学占主导地位的形势下，中国史学呈现出生动活泼的发展态势。

第一节 马克思主义史学主导地位的确立与发展

一、毛泽东论历史研究与史学发展及其理论意义

新中国成立后，毛泽东作为国家领导人，在百废待举的历史条件下，依然十分关心史学工作的发展，尤其关注马克思主义历史观和方法论在历史研究和史学工作中的指导作用。1950年，他在给一个中学教师的回信中明确指出："中国的历史学，若不用马克思主义的方法去研究，势将徒费精力，不能有良好结果，此点尚祈注意及之。"① 这同1948年他在给吴晗的信中，建议吴晗在"完全接受历史唯物主义作为观察历史的方法论"上，"加力用一番功夫"②，其意一脉相承，只是前者表述得更加清晰、坚决。

在这方面，毛泽东所关注的是：

第一，从宏观上重视历史唯物论和辩证唯物论的阐释和运用。

1951年年初，一部描述清朝末年武训行乞办学的电影《武训传》在全国一些大城市放映，得到许多好评和赞扬。针对这一现象，毛泽东发表《应当重视电影〈武训传〉的讨论》一文，严厉地指出："《武训传》所提出的问题带有根本的性质。"文章联系反对外国侵略者和反对国内的反动封建统治斗争的历史背景，尖锐地指出："承认或容忍这种歌颂，就是承认或者容忍污蔑农民革命斗争，污蔑中国

---

① 《毛泽东书信选集》，人民出版社1983年版，第386页。
② 《毛泽东书信选集》，人民出版社1983年版，第310页。

历史，污蔑中国民族的反动宣传，就是把反动宣传认为正当的宣传。"文章最后写道：

> 特别值得注意的，是一些号称学得了马克思主义的共产党员。他们学得了社会发展史——历史唯物论，但是一遇到具体的历史事件，具体的历史人物（如像武训），具体的反历史的思想（如像电影《武训传》及其他关于武训的著作），就丧失了批判的能力，有些人则竟至向这种反动思想投降。资产阶级的反动思想侵入了战斗的共产党，这难道不是事实吗？一些共产党员自称已经学得的马克思主义，究竟跑到什么地方去了呢？
>
> 为了上述种种缘故，应当展开关于电影《武训传》及其他有关武训的著作和论文的讨论，求得彻底地澄清在这个问题上的混乱思想。①

从上述引文来看，毛泽东说的"带有根本的性质"，本质上是指人们应当采用怎样的立场、观点、方法来看待历史上和现实中的种种事物。这就是他为什么如此严肃地提出"社会发展史——历史唯物论"这个重大理论问题的原因，并由此引发了思想文化领域的一次批判运动。②

在重视历史唯物论的宣传的同时，毛泽东还十分重视辩证唯物论的宣传。1951年3月，毛泽东在给李达的信中写道："两次来信及附来《〈实践论〉解说》第二部分，均收到了，谢谢您！《解说》的第一部分也在刊物上看到了。这个《解说》极好，对于用通俗的言语宣传唯物论有很大的作用。待你的第三部分写完并发表之后，应当出一单行本，以广流传。""关于辩证唯物论的通俗宣传，过去做得太少，而这是广大工作干部和青年学生的迫切需要，希望你多多写些文章。"③ 1964年，毛泽东公开发表《人的正确思想是从哪里来的？》一文，用通俗的语言说明"人们的社会存在，决定人们的思想"这一深刻的哲学道理，并着重指出："对我们的同志，应当进行辩证唯物论的认识论的教育，以便端正思想，善于调查研究，总结经验，克服困难，少犯错误，做好工作，努力奋斗，建设一个社会主义的伟

---

① 《毛泽东文集》第6卷，人民出版社1999年版，第166、167页。
② 在这篇文章的号召之下，全国再次掀起对武训和电影《武训传》的大讨论，这次大讨论的基调不是赞扬而是批判，但批判并非着眼于学术而是着眼于政治。历史表明："对电影《武训传》的批判，是新中国成立后在思想文化领域开展的第一次批判运动。毛泽东的目的是借此提倡用马克思主义的观点研究历史人物，应当说是重要的，对于宣传历史唯物主义的观点产生了积极的作用；但同时也存在片面性、粗暴和政治上纲过高的情况，未能真正用学术讨论的方法来进行，在思想文化界开了用政治批判解决学术争论的不好的先例。"（逄先知、金冲及主编：《毛泽东传》，中央文献出版社2011年版，第1067页）
③ 《毛泽东文集》第6卷，人民出版社1999年版，第154页。

大强国,并且帮助世界被压迫被剥削的广大人民,完成我们应当担负的国际主义的伟大义务。"①

毛泽东强调对于历史唯物论和辩证唯物论的学习、运用和宣传,对历史研究和史学工作都具有重要的指导作用。

第二,关于评价历史人物的理论和方法及具体运用。

毛泽东对孙中山、瞿秋白、斯大林的评价是他对于历史唯物论和辩证唯物论的具体运用。1956年11月,毛泽东发表《纪念孙中山先生》的文章,对孙中山"在中国民主革命准备时期""在辛亥革命时期""在第一次国共合作时期"作出的"丰功伟绩"给予高度评价,称赞他是"中国革命民主派的旗帜",指出所有进步的"现在中国人""都是孙先生革命事业的继承者"。这是孙中山所享有的最高的历史评价。毛泽东在文章最后指出:"像很多站在正面指导时代潮流的伟大历史人物大都有他们的缺点一样,孙先生也有他的缺点方面。这是要从历史条件加以说明,使人理解,不可以苛求于前人的。"②把历史人物放在具体的历史条件下进行评价,同时也要从一定条件来看待历史人物的"缺点"而不采取苛求前人的态度,这是毛泽东评价历史人物的理论和方法。这里,最难得的是评论者要对历史条件作明确的、合理的把握与概括。

毛泽东评价瞿秋白,着眼于瞿秋白的立场、精神、意志和思想,这样写道:"他在革命困难的年月里坚持了英雄的立场,宁愿向刽子手的屠刀走去,不愿屈服。他的这种为人民工作的精神,这种临难不屈的意志和他在文字中保存下来的思想,将永远活着,不会死去。"这简短的几句话,写出了一个革命家的气概和"永远活着,不会死去"的价值。毛泽东高度评价瞿秋白的思想,指出"瞿秋白同志是肯用脑子想问题的,他是有思想的。他的遗集的出版,将有益于青年们,有益于人民的事业,特别是在文化事业方面。"③

毛泽东对斯大林的评价,突出地表明马克思主义实事求是的科学精神,他在论述"中国和外国的关系"时,说到对斯大林的评价,指出:"苏联过去把斯大林捧得一万丈高的人,现在一下子把他贬到地下九千丈。我们国内也有人跟着转。中央认为斯大林是三分错误,七分成绩,总起来还是一个伟大的马克思主义者"。毛泽东列举了斯大林在对待中国革命的问题上"作了一些错事",最后强调说:"可是,我们还认为他是三分错误,七分成绩。这是公正的。"④ 斯大林是一个具有重大国际影响的历史人物,对他作出"公正的"评价,无疑具有国际意义和历史

---

① 《毛泽东文集》第8卷,人民出版社1999年版,第320—321页。
② 《毛泽东文集》第7卷,人民出版社1999年版,第156—157页。
③ 《毛泽东文集》第6卷,人民出版社1999年版,第128页。
④ 《毛泽东文集》第7卷,人民出版社1999年版,第42页。

意义。

第三，关于学术、文化、艺术的民族性和中国化的问题。

1956年8月，毛泽东在同音乐工作者的谈话中，反复强调的两个问题，一是要发展中国文化的民族特点，二是学习西方文化并使其中国化。谈话包含这样一些重要论断：

> 艺术的基本原理有其共同性，但表现形式要多样化，要有民族形式和民族风格。
>
> 艺术离不了人民的习惯、感情以至语言，离不了民族的历史发展。艺术的民族保守性比较强一些，甚至可以保持几千年。古代的艺术，后人还是喜欢它。
>
> 我们要熟悉外国的东西，读外国书。但是并不等于中国人要完全照外国办法办事，并不等于中国人写东西要像翻译的一样。中国人还是要以自己的东西为主。
>
> 民族形式可以掺杂一些外国东西。小说一定要写章回小说，就可以不必；但语言、写法，应该是中国的。鲁迅是民族化的，但是他还主张过硬译。我倒赞成理论书硬译，有个好处，准确。
>
> 你们是"西医"，但是要中国化，要学到一套以后来研究中国的东西，把学的东西中国化。
>
> 学了外国的，就对中国的没有信心，那不好。但不是说不要学外国。
>
> 应该越搞越中国化，而不是越搞越洋化。这样争论就可以统一了。要反对教条主义，反对保守主义，这两个东西对中国都是不利的。学外国不等于一切照搬。向古人学习是为了现在的活人，向外国人学习是为了今天的中国人。
>
> 吸收外国的东西，要把它改变，变成中国的。鲁迅的小说，既不同于外国的，也不同于中国古代的，它是中国现代的。
>
> 应该学习外国的长处，来整理中国的，创造出中国自己的、有独特的民族风格的东西。这样道理才能讲通，也才不会丧失民族信心。①

在这篇谈话中，毛泽东还讲到学习、研究历史的重要，他说："历史总是要重视的。历史久，有好处也有坏处。美国历史短，也许有它的好处，负担轻，可以不

---

① 《毛泽东文集》第7卷，人民出版社1999年版，第76—83页。

记这么多东西。我们历史久，也有它的好处。"①

毛泽东在半个世纪以前的这些论断，对我们思考当前中国的学术、文化、艺术仍有重要的启示意义。

中国是统一的多民族国家，毛泽东在《论十大关系》这一纲领性文件中，强调民族政策的重要性，并联系中国历史，指出："各个少数民族对中国的历史都作过贡献。汉族人口多，也是长时期内许多民族混血形成的。"② 这表明，正确认识历史是正确认识现实的基础。

1964年12月，毛泽东对"人类的历史"作了一段精辟的概括，这样写道：

> 人类的历史，就是一个不断地从必然王国向自由王国发展的历史。这个历史永远不会完结。在有阶级存在的社会内，阶级斗争不会完结。在无阶级存在的社会内，新与旧、正确与错误之间的斗争永远不会完结。在生产斗争和科学实验范围内，人类总是不断发展的，自然界也总是不断发展的，永远不会停止在一个水平上。因此，人类总得不断地总结经验，有所发现，有所发明，有所创造，有所前进。停止的论点，悲观的论点，无所作为和骄傲自满的论点，都是错误的。其所以是错误，因为这些论点，不符合大约一百万年以来人类社会发展的历史事实，也不符合迄今为止我们所知道的自然界（例如天体史、地球史、生物史、其他各种自然科学史所反映的自然界）的历史事实。③

这段精辟的论点在1964年12月31日《人民日报》发表后，在全国学术界、理论界产生了广泛的影响，成为中国马克思主义史学之历史观的重要内容。

毛泽东在新中国成立后关于历史研究和史学工作的这些论断，同他在新中国成立前革命战争年代的有关论述是一脉相承的，其中包含了一些新的论断、新的思想，是中国马克思史学在理论上的新成就。

二、唯物史观的广泛传播与中国马克思主义史学的学科建设

1949年10月1日中华人民共和国的成立，标志着中国历史进入了一个新的时代。中国史学也开始了新的发展历程。

---

① 《毛泽东文集》第7卷，人民出版社1999年版，第78页。
② 《毛泽东文集》第7卷，人民出版社1999年版，第33页。
③ 《毛泽东文集》第8卷，人民出版社1999年版，第325页。按：编者在"大约一百万年"后加注："迄今为止的考古发现证明，人类的历史至少有二百万年。"见同书，第327页，注释[2]。

新中国成立之初,全国范围开展了学习马克思列宁主义、普及唯物史观的教育活动。1949年9月出版的《学习》杂志创刊号上发表了艾思奇的《从头学起——学习马列主义的初步方法》。"从头学起"成为当时社会各界学习马克思主义的行动口号,历史唯物主义和社会发展史成为基本的学习内容。《家庭、私有制和国家的起源》《资本论》等马克思主义经典著作和《毛泽东选集》适时出版发行。全国掀起了学习马克思主义理论的热潮。

新中国的历史学科从起步时起,就提出了明确的发展方向和建设目标。1949年7月1日,在新中国成立前夕,中国新史学研究会筹备委员会在北平成立,研究会的宗旨是:"学习并运用历史唯物主义的观点和方法,批判各种旧历史观,并养成史学工作者实事求是的作风,以从事新史学的建设工作。"[①] 由新史学研究会发展而成的中国史学会于1951年成立,在成立大会上,郭沫若、吴玉章、范文澜等对马克思主义史学研究提出了纲领性意见。郭沫若在题为《中国历史学上的新纪元》的致辞中,指出中国史学"在历史研究的方法、作风、目的和对象各方面,都有了很大的转变,中国的历史学已创造了一个新纪元",具体表现为从唯心史观转向唯物史观、从个人研究转向注重集体研究、从名山事业转向为人民服务、从贵古贱今转向注重近代史研究、从大民族主义转向注重少数民族史研究、从欧美中心主义转向注重亚洲及其他地区历史的研究。[②] 这六个"转向",成为新中国成立后马克思主义史学区别以往史学的主要特征。

在20世纪50年代,历史研究机构的纷纷设立,高校历史系课程的改革、研究机构制订出新的研究内容和相关课题,历史学学术刊物的创办等,描绘出新中国史学的一派新气象。

1950年5月,在华北大学历史研究室的基础上成立中国科学院近代史研究所,6月成立中国科学院考古研究所;1954年1月中国科学院成立历史研究第一所、第二所,近代史研究所改称第三所;1959年设立历史所世界史组。1951年1月中国新史学会河南分会创刊《新史学通讯》(1957年更名《史学月刊》),同时创刊的还有《历史教学》和《文史哲》杂志;1953年创办的《光明日报·史学》副刊,由中国科学院近代史所、北京大学历史系、北京师范大学历史系轮流主编;1954年2月中国科学院哲学社会科学学部创办《历史研究》杂志。

1952年全国高等院校院系调整,重点院校的历史学系进行重组,教学计划参考苏联高校的历史系课程重新制订,一般分为理论修养(马列主义基础、新民主

[①] 《中国新史学研究会筹备会昨在平成立》,见《人民日报》1949年7月2日。又见《中国新史学研究会暂行简章》,中国史学会秘书处编《中国史学会五十年》,海燕出版社2004年版,第4页。

[②] 郭沫若:《中国历史学上的新纪元》,《进步日报》1951年9月29日。

主义论等)、工具的训练(外文、历史文选等)、基础课程(中国通史、世界通史等)、辅助课程(人类学通论、考古学通论等)四大类必修课,另有中国古代史、中国近代史、中国境内汉族以外诸少数民族史、苏联及东欧诸人民民主国家史、美国及其他资本主义国家史、亚洲史、国际关系史等。在中国史学发展重大变革的过程中,一些马克思主义史家纷纷成为高校和研究机构以及学术杂志的负责人、主持者。①

以上这些,使中国马克思主义史学的主导地位得以确立。在研究内容上,马克思主义史学家在总结经验教训的基础上,对发展马克思主义史学提出了新的规划和展望。新中国成立初期,通过开展知识分子学习马克思列宁主义和思想改造运动,马克思主义史学研究在历史观、研究方法、研究内容等方面的规定和导向也逐步明确起来。马克思主义史学的历史研究目的是揭示人类历史发展的客观规律、物质生产方式的变革是一切社会制度和思想观念变动的基础、人民是历史发展的动力、农民的阶级斗争和农民战争是推动封建社会历史发展的重要因素、树立正确的阶级观点并运用阶级分析的方法研究历史、坚持历史主义的观点等,成为中国马克思主义史学研究中的主要观点和指导思想。

新中国成立后的十七年间,中国马克思主义史学的学科建设获得了长足进展:对一系列重大历史理论问题展开了大规模的讨论,中国通史、世界通史、各断代史、专史和各个专题的研究也渐次展开,都有一些具有影响力的论著面世;考古学研究成就突出,史料的搜集和整理工作获得重大成果。

史学界在当时也不可避免地受到一些现实因素和政治运动的影响而出现偏差。如1958年因经济领域上的"大跃进"波及史学界而掀起的"拔白旗、插红旗"和集体搞科研的运动,随后形成的所谓"史学革命",提出"打破王朝体系""打倒帝王将相""以论代史""厚今薄古"等口号,造成了历史教学和科研的极大混乱。

1966—1976年"文化大革命"期间,历史学成为重灾区,吴晗、翦伯赞成为首先被迫害的对象,一大批史学家遭到厄运,正常的历史研究和教学活动完全停顿。中国数千年文化遗产,被宣布为"封建主义毒草",中国历史文化被涂抹和糟蹋得面目全非。"文化大革命"后期的所谓"儒法斗争史"的宣扬和"评法批儒"闹剧,一些历史学家被牵连其中,历史学再次蒙受灾难。"文化大革命"十年,在极左思潮影响的范围,中国史学被摧残、被禁锢了。既无史学可言,亦无史家可

---

① 如郭沫若出任中国科学院院长、历史研究所第一所所长、中国史学会会长,范文澜任中国史学会副会长、中国科学院近代史研究所所长,吕振羽任大连大学、东北大学校长,翦伯赞任北京大学历史系主任,侯外庐任北京师范大学历史系主任,吴玉章任中国人民大学校长,华岗任山东大学校长,尹达任中国科学院历史研究所第一所副所长、《历史研究》主编,刘大年任《历史研究》副主编等。

言，更谈不上史学和史家的尊严。影射史学把以往的历史当作现实的政治的隐语或注脚，马克思主义史学所要求的原则被彻底抛弃。这期间，中国史学所遭遇的种种破坏，直到 1976 年"文化大革命"结束才彻底改变。尽管如此，广大的史学工作者仍然在坚守学术，在困难的条件下锲而不舍地阅读、考证和研究，为后来史学研究的复兴积累和准备着各种条件。

1978 年中共中央十一届三中全会召开以后，中国史学逐步恢复了生机。改革开放以来的中国史学，在拨乱反正的基础上，强调历史研究要解放思想、实事求是、勇于创新。主要表现为全面地、完整地认识马克思主义唯物史观，对曾经受到重视并引起热烈讨论的历史理论问题进行再认识，重视并加强对历史学自身理论的研究。同时，西方历史哲学、史学理论、史学流派及其史家的观点和译著纷纷被介绍与引进到国内。在与西方学术界隔绝已久的情况下，介绍和引进西方史学理论，引起了中国史学家的极大兴趣。

20 世纪末和 21 世纪以来，随着时代的发展和中国改革开放的继续推进，中国史学向着更为深入研究、更加全面发展的方向迈进：新兴的中国社会史研究、中国考古学研究、中国的世界史研究等领域不断向纵深拓展，中外史学交流更为频繁和深入，历史知识社会化问题受到了更多的关注，中国史学走向世界的趋势日益明显。在经济全球化趋势日益明显的今天，推进中国特色的马克思主义史学建设，探索中国史学的民族化发展道路和中国史学的理论话语体系，使中国史学成为世界史学的重要组成部分，是摆在当代史学工作者面前的艰巨任务。

三、关于重大历史理论问题的讨论及其历史意义

因唯物史观与中国历史相结合而出现的许多重大历史理论问题，从中国马克思主义史学建立之初就一直受到重视，不断引发讨论。新中国成立后，随着马克思主义史学主导地位的确立，史学界在学习和掌握马克思主义理论、努力将马克思主义理论运用于中国历史的研究、进一步深化中国马克思主义史学的背景下，认真梳理和探讨那些以往积累下来的以及不断出现的历史理论问题，不仅具备了较为成熟的客观条件，而且对于马克思主义史学的学科建设也是至关重要的。新中国成立后的十七年间，在中国大陆史学界影响广泛、参与人数众多的史学现象，就是对重大历史理论问题所进行的大范围的、热烈的、深入的讨论。其中引人关注的问题包括：中国古代史分期问题、中国资本主义萌芽问题、中国封建社会农民战争问题、中国封建土地所有制形式问题、汉民族形成问题、中国封建社会长期延续问题、历史主义与阶级观点问题、中国近代史分期问题、历史人物评价问题等，前五个问题因受到更多的关注而成为这些历史理论问题中的焦点问题，被称为"五朵金花"。

中国古史分期问题中具体讨论的主要是中国历史上奴隶社会和封建社会的分期。在1956年讨论高潮期间，形成了以"西周封建说""战国封建说"和"魏晋封建说"为主，加之"春秋封建说""秦统一封建说""西汉封建说""东汉封建说"等共七种"封建说"的局面。多种分期观点的背后，涉及的是有关中国古代社会性质、特点和发展规律等深层次的问题。一批知名史家都参与了古史分期讨论，一批中青年史学工作者在讨论中崭露头角，他们都有自己所持有或所倾向的分期观点。古史分期讨论的规模之大、影响之广前所未有。

中国资本主义萌芽问题指的是中国封建社会内部是否产生过资本主义生产关系及其是如何发展的。1955年后的约十年间是讨论最为热烈的时期，在该命题本身被绝大多数人肯定的前提下，讨论的问题主要是中国资本主义萌芽出现的时间（以明清萌芽说为主）、发展的程度、产生的影响，后来进一步触及资本主义萌芽的产生对阶级关系和社会性质的影响等方面。

中国封建社会农民战争问题的讨论，与当时农民战争是推动中国封建社会历史发展动力这样的主流观点和强调阶级斗争学说有直接关系。1950年至1957年以提出问题、初步研究和史料整理为主，讨论的走向逐渐发展到农民战争史研究中的理论问题上。1958年至1966年主要集中于对农民起义和农民政权的性质、农民战争的历史作用等理论问题的热烈讨论，相应引出的皇权主义与平均主义思想、农民战争与宗教的关系、封建政权的"让步政策"与"反攻倒算"等问题都成为讨论热点。农民战争问题的讨论成果数量是"五朵金花"中最多的。

中国封建土地所有制形式问题主要以封建社会土地所有制的形式及其体系的构成为主要内容。讨论的中心在于，在中国封建社会占支配地位的究竟是土地国有制还是私人所有制，涉及马克思、恩格斯关于古代东方论述、奴隶制度与资本主义制度的比较、中国与西方在相关制度上的比较以及对所有权、占有权、使用权、所有制等关系的辨析等理论问题，更具理论深度。

汉民族形成问题的讨论围绕着汉民族究竟是形成于秦汉时期还是形成于资本主义发展过程中、怎样理解斯大林对"民族"的定义、对"民族"与"部族"的译名的歧义等问题展开。随着汉民族形成于资本主义以前的观点获得更多人的认同，鉴于中国历史上民族问题的复杂性和重要性，讨论逐渐发展为历史上中国的疆域问题、历史上民族关系的主流、历史上民族间战争的性质、民族融合与民族同化、民族间的"和亲"现象等问题上。

在这五个问题中，古史分期问题是中国马克思主义史学话语体系中的基本问题，宏观地看待历史发展进程而不仅仅将朝代更迭视为历史阶段性发展的标志，是19世纪末和20世纪初进化论尤其是马克思主义唯物史观传入后中国史学的主要变化之一。以某种历史观为基本理论贯穿于对历史发展进程的认知与撰述，主要反映在对历史阶段的划分方面。古史分期又并非简单地划分历史发展阶段，而是历史观的反映，是新的研究范式和话语体系的展现。历史与现实、学术与政治等因素都以各种各样的方式纠结于问题之中。以社会经济形态变动学说来划分中国古代史发展阶段，主要包括中国古代社会性质问题、划分奴隶制与封建制的标准、奴隶社会是否是人类历史发展的必经阶段、中国古代是否经历独特的发展道路等问题，这些问题无不是必须深入探讨中国历史发展过程才有可能回答的。从理论与实际相结合的角度看，从 20 世纪 30 年代以后努力证明唯物史观对中国历史的适用性，发展到 50 年代以后经过深入讨论逐渐更多地注意到了中国历史的特点，尽管教条主义、公式化的痕迹仍然明显，政治干扰学术的现象时有发生，但是结合社会经济形态理论探讨古史分期问题所形成的诸说并起、互相辩论的局面，实际是对中国近现代史学以宏大叙事为特征的研究范式的全面实践。

封建土地所有制和资本主义萌芽两个问题是古史分期问题讨论的延伸。中国封建土地所有制形式问题的讨论集中于中国古代的土地所有制形式是土地国有还是地主私人所有，而不同的观点却反映着趋同的学术目的，即不论主张土地国有制还是土地私有制，要认清这个问题，就必须抓住中国古代专制制度下重要的经济职能，抓住中国古代社会中诸如"井田制""初税亩""均田制""地主制""庄园制""农村公社"等经济史上的特有现象。同样的情况也表现在对中国资本主义萌芽问题的讨论上。资本主义萌芽问题的理论出发点是马克思主义社会经济形态理论中的五种社会生产方式说，即封建社会之后应当是资本主义社会，然而该问题之所以引发讨论，就在于看到了中国封建社会发展的特殊性，看到了后期封建社会发展中的变化，这同样是着眼于中国历史发展特点的。在发掘了大量丰富的资料对该问题加以论证的基础上，在中国古代经济史，特别是明清时期的经济发展史方面的研究，取得了极其显著的进展。中国资本主义萌芽问题在 20 世纪 50 年代与古史分期、亚细亚生产方式、中国封建社会长期延续等问题关系密切，在 80 年代以后又与近代社会转型、现代化问题等相互关联，究其原因，是这个问题扣住了中国历史发展进程中的关键环节。

对农民战争问题展开讨论带有更强的时代色彩。就问题本身而言，从史料的整理到评价历史上农民战争领袖，再到对中国农民战争的性质、特点、失败原因、农民政权的性质、农民战争与宗教的关系、农民的阶级斗争与民族斗争的关系等一系列具体和理论问题的讨论，重新审视以往史学对农民战争问题的负面评价，使得在这一研究领域呈现出更大的研究空间。应当看到，由于不适当地强调农民战争在历史中的作用、在研究中不恰当地运用阶级斗争观点致使对一些问题的看法存在着严重偏差以至错误。但是，农民战争在中国历史发展过程中不断发生，而且对不同时期的社会局面产生包括改朝换代的重要影响，这是中国历史的客观事实。这个问题本身依然具有研究价值。

在关于"五朵金花"的讨论中，与其他问题相比，汉民族形成问题的讨论，在规模和成果数量上显得略差一些，然而这个问题却更具学术意义和现实意义。诸如汉民族形成等问题因其事关国家和民族的原则性问题，是中国学者必须要从学理上予以阐明的，也是中国史家必须要面对和回答的。时至今日，中国古代民族和国家起源、中华民族多元一体、中华民族的历史文化认同等有关统一多民族国家的重大问题均成为热点问题，当初的汉民族形成问题的讨论仍具启发意义和理论价值。

另如中国封建社会长期延续问题，早在社会史论战的时候就已经提出来，抗战时期又因为日本学者秋泽修二蓄意宣扬中国社会长期停滞来为日本侵华战争寻求根据而引发了中国学者的猛烈批判。新中国成立后，这个问题再次引发讨论，许多观点的认识较之以往更为深入，人们联系"五朵金花"讨论的思路，对中国封建社会长期延续的分析涉及中国封建制度本身、社会生产结构和生产方式、土地所有制形式、农民战争等方面。20世纪80年代以来，这个问题再次引发讨论热潮。又如历史主义与阶级观点问题的讨论，是与当时强调阶级观点高于一切、强调历史研究中使用阶级分析方法相联系的，论辩双方围绕着历史研究中究竟应当重视阶级观点还是历史主义、它们各自在马克思主义历史理论中的地位和作用、历史主义有无独立存在的价值等问题而展开讨论，针对何为马克思主义的历史主义进行了辨析。这场争论对于全面认识马克思主义史学中的阶级观点和历史主义有一定积极作用。

新中国成立后，史学界还对中国近代史分期问题展开了热烈讨论，出现了以社会性质、阶级斗争、社会主要矛盾变化、社会经济变化特点等不同的近代史分期标准，一定程度地强化了把中国近代史的时限划定在1840—1919年的范围里的观点，1919年以后称中国现代史，分界线是1919年发生的五四运动。[①] 通过讨论，充实了中国近代史学科的理论建设，对于运用唯物史观认识近代中国历史的基本线索和主要内容，起到了很大的推动作用。

对这些重大历史理论问题的讨论，是中国马克思主义史学发展史上不可忽视

[①] 20世纪80年代以来，一些学者把中国近代史的断限划定为1840—1949年：白寿彝主编的《中国通史纲要续编》（上海人民出版社，1987）、张海鹏主编的《中国近代史》（群众出版社，1998）、龚书铎主编的《中国近代史》（中华书局，2009）等均持此说。白寿彝认为："按照多年来的习惯，一九一九至一九四九年的历史应称作"中国现代史"，在写法上，是写中国共产党的历史。我认为，这个时期历史也属于中国近代史的范围。因为这个时期的社会性质仍然是半殖民地半封建社会，这个时期的革命性质，仍然是反帝反封建的民主革命。这个时期的革命因有了共产党领导，而是新民主主义革命，从而与前一时期的旧民主主义革命相区别。"（《中国通史纲要续编·题记》，上海人民出版社1987年版）

的内容。

第一，对这些重大历史理论问题的讨论，表明了中国马克思主义史学注重以宏观的视野考察中国历史发展过程整体，注重从纵向的历史发展阶段中考察其不同的阶段性特点。尽管在讨论中存在着许多不同观点和各种各样的问题，但是以生产力与生产关系及其互动来划分社会形态，重视经济对社会变动及其形态产生的基础性影响，深化了人们运用唯物史观研究中国历史所得出的理论认识，说明宏观的理论框架对人们把握长时段的、不断变化的历史整体进程的重要意义。对历史理论问题的讨论的深入开展、交锋及其产生的影响，促成了对中国历史作出全面的重新解释，成为中国马克思主义史学的主要特征。

第二，对这些重大历史理论问题的讨论，是以详尽占有史料为基础的，是宏观考察与微观考证并重的大规模研究和讨论，是将马克思主义理论和中国历史发展实际相结合的有效实践。中国资本主义萌芽、中国封建土地所有制、汉民族形成、农民战争、中国封建社会长期延续、中国近代史分期等问题，无不是着眼于中国历史、从中国历史实际出发提出的命题。在对这些历史理论问题的讨论中，随处可见基于中国历史中的史料和现象所作的深入分析，形成的争论问题，也多是在理论与中国历史实际两者间所引发。因此，中国历史记载中那些有关的经济现象、土地制度材料、农民战争史材料、民族史材料被广泛发掘和重视，并被赋予了新的话语内涵，也使中国经济史研究、土地制度史研究、中华文明起源与统一多民族国家的研究等领域在日后收获了丰富的研究成果。

第三，对相关历史理论问题的讨论，还是一次将研究视角扩展到中国史之外、是中西历史比较研究的一次大规模尝试。古史分期问题讨论即涉及中外历史发展阶段的同与异的问题，其中魏晋封建说反映得最为明显。中外历史发展道路的比较研究，在中国资本主义萌芽和中国封建土地所有制问题的讨论上同样突出。汉民族形成问题则更具典型意义。事实证明，在马克思主义历史理论体系下的中外历史比较研究，对当代中国史学产生了深远影响。

第四，运用跨学科方法对历史进行研究和解读，也在讨论这些重大历史理论问题过程中得到了比较充分的反映。社会学、考古学、人类学、民族学、经济学等诸学科的学科理论和方法，多被运用于考察中国古代历史与古代社会。跨学科方法的使用与国际史学的发展趋势相符，为中国史学在研究方法上的进步起到了推动作用。讨论还促进了文献学、考古学、民族学、社会学等学科的进一步发展，为此后的学术研究提供了一些新的生长点。

第五，在讨论中起到最重要作用的是老一辈马克思主义史学家，如郭沫若、范文澜、侯外庐分别是新中国成立后古史分期问题讨论、汉民族形成问题讨论、中国封建土地所有制形成问题讨论的开启者，翦伯赞、吕振羽等老一辈史家在其中的作用也举足轻重。在如此广泛的讨论中，一大批以历史考证见长的史学家参与其中，他们大多是治学严谨、卓有成就的史学家，怀着对学术本身的真诚与执著，考证、搜集、整理了大量的史料，在不同见解的论辩交锋中贡献了许多具有学术价值的思想观点、理论方法，既对讨论作出了积极的学术贡献，也对他们自己的学术研究产生了重要影响。同时，通过讨论还培养了一大批中青年史学工作者。

对重大历史理论问题的讨论具有很强的意识形态的属性，在理论运用与方法上也存在着教条化与"左"的倾向，但是从总体上看，中国马克思主义历史理论在相关讨论的基础上收获甚丰是不争的事实，其理论成就和学术意义对于中国历史学研究走向的影响是深远而长久的。

四、改革开放以后中国史学的新气象

改革开放后的新时期史学，对中国马克思主义史学发展的曲折道路进行了深刻反思，在逐步清算"文化大革命"中"四人帮"对中国历史学的破坏的基础上，人们认识到：从学术层面而言，史学界对唯物史观的认识、理解和研究，经过了一个逐步深入的发展过程，在这个过程中，不可避免地会存在着这样那样的缺点和错误。从历史条件上看，在唯物史观与中国历史实际相结合的历史研究中，在不同时期受到了各种各样的现实和政治因素的干扰，特别是极左思潮的干扰。这两种情况给中国马克思主义史学带来了两方面的严重后果，即或者将唯物史观简单化、教条化，以理论代替学术，用史实作理论的注脚，或者将唯物史观片面化、公式化，以原则代替具体研究，忽视历史发展的特殊性。这两种后果的本质是一样的，既曲解了唯物史观本身，又阻碍了历史学的研究和发展。这种情况在新中国成立后的马克思主义史学中有着程度不同的反映。①

新时期史学界经过拨乱反正，出现了前所未有的思想解放的局面，开始步入应有的学术环境中，表现出了新的气象。

对马克思主义理论的理解和运用逐步摆脱了教条化和公式化的错误倾向，强调研究工作要从历史事实出发而不是从概念和原则出发。尊重事实、重视史料是历史学科的基本要求，离开史料和史实而空谈理论，曾经给史学界带来了恶劣影响。史料和历史考证方法重新被重视起来，加强了对史料的搜集、鉴别和整理，对史料的范围、价值和在历史研究中的地位等历史考证方法和作用的论述，对王国维、陈垣、陈寅恪等史学家在历史考证学方面的成就给予充分的肯定。

对唯物史观的重新理解还使人们认识到，唯物史观并不能包括历史学自身的

---

① 参见瞿林东：《中国史学史教程》，高等教育出版社2011年版，第385页。

所有理论，唯物史观是马克思主义的基本理论，是马克思主义指导认识社会、认识历史的基本理论，并不只是马克思主义史学研究的基本理论。在唯物史观指导下，认识、研究历史学自身的理论就成为必要，如历史学的性质和功能、历史学研究的方法、历史编纂的体裁体例、对史家主体的要求等。加强史学理论的建设，同样是马克思主义史学健康发展的重要内容。葛懋春主编的《历史科学概论》（1983年）、白寿彝主编的《史学概论》（1983年）、吴泽主编的《史学概论》（1985年）等著述的出版，是这个时期的史学理论研究成果在教学领域中的代表性著作。1987年，中国社会科学院历史研究所、近代史研究所和世界历史研究所共同创办了《史学理论》杂志（后更名为《史学理论研究》），为史学理论研究和中外史学理论交流提供了一个学术平台。

积极拓宽研究领域，在更新研究理念和深化课题意识的过程中，一大批有分量的研究成果纷纷问世。

文化史是新时期史学研究中最早形成的热门研究领域。20世纪二三十年代曾经出现过文化史研究热潮，新中国成立后，由于强调从生产力和经济角度看待历史，文化史研究受到冷落。20世纪80年代以后，出于拓宽史学研究领域的强烈意识，文化史研究很快兴起并形成了"文化热"，以研究文化史为主题的刊物大量出现，各种文化史方面的学术研讨会层出不穷，从大部头、多卷本的文化通史到涵盖社会生活各个方面、各个类别的文化史论著相继出版。"文化热"可以看作拓展历史研究领域的一种突破，然而随后便出现了泛文化现象，以致文化史研究的学术影响力与人们的期望值不成正比，"文化热"也逐年消减。经过一段时间的积淀，通过对文化史研究对象的辨析、对这门分支学科的内涵和外延的界定，文化史研究逐渐趋于理性，成为史坛不可忽视的研究领域。

社会史是紧随文化史研究而兴起的又一个热门研究领域。新时期的社会史研究热潮也是出于拓宽史学研究领域基本要求而出现的。新中国成立后的马克思主义史学对阶级结构、财产分配、宗法制度等方面的研究大都是作为社会经济史的组成部分来研究考察的，这就意味着新时期的社会史已经具有了相当的研究基础。不同的是，新时期社会史研究的突破在于"眼光向下"，即以关注普通民众为特点和视角的社会史研究而具有新意，内容包括社会组织、社会结构、社会行为、职业群体、家庭模式、婚姻状态、生活方式、宗教信仰、风俗习惯等。新时期社会史研究的显著特征之一，是有意识地对社会史的定义、学科定位、研究对象、研究方法等社会史理论进行了专门的探讨，这就使社会史研究具有了更为规范的学科架构和更为持久的学科发展潜力。无论是传统的课题还是新的课题，都出现了一批重要的研究成果。社会史研究的新趋向，主要表现在把研究重点转向民众、基层社会和日常生活，以及研究领域的拓展、研究规模的扩大和有意识地运用多学科方法研究等方面。

新时期以来的经济史研究，上承以往对封建社会经济形态、土地制度、资本主义萌芽等问题的讨论与研究的深厚积累，课题意识更趋学术化，在中国封建社会经济结构的特点、封建商品经济与自然经济的关系、城镇经济的功能和历史作用等方面，开展进一步的关注和讨论，获得了丰硕的研究成果。

除文化史、社会史、经济史研究受到广泛重视外，在历史学的其他领域，也各有研究成果面世。政治制度史和军事史成为新的研究重点。民族史研究继续受到重视，中华民族多元一体的观点得到广泛认同。对中国近代史基本线索问题的讨论则大大深化了中国近代史的研究。

五、中外史学交流的开展和深入

20世纪五六十年代，中外史学交流，主要表现为苏联史学的输入。70年代末以后，随着中国社会对外开放程度的加深和学术研究领域的拓宽，文化的交流和传播呈现出日益加强的趋势；人类确实面临着一些共同的具体难题，需要合作解决，而历史学在其中扮演着重要角色。改革开放后，一部分中国学者认识到苏联学者有其成就，也有其局限性，同时发现欧美学者有其偏颇处也有其可借鉴的地方，因此，中国史学总体上从过去向苏联学术"一边倒"转变为向欧美国家学术倾斜，"出现了中外史学思潮汇流、学派结盟、思想融通、方法交接等多姿多彩的史学景观"①，这表明中外史学交流走向了广泛和深入。

苏联史学的输入。20世纪五六十年代，作为马克思主义史学的苏联学派，对中国史学产生了广泛的影响。这种影响的主要渠道是大量的苏联史学家的著作不断地翻译成中文出版而受到关注（包括历史学的理论方面的著作、苏俄历史方面的著作、世界历史方面的著作、苏联史学家的论文集等），同时也有苏联学者来华讲学，以及大批赴苏联学习的中国留学生学成回国后对苏联史学的介绍等。从当时的历史环境来看，苏联史学对中国史学的影响，有积极的方面也有消极的方面，要作具体分析。如苏版多卷本《世界通史》，从1959年出版中文版第1卷开始，直至1990年出版第13卷，持续了三十余年。这部世界通史在内容上和规模上，在突出阶级斗争的编纂理念上，在历史分期法的标准上，在重视人民群众的历史作用上，与西方学者编纂的世界通史相比，确有其"新"的特点。总的看，这部《世界通史》在试图把马克思主义的理论运用于世界历史的研究方面，迈出了重要的一步，虽然这种编纂新模式在实践过程中，也不可避免地存在着缺陷，甚至严重的缺陷。

---

① 张广智：《20世纪中外史学交流·前言》，北京师范大学出版社2007年版，第2页。

苏版《世界通史》自 20 世纪 50 年代末最初问世以来，对我国历史学，尤其是中国的世界史学术研究与教学工作产生了重要而又深远的影响。它的影响明显地表现在历史观念上，尤其是它的世界史观对我国的世界史学者产生了较大的影响。例如，关于世界历史发展的规律性的问题，亦即社会经济形态前后相承的五阶段更替说；关于世界历史发展的动力，亦即人民群众是历史创造者和在历史发展中起决定性力量的观点；关于世界历史发展阶段的划分，其中最牵连的是欧洲中心论的观念等，都因苏版《世界通史》在中国的流传而在我国史学工作者那里得到了深化。可以这样说，这些历史观念在相当大的程度上或在很长的时间内影响着我国的世界史研究者对世界历史的看法。

事实表明，苏版《世界通史》对中国史学的影响，尤其是对中国世界史学科建设的影响是不可小视的。因此，在对苏版《世界通史》中译本引入中国进行评价时，要正确看待它的积极意义及负面影响，要以历史唯物主义的态度来看待它，任何一笔抹煞贬为"毒草"，或任意夸大称作"丰碑"，都是不妥当的。它作为一部历史著作的真实面貌和作为现代世界史学潮流中的一个通史学派应有其恰当的地位，唯其如此，才能在中国的世界史体系的重构工作中，对它作出必要的借鉴与正确的评价。①

中国史学与欧美史学的交流，这主要表现在：第一，译著和留学。从"倒向"苏联转为倾向于欧美。20 世纪 70 年代末以后，西方史学，不论在观念、方法上，还是流派、史学分支上，都纷纷传入。法国年鉴派、英国马克思主义史学、德国的社会科学史学、美国的新科学史学，和比较方法、计量方法、心理史学、社会史学、家庭史、口述史、城市史等，都被介绍进来。在继续翻译苏联史学名著的同时，其他国家特别是欧美国家的史学名著被大量翻译过来，例如，有苏联茹科夫的《历史方法论大纲》、米罗诺夫的《历史学家和社会学》，英国爱德华·卡尔《历史是什么》、柯林武德《历史的观念》，意大利克罗齐的《历史学的理论和实际》、莫米利亚诺的《现代史学的古典基础》，法国福柯的《知识考古学》、勒高夫的《新史学》，德国雅斯贝斯的《历史的起源与目标》、梅尼克的《历史主义的兴起》，美国伊格尔斯的《欧洲史学新方向》、哈多克的《历史思想导论》，另外，还有日本梅棹忠夫的《文明的生态史观》也被翻译过来。同时中国学者还编译出西方史学理论与方法的论文集，例如何兆武主编的《历史理论与史学理论》、张文杰主编的《历史的话语》等。需要指出的是，欧美史学研究历史的著作也有许多被翻译过来。在这些被翻译的著作中，绝大部分是年鉴历史学派、西方马克思主义

---

① 这部分内容，参见张广智：《苏联史学输入中国及其现代回响》，《社会科学》2003 年第 12 期。

史学派、新社会史学派的成果。这些译著使更多的欧美史学成果在中国流传开来。

与此相呼应的是，不少中国学者选择欧美国家和日本作为留学目的地，改变过去仅留学苏联的局面。这些学者在介绍和研究欧美史学方面，发挥了积极作用。与此同时，中国学者纷纷访问欧美高校或者研究机构，使中外史学交流走向深入。

第二，对外学术交流。许多历史学研究或教学机构纷纷举办国际性的学术会议，扩大了与欧美史学的交流，中外史学家就国际史学界共同关心的全球史和区域史、不同区域史学的特征及其相互关系和比较、史学现代化与后现代主义史学，以及当前国际史学潮流的走向等前沿问题开展了热烈而富有成效的讨论，交流了研究心得，沟通了学术信息，加深了理论认识。

国际历史科学大会创办于1900年，是国际历史学会主办的，一般每五年举办一届，是世界历史学家规模最大的盛会。1949年前，国际历史学会曾与中国历史学家联系，1938年胡适代表中国史学家出席过在瑞士苏黎世召开的第8届国际历史科学大会。改革开放前，新中国史学家未能与国际历史学会取得联系。1980年中国史学家代表团以观察员名义出席了在布加勒斯特举办的第15届国际历史科学大会。"文化大革命"期间停止活动后的中国史学会因此而恢复活动。1982年中国史学会被正式接纳为国际历史学会的国家级会员，成为国际历史学会代表大会的正式代表。此后，中国史学会代表团出席了每五年一届的国际历史科学大会，每次都主持了一次专题会议。2005年在悉尼召开的第20届国际历史科学大会期间，国际历史学会代表大会通过了2007年在北京召开国际历史学会代表大会的提案。2007年9月在北京如期举行了这一次国际历史学会代表大会，100多位各国历史学家的代表出席了这次代表大会。2010年8月26日，在荷兰阿姆斯特丹召开的国际历史学会代表大会上通过了中国史学会的申请，决定2015年在中国济南举办第22届国际历史科学大会。2015年8月，这次大会在中国济南举行，这是国际历史科学大会在中国乃至亚洲第一次举办正式会议，来自大约90个国家和地区的历史学家2600余人出席。习近平主席向大会开幕式致了贺信，国务院副总理刘延东出席开幕式并致辞。大会安排了四大主题，第一大主题是"全球视野下的中国"，在大会开幕后举行。这也是国际历史科学大会有史以来第一次把中国历史作为主题展开讨论。

第三，兼容并蓄，取其所长。改革开放后，中国学者能够从积极和消极两方面对待苏联的世界史研究。例如，有学者一方面批评苏联史学对于中国世界史研究的教条主义的消极作用，另一方面肯定其"曾经对我国世界史学科的形成和发展做出过重大贡献。没有这个体系，新中国的世界史学科不可能成为独立的学科"①。还有学者批评苏联《世界通史》使历史研究更加丧失其科学性与自身特

---

① 钱承旦：《以现代化为主题构建世界近现代史新的学科体系》，《世界历史》2003年第3期。

点，而沉溺于僵化模式之中，同时指出其为战后世界史重构工作中的一种出版物，一种迥然不同于西方史家世界通史观念与体系的作品，一种世界通史编纂的新模式，自然自成一种流派，是第一部试图用马克思主义的理论来编纂的世界通史。中国史学界对于国际学界的研究成果，努力采取兼收并蓄的态度，体现中国学者在世界史研究领域的恢廓视野和雍容大度，表明新时期中国的世界史研究的开阔的学术胸襟。

六、马克思主义史学主导地位与中国史学的继续发展

20世纪90年代后期至21世纪初，中国史学各研究领域对本学科在20世纪的百年发展进程作了回顾和总结，对当前和未来中国史学的发展趋向作了评估和展望。唯物史观在中国史学中的地位和作用，中国马克思主义史学如何继续发展，成为必须积极面对的重要问题。一个基本的认识是："20世纪中国史学的主流经历了从近代实证史学向马克思主义史学的转变，但后者的地位目前正受到新的考验和挑战。这种考验和挑战并不是坏事，它可以使马克思主义史学得到进一步的锻炼。唯物史观从根本上说来是一种开放的、发展的学说，未来的马克思主义史学在吸取以往失误教训的基础上，只要不断丰富和发展自己的理论体系，更新已经过时的观念，一定能够更加发扬光大，保持自己在史学界的主导地位。"①

在新的历史条件下，怎样认识唯物史观在中国史学中的位置，怎样看待中国马克思主义史学的历史地位，怎样从思想上和理论上探索其继续发展的道路，都成为必须要面对和回答的关键问题。纵观中国马克思主义史学发展史，中国史学在20世纪之所以选择了唯物史观作为历史学的理论指导，中国马克思主义史学之所以在十分艰难的情况下仍然发展壮大起来，是历史的选择，是历史学发展的结果，必然有其合理性和科学性。中国马克思主义史学在其发展过程中，出现过各种各样的失误，存在过这样那样的不足，需要不断改进与及时总结。唯物史观及其指导下的历史研究，在遇到挑战的同时也意味着历史机遇的来临。"分清哪些是必须长期坚持的马克思主义基本原理，哪些是需要结合新的实际加以丰富发展的理论判断，哪些是必须破除的对马克思主义的教条式的理解，哪些是必须澄清的附加在马克思主义名义下的错误观点。用科学的态度对待马克思主义，用发展着的马克思主义理论指导新的实践。中国马克思主义史学自应在这样的理念之下，进行创造性的研究，不断取得新的成就，充分发挥其主流地位的积极作用。"②

马克思主义史学居于主导地位，并不意味着不允许其他学派和理论的存在与

---

① 林甘泉：《二十世纪的中国历史学》，《历史研究》1998年第6期。
② 瞿林东：《中国史学史教程》，高等教育出版社2011年版，第435页。

发展。坚持、发展唯物史观必须有开放的学术气度。面对各种新的历史理论、观点和方法，唯物史观应当积极吸收其合理成分和优秀成果，在兼容并蓄中显示自身的优势；同时，还要善于分析鉴别他人之长，而不是全盘照搬。"马克思主义本身就是一个开放的学派，在它产生时期，曾吸收了德国古典哲学、英国古典政治经济学、法国空想社会主义的合理内核。'有容乃大'，我们只有批判地吸收全人类文化中的营养，才能发展马克思主义……而马克思主义又必须在发展中才能很好地坚持。"① 经济全球化趋势和西方史学的影响日益扩大，中国史学不可能置身度外。用新的思想、新的观念、新的方法研究历史，使中国史学不断有所收获、有所创新，唯物史观指导下的中国史学正在呈现出新的生机。

在中国古代史研究领域，"无论是对中国历史发展道路或曰中国古代社会形态特殊性的探讨，还是对中国历史特点（国家权力支配社会）的认可，都表现出更加尊重历史实际的思想倾向"。"20世纪90年代以来中国古代史学人的思想世界里，并没有消失马克思主义的踪影。虽然他们对已经教条化的马克思主义极其反感并努力摆脱，但真正的马克思主义理论之精髓，已经融化入他们的血液中，变成了一种思维理性和思维习惯。"② 摆脱西方历史解释框架的强势影响，在中国历史研究中建立自己的话语系统，总结并构建基于本土经验之上的历史理论，已经成为中国史学越来越迫切的要求。

以唯物史观为指导的中国近代史研究，无论是在理论和方法方面，还是在具体研究领域，都取得了多方面的重要进展。一些中国学者借用库恩的"范式"概念，将新中国成立以来的近代史研究注重反帝反封建革命斗争，归结为"革命史范式"；而将新时期以来主张借用现代化理论重新探究近代史，称之为"现代化范式"。曾经长期流行的革命史范式以反帝反封建作为中国近代社会的主要矛盾和时代基调，以革命势力的成长、革命事业的开展的革命史为主要内容。现代化范式视"富强"为中国近代史的主线，主张用现代化的视角看待中国近代史的发展过程，以关注近代中国的"民族化、工业化、民主化"为主要内容。革命史范式突出了近代中国反帝反封建的革命和斗争主题，现代化范式则与中国社会转型的"时代精神"相关。"用革命的视角观察那个时代，用'革命史范式'撰写近代中国的历史，最符合近代中国的时代特征。"同时，"现代化进程只是全部中国近代史的一个侧面，一个重要部分，把这个侧面、这个重要部分弄清楚，对于全面认识中国近代史是有积极意义的，这样的研究模式也值得支持"③。通过讨论，推动

---

① 戴逸：《世纪之交中国历史学的回顾与展望》，《历史研究》1998年第6期。
② 李振宏：《六十年中国古代史研究的思想进程》，《历史学评论》第1卷，社会科学文献出版社2013年版，第104、106页。
③ 张海鹏：《20世纪中国近代史学科体系问题的探索》，《近代史研究》2005年第1期。

了学术界的思想解放，进一步深化了对中国近代史研究的理论问题的认识。以唯物史观基本观点为理论依据，实事求是地看待中国近代历史的发展过程则不难看出，近代中国的时代基调是革命，如果简单地以"现代化范式"替代"革命史范式"，并不是正确的思考方向。中国马克思主义史学中的中国近代史研究，应该在"革命史范式"主导下，融入"现代化范式"的视角，使中国近代史研究更趋完善。

新的社会史研究不断向纵深发展。通过对社会史学科理论的讨论，促使社会史研究能够不断地自觉与反省，如十分流行的"区域社会史"研究，在被质疑为过分注重"宗族"和"庙宇"功能后，即着眼于更大的学术目标与追求的课题意识，结合政治史、传统史学与社会史的关系，反思社会史研究的新的出路。"如果我们无法另辟蹊径，从不同的问题意识或方法论出发，去探索和回答传统史学所重视的问题，我们就无法在与传统史学的对话中前进，我们也无法使传统史学心服口服地接受社会史研究的取向和成果。如果是那样的话，社会史研究的意义将是有限的。"① 社会史研究理论的探讨更具开放性，人类学、地理学、经济学、文化学与社会史研究的交叉渗透，形成历史人类学、历史社会地理学、社会经济史、社会文化史等多元的社会史学科体系建设趋向。开展跨学科研究，不仅是社会史研究者的共识，而且已经被行之有效地运用到实际的研究中并获得一大批重要成果。以傅衣凌、梁方仲等为代表的一些学者在20世纪三四十年代已经开始了区域社会与经济史的研究。20世纪八九十年代以后，受到学科发展多元化趋向的影响，社会经济史的区域性研究逐渐形成潮流，较为突出的是以区域社会史和历史人类学相结合为研究特色、以田野研究调查和地方文献分析为主要研究手段、以华南一带几个代表性的地区社会为研究对象的研究群体及其基本理念的形成。从区域社会经济入手进行社会史研究理念的认同，使华北地区、江南地区、长江中游的两湖地区、岭南地区、三北地区等区域社会史研究异常活跃。

社会史与文化生活史研究的日趋融合，为社会史研究开辟了更为广阔的前景。社会史研究者进一步认识到，社会史应当保持其人文关怀，以人为本的社会史研究才真正具有学术生命力，诸如贴近生活的心态史、医疗社会史、礼俗研究、民间信仰、社会风尚等研究领域之所以受到欢迎，就在于其贴近民众。社会日常生活的研究所展示的人类社会历史的发展变化，对书写"大历史"具有独特的贡献，使历史能够更加丰满，更具整体性。"中国社会史研究成就的取得得益于学术理念的更新，而学术理念的更新与多元学术视野有着密切关系。因此，更新观念与跨学科的研究视野仍是我们应努力的目标。只有不断培养新的问题意识，才有可能

---

① 赵世瑜：《社会史研究向何处去？》，《河北学刊》2005年第1期。

进行学术创新。"①

　　文化史研究经过数年的彷徨后，随着西方"新文化史"浪潮的兴起，再度受到格外关注。一般认为，西方"新文化史"是力图超越传统的社会经济史研究的结果，其主要表现形式是注重社会性的语言功能、话语分析、心态特征和政治文化、大众文化、边缘文化的研究，把文化认同史、社会性别和医疗文化等与"身体"有关的历史作为研究对象，热衷于"文学性"的文化叙事，轻视宏大叙事，讲求微观史。尽管西方"新文化史"从一开始就受到各种议论与批评，但是中国的文化史研究走向亦随之而动，在各个方面均受到影响。不过，中国学者对于"新文化史"的借鉴与接受显然已经更为理性："当中国史学界有过几十年文化史和社会史研究的丰厚实践之后，再面对西方'新文化史'的规模性、整体性引进，应该说已逐渐具备了较充分的学术条件，可以更加从容、理性地对之加以选择。比如，在精英与大众、区域与整体、中心与边缘、宏大叙事与微观深描，乃至历史文本的真实性与'文学性'等等之间，就未尝不可努力从方法论上更为自觉地去寻找合适的平衡点，而不至于一定要走到非此即彼、无法融合的偏颇境地。"②与此相关的是，文化史研究学者深刻意识到，制约以往文化史研究发展的重要原因之一，是忽视了对文化史研究的理论建设。加强文化史理论的研究，逐渐引起更多人的重视。此外，中国的文化史研究的整体走向，更侧重于社会文化史研究方向。在史料丰富的近代史研究领域，近代社会文化史研究成果尤显突出，对近代社会变迁与社会风俗研究、近代社会市民与公共空间研究、文化心态与观念变迁史的研究、国家与社会的互动关系和话语转换研究等方面的成果，都大大拓宽了社会文化史研究领域，使文化史研究较之以往有了明显突破。

　　可见，历史理论和史学理论的建设已经成为影响当代中国史发展的重要因素，而唯物史观指导下的具有中国特色的马克思主义史学的发展依然任重道远。

第二节　马克思主义史学的理论建设新成就

一、关于马克思主义与中国传统文化

　　近代以来，尤其20世纪以来，关于中西文化关系问题，成为这时期中国社会思潮中备受关注的重要问题之一。而其中的一个关节所在，就是怎样看待马克思

---

① 常建华：《跨世纪的中国社会史研究》，《中国社会历史评论》第8卷，天津古籍出版社2007年版，第396页。
② 黄兴涛：《序言》，《新史学》第3卷《文化史研究的再出发》，中华书局2009年版，第1—2页。

主义与中国传统文化相结合和这种结合的本质。

1940年，毛泽东在《新民主主义论》一文中，对中国文化的历史性变革和当时的中国文化的性质，作了这样的概括：

> 在"五四"以前，中国的新文化，是旧民主主义性质的文化，属于世界资产阶级的资本主义的文化革命的一部分。在"五四"以后，中国的新文化，却是新民主主义性质的文化，属于世界无产阶级的社会主义的文化革命的一部分。
>
> 在"五四"以前，中国的新文化运动，中国的文化革命，是资产阶级领导的，他们还有领导作用。在"五四"以后，这个阶级的文化思想却比较它的政治上的东西还要落后，就绝无领导作用，至多在革命时期在一定程度上充当一个盟员，至于盟长资格，就不得不落在无产阶级文化思想的肩上。这是铁一般的事实，谁也否认不了的。
>
> 所谓新民主主义的文化，就是人民大众反帝反封建的文化；在今日，就是抗日统一战线的文化。这种文化，只能由无产阶级的文化思想即共产主义思想去领导，任何别的阶级的文化思想都是不能领导了的。所谓新民主主义的文化，一句话，就是无产阶级领导的人民大众的反帝反封建的文化。①

在这里，毛泽东明确指出，近代以来的中国文化，在"五四"以前是旧民主主义性质的文化，在"五四"以后则是新民主主义的文化，而新民主主义的文化"只能由无产阶级的文化思想即共产主义思想去领导"。这里说的"共产主义思想"即指马克思主义。对于上述论断，我们可以作这样的理解：新民主主义文化是指在当时历史条件下，马克思主义与中国文化结合，因而具有鲜明的"无产阶级领导的人民大众的反帝反封建的文化"的特点。同时，毛泽东指出，新民主主义文化必将随着历史的发展而发展，它的前景将是社会主义文化，他写道："当作国民文化的方针来说，居于指导地位的是共产主义的思想，并且我们应当努力在工人阶级中宣传社会主义和共产主义，并适当地有步骤地用社会主义教育农民及其他群众。但整个的国民文化，现在也还不是社会主义的。"② 这里强调了两点：第一，当时的"国民文化"是新民主主义文化，"还不是社会主义的"；第二，"共产主义的思想"即马克思主义是"国民文化的方针"，"居于指导地位"，这就是说，"共产主义的思想"即马克思主义的"指导地位"贯穿于当时的新民主主义文化和将

---

① 《毛泽东选集》第2卷，人民出版社1991年版，第698页。
② 《毛泽东选集》第2卷，人民出版社1991年版，第704页。

来的社会主义文化。

还应该注意的是，毛泽东在《新民主主义论》这篇著名的著作中，在论述新民主主义文化的同时，也讲到了中国的古代文化，他写道：

> 中国的长期封建社会中，创造了灿烂的古代文化。清理古代文化的发展过程，剔除其封建性的糟粕，吸收其民主性的精华，是发展民族新文化提高民族自信心的必要条件；但是决不能无批判地兼收并蓄。必须将古代封建统治阶级的一切腐朽的东西和古代优秀的人民文化即多少带有民主性和革命性的东西区别开来。中国现时的新政治新经济是从古代的旧政治旧经济发展而来的，中国现时的新文化也是从古代的旧文化发展而来，因此，我们必须尊重自己的历史，决不能割断历史。但是这种尊重，是给历史以一定的科学的地位，是尊重历史的辩证法的发展，而不是颂古非今，不是赞扬任何封建的毒素。对于人民群众和青年学生，主要地不是要引导他们向后看，而是要引导他们向前看。①

这一段论述包含了丰富的内容，凸显了马克思主义怎样看待中国古代文化的理论、方法论原则，如历史和现实的关系，政治经济和文化的关系，新文化和旧文化的关系，正确对待文化和提高民族自信心的关系，等等，都包含着"尊重历史的辩证法的发展"。

总起来看，《新民主主义论》把中国文化包括古代文化、近代文化（包括旧民主主义文化和新民主主义文化）都论述到了，反映了马克思主义的中国文化观的基本观点。1957年，毛泽东在《关于正确处理人民内部矛盾的问题》一文中，讲到"双百"方针时，指出："百花齐放、百家争鸣的方针，是促进艺术发展和科学进步的方针，是促进我国的社会主义文化繁荣的方针。艺术上不同的形式和风格可以自由发展，科学上不同的学派可以自由争论。"② 在这里，毛泽东更加明确地提出了发展社会主义文化的问题。当然，"自由发展""自由争论"同任何事物一样，都不是绝对的，社会主义文化也应遵循一定的标准。毛泽东指出：

> 我们以为，根据我国的宪法的原则，根据我国最大多数人民的意志和我国各党派历次宣布的共同的政治主张，这种标准可以大致规定如下：（一）有利于团结全国各族人民，而不是分裂人民；（二）有利于社会主义改造和社会主义建设，而不是不利于社会主义改造和社会主义建设；（三）有利于巩固人

---

① 《毛泽东选集》第2卷，人民出版社1991年版，第707—708页。
② 《毛泽东文集》第7卷，人民出版社1999年版，第229页。

民民主专政，而不是破坏或者削弱这个专政；（四）有利于巩固民主集中制，而不是破坏或者削弱这个制度；（五）有利于巩固共产党的领导，而不是摆脱或者削弱这种领导；（六）有利于社会主义的国际团结和全世界爱好和平人民的国际团结，而不是有损于这些团结。这六条标准中，最重要的是社会主义道路和党的领导两条。提出这些标准，是为了帮助人民发展对于各种问题的自由讨论，而不是为了妨碍这种讨论。①

这六条标准，也可以看作中国社会主义文化的精神实质。

以上是关于毛泽东的马克思主义的中国文化观的简略的概括。

刘大年作为中国近代史研究的名家，在新的历史条件下，就有关中西文化讨论中出现的一些新问题，认为有必要从历史学的理论方面，对马克思主义与中国传统文化的关系，作进一步的考察和阐述。1989年，刘大年在《求是》杂志发表《马克思主义与中国传统文化》一文，就历史学与民族文化的关系进行了阐述。首先，作者认为："历史学是基础科学，一个国家民族文化的历史，是那个国家民族文化的基础部分。从中西文化及其关系的层面上系统地总结、了解中国第一代马克思主义历史学及其他领域研究者们的经验，对于我们正确地处理中西文化及其关系问题，是有意义的。"② 作者强调指出两点，一是强调民族文化的历史是民族文化的基础部分，二是重视中国第一代马克思主义史学的研究成果。对于后者，作者给予极高的评价，认为："从郭沫若的《中国古代社会研究》起，他们给我国历史学划分出了一个崭新的时代。马克思主义古典文献上论述的社会形态、社会历史发展阶段，不仅仅存在于欧洲、美洲，也基本上存在于中国历史发展的过程里。他们的研究切实证明了这个重大事实。中国社会历史从何处来，将要走向何处去，在人们面前显得一下子豁然开朗了。"③ 今天看来，对于这个评价作出检验，并不是一件十分困难的事情，只需把《中国古代社会研究》同此前的中国历史相关的著作作一对比，就可以把其中的差别看得十分清楚。作者进而从理论上指出："马克思主义的应用，改变了的是主体对客体的认识，而不是改变了客体的存在。"④ 这说明，主体的历史观、方法论有所不同，对客体的认识及其方法论自然有所不同；只有科学的历史观、方法论，才能对客体有正确的和合理的认识。

其次，作者一方面指出了中国第一代马克思主义史学研究成果的理论意义，一方面又指出了它的文化意义。作者深刻地指出：

---

① 《毛泽东文集》第7卷，人民出版社1999年版，第233—234页。
② 刘大年：《刘大年集》，中国社会科学出版社2000年版，第239页。
③ 刘大年：《刘大年集》，中国社会科学出版社2000年版，第240页。
④ 刘大年：《刘大年集》，中国社会科学出版社2000年版，第240页。

> 马克思主义产生于西方,它一旦与中国内在根据相结合以后,就成了中国文化的重要组成部分。在中国历史学里面,它再也不是"外来异物",而是与中国文化熔铸为一体了。恩格斯说,每个国家运用马克思主义,必须穿起本民族的服装。这里借用服装来形容民族化,中国马克思主义历史学所做的工作,就是穿起中国民族服装,把一个本来陌生的科学思想认识体系民族化,来发展、创造我们民族新文化的工作。①

这里说的"与中国内在根据相结合"和"科学思想认识体系民族化",是对同一问题的不同表述。前者强调理论和实际的结合,这样的实际才具有反映客观真实的意义;后者是指出科学思想认识体系在其发展过程中,往往是以民族的形式表现出来。换言之,不论是关于"内在根据"的阐说中贯穿着马克思主义的理论、方法论,还是马克思主义的理论、方法论贯穿在中国的"民族化"中,都反映了人们对中国历史文化的新认识,也显示出中国文化的新面貌。

再次,作者在阐述上述问题之后,提出了一个总体性的认识,这就是:

> 把思想文化作为整个历史的一部分,承认历史发展、丰富了,民族文化也必然跟着前进、丰富,那么,依照中国文化来解决中国问题一类的提法,就会变得顺理成章,对立、争论也就可以找到解决的途径。马克思主义原理已经融合到中国民族文化里面,并且为我们的民族文化增添了新的巨大活力。毛泽东说,从孔夫子到孙中山都要总结。这是从历史发展看中国文化的,是正确的。只要不隔断历史,我们就会承认孔子、孙中山、与中国传统相结合了的马克思主义,是中国不同历史时代的文化主流。②

这段论述表明了以下几个要点:第一,文化是历史的一部分,文化研究要与历史研究紧密联系;第二,马克思主义原理为中国民族文化增添了新的巨大活力;第三,"孔子、孙中山、与中国传统结合了的马克思主义,是中国不同时代的文化主流"。这几点认识,是对毛泽东《新民主主义论》中有关文化的论述的进一步阐发,也是作者关于马克思主义史学文化观的概括性表述。

最后,需要着重指出的是,马克思主义与中国传统文化相结合有其历史必然性。刘大年在他的一篇长文《评近代经学》的结束语中提出这样一个问题:"经学从历史舞台退出,意识形态领域并没有显得空寂。'五四'前后,西方各种牌号的

---

① 刘大年:《刘大年集》,中国社会科学出版社 2000 年版,第 240 页。
② 刘大年:《刘大年集》,中国社会科学出版社 2000 年版,第 242 页。

哲学，一窝蜂地被介绍到中国，宣传自己，争取阵地。美国实用主义哲学家杜威、英国逻辑实证主义哲学家罗素亲自来到中国布道，一时引人注目。马克思主义的介绍、讨论是那些新学说、新思想中的一种。对于中国传统文化，他们都是'外来异物'。它们中许多不为专业以外的知识界所知，很快销声匿迹。最后马克思主义在中国广泛传播，并终于与中国固有文化结合起来了。原因究竟何在？"① 对于这个问题，作者概括出了四个方面的原因：一是"走西方资本主义的老路救中国"的指望破灭了；二是俄国十月革命的影响，孙中山提出了"马克思主义是三民主义的好朋友"，中国革命要"以俄为师"；三是中国人根据自己的文化背景和现实生活，容易接受马克思主义的科学思想体系，把它作为改变中国命运的斗争武器；四是马克思主义和中国传统文化中的朴素的唯物辩证法思想可以沟通。作者进一步概括地写道："以上四条，一、二、三条主要讲从中国近代社会历史、时代环境和斗争来看，第四条讲从中国传统哲学来看，说明马克思主义与中国国情相符合。马克思主义与中国传统文化相结合，是中国文化的自我更新，是中国文化现阶段的重要发展。孔子学说统治成为过去，近代经学结束，是历史朝前演进的必然，是合理的和不可避免的。为什么五四运动以后，西方各种牌号的新思想、新学说蜂捅进入中国，又都像昙花一现，转眼过去，惟有马克思主义终于落地生根，开花结果了？这四条就是回答。"作者的这一概括，可视为历史的结论，连同前文所论，它深刻地反映了中国人的马克思主义中国文化观。这是一种自信的文化观。

二、关于历史学的理论建设

20 世纪 80 年代，中国马克思主义史学提出了历史学的理论建设问题。

1983 年，《历史研究》编辑部编辑《建国以来史学理论问题讨论举要》一书，收录了有关中国历史的十二个问题讨论的综述，即：亚细亚生产方式讨论的回顾，中国奴隶社会与封建社会分期讨论三十年，中国封建社会内部分期的几种观点，封建土地所有制形式讨论中的分歧，中国资本主义萌芽讨论的两个阶段，中国封建社会长期延续讨论的由来和发展，农民战争研究的种种争论，关于汉民族形成问题的不同见解，略述中国古代民族关系的讨论，爱国主义与民族英雄讨论综述，关于历史人物评价的一些意见，近年来关于历史发展动力的讨论。② 关于这些问题综述、评论，汇集了 20 世纪五六十年代和 70 年代末 80 年代初中国史学界讨论的情况和成果，在学术界产生了广泛的影响。

1985 年，刘大年在《近代史研究》第 4 期发表《论历史学理论研究》③ 一文，

---

① 刘大年：《刘大年集》，中国社会科学出版社 2000 年版，第 426—427 页。
② 参见《历史研究》编辑部编：《建国以来史学理论问题讨论举要》，齐鲁书社 1983 年版。
③ 1987 年收入《刘大年史学论文选集》时，题为《历史学理论的建设问题》。

文章开宗明义写道：

> 历史学理论的建设，现在不是一个新问题了。以前我们多半用马克思主义的历史唯物主义代替历史学理论。国外也有类似情况。其实只要稍加思索，谁都知道，历史唯物主义决非单讲历史学或历史研究的理论。凡以人类社会生活、社会活动为对象的学术研究，学理探讨，历史唯物主义对它们一概适用。我们用不着引经据典，说恩格斯、列宁怎样叙述《共产党宣言》、《哲学之贫困》、《资本论》上运用历史唯物论研究社会形态，解剖资本主义，批判唯心论哲学的，等等。把历史唯物主义看做历史学的专有理论，一方面失之于太狭窄，缩小了它本来的广泛意义；一方面又失之于太宽泛，似乎有了它，历史学具体的理论研究、专门知识就可以不必要了。历史学理所当然要有自己的专门理论。自然辩证法讲自然界的普遍规律，但没有人因此认为物理学、化学、生物学等等就不需要有本门科学的专门理论了。历史唯物主义不能代替历史学的专门理论，正同此理。①

这段论述，明确地指出了三个问题：一是指出历史唯物主义同历史学理论不应作同等看待；二是指出了把历史唯物主义看作历史学的专有理论，会出现对于历史唯物主义理解上的两种偏颇，即"失之于太狭窄"与"失之于太宽泛"；三是指出了历史学要有自己的"专门理论"。

历史学理论建设是艰苦的工作，刘大年以生产力和生产关系为中心，作了深入的、全面的探讨，涉及历史、现实、理论、实际，以至于科学技术革命与生产力的关系，史学工作者的知识结构等方面。刘大年认为，推进历史学理论建设，必须做大量的工作："首先，当然是要重视具体问题的研究和这方面所取得的一切进展。""其次，要关心、了解社会科学中其他学科研究的状况，关心、了解现实生活。""再其次，中国历史学的传统，也应当知道和加以研究。""又其次，理论建设要重视知识更新。那些知识有史料学方面的，也有理论方面的。"② 这是历史学理论建设中应当关注的几个方面。

刘大年提出的问题，在当时的历史条件下，具有一定的代表性。1982年，白寿彝在他主编的《史学概论》一书的"题记"中提出了类似的问题，他写道：

> 在五十年代，同志们一起谈天，提起史学概论来，都认为应该在马克思

---

① 刘大年：《刘大年史学论文选集》，人民出版社1987年版，第184页。
② 刘大年：《刘大年史学论文选集》，人民出版社1987年版，第198—201页。

主义基本原理指导下，写这么一本书；同时也认为，在高等学校历史系应该开设这门课程。至于这本书应该怎么写，这门课程应该讲些什么，大家一时想不出办法来。一年一年过去了，对这个问题一直没有认真讨论过。后来，我在北京师范大学历史系开了这门课程，主要讲的是历史唯物主义。但我并不认为这种讲法是对的。因为我觉得，如果只讲历史唯物主义，这门课就应该叫历史唯物主义，不应该叫史学概论。我为这个课程内容问题，多年来一直感到不安。去年，因为《史学史研究》季刊的需要，我每一季度撰写一篇文章，交它发表，总题目是《谈史学遗产答客问》。在酝酿这四篇文章的过程中，我逐渐产生了写史学概论的思想。这就是要在马克思主义基本原理的指导下，论述中国史学遗产几个重要方面的成就和马克思主义传入中国后史学的发展，及当前史学工作的重要任务。我想在这本书里，提出一些问题，请同志们讨论。也希望它能成为教本，多少给同学们一些帮助。①

上面这些论述表明：第一，在 20 世纪五六十年代，历史唯物主义同历史学理论的关系，曾长期困扰着一些史学工作者；第二，刘大年和白寿彝提出的问题有其共同之处，即历史唯物主义和历史学理论（或者说史学概论）不应当等同起来；他们提出的问题也存在明显的不同之处，即刘大年说的"历史学理论"是指人们在研究客观历史运动中提出的问题，属于历史理论范畴；白寿彝说的"史学概论"的内容是指人们观察史学自身发展中提出的问题，属于史学理论范畴。当然，不论他们提出问题的共同之处还是不同之处，对推进历史学的理论建设都产生了积极的影响。

值得注意的是，尹达在 1983 年撰写的《马克思主义与中国历史学的发展》一文中，明确提出了历史理论与史学理论两个概念的区别。关于历史理论，他指出："老一辈马克思主义史学家郭沫若、吕振羽、范文澜、翦伯赞、侯外庐等，都很重视理论的探索。比如翦伯赞的《历史哲学教程》，在当时的影响就很大。解放后，马克思主义历史理论的研究工作者有着新的突破和发展，尽管受到'左'倾错误的干扰和破坏，成绩还是主要的。"他在讲到马克思主义社会形态学说的重要性时，又指出：

> 前面谈到，马克思、恩格斯关于社会形态的发展学说，对于历史科学具有重要指导意义。但是，我们还应看到，马克思、恩格斯健在时，对于资本主义社会和原始社会以外的几种形态的研究尚不充分，他们尤其少于接触像

---

① 白寿彝主编：《史学概论》，宁夏人民出版社 1983 年版，第 122 页。

中国这样大的文明古国的实际材料,因此对于东方国家(包括中国)的一些论断,难免具有假想的成分。今天,在我们祖国历史文献和出土材料日益丰富的情况下,我们应当义不容辞地写出高水平的中国《原始社会论》、《奴隶社会论》、《封建社会论》和《半殖民地半封建社会论》,以充实和丰富马克思主义关于社会形态的学说。①

这种对于马克思主义的实事求是的看法,对于在马克思主义指导下进行新的理论研究和创造的设想,显示了马克思主义史学的严肃的科学态度和勇敢的创新精神。

关于史学理论,尹达认为:

> 在加强马克思主义历史理论研究的同时,我们还应当对历史这门学科的理论探讨给予充分的重视。我国历史学的发展告诉我们,重视史学理论是我国史学的优良传统。刘知幾、章学诚、梁启超在对历史学这门科学的理论总结方面都做出过有重要影响的贡献。我们今天,在马克思主义理论指导下,应该写出超越《史通》、《文史通义》、《新史学》和《中国历史研究法》等的史学理论论著,在这方面做出更大的贡献。②

这段论述表明:第一,历史理论同史学理论是有区别的,上文说的"原始社会论""奴隶社会论""封建社会论""半殖民地半封建社会论"等,都是"历史理论问题";这里说的"对历史这门学科的理论探讨",则是史学理论问题。第二,中国史学有重视史学理论的传统,应当发掘和总结这一传统的成果,在此基础上撰写出超越前人的史学理论著作。

刘大年、白寿彝、尹达的上述论说,反映出中国马克思主义史学对理论建设的自觉与自信。20世纪80年代以来,不论在历史理论方面,还是在史学理论方面,受到史学界越来越多的关注,同时也不断有这方面的论著面世,呈现出令人鼓舞的历史学的理论建设前景。

三、关于理论、方法论的运用

马克思主义的历史观在方法论方面的具体运用,是同研究者的研究对象紧密联系的。在这方面,侯外庐的论述尤其值得关注。侯外庐结合自己数十年的研究生涯,总结出他所遵循的一些理论、方法论原则。他对自己研究中国社会史、思

---

① 尹达:《尹达集》,中国社会科学出版社2006年版,第375—376页。
② 尹达:《尹达集》,中国社会科学出版社2006年版,第376页。

想史的原则和方法，不仅有坚定的信念，而且有明确的和清晰的概括。侯外庐在1986年写道，他的基本信念是："总的说来，依据马克思主义的理论和方法，特别是它的政治经济学理论和方法，说明历史上不同社会经济形态发生、发展和衰落的过程；物质生活的生产方式制约着整个社会生活、政治生活和精神生活的过程；以及经济基础与上层建筑、意识形态之间的辩证关系，是我五十年来研究中国社会史、思想史的基本原则和基本方法。"① 马克思主义的原则和方法并不限于这几个方面，而侯外庐所概括的，无疑是最重要的几个方面，也是对他的社会史、思想史研究最具有直接指导意义的几个方面。

但是，侯外庐给予人们更深刻的启示在于：对于基本原则和基本方法的运用，只有在取得一定的理论模式和方法论模式的情况下，才能同具体的研究真正结合起来，使理论不至于流于空论或成为教条，而对具体问题的认识则能上升到理论的高度和有系统的认识。侯外庐从几十年的学术生涯中，总结出他所遵循的一些理论、方法论模式，即：第一，社会史研究，先从经济学入手。第二，研究中国古代社会，首先弄清亚细亚生产方式的理论。第三，对中国封建社会的研究，强调以法典化作为确定历史分期的标志。第四，依据马克思主义关于"土地私有权的缺乏"，"可以作为了解'全东方'世界的关键"的理论，分析中国自秦汉以来封建社会皇权垄断的土地所有制形式是封建的中央专制主义的经济基础。第五，对中国思想史的研究，以社会史研究为前提，着重于综合哲学思想、逻辑思想和社会思想（包括政治、经济、道德、法律等方面的思想）。第六，研究工作重在阐微决疑。第七，实事求是，谨守考证辨伪的方法。第八，注意马克思主义历史科学的民族化。第九，执行自我批判，聆听学术批评。② 侯外庐所概括的这些理论、方法论模式，有的已经涉及对于中国社会史、思想史的若干具体的论断，其中仁智之见，在所难免，但像侯外庐这样对于自己治学的指导思想和方法论原则有如此自觉的和系统的认识，却并不多见。老一辈马克思主义史学家们留给后人的，不仅仅是许多辉煌的巨著，而且还有经过深思熟虑而总结出来的治学路径和学术宗旨。这后一个方面的遗产，在史学理论上有重要的价值。它向所有有志于史学的后来者展现出一条艰难的却是通向成功的道路。

还有一点是十分重要的，这就是侯外庐对于自己在治学上所遵循的理论、方法论原则本身都持有辩证的认识，而不作绝对的看待。他指出："经济发展虽然对思想史的各个领域起着最终的支配作用，但是，由于思想意识的生产又属于社会分工的特殊部门，因而思想史本身有其相对的独立性。""任何一个时代的任何一

---

① 侯外庐：《侯外庐史学论文选集》（上），人民出版社1987年版，第8—9页。
② 侯外庐：《侯外庐史学论文选集》（上），人民出版社1987年版，第9—19页。

种思想学说的形成,都不可能离开前人所提供的思想资料。应当说,思想的继承性是思想发展自身必不可少的一个环链。"① 既要看到经济发展对思想有"最终的支配作用",也要看到思想的继承性对思想发展所起的作用。时代的脉搏和历史的传统总是在不同的程度上影响着思想家的思想发展的轨迹。侯外庐说:"历史上有建树的思想家总是在大量吸收并改造前人思想资料的基础上,形成自己的思想学说。"② 同样,中国历史学家在理论上的进步、发展,只有在马克思主义指导下,"大量吸收并改造"前人和外国同行思想资料的基础上,才可能实现。

四、关于史学遗产

马克思主义不排斥人类历史上的优秀遗产。马克思主义的中国化,同样不会排斥中国历史上的优秀遗产。但是,在中国马克思主义史学发展史上,由于种种原因,对于史学遗产的重视,是相对滞后的。在这方面,白寿彝对于总结史学遗产的重要性以及如何总结史学遗产等问题的论述、如何致力于这方面的具体的研究,是作出了重要贡献的。他关于这方面的论述,形成了系列文章,即《谈史学遗产》《谈史学遗产答客问》《谈历史文献学》《谈史书的编撰》《谈历史文学》《再谈历史文献学》等③。《谈史学遗产》这篇长文撰于1961年,其余五篇撰于1981—1982年,前后相隔20年,而其撰述旨趣是一脉相承的。

中国是一个史学大国,拥有连续不断的和丰富厚重的史学遗产。所谓史学遗产,是历史上流传下来的前人在史学活动中的创造和积累,是文化遗产的重要部分。把史学遗产从历史遗产中突出出来,并把它作为一个专门的学术领域和理论问题提出来进行研究,白寿彝的这几篇文章不仅开其先河,而且从理论上和研究对象上奠定了探讨这一领域的基础,因而产生了较大的学术影响。

《谈史学遗产》一文从理论上阐述了研究史学遗产的重要性和研究史学遗产的方法。关于研究对象,作者从七个方面作了概括,即归纳了史学遗产中的主要成就,并将其比喻为一个个"花圃"。这就是:中国史学上有关基本观点的遗产,包含历史观、历史观点在史学中的地位、在史学工作中的作用;史料学遗产;历史编纂学遗产;历史文献学遗产;重大历史问题研究成果;有代表性的史学著作;历史启蒙书方面的遗产。关于研究史学遗产的必要性,白寿彝指出:第一,研究史学遗产,可以更具体更深刻地理解史学在社会中的作用;第二,研究史学遗产,可以逐步摸索出来中国史学发展的规律;第三,研究史学遗产,可以把历史上人

---

① 侯外庐:《侯外庐史学论文选集》(上),人民出版社1987年版,第12—13页。
② 侯外庐:《侯外庐史学论文选集》(上),人民出版社1987年版,第14页。
③ 见《白寿彝史学论集》(上),北京师范大学出版社1994年版。北京出版社把这6篇文章辑为一书,名曰《史学遗产六讲》,收入"大家小书"第三辑(2004年1月出版)。

们提出来的一些史学问题作为当前研究的资料，丰富我们的研究内容。①

白寿彝在《关于〈谈史学遗产〉——就〈谈史学遗产〉答客问之一》一文中，着重分析了中国史学上关于历史进程的看法、关于地理环境的看法、关于社会经济的看法、关于政治统治之得失成败的看法、关于有民主思想内容的看法。作者继《谈史学遗产》之后，再次提出了在马克思主义史学出现以前，中国史学上是否存在"历史唯物主义的萌芽"的问题。②

关于历史文献学问题。白寿彝首先指出了历史文献学的重要性，认为："历史文献学可以帮助我们搜集、分析并正确地运用历史文献，使我们的历史工作在文献方面具有良好的条件，这就是历史文献学的主要用处。"其次，白寿彝提出了历史文献学学科建设的设想，指出："历史文献学，或者更正确地说，中国历史文献学，可以包含四个部分。一、理论的部分。二、历史的部分。三、分类学的部分。四、应用的部分。这样的分法，未必合适。现在这样分，也只是便于说明问题。"从这四个方面着手来建设历史文献学，是作者的一个创见。其中，关于"理论的部分"，提出了"历史文献学的多重性"问题；关于"历史的部分"，提出了历史文献同历史时代的关系；关于"分类学的部分"，提出了历史文献学的分类学与目录学有一定的区别，即前者"有统观全局的要求"；关于"应用的部分"，认为可以包含目录学、版本学、校勘学、辑佚学和辨伪学等。这些论点开阔了人们关于历史文献学的理解和认识，对历史文献学的学科建设有重要的参考价值。③

关于史书编撰问题。白寿彝全面地评价了中国古代的各种史书体裁，指出了它们各自的特点及相互间的联系，以及前人在对史书体裁的认识方面留给后人的启示。尤其值得注意的是，他提出并强调这样一个论点："历史现象是复杂的，单一的体裁如果用于表达复杂的历史进程，显然是不够的。断代史和通史的撰写，都必须按照不同的对象，采取不同的体裁，同时又能把各种体裁互相配合，把全书内容熔为一体。"④ 白寿彝总主编的《中国通史》，正是在这一撰述思想指导下进行并获得重大成功。

关于"历史文学"问题。白寿彝首先区别了两种不同的"历史文学"的含义和性质：一种含义，"是指用历史题材写成的文学作品，如历史小说和历史剧"。另一种含义，"是指历史著作中对历史的文字表述"，如写人物、写语言、记战争、表世态，都有优良的传统。他从史文的运用上举《左传》《国语》《战国策》《史记》《资治通鉴》为例进行论述，并有广泛的涉及；又从理论上举《史通》《日知

---

① 白寿彝：《白寿彝史学论集》（上），北京师范大学出版社1994年版，第462—493页。
② 白寿彝：《白寿彝史学论集》（上），北京师范大学出版社1994年版，第494—506页。
③ 白寿彝：《白寿彝史学论集》（上），北京师范大学出版社1994年版，第507—521页。
④ 白寿彝：《白寿彝史学论集》（上），北京师范大学出版社1994年版，第525页。

录》的有关论述作进一步分析。在讲到文与史的关系时，他的这一段话是值得格外予以关注的，这就是："是否有这样的作品，既可以说是历史书，又可以说是文学书？""《史记》、《汉书》、《后汉书》、《三国志》既是历史书，也可以说是文学书，但究竟是历史书。它们是历史书，而具有相当高的文学水平。但确实有一些书，同时具备了历史书和文学书的性质，而不好说它主要是属于哪种性质的。如《盐铁论》、《世说新语》等就是这样的书。但这样的书毕竟不多。"这些见解，对于人们正确认识历史书和文学书的界限是有帮助的。白寿彝除了阐述中国史学上的历史文学的优良传统外，还有一个鲜明的旨趣，就是为了说明这样的道理："一个历史工作者必须有一定的文学修养。不要说我们历史上的大历史家都是文学家了，仅就一个普通的历史工作者来说，他对于文学没有一定的修养，是不能胜任这个工作的。"① 史学工作者，如能在这方面有所提高，对于史学成果走向社会并广泛传播，进而充分发挥史学的社会功用，是大有裨益的。

白寿彝从理论上对中国史学遗产进行系统的发掘、梳理的开创性成果，成为人们走进史学遗产这一辽阔繁茂的园地、从而走进宏伟庄严的史学殿堂的一条路径。

五、关于建设有民族特点的马克思主义史学

这个问题，从本质上看，就是马克思主义史学的中华民族特点问题，是马克思主义史学的中国学派问题，在一定的意义上，它也是马克思主义中国化的一个方面。

侯外庐曾提出"注意马克思主义历史科学民族化"的问题。什么是"民族化"？侯外庐认为："所谓'民族化'，就是要把中国丰富的历史资料，和马克思主义历史科学关于人类社会发展的规律，做统一的研究，从中总结出中国社会发展的规律和历史特点。马克思主义历史科学的理论和方法，给我们研究中华民族的历史提供了金钥匙，应该拿它去打开古老中国的历史宝库。"② 侯外庐在这方面作出了突出的贡献，他自谦地说："对于古代社会发展的特殊路径和古代思想发展的特征的论述，对于中国思想史上唯物主义和反封建正宗思想的优良传统的掘发，都是我在探索历史科学民族化过程中所做的一些尝试。"③ 侯外庐在这方面所作出的努力，不仅是一位自觉的先知者，而且是一位杰出的成功者。早在20世纪40年代，他对这个问题的重要性已经提出了极为明确的观点，他指出："中国学人已经超出了仅仅于仿效西欧的语言之阶段了，他们自己会活用自己的语言而讲解自己

---

① 白寿彝：《白寿彝史学论集》（上），北京师范大学出版社1994年版，第549页。
② 侯外庐：《侯外庐史学论文选集》（上），人民出版社1987年版，第18页。
③ 侯外庐：《侯外庐史学论文选集》（上），人民出版社1987年版，第18—19页。

的历史与思潮了,""他们在自己的土地上无所顾虑地能够自己使用新的方法,掘发自己民族的文化传统了。"① 侯外庐所概括的这种情况,可以看作中国马克思主义史学走向成熟阶段的标志。如果说"仿效"或"模仿"在特殊的条件下是不可避免的话,那么创造代替"仿效"或"模仿"终究也是必然的。对于从"仿效"或"模仿"走向创造,不能没有自觉的意识和艰苦的努力。这是侯外庐治学的原则和方法给予人们的又一个重要的启示。

侯外庐在40年中两次讲到有关"民族化"的问题,一方面是因为这个问题本身的重要,另一方面也是因为它在今天仍须引起史学界同行的重视。"民族化"的主要标志是什么?从根本上说,是"总结中国社会发展的规律和历史特点"。要做到这一点,没有马克思主义历史科学的理论和方法是不行的,没有中国丰富的历史资料也是不行的。

"民族化"的要求是要注意到民族的特点和通过一定的民族形式表现出来的,它在本质上并不是排他的。关于这一点,毛泽东在1940年写成的《新民主主义论》中有明确的论述。他在1945年发表的《论联合政府》一文中讲到"中国应当建立自己的民族的、科学的、人民大众的新文化和新教育"时,也指出对于外国文化应当避免排外主义的错误和盲目搬用的错误。② 只有正确地吸收了外国优秀的或有益的文化成分,中国文化的"民族化"就不仅具有民族的特点,而且也具有时代的高度。历史研究也不例外。我们应当把"注意马克思主义历史科学民族化"的事业继续向前推进。

侯外庐提出并实践的马克思主义史学民族化的问题,是中国马克思主义史学发展的正确方向。这里,有必要提到白寿彝的《关于建设有中国民族特点的马克思主义史学的几个问题》一文,这篇文章讲的几个问题:第一,关于历史资料的重新估计,认为历史资料有记载过去历史的作用,也有解释现在的作用,还是多种学科的研究资料,这是历史资料的二重性。第二,关于史学遗产的重要性,涉及历史思想、历史文献、史书编著、历史文学。第三,关于对外国史学的借鉴。第四,强调历史教育的重大意义。第五,重视历史理论和社会现实之间的关系。第六,史学队伍知识结构的问题③。这些问题,同侯外庐说的历史科学民族化的思想是相通的,总的目标是建设马克思主义史学的中国学派,可谓任务艰巨,任重道远。

六、关于史家修养的新境界

中国史家历来重视自我修养,中国马克思主义史学在史家修养方面又达到一

---

① 许涤新:《序》,侯外庐:《中国古代学说思想史》(上),文风书局1946年版,第3页。
② 《毛泽东选集》第3卷,人民出版社1991年版,第1083页。
③ 白寿彝:《白寿彝史学论集》(上),北京师范大学出版社1994年版,第307—321页。

种新的境界。这主要表现在：

第一，关于史学与时代之关系的深刻认识。史学同社会有十分密切的联系，这是中国史学的优良传统。郭沫若等中国马克思主义史家，就自觉地把研究中国历史同中国革命任务密切结合起来，从而把中国史学经世致用的优良传统发展到现代意义的高度，赋予它崭新的含义。郭沫若在《中国古代社会研究·自序》中说："对于未来社会的待望逼迫着我们不能不生出清算过往社会的要求。古人说：'前事不忘，后事之师。'认清楚过往的来程也正好决定我们未来的去向。"[①] 大革命失败后被迫流亡日本的郭沫若于1929年写出这些话，反映了作者思想的深沉和对于"未来社会"的信念。历史学的时代价值之高和社会作用之大，从郭沫若的这一论述中得到了有力的说明。

郭沫若对史学与时代之关系的认识，蕴涵在他的丰富的历史撰述中，他是真正继承和发展了司马迁"寓论断于序事之中"的历史表述艺术。他的著名史论《甲申三百年祭》，被毛泽东"当作整风文件看待"，被评价为"有大益于中国人民"，"精神决不会白费的"[②]。这一事例，再一次表明在史学与时代的认识上，马克思主义史家高出于同时代的许多学人。20 世纪三四十年代的一大批马克思主义史学著作，都具有这一特点。

第二，关于批判、继承和创新。郭沫若自称是"生在过渡时代的人"，先后接受过"旧式教育"和"新式教育"[③]，并最终接受了马克思主义。在由旧而新的转变中，在从"知其然"而追求"知其所以然"的过程中，他是一直在走着一条批判、继承、创新的路。对此，郭沫若有深刻的感受和认识。他指出："我们要跳出了'国学'的范围，然后才能认清所谓国学的真相。"不懂"国学"，当然谈不上"跳出"；掌握了"国学"而又能用批判的眼光来审视它，就可能对国学有新的认识，进而提出创造性的见解。这里包含着批判、继承和创新的辩证法。郭沫若对古代社会的研究，目的在于探索"未来社会"的"去向"，即认为历史、现实、未来是不可截然分开的。他研究古代学说思想，也基于这样的认识，他说："我是以一个史学家的立场来阐明各家学说的真相。我并不是以一个宣教师的态度企图传播任何教条。在现代要恢复古代的东西，无论所恢复的是那一家，事实上都是时代的错误。但人类总是在向前发展的。在现代以前的历史时代虽然都是在暗中摸索，经过曲折迂回的路径，却也和蜗牛一样在前进。因而古代的学说也并不是全无可取，而可取的部分大率已溶汇在现代的进步思想里面了。"[④] 这是用思想发展

---

① 郭沫若：《郭沫若全集·历史编》第1卷，人民出版社1982年版，第6页。
② 《毛泽东文集》第3卷，人民出版社1996年版，第227页。
③ 郭沫若：《郭沫若全集·历史编》第2卷，人民出版社1982年版，第465页。
④ 郭沫若：《郭沫若全集·历史编》第1卷，人民出版社1982年版，第611页。

的辩证法来说明对待思想遗产应取的辩证态度。

第三，关于自得与自省的境界。对于治学上的"自得"的追求和对于学术上的"自省"境界，是马克思主义史家自我修养的又一个特点。侯外庐作为中国社会史、思想史研究的一代宗师，胸襟博大，虚怀若谷，一方面倡导坚持真理、敢于创新，一方面"执行自我批判，聆听学术批评"。他说："我认为，学贵自得，亦贵自省，二者相因，不可或缺。前者表现科学探索精神，后者表现自我批判勇气。历史科学如同其他科学一样，总是在探索中前进的，难免走弯路，有反复，因而不断执行自我批判，检点得失，总结经验教训，是十分必要的，否则就会固步自封。"侯外庐这种对待历史科学的态度，对待自己学术研究的态度，字里行间洋溢着实事求是的精神。侯外庐举例说："我和我的合作者可以互相改稿，没有顾虑，即或是青年同志，只要他们对我的稿子提出了意见，我总是虚心考虑，将不妥之处反复修改。仅以《老子》研究而言，我从30年代撰写《中国古代社会与老子》，至50年代修订重版《中国思想通史》第一卷的20年间，曾四易其稿。每易一稿，都可以说是执行一次自我批判。"学人的自我批判，尤其是名家的自我批判，是需要勇气的；而这种勇气，总是跟超凡脱俗的自省意识结合在一起。这种自省意识愈是自觉、愈是强烈，就愈显出名家的风范、学者的本色。侯外庐说："就资质而论，我是个常人，在科学道路上自知无捷径可走，惟有砥砺自学，虚心求教，深自省察，方能不断前进。"[①] 凡认真读了侯外庐这些文字和他的皇皇巨著的史学工作者，都会从中得到深刻的启发，增强自己的"自省"意识，促进自己学术的前进。

侯外庐所强调的"自省"精神即自我批判精神，是老一辈马克思主义史学家的共同的治学方法和精神品质。郭沫若对先秦诸子的研究、对奴隶制时代的研究，范文澜对中国通史的研究和撰述，都提出过认真的自我批判。这种郑重的自我批判，无损于他们的成就的辉煌，反而越发显示出了他们对历史科学的真诚和大家风范的宽阔胸怀，赢得史学界同仁的尊敬。郭沫若自我批判的自觉意识和理论勇气，是非常突出的，这贯穿于他在20世纪40年代至50年代的许多论著中，从而发展了中国史家重视自我修养的优良传统。范文澜撰写的《中国通史简编》出版于20世纪40年代初，是中国马克思主义史学最早的中国通史著作之一，对于唤起中国人民的抗日激情产生了很大的影响。新中国成立后，范文澜对于书中的错误诚恳地作了检讨。其后，他又在1954年、1963年作了进一步反思，撰写了《中国历史上的一些问题》予以发表，同时作为"绪言"收入《修订本中国通史简

[①] 以上均见侯外庐：《侯外庐史学论文选集》（上），人民出版社1987年版，第19页。

编》①。范文澜在此文中指出:"旧本《中国通史简编》有很多缺点和错误,我在一九五一年写了一篇自我检讨,希望引起大家的批评,帮助我改正。我在那篇检讨中所得到的对本书缺点的初步认识,可以归纳为以下两个方面。"他说的这两个方面,一是"非历史主义的缺点",一是"在叙述方法上缺乏分析,头绪紊乱"②。范文澜的这种认真地"自我检讨"的态度,既反映了他的实事求是的科学态度,也反映了一个马克思主义史学家的胸怀坦荡荡的精神。

第四,关于史与论的诠释。关于史与论的关系,中国马克思主义史学提出了与过去有本质区别的认识。在中国史学上,以往的史论关系,一般是指史事与议论而言,即在记述史事或人物的基础上,发表有关的评论。马克思主义史学继承了这一古老的传统和形式,但又增添了新的内涵,使其发生了本质的变化。马克思主义史学所说的史与论的关系,或者说论与史的关系,简而言之,主要是指理论如何统率史料,以及如何从史料中抽象出理论性的结论。

1962年,翦伯赞在《史与论》一文中指出:"在历史研究工作中,必须把史和论结合起来,所谓史就是史料,所谓论就是理论。我们所说的理论,就是马克思列宁主义。要做到史与论的结合,必须先掌握史料与理论。掌握史料与理论,是做好史与论结合的前提条件。"由此可以看出,马克思主义史学是非常鲜明地表明它是运用马克思主义为指导研究历史,这同一些掩盖或否认自身是以何种理论为指导的史学学派有明显的区别。同时还可以看出,马克思主义史学同样非常重视史料;这是因为,没有史料,历史研究就无从下手,理论指导也失却了指导的对象,成了一句空话。

对于怎样学习理论的问题,翦伯赞认为:

> 学习理论不是一件容易的事情。第一要记得,第二要懂得,但最重要的还是要能应用。记得不等于懂得,懂得不一定就会应用。我们之中有些同志,能背诵马克思主义经典著作中的名言,也懂得这些名言的意思,但是每当把这些理论结合到具体历史问题的时候,理论和史料就分了家。如果说也有结合,那不过是把史料贴上理论的标签,或者把理论加上史料的注释而已。这不能算结合,只能算生搬硬套。当然学习应用马克思主义,经过这样的阶段是不足为奇的。但必须承认,史与论没有结合好,就是由于马克思主义还没有学好。那种满足于贴标签、作注释,自以为马克思主义已经学好了的态度,是不对的。

---

① 范文澜:《范文澜全集》第10卷,河北教育出版社2002年版,第213页注。
② 范文澜:《范文澜全集》第10卷,河北教育出版社2002年版,第214、216页。

这里，翦伯赞批评了对理论"生搬硬套""贴标签""作注释"的错误做法。同时，他也指出了学习理论是很不容易的事情，一要"记得"，二要"懂得"，三要"会应用"。马克思主义是科学的体系，博大精深，老一辈马克思主义史家从学习、记得、懂得到应用，走过了艰难的历程，才达到前所未有的学术境界。

对于怎样"掌握史料"的问题，翦伯赞指出：

> 掌握史料不是一件容易事情。就中国史来说，历史书籍，浩如烟海，每一个历史问题的资料，散见各书，从那里找到这些资料，这是第一个难题。找到了，问题并没有完结，因为一大堆资料，哪些是重要的，哪些是次要的，哪些是可靠的，哪些是不可靠的，还要经过审查、判断。根据什么标准来审查、判断，这是第二个难题。审查、判断了，还不等于掌握了。要掌握史料还需要通过思考，把史料放在整个问题的发展过程中，安排在恰当的地方。怎样才能把史料安排在恰当的地方，这是第三个难题。必须解决这三个难题，才能算掌握了史料。①

这里也提出了三个"难题"，一是来源，二是判断，三是安排或曰处置。

在掌握了理论和史料的基础上，才真正谈得上如何"结合"。从历史学的观点来看，这种"结合"，也可以看作理论与实际的结合。正如吕振羽指出的那样："学习和研究历史，必须坚持和贯彻理论和实际相结合的方针。马克思主义的观点和方法是理论和实际的统一，'史'和'论'的统一。'论'就是观点，就是马克思主义理论，毛泽东思想的基本原理；'史'就是史料。'史'和'论'的统一，就是运用马克思主义的理论和方法，通过对具体历史进行具体分析，揭示出历史发展的规律性。"② 为了真正做到这种结合，吕振羽认为，必须克服"历史公式主义"。他尖锐地批评道："公式主义者则不是以马克思主义的理论作为研究历史的指南，而是任意裁割史料，或只罗列一些个别历史事例去填充他们现成的公式。这就是历史公式主义。所谓'以论代史'或'以论带史'，实质上也无非是公式主义或类似公式主义。"③ 理论同实际的结合，是在理论的指导下，通过对具体的研究对象的分析、判断，从中得到结论。脱离史料的理论和脱离理论的史料，都不可能做到真正的理论同实际的结合。

对于这个问题，马克思主义史学家尚钺曾作了这样的阐述："我们在谈到理论与实际问题，就包含着三个问题：一个是理论问题，亦即马列主义关于人类发展

---

① 翦伯赞：《翦伯赞史学论文选集》第3辑，人民出版社1980年版，第78—79页。
② 吕振羽：《吕振羽史论选集》，上海人民出版社1981年版，第610页。
③ 吕振羽：《吕振羽史论选集》，上海人民出版社1981年版，第611页。

规律的认识与掌握;第二个是历史材料的选取与掌握;第三个才是理论与实际联系,建立我们的历史科学。这三个问题是必须结合为一而且是缺一不可的。"① 尚钺强调了理论、材料、结合三者缺一不可,可以认为是对史、论结合作了最简明的概括。同时,尚钺还指出:"历史家不能要求历史为自己主观成见服务",同时也"不能作史料的尾巴与俘虏"。这就是说,在研究历史过程中,夸大主观意愿和失却主观判断,都是不对的。

在这个问题上,胡绳结合自己的研究和撰述,强调了真实性与科学性的统一,他作了这样的总结:"作者当然不需要在写作时丝毫离开历史事实的真相,恰恰相反,越是深入揭露历史事实中的本质、规律性的东西,越是能说明问题"②。理论和实际的结合,正是在这个过程中得以实现的。

关于史学家的修养,尚钺这样说过:"古代文学家曾要求一个'良史'不仅要具备史才、史学、史识,还要具备史德。我们马克思主义史学家也要有一种史德。我想这就是光明磊落、实事求是的品格。……一个优秀的历史学家,应该能识别历史发展的方向。他争取的不是'一时之是非'而是'万世之是非',所追求的不是一时的荣显,而是客观真理。历史学家研究历史,历史也将考验他们的研究。"③这些话,可谓掷地有声。

中国马克思主义史学的史学观,把中国史家关于史学的理论认识和精神境界提升到崭新的阶段,是中国马克思主义史学的一个标志性成果。

第三节 历史撰述的主要成果

一、中国通史撰述的成就

中国马克思主义史学的发展,与中国通史撰述密切相关。新中国成立初期,范文澜《中国通史简编》即于1950年11月由上海华东人民出版社据1949年9月新华书店版重排发行,并一再重印,到1952年6月印至六版。吕振羽的《简明中国通史》、翦伯赞的《中国史纲》也相继再版。

新中国成立后,以唯物史观为指导的中国通史撰述更加受到重视。范文澜、吕振羽等史家对他们的通史著作着手重写、改写或修订、整理。郭沫若主编的《中国史稿》于1958年开始组织编撰。翦伯赞主编的《中国史纲要》于1961年开始编写。其中,范文澜和郭沫若主持编撰的中国通史,主要是针对各级干部、领

---

① 尚钺:《尚钺史学论文选集》,人民出版社1984年版,第22页。
② 胡绳:《历史与现实》,生活·读书·新知三联书店上海分店1988年版,第210页。
③ 尚钺:《尚钺史学论文选集》,人民出版社1984年版,第17页。

导和群众学习中国历史而作；吕振羽和翦伯赞主持编撰的中国通史，更多地是被用作大学教材。

从1953年到1965年，范文澜重新编写的中国通史陆续完成出版了三编四册，第一册为"绪言"和第一编（战国以前）、第二册为第二编（秦汉至隋统一时期）、第三册和第四册为第三编（隋唐五代时期，分两册出版），书名《中国通史简编（修订本）》。此书已非延安版《中国通史简编》的简单修订，而是在此基础上重新撰写的一部中国通史。范文澜去世后，1978年《中国通史简编（修订本）》再版时，更名为《中国通史》。1978年，中国社会科学院近代史研究所中国通史组改为通史研究室，在蔡美彪的主持下，续写这部《中国通史》，相继完成出版了第四编（宋辽金元时期，三册）和第五编（明清时期，三册）。1995年，这部自远古先秦一直叙述到清朝嘉庆年间的五编十册《中国通史》出版。此后，蔡美彪又主持补写了十一册、十二册，内容下延至清朝灭亡。至此，十二册《中国通史》于2007年全部出齐。

范文澜、蔡美彪主持撰写的这部《中国通史》的特点，因其前身《中国通史简编》为马克思主义史学中国通史体系的开创之作而受到广泛关注。《中国通史》坚持以马克思主义理论方法研究中国历史，以"劳动人民"为历史的主人的基本宗旨，按照"五种生产方式"划分历史发展阶段，强调历史上的阶级斗争，突出生产发展和科技进步等内容。结合马克思主义史学研究获得的新成果和出现的新问题，范文澜在《中国通史》中进一步阐明封建社会开始于西周的"西周封建说"，着意强调秦汉时期已经形成了汉民族和统一国家的观点，力图以民族平等的观念写出中国各民族共同的通史。作为老一辈马克思主义史学家，范文澜语重心长地指出："学习马克思主义要求神似，最要不得的是貌似。学习理论是要学习马克思主义处理问题的立场、观点和方法。学了之后，要作为自己行动的指南，把马克思主义理论和实践联系起来，也就是把普遍真理和当前的具体问题密切结合，获得正确的解决。""貌似是不管具体实践，把书本上的马克思主义词句当作灵丹圣药，把自己限制在某些抽象的公式里面，把某些抽象的公式不问时间、地点和条件，千篇一律地加以应用。这是伪马克思主义，是教条主义。"[①] 针对以往马克思主义史学研究中存在的类似问题，范文澜在通史撰述中努力加以纠正。在这部《中国通史》中很少直接引用马克思主义原著中的文句，没有教条式的空疏议论，主要是结合史实具体分析和阐述，以显现中国历史特点为最主要目的。该书开拓了以马克思主义的唯物史观编撰中国历史的新境界，是马克思主义史学中国通史

[①] 范文澜：《历史研究中的几个问题》，《范文澜历史论文选集》，中国社会科学出版社1979年版，第208页。

撰述的重要著作。

吕振羽《简明中国通史》于 1951 年、1953 年、1955 年和 1959 年分别进行了修订或补订，丰富了古史分期的观点，增加了中国资本主义萌芽方面的阐述，对民族史的论述也有充实。该书在 20 世纪 50 年代曾被很多高校用作历史学专业的教材。

1954 年出版的由尚钺主编的《中国历史纲要》是一部简明的中国通史教材。该书实际上提出了"魏晋封建说"，并认为宋代已经为资本主义萌芽准备了条件，明万历年间即出现资本主义萌芽，这些观点在当时引起了较为强烈的反响。

《中国史稿》的编写缘起是为了便于各级干部学习中国历史。郭沫若为主编，下设三个编写小组：第一组由尹达负责，编写原始社会、奴隶社会和封建社会部分；第二组由刘大年负责，编写近代史部分即半殖民地半封建社会部分；第三组由田家英负责，编写 1919 年以后部分。第一组、第二组负责的部分共分成四册，均在 1962 年由人民出版社出版，其后多次印刷，在高校范围内广泛发行。1919 年后部分未能编写完成。1972 年恢复了《中国史稿》编写组，郭沫若提出在已有成果的基础上，将原来的四册扩充为十册。1976—1983 年由人民出版社出版了前五册，各册负责人是田昌五、林甘泉、宋家钰、郦家驹等。第四册以下各册，因主编郭沫若去世，署名中国史稿编写组，由尹达主持编写，田昌五、宋家钰、郦家驹等参与编写工作。1995 年，《中国史稿》共七册全部出版，记述从原始社会到鸦片战争前的中国历史，200 余万字。全书保持了郭沫若的古史分期体系，突出农民起义和农民战争的作用，重视吸收史学界的最新研究成果，特别是考古学领域的成果。鸦片战争以后的近代部分，计划单独编写三册，改名为《中国近代史稿》，在编写过程中扩编为五册，第一册在 1978 年完成，1984 年出版第二、三册，四、五册未能写完。郭沫若还主编了《中国史稿地图集》，以配合读者阅读《中国史稿》。这部集体撰述的通史著作，比较充分地反映了当时通史撰述的研究水准，当然也带有时代的印记。

1961 年召开的全国高等学校文科教材编选计划会，委托北京大学历史系编一部供高校历史系学习的中国历史教材，翦伯赞为主编，参加编写的人员包括吴荣曾、田余庆、汪篯、邓广铭、许大龄、邵循正、陈庆华等北京大学历史系教师。翦伯赞主编的这部《中国史纲要》共 70 余万字，"文化大革命"前出版了第二至四册，第一册因翦伯赞受到迫害而中断了撰写工作，"文化大革命"后由吴荣曾修改定稿第一册。1979 年《中国史纲要》第一至四册全部出版。全书简明扼要地阐述了自远古到 1919 年五四运动前的中国历史，采用的是翦伯赞主张的"西周封建说"，强调用历史主义的态度对待农民起义和统治阶级。该书得到广大高校师生的好评与欢迎，长时期成为许多高校历史专业的中国史教材。

为了配合中国通史教学，翦伯赞、郑天挺主编了《中国通史参考资料》，共 10 册，古代部分 8 册，近代部分 2 册。这套资料主要选取有代表性的原始资料，有简要的说明和注释，供高等学校历史系学生使用，充实历史知识，训练阅读能力，为中国历史教学起到了积极作用。

白寿彝在 1975 年酝酿着手编撰中国通史。1980 年出版了由他主编的《中国通史纲要》，全书约 30 万字，力求以准确凝练的文字勾勒出中国历史发展的体系和轮廓，讲清基本线索和重要问题。该书出版后不断再版，并被翻译成英、日、法、德、西班牙等语种出版发行。《中国通史纲要》为继续编撰多卷本《中国通史》打下了基础。

白寿彝总主编的 12 卷本、22 册《中国通史》的编撰工作从 1982 年开始，第一卷"导论"于 1989 年出版，此后各卷陆续出版。1999 年，12 卷 22 册《中国通史》由上海人民出版社全部出版，总计约 1400 万字，记述了从远古时代到中华人民共和国成立前的中国历史。全书分导论（一卷一册）、远古时代（一卷一册）、上古时代（一卷二册）、中古时代（七卷十四册）、近代前编（一卷二册）和近代后编（一卷二册），其中的中古时代又分秦汉、三国两晋南北朝、隋唐、五代辽宋夏金、元、明、清等时期。除导论、远古时代和上古时代卷外，各卷均分序说（相关历史时期的资料与研究情况、存在的主要问题和研究的基本论点）、综述（相关历史时期的政治、军事、民族等重大历史事件、历史发展进程的主要趋势）、典志（相关历史时期的各种制度与思想文化领域专题）、传记（相关历史时期的历史人物）四个部分。各分卷主编均由在相关研究领域卓有成就的学者担任。

多卷本《中国通史》是一部规模宏大、内容丰富、体裁新颖的中国通史，其最大特点，是将中国马克思主义史学建立以来对中国历史研究的基本认识和理论成就作了通盘思考与叙述。该书的第一卷"导论"，对中国历史发展过程中的重大理论问题进行了总结性的阐述，这些问题主要包括对社会发展阶段的划分、对不同时期社会性质的判断、中国历史上的多民族统一问题、地理环境与历史发展的关系问题、生产力与科学技术的问题、生产关系与阶级关系的问题、国家职能问题、社会意识形态问题、历史上的中国与世界等。因此，这部"导论"也是一部以唯物史观同中国历史发展相结合的历史理论著作。

《中国通史》力求反映中国史学中"通"的学术传统，于阐述历史发展纵向变化过程中着意体现"通"的精神，同时注重各个历史时期中诸如经济、政治、民族、军事、文化、中外关系、历史人物等各个历史方面的横向联系，内容丰赡、全面。该书内容还在许多方面有创新，如重视把各少数民族的历史放在中国历史发展的总体进程中加以阐述，充分肯定多民族共同创造中华文明的历史业绩；强调把科学技术与生产力的发展状况结合在一起叙述，阐明科学技术在推进生产力方面的作用；吸收中国考古学的研究成果，系统地以考古学成就勾勒出中国"远古时代"的历史图景，首创历史学与考古学合作撰述中国历史的范例。白寿彝总主编的《中国通史》，既是20是世纪中国通史撰述的"压轴之作"，也代表了当今中国马克思主义史学和新中国史学之通史撰述的最高水平。

二、中国古代史、近现代史研究的深入发展

新中国成立后十七年的中国古代史研究领域，除了集中讨论中国古代重大历史理论问题之外，还取得了相当多的研究成果。

先秦、秦汉史研究：郭沫若《奴隶制时代》（1952年）、王玉哲《中国上古史纲》（1959年）、杨宽《战国史》（1955年）、贺昌群《论两汉土地占有形态的发展》（1956年），安作璋《汉史初探》（1955年）、漆侠等著《秦汉农民战争史》（1962年）等，都有着较大学术影响。

魏晋南北朝史研究：唐长孺《魏晋南北朝史论丛》（1955年）和《魏晋南北朝史论丛续编》（1959年），是作者用马克思主义理论和方法研究魏晋南北朝史的重要著作，具有很高的学术价值。其他如李剑农《魏晋南北朝隋唐经济史稿》（1959年）、王仲荦《魏晋南北朝隋初唐史》（上，1961年）、周一良《魏晋南北朝史论集》（1963年）等，都反映了较高的学术水平。

隋唐五代史研究：主要有岑仲勉《隋唐史》（1954年）、杨志玖《隋唐五代史纲要》（1955年）、陈寅恪《元白诗笺证稿》（1958年）、韩国磐《隋唐五代史纲》（1961年）等著作，论隋唐统一、贞观之治、土地制度、府兵制度、赋役制度、宦官专政、农民战争、历史人物等大量论著发表。

两宋和辽夏金元史研究：以农民起义和宋金战争史研究较受重视，邓广铭《王安石》（1953年）和《岳飞传》（1963年）、漆侠《王安石变法》（1959年）、陈述《契丹社会经济史稿》（1963年）论著较有影响。

明清史研究：明代经济史研究比较突出，以傅衣凌《明清时代商人及商业资本》（1956年）、《明代江南市民经济试探》（1957年）和《明清农村社会经济》（1961年）、梁方仲《明代粮长制度》（1957年）等论著为代表。对朱元璋、戚继光、李贽、黄宗羲、王夫之、顾炎武、李时珍等历史人物的研究，也有多种论著出版。王钟翰《清史杂考》（1957年）、朱师辙《清史述闻》（1957年）等为实证研究。

此外，专门史研究呈上升势头，如侯外庐主编的五卷本《中国思想通史》、胡寄窗的三卷本《中国经济思想史》都取得了突出的研究成就。民族史、科技史等研究领域都有较为系统的研究成果问世。

总的看来，这个时期在唯物史观理论指导下的中国古代各断代史、专史的研

究尚处于逐渐深入的阶段。对不同历史时期的经济史、思想史、土地制度史、农民战争史、资本主义萌芽等方面的研究较为集中。

改革开放后的中国古代史研究得以全面发展，开辟新领域、建构新理念、使用新方法，取得了丰硕的学术成就，中国古代史领域除有一批专史面世外，在朝代或断代方面成就突出，或提出新问题，或开辟新领域，或展现新材料。学术影响突出者如：远古史有王玉哲《中华远古史》（2000年）；夏商西周史主要有金景芳《中国奴隶社会史》（1983年）、徐中舒《先秦史论稿》（1992年）、杨宽《西周史》（1999年）、胡厚宣等《殷商史》（2003年）等；春秋战国史主要有晁福林《春秋战国的社会变迁》（2011年）；秦汉史主要有林剑鸣《秦史稿》（1981年）和《秦汉史》（1989年）、高敏《秦汉史论集》（1982年）、田昌五等《秦汉史》（1993年）、阎步克《从爵本位到官本位——秦汉官僚品位结构研究》（2009年）等；魏晋南北朝史主要有王仲荦《魏晋南北朝史》（1979年）、韩国磐《魏晋南北朝史纲》（1983年）、周一良《魏晋南北朝史札记》（1985年）、高敏《魏晋南北朝社会经济史探讨》（1987年）、田余庆《东晋门阀政治》（1989年）、唐长孺《魏晋南北朝隋唐史三论》（1992年）等；隋唐五代史主要有姜伯勤《唐五代敦煌寺户制度》（1987年）、王仲荦《隋唐五代史》（1988年）等；辽宋夏金元史主要有李范文主编《西夏通史》（2005年）、陈振《宋史》（2003年）、韩儒林主编《元朝史》（1986年）、杨志玖《元史三论》（1985年）、陈高华《元史研究论稿》（1991年）等；明清史主要有顾诚《明末农民战争史》（1984年）和《南明史》（1997年）、戴逸主编《简明清史》（1980年）、李洵等主编十卷本《清代全史》（2007年）等。上海人民出版社出版的"中国断代史系列"，起于中华远古史，迄于清代史，凡16册，其中大多亦系改革开放以来的新成果。2002年12月，国家清史编纂委员会成立，清史编纂工作正式启动，戴逸任编纂委员会主任，参与纂修工作的专家学者有700多人。《清史》拟由通纪、典志、传记、史表、图录五部分组成，全书预计100卷，总字数超过3000万字。编纂者希望这部大型《清史》既要继承传统史书的优点，又要富于创新精神，既要记述中国清代历史，又要具有世界眼光，把清史放在世界潮流中加以考察，编纂出一部能够反映当代中国学术水平、经得起历史检验的清史著述。

中国近代史研究：无论从研究人员、研究机构，还是研究成果、研究水平，都较以往有了明显发展。除了《中国近代史资料丛刊》等近代史资料的编纂得以很快展开之外，1954年，胡绳在《历史研究》创刊号上发表《中国近代历史的分期问题》一文，提出以阶级斗争作为划分近代历史发展时期的标准，以太平天国革命、义和团运动和辛亥革命作为近代史上的"三次革命高潮"的观点，引发了中国近代史发展基本线索的讨论。孙守仁、范文澜、金冲及、戴逸、荣孟源、李新、章开沅等均发表了自己的看法。他们在赞同反帝反封建的斗争运动是中国近代史的基本线索的前提下，在具体分期和基本线索的问题上意见不一，还有将鸦片战争、甲午战争、中国同盟会成立、中华民国建立、五四运动等历史重大事件，作为不同时期的分期界限，以阶级斗争为基本线索的"三次革命高潮说"占有主导地位。较有影响的中国近代史著作包括郭沫若主编、刘大年负责编写的《中国史稿》第四册（1962年）、翦伯赞主编、邵循正和陈庆华编写的《中国史纲要》第四册（1964年），以及林增平《中国近代史》（1958年）、戴逸《中国近代史稿》第一卷（1958年）。对鸦片战争、太平天国运动、洋务运动、中法战争、甲午战争、戊戌变法、义和团运动、清末新政、辛亥革命、北洋军阀统治等近代历史大事，均有相应的研究成果涌现出来。

改革开放以后，中国近代史研究不断拓展研究领域、转换研究视角、更新研究方法，取得了丰硕的研究成果。以1840年至1949年作为中国近代史的时间范围，取代以往1840年至1919年的中国近代史时限，已经成为史学界共识。从郭沫若主编《中国史稿》中独立出来的中国社会科学院近代史研究所刘大年主编的《中国近代史稿》（1978—1984年）、胡绳《从鸦片战争到五四运动》（1981年）、罗尔纲《太平天国史》（1991年）、金冲及和胡绳武《辛亥革命史稿》（1980—1991年）、章开沅和林增平《辛亥革命史》（1980年）等，均为中国近代史研究的重要著作。

在中国近代史的研究实践中，刘大年在通过将马克思主义理论与中国历史实际相结合、进而构建立足于中国语境的中国近代史研究体系方面作出了突出贡献。《刘大年史学论文选集》（1987年）较为集中地反映了作者在史学理论方面的建树，他认为历史唯物主义给历史学奠定了科学基础，但它并不能代替历史学理论，书中阐发了包括史学研究的指导思想和对象问题、史学研究的任务和时代使命问题、历史学理论的建设问题等史学理论方面的问题，具有重要的启发意义。

中国近代史研究在社会史和思想文化史领域收获颇丰。陈旭麓的《近代中国社会的新陈代谢》（1992年），阐述了中国近代社会百年的新陈代谢和急遽变革，产生有广泛影响。近代秘密宗教、近代帮会、近代社会风俗、近代人口、近代绅商、近代社团等专题研究近代社会史的成果层出不穷。21世纪以来，近代社会史研究中的区域史研究领域日趋活跃，近代乡村史研究方兴未艾，社会性别史研究受到重视。近代社会史研究的兴盛，既反映了从精英的历史转向大众的历史、由政治的历史转向日常生活的历史、由历史事件转向社会问题的研究趋向，也在客观上造成了近代史研究"碎片化"的可能，加强对近代社会史研究的理论构建，仍然是摆在学者面前的重要课题。思想文化史方面，涌现出一大批有关近代社会思潮、近代学术思想史和近代思想家、学者的评传类著作，近代思想史研究表现得更为理性和细致。诸如对革命与改良、激进与保守的历史评估、中西文化冲突与融汇、近代中国文化转型中传统与外来文化的作用和相互关系、中国近代社会思潮与马克思主义中国化等问题，一直是研究者关注的重要问题。20世纪80年代近代史研究中出现的"文化热"在90年代渐趋减退，代之以稳健、扎实的文化专题史研究，如近代知识分子、近代社会风俗、中西文化关系与交流方面的研究，并完成了数部近代文化综合性或通史性研究著述，如耿云志主持的九卷本《近代中国文化转型研究》系列（2008年）等。近代社会文化史研究是近代文化史研究中发展出来的分支，近代社会文化史近年来发展很快，既与社会史研究持续深入有关，也与国外"新文化史"理念较相契合。刘志琴主编三卷本《近代中国社会文化变迁录》（1998年）是中国近代社会文化史的基础之作，此后，近代市民社会、近代公共空间领域、近代文化心态、近代民间意识与民众社会观念、近代新词语及观念变迁等课题，成为近代史研究新的学术增长点。此外，张海鹏主编的十卷本《中国近代通史》（2006年），是一部以1840—1949年分期、以反帝反封建作为近代历史发展的基本线索，从政治、经济、文化教育、社会生活、民族关系、边疆政情和社情等各个方面反映近代历史，力求体现出近几十年中国近代史研究领域的研究成果与水平的系统之作。同时，一批中青年学者在研究中所展示出来的成就，已经使他们逐渐成为中国近代史研究领域的中坚力量。

按照史学界现行的近代史断限的划分，中华民国史属近代史研究范围。对中华民国史的研究，正式开始于1972年秋，以后陆续有内部出版物在中华书局出版，1978年李新主编的《中华民国史》第一卷公开出版，在台湾地区引起了强烈反应。同年，《民国人物传》第一卷出版，2006年，该书共12卷已经全部出齐。2011年李新总主编12卷36册《中华民国史》和12卷本《中华民国大事记》全部出版，是研究中华民国史的系统之作。金冲及的四卷本《二十世纪中国史纲》（2009年）是一部记录中国20世纪历史进程的力作。张宪文主编的《南京大屠杀史料集》共78卷于2010年出版。这部史料集广泛搜集了包括中外文的各种南京大屠杀史料，全面、真实地记录了日本军国主义在南京犯下的战争罪行和反人类罪行，为抗日战争史中南京大屠杀这个重大历史事件的研究奠定了坚实的史料基础，具有重要的学术意义和现实政治意义。

中国现代史研究，即中华人民共和国史研究，亦即当代中国史研究，从20世纪80年代开始有组织地进行。1983年到1999年编纂完成的《当代中国》丛书，是一部较为全面地记录新中国历史的大型丛书，该书以部门、行业、省市、专题分150卷，计208册，约1亿字，3万幅图片，为系统研究中华人民共和国史打下了基础。自那以后，有关中华人民共和国史的专史著述如政治制度史、法制史、经济史、文化史、教育史、外交史、军事史等方面的研究成果陆续出版，重大历史事件如抗美援朝、土地改革运动、农村合作化运动、农村人民公社、三线建设等方面的史著不断问世。《中华人民共和国史编年》《中华人民共和国大事记》《中华人民共和国国史通鉴》《中华人民共和国国史百科全书》等资料类史书相继推出。2012年，由当代中国研究所编撰的5卷本《中华人民共和国史稿》出版，该书的"序卷"梳理了中华人民共和国建立之前的历史发展脉络，其后的第一卷（1949—1956）讲述从新中国开国奠基到确立社会主义制度的历史，第二卷（1956—1966）讲述全面建设社会主义和探索发展道路的历史，第三卷（1966—1976）讲述"文化大革命"十年的历史，第四卷（1976—1984）讲述从"文革"结束到中共中央作出《关于经济体制改革的决定》的八年历史，是迄今最为全面地阐述中华人民共和国历史的史书。中华人民共和国已经有近七十年的历史，加强国史研究是中国史学的重点努力方向之一。国史研究正处于从起步到发展的阶段，在研究内容与研究视野、文献搜集与档案整理、人才培养与研究机构等方面都亟待加强与充实。中华人民共和国史的学科理论、研究框架、历史分期等理论与方法论方面的问题也需要进一步深入讨论。在已有研究的基础上，结合时代的需要，国史研究正在不断深化、不断创新的进程中稳步发展。

中共党史研究经过几十年来的发展，已经形成了一门较为成熟的学科。1950年出版的胡华著《中国新民主主义革命史》是新中国成立后的第一部中共党史教材。胡乔木的《中国共产党的三十年》（1951年）是20世纪五六十年代影响最大、发行量最大的一部中共党史著作。改革开放后，中共党史研究呈现出繁荣局面，研究成果非常丰富。中共中央党史研究室著、胡绳主编的《中国共产党的七十年》（1991年）对中国共产党的历史发展和经验教训作了较为全面的总结，提出了许多新的论断，是中共党史研究的重要著作。李新、陈铁健主编的《中国新民主主义革命通史》（2001年）共12卷，历时20年成书，具有重要学术价值。中共党史的重要著作还有沙健孙主编的5卷本《中国共产党通史》（2000年出齐）、张静如等主编的四卷本《中国共产党通志》（2001年）等。

在专门史研究领域，以中国经济史研究表现得最为突出。新中国成立后十七年间对古史分期、土地制度和中国资本主义萌芽问题的讨论，都与古代经济史研究直接相关，加深了对历代经济发展状况的了解，搜集和积累了大量经济史方面的资料。改革开放后，中国经济史研究有了蓬勃的发展。整理出版了大批经济史的文献档案资料，各种出土实物（如农作物、农具等）和民间与现实生活中的文字材料（如民间文书、族谱、碑刻、各地史志、社会习俗调查等）被广泛运用于经济史研究中。中国经济史研究的理论方法呈多元化发展趋向，如提倡用经济学理论来研究经济史、注重把社会学和人类学的方法运用于经济史研究中、强调经济与文化的互动关系、多学科交叉融汇于经济史研究中等，研究领域得以拓展，研究重点不断增多，中国经济史进入了一个全方位发展的新阶段。贯通各代的土地制度史已有七八部著作问世，以林甘泉等的《中国封建土地制度史》第一卷（1990年）最有代表性，该书以详实的资料，从理论上深入论证和回答了土地制度与阶级关系的一系列问题。此外，赵俪生《中国土地制度史》（1984年）、朱绍侯《秦汉土地制度和阶级关系》（1985年）与《魏晋南北朝土地制度和阶级关系》（1988年）、傅衣凌《明清封建土地所有制论纲》（1992年）等，都是土地制度史贯通或断代研究的重要成果。作为全国哲学社会科学重点规划项目的"中国古代经济史断代研究"，成为新时期以来古代经济史研究全面开展的重要标志之一，该项目分先秦（周自强主编）、秦汉（林甘泉主编）、魏晋南北朝（高敏主编）、隋唐五代（宁可主编）、宋（漆侠主编）、辽夏金（漆侠等主编）、元（陈高华主编）、明（王毓铨主编）、清（方行等主编）九个分卷共16册，历经20余年的努力，已经于2007年以《中国经济通史》之名全部出版。跨代综合研究中国经济史的重要研究成果，还有胡如雷《中国封建社会形态研究》（1979年），着重探讨了中国封建生产方式及其运行规律，是建立中国封建主义政治经济学的开创性尝试；傅筑夫的五卷本《中国封建社会经济史》（1981—1989年）是一部用经济学的方法研究中国经济史的重要著作，反映了作者对中国经济史的自成体系的见解；田昌五、漆侠主编的四卷本《中国封建社会经济史》（1996年）是通过全面考察中国封建社会的经济发展以求获得对中国古代历史发展的新认识。许涤新、吴承明主编的多卷本《中国资本主义发展史》（1985—1993年）结合定量分析和定性分析，对中国资本主义的发生、发展和相关经济问题作了有深度的全面阐述，是近代经济史研究的重要成果。严中平、汪敬虞、刘克祥和吴太昌分别主编的《中国近代经济史》（1986—2010年）也反映了中国近代经济史的研究水平。

中国经济史中各专门领域的研究不断深入，比较突出的有农业史、商业史、交通史等。农史研究有梁家勉主编《中国农业科学技术史稿》（1989年）、李伯重《江南农业的发展（1620—1850）》（2007年）等重要著作。商业史研究更为活跃，吴慧主编五卷本《中国商业通史》（2005年）是一部集大成的商业史著述。与之相关的商会史研究，经过近几十年的努力，在厘清史实的基础上，对商会的社会属性、商会与传统行会的关系、商会与国家政权的关系等方面获得了突出进展。如马敏主编四卷本《中国近代商会通史》（2015年）、朱英《辛亥革命时期新式商人社团研究》（1991年）等著作，对近代中国商会的组织结构、社会功能、政商关系方面做了深入研究，使该研究领域的面貌为之一新。经济史各专门领域研究的加强，也在一定程度上推进了古代社会史和经济史、辛亥革命史、现代化史、近代经济史和社会史的研究。

社会史方面，主要有何兹全《中国古代社会》（1991年）、沈从文《中国古代服饰研究》（1981年）、宋镇豪《夏商社会生活史》（1994年）、葛剑雄《中国人口发展史》（1991年）等。思想史研究已经逐渐摒弃了把思想史简单归结为唯心论和唯物论的斗争史的简单套路，儒家思想在中国思想史中的地位得到肯定。相关的研究成果有李泽厚的《中国古代思想史论》（1986年）和《中国近代思想史论》（1979年）等，侯外庐等《宋明理学史》（1984—1987年），张岂之主编《中国思想史》（1993年）、《中国思想文化史》（2006年）等。史学理论及史学史方面，白寿彝主编六卷本《中国史学史》（2006年）是迄今最为全面地阐述中国史学发展史的著作。何兆武《历史理性批判论集》（2001年）以历史理性批判为中心进行了独具见解的阐述。瞿林东主编三卷本《中国古代历史理论》（2011年）首次对中国古代历史理论进行了系统研究。陈其泰主编《中国马克思主义史学的理论成就》（2008年）初步总结了中国马克思主义史学的理论建树。

由谭其骧主编的《中国历史地图集》，始于1955年对清末学者杨守敬的《历代舆地图》的改绘工作，后决定新编《中国历史地图集》，在非常困难的情况下，断续经过三十余年的艰苦努力，终于在1982—1988年出齐全部8册，成为历史地理学和中国历史地图史上的里程碑式的研究成果。

三、考古学与历史文献学的成就

新中国成立后，中国考古学获得了空前的大发展。1950年8月成立了中国科学院考古研究所，又在各地成立了专门的考古研究所或文物研究所。不久即举办了数届全国考古工作人员训练班，对来自各地的学员进行田野考古培训。1952年北京大学历史系设置考古专业，此后有吉林大学、武汉大学、南京大学、山西大学、山东大学、中山大学、四川大学、西北大学、厦门大学、郑州大学共11所高校的历史系设置了考古学专业，为中国考古学研究培养和输送了大量人才。经过60余年的发展，目前已经形成了以各省、市、自治区文物系统为主的各级文物考古研究所（院）40余个。1979年成立了中国考古学会，会员达2000余人。在新中国成立后大约30年间，以围绕学术目标进行的主动考古发掘，每年数十项。改革开放以来，因中国经济的飞速发展，基本建设中的考古工作迅速增多，并且成为考古发掘的主流，特别是三峡工程、南水北调、西气东输等国家大型基本建设项目和丝绸之路申遗、大运河申遗等国家文化遗产保护项目的考古工作，每年的考古发掘项目达数百项，发掘经费数以亿计。

新中国成立后的中国考古工作者，在考古发掘的基础上，以建设考古学文化发展序列作为主要学术目标，结合考古学文化、考古地层学与考古类型学理论，夏鼐、苏秉琦等考古学家建立了关于考古学文化命名和考古学"区系类型"理论。此后，在继续丰富和完善考古学文化发展序列的同时，考古学者将研究重点扩展到史前至历史时期的文化内涵、人们生活状况和古代社会等方面。值得注意的是，21世纪以后的中国考古学者将历史学意识与以往研究器物本身形制及其变化为主的研究内容更为紧密地结合起来，以研究历史本来面目作为考古学研究的努力方向。"'透物见人'，注意研究考古遗存所反映的当时人的意识、行为以及相互关系，已经逐渐成为多数考古学家的共同研究理念。"①

随着考古文化发展序列重建的初步完成和考古研究领域的逐步扩大，考古学研究理念、研究内容、研究方法呈多元化、多样化发展趋势。地质学、环境科学、植物学和动物学、分子生物学、原子物理学、分析化学、科学测年、遥感技术、物理探测技术、计算机技术等自然科学技术的运用，极大地丰富了考古学的研究手段。中国考古学从使用考古地层学和类型学为主进行考古学研究，从以碳十四测年为主要自然科学研究手段，发展到综合使用社会考古学、认知考古、实验考古、环境考古、冶金考古、考古统计、植物考古、动物考古、聚落考古、墓葬考古、宗教考古、水下考古、遥感考古、文化遗产保护、年代学等多种理念与方法，由此对人群的迁徙、人类体质的变化、人们的饮食结构、各种质料的原材料来源、自然环境变化的认识不断加深，对古代人们生活和精神世界的方方面面的认识更为具体和全面。

在史前考古方面，全国绝大多数地区的考古学文化序列已经基本建立起来，一些地区的文化序列建立了较为精确的年代尺度。在考古学者和古人类、古生物学者的共同努力下，通过对全国不断发现的60多处古人类化石地点、近千处旧石器时代文化遗址的发掘考察和研究，中国境内古人类的演化和旧石器时代考古研究取得了很大进展。位于华北西北部的泥河湾盆地和安徽繁昌人字洞先后发现距今200万年的人类活动遗存资料，说明从那时起，古人类已经出现在中国境内，中国成为亚洲乃至世界上研究人类起源及进化最重要的地区之一。研究证明，中国远古人类体质特征具有连续进化的特点，与旧石器时代早、中、晚文化与人类行为所具有的连续性相吻合，构成中国古人类"连续进化、附带杂交"理论的论据。

对新石器时代中晚期的研究直接影响到中华文明起源与形成这一重大理论问题的探讨。新石器时代晚期（仰韶时代，公元前5000年至公元前3000年）的考古发现，证明在黄河中下游、长江中下游和西辽河流域等主要文化区的文明化进程呈现明显的加速发展趋势，一些文化和社会发展较快的地区开始迈进文明社会。五千年中华文明之说得到初步验证。新石器时代末期（龙山时代，公元前3000年至公元前2000年），各主要文化区的文明化进程在社会动荡中加速发展和演变，社会分化更趋悬殊，中原地区各种文化因素不断碰撞重组，文化中心不断移动。

---

① 王巍：《新中国考古六十年》，《考古》2009年第9期。

黄河和长江流域发生较大范围的气候波动，自然灾害对长江下游的良渚文化打击很大，黄河中游的华夏集团因其所处的地理位置、地形特点、作物种植制度和相对务实的政治理念等原因，得以保持较为强大的实力，逐渐形成了中原地区中华文明的核心地位。黄河下游的海岱地区则保持着稳健的社会复杂化进程，出现若干以大型城址为中心的区域聚落群，与中原地区东西并立，形成古史记载中记述的类似于夷夏对立的格局。

夏商周时代考古，主要在三代都邑考古、商周时期方国和封国考古等方面。1959年起在洛阳偃师二里头遗址进行科学发掘，经过几代考古学者的努力，发现了面积达10万平方米的宫城、城内的数组有中轴线布局和前后数进院落的宫殿建筑和依附于宫殿区的手工业作坊等重要遗迹，成为突出于周边地区内多个区域性中心聚落之上的都邑性聚落，标志着中国早期文明化进程发展到一个崭新的阶段。1983年在距二里头遗址6公里处发现了建于商代早期的偃师商城，城内有宫城，宫城内有多处宫殿基址，推测可能为商灭夏后在夏代晚期都邑附近修建的商代都邑。湖北、山西、山东等地的数座商周城址和墓地的发掘，山东滕州前掌大墓地、陕西西安老牛坡墓地、陕西韩城梁带村墓地、山西晋侯墓地、山西翼城大河口墓地等数十处商代方国和西周封国墓地的发掘，均对商周方国和封国的埋葬制度和文化面貌有了更深入的认识。总的看，夏商周王朝的政治制度和礼制是一脉相承的，三个王朝的文化既各有起源，又前后相接与吸收。通过考古研究，对三代的农业手工业情况、祖先崇拜的宗教特征、家庭与社会宗法制度、政治统治方式和与周边交往等方面的了解都有很大进展。考古研究也证实了商周王畿地区之外存在着具有自身特点的、高度发达的地区性青铜文明。东胡、北狄、羌人、西戎、巴蜀、百越、淮夷等部族的文化遗存相继被发现，极大地丰富了对先秦时期各地区文化多样性的认识。这些研究成果，为探讨中华民族统一多民族国家的形成和发展提供了宝贵的资料。秦以后的考古研究也正在蓬勃发展。

国家实施的夏商周断代工程和中华文明探源工程等重大研究项目，为考古学的多学科联合研究创造了条件，为中国考古学的进一步发展提供了机遇。中国社会科学院考古研究所编著的多卷本《中国考古学》之《夏商卷》（2003年）、《两周卷》（2004年）、《新石器时代卷》（2010年）、《秦汉卷》（2010年）等，汇集了中国考古学的重要研究成果，大量的考古发掘报告和研究论著的出版，都显示了中国考古学研究的成熟时期的到来。中国考古学无论在史前考古还是历史考古中都取得了丰硕成果，在世界考古学界中确立了自己的重要学术地位，并赢得了外国同行的承认与尊重。中国正在从考古资源大国转型为考古研究大国。

新中国成立后十分重视历史文献的整理工作。

1950年，中国新史学会开始组织编纂《中国近代史资料丛刊》，到1978年，共计出版了 11 个专题、总字数达 3000 多万字的中国近代史资料,包括《鸦片战争》(齐思和主编)、《第二次鸦片战争》(齐思和主编)、《太平天国》(向达主编)、《捻军》(范文澜主编)、《回民起义》(白寿彝主编)、《洋务运动》(聂崇岐主编)、《中法战争》(邵循正主编)、《中日战争》(邵循正主编)、《戊戌变法》(翦伯赞主编)、《义和团》(翦伯赞主编)、《辛亥革命》(柴德赓主编),涵盖了近代史上的重大政治事件。各专题除正文外,《丛刊》还附有"书目解题""大事年表""人物传记"等。此外又陆续编纂了《中国近代经济史资料丛刊》《中国近代经济史参考资料丛刊》。这些资料对推动国内外中国近代史研究、培养近代史研究人才,都起到了重要作用。

1954 年 11 月,根据毛泽东的指示,成立"标点《资治通鉴》、改编'杨图'委员会"。《资治通鉴》的标点、整理工作,先后由顾颉刚、聂崇岐主持,选择版本较佳的清嘉庆年间胡克家翻刻的元刊胡三省注本为底本,并参考前人校勘过的宋、元、明各本,集历代校勘之大成,1956 年由中华书局出版。1958 年 2 月,国务院科学规划委员会成立了古籍整理出版规划小组,点校"二十四史"是该小组成立后进行的一个重大项目。参加整理"二十四史"的有几百位学者,他们来自全国二十多所高校和研究机构。整理工作自 1958 年开始,1966 年被迫中断,1971 年恢复工作。顾颉刚总其成,点校组组长为白寿彝,至 1978 年春,点校出版工作全部完成。这套 3000 余卷、4000 余万言的史书采取了统一的新式体例标点、分段,经过了全面的校勘,真正做到了超越前人,成为最具权威的定本。对《资治通鉴》和"二十四史"的点校,也为中国古籍整理起到了重要的示范作用。

1979 年成立了中国历史文献研究会。1983 年,教育部成立了全国高等院校古籍整理研究工作委员会。1993 年,国家古籍整理出版规划小组取代了以前的古籍整理出版规划小组,1999 年新闻出版总署组建全国古籍整理出版规划领导小组。同时,不少高校组建了古籍研究所。这些机构对古籍研究、整理和规划、出版起到了重要作用。

一些大型古籍整理项目相继部分或全部完成,如《中华大藏经》(汉文部分,1984—1996 年)、《全宋诗》(1991—1998 年)、《全宋文》(2006 年)、《全元文》(1998—2005 年)、《全明文》(1992—1994 年)等。各种经校订整理的古籍纷纷出版面世。一大批出土和新发现资料相继出版:甲骨文金文方面如《甲骨文合集》(1978—1982 年)、《殷周金文集成》(1984—1994 年)等,敦煌吐鲁番文献方面如《敦煌社会经济文献真迹释录》(1986—1990 年)、《敦煌文献分类校录丛刊》(1996—1998 年)、《吐鲁番出土文书》(1981—1991 年)等,简帛文献方面如《睡虎地秦墓竹简》(1990 年)、《居延新简》(1990 年)、《敦煌汉简》(1991 年)等,墓志拓本的影印与录文如《北京图书馆藏中国历代石刻拓本汇编》(1989—

1991年)、《隋唐五代墓志汇编》(1991—1992年)、《全唐文补遗》(1994—2007年)、《唐代墓志汇编》(1992年)等。

中国第一历史档案馆、中国第二历史档案馆和中央档案馆是收集保存明清至近代历史档案的国家级档案馆。一档馆所编明清和近代档案史料近百种,包括近代政治与军事史、民族史、中外关系史、自然灾害、郑成功与台湾等专题。二档馆编纂的《中华民国史档案资料汇编》5辑90册在2000年出齐,此为最大型的综合性民国档案史料汇编。其他如第二次国内革命战争史料、日本侵华和抗战史料、西藏史料、台湾史料、政治制度史料、经济史料等民国档案专题史料也不断出版面世。中央档案馆刊布的专题史料主要有中共文献、中共党史和革命史史料、日本侵华史料等。此外,各省市地方档案馆也编纂出版了许多具有地方特色的档案史料。

各种文集、历史人物的日记、年谱和家(族)谱在近几十年中的出版数量增长迅速,为学术界所关注。古籍目录与综合性丛书、类书的编纂也呈现出前所未有的繁荣景象。

随着历史文献电子化的应用,原始古籍数字化、古籍数据库的建设正迅速发展。历史文献的整理与研究正在各个方面呈现出全新的局面。

四、中国民族史研究的新成果

梳理和认清历史上汉族和各少数民族历史的发展脉络和实际状况,是新中国建立多民族统一国家并保证其稳定发展的理论基础之一。因此,关于中华民族发展历史的研究和撰述受到了前所未有的重视,成就斐然。

新中国成立后,展开了对少数民族地区的调查和民族识别工作。从1956年起,在全国人民代表大会民族委员会和国务院民族事务委员会的直接领导下,开始了大规模的少数民族社会历史调查工作,计划先用四年至七年时间调查主要少数民族的社会经济结构和阶级状况,进而对各个少数民族的历史和社会状况进行系统研究,再用三年时间撰写少数民族简史简志。当时组织了8个调查组,选择蒙古族、藏族、维吾尔族、壮族等20个被认为代表了各个不同历史发展阶段的民族为调查对象。1958年,在国务院民族事务委员会和中国科学院哲学社会科学部的领导下,由中国科学院民族研究所具体主持,中央民族学院及在京和各省、自治区有关单位参与,扩大调查范围,新增8个调查组,调查人员达到千人以上,无调查组的省份,由省民族事务委员会负责按照调查提纲提供所需材料。同时开始编写各少数民族的简史和简志,到1959年年底,大部分初稿已经完成。1963年,中国少数民族社会历史调查工作基本结束。通过认真细致的调查,获得了丰富的调查成果,先后写出调查材料340余种,整理档案资料和文献摘录100余种,拍摄反映少数民族生活、社会状况的纪录片十几部,搜集了许多珍贵的民族历史文物。中国科学院民族研究所根据调查材料整理撰写了50多本少数民族简史、简志或史志的初稿,并全部付印,广泛征求意见。持续数年的少数民族调查工作,也为中国民族史学的发展锻炼和培养了一批专门人才。

1979年年初,国家民委在北京召开了规划会议,决定编辑出版民族问题五种丛书,"中国少数民族简史丛书"即为其中一种。该丛书即是在此前撰写的少数民族简史、简志的初稿基础上修订而成的,是少数民族社会历史调查的重要成果之一。修订的原则是,对于已有的、基础较好的简史,尽可能不作大的更动,主要是修改明显的错误与补充重要材料;对史志合编的简史大部分重新编写并补充必要的材料。各族"简史"的下限均写到1949年。执笔撰写者在原则上由原执笔者担任,并吸收少数民族学者和对该民族历史有研究者参加。撰述中要求理论联系实际,观点统率材料,力求内容正确,材料充实,文字通俗,图文并茂,各册要附民族分布图和大事年表。"中国少数民族简史丛书"在第一次对所有各少数民族的人口分布、语言特点、族源、族称、历史发展过程、社会经济形态、物质文明、宗教、学术文化,以及与其他民族的关系等方面进行了调查、研究的基础上,对中华民族各少数民族的历史进行了系统的梳理和记述。诸简史不仅使用文献资料,还大量采纳田野调查资料和考古资料,运用考古学、民族学、民俗学、谱牒学等学科方法对各民族历史进行综合研究。对历史上与现实中有关少数民族的错误认识予以分析批判。所涉及的尚无结论的学术问题,如族源问题、对历史事件和历史人物的评价问题等,或广泛征求意见妥善解决,或求同存异、客观反映,不轻易下结论。从1979年《满族简史》出版,到1991年《维吾尔族简史》出版,丛书全部出齐,全国绝大多数少数民族都有了一部有关本民族历史的史书,这在中国史学发展史和中国民族史研究中是前所未有的壮举。2005年,国家民委决定对这套丛书修订再版,以"适当修订、适量续修"为原则,吸收近20年来的研究成果、新发现的材料和新理论,对原书进行订正、充实,同时续修新中国成立以来各少数民族的历史,以反映各民族在当代的发展。2009年完成了修订再版工作。

新中国成立以后对少数民族历史文献的整理研究十分重视,50年代中央民族学院设立了"中国少数民族史料丛刊"编辑委员会;1984年,全国少数民族古籍整理出版规划小组成立,随之各省也成立了相关机构,负责组织、协调指导少数民族古籍收集、整理、出版。通过对各种民族资料的辑录、汇编、考证,少数民族文献的整理与研究取得了丰硕的成果。

1966年以前,有关少数民族文献的整理研究以汉文文献为主,有关少数民族文字史料的整理研究也取得了一定成就。较重要的成果有白寿彝主编《回民起义》,翦伯赞等《历代各族传记会编》,冯家昇等《维吾尔族史料简编》,方国瑜《元代云南行省傣族史料编年》,中科院历史研究所《柔然资料辑录》,内蒙古少数民族社会历史调查组、中科院内蒙古分院历史研究所《〈清实录〉达斡尔、鄂温克、鄂伦春、赫哲史料摘抄》、北京大学历史系等《西藏地方历史资料选辑》等。

1984年，国务院转发国家民委《关于抢救、整理少数民族古籍的请示》，汉文或少数民族文字文献，尤其是少数民族文字和口碑文献的抢救性保护和整理研究取得很大成绩。具体表现为：

第一，汉文资料中民族记述的整理出版，如潘光旦《中国民族史料汇编》，蒙默《凉山地区古代民族资料汇编》，刀永明《中国傣族史料辑要》，王钟翰《朝鲜〈李朝实录〉中的女真史料选编》，薄音湖、王雄《明代蒙古汉籍史料汇编》，陈高华《明代哈密吐鲁番资料汇编》，田卫疆《〈明实录〉新疆资料辑录》，韩荫晟《党项与西夏资料汇编》，林幹《匈奴史料汇编》，周伟洲《吐谷浑资料辑录》，陈燮章、索文清、陈乃文《藏族史料集》、米海萍与乔生化《青海土族资料集》等。

第二，汉文史籍中民族传记的研究，如刘美崧《两唐书回纥传回鹘传疏证》、杨圣敏《〈资治通鉴〉突厥回纥史料校注》、余太山《两汉魏晋南北朝正史西域传研究》等。

第三，少数民族文字历史文献的整理翻译出版，如《福乐智慧》《乌古斯可汗的传说》《突厥语大词典》等出版了现代维吾尔文本和汉译本，《西藏王统记》《青史》《白史》《西藏王臣记》《布顿佛教史》《安多政教史》《新红史》等整理出版，《十善福白史册》《蒙古源流》《黄金史》《水晶珠》《黄史》《恒河之流》《金轮千辐》《水晶鉴》《阿萨拉克齐史》等蒙文史籍校注出版。与中国民族有关的域外文献，如志费尼《世界征服者史》、拉施特《史集》、雷纳·格鲁塞《蒙古帝国史》、《巴布尔回忆录》、勒内·格鲁塞《草原帝国》等译成汉文出版。

第四，编纂出版大型民族文献丛书，如《中国西北文献丛书》《中国民族史地资料丛刊》《中国藏学史料丛刊》《中国少数民族古籍集成》《回族典藏全书》《云南史料丛刊》等。

第五，出版少数民族社会历史调查资料，《中国少数民族社会历史调查资料丛刊》收录五六十年代全国少数民族社会调查获得的资料。民国时期少数民族社会历史调查资料也被多种丛书收录。

有关少数民族文字文献的整理研究与出版也取得重要进展。古突厥文碑铭与回鹘文献，如耿世民《古代突厥文碑铭研究》《回鹘文社会经济文书研究》《敦煌突厥回鹘文书导论》、芮传明《古突厥碑铭研究》、刘戈《回鹘文契约文书初探》、杨富学和牛汝极《沙洲回鹘及其文献》等。满文历史文献，如《满文老档》《清初内国史院满文档案译编》《康熙朝满文朱批奏折全译》《康熙统一台湾档案史料选辑》等。藏文文献，如王尧、陈践《敦煌本吐蕃历史文书》《吐蕃简牍综录》、王尧《吐蕃金石录》，陈庆英等《王统世系明鉴》《汉藏史集》《红史》《萨迦世系史》《章嘉国师若必多吉传》等汉译注释本。蒙古文史籍，谢再善、道润梯步、余大钧等先后整理译注《蒙古秘史》，巴雅尔、满昌、亦邻真将汉文音译本或古畏兀儿字本《蒙古秘史》进行还原。彝文文献，主要有《西南彝志选》《西南彝志》《彝族源流》等。东巴文献，主要有《纳西东巴古籍译注》《纳西东巴古籍译注全集》等。1997年开始编纂的《中国少数民族古籍总目提要》，预计出版60卷110册，将收录全国少数民族文字古籍、口碑古籍30余万种，已出版了回族、纳西族、侗族等20余卷。此书将是了解中国民族文献、文化的重要工具书，也是对中国少数民族古籍整理成就的总结。

在对少数民族历史的研究与撰述方面，1966年前，出版了一些民族史专著，如马长寿《突厥人和突厥汗国》《北狄与匈奴》《乌桓与鲜卑》、白寿彝《回回民族的历史和现状》、黄现璠《广西僮族简史》、安作璋《两汉与西域关系史》、陈述《契丹社会经济史稿》等。

1978年后，民族史研究进入了繁盛时期，在大量专题研究的基础上，中国民族史的著作，突破民国时期以汉族融合同化其他民族为主线的撰述模式，取得很大成绩。

贯通性的民族史撰述，有1989年出版的徐杰舜主编《中国民族史新编》，将汉族与各少数民族历史汇于一书，注意历史上的民族与当代民族之间的关联，以地区为单位厘清了古今民族的来龙去脉，较好地处理了古今民族间的关系史，展示了中国各民族共同发展的历史，开启了民族史撰述的新局面。江应樑主编《中国民族史》以集中体现中国历史特点的"统一"和"整体"原则作为全书的主线，以历史上的疆域变迁和民族关系作为全书内容的重点。王钟翰主编《中国民族史》是通过叙述各民族历史与文化发展的轨迹，力图揭示各民族如何共同创造中国历史与文化的内在联系和中华民族多元与一体辩证发展的规律。陈连开主编《中国民族史纲要》，将在统一的多民族国家形成过程中出现并作出贡献的所有民族按地区纳入其中，力图写出各民族共创中华史和中华民族形成的历程。

族别史的著述，除"中国少数民族简史丛书"外，古代和现代民族的族别史，主要有林幹《匈奴史》、周伟洲《敕勒与柔然》、薛宗正《突厥史》、冉光荣《羌族史》、魏良弢《喀喇汗王朝史稿》《叶尔羌汗国史纲》、吴天墀《西夏史稿》、孙进己等《女真史》、邱树森《中国回族史》、黄现璠等《壮族通史》、伍新福《中国苗族通史》、留金锁《蒙古族通史》、得荣·泽仁邓珠《藏族通史》、李范文《西夏通史》、编委会《中国彝族通史》、白寿彝《中国回回民族史》等。这些族别史多层次地反映各族历史，深化了对各少数民族的认识。

民族关系史的著述，有翁独健主编《中国民族关系史纲要》，吸收1981年中国民族关系史学术座谈会讨论成果，系统阐述了从远古到中华人民共和国成立几千年的民族关系，以民族平等的态度对待历史上少数民族建立的政权，强调各民族在政治经济文化方面的相互影响，反映出各族共创中华史。还有朱绍侯主编《中国古代民族关系史研究》，杨建新、马曼丽主编《西北民族关系史》，孙祚民《中国古代民族关系问题探究》，王辅仁、陈庆英《蒙藏民族关系史略》等。

区域民族史的著述，如杨建新《中国西北少数民族史》，尤中《中国西南民族史》，傅朗云、杨旸《中国东北民族史略》，余太山《西域通史》，马通《甘肃回族史》，林幹《中国古代北方民族史新论》等。

少数民族与少数民族地区的文化、历史人物等论著，如李德洙主编《中国少数民族文化史》、耿世民《维吾尔族古代文化和文献概论》、吴永章《中国南方民族文化流源史》、张碧波、董国尧《中国古代北方民族文化史》、马学良等《彝族文化史》、丹珠昂奔《藏族文化发展史》、苏北海《哈萨克族文化史》、谷苞等《新疆历史人物》、白寿彝《回族人物志》等。瞿林东主编的5卷本《历史文化认同与中国统一多民族国家》（2013年），是以史学史、民族关系史与中国历史进程相结合展开研究的成果，从历史上阐述了中国之所以成为统一多民族国家的深刻原因。

此外，有关少数民族和少数民族地区的政治制度、经济、法律、宗教信仰的成果也十分丰富。这些成果表明新中国成立以来，中国民族史的撰述无论在广度和深度方面都是以往时期无法比拟的。

五、世界史研究的拓展与学科建设的加强

中国的世界史研究，在民国时期处于准备和草创时期，前辈学者在非常艰难的情况下所能进行的世界史研究方面的工作是极为有限的，他们努力介绍或翻译一些西方世界史方面的著作，编写一些世界史方面的教材和入门读物。高校中的外国史课程大多集中于西洋史，即西欧和北美领域，亚洲史、非洲史、拉丁美洲史、大洋洲史、乃至东欧史基本是空白状态。真正建立起世界史学科，是在新中国成立之后。

1952年全国高校院系调整，各大学的历史系相继建立了世界史课程。按照苏联的世界史教学体系，我们的世界通史教学一般分为上古、中古、近代、现代四段，在课时量上与中国通史相同。那些在国外留学过的教员，不管他们以前教什么课程，很多人都被动员成为专职讲授世界史的教师。又在北京大学、南开大学、武汉大学设立了世界史专业。这一系列举措，使世界史教学和科研力量得到明显加强，中国的世界史学科由此而建立起来。

新中国的世界史学科建设，最先是将苏联的世界通史、世界古代史、世界中世纪史、世界近代史和古代东方史著作译介进来，同时中国学者也翻译了一批关

于世界史的原始资料和国外研究世界史的论文成果，在此基础上，编写出版了一批世界史方面的教材讲义，研究范围也扩及亚洲、非洲、拉美和苏联、美国等国家的历史。1962年，在周一良、吴于廑主持下，集全国众多世界史学者编写的《世界通史》完成出版。虽然该书有着受苏联多卷本《世界通史》影响的痕迹，但是反映出中国学者对世界历史和世界史学科的见解，反映了中国世界史研究的水平，产生了广泛影响，长时期成为许多高校历史系的世界史教材。吴于廑、郭圣铭、林志纯（日知）等在世界古代文明史领域，齐思和、耿淡如、戚国淦、刘启戈、蒋相泽等在世界中古史领域，蒋孟引、沈炼之、王荣堂、吴廷璆、杨生茂、黄绍湘、张芝联、齐世荣、刘祚昌、孙秉莹等在世界近代史、地区史与国别史领域，王辑五、何肇发、朱杰勤、陈瀚笙、季羡林、周一良等在东方史领域，杨人楩等在非洲史领域，耿淡如在西方史学史领域，丁则民在近代亚洲民族解放运动史领域，都为中国的世界史研究作出了开创性的贡献。

改革开放以来，中国的世界史学科开始了全面的、全方位的发展。首先表现在中国的世界史学界开始全方位地与国际学术界接轨，对外学术交流得以开展。1980年，中国史学会组团参加第15届国际历史科学大会。1985年以后，中国代表团作为会员国参加了历届国际历史科学大会。中国的世界史学者有机会赴国外高校或相关机构进修、讲学、出席学术会议，既充实了自己、增长了见识，也强化了和外国同行的联系，掌握了国外同行的研究现状与前沿信息。越来越多的国外和中国港、台地区的学者前来讲学、交流，这都大大开阔了中国的世界史学者的学术视野，有力促进了中国世界史学科建设。其次，一大批世界史教学、研究机构和学术团体得以恢复、重建或新建起来，世界史的专门性研究刊物纷纷创刊。随着中国自己培养的世界史专业研究生的成长和派遣赴国外留学的留学生陆续学成回国，使我们的世界史研究与教学人才队伍不断增多，成为世界史教学与研究中的重要力量。

从总体上看，中国的世界史研究正在走上独立发展的道路，进入专题研究和综合研究的阶段，研究工作越来越深入，正不断寻找并确定自己的学科特色。中国的世界史研究正在努力改变以往那种闭门造车、自说自话的状况，国际交流已成常态。世界史研究史料更为丰富，以往的世界史资料严重缺乏的局面已成过去。中国的世界史研究选题覆盖人类历史的各个方面，观察历史、分析历史的角度呈多样化趋势。值得注意的是，在中国的世界史学科体系建设方面，吴于廑发表论文并为《中国大百科全书·外国历史》卷撰写了"世界历史"的纲领性长篇词条，大力倡导对世界历史的宏观研究和整体研究，主张突破"西欧中心论"，写出真正意义上的中国的世界史研究著作。罗荣渠的现代化理论研究是将现代化界定为一个世界历史范畴，探讨世界现代化进程的总趋势、现代化的不同模式、不同道路等重大问题，突破了把西方社会作为超时空的现代化理论的局限。吴于廑提倡的世界史学科宏观体系和罗荣渠的现代化研究，对于构建中国的世界史研究体系具有重要的学术价值。

在世界史的各个历史时期、世界各地区和国别史等方面，中国的世界史研究几乎不再有空白。吴于廑、齐世荣主编6卷本《世界史》（1994年）以全人类的历史发展作为考察对象，提倡以全人类一体化历史发展过程作为世界历史的分期标准，将世界历史分为古代（1500年以前）、近代（1500—1900年）和现代（1900年以后）三个时期，采用大区划排比叙述法，着重研究各个地区、国家、民族和文明类型之间的联系、交流与碰撞，全书一般章的最小单位也是东亚、西亚、东欧、西欧、北美等地理区域，很少有对某一国家的单独叙述，体现世界的一体性和时代的主流。为超越以往"国家本位"的世界史框架，摒弃以往用地区国别历史的拼凑来充当世界历史的做法，全书使用了诸如基督教世界、伊斯兰文化世界、儒佛文化世界、游牧世界、农耕世界、工业世界、资本主义工业世界、社会主义工业世界、第三世界等大文化地理范畴。该书是中国世界历史研究的代表性著作，成为高校历史学专业普遍使用的教材。① 马克垚主编3卷本《世界文明史》（2004年）、齐世荣主编4卷本《世界史》（2006年）、武寅主编8卷39册《世界历史》（2013年）等，从总体上代表了中国世界史研究的水平。可以认为，中国的世界古代史研究进展明显，以古代希腊罗马史研究更为突出，古代东方史研究包括古代埃及史、印度史、伊朗史、东亚史等也取得进展。世界中世纪史研究，马克垚《西欧封建经济形态研究》（1985年）是具有代表性的研究成果。世界近现代史研究一直是中国世界史研究的重点领域，有关英国、法国、德国、欧洲一体化、美国、加拿大等的研究进一步深入，成果较为丰富。把中国史和外国史结合起来考察，是一个十分艰难的研究领域，刘家和《古代中国与世界》（1995年）一书是一部颇具参考价值的著作。城市史、人口史、民族史、文化史、环境史、纳粹问题、社区发展等方面都有成果出现。此外，关于亚洲史、非洲史、拉丁美洲史方面综合性和专门性的研究成果也纷纷问世。张广智主编6卷本《西方史学通史》（2011年）全面阐述了西方史学发展的历程。

近年来，国际关系史研究、第二次世界大战史研究、冷战史研究、世界现代化进程研究、中外历史比较研究等世界历史的专门史研究受到格外重视。中国的世界史学者还就全球史和全球化问题展开了热烈讨论，全球史观将"互动"视为认识人类社会发展的理念，是对"欧洲中心论"的颠覆。全球史将气候、环境、一切生物和微生物统一纳入人类"生态圈"来考察的尝试，以及由此带来的交叉

---

① 参见刘新成、刘文明：《中国的世界史研究六十年》，《历史研究》2009年第5期。

学科研究特性，给世界史研究开拓了更为广泛的认识空间。

六、1949年以后港澳台地区的史学

香港地区的史学在1949年以前处于草创阶段，此后由于内地学者的流入而充实起来。1950年，钱穆与治哲学的唐君毅、治经济学的张丕介等，开办新亚书院，1953年创新亚研究所并创办《新亚书院学术集刊》。1963年，新亚书院与崇基学院、联合书院组成香港中文大学。其间，钱穆、唐君毅、徐复观、牟宗三、罗香林、饶宗颐等学者多有成就。香港地区其他一些教学或研究机构，也为史学发展作出了贡献。

20世纪70年代后，许多在香港接受最初的历史学训练的留学生从海外纷纷归来，回港任教。他们的研究领域宽阔，给香港的史学带来新气象。目前，除了香港中文大学、香港大学、香港浸会大学有历史学系外，香港科技大学、香港城市大学、香港理工大学、岭南学院、香港公开进修大学、香港教育学院等，均有史学专业教师，参与相关教学与研究。私立的树仁学院、珠海书院亦设有历史学系，新亚研究所则开办历史学研究生课程。

1997年香港回归祖国，香港与内地的学术互动和合作趋于频繁和密切，历史研究得到进一步发展。

1949年以后，澳门地区的历史学也有明显的进展。由东亚大学演变而来的澳门大学设有"澳门研究中心"，编辑出版大型学术刊物《澳门研究》。澳门利氏学社成立"澳门历史研究中心"，创办《神州交流》，为研究澳门社会文化提供了平台。同时，在澳门文化局和基金会等单位大力倡导下，澳门史料发掘与出版成绩斐然，其中包括《明清时期澳门问题档案文献汇编》《清代澳门中文档案汇编》（葡萄牙东波塔馆藏中文档案）等史料的整理与出版。澳门学者的研究课题包括澳门地区历史地理，特别是澳门与葡萄牙、澳门与内地的关系等。改革开放后，澳门地区历史学在明清澳门城市研究、澳门社会史研究、中美经济关系史研究、中西文化会通研究等方面，都有论著面世。在澳门历史资料的搜集、整理方面也有可喜的进展。

1949年后，台湾建立一些历史研究机构，如1948年从大陆迁台的"中央研究院"历史语言研究所，出版《史料丛刊》《历史语言研究所集刊》《历史语言研究所专刊》《古今论衡》《人类学刊》《中国考古报告集》等学术杂志；1955年筹备、1965年成立的"中央研究院"近代史研究所，主要研究领域为近400年来中国的政治、社会、经济、思想等方面的变迁，出版各种专著及《史料丛刊》，创办《"中央研究院"近代史研究所集刊》《近代中国妇女史研究》《口述历史》。相关机构还有"国史馆"、汉学研究中心、"国防部"史政编译局、台北故宫博物院等。

台湾大学、台湾师范大学、文化大学、政治大学、中兴大学、成功大学、台湾"清华大学"、中正大学等高校设置历史学专业及相关系所,并设有博士班。

1949年以来,台湾地区史学的发展几经变革,呈现明显的阶段性特征及与此相关的两次重大转折,一是20世纪60年代中期历史解释的兴起,二是20世纪80年代中期开始的"本土化"运动。历史语言研究所迁往台湾后,在傅斯年的主持下,史料搜求派占据主导地位。甲骨文专家董作宾,考古学家李济,人类学家凌纯声,宗教史与中外交通史专家方豪,秦汉史专家劳榦,魏晋史专家逯耀东,元史专家姚从吾,近代史专家郭廷以、张朋园、萧公权,史学史专家杜维运等史家,都在各自的研究领域作出了重要的学术成就。由于台湾史学界在扩充史料方面受到很大局限,受到欧美史学的影响,台湾史学主流由史料搜求向历史解释转变。1962年许倬云留美归来,与胡佛、李亦园等于1963年创办《思与言》,倡导解释学派的方法,该杂志于1964年、1965年连续发表文章批评史料搜求派的方法。另有殷海光于1964年出版《思想与方法》,主张使用社会科学方法研究历史,主张使用计量、心理分析、社会学、文化人类学的方法研究历史,出现各具特色的研究领域,如中国现代史、思想史、台湾史和海洋史等。到了80年代中期以后,因为社会形势的变化,"台湾史学研究的理论、取向和题材从此进入更为多元、多彩多姿的战国时代"①。近年来台湾史学受欧美后现代主义倾向影响,研究趋向偏重后现代主义倾向的社会文化史,一些具有后现代主义色彩的著作陆续面世。

随着海峡两岸学术交流的发展,史学界也频繁互访和开展合作研究。例如,清史编纂工程启动后,引起两岸学者的关注,清史编纂委员会主任戴逸表示,台湾学者在清史研究方面颇有建树,希望能通过适当方式让双方携手共同撰写中华民族的伟大历史。

第四节　当前中国史学发展的主要趋势

一、唯物史观指导下的史学创新和历史知识的普及

在马克思主义唯物史观指导下,如何推进史学创新,是当前中国史学发展的关键问题。

史学创新首先表现在运用唯物史观基本原理对中国史和外国史作科学的、实事求是的研究。历史经验表明:"马克思主义是普遍真理,那是讲它的原理、原则

---

① 邢义田:《总序》,康乐、彭明辉主编:《史学方法与历史解释》,中国大百科全书出版社2005年版,第5页。

方面。但具体起来，它用在不同的民族、不同的国家，就应该有不同的特点。普遍真理体现在不同民族的、不同国家的特点里面，二者并不矛盾。"① "以马克思主义为指导，不是把革命导师说的话都当作可以信手滥用的套语和标签，不是任意去剪裁历史事实使之适合于某种理论图式，而是掌握马克思主义的精神实质，尊重历史事实，占有大量材料，进行新的理论探讨，丰富和发展马克思主义。"② 正确对待理论指导与历史研究的关系，是史学创新的基础和条件。

其次，史学创新离不开对中国古代史学和近代史学的继承和发展，也离不开对西方史学的借鉴和吸收。中外史学的会通意识是史学创新的重要理念。中国古代史学具有悠久的传统，有丰富的学术资源；中国近代史学经过艰难探索，积累了各种经验和教训。无视或否定学术传承的"创新"是没有生命力的。对前辈学者的学术成就持彻底否定或过分夸大的态度，也难以取得新的发展。随着对外交流的日益频繁，中国史学可以及时地了解西方史学的发展趋向与研究动态，西方史学对中国史学的影响也愈来愈大。在经济全球化趋势下，排斥和拒绝西方史学的积极成果既不可能、也不利于中国史学的发展。但是，如果对西方史学缺乏深入了解，仅凭一些译著或文章中得到一知半解的知识和概念，便想据此"改写"中国历史或颠覆以往研究成果的史学观念，那就与史学创新背道而驰了。

第三，史学创新与史学研究方法的丰富多样密切相关。史学方法的多样化，不仅表现在不同的研究手段上，还反映在随着研究理念与研究视野的变化而引起的在史学观念上的变化。更新知识体系，增强创新意识，往往在史学研究方法上表现得最为明显。将自然科学和社会科学领域的研究方法运用于史学研究中，早已形成共识，于是史学研究中有计量方法、心理分析方法、人类学方法、民族学方法、社会学方法、文化学方法、统计学方法等。当历史研究的视野从中国扩展到整个世界，从远古延伸到现代，从政治经济军事变迁深入日常生活，无论是中国史、外国史还是考古学，都需要综合性的研究方法的支持。人类所共同面临的诸如环境、资源、气候、战争、自然灾害、文化趋同、商业竞争等全球性问题，也需要从历史的角度进行全球化的反思，要求进行更为广泛的跨学科研究。

历史知识的普及，亦即历史知识社会化的问题，始终是历史学不可忽视的一个重要问题。对历史知识的传播与普及，关系到人们对历史观的把握，对历史发展过程的基本认识，对历史事件与历史人物的评价。当前人们对精神生活需求强烈、各种传媒非常发达，给历史知识的普及提供了前所未有的便利条件。如使用多媒体方式制作的历史类纪录片，集史料、影像、当事人、事发地点、音乐、专

---

① 白寿彝：《白寿彝史学论集》上，北京师范大学出版社1994年版，第310页。
② 戴逸：《历史研究要以马克思主义作指导》，《人民日报》1981年4月2日。

家讲解等各种形式于一体，生动再现了历史过程。再如，以前人们对于考古工作了解很少，近年来随着经济的发展和媒体对考古的宣传日益增多，公众对考古的关注度不断提高，发掘墓葬、古沉船整体打捞等许多考古现场的直播节目使考古学与公众的距离逐步缩短，全民的文物保护意识日益增强。至于那些以单纯追求收视率为目的的"历史题材"影视剧，某些片面迎合市场需求的"历史讲坛"，历史成为其编造、歪曲、戏说的"消费"对象，受众接受了不准确乃至错误的"历史知识"，造成了社会大众对历史知识认识和理解上的混乱，是必须揭露和摒弃的。

专业的历史研究与历史知识的普及之间，既有联系又有区别。历史研究本身是一项专业性的学术活动，需要遵循其自身的学术规范，通过搜集史料、严密考证获得历史的真实，得出研究者的研究结论。衡量研究成果水平高下的标志也并非决定于非专业者的青睐程度，而是其是否科学、严谨和正确，是否获得同行的认同。历史知识显然不能直接通过那些运用学术语言写就的研究论文或专著向大众普及。历史知识的普及，应该是在历史知识通俗化的层面，用当代人喜闻乐见的方式传播历史知识，让人们能够比较轻松地接受。但是，历史知识通俗化并不意味着没有原则、没有底线。通俗不是媚俗，通俗化不是娱乐化。历史知识的普及是建立在严谨的历史研究的基础上的，应当以历史研究成果为资源，以通俗的方式表现出来。通俗化的历史学可以尽量将历史情节记载得波澜起伏、引人入胜，将历史场面描述得细致入微、惟妙惟肖，将历史人物刻画得栩栩如生、性格鲜明，然而所表现的历史的时代背景、基本性质和历史价值观必须明确。诸如对于中国古代皇朝更迭和治乱兴衰的表现、对中国历史上民族关系的处理、对近代史发展基本脉络的解读等，都绝不可以观念混乱和胡编乱造。同时，历史学所承载的借鉴功能、教育功能，历史所展示的中华民族精神，历史给予后人在人生观、世界观、价值观上的启迪作用，都应当在历史知识的普及过程中潜移默化地体现出来。

二、科学技术的发展与新型历史文献资料的丰富

科学技术的发展，大大丰富了历史研究的手段。以考古学为例，现代考古学借用或引进大量自然科学技术，如物理学、分析化学、地质学、生物学、遗传学、地理学、农学、医学、统计学等，许多设备和技术手段，如加速器、电子扫描电镜、激光、DNA、卫星定位和遥感、地理信息系统等运用于考古学研究中。

在计算机处理和网络通信发达的今天，文献资源数字化和网络通信在技术上已经没有应用障碍，这给历史研究在搜集、分析和使用文献材料方面带来了极大的便利。信息时代肩负着历史资料的保护和传承的重任，历史资料保护刻不容缓，数字技术为历史资料保护提供了新的技术手段。历史资料的数字化既有利于提高

公众的历史资料保护和参与意识，也有利于提高公共文化机构的信息服务效率，还有利于推动历史资料数字资源的共建共享。历史资料数字化是利用数字摄影、信息获取、图像处理技术、虚拟现实、计算机辅助设计、多媒体与宽带网络技术等对历史资料进行数字采集、存储、处理、展示、传播的过程。历史资料数字资源是指直接以数字形式产生或根据历史资料原型进行仿真、建模等数字采集后生成的数字资源，可以以多种格式呈现，如文本、音频、视频、图像、三维对象等。不断更新的信息应用技术，如非键盘输入技术、中文数据库技术、多媒体压缩与传送技术、自然语言理解技术等，为文献数字化的发展提供了有力的支持。经过近二十年的努力，互联网技术行业、图书情报界在数字图书馆理论研究、资源建设、标准体系、技术研发和数字图书馆服务等方面有了较大的进展，取得了一定成果。其中包括中国国家数字图书馆、全国文化信息资源共享工程、中国高等教育文献保障系统、大学数字图书馆国际合作计划、国家科技图书文献中心、中国科学院国家科学图书馆，其中以中国国家数字图书馆的规模最大。

原始古籍的数字化建设，目前已有基本古籍库和香港的四库全书库等。美国哈佛燕京图书馆目前已上线273种珍善古籍，其中有不少精抄本。日本有东京大学东洋文化研究所的汉籍善本全文影像资料库，可按照经、史、子、集四个部进行分类浏览，数据包括东洋文化研究所和一些专藏文库中的珍贵宋、元、明、清善本和民国时期抄本。此外，国家新闻出版重大科技工程"中华字库"工程是要建立全部汉字和少数民族文字的编码和主要字体字符库，力争达到能对中国所有的出土、传世文献和当代文字作品进行数字化处理。在此基础上，实现快捷便利地在电脑上对古籍文献进行阅读、检索，并向着归类分析、综合统计的研究性方向发展，增强从海量信息中发现知识的能力。

近现代史史料包括图书、档案、报刊、影像、民间文书等，种类繁多，数量庞大。正在建设或完善的有关图书、报刊、档案、稿本、民间文书等类史料的数据库已有很多，以档案、期刊、专著、日记等类数据库较为全面，支持书名、刊名、篇名、作者、年代、出版地等项检索，有的还具备复合检索、全文检索等功能。近现代史料的任何一类均数量庞大，数字化建设工作极为繁重。依托国家财力支持，与社会相关机构合作，组织人力，统筹安排，统一编目，循序渐进，整合已有各种相关数据库和电子版文献资源，调查统计各图书馆、档案馆、大学、博物馆等单位所藏资料，依照时序囊括各类文献，依据珍稀度、版本、品相等情形，利用相对成熟的录入整合技术，分别进行扫描和数字化，搭建兼容性强的网络平台，达到编辑建设完整的、资源共享的大型资料系年数据库，将会使近现代史研究的基础得到大幅度充实。

此外，口述史资料也不断受到重视。口述史因史学观念的更新和录音录像技术的普及而迅速兴起，口述史研究作为历史学新兴分支学科受到愈来愈多人的重视。口述史一般包含两种含义：一是通过有准备的、以录音机为工具的采访，记述人们口述所得的具有保存价值和迄今尚未得到的原始资料；一是以录音访谈的方式搜集口传记忆和具有历史意义的个人观点。前者是以被访问者为主体的口述史料，后者包括了被访问者的口述内容和访问者的访问意图与表现主题。口述史的研究成果，目前主要有三类：一是社会学家用田野调查方法整理的成果，二是文学工作者用新闻采访的方法采制创作的口述作品，三是历史工作者用口述访谈方法整理的口述史著作。前两者更多地是把"口述"视为一种手段，并不深究口述资料的真伪，更关注的是叙述背后的文化意义；后者则是以记录历史或研究历史为出发点，口述史著作的撰写除依据口述者的讲述外，还要查证大量文献档案加以互证，整理出文字记载的口述文本，其成果特性是能提供相关历史研究作为史料使用、能据此丰富历史阐释的史料范围、能够接受相关历史鉴定的确认。中国的口述史研究目前呈"多样化"趋势，如以参与重大历史事件的重要人物为口述对象，请他们讲述重大历史事件的决策和实施经过，以及其间重要人物的功过、人民群众的作用等；或以亲历重大历史事件的普通人物、边缘人物为口述对象，力求从某一个角度记录历史事件的侧面与细节，多层面多视角地反映历史；或针对某种社会面相、某一群体事件、某种生存状态等历史情境中的亲历者进行口述访问，从社会文化史的角度记录历史片段，丰富历史内容。口述史因受制于记忆缺失、无意识忘却、主观性较强、不够稳定等局限，在口述史的理论和方法、访谈对象的选择与甄别、主题策划的针对性和科学性、访谈与整理过程的规范性等方面还需要进一步完善。

三、继承优秀史学遗产与发扬中国史学的民族特色

中国史学源远流长，有丰富的史学遗产。在世界文明史上，中国史学的特点十分突出。概括地说，主要表现在历史记载的连续性、传世历史文献的丰富性、史书编纂体裁体例形式的多样性和重视史学功能的致用性等方面。这些特点决定了中国史学积淀了许多值得继承的优秀遗产，以今天的眼光来看，至少在丰富的撰述内容、多样的表现形式、历史理论的积累和史学理论的成就等方面表现得十分突出，需要我们认真地加以总结。

中国史学的史书撰述内容极为丰富。《隋书·经籍志》中史部书已经独立，将史书分为正史、古史、杂史、霸史、起居注、旧事、职官、仪注、刑法、杂传、地理、谱系、簿录共13类。《四库全书总目》中的"史部"，将史书分为正史、编年、别史、杂史、诏令奏议、传记、史钞、载记、时令、地理、职官、政书、目录、史评共15类。从中可以看出，中国古代史学的记载内容几乎涉及历史发展过

程中的各个方面,全面反映了社会面貌。为了更加全面、准确、便利地记载历史,中国古代史书有多种多样的史书体裁,编年体史书、纪传体史书、典制体史书、纪事本末体史书、学案体史书、评论体史书、笔记体史书等,不同的史书体裁表现形式各有所长、互相补充,从不同的方面记述历史,论述对历史和史学的观察与认识。

前人留给我们的史学遗产不仅是上述"记述"层面的内容,在对历史与史学的认识和理论层面同样内容丰富,这就是我们所说的历史理论和史学理论。历史理论指的是人们对客观历史运动的理论认识。中国古代历史理论至少在天人关系、古今关系、历史进程、历史发展动力、历代治乱兴衰、中国历史上的民族关系与历史文化认同、对历史人物的评价等方面都有不同程度的建树,诸如天人、古今、时势、理、道、通变、治乱、兴亡等概念与范畴,都被中国古代史家和学者反复探讨与论证,《尚书》《吕氏春秋》《新语》《淮南子》《盐铁论》《帝王略论》《贞观政要》《唐鉴》《读通鉴论》《宋论》《明夷待访录》等书,都蕴含有丰富的历史理论观点。史学理论指的是人们对于历史学这门知识学问或学科的理论认识。史学理论的发展程度,一般与历史学本身的发展程度关系密切。没有长久而充实的史学发展,很难得出全面深入的史学理论认识。中国史学的深厚积累,为史学理论的总结提供了条件。唐代刘知幾的《史通》、清代章学诚的《文史通义》就是中国古代史学理论方面的杰出著述。古代史家对史学的社会功用、史家修养、史学方法、史书编著、史学批评都有深入阐发,对"信史""实录""书法""采撰""史法""史意""史才""史学""史识""史德""史评"等史学理论方面的概念与范畴的阐释,今天在史学认识论中依然具有重要的价值。[①]

近代以来,中国史学受到西方史学的影响,在历史观、史料观、历史研究方法、历史学学科建制、史学教育模式、史学人才培养等方面都发生了变化。在中国史学从传统到现代的转变过程中,接受和借鉴西方史学成为多数人的共识,用现代史学观念审视与阐发中国古代史学遗产,也逐渐为人们所重视。可以说,近代以来的中国史学,是与借鉴西方史学和总结中国古代史学遗产相伴的。许多近代史家在中国史学走向近代的过程中十分重视对史学遗产的继承。如胡适提出史学研究中的"科学方法"、梁启超结合西方史学理论与中国古代史学资源撰写的《中国历史研究法》及《补编》、何炳松翻译美国鲁滨逊《新史学》后重新审视中国古代史学所写的《通史新义》等,都充分表现出了他们尝试结合中西史学之治史道路的努力。又如柳诒徵的《国史要义》、刘咸炘《史学评林》和《治史绪论》

---

① 参见瞿林东主编:《中国古代历史理论》,安徽人民出版社 2011 年版;瞿林东:《中国史学的理论遗产》,北京师范大学出版社 2013 年版。

等著作，则着力阐发中国古代史学的理论内涵与学术价值。中国古代史学中对史学求"通"的通识观念、对史书记注与撰述门类的界定与区分、"六经皆史"说的意义、对史家撰述主体的学术与道德要求、对史书的体裁体例之短长的评述、对史学功能的探讨和对撰史的文字表述等，都被近代史家重视。其所以如此，中国古代史学遗产特别是其中的理论建树，具有的长久的、经得起时间检验的学术价值，应当是其中的重要原因之一。优秀史学遗产之于近现代史学的价值在史学活动中愈来愈明确地显示出来，古代史学理论中的许多重要命题与观点在近代史学中均得到了不同程度的阐发，借鉴西方史学理论整合古代史学理论，结合时代的学术需求引申古代史学理论，亦成为近代史家探索和努力的方向。

近代中国史学既经历了20世纪初期激烈批判古代史学的"新史学"思潮，也经历了结合西方史学理念和中国传统考证方法建立"科学的"历史学的新历史考证学思潮。新中国成立后马克思主义史学居于主导地位，中国史学坚持唯物史观指导下的历史研究，探索具有中国特色的中国史学发展道路，发扬中国史学的民族特色，建立合乎中国历史实际而又具有普遍意义的中国学派的历史理论和史学理论，形成中国史学的话语体系，是中国史学深入发展的重要任务。

四、面向世界、面向未来的中国史学发展道路

中国马克思主义史学经历了艰难曲折的发展历程，中国史学家在运用唯物史观研究、阐释中国历史的过程中，使丰富的、具有悠久历史传统的中国史学走上了新的道路，不仅在历史学研究层面获得了前所未有的突破，也为中国的革命事业作出了重要贡献。尽管中国马克思主义史学在发展过程中，由于主客观的原因，对理论运用和历史认识曾经存在着简单化、公式化的倾向，造成史学工作中的一些失误。但自20世纪70年代末开始，随着广大史学工作者对中国马克思主义的研究与认识的不断深入，以唯物史观为指导的中国史学在积极总结和发扬以往取得的成就和经验、吸取以往失误和教训的基础上，不断丰富和发展自己的理论体系，步入了新的发展阶段。

21世纪以来，中国历史进入了一个全新的阶段，中国各族人民满怀信心地为实现中华民族的伟大复兴而努力奋斗。屹立于世界民族之林的中华民族必将对人类文明作出新的伟大贡献。面向世界、面向未来的中国史学必须承担起新的职责和新的历史性使命，以寂然凝虑之神思、纵论古今中外之论著，为中国特色社会主义建设服务，为中国的国际交往服务，为世界的和平与发展服务。

当前，在国务院学位委员会制定的学科目录中，历史学门类有中国历史、世界历史和考古学三个一级学科，在这样的学科框架之下，各学科需要相互协调、相互配合、互相借鉴、互相融通，使中国史学在新的形势下获得更大的发展。

面向世界、面向未来的当代中国史学，一方面要继承中国史学的优良传统和优秀遗产，另一方面要了解和借鉴外国史学的积极成果，以中外历史会通的学术境界考察中国历史和中华文明的发展过程和发展路径，实事求是地认识历史上中国在世界中的地位和中华文明在世界文明中产生的影响，研究世界历史和外国文化的发展脉络，形成中国史学对于中国历史和世界历史的独立分析，构建具有中国独创性的历史理论和学科体系。构建这样的学科体系，需要从三个方面作出努力：第一，体现继承性、民族性；第二，体现原创性、时代性；第三，体现系统性、专业性。① 这是当代中国史学发展的道路。

具有悠久历史的中国史学，伴随着中华民族伟大复兴的征程，必将取得更大的成就，为国家、为人民作出更大的贡献。

思考题：

1. 新中国成立后中国马克思主义史学主导地位确立的意义何在？
2. 怎样评价新中国成立后十七年间对重大历史理论问题的讨论？
3. 改革开放后中外史学交流对中国史学发展起到了什么作用？
4. 新中国时期马克思主义史学的史学理论有哪些新成就？

▶ 拓展阅读

---

① 详见习近平：《在哲学社会科学工作座谈会上的讲话》，《人民日报》2016 年 5 月 19 日。

阅 读 文 献

- 马克思：《〈政治经济学批判〉序言》，《马克思恩格斯文集》第2卷，人民出版社2009年版。

- 恩格斯：《卡尔·马克思》，《马克思恩格斯文集》第3卷，人民出版社2009年版。

- 恩格斯：《在马克思墓前的讲话》，《马克思恩格斯文集》第3卷，人民出版社2009年版。

- 毛泽东：《新民主主义论》，《毛泽东选集》第2卷，人民出版社1991年版。

- 邓小平：《振兴中华民族》，《邓小平文选》第3卷，人民出版社1993年版。

- 习近平：《实现中华民族伟大复兴是中华民族近代以来最伟大的梦想》，《习近平谈治国理政》，外文出版社2014年版。

- 习近平：《致第二十二届国际历史科学大会的贺信》，《人民日报》2015年8月24日。

- 《尚书·召诰》，《十三经注疏》，中华书局1980年版。

- 《春秋穀梁传》桓公五年，《十三经注疏》，中华书局1980年版。

- 《国语·楚语上》，上海古籍出版社1978年版。

- 司马迁：《史记》卷一三〇《太史公自序》，中华书局1959年版。

- 班固：《汉书》卷一〇〇《叙传》，中华书局1962年版。

- 房玄龄等：《晋书》卷八二，中华书局1974年版。

- 魏徵等：《隋书》卷三三《经籍志二》，中华书局1973年版。

- 刘知幾：《史通》卷一一《古今正史》，上海古籍出版社2009年版。

- 刘昫等：《旧唐书》卷一四七《杜佑传》，中华书局1975年版。

- 吴缜：《新唐书纠谬》序，《丛书集成初编》，中华书局1985年版。

- 司马光：《进书表》（即《进〈资治通鉴〉表》），《资治通鉴》，中华书局1956年版。

- 郑樵：《通志》总序，《通志二十略》，中华书局1995年版。

- 马端临：《文献通考》自序，中华书局2011年版。

- 王世贞：《史乘考误一》引言，《弇山堂别集》第1册，中华书局1985年版。

- 王夫之：《读通鉴论》叙论一至四，中华书局 1975 年版。

- 章学诚：《文史通义》卷一《书教下》，中华书局 1994 年版。

- 梁启超：《中国历史研究法》（补编）第四章之《史学史的做法》，《饮冰室合集》专集之九十九，中华书局 1989 年版。

- 陈垣：《中国史学名著评论》（《课程说明》与《讲稿》），商务印书馆 2014 年版。

- 陈寅恪：《〈顺宗实录〉与〈续言怪录〉》，《金明馆丛稿二编》，上海古籍出版社 1980 年版。

- 李大钊：《唯物史观在现代史学上的价值》，《史学要论》，商务印书馆 2000 年版。

- 郭沫若：《中国古代社会研究》，《郭沫若全集·历史编》第 1 册，人民出版社 1982 年版。

- 侯外庐：《侯外庐史学论文选集》自序，人民出版社 1987 年版。

- 尹达：《马克思主义与中国历史学的发展》，《尹达史学论著选集》，人民出版社 1989 年版。

- 白寿彝：《中国史学史》第 1 卷《导论》，上海人民出版社 2006 年版。

后 记

《中国史学史》是马克思主义理论研究和建设工程重点教材，由教育部组织编写，经国家教材委员会审核通过。

在教材编写过程中，得到了国家教材委员会高校哲学社会科学（马工程）专家委员会、思想政治审议专家委员会以及教育部原马工程重点教材审议委员会的指导。同时，广泛听取了高校教师和学生的意见建议。

本教材由瞿林东主持编写。绪论，第三章（除第二节第四目），第四章（除第四节第四目），第七章第六节，第十章第一节第三目、第四目，第三节第五目、第四节，第十一章第一节第一目、第二节第一目、第二目、第四目、第五目、第六目、第四节第三目、第四目，瞿林东撰写；第一章，第二章，许殿才撰写；第五章（除第五节第三目），第六章第三节，江湄撰写；第三章第二节第四目，第四章第四节第四目，第五章第五节第三目，第六章（除第三节），第七章第四节第四目，第九章第四节，第十一章第三节第四目，汪受宽撰写；第七章（除第四节第四目），向燕南撰写；第八章（除第三节），陈其泰撰写；第九章（除第一节第二目，第四节），第十章（除第一节第三目、第四目，第三节第五目，第四节），第十一章（除第一节第一目、第五目，第二节第一目、第二目、第四目、第五目、第六目，第三节第四目、第六目，第四节第三目、第四目），张越撰写；第八章第三节，第九章第一节第二目，第十一章第一节第五目、第三节第六目，李勇撰写。

2018 年 12 月 28 日

郑重声明

高等教育出版社依法对本书享有专有出版权。任何未经许可的复制、销售行为均违反《中华人民共和国著作权法》，其行为人将承担相应的民事责任和行政责任；构成犯罪的，将被依法追究刑事责任。为了维护市场秩序，保护读者的合法权益，避免读者误用盗版书造成不良后果，我社将配合行政执法部门和司法机关对违法犯罪的单位和个人进行严厉打击。社会各界人士如发现上述侵权行为，希望及时举报，我社将奖励举报有功人员。

反盗版举报电话　（010）58581999　58582371
反盗版举报邮箱　dd@hep.com.cn
通信地址　北京市西城区德外大街4号
　　　　　高等教育出版社法律事务部
邮政编码　100120

读者意见反馈

为收集对教材的意见建议，进一步完善教材编写并做好服务工作，读者可将对本教材的意见建议通过如下渠道反馈至我社。

咨询电话　400-810-0598
读者服务邮箱　gjdzfwb@pub.hep.cn
通信地址　北京市朝阳区惠新东街4号富盛大厦1座
　　　　　高等教育出版社总编辑办公室
邮政编码　100029

防伪查询说明

用户购书后刮开封底防伪涂层，使用手机微信等软件扫描二维码，会跳转至防伪查询网页，获得所购图书详细信息。

防伪客服电话　（010）58582300

教学支持服务说明

资源访问与防伪查询说明

使用微信扫描本书内的二维码,输入封底防伪二维码下的 20 位数字进行微信绑定后即可免费访问相关资源。(只需输入一次,绑定后不必再次输入。注意:微信绑定只可操作一次,为避免不必要的损失,请您刮开防伪码后立即进行绑定操作!)

用户也可将防伪二维码下的 20 位数字按从左到右、从上到下的顺序发送短信至 106695881280,免费查询所购图书真伪。

防伪客服电话
(010)58582300

本书有配套教学课件,供教师免费下载使用,请访问 xuanshu.hep.com.cn,经注册认证后,搜索书名进入具体图书页面,即可下载。